U0562801

《中国新方志知识青年上山下乡史料辑录》
编纂委员会

主　任: 阮显忠　朱敏彦

副主任: 张　刚　周树安

委　员（以姓氏笔画为序）:

丁是玲　马　琳　王黎明　方国平　叶　辛　叶　萍

吕志伟　朱政惠　刘更梅　刘效红　刘雪芹　刘铭君

宇　宏　李　松　李惠情　杨剑龙　吴一峻　吴昌健

何月琴　张一民　陆玉洁　陆亚平　陆志祥　陈陇生

陈保平　林云普　林升宝　罗思源　罗晓华　金大陆

金光耀　周公正　周鸿刚　赵　文　赵丽宏　黄洪基

葛卫国　曹勇庆　谢敏干　楼曙光　熊月之

主　编: 金光耀　金大陆

上海市社会科学界联合会资助项目

上海市知识青年历史文化研究会　上海通志馆　编

中国新方志

知识青年上山下乡史料辑录

金光耀　金大陆　主编

上海人民出版社　上海书店出版社

2014年10月8日志愿者合影

2011年11月22日在上海通志馆前志愿者合影

2011年11月22日在上海通志馆举行志愿者会议

2012年10月13日在复旦大学历史系进行编纂工作

总 目 录

序　　沈国明

前言

凡例

序

沈国明

在上海市社会科学界联合会支持下,上海市知识青年历史文化研究会完成了6卷本《中国新方志知识青年上山下乡史料辑录》(以下简称"史料辑录")。这是一项较有规模的课题,在研究会精心组织下,上海高校和研究机构从事上山下乡运动研究、知青史研究和"文革"史研究的学者齐心协力,夙兴夜寐,带领他们的助手、学生,历时三年多,遍走各地档案馆、方志馆,翻阅大量方志,搜寻资料,经过分类爬梳,精心编辑,形成了这套约5 000页的大型史料书。

方志对知青史与上山下乡运动研究十分重要性不言而喻。上山下乡运动波及全国,知青遍布各地,涉及的问题非常广泛。描绘知青与上山下乡运动历史的全景是件困难的事,需要具备多种条件,在所有条件中,必须拥有翔实可靠的资料应当是最基础的条件。方志中一般都会记载知青与上山下乡运动在当地的基本情况,这些资料汇集在一起,大致能拼成知青与上山下乡运动的概况。目前,全国方志汗牛充栋,将每一部方志中关于知青与上山下乡的内容抽出汇编成册,工作量可想而知,事实上,这是一项再创作,等于编辑出版了一部关于知青与上山下乡运动的专题方志,让查找相关资料的事情一下子变得便捷了。

上山下乡已经终结三十多年,时至今日,知青已经陆续退休。赋闲的人有足够的时间来回忆、品味和研究人生,知青文化活动方兴未艾,各种知青回忆录如雨后春笋不断冒出,令人目不暇接。回忆录基本上叙述的都是个人经历,众多作者从身边人、身边事感性地发表对上山下乡的看法,这些著述为研究上山下乡运动和知青史提供了大量鲜活史料,但是,较少涉及各地知青与上山下乡总体情况以及具体政策,而且,对事实的描述常常因为记忆不准确,或者存在某些忌讳而失真。相比之下,方志的准确性和可靠性高得多。因此,仅凭知青回忆录描绘不出上山下乡运动和知青史全貌,必须充分利用方志和其他档案资料才行。早些年,曾在原国务院知青办长期从事知青工作的老同志,意识到自己的历史责任,在当时劳动部的组织下,编撰了《中国知识青年上山下乡始末》和《中国知识青年上山下乡大事记》两部纪实性的史书,记述了从1955年至1981年这27年中涉及上山下乡和知青的大事、要事,理出了知青上山下乡历史的基本脉络。但是,这类出版物太少,远不能满足研究的需要。如今,史料辑录的问世,在一定程度上弥补了史料不足的缺憾。这套书是近年抓紧进行史料收集和整理的具体成果,也是关于知青与上山下乡运动学术研究逐步趋于规范,并向纵深发展的生动反映,为进一步推进相关研究工作深入提供了基础。

史料辑录收集了全国各省市方志中与知青、上山下乡有关的记载,基本实现了课题立项时确定的"穷尽所有方志"的要求。所谓"穷尽",就是将方志中关于知青与上山下乡运动的记载"一网打尽",地域上要做到"全覆盖"、时间上要贯穿"全过程"。课题组曾经担心各地是否都有关于知青与上山下乡运动的完备记录,也担心经历这么多年,相关档案是否安在,因为这些都关系到本套史料辑录的权威性。其实,所谓权威性是相对的概念,记录完备、保存完好的资料具有权威性,记录不甚完备但收集齐全的资料也具有权威性。面对参差不齐的众多方志,课题组仔细搜寻,工作做得很细致,基本实现了初衷。在今后出版的方志中,关于知青和上山下乡运动的内容也许还会有增加,但是,随着知青整体性地跨入老年,以及上山下乡运动日益远去,可以预见,新增的内容应该相当有限,这决定了本套史料辑录的权威性。

知青史与上山下乡运动的研究起步不久,它是历史研究的富矿。从现状看,史料收集编撰方面有很多可以开垦的处女地。档案、方志、回忆录、口述史的收集整理才刚刚开了个头,是很初步的,还有大量宝贵资料亟待开发整理研究,这项工作需要抓紧进行。知青尚处于老龄中的年轻段,这是口述史料搜集的有利条件。口述史的当事人所说的人生经历,其实也具有对宏观历史加以阐释的意义,不可小视。总之,各种史料都不是无足轻重的。

知青史与上山下乡运动研究能否得出正确的结论,不仅取决于史料丰富可靠与否,还取决于研究者的立场和理论指导以及研究方法。研究人员应当运用唯物史观,从历史实际出发,从客观史料出发,而不能从固有的结论出发,或从抽象的概念出发。在史料运用上实事求是,不随意剪裁,对历史事件和历史人物既不美化、丑化,也不夸大、掩盖或缩小,尽可能还原到当时的时空条件下,还历史以本来面目,这是应取的科学态度。

研究知青与上山下乡运动,需要探究过去,也需要关注国家的现在和未来,因为那段历史不是孤立的,而是与国家政治经济社会发展大局紧密相连的。经历了几十年风风雨雨,知青都认同他们与共和国同命运,正因为如此,对上山下乡运动应当从国家发展甚至人类历史发展的高度加以剖析,进而形成符合历史发展规律的认识。在这样的目标引领下,我们会比较清醒地认识到,至今所进行的资料收集和研究工作,至多只是拂去了些许覆盖在历史印迹上的浮尘,对离去三十年的历史投上回眸的一瞥,距离掌握社会历史发展的客观规律还相差很远,我们根本没有底气说已经了解了事实的全部总和,更没有资格说已经可以从事实的联系中去掌握事实,发现历史的本质。

由此看来,知青史和上山下乡运动研究任重道远。希望在史料辑录这项阶段性成果的基础上,上海市知识青年历史文化研究会的学术研究更上一层楼,不断推出更多优秀成果,并在这过程中,培养出更多年轻的研究人员!

2014 年 6 月 12 日

前　言①

一

　　知识青年上山下乡从20世纪50年代中发端,至1968年"文化大革命"中兴起高潮,形成遍及全国城乡的大规模运动,并延续至70年代后期,在当代中国历史上占有十分重要和特殊的地位。对这一段牵涉到数千万人之多的历史的书写还在上山下乡进行之时就已开始了,但大规模的书写是在"文革"结束、上山下乡运动终止时出现的。

　　对知识青年上山下乡的书写首先是从文学肇始的。"文革"前出版的小说《军队的女儿》和《边疆晓歌》是对知识青年参加边疆建设的最早书写,并且感召了整整一代知识青年。"文革"一结束有知青经历的作家写作的反映知青生活的小说雨后春笋般的出现,形成了当代文学中独特的"知青文学"。"知青文学"不仅是新时期文学的报春鸟,也是描述上山下乡运动的开路先锋,可以被看作是对上山下乡运动最初的历史书写。

　　知青文学的第一个特征是与同时代的"伤痕文学"一致的,即紧扣拨乱反正的时代主题,将知识青年在上山下乡运动中经受的苦难归之于林彪、"四人帮"以及他们所代表的极左路线。在卢新华的《伤痕》、孔捷生的《在小河那边》、竹林的《生活的路》、叶辛的《蹉跎岁月》等文学作品中,知识青年在农村的遭遇都与他们各自的家庭背景密切相关,父母具有的反革命、走资派和叛徒的身份成了这些知青遭受苦难的根源,而所谓的反革命、走资派和叛徒到最后都是林彪、"四人帮"及其爪牙诬陷所致。因此这些小说具有强烈的政治批判和控诉色彩,宣泄了知青心中的悲愤之情,它们书写的是一代知青满身伤痕、历经苦难的蹉跎岁月。

　　文学描写知青时代的第二个特征是阐发充满青春气息的理想主义和英雄主义,以及在那个荒唐的年代里理想主义和英雄主义所具有的悲壮性。完美表现这一书写特征的是梁晓声的《今夜有暴风雪》。它展现了一代青年昂扬的英雄主义气概,也刻画出知青群体的复杂性。作者通过老政委的嘴说道:"我相信,今后在全国各大城市,当社会评论到你们这一代人中最优秀的青年时,会说到这样一句话:'他们曾在北大荒生活过!'"这不只是梁晓声,而是相当大一部分人对知青上山下乡的认识和评价。

　　上述两个特征也就是文学对知青历史书写的两大主题。当然并不是所有的知青作家都遵循这种泾渭分明的书写,如老鬼的《血色黄昏》、郭小东的《中国知青部落》和邓贤的《中国

---

　　①　本书采集的知识青年上山下乡史料绝大多数来自上海通志馆馆藏新方志,因此本书最初定名为《中国新方志知识青年上山下乡史料辑录(上海通志馆藏)》,但为了尽最大可能不遗漏已出版的新方志中有关史料,而后又在上海图书馆和国家图书馆补充了上海通志馆馆藏缺漏的一部分新方志的有关史料,故改为现名。

知青梦》等纪实性文学作品,它们以平实粗犷的笔调直书自己的历史。

文学对知青历史的书写在当时人们的认识水平和社会条件许可下展现了上山下乡运动,这是知青文学的贡献。纪实性知青文学作品的出现也表明,知青作家已不满足于仅仅用情感抒发、人物塑造、心理描写等文学擅长的手段来书写知青时代,而在追求更直接的方式直面这一段厚重的历史,而这一使命由史学来承担显然更为合适。

于是,当知青文学的高潮过去后,对上山下乡运动的史学书写开始了。史学不如文学那样迅捷,关于知青研究的第一篇史学论文要到 1987 年才出现,即张化撰写的《试论"文化大革命"中知识青年上山下乡运动》。从 90 年代开始,关于知青研究的史学论文逐渐增多,并且随之出现通史性的著作,在"文革"中知青上山下乡三十周年前后以刘小萌等合编的《中国知青事典》、史卫民、何岚的《知青备忘录:上山下乡运动中的生产建设兵团》、定宜庄的《中国知青史:初澜 1953—1968》、刘小萌的《中国知青史:大潮 1968—1980》和顾洪章主编的《中国知识青年上山下乡始末》与《中国知识青年上山下乡大事记》的相继出版为标志,形成了对知青时代史学书写的一个高潮。

通观这一时期关于知识青年上山下乡运动的史学论文与著作,对上山下乡运动的史学书写主要在三个层面展开。第一个层面是将知青上山下乡运动置于中国当代历史尤其是"文革"历史的宏观背景下,探讨上山下乡政策的产生与动因,以及这一政策与毛泽东之间的关联。许多学者指出上山下乡政策与毛泽东对知识分子的错误看法和阶级斗争扩大化理论之间有着密切的关联,因此上山下乡作为一场运动具有很强的政治性。但对于"文革"初期中学生无法正常升学和就业与上山下乡政策之间存在着如何程度的关联学者们有着不同的解读。[①]

对上山下乡运动史学书写的第二个层面是梳理知识青年上山下乡运动的历史进程。这主要是上述几本知青史著作以及也在 20 世纪 90 年代出版的其他几本知青史著作所作出的贡献。这些著作中尤以定宜庄的《中国知青史:初澜 1953—1968》和刘小萌的《中国知青史:大潮 1966—1980 年》最为突出,两部著作合起来完整、全面地叙述了知识青年上山下乡从波澜初兴到大潮涌起再到戛然而止的整个历史进程。顾洪章主编的两部著作是依据国务院知青办档案资料编写而成的,有很高的史料价值。这些著作开启了立足历史资料书写知青上山下乡的史学之路。

对上山下乡运动史学书写的第三个层面是从微观上展现和讨论知识青年在农村的生产劳动、恋爱婚姻、文化生活、医疗疾病等各方面的状况。知青文学关注的"血统论"问题同样引起史学的关注,史学作品中那些看似冰冷的数据对"血统论"的批判更为直接。如 1973 年在贵州 18 个县的上海知青中家庭出身不好的"可教育好的子女"占到 19.9%,其中台江县甚至高达 43%,几近半数的知青家庭出身有问题,当然也因此受到各种各样特别的"关照"。[②]

① 姜义华:《上山下乡与知识青年》,载金大陆、金光耀主编:《中国知识青年上山下乡研究文集》,上海社会科学院出版社 2009 年版,第 369 页。
② 刘小萌:《"血统论"重压下的下乡知青》,载同上,第 119 页。

与此相同的是对知青的婚姻、病退问题的研究,对相关的政策、知青婚姻率、婚姻类型、病退中存在的问题等有细致而具体的探究。①而从事艺术史的学者则研究了包括美术和歌曲在内的知青文艺,展现了知青历史的丰富性。②在一些具体问题如知青婚姻上,历史学之外的社会学研究者也介入进来,虽然在研究的方法上与史学有所不同,但本质上也可看作是对知青时代的史学书写。

从已有的研究成果看,对知青时代的史学书写主要是由有知青经历的历史学者完成的,这与文学书写由知青作家完成是相同的。作为知青史的研究者,这些学者的优势是明显的,也是独特的。他们对知青生活有亲身的经历,对那个时代有切身的感受,又接受了正规的史学训练,因此在阅读各种各样的史料时不仅能够较为准确地把握其主旨,而且还能更敏锐地察觉到字里行间或者说文字背后所隐藏的信息,从而也就能够更贴近事实地将历史书写出来。

从20世纪50年代开始的上山下乡涉及近2 000万知识青年,整整一代青年在农村度过了生命中最难忘的青春时期。这些知青离开农村后都有倾诉的冲动和留下青春记忆的愿望,因此他们回城后以各种形式发表了难以计数的回忆文字。这些回忆文字也是一种历史书写。相比较带有专业色彩的文学和史学书写,可称之为对知青历史的民间书写。

对知青历史的民间书写可以1990年出版的北大荒知青的集体回忆录《北大荒风云录》为开端。在这之后,知青回忆自己的青春岁月似乎成为一种时尚,知青回忆录的出版势不可挡,至1998年"文革"中上山下乡三十周年形成一个高潮,与同时出现的史学书写高潮交相辉映。这些回忆录的作者们是散在各个领域的老知青,从事着不同的工作。就编写方式和内容而言,这些回忆录有以下乡地区为主体的,如《北大荒风云录》、《草原启示录》、《回首黄土地》等,有以不同的知青群体为主体的,如《无声的群落:大巴山老知青的回忆录》、《苦难与风流——老三届人的道路》、《青春方程式》(女知青)等。与文学书写和史学书写不同的是,民间书写在经历了高潮后并没有退潮。进入21世纪后,由于网络的兴起,出现了众多的知青网站以及知青自己办的刊物,刊登大量知青的回忆文字,对知青历史的民间书写又以一种新的方式在延续。从传统的纸本到网络,发表的门槛大大降低,又由于许多知青退休后有了更多的空闲时间,因此更多的普通人参与进来。

民间书写的内容包容万象,涉及知青时代的方方面面,但其主题离不开文学书写的两大主题,即倾诉苦难与讴歌青春。就第一个主题而言,这些回忆录记叙了知青在农村经历的各种艰难困苦。在林林总总的回忆录中,邓鹏主编的《无声的群落》尤其值得一提。这是一批"文革"前因出身不好被剥夺升学资格而被强迫下乡的老知青,他们所回忆的苦难人生是对"血统论"的有力批判。但总体而言,知青回忆录的叙述更多地偏向于第二个主题。四川省

---

① 史卫民:《上山下乡知识青年的"病退"、"困退"问题》;刘小萌:《下乡知识青年婚姻问题剖析》,载同上,第144—149、164—187页。

② 如杨健:《历史勾勒:内蒙古与东北的知青文艺》;戴嘉枋:《乌托邦里的哀歌:"文革"期间知青歌曲的研究》;王洪义:《知青美术源流述略》,载同上,第204—208、275—304、558—577页。

知青 1991 年在成都举办赴云南二十年回顾展时亮出的口号"青春无悔"表达了许多知青的情感,定下了他们回忆的基调。究其原因,首先,回忆录的撰写者虽不是知青作家那样的知青精英,但大多数还是后知青时代中的"成功者",他们有能力更有意愿去回首往事,并且因为个人的经历往往会将昔日的苦难转换成今日成功的必要铺垫,在两者间建立起明确的因果关系。一位后来成为理论工作者的知青就这样说道:"在我们今天的成功中,都能看到当年兵团生活的痕迹。"[①]其次,随着已经或即将步入晚年,老知青更愿意追忆已经逝去的青春,这是一种老人的情感和寄托,这之中也包含着他们对当今日益商品化时代的困惑和不满。这种情感在近些年的知青网站中更为明显。但是知青在追忆青春时不能没有自省和反思,因为他们的青春处在一个疯狂、荒唐的非常年代。已有不少知青对这种"无悔"式的追忆提出了尖锐的批判,如知青作家张抗抗说:"说什么'青春无悔'——一个人、一代人所牺牲和浪费的整整一生的时间和生命,是能用如此空洞而虚假的豪言壮语,强颜欢笑地一笔抹去的么?"[②]

从历史学的视角来看,民间书写的最大价值在于其提供了浩瀚丰富的关于知青时代的独特而珍贵的史料。知青历史的书写要关注高层决策、政策演变、国家权力的强力推进,也要关注知青在农村的生存实态和生命经历。这不仅是顺应眼光向下的社会史取向,也因为知青历史的主体就是千百万知青。政府文件、档案资料、报刊文章等是研究者通常使用的基本史料,但民间书写中有大量知青在农村生存实态的鲜活素材,这是前一类资料所无法提供的。即使一些老知青们缺少自省和反思的青春追忆,也是知青一代生命经历的真实反映,为后人书写知青历史提供了无法替代的史料。

以定宜庄、刘小萌撰写的两部《中国知青史》为标志的史学书写的第一波高潮已经过去十多年了,其间虽有一些知青历史研究的成果问世,总体上却进展缓慢。这主要是因为史料的搜集整理和开发利用的工作没有很好地开展起来,因此在整体上拖了研究的后腿。

二

关于知青史料,迄今已经整理并出版的只有寥寥数种。因此当务之急是做好史料整理工作,为对知青历史的深入研究奠定扎实的基础。

涉及知识青年上山下乡的史料,大致可分为各级政府在历史过程中形成的档案文件、地方志与统计年鉴等官方出版物、各种报章杂志、知青回忆录以及知青当年的日记书信等几大门类。其中档案文件的史料价值当然最高,最能反映从政府决策、政策执行到知青安置及知青在农村生活生产的各种情况,但这些档案大都没有经过系统的整理,有些甚至还未编目,且各级档案馆开放程度不一,研究者要对其全面利用目前尚有很大的难度。在这样的情况下,由各级政府组织编纂并汇集了许多官方资料和数据的地方志对于知青研究而言就有其

---

① 金大陆编:《苦难与风流》,第 138 页。这本书中的老三届讲述者大多数是在文化教育单位工作的老知青。

② 张抗抗:《张抗抗知青作品选》"自序",西苑出版社 2000 年版。

特殊而重要的价值了。

地方志的编纂在中国源远流长。"文革"结束后,一度中断的修志传统得到恢复。1977年起修志工作在少数县市率先开始,随即引起中央领导的高度重视,至80年代修志工作已在全国普遍开展起来,各地相继成立了省、地(市)、县各级修志机构。到2001年,全国规划的省市(地)县三级志书6 319部中已完成并出版的有4 789部,超过了75%。到2005年,全国第一轮修志工作宣告基本完成,完成规划志书的86.36%,其中省、市、县三级方志完成率分别为81.4%、77.3%、91%。①这数千部新编地方志是知青研究的史料宝藏。

资料性是方志的重要特征之一。在新方志的编纂过程中,各地都注重资料的搜集,尤其是1949年后资料的搜集都以政府档案为基础,因此,新方志中保存了大量包括知青上山下乡在内的珍贵的当代史资料。新编方志以省、地(市)、县三级政府为编写主体,同时在省、地(市)一级还编有专业志,如劳动志、青年志等。有关知青的史料最多出现在省、地一级志书的劳动志中,一般都有"知青上山下乡"的专编或专章,记录所属地区上山下乡的基本概况,其资料来源均为政府的档案文件。这部分的资料已引起不少研究者的关注,并在研究中予以使用。而劳动志之外的其他专业志中也包含有许多有价值的知青资料,尚未引起研究者的足够重视和关注。如铁路运输志、航运志中,就有运载知青奔赴边疆农村的次数、人数等统计;轻工业志、商业志中,就有按政策供应知青下乡用品的条款;教育志、出版志中,就有为知青举办函授教育、编辑知青读物的材料;司法志(或法院志、审判志、公安志)中就有关于上山下乡运动中刑事案件的信息,而这类档案在各地档案馆中许多都未能开放,因而更突显其史料价值。

迄今关于知青上山下乡的历史学研究,大都还是在全国的层面上展开。但知青上山下乡涉及全国各省、市、自治区,在各地显示出很大的差异性。北京、上海、天津等直辖市是知青上山下乡的主要输出地区,而黑龙江、陕西、内蒙、云南等地是知青上山下乡的主要接受地区。同为接受地区,上述各省区之间也有很大的不同,还有更多的省份如江苏省、广东省等,知青就主要在本省范围内下放和安置,这就使知青在各地的上山下乡带有各自的特点。就以我们接触的上海市知识青年历史文化研究会的老知青为例,同样去农村插队,在黑龙江边的一天可挣工分2元多,而在皖北的一天工分所得只有1角钱,两者相差在20倍以上。因此要进一步推进知青上山下乡运动的历史学研究,必须深入到省乃至县的层面,认真梳理各地知青上山下乡运动的历史事实,既要展现这一运动在全国层面的共性,更要揭示它在各地的特殊性,从而全面地反映这场在共和国历史上产生重要影响的社会运动。就此而言,新编地方志有其特殊而重要的价值。通过这些方志,我们可以看到全国各地省、地、县三级政府对上山下乡政策的具体执行及各地执行中的差异,看到知识青年在各地不同的生存状态以

---

① 巴兆祥:《中国大陆新方志编纂的成就及其存在的问题》,载台湾文献馆:《方志学国际学术讨论会论文集》,台湾文献馆2008年9月;田嘉:《在全国第二轮修志试点单位方志理论与编纂研修班上的讲话》,载《中国地方志》2005年第7期。

及与当地社会间的互动关系。而在对全国各地深入到县层面的知青上山下乡运动进行考察的基础上,就有可能整合出全国范围内更为全面的知青上山下乡运动的图景。

当然,最终完成的新编地方志存在着水平参差不齐的问题。这是因为各地新方志的编纂人员来自不同的背景,以前从事不同的工作,对方志编纂有着不同的认识和理解。就知青上山下乡而言,各地的新方志就出现了内容详略不一甚至缺漏的情况。在省志方面,因为有劳动志这样的专业志,所以知青上山下乡的内容一般不会缺漏。但内蒙古自治区除在劳动志中对知青上山下乡有记载外,还编有五十余万字的《内蒙古知识青年通志》①,以大事记的方式记载了从 20 世纪 50 年代起知青上山下乡在该区的历史进程。这是我们所见仅有的知青专志。在县志方面,记载知青的内容详略间的差异就很大了,有的列有专章,叙述达上万字之多,细列知青下乡人数、安置经费、劳动生活、入党入团、返城状况等,有的只在大事记中寥寥数句带过,也有的甚至不着一字。当然,内容的详略在一定程度上与各地接受和安置知青的情况有关,但也确实有遗漏记载的事例。如河南《兰考县志》没有关于知青上山下乡的记载,而据我们所知,至少有 20 多名红卫兵在"文革"期间从上海志愿到兰考县插队落户。因此,新编地方志尽管是有关知青上山下乡运动的史料宝藏,但仍有其先天不足之处。

全国新编省、地(市)、县三级方志有 6 000 余部,卷帙浩繁,数量庞大。就研究者个人而言,很难大范围地从这些方志中去寻找与知青上山下乡有关的资料。这也是为什么迄今只有个别研究知青史的学者利用过部分省级方志主要是其中的劳动志进行研究,而大量方志中有关知青上山下乡的史料还未能得到研究者利用的原因。此外,方志尤其是县志不像一般图书,流通范围有限,许多图书馆收藏不全,这也给查阅带来了不便。

有鉴于此,上海市知识青年历史文化研究会从 2010 年起酝酿启动对全国新编方志中有关知识青年上山下乡的资料进行辑录,希望以竭泽而渔、一网打尽的方式将这些资料汇编成《中国新方志知识青年上山下乡史料辑录》,以基础史料的建设来推进知青史的研究。这项工作从 2011 年 11 月下旬正式开始进行,由上海市知识青年历史文化研究会动员了 50 多名老知青和一些年轻人作为志愿者,从 6 000 余部方志中去查阅、复制有关知青上山下乡的资料。几十名老知青在上海通志馆和上海图书馆查阅了四五个月的时间,奠定了史料辑录这一浩大工程的基础。此后,上海市知识青年历史文化研究会又请一些北京老知青在国家图书馆补充查阅上海两馆缺漏的新方志。因此,没有这些老知青们的努力和付出就无法编出目前这套六卷本的资料集。

三

我们动议汇编这样一套大规模的知青史料,是因为我们相信这必将能推进知青史的研究,拓宽和深化对知识青年上山下乡运动的认识。在从新编地方志中辑录相关史料并对之

---

① 内蒙古人民出版社 2003 年版。

进行编辑的过程中,我们随机挑选了一些省份的方志,进行了初步的阅读,更坚定了我们的这一信念。以下我们从安置经费、动员政策、知青婚姻和与知青有关的案件等几个方面来看地方志中知青史料的价值,并通过这些史料来进一步讨论"文革"期间上山下乡运动中的相关问题。

关于知青上山下乡运动的安置经费。顾洪章主编的《中国知识青年上山下乡始末》记载道:"1962—1979 年,中央财政下拨的知青经费达 75 亿元之多,地方财政以及企、事业单位花的钱大体与中央财政下拨经费持平,合计不下 150 亿元。"①这部书使用的材料是国务院知青办的档案,具有很高的权威性。但该书所述知青安置经费是全国层面的,并没列出各省经费使用的具体情况。刘小萌的《中国知青史——大潮》中有专门的章节叙述知青安置经费,也没有涉及各省的经费数据。而各省、地(市)、县的方志,尤其是专业志如劳动志、财政志中就有这方面的详尽资料,这就使我们可以从省乃至县的层面上了解知青安置经费在各地实际使用的具体情况。例如,黑龙江省 1968 年至 1979 年间获得中央财政下拨上山下乡经费 78 766 万元,实际支出 113 441 万元(《黑龙江省志·劳动志》,本书第 1006 页)。广东省 1973 年至 1981 年间国家下拨知青安置经费 53 299 万元,实际支出 39 521 万元(《广东省志·劳动志》,见本书中南卷,第 3807 页)。陕西省 1962 年至 1979 年间国家拨付知青安置经费 19 738.9 万元,实际支出 17 556.7 万元(《陕西省志·劳动志》,见本书西北卷,第 1396页)。广西壮族自治区 1962 年至 1979 年间中央下拨知青安置款 16 888.8 万元,实际支出 14 872.2 万元(《广西通志·劳动志》,见本书中南卷,第 3998 页)。在上述四省中,只有黑龙江省的实际支出超出了国家的下拨经费,而其他各省都未使用完国家拨款。这一情况反映了全国的一般状况,据顾洪章《中国知识青年上山下乡始末》,1962 年至 1979 年间国家拨付知青经费达 754 297.1 万元,实际使用额是 657 896.7 万元。②而黑龙江省作为安置知青人数居全国第二、接受外省市知青最多的省份,且又地处边疆高寒地区,因此实际使用经费超出国家下拨的额度是可以理解的。

就知青安置经费的人均使用情况而言,各省间显示出较大的差异。黑龙江省 1968 年至 1979 年间知青安置经费人均使用约 613 元。安徽省 1967 年至 1979 年间知青安置经费人均使用约 396 元(《安徽省志·财政志》,见本书华东卷,第 2817 页)。浙江省 1968 年至 1979 年间知青安置经费人均使用约 278 元(《浙江省劳动保障志》,见本书华东卷,辑录第 2681、2677 页)。北京市 1968 年至 1980 年间在郊区安置知青 37 万人,人均安置经费约 486 元(《北京志·综合经济管理卷·劳动志》,见本书华北卷,第 25 页)。而在 1962 年至 1979 年间,陕西省和广西自治区的知青安置经费人均使用分别是 426 元与 388 元。这些数据显示出北方省份人均经费使用普遍高于南方省份,这是与中央政策规定相一致的,但黑龙

---

① 顾洪章主编:《中国知识青年上山下乡始末》,人民日报出版社 2008 年版,第 188 页。
② 同上书,第 264 页。

江省的人均安置经费超出国家 1973 年规定的北方各省每人 500 元的标准一大截(还没考虑生产建设兵团和国营农场人均经费 400 元的因素)。此外值得注意的是,即使在南方省份间在人均安置经费方面也有着明显的差异,如浙江省的人均经费是 279 元,而广西则是 388 元(广西还是 1962 年算起的平均数,而"文革"前的安置费要低于"文革"期间)。这种差异反映了什么问题,是各地政策制定和执行的原因,还是与社会经济发展的水平相关,这是需要做进一步研究的。

省区间的差异不仅出现在人均经费上,还出现在安置经费的具体使用上。1973 年,中央提高知青安置补助标准,规定城镇知青回乡、插队和到集体所有制场队的,南方各省每人补助 480 元,北方各省每人补助 500 元;到生产建设兵团和国营农林场的每人补助 400 元。但各省对安置费的实际使用有不同的规定。以安置费中占比例最大的建房补助而言,广东是 250 元,山东是 230 元,湖南是 220 元,北京、浙江和福建都是 200 元。生活补助的差异就更大了,北京、福建是 200 元,山东、浙江是 170 元,湖南是 140 元,广东是 100 元。而这些生活补助费具体如何发放各地更有着很大的不同。

不仅省区间在使用知青安置经费方面显现出很大的差异,即使在一个省区内,各县间的经费使用情况也各不相同。如在广西壮族自治区,多数县实际使用的知青安置经费按人均计算在 200 多元,如苍梧县的 231 元,钦州县的 242 元,罗城仫佬族自治县的 246 元,但武鸣县却高达 444 元。类似的情况也出现在福建省,该省多数县实际使用的知青安置经费按人均计算在 300 多元,如连江县和大田县的 338 元,上杭县的 353 元,建瓯县的 367 元,但高的如长汀县却达到 531 元,而低的如清流县是 251 元,政和县是 217 元,永定县则只有 158 元(以上数据均根据各县县志统计)。各县之间的差异与省区之间的差异一样也需要我们做进一步的研究,而对其原因的探究和剖析,必将丰富我们对知青上山下乡的认识。

与知青安置经费相关的是知青输出城市对知青接收地区的物资支持。《上海青年志》记载,1968 年至 1973 年上海市对接收上海知青的省、区提供价值 1 600 多万元的物资。到 1975 年,上海市给在各地知青提供大小拖拉机 7 000 余台、拖斗 800 余只、各类汽车 50 余辆,以及柴油机、发电机、电动机、变压器、水泵和各种建筑材料等物资,价值 5 500 万元,还提供无息贷款 500 万元,最后全部免予归还。(见本书华东卷,第 2220 页)这一情况在接收地的方志中也有反映。《巢湖市志》记载,在接收上海知青期间,上海支援巢县无息贷款 4.7 万元,先后拨给 3 批支援物质,有缝纫机、拖拉机、变压器、柴油机等,帮助社队增加收入,减轻安置负担。(见本书华东卷,第 2885 页)知青输出地对知青接收地的支持,是知青史研究中一个十分重要的课题,但尚未引起足够的重视,同时这也是研究"文革"期间城乡经济关系的重要切入点,方志中的相关资料理应得到关注。

关于上山下乡运动的动员政策。1968 年 12 月毛泽东发出"知识青年到农村去,很有必要"的号召后,全国兴起了动员中学毕业生上山下乡的高潮。高潮之初各地大都采取了"一片红"、"一刀切"的做法,随后一些地方相继有政策出台,规定了可以不动员下乡的范围。但各地的政策在出台的时间和规定的范围上又有不同。

根据我们对方志资料不全面的初步的查阅,安徽省铜陵市最早出台相关政策。该市在1969年即还在毛泽东指示发出后的动员高潮中,就明确规定了可不动员下乡的中学毕业生的范围,涉及病残和家庭困难两个方面。病残方面为身体残废或不易治疗的疾病如驼背、跛腿、癫痫、心脏病、高血压、脑震荡等,严重慢性病和传染病可暂缓下乡,治愈后继续动员。家庭困难方面为父母双方丧失独立生活能力,或上有老(祖父母年迈)下有小(弟妹年幼),家中又无经济来源的,可不动员;与上述情况相同但有经济来源的,可暂缓下乡(《铜陵市劳动志》,见本书华东卷,第2852页)。可不动员和暂缓动员的范围列得非常具体。

1972年,一些省份或城市也出台了这方面的政策。广东省在该年动员城镇知青上山下乡的通知中明确,除根据国家规定和计划,继续升学、患严重疾病或残疾者,独生子女、多子女家庭身边只有一个子女及家庭有特殊困难的不作为动员上山下乡对象外,其余都动员上山下乡(《广东省志·劳动志》,见本书中南卷,第3803页)。同年,吉林省明确提出"五种人"可不动员上山下乡:独生子女;本人患有严重疾病难以治愈,不能参加农业生产劳动的;家庭有特殊困难的(父母严重疾病生活不能自理,无人照顾的;父母双亡,遗留下来的弟妹无人照顾的);多子女身边只有一个子女的;中国籍的外国人子女、华侨子女(《吉林省志·劳动志》,见本书东北卷,第825页)。广东省虽无"五种人"的概念,但实际上可不动员上山下乡的对象也是"五种"。两省间的不同在于广东的第一类"根据国家规定和计划继续升学"和吉林的第五类"中国籍的外国人子女和华侨子女",其余四类则基本相同。同年哈尔滨市也有"五种人"不下乡的明确规定,具体为:烈士子女;多子女下乡,身边只留一个子女的;独生子女;身体严重病残的;是家中唯一劳动力的,有特殊困难离不开的(《哈尔滨市志·劳动、人事、档案》,见本书辑录东北卷,第1033页)。与吉林的不同是将"中国籍的外国人子女和华侨子女"换成了"烈士子女",并且列在首位。北京市也在同年出台了相关政策,只是对象不是中学毕业生,而是已下乡的知青。市劳动局规定:一、知青父母年迈多病,或患严重慢性疾病,生活不能自理而北京又无亲人照顾的,可允许一人回京落户;二、知青下乡后父母死亡,弟妹年幼需照顾的,可允许一人回京;三、在郊区插队落户的居民,其子女在外地插队,家中没有劳动力造成生活困难的,可允许子女一人随父母落户;四、下乡青年因工致残,要求转回北京落户的,应由接受地妥善安置,对于本人生活不能自理家长坚决要求回京的,可以回京(《北京志·综合经济管理志·劳动志》,见本书华北卷,第23页)。地方出台的这些政策表明,在"一刀切"的大规模动员知青上山下乡后,出现了一些急需解决的实际问题,因此有些地方的政府率先制定了相关政策。

到知青政策大规模调整的1973年,中央也注意到这些问题,于是在8月颁发的《关于知识青年上山下乡若干问题的试行规定草案》中规定:"病残不能参加农业劳动的,独生子女,多子女身边只有一个子女的,中国籍的外国人子女,不动员下乡",以后又增加了家庭有特殊困难的,这样就明确了不动员下乡的五种人。该中央文件还规定"归侨学生下乡的,主要安排到华侨农场。矿山井下、野外勘探、森林采伐等行业补充减员或按国家计划增加工人时，可由退休的职工子女顶替，或者从本单位职工的子女中招收。"①在这之后，各省都根据中央文件制定了相应的政策，但各省间仍有些不同。如湖南省对病残不能参加农业劳动的、独生子女、多子女身边只有一个子女的中学毕业生，增加了需经群众评议、领导批准后方可留城的规定（《湖南省志·综合经济志·劳动》，见本书中南卷，第3614页）。而山东省在1973年的规定中没有将中国籍外国人子女和归侨学生列入，这一类人要到1979年上山下乡运动将结束时才列入不动员的范围（《山东省·劳动志》，见本书华东卷，第2340页）。

通过以上根据方志资料对有关知青上山下乡动员政策调整情况的梳理，我们看到面对上山下乡运动中出现的具体问题，首先是地方政府出台政策予以解决。虽然我们尚无法确知1973年8月中央文件的具体制订过程，但从其内容看，受到吉林、广东等地已出台政策的影响则是显然的。而在中央文件下达后，各地在贯彻执行过程中的差异，则再次提醒我们从区域史的角度切入是推进知青史研究的重要途径。

关于知青婚姻。婚姻问题是当年知青上山下乡数年后面临的十分现实的问题，也是当今知青史研究中的重要课题。刘小萌在《中国知青史——大潮》中专列一章讨论知青婚姻问题，其中根据国务院知青办和一些地方知青办的文件所提供的数据讨论了知青婚姻率和知青婚姻类型，指出已婚知青从1974年后逐年增长，到1977年达到最高峰的全国86.1万人，占全部在乡知青的10%，其中国营农场知青的已婚率高于插队知青的已婚率。这之后已婚知青人数虽在下降，但占在乡知青人数的比例却在上升，1979年达到15.3%。他还指出，知青婚姻存在三种类型，知青与农民结婚是主导型，其次是双知青类型，再后是知青与职工类型。②这是目前从历史学角度对知青婚姻问题所做的最为详实的研究。我们查阅方志中的知青史料，发现有不少关于知青婚姻的资料，可以对刘小萌所叙述的知青婚姻状况做进一步的补充，并可拓展对这一问题的讨论。

《陕西省志·劳动志》记载1978年该省已婚知青2 514人，占在乡知青人数的1.4%（见本书西北卷，第1395页），这一比例远低于该年全国已婚知青13.2%的比例。广东省的情况则不同，1981年底在农村的已婚知青12 471人，占在乡知青人数的44.0%（《广东省志·劳动志》，见本书中南卷，第3809页），当然这样的比例与大批知青已经返城有关。湖南岳阳市1977年已婚在乡知青3379人（《岳阳市人口志》，见本书中南卷，第3671页），当年全市在乡知青约4万，已婚知青的比例约为8%，这要比陕西省的比例高，也接近全国10%的比例。同在湖南的零陵地区1979年末有396人与当地农民结婚，占该地区在乡知青人数的3.4%（《零陵地区志》，见本书中南卷，第3724页），当然知青的实际结婚人数还应高些，因为这一数字并没有包括知青间结婚和知青与职工结婚的人数。福建永安县1974年有已婚知青282人（其中

---

① 见宋永毅主编：《中国文化大革命文库》。

② 刘小萌：《中国知青史——大潮》，第510—512、867页。

男知青 111 人,女知青 171 人),当年该县在乡知青约 4 000 人左右,已婚知青约占 7%。1978 年,已婚知青人数增加到 412 人(生育孩子 626 人),占当年在乡知青 3 198 人的 12.8%(《永安市志》,见本书华东卷,第 3277—3279 页)。永安县的知青结婚率与全国同年份的数据基本相同。有些地方的方志因为相关数据的不完整,难以较为全面地反映在乡知青的婚姻率,但这些数据本身还是有意义的。如《铜陵市劳动志》记载到 1977 年有 130 多人(见本书华东卷,第 2856 页)在铜陵县农村结婚安家,而该县至 1977 年共接受安置知青 8 988 人。

在查阅方志的过程中,我们发现浙江省知青婚姻情况与其他省区有着明显的不同,需要特别提出来予以讨论。1978 年浙江省内有 4 万余名农婚知青,即同农村青年结婚的知青。1967 年至 1979 年间浙江全省安置知青的总人数是 48.09 万人,去除到 1978 年时已经抽调离开农村的知青,此时还在乡知青已不到 30 万人,已婚知青的比例与当年全国已婚知青 13.2%的比例相仿。但在农婚知青较多的绍兴县则已婚知青的比例要高得多,1978 年底该县有农婚知青 6 296 人,占在乡知青 33%(《浙江省劳动保障志》,见本书华东卷,第 2684 页)。余姚县 1964 年至 1978 年在本县共安置知青 16 221 人,1979 年下乡知青与农民结婚的有 3 070 人,即使不去除已在此前离开农村的知青和其他方式结婚的知青,农婚知青的比例也高达 19%(《余姚市志》,见本书华东卷,第 2744 页)。知青上山下乡运动结束后,为解决农婚知青问题,浙江省于 1980 年规定与农村社员结婚的女知青可将一名子女的户口从农村迁至城市,即"农转非"。1984 年又规定与农村女青年结婚的男知青也可将一名子女"农转非"。因此,知青子女"农转非"的数字也反映了知青的婚姻状况。在农婚知青较多的绍兴地区,到 1989 年办理农婚女知青一名子女农转非 5 785 人,办理农婚男知青一名子女农转非 9 592 人,共计 15 377 人(《绍兴市志》,见本书华东卷,第 2746 页)。而绍兴地区至 1977 年安置知青约 51 000 余人,农婚知青的比例为 30%,这还没有包括与非农民结婚的知青。这里显示的农婚男知青远多于农婚女知青的数据,也与通常认为女知青与男农民结婚要多于男知青与女农民结婚的看法不同,值得做进一步的分析和讨论。

根据目前掌握的材料,我们可以说浙江是知青结婚率最高的省份。要对浙江知青婚姻的这一状况做出符合历史实际的科学解释,尚需发掘更多的资料,包括对知青开展口述调查,但从方志中我们也可以找到初步的答案。浙江省知青上山下乡的一个特点就是本省甚至本县安置的多(省会城市杭州有所不同)。如农婚知青多的绍兴县,1969 年至 1979 年间共动员 33 422 名知青下乡,其中 25 207 名在本县农村插队,高达 75%(《绍兴县志》,见本书华东卷,第 2757 页)。余姚县至 1978 年共在本县动员 12 800 名知青,其中只有 1 232 人去边疆,491 人安置在浙江生产建设兵团,其余都在本县农村,留在本县的比例比绍兴县还要高。由于在本地插队,不像远赴边疆举目无亲,少了陌生感的知青没有背井离乡的感觉,较容易融入本地农村社会。而且因为在本地,亲戚关系、熟人关系也使得知青与青年农民之间以及知青与知青之间更容易建立起恋爱关系。此外,浙江省投亲靠友插队的知青比较多,绍兴、余姚一带的农村经济状况相对较好,城镇与乡村间的经济水平、生活方式、风俗习惯等并不存在明显的差异,都是不容忽视的重要因素。

关于知青结婚的类型,刘小萌在他的书中根据《吉林省劳动志》、河北保定地区知青办的资料和吉林省知青办关于怀德县的资料这三份材料做了梳理,并指出这方面的资料比较缺乏。方志中相关的材料也并不太多,因此发现的少数资料更值得引起重视。前引福建《永安县志》对知青上山下乡记叙甚详,1974 年该县 282 名已婚知青中,与干部职工结婚的 75 人,与农村社员结婚的 72 人,知青间结婚的 96 人,与其他人结婚的 39 人。(见本书华东卷,第 3277—3278 页)其中知青间结婚人数最多,但三种类型的婚姻相差并不太大。由于这只是一个县的数据,也许不能说明太多的问题,可能是一个特例。根据《淮北市志》的记载,1979 年有已婚知青 236 人(市郊 28 人,濉溪 208 人),其中与城镇职工结婚 69 人,与农场职工结婚 4 人,知青互婚 6 人,与社员结婚 157 人(见本书华东卷,第 2829 页),显示出与农民结婚超过了半数,与大多数地方的情况相同,但知青间结婚的比例却很低。

关于与知青有关的案件。上山下乡运动中涉及知青的刑事案件或曰知青受迫害问题,在各级方志尤其是司法志、法院志、审判志等专业志中有不少记载,提供了许多有价值的资料和具体的数据。由于相关的档案资料在大多数地方都未开放,因此这些资料对研究者而言更显其重要价值。

首先是关于案件的数量和类型。据浙江省 1979 年底的统计,到上山下乡运动结束时全省共发生破坏上山下乡案件 2942 起,其中属于一类案件(即迫害女知青案件)2557 起,其中强奸、轮奸 531 起,奸污 1906 起,猥亵、侮辱 99 起,诱逼婚 31 起,占案件总数 86.9%,受迫害人数 3248 人;属于二类案件 385 起,其中杀人 38 起,毒打迫害 118 起,偷盗骗 167 起,打击报复 10 起,纵火、放毒 4 起,贪污 8 起,教唆 40 起(《浙江省劳动保障志》,见本书华东卷,第 2679 页)。湖北省从 1968 年至 1973 年上半年,判处了"强奸、迫害下乡知识青年"案件罪犯 453 名。其中天门县此类案件中,强奸、轮奸、奸污女知青 133 件,占 66.4%。1973 年中央要求各地严查迫害知青问题,当年全省判处 544 名此类案件的罪犯,超过了前几年的总数。1974 年又超过了 1973 年,全省判处此类案件罪犯 683 名,其中杀人犯 17 名,强奸犯 96 名,轮奸犯 43 名,奸污犯 480 名,打击报复、伤害犯 21 名(《湖北法院志》,见本书中南卷,第 3525 页)。陕西省在 1970 年到 1973 年 8 月间发生迫害下乡知青案件 621 起,其中奸污女知青案件占 88%(《陕西省志·政务志》,见本书西北卷,第 1386 页)。吉林省在 1970 年至 1973 年间,共处理强奸女知青案 726 起,判处罪犯 596 名(《吉林省志·审判志》,见本书东北卷,第 818 页)。1969 年至 1972 年间北京市在市郊农村发现迫害知青案件 76 起,其中奸污迫害女知青 71 起,捆绑吊打 3 起(《北京志·综合经济管理卷·劳动志》,见本书华北卷,第 20 页)。上述各省市的统计数据显示,在迫害知识青年的案件中,涉及迫害女知青即所谓的一类案件占了绝大多数。

各地方志中还有与知青上山下乡有关的其他案件的信息。1973 年辽宁省在对安置经费进行清理过程中发现,国家下拨的 22 011 万元经费中有 817 万元被侵占、挪用、贪污、私分(《辽宁省志·财政志》,见本书东北卷,第 611 页),其中 479 万元是知青安置经费(《辽宁省志·劳动志》,见本书东北卷,第 628 页)。湖北汉阳县到 1973 年为止国家下拨知青安置经费 236.3 万元,被贪污挪用 38.2 万元(《汉阳县劳动志》,见本书中南卷,第 3557 页)。"文革"期间广东沿海地区许多知青"偷渡"香港,《惠州市志》提供了这方面的资料。1971 年春季全地区 1 120 人偷渡,其中知青 862 人,占 77%。惠阳、东莞、博罗等县的偷渡人员中,知青占 80%。虽省委要求坚决遏止,但收效不大(见本书中南卷,第 3872 页)。

方志中关于案件的第二类资料是涉案人员被判刑情况及他们的身份。上述湖北省 1974 年判处的 683 名案犯中,判处死刑(包括死缓)及无期徒刑的有 20 名。这些案犯中有农民 303 人,基层干部 118 人,工人 102 人,国家工作人员 62 人。吉林省在 1970 年至 1973 年间判处的 596 名案犯中,死刑 14 名,死缓 5 名,无期徒刑 15 名,5 年以上有期徒刑 243 名,5 年以下 171 名,监外执行 148 名,此外还批评教育处理了 148 名。安徽省在 1970 年至 1978 年间共审结了 4 357 件破坏上山下乡案件,判处了 4 562 名案犯,其中死刑 34 人(最多年份的 1973 年死刑 9 人)。案犯中农村社员最多为 901 人,其次是基层干部 593 人,国家工作人员 385 人,工人 348 人,五类分子 44 人(《安徽省志·司法志》,见本书华东卷,第 2789—2799 页)。在浙江省发生的 2557 起一类案件的案犯中,国家工作人员 241 人,基层干部 669 人,工人 427 人,社员 892 人,其他 406 人,合计 2 635 人(其中党员 718 人);385 起二类案件的案犯中,国家工作人员 9 人,基层干部 54 人,工人 43 人,社员 198 人,其他 140 人,合计 444 人(其中党员 38 人);所有这些案犯的最后处理是:死刑 28 人,死缓 27 人,无期 13 人,10 年以上 322 人,6—9 年 460 人,5 年以下 592 人,缓刑 98 人,戴帽管制 259 人,党纪行政处分 638 人,其他 642 人,合计 3 079 人。有些县志中也有相关的材料。如广东省海丰县 1973 年查处奸污女知青案件 14 起,14 名案犯中国家干部 8 人,大小队干部 3 人,群众 3 人。此外还有逼婚、诱奸 4 起(《海丰县志》,见本书中南卷,第 3904 页)。从案犯的身份来看,农民或称农村社员列在首位,其次是基层干部或国家工作人员。

上述资料也显示,对迫害知识青年案件,各地在 1973 年都根据中央指示加大了打击力度。湖北省法院该年对已判处的 398 件案进行检查,发现其中判刑畸轻的 68 件,偏轻的 44 件(《湖北法院志》,见本书中南卷,第 3525 页)。对于研究者来说,自然会发问,在这样的情况下是否会出现判处过重的倾向呢?《安徽省志·司法志》的编纂人员在记载下迫害知识青年案件的各种数据后,写道:"由于存在'只要路线对头,不怕政策过头'的思想,一度出现多判重判的倾向。"(见本书华东卷,第 2798 页)虽然没有具体的数据,却透露出有关知青案件的判处存在过重的偏差。这类叙述在方志中并不多见,却应该引起研究者的重视。

一些方志中还有上山下乡期间知青在农村的死亡人数。如吉林省在 1974 年至 1980 年间,知青死亡 741 人,其中因病 371,因劳动伤害、火灾、电伤、车祸、他人伤害、自杀等 370 人(《吉林省志·劳动志》,见本书东北卷,第 832 页)。陕西省在 1974 年至 1979 年间,知青死亡 583 人,其中非正常死亡 447 人(《陕西省志·劳动志》,见本书西北卷,第 1395 页)。

四

通过对新编地方志中知青资料的解读及对相关问题的讨论，这套资料集的史料价值已得到充分的展现。在解读这些史料的过程中，我们对如何用好这套资料集来进一步推进知青史的研究有一些初步的想法，提出来就教于学界同行和知青朋友。

全面系统地使用方志中的知青资料能帮助我们发现知青史研究中被忽略或者还没有引起重视的问题。例如浙江省尤其是绍兴地区知青婚姻率远远高于全国平均水平的情况，在已有关于知青婚姻的研究中，就还没有学者注意到这一现象。本资料集辑录了各地方志中600万字的知青资料，时间跨度从20世纪50年代中期上山下乡开始一直到80年代初知青返回城市，空间上涵盖了大陆所有的省区和绝大多数的县，其中像浙江知青婚姻率这样尚未被注意的问题肯定还会有。我们希望大家在使用过程中一起来发现新问题，因为发现新的问题预示着研究的新进展和新突破。还有些问题虽已被研究者意识到，但以往因为资料的缘故而难以着手推进，现在有了这套资料集则有望取得进展。例如关于全国各省区知青上山下乡的人数以及跨省区上山下乡的人数，顾洪章的《中国知识青年上山下乡始末》提供了以省为单位的权威数据。但依据方志资料就可以将相关的数据细化到专区乃至县的层面，并可以进一步了解不同的专区或县安置本地知青和外来知青的具体人数和比例，从而对全国知青安置的地域特点有更深入细致的把握。有些方志中还提供了知青中男女比例的数据，这对于从性别史角度来研究知青史也是重要的资料。但正如我们已经指出的，各地方志编纂的水平有参差，对知青上山下乡的记载详略不一，而且由于方志编纂过程中各地并无统一的标准，因此统计的口径不尽相同，相似的数据在不同的志书中可能无法完全对应，这些都是我们在使用方志知青史料时必须注意的。在条件许可的情况下，应该将方志中的知青史料与其他类型的资料结合起来使用，以弥补方志知青史料的不足，更好地推进知青史的研究。

新编地方志相当系统地提供了全国范围内从省、专区到县的知青上山下乡史料，从而提供了从区域史角度切入来深化知青史研究的可能性，而这也完全有可能成为知青史研究的一个新趋向。中国是一个幅员辽阔、人口众多、地区差异很大的国家。即使在毛泽东时代国家权力高度集中，计划经济体制影响到社会生活的方方面面，地区差异性依然显著地存在着，也因此同一项国家政策在不同地区的推行并不总是完全相同的，在不同人群中也会产生不同的影响。我们根据部分省区的方志资料对知青安置经费和上山下乡动员政策的考察，已经显示出省与省之间以及同一个省内县与县之间所存在的差异。当然省与省之间和县与县之间的差异不仅仅体现在这两个方面，因此对知青上山下乡区域性差异的揭示，以及对各种差异原因的探究应该是今后着力推进的方向之一。

从区域史角度来深化知青史研究的另一层意义是拓宽研究的范围，关注全国各省区的知青上山下乡运动。在知青史的研究以及关于上山下乡的各种书写中，关注的重点大都是北京、上海、天津、四川等知青主要输出地和黑龙江、云南、内蒙、陕西等知青主要接受地,广东虽是本省安置的,但因为有广州这样的大城市,也受到较多的关注。这些省市得到重点关注是可以理解的,但因此而轻视或忽视其他省区则是不应该的。参与本资料集编辑的一位青年学者根据青海省的方志资料对青海知青的人数及地区分布做了研究,对已公布的知青人数有所订正,并在一次知青学术报告会上谈了自己的研究结果,但却被有的老知青质疑研究青海知青意义何在。我们指导的一位学生用江苏省的方志资料对该省知青安置问题作了研究,也被质疑江苏省在知青上山下乡运动中是否具有典型性。这种质疑的前提是将北京、上海和黑龙江等地作为上山下乡运动中的典型地区来看的。如果我们将上面提及的9个省市作为知青上山下乡运动中有意义的“典型地区”的话,它们所涉及的知青人数一共是726.51万人,占全国1 791.98万下乡知青人数的40%左右(据顾洪章《始末》的数据)。由此我们认为,占约60%知青人数所在的20个“非典型”省区是有其不应忽视的“典型”意义的,至少它们不该成为“沉默的”多数。在推进知青区域史研究的基础上,还可以进一步开展各省区知青史的比较研究,为全景式地、立体地把握中国知青上山下乡运动的历史奠定基础。

就一个专题对全国省、专区和县三级地方志进行资料辑录工作是史料建设的大工程。地方志作为史料在史学研究中一直受到重视。史学工作者通常围绕自己的研究主题,从相关地区的方志中寻找关联史料,将其作为基本史料的一种来使用。但当我们将与知识青年上山下乡有关的史料从全国三级地方志中竭泽而渔、一网打尽式的辑录并汇编后,仍然仅仅使用传统的历史学方法来利用这样的资料显然是不够的。面对这套数量庞大、信息丰富的资料集,我们应该在历史学方法之外,使用和借鉴其他学科尤其是社会学和统计学的方法,对其中包含的所有知识青年上山下乡的信息在分门别类的基础上进行综合的处理,也许在此可借用一下流行语,即用“大数据”的方法对全国范围内省地县三个层面上的相关信息进行综合的处理和分析,并在此基础上提出新问题,讨论新问题,从而将知青史的研究推进到一个新的水平。

四年前,当本资料集的辑录工作刚启动时,老知青志愿者们将从数以千计的方志中一本一本地查找、一页一页地翻阅,从中辑录知青资料比作是“搬砖头”,期待着这一块块砖头最终构建起一座知青史料的大厦。如今,这座600万字的知青史料大厦终于建成了。如果我们将知青史的研究也比作一座大厦,那这套六卷本的资料集也只是构建这座大厦的一块砖头,我们希望这块砖头能成为这座大厦坚实的基石。这,就是我们和几十名老知青与年轻的志愿者几年来辛勤工作的动力所在。

金光耀　金大陆

2014年沪上盛夏之中

凡　例

一、本资料集是一部有关知识青年上山下乡的专题资料集。所有资料辑录自 20 世纪 80 年代以来编纂出版的省市(地)县三级地方志(包括专业志)。

二、本资料集涉及的知识青年上山下乡起自 1955 年,止于 1980 年。但 1980 年以后关于知识青年返城安置、落实知识青年政策等内容也予收录。

三、省市(地)县三级地方志中凡有关知识青年上山下乡的资料均予收录,但无实质性内容的一般性叙述则不收录。同一本志书中出现内容重复的叙述,则取较详尽的一条。

四、知青人物主要依据其在上山下乡期间的经历予以收录。若某人因后来的行政级别或其他事迹而非因知青经历收入地方志,则一般不予收录。

五、本资料集按行政区划进行编排。行政区划的顺序参照了 1977 年版《辞海(修订稿)》的《地理分册·中国地理》。

六、同一省份和同一市(专区)的专业志按卷数的先后排序。

七、辑录资料均按方志原貌,除少数明显的文字排印错误外,不做改动。须添增词语以使信息完整时(如原书用"同月"或"同年",补确切的月份或年份),所添增词语用楷体字加括号标出。

华 北 卷 目 录

北京市

天津市

河北省

山西省

内蒙古自治区

北京市

《北京志·综合卷·人口志》

北京市地方志编纂委员会编著,北京出版社2004年

1966年—1969年间,由于大批干部和知识青年上山下乡,城区和近郊区人口大量减少,全市人口从1965年的776万人,下降到1969年的768万人,减少8万人,其中1966年、1968年、1969年均出现人口的负增长,形成北京市人口增长的第二个低谷。

1970年—1979年的10年间,北京市人口从768万人上升到871万人,增加了103万人,平均每年增加10.3万人。这一时期下放干部和知青陆续返京,人口增长速度加快,同时,计划生育工作得到加强,人口出生数量开始得到控制。所以增长幅度虽然高于60年代,仍低于50年代。

(《概述》,第3页)

1977年后,面对大量知识青年待业问题,北京市委和北京市政府采取一系列搞活经济,广开就业门路新措施,缓和就业压力。1979年—1982年,全市共安置待业人员80万人。

(第二篇第二章《在业人口与不在业人口》,第144页)

"文化大革命"期间,对初、高中毕业生主要是组织上山下乡,待业人数无记载,直到1978年才开始统计。1978年待业人员13.3万人,其中上山下乡后回城的知识青年9.8万人。1979年全市有40万人需要安排工作。其中1977年以前未分配工作的初、高中毕业生10万人,1978年初、高中毕业生20万人,在郊区和外地插队知识青年回来的5万人,大、中专毕业生1万人,复员转业军人1万人,落实政策回城的2万人,刑满释放、解除劳动教养的0.5万人。

(第二篇第三章《在业人口与不在业人口》,第179页)

1979年10月13日,北京市知识青年办公室(简称知青办)发出《关于改变下乡知识青年病退、困退审批权限的通知》。规定北京市下乡知青病退、困退回京落户由原各区、县知青办审批改为市知青办审批。

(第三篇第二章《户籍管理》,第289页)

《北京志·综合卷·人民生活志》

北京市地方志编纂委员会编著,北京出版社2007年

在知识青年上山下乡的浪潮中,从1968年8月到1971年6月,北京市的初、高中毕业生被送到黑龙江、山西、内蒙古等地和北京郊区插队、插场的达25万多人,加上分配到农村工作和自愿回乡的知识青年共41万多人。到"文化大革命"结束,累计达70万人。知识青年上山下乡涉及千家万户,再加上大批机关干部下放农村和到"五七"干校劳动,影响相当一

部分城镇居民家庭的正常生活。 （《概述》，第 12 页）

1978 年末，北京市城镇就业人口 282.4 万人，就业面 60.5%。待业人员 40 万人，其中主要是"文化大革命"期间"上山下乡"返城的知识青年。 （《概述》，第 14 页）

为了给应届高中毕业生和大批下乡返城知识青年更多进入高等学校学习的机会，北京市政府于 1978 年组织创办了一批大学分校。 （《概述》，第 23 页）

中共十一届三中全会做出全党工作的重点转移到社会主义现代化建设上来的战略决策。当时北京市正面临着繁重的众多人员的就业安置问题。1979 年初，北京市待业总人数达 40 万人，占当时城镇居民总数的 8.6%，主要是"文化大革命"期间上山下乡而后返京的知识青年。中共北京市委、北京市政府积极发展城镇集体所有制经济，广开就业门路，组织待业知识青年合作开办小型商业、服务业、修理业等措施，帮助知识青年解决就业问题。同时组织了以发展集体经济和安置待业青年为主要职能的北京市城市生产服务合作总社，当年即安置了 12.3 万名知识青年就业。如宣武区大栅栏街道干部组织 25 名待业青年，借款 1 000 元，在前门箭楼西侧的马路旁摆起了茶水摊，卖 2 分钱一碗的茶水，到 20 世纪 80 年代，发展成拥有固定资产近千万元的"大碗茶"商贸公司。 （第一篇第一章《城镇居民收入》，第 50 页）

1983 年 4 月，北京市按照国务院批准劳动人事部《关于企业调整工资及改革工资制度的报告》的规定，自 1983 年 10 月起，对企业职工工资进行调整。这次升级范围比较大，1983 年 9 月 30 日以前的正式职工及原上山下乡插队满 5 年以上的城镇青年都在调资范围之内。

（第一篇第一章《城镇居民收入》，第 51 页）

"文化大革命"期间，……小学基本停顿，至 1967 年 12 月，全市已有 46 万 7 至 8 周岁儿童未能入学。两届小学毕业生 32 万人未能升入初中。大量初中毕业生和高中学生，根据当时提出的关于知识青年到农村去，接受贫下中农再教育的要求"上山下乡"，在校学生减少。1968 年完全中学和高中学校骤减至 62 所，1969 年再减至 31 所。

（第三篇第一章《教育》，第 396 页）

"文化大革命"结束后，北京市的各类教育事业逐步恢复。1977 年，高等院校恢复了全国统一招生考试。针对广大知识青年和应届高中毕业生迫切要求进入高等学校学习的愿望，北京市于 1978 年利用地方的人力、财力，在各高等院校的支持下，创办了大学分校 36 所，当年共招生 16 043 人，大大缓解了当时北京广大青年求学的困难，受到了学生家长、高中毕业生和社会知识青年的衷心拥护。 （第三篇第一章《教育》，第 397 页）

中共十一届三中全会以后,"文化大革命"期间上山下乡的知识青年陆续返京。一些已到法定婚龄的男女先后成婚,形成结婚高峰期,结婚率逐年上升 1978 年结婚率为21.3‰,1979 年上升为 31.46‰,1980 年又上升为 34.65‰,到 1981 年,结婚率高达 44.52‰。

（第三篇第四章《婚姻与家庭》,第 460—461 页）

"文化大革命"期间,由于知识青年上山下乡和一部分干部下放外地劳动,到 1976 年,户均人口降为 4.34 人。　　　　　　　　（第三篇第四章《婚姻与家庭》,第 466 页）

"文化大革命"期间,北京市应届初、高中毕业生,绝大部分上山下乡参加农业劳动。1979 年,上山下乡知识青年陆续返京等待安排工作,加上未分配工作的初、高中毕业生,需要就业的待业青年约有 40 万人。当时尚未建立失业保险和对失业人员生活困难实施社会救济的制度。　　　　　　　　　　（第四篇第二章《劳动保障》,第 493 页）

《北京志·地质矿产、水利、气象卷·水利志》

北京市地方志编纂委员会编,北京出版社 2000 年

1974 年初,北京市水利气象局为培养热爱水利事业,有一定文化水平和专业技能的青年充实水利职工队伍,决定抽调干部和工人,并聘请兼课教师和实习指导教师,在昌平县龙山创办北京市水利技工学校。学校筹办初期,组织教职工参加建校劳动,派出干部、教师分赴京郊各区、县,从插队知识青年、回乡及青工知识青年中招收学生 200 人。经过两个多月的紧张筹备和招生,学校于 4 月 20 日正式开学,开办了水利施工、机械维修、水利勘探、汽车驾驶 4 个技工班,每班学生 50 名。　　　　　　（第七篇第二章《教育》,第 469 页）

《北京志·政务卷·民政志》

北京市地方志编纂委员会编著,北京出版社 2003 年

1968 年各街道成立"革命委员会",建立街道党委。……"革命委员会"的任务,主要是"以阶级斗争为纲",落实"对资产阶级的全面专政",其他方面还有:动员知识青年上山下乡和困退、病退工作……　　　　　　（第一篇第一章《基层政权建设》,第 26—27 页）

街道联社是 1979 年以后,为安置大批返城知青,缓解社会矛盾,在原"五七"生产服务业的基础上,由街道办事处派出干部和离退休人员作骨干,以家庭妇女、知青为主发展起来的。

（第一篇第一章《基层政权建设》,第 28 页）

在城市社会救济方面,进行了贫苦市民救济、失业知识分子和失业工人救济、精简退职老职工救济、上山下乡知识青年病残救济以及组织贫民生产自救、移民等。

(第二篇《救灾救济与安置》,第56页)

特殊救济体现在精简退职职工救济、上山下乡知识青年病残救济、归侨及港澳同胞救济、起义投诚人员救济、特赦宽赦人员救济等。(第二章第二篇《社会救济与安置》,第97页)

上山下乡知识青年病残救济:

1979年9月11日,北京市民政局、财政局、知青上山下乡办公室联合通知,按《国务院关于知识青年上山下乡若干问题的试行规定》解决伤、病、残回城知识青年的生活医疗困难问题。下乡知识青年因公致残不能从事农业生产劳动者,回城后由所在区、县知青办公室将伤残者的有关材料转区、县民政局(组),需要医治的,在指定医院就医,医疗费用由民政部门实报实销。生活费或生活补助费由民政部门按月发给。对完全丧失劳动能力者,每月发放生活费35元,生活不能自理需人照顾的回城知青,每月增加护理费40元;对部分丧失劳动能力没有安排工作的,每月酌发补助生活费20元至30元。经过治疗,凡具备一定劳动能力的,由街道办事处尽量安排给他们有固定收入的正式工作。下乡知识青年非因公致残,或患有严重疾病久治不愈,不能从事农业生产劳动者,回城后的医疗费用乃至医治无效死亡的丧葬费,原则上由家长负担,如因病造成家庭生活困难,可由家长单位酌情予以补助;家长无工作的,由民政部门视其困难给予救济。

1983年2月25日,市劳动局从知青安置费中拨出90万元给市民政局,由民政部门负责解决200多名回城上山下乡知青伤病残的生活、医疗和就业问题。

1985年10月15日,市民政局、财政局制定《关于调整回城病残知青救济对象定期定量救济标准》,对回城病残知青救济,属因公致残,由原每人每月30元提高到40元。对于病残知青生活的救济标准,参照一般困难户救济标准执行。

1989年享受国家定期定量救济的回城病残知青有97人。

1990年享受国家定期定量救济的回城病残知青有102人。

(第二篇第二章《社会救济与安置》,第100页)

吕　欣　女,北京市人,1950年生。1969年初中毕业后到黑龙江生产建设兵团当战士。1970年4月17日发生大火,正在病中的她与战友们一起奔向火场。在救火时,吕欣发现一位扑火的老人跌倒在火海里,她奋不顾身地冲进大火中抢救老人,不幸被大火夺去生命。

(第三篇第三章《烈士褒扬》,第193页)

1973年1月19日,北京市接收安置办公室对接收条件作了具体规定:凡是在北京市办入伍手续的予以接收安置,未在北京入伍并办入伍手续的,本市原则上不接收;在本市郊区农村插队入伍的知识青年,按城市青年入伍一样,由家居所在区、县办理接收安置手续。……

1979年2月28日,根据中央"参军的下乡知识青年,退伍后不再回农村插队,原则上由父母所在地分配工作,也可由原征集地区分配工作"的精神,北京市规定:对不愿回原征集地区的,从1979年起,本市予以接收安置。　(第四篇第三章《复员退伍军人安置》,第259页)

1989年至1990年间,接受调查的56位具有独身态度的青年中,……在对独身现象进行分析中,42.9%的人认为是社会原因造成的,反右、"文化大革命"、知识青年上山下乡等社会变迁,使部分青年社会地位下降,或不愿在外地、农村安居,错过了择偶期,成为失去年龄优势的大男大女。

　(第六篇第二章《登记管理》,第385页)

同年(1975年)7月,经市编委批准,市民政局机关机构调整为6处1室:办公室、民政处、政治处、生产处、事业处、保卫处、民族宗教处。同时成立了局工会和局团委。各处室职责范围是:……民政处负责全市优待抚恤、社会救济、救灾、复员退伍军人的安置、烈士的审批、评残、婚姻、下乡插队、居民管理等项工作。

　(第九篇第一章《机构和职能》,第548—549页)

1969年10月,成立门头沟区民政局革命领导小组,下设机构有办事组、民政组、劳动组、遣返办公室、知识青年上山下乡安置办公室。　(第九篇第一章《机构和职能》,第560页)

1971年,房山县建立民政局,设革命领导小组,民政工作由军代表负责。局下设知识青年办公室和复退军人安置办公室。1974年,知识青年办公室撤销,移交劳动局管理。

　(第九篇第一章《机构和职能》,第560页)

1970年11月15日,县革命委员会决定成立县民政局,下设民政与知青、居民安置两组。编制10人。1973年3月,县革命委员会决定成立县"劳动知青安置科",其机构与民政局分离。

　(第九篇第一章《机构和职能》,第562页)

1971年5月15日,怀柔县革命委员会成立"民政劳动局"革命领导小组,主要任务除原来民政科的业务外,还承担劳动工资、劳动力的分配及调动、下乡居民及知青管理等。

　(第九篇第一章《机构和职能》,第564页)

1970年6月,县革命委员会决定成立民政局,由军代表领导民政业务,除管优抚、救济、救灾、婚姻登记等工作外,并将落实政策办公室、复员退伍军人安置办公室、城镇居民上山下乡办公室、知识青年插队、人民信访接待室以及劳动工资的工作统归民政局管理。

(第九篇第一章《机构和职能》,第 565 页)

1971 年 5 月,民政科改建为县民政局。同时成立民政局革命领导小组,县革委会办事组将民政工作交给民政局。同时县安置办公室的工作也交给民政局(县安置办公室成立于1969 年 6 月,主管知识青年、城镇居民上山下乡、安家落户工作)。

(第九篇第一章《机构和职能》,第 565 页)

《北京志·政务卷·人事志》

北京市地方志编纂委员会编著,北京出版社 2004 年

1984 年,为进一步加强北京市劳动服务公司系统干部队伍建设,……除继续从在职干部中选调外,从市劳动服务公司系统中 1984 年 6 月 30 日以前在干部岗位上工作的正式职工(含集体所有制单位的正式职工)中吸收一部分干部,不足部分再从社会待业青年中招收合同制干部。吸收干部的政治、文化条件按照《北京市人事局关于吸收录用干部的暂行规定》执行。在年龄上放宽到:一般不超过 35 周岁,上山下乡的知识青年个别条件好的可适当放宽到 37 周岁。

(第四篇第一章《录用》,第 125—126 页)

1980 年,根据中央精神和国家有关部委的文件,经北京市领导同意,北京市人事局通过吸收录用陆续解决部分乡镇工作人员"农转非"问题。到 1986 年,……从农业户口的知识青年中招收公安干警 500 名和司法干部 125 名;从区县财政局向乡镇派驻一部分农业财政专管员。

(第七篇第二章《农业户口转非农业户口》,第 228 页)

1979 年 7 月,北京市各部门各单位又根据北京市委《关于抓紧复查平反冤、假、错案的通知》精神,对受到迫害在平反纠正以后,工作安排不当的同志,一般由原单位负责安排适当工作;在处理前有技术职称的人员,一般给予恢复原有技术职称;原来是知识青年的人员,因被关押影响分配工作的,各区县一般优先给予分配。　(第七篇第三章《跨省市调配》,第 251 页)

第六节　知识青年干部调京

北京市下乡知识青年产生于 50 年代中期。由于发展农业生产和农村合作化运动,急需大批有文化的青年。同时,城镇中不能升学就业的高小和初中毕业生也在日益增多,于是各级组织动员城镇中小学毕业生回乡下乡参加农业生产劳动。到 1966 年"文化大革命"前夕,

北京市已有3万余名知识青年被动员上山下乡,参加农业生产劳动。1968年至1976年,北京市先后有62万余名初高中毕业生到外省区生产建设兵团或京内外农村插队。

1976年至1980年,北京市大批到外省区生产建设兵团或农村插队的知识青年,通过病退、困退、职工调动等各种渠道调回北京。

1985年4月,国家劳动人事部复函北京市劳动局和北京市人事局,同意两个单位提出关于解决少数原北京知青单调进京的意见和审批原北京知识青年单调进京的具体条件。凡是属于工人身份符合调京条件的知识青年,报北京市劳动局审核批准;凡是属于干部身份符合调京条件的知识青年,报北京市人事局审核批准。根据国家劳动人事部复函精神,北京市人事局印发《关于解决少数原上山下乡北京知青干部单调进京审批问题的通知》,对于少数困难大,在当地难以解决的干部身份的原上山下乡北京知识青年给予单调进京。单调进京的条件是:在外地工作的原北京知识青年,婚后夫妻两地分居,其中一方户口在北京,另一方可以单调回北京工作。虽属夫妻分居,但双方都不在北京的,不能调回北京;在外地工作的原北京知识青年,婚后配偶死亡,生活有困难,可以单调回京工作;在外地工作的原北京知识青年,一直未婚的,可以单调回京工作。知识青年干部单调进京由北京市属各单位和驻京中央各直属机关,国务院各部、委、办,军委各总部、各军种人事干部部门审查同意后,报送北京市人事局审核批准办理调京手续。

1985年至1988年,共有近万名知识青年调回北京,其中由北京市人事局办理调京手续的知青干部有3 000多名。

1989年1月,为理顺关系,减少中间环节,提高工作效率,针对知识青年调京过程中出现的问题,北京市人事局印发《关于理顺部分原北京上山下乡知青返京材料呈报程序的通知》,从1989年起,原由驻京中央单位办理的一律改由北京市各区、县人事局办理。先由配偶或父母向户口所在地街道办事处劳动科申请,再由劳动科负责调查了解情况,组织有关材料移交人事科,填写《干部调京审批表》报送所在区、县人事局。区、县人事局对全部材料及调京知青干部档案审核同意后,报北京市人事局审批办理调京手续。

1990年,根据北京市委、北京市人民政府的指示及有关会议精神,北京市人事局把解决知识青年的实际困难与改善北京市干部队伍结构结合起来,提出远郊区县,市属大中型企业,区属民政事业,街道集体企业,朝阳区、海淀区、丰台区的乡镇中小学校、卫生院、乡镇企业,政法、工商、税务、审计等部门,市属环卫局、煤炭总公司、民政局、矿务局、农场局、建材工业总公司、纺织工业总公司等艰苦行业需要干部时,可以根据其实际情况从知识青年中选调干部。在办理调京时,由基层单位组织材料申报,通过区县人事局或局(总公司)人事处报送北京市人事局审批,办理有关调京手续。

1991年,北京市人事局共办理11 162名知识青年干部及其配偶调京,其中原属北京知识青年的人员有7 612人。

1992年,为解决知识青年本人或家庭实际困难,北京市人事局规定:知识青年子女已经迁京,夫妻双方均为北京知识青年的人员可以调京;仍在外省区县、旗及以下单位工作包括仍在农场工作的北京知识青年,可以调京;仍在高寒、高原或边远艰苦地区工作的北京知识青年,可以调京;父母对国家有重大贡献或对社会有较大影响的北京知识青年,可以调京,由区、县人事局呈报北京市人事局审批。同年,北京市人事局共办理 4 213 名知识青年及其配偶调京,其中原属北京知识青年的有 2 496 人。

1993 年,北京市人事局进一步放宽审批条件:知识青年因家庭困难要求调京的,只要夫妻双方在京均有单位接收,就可通过接收单位或父母户口所在地的区县向北京市人事局报送材料,办理调京手续。同年,北京市人事局共办理 1 944 名知识青年及其配偶调京,其中原属北京知识青年的有 968 人。1994 年,北京市人事局再次放宽审批条件:只要知识青年本人在京有单位接收,知识青年本人即可先行调京,待其配偶找到接收单位后,再按夫妻分居办理其配偶调京手续。同年,北京市人事局共办理 954 名知识青年及其配偶调京,其中原属北京知识青年的有 504 人。

1995 年,北京市人事局共办理 298 名知识青年及其配偶调京,其中原属北京知识青年的有 177 人。 （第七篇第三章《跨省市调配》,第 251—253 页）

1977 年 11 月,教育部、财政部、国家劳动总局在《关于国家职工在高等学校和中等专业学校学习期间工龄、工资待遇等问题的解答》规定,国家职工(包括农、林、牧、渔场中的上山下乡知识青年当职工的)进入高等学校和中等专业学校学习,其学习期间计算为连续工龄。

1978 年 8 月,国家劳动总局《关于临时工退休和病退、困退知识青年的工龄计算问题》规定,原分配在农场、垦殖场当职工的知识青年,经县以上知青办批准按病退、困退离开农场、垦殖场后,又重新参加工作的,可以将他们在农场、垦殖场的连续工龄与重新参加工作后的连续工作时间合并计算为连续工龄。

1980 年 8 月 26 日,北京市人民政府农林办公室、北京市计划委员会《关于今后知识青年上山下乡计算工龄的规定》,知青场队的下乡青年,1980 年以前下乡的,从 1980 年 1 月 1 日起计算工龄,1980 年春季下乡的,从下乡之日起计算工龄;分散插队青年以及由于各种原因不能坚持在场队的青年,应区分不同情况,确定计算工龄的办法。

......

1985 年 8 月,北京市劳动局、北京市人事局《关于解决原下乡知识青年插队期间工龄计算问题的通知》规定:凡在"文化大革命"期间由我市统一组织和个人"回乡"、"投靠亲友"下乡插队的知识青年(包括易地转插的知识青年),经当地县知青办批准注册的,在他们到城镇参加工作以后,其在农村参加劳动的时间,可以与参加工作后的时间合并计算为连续工龄。他们参加工作的时间从下乡插队之日算起。返城后待分配工作的时间,不计算工龄。知识青年在插队(插场)期间参军,其入伍前参加劳动的时间,可以与其军龄合并计算为连续工龄。在 1962 年至"文化大革命"开始前,由本市统一组织下乡插队的知识青年,包括经当地县有关部门办理过手续的个人"回乡"、"投靠亲友"的知识青年,他们到城镇参加工作以后,在工龄计算上可以依照上述办法办理。

1986年4月，北京市劳动局、北京市人事局《关于解决原下乡知识青年插队期间工龄计算问题的补充通知》规定：……1961年年底以前，经本市有关部门统一组织下乡劳动的城镇知识青年，后被招工的，其在农村劳动时间，可以计算工龄。城镇知识青年在插队期间进入高等学校或中等专业学校学习的，视同在职职工入学，其学习期间的工龄计算按有关规定处理。

（第十一篇第五章《福利与工龄计算》，第453—455页）

1973年4月，北京市革命委员会成立知识青年上山下乡领导小组。6月，成立计划委员会和基本建设委员会。9月，成立北京市革命委员会知识青年上山下乡办公室。

（第十三篇第一章《机构设置与编制员额》，第499页）

（1980年）12月，知识青年上山下乡办公室与劳动局合署办公。

（第十三篇第一章《机构设置与编制员额》，第500页）

《北京志·政法卷·公安志》

北京市地方志编纂委员会编著，北京出版社2003年

1976年11月"文化大革命"结束至1980年8月，（北京市人民公安学校）先后从插队的知识青年和在校学生中招收4期学员，学制为一年。　（第一篇第二章《队伍管理》，第59页）

1976年10月粉碎"四人帮"后，学校（北京市公安学校）从恢复一年制培训入手，于1976年至1978年，从北京郊区选调了两期插队知识青年（序列为第二十期、第二十一期）。

（第一篇第二章《队伍管理》，第66页）

1973年至1976年，针对知青病退、困退、返城，下放干部调回，军人复员转业，录取学生，遣送倒流回京等情况，市公安局与各有关单位研究，对入户标准和手续等陆续作出了具体规定。

（第七篇第二章《新中国户政管理》，第371页）

1965年至1969年，五年间本市迁往外地人口达91万人，形成解放以来迁往市外人口的高峰期。这期间迁往市外人口数上升的主要原因是：1965年战备疏散人口和在京单位外迁支援三线建设；1966年"文化大革命"开始后，遣送五类人员及其家属还乡；1968年和1969年干部下放劳动及知识青年上山下乡，这两年中全市组织去外地的上山下乡知识青年有24.5万人。

（第七篇第二章《新中国户政管理》，第373页）

《北京志·政法卷·检察志》

北京市地方志编纂委员会编著,北京出版社 2007 年

1966 年(董某某)被定成坏分子,后又经通县法院以反攻倒算、打村干部判刑 3 年。1973 年,市中级法院又以刑满释放后坚持反动立场,向知识青年逼婚,说"你(指女知青)一天不结婚,我(指董)就追你一天"。据此定为现行反革命罪,判刑 15 年。

(第四篇第一章《执行场所监督》,第 389 页)

《北京志·政法卷·审判志》

北京市地方志编纂委员会编著,北京出版社 2008 年

大规模的知识青年上山下乡运动自 1968 年开始以后,在全国各地陆续发生了一些伤害知识青年的刑事案件。这些刑事案件不仅破坏了中央有关知识青年的政策,而且在社会上产生了不稳定因素,影响很坏。1973 年,中共中央下发文件,要求对伤害知识青年的罪犯进行惩处。同年 12 月 7 日,市高级人民法院下发《关于严肃处理强奸、迫害上山下乡知识青年案件的几点意见》,要求各区、县人民法院参照执行。从 1970 年到 1973 年,全市各级人民法院共审理了强奸、迫害上山下乡知识青年的案件 42 件,案犯 45 名。1975 年 8 月,市高、中级人民法院召开人民法院院长会议,传达市革命委员会关于处理强奸上山下乡女知识青年罪犯的批示,就强奸、迫害女知识青年犯罪活动的规律、特点以及处理这些罪犯的政策界限等问题进行了座谈,并交流了有关经验。 (第三章《刑事审判》,第 118—119 页)

1978 年,市高级人民法院下发了《关于进一步贯彻执行民事政策的一些意见》。其中重申了人民法院审理婚姻家庭案件时必须根据婚姻法和国家有关政策的规定,对处理离婚与否、包办强迫婚姻、买卖婚姻、重婚、军婚、上山下乡知识青年的婚姻、精神病患者的婚姻、"文化大革命"运动中被审查人员的婚姻、劳改劳教人员的婚姻、离婚案件中的财物和生活费、赡养和抚养、子女收养等问题时应如何掌握政策界限提出具体意见。

(第四章《民事审判》,第 265—266 页)

《北京志·综合经济管理卷·计划志》

北京市地方志编纂委员会编著,北京出版社 2000 年

70 年代末 80 年代初,经过"文化大革命"后,大量知识青年回城,至 1979 年底,全市待

业人员达 40 万人。北京市计委和劳动管理部门根据当时国家的政策,采取了国家安置就业、组织起来就业和自谋职业相结合的办法,解决就业问题。同时,国家也制定了鼓励知识青年就业的政策。

(第二篇第二章《综合平衡》,第 66—67 页)

70 年代前期,北京开始抓计划生育工作,由于当时是人口出生低谷,城市人口增加不快。从 70 年代后期开始,由于城市知识青年大量返城,人口迅速增加。

(第二篇第二章《综合平衡》,第 70 页)

城镇常住人口,1965 年为 447.8 万人,"三五"期间,由于大批干部下农村插队和去"五七"干校,中学毕业生全部去生产建设兵团或农村插队,从而出现城镇常住人口减少的不正常现象,1970 年城镇常住人口为 403.1 万人,比 1965 年减少 44.7 万人。以后由于大批知识青年回城,给劳动就业带来很多困难。 (第二篇第四章《五年计划》,第 122 页)

1975 年国家批准北京市新增 10 万名职工,指定重点分配给建筑市政、文教卫生、农林企业事业单位。当时,北京市能统一分配的城市劳动力资源不足,因此,确定从外地招收北京的知识青年和从郊区农村中招收一部分职工。

(第三篇第二章《劳动工资》,第 252—253 页)

安置返城知识青年就业

1976 年"文化大革命"结束后,大批上山下乡知识青年返城,加上前几年新成长的劳动力和落实政策以及其他方面需要安置的人员,到 1979 年共达 40 万人。北京市城市就业问题十分突出,当时解决这批人的劳动就业成为保持社会稳定的重大问题。从 1981 年到 1985 年,北京市政府为贯彻落实国务院的劳动就业"三结合"方针,通过大量发展城镇集体企业事业、发展第三产业、发展个体经济和鼓励自谋职业,各部门各单位组织职工子女参加劳动等方法,千方百计地解决"就业难"问题。从 1979 年到 1984 年底,共安排城镇待业青年 120 多万人,全市城镇待业人员曾下降到只有 2 000 人。

(第三篇第二章《劳动工资》,第 256 页)

这一期间(60 年代),有两个特殊情况,一是 1961 年后的大调整,精简职工和压缩城市人口,1961 年就迁出人口 35.5 万人;二是 1969 年动员大量知识青年上山下乡和大批干部下放参加"五·七"干校及去农村劳动,这一年迁出人口 30.8 万人。这 10 年间,共迁出人口 209.2 万人,迁入人口 108.5 万人,迁出迁入相抵后,净迁出 100.7 万人,很大程度上抵消了北京人口自然增长的影响。 (第五篇第四章《卫生、体育》,第 495 页)

《北京志·综合经济管理卷·劳动志》

北京市地方志编纂委员会编,北京出版社 1999 年

政治经济形势的变化对劳动工作的影响是巨大的。……第三个阶段是 1966—1978 年,由"文化大革命"引发的社会大动荡以及极左的方针政策,给劳动工作带来了十分严重的后果:许多劳动规章制度不再执行;动员大批城镇青年上山下乡,又从农村招收劳动力进城;按劳分配原则遭到更严厉的批判而停止执行;劳动保险基金统筹制度被废除;技工学校被迫停办等。

(《概述》,第 2 页)

1958 年开始的三年"大跃进"时期,全市猛增职工近 60 万人,从 1960 年第四季度开始到 1963 年,又根据国家规定大规模精简职工,累计精简了 63 万余人。在此期间对国民经济进行调整,严格限制各单位增加职工。在经济形势好转以后,又开始统一介绍青年学生就业,并动员一部分青年到农村参加劳动。1964—1965 年动员了 2.3 万人,其中大部分到了外省市。1966 年"文化大革命"开始以后,号召广大知识青年到农村去接受贫下中农的再教育,北京市为此制定了具体政策,凡属于上山下乡范围的青年,不在市内介绍就业。从 1966年至 1978 年,累计动员组织了 60 万余人上山下乡,其中 20 余万人到外省区落户,大批城镇青年去农村,掩盖了城镇失业问题。1969 年以后,由于用人单位需要,又从郊区县招收了一批农民。

由于"文化大革命"的干扰和经济政策的某些失误,使国家经济遇到严重困难,也给就业增加了难度,加上一部分去外地上山下乡的知识青年返回北京,到 1978 年底,使北京市面对几十万人需要就业的严重社会问题。

(《概述》,第 2—3 页)

由于 1958 年开始的三年"大跃进"运动,国营企业特别是工业、基本建设企业大量增加职工,这场运动造成国民经济发展比例严重失调,城乡人民生活陷入困境,不得不在全市大量精简职工,精简后的职工大多数回到农村,并动员一部分城镇知识青年上山下乡。1966年至 1976 年"文化大革命"时期,更大规模地组织了大批知识青年上山下乡,但 1975 年前后又根据生产建设单位需要,从农村招收大批农民进城做工,致使城乡劳动力统筹安排受到影响。70 年代后期大批上山下乡的知识青年陆续按政策回城等待安置就业,到 1979 年北京市等待安置的各类人员达 40 万人,其中 1977 年以前的初、高中毕业生 10 万人,1978 年的初、高中毕业生 20 万人,在郊区插队的和从外地回北京的知青 5 万人,大、中专毕业生 1 万人,复员转业军人 1 万人,落实政策调回北京的 2 万人,刑满释放和解除劳动教养的约 0.5万人。

(第一篇第三章《就业形式》,第 28 页)

1966 年下半年到 1968 年,受"文化大革命"运动影响,城镇招工人数不多,1969 年以后招工人数逐年增多,又恢复了以前的招工办法。由市劳动局编制全市各单位的招工计划,下达到各区县革命委员会计划组(后计划组撤销,即下达到区劳动局),再分配到各街道办事处介绍。从上山下乡在郊区农村插队的知识青年中招工时,把招工任务下达到县革命委员会计划组(后改为下达到县劳动局),再将招工任务分配下达到公社(后改为乡)和生产大队,由生产大队负责完成。这种招工办法除少数人以外,招工单位很少有挑选的余地,个人更没有选择职业的权利,这种统包统配的方法持续到 1978 年。　　　　　　　　(第一篇第三章《就业形式》,第 28 页)

1970 年,由于知识青年上山下乡,北京市劳动力资源紧缺,经市革命委员会批准,当年把包括在郊区农村入伍的复员军人共 5 000 人全部安置了工作。

(第一篇第三章《就业形式》,第 35 页)

在动员知识青年上山下乡时,中共中央指示,不动员归侨青年。有少数归侨学生自愿随知识青年一起到农场去参加劳动。70 年代以后,归国华侨凡是要求就业的,都由各区县劳动局或街道办事处先办理登记,然后帮助他们介绍工作,没有再做特殊规定。

(第一篇第三章《就业形式》,第 37 页)

(1979 年)为使生产服务合作社健康发展,北京市成立了市生产服务合作总社,区和街道分别成立生产服务联社,居民委员会设基层生产服务社或组。市税务部门按财政部关于城镇安置知识青年新办集体所有制企、事业减免税收的通知,对生产服务合作社组织减免税收作了具体规定:自经营之日起,免征工商所得税 2—3 年;生产的产品缴纳工商税有困难的,可给予定期减税或免税等优惠办法。　　　(第一篇第三章《就业形式》,第 40—41 页)

第四节　知识青年上山下乡

知识青年(以下简称知青)上山下乡是劳动就业的一种特殊形式。北京市知青上山下乡从事农业劳动从 1955 年开始,到 1980 年结束,先后组织 65.84 万人上山下乡,其中去外省、区的有 27.06 万人,到郊区县的有 38.78 万人。1969 年以前主要是去外省、区,少数到北京市郊区县,1970 年以后主要是去北京市郊区县。开展这项工作是根据中共中央领导人的号召和国务院、市政府的有关政策规定组织进行的。"文化大革命"以前强调自愿原则,以后逐步演变到对上山下乡对象做出具体政策规定,按政策严格执行。1980 年中共中央通知,允许有条件安置知青的城市,可不组织知青上山下乡,北京市即不再组织。但尚有数万知青留在外省区,遗留了许多问题,需要长期处理。

一、组　织　动　员

动员知识青年上山下乡,可以分为 5 个阶段:

第一阶段是1955年至1956年,主要是由共青团组织进行的。1955年,中共中央主席毛泽东号召:"一切可以到农村去工作的知识分子,应当高兴地到那里去,农村是一个广阔的天地,在那里是可以大有作为的。"当年8月,在共青团中央、共青团北京市委的倡导下,志愿到边疆开荒的杨华等5名青年主动申请,发起去黑龙江省北大荒地区开荒,8月16日《中国青年报》刊登了他们的申请书和照片,并做了以下报道:共青团中央书记处的负责人在共青团北京市委负责人陪同下,接见了垦荒队的5名发起人,赞扬了他们的可贵精神,希望共青团北京市委帮助他们在完全自愿的原则下组织好志愿垦荒队。通过公开宣传,广泛报名,组织批准,当年组织起60人的第一支垦荒队奔赴黑龙江省。8月30日召开了1 500多人的欢送大会,共青团中央书记胡耀邦在会上做了"向困难进军"的报告,并授给垦荒队一面队旗。当晚乘火车奔赴北大荒,有170多人到车站欢送。

1956年1月,共青团北京市委组织了第二批去北大荒的青年志愿垦荒队,报名的有1 500人左右,实际去的有163人。3月18日举行了欢送大会,共青团北京市委授给他们一面红旗,当晚出发去黑龙江省萝北。

第二阶段是1957年至1963年。1957年9月,国务院总理周恩来在中共八届三中全会上指出,城市多余劳动力的就业方向应当是上山下乡,参加农业劳动。这一阶段的组织动员工作以教育部门为主,劳动、公安、农业部门、共青团组织配合。这一阶段主要是到北京市郊区农村劳动。

在动员组织过程中,坚持自愿报名,家长同意,领导批准的办法。由学校组织毕业生报名,经家长同意后,由学校进行政治和体格检查,经批准后,组织他们参加短期训练班。出发前组织规模较大的欢送大会,各校教师和初、高中毕业生派代表参加,各区各校还分别举行欢送会。

在这个阶段,一些高级领导干部的子女参加上山下乡,1957年,解放军某部少将李贞亲自为其侄女送行。1963年,全国妇女联合会主席康克清亲自送其孙女上火车。

为配合这项工作,报纸刊登了有关文章,宣传上山下乡的意义和下乡知青的先进事迹。《北京日报》在1963年4月25日、5月4日先后发表的《伟大的开端》、《知识青年要走同工农结合的道路》的社论中指出:"知识青年上山下乡,是同工农劳动群众相结合的最好办法,是为工农劳动群众服务的具体表现。"同年7月13日,《中国青年报》报道了立志建设新农村的北京知识青年侯隽(女)在高中毕业后主动到河北省宝坻县落户农村参加农业生产的先进事迹。这个阶段总共有14 353人上山下乡,其中有1 024人去了黑龙江。

第三阶段是1964年至1965年,由市人民委员会直接领导部署进行。首先多次召开全市性的大会,邀请东北"北大荒"地区负责人介绍北大荒的情况,号召知识青年参加东北边疆的开发建设。具体动员组织工作以区、街道两级行政领导为主进行,共青团、妇联、教育、宣传等部门配合。各街道办事处普遍办起"青年学习班"或"劳动后备讲习所",按居住地点成立小组,组织青年学习毛泽东著作,树立革命人生观。同时开展群众性的宣传动员工作,市和区都召开家属代表会议,请积极支持子女上山下乡的家长作报告,号召家长支持子女上山下乡。这一阶段对报名的知青条件进行审查把关,组织工作也很严密,在火车站欢送时锣鼓喧天,场面热烈,前后共有 23 260 人上山下乡。

第四阶段是 1966 至 1969 年,处在"文化大革命"的高潮时期,把知识青年上山下乡作为政治口号广泛深入的宣传,特别是 1968 年 12 月,毛泽东发出号召:"知识青年到农村去,接受贫下中农的再教育,很有必要。要说服城里干部和其他人,把自己初中、高中、大学毕业的子女,送到乡下去,来一个动员,各地农村的同志应当欢迎他们去。"知识青年上山下乡形成了政治运动。这项工作开始时是由包括劳动局在内的各有关部门共同组织进行的。1967 年北京市革命委员会建立以后,成立了招生、分配、就业领导小组,下设安置就业办公室(简称安置办)负责领导这项工作。对上山下乡的条件做了具体规定,凡按规定应该上山下乡的青年,学校不招生,工厂不招工,军队不征兵,对动员后没有特殊情况不上山下乡的,一般不予安排工作,上山下乡成为初、高中毕业生的惟一出路。在动员方法上采取各级办学习班的办法,组织知青学习毛泽东的指示和关于知识分子与工农相结合改造世界观的论点,进行忆苦思甜等阶级教育。在宣传动员的同时,市安置办公室及劳动、教育等部门,不定时地组成慰问团,到重点省、区慰问过去已下乡的北京知青,也请一些其中的积极分子回北京做报告,在社会上也进行广泛的宣传,学校、工厂、企业、机关、团体、街道都举办学习班,要求学生向家长宣传,家长做学生的思想工作,形成一股知青上山下乡的浪潮。在这个浪潮中,确有许多学生主动要求上山下乡,到艰苦的地区去,如蔡立坚主动要求到只有几户人家 16 口人的山西榆次县杜家山生产队劳动;东城区 10 名初、高中毕业生,自愿到内蒙锡林郭勒盟大草原插队落户;有 55 人自愿到云南西双版纳东风农场落户等,但多数是在当时的形势下,不得不随大流上山下乡。

这个阶段是上山下乡人数最多的时期,共有 26.84 万人,去外省市、区的就有 24.96 余万人,仅 1969 年就有 15.76 余万人,最多时,一个月内就有 70 多个火车专列向外地运送8.5万名知青下乡,平均每天要开出两三个专列。

第五阶段是 1970 年至 1980 年,上山下乡工作继续进行,但主要是去北京市郊区农村,这一时期的组织动员工作主要由安置办公室负责。1973 年 6 月安置办公室改称知识青年上山下乡办公室(简称"知青办"),随后各区、县建立了知青上山下乡工作领导机构和办事机构。这个时期对到北京市郊区下乡的期限做了规定,动员工作比较容易。1970、1971 年因企业急需补充新生力量,大多数初、高中毕业生被直接招工、只有少数人经动员后上山下乡。1974 年北京开始普及高中教育,对初中毕业生一般不再动员上山下乡。同时允许从农村下乡知青中招工、招生、征兵,有些毕业生和家长认为晚下乡不如早下乡好。1979 年 10 月粉碎了"四人帮"以后,国家开始逐步调整各项政策。1978 年以后,云南、陕西、山西等地区的北京知青,不断到北京上访要求回京,已在外地上山下乡的知青及其家庭的困难和问题也越来越多地暴露出来。到 1980 年底,中共中央正式发出文件,规定有条件安置知青的城市,可不动员上山下乡。北京市上山下乡动员组织工作即告结束。这个阶段上山下乡的总共有

35.2万余人,其中去外地的仅有8 700余人。

从1955年至1980年,全市总共组织动员上山下乡知青65.8万人,除安置本市郊区农村、国营农场、林场外,分别安置到黑龙江、吉林、山西、河北、宁夏、甘肃、新疆、西藏、内蒙、云南、海南、辽宁、陕西13个省、区。见1-20表:

1-20表　1955年—1980年北京市上山下乡知识青年地区分布状况一览表　　　单位:人

（以下"本市郊区"及其右侧各栏均属"去向"）

年份＼人数＼去向	合计	本市郊区	黑龙江	山西	宁夏	陕西	海南	新疆	西藏	内蒙	河北	甘肃	吉林	辽宁	云南	随父母回原籍或去干部学校
合计	658 378	387 790	100 344	40 038	4 136	27 211	56	223	138	41 500	14 012	149	11 200	1 100	8 238	22 068
1955	60		60													
1956	163		163													
1957	2 230	2 230														
1958	189	189														
1959	1 140	1 140														
1960	2 300	2 300														
1961	1 071	1 071														
1962	6 399	6 399														
1963	1 024		1 024													
1964	3 086	1 969	1 017	44	4 316		56									
1965	20 174	10 460	2 250	1 461				223	123	1 192		149				
1966	900									900						
1967	3 087	3 087														
1968	96 070	8 051	22 174	32 640						10 808			6 146	1 100	779	14 372
1969	168 351	10 726	70 569	5 866		26 993				23 607	14 000		5 054		7 459	4 077
1970	4 993									4 993						
1971	14 021	14 021														
1972	13 442	10 064														3 378
1973	54 928	54 928														
1974	54 317	54 184				43										84
1975	44 755	44 641				72										36
1976	58 694	58 500		27		103			15							49
1977	56 268	56 205														63
1978	39 212	39 208														4
1979	10 304	10 304														
1980	1 200	1 200														

二、安 置 管 理

对上山下乡知青主要通过插队与插场两种形式安置。安置在农村生产队劳动的称为插队,这是安置人数最多的一种形式,共有47.32万多知青插队,占总人数的71.9%。其中到外省、区插队的有13.32万人,占外省区北京知青的49.2%,在北京郊区插队的有34万余人,占郊区下乡知青总数的87.7%。在外省插队,主要分布在山西、陕西、内蒙、河北、吉林、辽宁等省。据1970年统计,北京下乡知青在延安地区插队的分布在12个县、21个公社、402个大队、904个生产队。在郊区插队的知青分布在200多个公社、3 000多个生产大队、1万多个生产队。插队知青一般分散在生产队内各户安置。1978年后,北京市郊区县改为在生产队内单独设知青点,将知青组织起来集中住宿,集中劳动,改善了生产生活管理。在插队安置的知青中,有少量的是让知青回原籍或郊区农村投亲靠友到相关生产队安置的。

把知青集体安置到国营农场、林场、军垦农场(人民解放军建设兵团)参加集体劳动称为插场,共有18.51万多知青插场,占总人数的28.1%,其中到外省、区插场的有13.74万多人,占外省区北京下乡知青总人数的50.8%;在郊区插场的有4.77万多人,占下乡知青总人数的12.3%。这种安置形式对知青的生产、生活进行集中管理,较在农村插队方式更便于管理。在插场安置中,还有少量知青是随下放劳动的父母到设在外地的"五·七"干校参加劳动的形式安置的。1978年开始,在机关、学校、军队、企事业单位办的农副业生产基地里,也安置了一些知青。

总的安置情况见1-21表:

1-21 表 1955—1980 年历年上山下乡知青安置形式一览表　　　　单位:人

年　份	插　　队			插　　场		
	小　计	外　省	本　市	小　计	外　省	本　市
1955				60	60	
1956				163	163	
1957	220		220	2 010		2 010
1958	189		189			
1959				1 140		1 140
1961				2 300		2 300
1962				1 071		1 071
1963				7 423	1 024	6 399
1964	107	44	63	2 979	1 073	1 906
1965	3 760	2 563	1 179	16 414	7 151	9 263
1966				900	900	
1967	369	369		3 087	3 087	

年 份	插 队			插 场		
	小 计	外 省	本 市	小 计	外 省	本 市
1968	78 382	70 331	8 051	17 319	17 319	
1969	66 716	55 990	10 726	101 635	101 635	
1970				4 993	4 993	
1971	16 171	3 378	12 793	1 228		1 228
1972	9 154		9 154	910		910
1973	51 033		51 033	3 895		3 895
1974	43 836	133	43 703	10 481		10 481
1975	44 011	114	43 897	744		744
1976	57 192	194	56 998	1 502		1 502
1977	52 759	63	52 696	3 509		3 509
1978	39 173	4	39 169	39		39
1979	8 952		8 952	1 352		1 352
1980	1 200		1 200	1 352		1 352
合计	473 224	133 183	340 041	185 154	137 405	47 749

去外省、区的知青,由外省、区有关部门负责管理。到北京市郊区县农村的知青,由郊区县各级领导负责管理。在1972年以前,生产队管理工作很薄弱,许多社队干部只把下乡知青当劳动力使用。有的知青说,下乡后,我们耳朵聋,政治闭塞,每天只知道吃饭、睡觉、干活三件事。少数生产队管理方法简单,甚至出现捆绑殴打知青事件以及对女青年进行逼婚、奸污等犯罪活动。许多知青在农村一人一灶做饭,生活上困难很多。据1969年到1972年对市郊区县下乡知青的统计:下乡知青中生活能自给或自给有余的(年收入170元以上)占32%,生活基本自给的(年收入80元至169元)占53%,生活不能自给的占15%;已建了新房的只占30%,住公房的占30%,住农民家的占40%;四年中,发现摧残迫害下乡青年案件76起,其中奸污迫害女青年的71起,捆绑吊打青年的3起,死亡21人中,煤气中毒11人,触电1人,机器砸死2人,游泳淹死3人,自杀2人,交通事故1人,互相打架死亡1人。

从1973年开始,全市每年选派干部2 000多名到郊区社队带领知青,并协助社队做知青工作。同时在全市范围内依法惩办了一批迫害、摧残下乡青年的犯罪分子,对严重的案件进行公开处理。1976年,中共北京市委提出,每个安置下乡知识青年的大队都要建立"知识青年队",作为大队中共党支部教育管理知青的组织形式。知青队指导员由主管知青工作的副书记担任,队长由贫下中农担任,副指导员、副队长一般由知青担任,然后根据人数多少设排、班组织。1978年颁发了知青队工作条例,对知青的政治工作、劳动管理、生产管理,做了

34 条规定,同时制定了北京市上山下乡知识青年守则。1975 年下半年,各区县全面开展了知青函授教育,要求插队知青原则上都参加学习。教材由市里统一印发,对学员不收费。市里成立了函授教育办公室。

1973 年以后,全市多次召开知青生活管理工作会议,研究解决知青中存在的问题,全市 3 400 个接收知青的大队,大体上每两人一间房,70%的大队都建立了集中吃、住、学习的知青大院。到 1978 年底,全市建立了 156 个吃、住、学习、劳动都集中的知青点,安置知青 6 689 人;建立"三集中一分散"的知青点 1 658 个,共安置知青 27 933 人,这些大队全部建立了集体食堂。很多大队都抽出人来为知青种菜、养猪、养鸡,保证知青四季吃上鲜菜,平均每个知青每年增加收入 38 元,对那些积极劳动但生活还不能自给的下乡青年,实行困难补助的办法。

1981 年以后,仍在北京郊区农村或农场已转为农村户口的知青,很多人没有固定收入,生活没保障。对这些知青进行了特别安置,安置的原则是保障其有固定收入,知青被招工后,知青本人和子女可以把农村户口转为城镇户口。

1981 年 4 月 22 日,市劳动局、市知青办公室联合发文,明确了在乡老知青安置的方针、门路和办法。主要通过以下途径安置:(1)在当地就近的全民所有制或区、县、局所属集体所有制企业单位安置;(2)在区县农林牧场安置;(3)用国家招工指标安置在区、县、局知青办举办的以知青为主体的农工商联合企业;(4)在社办企业和办得好的知青场队安置;也可经工商行政管理部门批准在当地组织起来就业或在当地从事个体经营。为有利于老知青的安置,还规定了以下几种办法:(1)与当地农民结婚的知青,如本人自愿,其配偶年龄在 35 岁以下的,可以由其爱人顶替进行安置,本人则不再享受知青待遇。(2)安置后的知青或顶替人转为城镇户口,自 1980 年 1 月 1 日起计算工龄。(3)县、社办的企事业和县社办的知青场队,每安置一名老知青或顶替人,可给予 800 元的一次性就业补贴。(4)自谋个体职业的知青或顶替人,可给本人 800 元作为一次性扶持资金。(5)如愿在农村继续务农并作为一种安置形式不再转城镇户口的,可给予 800 元作为一次性生活补助费,生活特别困难者可另酌加不超过 500 元的一次性困难补助。(6)安置后的知青本人不再具有上山下乡知青身份,不再享受知青待遇。根据以上办法,各郊区县共安置在乡老知青 1 200 多人,其中由单位安排(招工)的 656 人,知青配偶顶替的 299 人,继续留队务农的 150 人,自谋职业的 30 多人。

知青本人被招工后,按照公安部门管理条例,在 1994 年又为一些新出生的 1 019 名知青子女办理了转为城镇户口的工作。

到 1979 年底仍在外地的原北京知青,除了在农场的,大部分已通过城镇招工而就业。在山西、内蒙、陕西、河北等地农村插队的还有 4 800 多人,凡与当地职工、社员结婚的,由当地就地就近安置有固定工资收入的工作,经北京市政府同意从北京市结余的知青经费中拨出 200 万元作为对有关省区安置北京知青的一次性支援,到 1980 年底,已拨给山西 10 万元,内蒙 100 万元,河北 60 万元,延安 10 万元,共 180 万元。

到 1981 年底,在外省区的原北京知青尚未安置就业的只剩 1 100 多人。1983 年 6 月在延安的北京知青 6 人到北京市政府上访,声称代表 1 000 多名北京知青,反映延安地区流行地方病,在北京的父母年老多病,无人照顾等,强烈要求回北京工作。1985 年 4 月,在山西的北京知青 300 多人到中共北京市委门前静坐了 9 天,要求否定知识青年上山下乡,全部调回北京。当年和 1986 年,又几次到北京请愿。这个情况引起中共中央及中共北京市委、市政府的高度重视。市委、市政府领导接见静坐的知青,进行劝阻。1986 年,由一位副市长带队,有关部门的负责干部参加,先后于 5 月上中旬和 6 月上中旬到山西、陕西、宁夏、黑龙江、吉林五省区与当地政府共商做好北京知青工作的措施。中共北京市委副秘书长也多次带队到内蒙古、陕西等地了解情况,协助各省区解决北京知青的各种遗留问题。在安置地区的帮助下,把同知青结婚的社员配偶及其子女转为非农业户口,能安排工作的尽量安排工作;帮助知青所在的关停并转的企业恢复和发展生产,或调动这些青年的工作,保证其正常收入;解决青年住房和当地的夫妻分居问题;将地方病区的知青调离病区等等。1985 年至 1987 年为解决外省区北京知青生活、生产困难问题,北京市共拨款 667 万元,其中 1985 年拨款 141 万元,内有黑龙江省 60 万元,吉林省 15 万元,宁夏自治区 16 万元,陕西省 50 万元。1986 年拨款 440 万元,内有吉林省 10 万元,陕西省 380 万元(包括中央拨款 140 万元),山西省 50 万元。1987 年拨款 86 万元,内有内蒙古自治区 80 万元,山西省 6 万元。

1980 年以后,一部分仍在外地的原北京知青,因当地文化教育落后,子女上学困难,有的牧区根本无学可上,要求允许其子女回北京的学校借读。经 1980 年 1 月市劳动局与教育局商定,先解决了中、小学借读问题。借读期满后回原地升学或就业。1990 年 4 月经中共北京市委市政府同意,对报考中等专业学校、技工学校、职业高中并符合录取条件的知青子女,学校可以录取,录取后将户口迁回北京。

1988 年 10 月,市劳动局、公安局、教育局、粮食局联合发出文件,规定:北京的知青目前还在外省区工作的和知青配偶虽已回京但子女尚在外地的,每户允许一名未婚未就业的子女将户口迁到北京。截止到 1994 年,共批准了 47 438 名知青子女回京入户,其中 1988 年3 400 人,1989 年 19 611 人,1990 年 15 073 人,1991 年 6 646 人,1992 年 1 470 人,1993年 723 人,1994 年 515 人。北京、天津、上海三市下乡知青互婚的子女,1989 年 9 月三市商定由女知青所在的城市办理子女入户,女知青的父母双亡或户口已迁出原城市的,可到男方所在城市办理子女入户。截止到 1994 年,北京先后办理了与天津、上海知青结婚的子女在京落户的 1 100 人。

1979 年,市民政局、财政局、知青办公室联合通知:下乡知青因工致残不能从事农业生产劳动需要返回动员城市的,经县以上医务部门鉴定,由安置地区县一级知青办公室提出处理意见,与知青家庭所在区县知青办公室协商同意,即可办理回北京的手续。需要治疗的,在指定医院就医,医疗费由民政部门按月发给;对完全丧失劳动能力的,每月发给生活费 35元;生活不能自理需人照顾的,每月加发护理费 40 元;对部分丧失劳动力没有安排工作的,每月酌发生活补助费 20—30 元。1982 年 3 月 8 日,市知青办公室从知青经费中拨出 80 万元,解决病残知青遗留问题,使大部分伤残知青的工作和生活都得到了解决。

三、回 城

1969 年 12 月,黑龙江、北京、天津、上海、浙江五省市上山下乡安置办公室负责人在上海开会,对下乡知青因患病要求回城问题(返回原所在城市)的处理取得了一致的意见,即下乡青年原患有严重慢性病的,经两地组织协商同意后,可退回原城市,下乡以后得病的一般不退回。北京市即按照这个原则办理知青的病退。对上山下乡知青家庭发生特殊困难要求回京落户的问题,1972 年 1 月,市劳动局规定了几条处理办法:一是知青父母年迈多病,或患严重慢性疾病,生活不能自理而北京又无亲人照顾的,可允许下乡子女一人回京落户;二是知青下乡后父母死亡,弟妹年幼需下乡知青回京照顾的,可允许一人回京落户;三是在郊区县农村插队落户的居民,其子女在外地插队,家中没有劳动力造成生活困难的,可允许其下乡子女一人回郊区县农村随父母落户;四是下乡青年因工致残,要求转回北京落户的,应由接收地区妥善安置,对于本人生活不能自理家长坚决要求回京的,可以回北京入户。

1973 年,市革命委员会规定对病困退回城做了以下规定:下乡的知青是独生子女的、父母身边无子女的和家庭有特殊困难必须由下乡知青本人照顾的,可以回北京落户;已下乡知青患有严重慢性疾病,不能参加劳动的,由各区县调查审核后,与接收地区协商解决。

1974 年底,中共北京市委对家庭有困难要求回城的,做了两项规定:一是凡有两个子女在外地上山下乡,家庭有特殊困难的,不论有无其他子女在本市工作,可以有一人回京落户;二是有三个子女在外地上山下乡,可有一人回京落户,四个以上在外地上山下乡的,可有二人回京落户。

1979 年,对病、困退政策又做了调整:对因下乡青年患病安置地区要求退回北京市的,尊重安置地区的意见予以接收。北京市无子女工作的家庭,可将在外地下乡的知青调回一人,有两个以上子女在外地下乡的,也可调回一人。对已婚青年,双方都是北京知青或一方在京另一方在外地下乡,本人或家庭确有实际困难的,根据实际情况,个别解决。职工退职退休后,应允许其在外地下乡的子女一人回京顶替工作。

1979 年底召开的全国知青工作会议,明确对跨省区插队时间较长的老知青就地务农确有困难的,由动员城市和安置地区共同协商安排。北京市在外省区的老知青,主要的困难是长期生活不能自给,文化生活婚姻问题也较难解决。会后决定放宽条件,北京知青之间结婚的(包括一方已在北京的)符合病、困退条件者,都可办理病、困退。未结婚的,如当地安置有困难,要求北京解决,应尊重当地意见,尽快将他们调回北京安排。1979 年 1 月,知识青年上山下乡办公室对国营农场知青的病、困退作出规定:自 1979 年 7 月 10 日起停止办理病、困退和转点插队,如果知青家庭和本人确有特殊困难,由人事、劳动部门按干部、工人调动的规定办理。停止办理病困退后,如发生个别特殊问题,但又不符合单独调动条件的,由市知青办公室同有关省(区)知青办公室、农管局协商调回,回京前必须落实好接收单位。

到 1979 年底,北京市到外省区下乡知青通过病退回京的有 77 243 人,困退回京的有 40 690人。详见 1-22 表:

1-22 表　　1967—1979 年知识青年从外省区病、困退返城人数统计表　　　　单位:人

年　份	合　计	病　退			困　退		
		小计	兵团农场	农村插队	小计	兵团农场	农村插队
合计	117 933	77 243	49 679	27 564	40 690	30 180	10 510
1967 年	141	141	89	52			
1968 年	3	3		3			
1969 年	547	547	52	495			
1970 年	1 831	1 831	444	1 387			
1971 年	2 253	1 167	85	1 082	1 086	593	493
1972 年	3 538	1 343	341	1 002	2 195	1 321	874
1973 年	2 735	1 277	512	765	1 458	861	497
1974 年	7 057	3 453	1 802	1 651	3 604	2 356	1 248
1975 年	13 399	8 789	6 154	2 635	4 610	3 004	1 606
1976 年	15 555	9 094	5 239	3 855	6 461	4 832	1 629
1977 年	17 796	12 295	8 673	3 622	5 501	5 070	431
1978 年	25 399	18 012	11 771	6 241	7 387	6 022	1 365
1979 年	27 679	19 291	14 517	4 774	8 388	6 021	2 367

除病退、困退回城的以外,自 1971 年开始,从到郊区县农村下乡知识青年中招工,招工的对象是在农村锻炼一年以上的知青。1979 年规定招工的对象是在农村锻炼二年以上或劳动满 400 天的知青。还有一部分上山下乡知青在农村直接上大学,被教育部门招收为干部,或被军队征兵等。

截止到 1978 年,历年招工及其他形式回城的人数是:1972 年底前为 24 000 人,1974 年为 46 459 人,1975 年为 44 210 人,1976 年为 49 839 人,1977 年为 10 452 人,1978 年为 121 000 人,合计 295 960 人(1979 年以后未做统计)。

1983 年,根据在陕西的原北京知青的特殊情况,经市劳动局请示市政府及劳动部同意后,又商得陕西省劳动部门同意,对符合以下条件的知青可单调回北京:在外地工作婚后分居,一方户口在京的;知青婚后配偶死亡的;生活困难大龄未婚的(简称为三条政策)。这三条政策适用于所有在外省、区的原北京知青。

1986 年,根据市政府有关领导的指示,由有关部门成立一个专门研究解决外省区原北京知青问题的小组。从 1986 年至 1990 年,这个小组直接批准了 200 余名原北京知青回北京落户。依据对这 200 余人审批的条件,从 1986 年至 1994 年,市劳动局、人事局共批准办

理了原北京知青 31 663 人回北京落户,其中 1986 年 81 人,1987 年 73 人,1988 年 1 400 人,1989 年 1 911 人,1900 年 7 485 人,1991 年 8 037 人,1992 年 6 799 人,1993 年 4 177 人,1994 年 1 700 人。

四、经　　费

从 1964 年开始,在组织知识青年上山下乡后,国家每年拨给北京市一笔安置经费。主要用于解决住房问题、生活补助、小农具的购置、旅运费等。从 1968 年到 1980 年北京市郊区前后共安置了下乡知青 37 万人,在此期间,国家共拨给北京市知青经费 17 972 万多元,其中安置费 16 832 万元,扶持生产资金 1 000 万元,业务费 140 万元。

1985—1987 年,为解决外地知青生活、生产困难,市政府又拨出 667 万元经费。1987 年以后不再向外地知青拨专款,对于知青中的生活困难采取个别问题个别解决的办法逐个落实。北京到外省区上山下乡知青所需经费,由中央直接拨到外省区安排使用。安置费的标准,1964 年规定为下乡知青每人 250 元,执行到 1973 年。1973 年 7 月规定:以前插队的青年,生活不能自给的每人每年补助 100 元,没有建房的每人每年补助 200 元,还规定从 1973 年起提高经费开支标准为:回农村老家落户和到农村插队或建立集体所有制场队的,南方各省每人补助 480 元,北方各省每人补助 500 元,到内蒙古、新疆等地牧区的每人补助 700 元,到生产建设兵团和国营农场的,每人补助 400 元。北京市根据这个规定又作了具体规定,经费开支标准即按每人 500 元拨发。1976 年 12 月,北京市又对 500 元的使用规定为,建房补助费 200 元,生活补助费 200 元,农具、灶具、家具补助费共 60 元,医疗补助费 5 元,文体用品和其它开支补助费 10 元,学习材料费 5 元,特殊开支补助 15 元,旅运费 5 元。1978 年 10 月,中央对安置经费又提高了标准,到国营农、林、牧、渔场和机关学校部队企事业单位农、林、牧、渔业基地和"五·七"干校的每人补助 400 元,到集体所有制知青场队和知青点的,南方各省补助 500 元,北方各省每人补助 600 元,到牧区每人补助 800 元,从北京到知青点的路程单程超过 500 公里的知识青年,未婚的每人每两年国家补助一次探亲路费,已婚的国家共补助三次探亲费探望父母,在农村结婚安家的下乡知青,其住房应从知青空房中调剂,解决不了的每人补助建房费 300 元,由知青部门统一掌握使用。

1980 年后郊区县大量知青回城,对知青住房和公用财产进行了清理移交。累计建立知青点 3 000 多个,建房 8 万余间,开支 3 000 万多元,文体用品价值 150 多万元。知青回城后知青点撤消,多余房屋交大队保管使用,并负责修理,生产生活用品及文体用品造册登记后,小件物品无偿交大队使用,用知青费和社队奖金合买的归大队或生产队使用;数量多大队又不需要的物品给公社办的知青农场留下一部分,其余由国家财政收回。用知青经费买的电视机、缝纫机、自行车、半导体收音机等一律交区县财政部门,如知青农场需要,经批准可调拨使用。到 1982 年底,共处理郊区原建知青房屋 5.9 万间,共收回房屋变价款 100.9 万元,知青场队的经费、财产处理完毕。

(第一篇第三章《就业形式》,第 43—53 页)

北京市赴外地上山下乡的原知青,在当地已经安排工作,或 1979 年 7 月 10 日起仍在国营农场的,由于家庭困难或个人患病等原因,经上山下乡知识青年管理部门各个时期规定的政策批准回北京安置的,也都办理单调手续,如 1985 年以后,新规定的政策批准回北京的人数增加了许多。 （第二篇第五章《劳动力调配》,第 74 页）

1983 年 4 月 14 日,国务院批转劳动人事部《关于企业调整工资及改革工资制度的报告》,其中规定自 1983 年 10 月起,对企业职工工资进行调整。调整工资的范围是:1983 年 9 月 30 日在册职工中 1978 年底以前参加工作的职工,上山下乡插队满 5 年以上的原城镇知识青年,1979 年 1 月 1 日以后分配到调整工资单位工作 1983 年 9 月 30 日以前已是正式职工的。 （第三篇第八章《升级》,第 128 页）

上山下乡知识青年

1973 年 11 月,市劳动局对知识青年到农场插队的月生活费和工资待遇规定:第一年生活费 18 元,第二年 22 元,第三年 26 元,第四年定为农场一级工,工资 32 元。

1974 年 2 月,市劳动局对上山下乡知识青年回京安排工作后工资待遇规定:知识青年中的中专毕业生,回京安排工作后,按照国家有关中专毕业生的规定执行。知识青年到生产建设兵团或农村,从事技术性工作或学徒,回京后仍做技术工作,工种对口的,可适当缩短学徒期限;安排到非工业部门或非技术性工作岗位的,初中毕业生初期工资 23 元,其中插队满三年以上的初期工资 26 元。高中毕业生初期工资 31 元。工作满一年后定级工资按照本单位的规定执行。 （第三篇第十一章《工资支付》,第 147—148 页）

1975 年 10 月,市劳动局转发国家计划委员会劳动局《关于职工调作熟练工的工资处理意见》的通知,对执行中的一些问题作了补充规定:……(二)兵团、农场职工因病或因家庭困难等原因,经组织批准返回北京又重新安排工作的,其在兵团和农场工作的时间,计算为连续工龄。重新安排工作后的工资待遇,按照市劳动局 1972 年 9 月 29 日发布的关于插队知识青年参加工作后的工资待遇的办法执行。…… （第四篇第十一章《工资支付》,第 150 页）

第二个阶段是 1958 年至 1978 年,就业培训工作处于停滞状态。……1963 年到 1965 年,由于社会上有一部分初中毕业生和社会青年就业困难,才举办了一些职业学校(由市教育局主管)吸收一部分学生,同时动员组织大批知识青年上山下乡。"文化大革命"期间,中学毕业生大部分被动员上山下乡,少部分被招收就业,也没有开展就业训练。

第三个阶段是 1979 年至 1994 年。这个阶段的初期,由于赴外省、区上山下乡知识青年大批回北京,在郊区插队青年也需要就业,加上其它原因,北京市就业压力很重。对一些暂时不能就业的青年需要进行就业前的培训,这个任务主要由区、县、街道各级劳动服务公司

举办的培训中心(学校)和各种培训班来承担。（第五篇第十六章《就业前培训》，第223页）

1966—1978年共受理信访187 009件（次），其中来信36 575件，来访150 433人次（不包括1966年下半年群众大规模冲击市劳动局的人次）。见7-10表：

7-10表 1966—1978年来信来访情况统计表　　　　　　单位：件、人次

年份	合计	其中		信访内容										
		来信	来访	知识青年上山下乡	省市调动	本市调动	求职	退休退职	子女顶替	精简职工	工资福利	劳动保险	临时工学徒	其它
总计	187 009	36 576	150 433	71 508	21 908	5 893	27 724	2 445	446	3 103	22 672	2 959	10 615	17 736
1966	6 199		6 199	948	521	351	1 737			205	461		468	1 508
1967	5 664		5 664	80	600	227	1 967			410	186		991	1 203
1968	9 646		9 646	953	834	171	5 404			69	431	152	904	728
1969	20 688		20 688	5 016	1 163	238	11 462			33	165	127	800	1 684
1970	20 278	2 758	17 520	16 104	1 420	578	601	202		105	250	255	515	248
1971	22 351	3 902	18 449	16 947	1 521	888	873	163		163	513	320	589	374
1972	48 132	10 981	37 151	29 549	1 191	1 562	1 010	279		279	8 849	380	4 078	955
1973	2 771		2 771	1 911	177	154		30		29	88	67	77	238
1974	10 276	3 258	7 018		3 260	450	950	470		320	1 210	240	350	3 026
1975	9 488	2 821	6 667		4 116	323	813	284		278	1 313	540	537	1 284
1976	6 350	1 879	4 471		2 448	229	623	171		157	1 139	339	293	951
1977	7 315	2 898	4 417		1801	224	694	272		176	1 811	195	406	1 736
1978	17 851	8 079	9 772		2 856	498	1 590	574	446	897	6 256	344	607	3 081

这个阶段从"文化大革命"开始至中共十一届三中全会以前，来信来访中反映的主要问题：

……

其次是上山下乡知识青年问题。"文化大革命"以前，北京市曾动员大批知识青年去黑龙江北大荒地区等地参加农业生产，当时十分强调自愿，组织工作也比较周密，这些青年来信来访的较少。1966—1969年，先后又组织了这几年毕业的初、高中毕业生到山西、陕西、内蒙、黑龙江、云南等地农村生产队或国营农场劳动。也有少量社会青年、在职人员以及个别农村户口的中学毕业生也一起上山下乡。上述人员由于存在当地安置不好的问题、住房问题、打击报复问题、女青年受欺侮问题、转地插队安置费问题、转移粮食关系等问题写信或来访。1966—1972年，共有69 597件，占同期总数的52.3％。1970—1972年反

27

映突出的问题是因身体有病或家庭有困难要求返回北京。这 3 年有 62 600 人（次），占同期信访总数的 69%。 （第七篇第二十二章《调整劳动关系》，第 317—318 页）

1979—1994 年来信来访情况统计表
单位：件、人次

年份	合计	其中		信访内容										
		来信	来访	知识青年上山下乡	省市调动	本市调动	求职	退休退职	子女顶替	精简职工	工资福利	劳动保险	临时工学徒	其它
总计	167 726	61 599	106 127	30 105	23 261	4 459	10 802	8 913	4 270	5 637	38 826	11 646	4 723	25 084
1979	18 612	8 865	9 747		3 588	439	3 256	674	1 633	1 800	2 914	1 267	940	2 101
1980	17 230	8 139	9 091		3 034	310	1 912	633	636	312	6 741	1 589	716	1 347
1981	8 653	4 087	4 566		2 333	209	977	496	360	226	1 360	601	525	1 576
1982	7 669	3 427	4 242		1 632	224	607	460	426	427	1 150	869	410	1 464
1983	11 922	5 765	6 157		1 698	198	785	676	451	394	4 005	1 187	352	2 176
1984	19 488	7 246	12 242		1 200	626	1 198	773	262	161	12 315	655	278	2 020
1985	12 547	3 890	8 657	5 000	1 928	281	297	494	131	218	2 092	599	196	1 311
1986	11 634	4 574	7 060	2 799	1 049	224	285	499	153	238	3 896	642	264	1 585
1987	10 422	3 239	7 183	3 241	1 453	631	246	769	126	345	1 152	693	261	1 505
1988	9 219	2 584	6 635	3 825	1 010	720	156	502	92	331	554	525	229	1 275
1989	7 893	2 085	5 808	4 122	894	263	173	298		139	382	332	256	1 034
1990	9 752	2 428	7 324	4 356	1 055	334	268	445		143	1 046	458	296	1 351
1991	7 267	1 625	5 642	3 458	904		283	367		69	270	395		1 521
1992	4 736	1 206	3 530	1 528	567		108	426		85	146	461		1 415
1993	4 139	790	3 349	947	438		87	428		35	160	545		1 499
1994	6 543	1 649	4 894	829	478		164	473		714	653	828		1 904

注：由于历年统计口径几经变化，有的栏目无数字。

（第七篇第二十二章《调整劳动关系》，第 319 页）

其次是上山下乡知识青年要求调回北京工作问题。1983 年 6 月 4 日，在陕西省延安地区工作的原北京知识青年 6 人，到北京市政府上访，声称代表 1 000 余名在延安插队的知识青年，强烈要求调回北京，如不解决会出现大批人回北京集体上访，并说他们来北京前曾召开 90 多名要求回京知青代表会，然后才来京上访。经市政府与陕西省有关部门联系，双方做工作，动员他们回延安，并劝阻其他人来北京。同年 10 月 10 日，又有 5 人自延安来北京，声称代表 1 万多名北京知识青年，要求调回北京，并说北京市政府与陕西省和延安地区的劳动局已经定了可以回京的 5 条协议。经过做工作，说明根本没有协议一事，暂时平息。1985

年2月底,经市政府研究决定,允许在外地工作的原北京知青符合三种情况的可以调回北京工作。即:夫妻一方在京另一方在外地工作的;大龄未婚的;丧偶的。按三条政策开始办理知青回京手续后,信访量增加很多,仅1985年一季度就有592人,二季度猛增到3 005人,三季度950人,四季度453人,全年5 000件,占信访总数12 574件近40%。

从几年信访情况看来,在外地工作的原北京知青要求调回北京的理由是:"文化大革命"已被彻底否定,上山下乡是"文化大革命"的产物,应否定上山下乡,允许知青全部返回北京;双知青(夫妻双方均为北京知青)要求在调京问题上给予照顾;配偶是天津、上海的知青,要求允许调来北京;离婚的知青反映一人带着孩子生活困难大,要求调回;在黑龙江农场和内蒙、陕西等贫困地区的北京知青以及因企业亏损生活困难的知青要求调回;回族的北京知青要求给予照顾调回;当地教育水平差,为孩子前途担忧,要求调回;子女在京寄养,监护人又年老多病,无法安心在外地工作,要求调回;子女或配偶有重病需在北京治疗,父母在京有病无人照顾等,要求调回。

对在外地的北京知青规定了调回北京的三项条件以后,一些不符合三项条件的知青反映强烈。在山西工作的原北京知青集体上访来京的很多,1985年4月22日至29日,有300多人在中共北京市委门前静坐请愿,胸前挂着"68赴山西知青要求回京"的布条,要求与领导人对话。通过宣传政策、说服教育,动员他们尽快返回工作岗位,使这起事件得以平息。

1991年以后的四年中,知青问题的信访仍占信访总数的30%。其中多数仍是以各种理由要求调回北京工作。一个比较突出的问题是:一部分已批准从外地调回北京的知青,多年仍未找到固定的工作,靠做临时工生活。他们在回北京时,一般都与北京某个单位商定,由单位出一个接收工作的证明,等正式办手续回北京后,由个人另找真正的接收单位,然后再办调动手续。但由于这些人年龄已大,又无专长,很难找到接收单位。他们通过信访,要求找个正式工作单位。针对这一问题,市劳动局规定,凡出具接收证明的单位,应安排调京人员的工作,使这个问题有所缓和,但并未得到彻底解决。

(第七篇第二十二章《调整劳动关系》,第320页)

同年(1965年)6月,市安置城市知识青年上山下乡办公室并入市劳动局,对外称社会劳动力管理处。……

1971年,全局(市劳动局)设三组一室:政治组、办事组、业务组和知识青年安置办公室,干部编制65人。

1972年,全局设三室三处:办公室、政治工作办公室、知识青年上山下乡安置办公室、计划调配处、工资处、劳动保护处。

……(1980年)年底,知识青年上山下乡办公室与劳动局合署办公,另成立知青工作处。……同年(1982年)6月,成立政策研究室,知青工作处并入劳动服务公司。1985年成立下乡青年工作处。

(第八篇第二十三章《市级行政机构》,第325页)

到 1994 年各区、县劳动局都设置了……知青科(知青办、下乡知识青年工作科)、财务科(行政财务科)。

(第八篇第二十五章《区县机构》,第 329 页)

《北京志·综合经济管理志·统计志》

北京市地方志编纂委员会编,北京出版社 2002 年

1973 年,在农村人民公社基本情况表中增加 1972 年和 1973 年插队知识青年人数;……1976 年,在农村人民公社基本情况表中删掉有关插队知识青年的指标。

(第一篇第一章《统计报表》,第 55 页)

1977 年后,北京市上山下乡知识青年陆续回京,北京市统计局在职工人数增减表上增加从上山下乡知识青年中招收的人员。 (第一篇第一章《统计报表》,第 187 页)

《北京志·综合经济管理卷·财政志》

北京市地方志编纂委员会编,北京出版社 2000 年

1979 年 2 月,财政部规定,为安置上山下乡知识青年而在农村举办的独立核算集体所有制场、队,不分原有和新办,自 1979 年起至 1985 年底,其生产经营的各项应税产品和业务收入免征工商所得税。为安置知青而举办的农、林、工、牧、副、渔生产基地(包括五七干校办的基地)以及机关、事业、部队、学校、企业为安置知青而举办的生产基地,知青人数占职工总人数 60％以上的,也比照办理。1980 年 4 月,财政部又规定,为安置待业知识青年而举办的城镇集体企业,自投产经营月份起免征所得税 1 年,一年后仍有困难,可自经营月份起免征 2 年至 3 年,但照征工商税,城镇集体企业安置知青人数占职工总人数 60％以上的免征所得税 2 年至 3 年;从事修配服务劳务的免征工商税 2 至 3 年。北京市执行上述规定。

(第二篇第二章《工商税收》,第 146 页)

《北京志·综合经济管理卷·税务志》

北京市地方志编纂委员会编著,北京出版社 2001 年

1978 年 10 月,北京市财税局遵照财政部《关于一些城镇为安排知识青年新办集体经济企业减免税收问题的通知》,给予新办安排知青就业企业开办初期生产经营有一定困难的,自投产经营月份起,可免征 1 年工商所得税,1 年后企业仍有困难,还可再酌情给予适当照

顾。1980 年 4 月,改为从投产经营月份起免征 2 年至 3 年工商所得税。

（第一篇第三章《所得税类》,第 103—104 页）

1986 年 8 月,北京市执行财政部规定,对知青企业按规定免征所得税 3 年的,同时免征能源交通重点建设基金,对免征期满后知青人数达到 60％的,继续给予免征照顾。

（第一篇第七章《"两金"及教育费附加》,第 185 页）

《北京志·综合经济管理卷·金融志》

北京市地方志编纂委员会编著,北京出版社 2001 年

集体商业企业底子薄、资金少,为积极扶持上山下乡回城的知识青年举办的集体企业的发展,在贷款掌握上,突破行业限制,扩大信贷范围,对适应市场需要,有利于搞活经济、方便人民生活、符合贷款条件者,一般都给予贷款支持,并在两年内给予优惠利率。自办理贷款日起,安排知青人数超过职工总数 30％以上者,两年内贷款月息按 3.6‰的优惠计息。到期后,如果新安置的知青超过现有职工 30％以上的,继续实行优惠利率二年。

（第三篇第十一章《贷款》,第 229 页）

《北京志·综合经济管理卷·物资志》

北京市地方志编纂委员会编,北京出版社 2004 年

北京市 1977 年木材分配计划　　　　　　单位:立方米

单位 ＼ 项目	分配合计	使用方向								
		农业	轻工市场	生产	包装	生产维修	房屋维修	基本建设	其它	中央代供
总计	575 000	45 000	112 000	55 000	80 000	47 000	40 000	97 100	70 900	28 000
1. 农口	84 569	45 000	16 100			3 770	1 699		18 000	
郊区县	32 769	13 000	14 300			3 770	1 699			
知青建房	18 000								18 000	
养猪养鸡	4 500	2 700	1 800							
农林局	4 000	4 000								
农机局	14 900	14 900								
水利局	4 600	4 600								

......

（第一篇第一章《计划管理》,第 75 页）

《北京志·综合经济管理卷·工商行政管理志》

北京市地方志编纂委员会编著，北京出版社 2001 年

北京市工商局根据 1979 年 2 月召开的全国工商局长会议精神，制定了《关于审批个体工商业的意见》。……同时还对退休人员、上山下乡的知识青年和自行回城的插队知青加以限制，"都不准从事个体工商业经营活动"。　　（第三篇第二章《个体工商户登记管理》，第 97 页）

《北京志·城乡规划卷·测绘志》

北京市地方志编纂委员会编著，北京出版社 2001 年

1974 年和 1975 年，分别招收初中毕业生和插队知识青年，由北京市建筑工程学校代培，处校合办的两期测绘学习班，学习二年毕业，有 66 人先后到北京市地质地形勘测处参加工作。　　（第六篇第一章《机构》，第 334 页）

《北京志·市政卷·房地产志》

北京市地方志编纂委员会编著，北京出版社 2000 年

1966 年"文化大革命"开始后，住宅建设受到影响。1967 年至 1976 年十年间，新建住宅 602.9 万平方米，其中 1967 年、1969 年、1970 年，新建住宅建筑面积分别只有 20.11 万平方米、29.86 万平方米、22.37 万平方米。由于很多机关被强令外迁或撤销，大批干部下放，大量企事业单位和职工外迁，大学停止招生，大批知识青年上山下乡，在 1970 年，人均居住面积虽达到 4.36 平方米左右，但潜在的住房紧张问题依然存在。

随着机构的逐渐恢复，人员逐步回京，知识青年逐渐返城，以及城市人口的增长，住房紧张的矛盾加剧。1973 年以后，住宅建设又开始有所发展。到 1976 年，人均居住面积 4.45 平方米，住宅紧张成为最尖锐的社会问题之一。　　（第一篇第一章《房屋建筑》，第 39 页）

1978 年 9 月，北京市房地产管理局针对建设用地拆迁居民和单位房屋中存在的急需解决的问题，提出《关于建设用地拆迁安置中几个问题的处理意见》，……这个意见第一次提出了可适当照顾的条件，即："知识青年在本市郊区插队的；子女在人民解放军服役的（已提干的除外）；户口在本市学校、工作单位或托儿所，但确属常在家居住的；夫妇一方在外地工作的和已经办理结婚登记，尚无房结婚的。对十三周岁以上的未婚男女以及两个以上不满十三岁的子女与父母同居一室的也可考虑分室安置"。（第二篇第五章《土地征用》，第 337 页）

《北京志·市政卷·园林绿化志》

北京市地方志编纂委员会编著,北京出版社 2000 年

1974 年,开始从城市和农村插队知识青年中大量招收工人。

(第六篇第一章《体制与机构》,第 461 页)

《北京志·工业卷·化学工业志、石油化学工业志》

北京市地方志编纂委员会编著,北京出版社 2001 年

炼油厂在二期工程开始后,从全国各大炼油厂调入生产骨干 300 多人。……1971 年 8 月,从昌平、延庆等下乡知识青年和当地青年农民中招收工人 700 余名,分别分配到各车间。

(石油化学工业志第一篇第一章《炼油系统建设》,第 280 页)

1978 年,以 30 万吨/年乙烯工程为中心的建设工程完工,燕化职工总数达到 33 569 人。职工来源主要为插队返城的知识青年。 (石油化学工业志第六篇第二章《机构》,第 597 页)

《北京志·农业卷·林业志》

北京市地方志编纂委员会编著,北京出版社 2003 年

从 1962 年至 1965 年,招收近 6 000 名回乡和下乡知识青年参加林业建设,通过技术学习和劳动实践,逐步成为掌握专业技能的林业生产管理队伍。

(第四篇第一章《国有林场》,第 195 页)

从 1961 年开始,北京市林业战线安置城市高、初中毕业生。首批安置百余人在市西山试验林场、市温泉苗圃和市蚕种场。1962 年又安置了 500 余人。1963 年 6 月至 9 月,又有 6 000 多名下乡和返乡初、高中毕业生到林场和苗圃参加林业建设,充实了新生力量,壮大了林业队伍。1964 年,林业职工队伍扩大到 15 000 人。调整后,1966 年全市林业系统有干部职工 5 646 人,其中行政管理人员 505 人,林业工人 5 141 人。

(第九篇第二章《队伍》,第 464 页)

《北京志·农业卷·国营农场志》

北京市地方志编纂委员会编,北京出版社1999年

1970年大批知识青年上山下乡来到农场(卢沟桥农场),到1976年底,全场人数达3 957人,其中职工1 755人。 （建制篇第一章《城市周边地区农场》,第36页）

(南口农场)建场初期,条件相当艰苦,共有2 500名下放干部和80名知识青年参加了创建工作。1959年至1975年,又有7批城市知识青年陆续到农场劳动。全场人数最多时曾达4 000多人。下放干部每两年轮换一次,1963年轮换完毕。

（建制篇第二章《城市外围地区农场》,第43页）

(延庆农场)建场之初,职工来源除接收机耕队的职工外,还接收了一批上山下乡知识青年和待业人员,职工人数达到300多人。 （建制篇第二章《城市外围地区农场》,第47页）

北京国营农场的劳动力来源有以下几个途经:

……

四是"文化大革命"期间及其以后几年,市政府组织万余名城镇知青到北京各国营农场插场。 （管理篇第一章《机构和队伍》,第232页）

1973年,各农场曾先后安置1.2万名知青插场,其中有半数当时已转为农场正式职工。1976年按市有关政策规定,在农场工作的知青可享受重新招工待遇,许多已转正的原知青,以种种理由相继调回市内。 （管理篇第一章《机构和队伍》,第232页）

为了解决北京国营农场劳动力来源问题,1978年以后,北京市人民政府对北京国营农场的劳动力来源给予了特殊的优惠政策,即:允许国营农场职工子女到农场工作;允许北京国营农场在所辖区内从农村招收以初、高中毕业生为主的农民工,充实第一线(累计达25 000人);鼓励在"文化大革命"期间到北京国营农场插场的近万名城镇知识青年留在农场工作(根据市政府于1980年《关于今后知青上山下乡的方针、政策和具体工作的安排》,城镇知青到知青场、队,农、林、牧场参加劳动,订立劳动合同,在合同期间算工龄,合同期满可留下就业),留下工作的计2 000多人。 （管理篇第一章《机构和队伍》,第233页）

根据北京市劳动局1973年《关于到农场插场知识青年的生活费和工资待遇的通知》,规定:插场第一年的生活费调为18元,第二年22元,第三年为26元,第四年为农场一级工,工

资为 32 元(注:"文化大革命"以前,国营农场招收的农工进场月工资为 27.5 元,一年以后定一级工)。

(管理篇第二章《企业管理》,第 271 页)

《北京志·商业卷·日用工业品商业志》

北京市地方志编纂委员会编,北京出版社 2006 年

1964 年—1970 年销售量变化较大,年销最低为 42 万个,最高为 89 万个。其中 1968 年—1969 年知识青年上山下乡,干部下放干校,面盆销量猛增。

(第一篇第一章《百货业》,第 41 页)

由于棉纱资源紧张,1961 年—1964 年本市收购、销售均在低水平徘徊。直到 1966 年知青上山下乡销售回升到 122.6 万件。　　(第一篇第七章《服装业》,第 165 页)

《北京志·教育卷·成人教育志》

北京市地方志编纂委员会编著,北京出版社 2001 年

1974 年 8 月,北京市成立上山下乡知识青年函授教育办公室并开始举办试点班;1975 年 1 月 14 日,顺义县知识青年函授学习班正式开学,以后各县均办起了知青函授教育。为了推动知青函授教育,在缺乏教师的情况下,1975 年 2 月,知青函授教育办公室举办了教育辅导员学习班,同年 8 月北京市召开知识青年上山下乡工作会议,会议上明确提出全市要全面开展知识青年的函授教育工作。几年中,知青函授教育,对上山下乡知识青年的学习,起了推动作用。函授教育办公室先后举办的学习班有《毛泽东选集》及《论十大关系》学习班,毛泽东、鲁迅杂文学习班,养猪学习班,养鸡学习班,小麦栽培技术训练班以及创伤救护训练班等等。

(《概述》,第 8 页)

1979 年后,北京市开展了对由农村插队回城的知识青年和落榜的高中毕业生的培训工作。各街道、各单位均组织待业青年学习技能,提高素质,积极安排就业。截至 1980 年 3 月,城近郊区共组织 4 万多人参加学习。

(《概述》,第 11 页)

上山下乡知识青年的短期培训

为解决"文化大革命"期间大批上山下乡知识青年的教育问题,1973 年 10 月,北京市革命委员会要求文教部门积极举办函授教育和广播教育。

北京市于 1974 年 8 月成立了北京市上山下乡知识青年函授教育办公室。

北京市知识青年函授教育办公室初建时只有 4 人,后逐步发展到 30 余人,其中专职教师 20 余人,设有政治、语文、数学、理化、历史、农业技术等教研组;兼职教师主要来自北京师范学院、北京师范大学、北京大学、中国人民大学以及北京市农业科学院、北京市畜牧兽医站、北京市农林局、北京市卫生局等单位,年经费约 35 万元。北京市知青函授教育办公室建立后,各郊区县相继配备了知青函授教育的专职人员,多数区县为两人,平谷、顺义等还建立了相应的函授教育机构,其主要任务是负责组织知识青年学习。

(一)基本情况

1975 年,北京市原有知青 165 000 人,后除陆续回城的以外,到 1976 年 7 月 20 日,14 个郊区县尚有知青 122 989 人,另外市农林局所属农场有知青 13 526 人,共计 136 515 人,郊区 267 个公社中有知识青年点 249 个,分布在 3 400 个大队。知青函授教育办公室在这些大队中建立了辅导点。

北京市郊区县上山下乡知识青年分布情况一览表

(区县)	知青数 (人)	公社数 (个)	其中有知青 的公社(个)	农林场数 (个)	辅导点数 (个)	备 注
丰 台	5 057	5	5	1	1	
海 淀	6 008	12	11	2	1	
朝 阳	9 326	17	17	2	1	
门头沟	4 925	17	17	2	1	
通 县	18 215	17	17	1	2	永乐店农场有 6 个分场
大 兴	19 966	20	20		1	红星公社有 10 个分场
房 山	9 322	31	26		5	
昌 平	11 424	25	25	1	1	中越公社有 6 个管理区
怀 柔	4 895	22	18	3	2	
密 云	2 874	23	18	3	2	
延 庆	8 450	26	24	林场1 农场1	4	
石景山	909	1	1	1	1	
顺 义	16 333	30	30	3(县农林 局所属)	2	
平 谷	5 287	21	20		1	
小 计	122 989	267	249		26	市农林局农场知青 13 526

注:各区县知青数加上农场知青数共有 136 515 人。

(二)编写教材

北京市知青函授教育办公室为开展知识青年的教育工作,专门组织人员编写了适合知青需要的政治、生活、文学、卫生及高校招生考试各科辅导材料,组织有关单位陆续编写的教材和资料有:市农业科学院、市林业局等单位编写的《小麦的栽培与管理》《水稻》《玉米》、

《蔬菜》、《果树》（上下册）、《土壤与化肥》等；市第二医学院、市卫生局、市防疫站、市畜牧兽医站等单位编写的《祖国医学基础知识》、《解剖生理知识》、《创伤与救护》、《卫生防疫基础知识》、《养猪》、《养鸡》等；北京师范学院、北京大学中文系、中国人民大学中文系、政教系、北京师范大学政教系等单位编写的《毛主席诗词》辅导材料、《毛泽东选集》第五卷辅导材料、语文辅导材料（一）（二）（三）（四）册、《汉语语法基础知识》、《写作基础知识》、《诗歌写作常识》、《文章选讲》（一）（二）（三）（四）册、《古文译注》、《中国古代史》、《中国近代史》、《世界古代史》、《世界近代史》，以及高等学校招生考试各科辅导资料。

北京市知青函授教育办公室为知青购买的学习材料有《植物保护手册》、《矛盾论》、《实践论》、《论十大关系》、《国家与革命》等辅导材料，《毛泽东选集》第五卷以及数学、物理、化学等教材。

（三）培训骨干，开展函授教育

1974年12月16日，平谷县知青函授教育试点班正式开学，以后各区县知青函授教育辅导点陆续开学。学习方法主要是发书到人，按大队编成学习小组，组织自学。市知青函授教育办公室举办骨干培训班，再由培训的骨干在组内组织辅导，对于不够人手一册的参考书，有的大队还成立了"图书馆"，由知青骨干负责管理。

北京市知青函授教育办公室先后举办的培训班有：知青理论骨干学习班，1975年有96人参加；《国家与革命》辅导班（1976年两次）；《矛盾论》、《实践论》辅导学习班；《毛泽东选集》第五卷学习班（1977年在平谷县峪口公社脱产集中学习1个月）。1977年举办的有毛泽东诗词、鲁迅杂文学习班、诗歌写作学习班。为贯彻学习"广阔天地大有作为"的精神，北京市和郊区各县上山下乡知识青年函授教育办公室，在有关部门的协助下，聘请农业科技人员和有实践经验的老农不定期地为知青举办农业技术训练班，讲授小麦栽培技术、养猪知识、棉花栽培、土壤速测，以及卫生常识等；1976年7月，唐山丰南大地震波及北京后，还举办了"创伤救护"学习班；平谷县还及时组织学习包扎、止血、固定、输送伤员的技术训练班。

1978年，高等学校招生考试前，举办了4次高等学校招生考试辅导班。辅导班的教师除面授外，还深入到区县知青辅导点为准备参加高考的广大知青巡回辅导。

北京市知青函授教育办公室同北京人民广播电台联合举办了《中国古代史》、《中国近代史》、《世界古代史》、《世界近代史》、《语法修辞基础知识》和《初中物理》等广播讲座。

自1974年到1978年，市上山下乡知识青年函授教育办公室配合市政府知识青年上山下乡办公室，在有关部门和各郊区县的支持下，培养了一批知识青年骨干，向广大知识青年进行了政治、文化、生产教育。如《毛泽东选集》第五卷学习班培训的知识青年骨干，回到区县公社后，大多数都担负起了辅导社员和知识青年学习《毛泽东选集》第五卷的任务。

1978年、1979年有些知青考取了高等院校，没有考取的也都陆续回城参加了工作。

1979年9月，市教育局所属上山下乡知识青年函授教育办公室划归市工农教育办公室归口管理，知青函授教育的历史任务基本完成，机构自行撤销。

（第三篇第二章《干部、职工培训》，第251—254页）

《北京志·科学卷·科学技术志》

北京市地方志编纂委员会编著,北京出版社2005年

1979年,朝阳区水利局根据插队知识青年方介的构思,制成YKZ2-9型群井遥控装置,可在1 500米外操纵18眼机井运行。 （第四篇第一章《环境科技》,第561页）

《北京志·文化艺术卷·文学创作志》

北京市地方志编纂委员会编著,北京出版社2007年

1966年5月至1976年10月,中国经历了"文化大革命"十年浩劫,北京的诗歌创作和所有其他文艺创作一样,受到了扼杀,诗坛一片荒芜。这期间除《红花满山》、《海的怀念》(李瑛)等少数作品外,在民间还传抄着许多"地下诗歌"——北京知青诗歌和出自震惊中外的"天安门事件"的诗歌。

《相信未来》、《烟》、《酒》、《这是四点零八分的北京》、《希望》、《灵魂》,是"知青"诗人郭路生(笔名"食指")的代表作。这些诗,曾在知青中广泛传抄,郭路生也被称为"新诗潮的先行者"。他的诗作,反映了知识青年的心路历程。

《致渔家兄弟》、《天空》、《秋天》、《路上的月亮》、《街》、《我是风》,是在白洋淀插队的北京知青芒克的代表诗作。

《二十六个音节的回想》、《悼一九七四年》,是在白洋淀插队的北京知青林莽的代表诗作。

《海》、《致太阳》、《无题》,是在白洋淀插队的北京"知青"多多的代表诗作。

《致生活》、《三月与末日》,是在白洋淀插队的北京"知青"根子的代表诗作。

《谣曲》,为方含诗歌代表作。 （第一篇第一章《诗歌》,第42—43页）

《聚会》(甘铁生),是"知青小说第一浪潮"的代表作,反映了上山下乡的知识青年的生活和情绪。

《午餐半小时》,通过一个残疾青年的目光,描述了北京普通市民的生存状态和他们的心态情绪。史铁生的这一早期小说,已经展示了作家独特的观察视点和写作风格。其短篇代表作还有《我的遥远的清平湾》、《命若琴弦》、《奶奶的星星》。 （第一篇第三章《小说》,第84页）

"知青小说"这时期也从"伤痕文学"阶段进入到"反思文学"阶段。知青反思小说是在一个新的思想高度审美层次上对知青生活的再认识,是知青小说发展里程上的一个新突破。

《骑手为什么歌唱母亲》、《绿夜》(张承志)是对母性的崇高与伟大的赞颂。《这是一片神奇的土地》(梁晓声)等作品较全面、辩证地回顾上山下乡运动及对知青生活的影响。《我的遥远的清平湾》(史铁生)像一首充满浓郁的乡土气息的陕北"信天游",以娓娓而叙的散文化

笔调,为我们描绘了一幅淡淡的农村风俗画。　　　　　　　　　（第一篇第三章《小说》,第 84 页）

（黄宗英）《特别姑娘》,发表于 1963 年 7 月 23 日《人民日报》,写知识青年侯隽听从党召唤,到农村务农,和农民一起劳动、生活和战斗的事迹。　　（第一篇第四章《纪实文学》,第 110 页）

《北京志·文化艺术卷·群众文化志、图书馆志、文化艺术管理志》

北京市地方志编纂委员会编,北京出版社 2001 年

1964 年 11 月 26 日至 12 月 29 日,由文化部、国家民族事务委员会联合举办的"全国少数民族群众业余艺术观摩演出会"在京举行,来自全国各地的 53 个民族的 650 多名演员,演出 250 多个音乐、舞蹈、戏剧、曲艺等节目。这批业余演员来自农民、牧民、民间歌手、回乡知识青年及干部等。　　　　　　　（群众文化志第一篇第三章《汇演和展览》,第 63—64 页）

《北京志·著述卷·著述志》

北京市地方志编纂委员会编,北京出版社 2011 年

《青春方程式:五十个北京女知青的自述》　刘中陆主编,北京大学出版社 1995 年 8 月出版。该书为北京上山下乡知识青年回忆录。　　　　　（第三篇第一章《政治》,第 273 页）

《情系黄土地:北京知青与陕北》　孙立哲主编,中国国际广播出版社 1996 年 1 月出版。该书为北京当代上山下乡知识青年报告文学作品集,反映了北京知青的下乡生活及曲折的经历。　　　　　　　　　　　　　　　　　（第五篇第二章《文学》,第 385 页）

《北京志·新闻出版广播电视卷·报业、通讯社志》

北京市地方志编纂委员会编著,北京出版社 2006 年

《中国青年报》……1959 年至 1961 年国家三年经济困难时期,它突出报道了为抢救国家财产奋不顾身的女青年向秀丽、带头回乡建设新农村的女知识青年邢燕子。

（第一篇第一章《报纸沿革》,第 105 页）

《《中国青年报》)1978 年复刊后,陆续调入了 200 多名新干部,分别担任编辑、记者、经营管理干部,他们多来自下乡知识青年、工人、复员退伍战士和大学毕业生。

(第一篇第一章《报纸沿革》,第 109 页)

《北京志·新闻出版广播电视卷·广播电视志》

北京市地方志编纂委员会编著,北京出版社 2006 年

中央人民广播电台 1997 年节目时间表①

第一套节目	第二套节目
13:00 青年节目　对上山下乡知识青年广播(一、五) 21:00 青年节目　对上山下乡知识青年广播(一、五)	6:20 青年节目　对上山下乡知识青年广播(一、五)

(第一篇第一章《播出机构》,第 36—37 页)

(中央电台)1974 年 1 月开办《对上山下乡知识青年广播》,每周 2 次,每次 30 分钟。

(第一篇第三章《广播节目》,第 120 页)

北京人民广播电台若干年份社教类节目广播情况一览表

年份 \ 节目	节目名称	每天广播 次数	每天广播 时间(分)	占全天播音时间(%)
		......		
1976 年底	对首都工人广播	21	420	
	对郊区社员广播	15	450	
	对上山下乡知青广播	6	180	
	学习与批判	28	560	
	对红小兵广播	21	420	
	对红卫兵广播	21	420	
	外语广播讲座	114	3 420	
	合　计		5 870	25
		......		

(第一篇第三章《广播节目》,第 152 页)

中央电视台制作的电视剧在第一届至十三届(1981 年至 1993 年)“飞天奖”评选中获奖情况是(剧名前有 * 号的是联合录制作品):

......

---

① 本表内容为节选。——编者注

第三届（1983 年评 1982 年度剧目）

连续剧一等奖：《蹉跎岁月》　　　　　（第二篇第二章《电视节目》，第 414 页）

《北京志·卫生卷·卫生志》

北京市地方志编纂委员会编，北京出版社 2003 年

北京邮电医院卫生学校……1969 年至 1972 年曾开办京郊知识青年 1 年制"护训班"和邮电系统在职人员 1 年半制"红医班"。　　　　（第九篇第三章《西医教育》，第 389 页）

《北京市电力工业志》

华北电管局史志办公室编，当代中国出版社 1995 年

1964—1979 年，按照国家政策和北京市规定，职工退休、退职后，可以由家居城市的子女顶替；可以在北京市劳动局指定的地区范围内招收留城和回城的知识青年；可以根据工作需要，将 1971 年底以前参加工作的临时工转为正式工人。北京电力系统根据以上精神进行了职工子女顶替、待业知识青年安置和临时工转为正式工人工作。

（下编第九篇第三章《劳动工资》，第 376 页）

《北京盐业志》

中盐北京市盐业公司，（内部刊行）2002 年

此（1970 年）后至一九八〇年是盐业公司进人的高峰期。考虑到企业发展的后劲及销量的逐年增加，陆续招收下乡插队知识青年、学校毕业的高中毕业生、中专技校毕业生、军队复员转业人员、职工家属子女和社会青年共 260 余人，职工队伍不断扩大。至一九八〇年末，职工人数已达 430 人。　　　　（第十一章《职工》，第 278 页）

《北京市农村合作经济经营管理志（1952—2002 年）》

北京市农村合作经济经营管理站编，中国农业出版社 2008 年

（1973 年）10 月 13 日，市革委会发出《关于知识青年上山下乡若干问题的规定》，对在郊

区插队知识青年的口粮、自留地、同工同酬等问题，作了具体规定。 （《附录》，第 472 页）

《北京林业志》

《北京林业志》编委会编，中国林业出版社 1993 年

　　为了大力开展国营造林，从 1962—1965 年，在城镇招收近 6 000 名知识青年参加林场建设，这一大批知识青年在林场除了积极参加生产实践，还有组织地进行文化、技术学习，有 640 人参加了大学函授和中等技术培训班学习，形成了一支生气勃勃的林业专业队伍，各国营林场生产上取得了很大成绩。 （第五篇第一章《国营林场概况》，第 37—39 页）

　　1962—1966 年（西山试验林场）接受高初中毕业的知识青年 800 多人为固定工人，参加林业建设。从此由组织义务劳动进行造林营林转为依靠固定工人进行生产，至"文化大革命"前共造林 859.8 公顷，抚育幼林 2 548.5 公顷，栽干鲜果树 49.3 公顷。

（第五篇第二章《国营林场》，第 40 页）

　　（永定河林场）建场后实际经营面积为 2 307 公顷，在卢沟桥以下两边河滩上。全场正式职工为 340 人，其中干部 30 人，工人中的 90％是 1963 年安排的上山下乡的知识青年，按规划设计进行造林绿化。 （第五篇第二章《国营林场》，第 43 页）

　　1962 年春，经市政府批准在平谷县海子水库建立林场，划给林场荒山 769 公顷。1963 年接收北京知识青年 33 人，从此林场开展正规的造林。

（第五篇第二章《国营林场》，第 45 页）

　　1962 年 2 月北京市建立八大林场时，改为北京市密云水库林场，归北京市家林局管辖。调整了领导力量，安置了 600 多名上山下乡知识青年，建立 9 个造林队、1 个苗圃、1 个千亩果园，进一步造林绿化水库周围。 （第五篇第二章《国营林场》，第 45 页）

第三章　国营林场安置城市知识青年

　　北京市林业战线从 1961 年开始安置城市高、初中毕业生，首批百余人安置在西山林场、温泉苗圃和市蚕种场。1962 年又安置了 500 余人到各大林场。他们中多数人热爱林业，积极劳动，涌现出一批先进人物和积极分子。其中西山林场的杨秀兰被选为市级劳动模范，并受到彭真同志和市领导刘仁、万里、郑天翔同志的接见。此事在社会上产生了很大反响，吸引了更多

的城市青年加入到首都林业建设中来。1963年6—9月,到林场和苗圃报到的知青达7 000人(最后长期从事林业生产的青工达6 000多人)。大批知青参加林业建设,壮大了林业队伍,充实了林业战线的新生力量。社会各界对这批青年的成长十分关心,希望他们在劳动中得到锻炼,成为有文化、有技术、有觉悟的一代新人,成为林业战线上的骨干和接班人。

第一节 安置知青的背景

林业战线安置大批城市知青是中央和北京市委为加速首都绿化和做好知青就业工作所采取的重大措施。万里同志曾传达周总理的指示和北京市委的意见,北京城市知青多,安排大批青年到山区从事林业,既可以使知青有了工作,又可以加快首都绿化。并要求北京市农林局根据林业发展规划提出安置方案,由贾星五秘书长负责向国务院汇报后确定。其后,贾星五和李莉三进国务院,向周荣鑫秘书长作了汇报。经过几次研究,确定了林场安置大批知青的方案,周荣鑫秘书长还一再强调要认真作好这一工作。当时安置费较少,万里同志指示,不要向中央争钱,安置费不够由北京市给予解决。

第二节 安置知青的过程

安置知青任务确定后,北京市农林局便开始精心组织,积极动员。

一、组织和后勤准备

首先做了林场、苗圃负责干部的工作,解决他们对安置知青的认识,各单位的领导都愉快地接受了安置任务。同时他们提出,山上劳动强度大,女同志比例不宜过大。根据他们的建议,经与劳动局商定,林场安置女同志的比例不超过30%,苗圃安置女知青不超过40%。接收知青前的重要准备工作是解决住房。解决住房的办法是先搭工棚,租借民房,修复原有旧房,并抓紧建设新房。大批知青到场后的组织工作,确定了两个原则:一是从老工人和前两年来的知青中选派负责人。二是主要依靠新来知青,从他们中间指定班排长,用自己管理自己的办法,发挥知青的能力和特长。实践证明,知青中能人很多,他们担负起了各项工作。

二、宣 传 动 员

当时城市知青在选择就业时,大多向往工商业,报林业的只是极少数。因此,做好宣传工作十分重要。宣传林业的重要性,介绍北京林场、苗圃的情况,并如实说明对知青的待遇及要求。宣传的原则是实事求是,既不能讲得过于艰苦,也不能单讲好处,特别是不能许愿。要使青年人认真选择,自愿来林场,才能够安心林业工作。市农林局专门指派了工程师史璋、高长辉、王启智等同志到有关区进行动员,直接向知青和他们的家长宣传。各林场负责人尚士俊、孙景伟、田绍先、李文杰、景芳括、李尚敬、李国民、刘明义等深入到学校宣讲动员和分发宣传材料。通过宣传动员,使原报农林业的青年更坚定了信心,有不少原来没报林业志愿的也改报了参加林业建设。

三、统筹安排生产和接收两项任务

接收知青时,正值雨季造林。各林场和苗圃的同志合理分工,分3个方面进行工作:一部分同志搞秋季造林和苗木出圃;一部分同志抢修房屋和抓紧新房建议;一部分同志进城接收知青,做到了生产和招工两不误。

大批知青被接收到林场后,首先给他们讲场史,提要求,带他们参观林场,讲操作过程,组织他们劳动。干部同知青同吃同住同劳动,以身作则,言传身教和积极苦干,对知青起到了积极的教育作用,激发了知青热爱林场的感情。

四、创造良好的环境

为了适应知青的特点,各单位在积极组织他们学习的同时,开辟运动场,设立了篮球架,配备了球网等体育用品,建立了小型图书室,购买了收音机、扩音器,局里还统一买了两架电影放映机,并成立了歌咏队,开展了丰富多彩的文化体育活动,使林场充满了活力。

知青来到新的环境,开始了新的生活。各单位尽力使知青吃好、住好,并注意发挥知青的专长,使他们尽快地安下心,扎下根。

第三节　提高知青的思想和业务水平

完成大批知青的安置工作后,1963 年 10 月中旬开始,陆续组织了各种学习,以提高知青的思想和技术水平,充分发挥他们的作用。

一、组织政治学习

组织了 10 天一期的普遍轮训。每期 800 人,共轮训了 7 期,知青基本上都参加了轮训。轮训中,杨益民副局长作了动员报告,汪菊渊局长作了北京林业发展远景的报告。林业部副部长、党组书记罗玉川,副市长王纯,市委农村工作部部长赵凡,团市委副书记王家镠也在百忙中到轮训班作了报告。劳模杨秀兰及宋稼祥、陈晋保等同志谈的感受很深刻,到大会上发言,进行自我教育,对大家启发很大。在这批高、初中毕业生中不少是和家庭经过斗争取得同意而来的;有的是背着父母偷偷报名,转了户口而来的;有的是兄妹、姐弟一同来的;还有的是放弃了上大学的机会来参加林业建设。很多知青在发言中,还敢于暴露思想,有的同志讲,自己来干林业是因为没有找到理想的工作,只好到山区造林;有的认为自己是高中毕业生干这种工作太吃亏了;有的说上山造林太累,"整天修地球,多见石头少见人",没有意思;有的讲自己愿意干林业工作,但怕人看不起,不愿讲在林场工作。经过学习,他们认识到,搞林业工作是社会分工的一种,没有贵贱之分。林业工作技术性也很强,并不是简单的挖坑栽树,经过互相启发,进行自我教育,激发了大家对林业工作的热爱和扎根林业战线的决心。《北京日报》头版报道了林业知青的学习收获和决心,更促进了知青的学习热情。

当时,主管此项工作的李莉同志被这批知青为首都绿化贡献力量的决心所感动,写了一篇题为《献给林业战线上的新兵》的短文:(1)我们是新中国的青年,是共产主义的接班人。我们的志愿是服从祖国的分配,有一颗火热的心,听从党的召唤。(2)我们今天走上林业战线,要用我们的双手绿化首都,要用我们的智慧建设山区,把荒山秃岭变成绿树成荫,把条条山沟变成花果满川,把林场建成美好的家园。我们有信心,我们有决心,完成这项光荣的任务。(3)我们不怕困难艰苦,经得起任何考验,我们要像高山上的松柏一样不怕严寒风霜;我们要像杨柳一样处处生根发芽。我们也和幼树共同成长,个个锻炼成坚强的战士,这是我们最大的期望,这是我们最大的幸福。(4)我们在党的领导下,以雷锋为榜样,甘愿奉献毕生的精力。

二、举办专业训练班

普训结束之后,根据工作需要和知识青年的特点,又办了各种专业班,传授专业知识、培养专业骨干。专业班的地点仍是市委党校,时间是一个月。

专业训练班设有造林、果树、育苗、调查设计、会计、统计、团干部、文艺班和技术班、经营管理班。学员由林场苗圃选送,共计1 200人。

培训的方法是讲课和讨论相结合。各门课程请林场、苗圃的技术人员和分管业务的同志承担,各班都设有辅导员,负责指导学习和解答问题。担负讲课的同志都认真备课,结合实际,做到通俗易懂。

文艺班的课程,专门请了市文化局的陈天龙、顾鹤亭同志来讲课。在结业时,以文艺班为主举行了文艺晚会。在文化局同志的具体传授和指导上,演出了话剧《箭杆河边》。林场职工还自编自演了节目,如侯维杰写的诗"我的一双手",歌曲"勇敢的山鹰","青年造林工人歌",相声"新苗"等。市有关领导赵凡、李琪、赵鼎新等同志观看了演出并给予了表扬和鼓励。演出的成功,促进了各单位的文体工作,同时培养和发现了人才,为建立林业业余文艺队奠定了基础。

三、建立日常学习制度

在进行知青普训的同时,市局规定各林场、苗圃制定业余文化技术的学习制度,冬季要用一半的时间组织学习,忙时每星期半天学习,以集体学习为主,讲课和自学相结合。知青的学习热情带动了老职工的学习,也促进了干部、技术人员学习,各场形成了学文化学技术的热潮。

四、请北京林学院增办林业函授班

知青中有千余名高中和中专毕业生。经与北京林学院商定,办函授大学,采取考试与推荐相结合的办法,使800余人上了函授大学。函授分专科和本科两种。各单位每年给两个月的时间用于面授和考试准备。林学院对函授生与在校生一样要求,除高等数学外其他课程全部学习。当时林学院办函授是无私的帮助,不要任何代价。

五、建立林业训练班

1965年,北京市农林局奉北京市命令,由市府大楼迁到西山,林业训练班全部搬到上口。训练班教员由各林场技术干部承担。共办了3期,半年一期,分技术、会计班,为林业单位培训了100余人的技术和财会人员。同时还办了政工人员短期培训班。

六、建立文艺队,开展文体活动

1964年春节前,王纯、杨益民同志让文艺队到市府大楼演出节目,鼓励他们要自编自演,宣传林业建设的重要性,宣传林业战线的成就,宣传林场的好人好事。文艺队在严寒的冬天,到各林场、各县演出,受到当地群众的欢迎和赞扬。县领导同志对文艺队的演出都给予了大力支持和帮助。市里开农业会议,他们演出助兴,表演生动活泼。

第四节　解决实际问题

一、提高口粮标准

原来口粮标准定量为 14 公斤到 16 公斤,加上每人劳动一天补助 200 克粮,一共才到20 公斤左右。实际上,由于劳动强度大,每人每天至少需 1 公斤粮。为了青年人的健康,经市农林局与市粮食部门协商,提高了他们的口粮标准,男、女同志平均分别提高到 25 公斤和20 公斤。每个职工的具体标准,由各林场评定。

二、解决工作服问题

原来林业工人除了少数工种外,多数没有工作服。经申请,市劳动局批准,每人一套工作服、一件防寒大衣和防雨用具。林场为了使工人穿得合身,专门订做了工作服。

三、提高林场工人的工资标准

林场工人的工资标准原规定在半年试用期内,初中毕业生每人每月 20 元,高中毕业生24 元,转正后定为一级工 32 元。在知青转正时,农林局商定,高中毕业生和表现突出的初中生定为二级林工。

第五节　充分调动知青的积极性

一、突击重点工程,组织大会战

1963 年冬天,集中了几个林场的职工到百花山林场修路,7 公里的路面,经过两个月艰苦劳动就完成了。通过这次工程的施工,林业工人学会了修路,修造涵洞和过水路面的初步技能。

1964 年的雨季,抽调各单位上千名工人到密云水库突击雨季造林两个月,各单位派场级负责干部带队,保证质量、数量,完成了任务。

1964 年的秋天,集中几千人,在永定河林场马场分场突击平整土地,两个月就把 1 000多亩高低不平沙滩地平整成良田,为果园如期定植果树奠定了基础。

1965 年春季,从各单位抽人在八达岭林场的南荒滩分场进行整地,共整地 3 400 亩,挖大坑 37 000 个,挖防护林沟 10 000 米长,栽树 11 万株。河滩地是地质坚硬的不毛之地,挖大坑规格的深度和宽度必须达 1 米,挖石换土的工程量很大。但同志们艰苦奋斗,超额完成了任务。青年工人刘武庆当时写的一首诗反映了会战情景:"永定河畔荒沙滩,茫茫一片黄飚卷。八路英雄到,荒滩改面貌。奋斗不怕苦,果园建千亩。移山愚公多,桃源英雄乐。"八路英雄指的就是八个大林场职工。

在各个大会战中,不论是严寒的冬天,还是炎热的夏天,不论是在风沙弥漫的石砾荒滩,还是在陡峭的高山,知青的挖大坑、担大筐、背苗上山,担水浇树,汗流浃背。在那一片片树林和果园,都留下林业工人的辛勤汗水。

二、组织技术服务队

在造林季节,抽调林业工人,组织技术服务队,深入社、队协助开展造林、育苗管理工作。基本每个公社都去了人。同志们都很积极、吃苦耐劳。各县和社、队都欢迎技术服务队技术上门。取得初步经验后,从1965年开始,每年都要派服务队下去,服务队为社队定点服务,服务队人员从百十人发展到三四百人,培养了一批技术力量,对于提高造林进度,保质保量起了积极的作用,同时也提高了这批同志的技术水平和工作能力。

三、支援陕西、甘肃

1964年林业部拟抽调一批知青工人支援陕甘地区林业建设。由于大批知青参加首都林业工作,在社会上影响很大,全国林业会议上北京介绍了安置和培养知青工人的经验。会后,惠中权副部长要求调北京的青年林业工人到陕西、甘肃充实林业站的工作,负责指导黄河水土保持治理。他说,北京每年吸收知青到林场工作,锻炼两年后调到外省,既可以充实林业队伍,又解决了知青就业问题。市领导万里、赵凡、常浦同志同意惠部长的意见,要求市农林局执行部的调令,作好工作这就是把青年工人从林场调到陕、甘地区的由来。

1965年,陕甘派干部来接青年工人。林业部明确规定,调去者先以工代干,按干部使用。通过动员,多数人报名,有不少人争着要去。最后确定了270人。他们高高兴兴起程,表示安心扎根外地,积极工作。这批人不少当了先进分子,有的同志入了党,多数人成为骨干。

第六节　加强知青的管理和教育

林场苗圃的职工达到6 000人,青年工人占83%。如何教育好职工,是摆在林场、苗圃面前的重要任务。

一、加强了领导力量

选拔多年从事农林业技术和业务工作的同志们担任各林场、苗圃的领导工作,并大胆从老工人和青年中选拔骨干,担任分场领导及其他工作。同时要求上级派转业军人到林场工作。1963年秋天,市分配营连转业军人20多人,充实了林场、苗圃的领导力量,加强了政治思想工作。1962年到1965年又分来一批林业大学生。多数人都能在基层积极负责地工作。

二、加强林场、苗圃的各项管理

分场都以连排班建制,并建立和健全了党组织,加强支部的核心作用,尽可能做到每个分场都设支部,起码要有党小组,注意发挥工青妇作用。在技术管理方面,经常组织大家学习技术,建立了技术档案,加强统计验收工作。还加强了责任制和定额管理,加强财务财产管理,配备了会计、统计。各林场和苗圃都根据要求和本单位具体情况制定了各种规章制度,并且认真执行。

三、加强各项文娱体育活动

根据青年人的特点,各单位都组织办墙报,开展文体活动和组织比赛。比赛不仅在林业系统进行,还参加市工会、青年团、文化局组织的全市性的业余体育文艺汇演。在全市业余汇演上,他们唱的《青年造林工人歌》等3首歌曲受到好评。

四、学毛著、开展学大庆、学雷锋、学王杰等活动,提高职工的思想觉悟

为让大家学习好毛主席著作,经过批准,印了12篇文章,每人一本,供大家学习。要求他们结合实际,用毛泽东思想武装头脑,并落实到业务上。在学习雷锋和王杰精神,努力付诸实际行动,出现了很多好人好事。

五、对工人以正面教育为主,反对简单粗暴的作法

当发现有的林场随意在大会上批评职工的作法后,明文规定不准随意在大会批评职工,要个别谈话进行帮助,采用自我批评的方法。

各林场、苗圃的负责同志,为林场的发展,为知青的成长,做了很多工作。他们和工人一样劳动,勤奋工作,为培养青年工人操心尽力,为造林育人做了贡献。林场育苗向前发展着,一代有知识的林业工人茁壮成长。虽然“文革”中调出大批知青到商业等战线,但不论留场知青或离场知青大部分都成为各个岗位上的骨干人才。

(第五篇第三章《国营林场安置城市知识青年》,第54—59页)

1979年,为加快国营造林,利用社会上大批待业青年到林场、苗圃插场劳动。培育苗木、植树造林。各单位挖掘住房潜力,积极安排知青2 700名,为使广大知识青年及时受到应有教育,同年在市林业局通县招待所培训骨干近50名。

(第九篇第六章《林业教育》,第121页)

大学函授教育

自1963年以后,大批知识青年上山下乡来到京郊林业战线,青年职工爱劳动、爱学习,迫切希望求知识,学技术,为首都的林业建设多做贡献。在各级组织的大力支持下,1965年340名青年职工考入北京林学院函授部,经过两年的勤学苦练,158名学生达到大专毕业水平,100名达到结业水平。还有300名青工考上北京林学院五年制函授部学习(因“文化大革命”干扰,中断了学习)。仅216名职工拿到了结业文凭。1988年聘为林业工程师,林业助理工程师。

(第九篇第六章《林业教育》,第123页)

建国初期,林业职工的技术培训主要利用冬季时间,林场、苗圃结合生产的需要,举办各类专业短期培训班。到1961年,由于城市知青响应政府“上山下乡”的号召,林业职工逐步扩大。为适应青工对林业知识的需要,1963年利用知青安置费在西山造林所和林业调查队大院扩建房屋64间,购置了教具设备,于1964年正式成立北京市林业训练班。对大批青工

轮流进行了技术培训工作。同时，还设置会计、统计、经营管理等专业，培训期为三个月，共培训专业人员400余名。培训后回原单位工作，作为技术骨干使用。

（第十二篇第一章《林业服务单位的变迁与任务》，第157页）

（1963年）秋季，市、县国营林场、苗圃开始安置知识青年（初、高中毕业生6 000多人）。在普遍进行短期训练的基础上，分专业学习。并委托北京林学院开办林业职工函授专科班和本科班，学制分别为两年与五年（参加函授的有783人，毕业的有158人）。年终在场圃的青年有6千余人。

（第十六篇《大事记》，第235页）

《北京高等教育志》

陆钦仪编著，华艺出版社2004年

（1977年）10月12日，国务院批转教育部《关于1977年高等学校招生工作意见》和《关于高等学校招收研究生的意见》恢复了从1952年起一直实行，在"文化大革命"中受到批判停止的统一招生制度。招生的对象包括工人、农民，上山下乡和回乡知识青年，复员军人、干部和应届毕业生。实行自愿报名，统一考试、地市初选、学校录取，省市区批准的办法。本年的招生推迟到第四季度进行。

《北京普通教育志稿》

北京市教育志编纂委员会编著，北京出版社1998年

1968年6月24日，北京市革命委员会召开大会，欢送中学毕业生上山下乡。12月23日，《北京日报》刊登毛泽东最新指示："知识青年到农村去，接受贫下中农再教育，很有必要。"自此，每届中学毕业生大批到延安、山西、内蒙、云南等农村及黑龙江建设兵团参加劳动。

（第四篇第五章《学校管理》，第218页）

1978年10月31日至12月10日，全国知识青年上山下乡工作会议在北京召开，决定调整政策，采取多种形式，妥善安排知识青年。此后，不再有大批北京高、初中毕业生上山下乡。

（第四篇第五章《学校管理》，第218页）

（1964年）9月27日，北京一批高中毕业生赴新疆支援边疆建设。（《大事记》，第528页）

10月17日，北京一批中学毕业赴山西曲沃农村落户。　　　　　（《大事记》，第528页）

（1965 年）5 月，市妇联召开支持知识青年上山下乡家长代表会。（《大事记》，第 528 页）

8 月，北京 500 名青年赴内蒙古集体插队。　　　　　　　　　　（《大事记》，第 528 页）

（1968 年）12 月 23 日，《北京日报》发表毛泽东最新讲话："知识青年到农村去，接受贫下中农再教育，很有必要。"

12 月 26 日，市革委会召开 13 000 人大会，动员知识青年上山下乡。（《大事记》，第 530 页）

（1969 年）1 月，北京近 5 万名知识青年到农村插队。　　　　　　（《大事记》，第 530 页）

6 月 16 日，市革委会发出《关于 1969 届毕业生上山下乡问题的通知》：1.凡农村户口的动员回乡参加农业生产。2.城市户口的郊区县原则是由自己安排。3.城区全部上山下乡。

（《大事记》，第 530 页）

《北京普通中等专业教育志稿》

北京中专志编委会编，朝花少年儿童出版社 2001 年

1973 年 7 月 3 日，国务院批转国家计委和国务院科教组《关于中等专业学校、技工学校办学中几个问题的意见》规定：一般应招收具有 2 年以上实践经验的优秀青年职工、退伍军人、民办小学教师、赤脚医生和上山下乡、回乡知识青年。年龄一般在 20 岁以内，身体健康，未婚，一般应有相当初中毕业文化程度。……1973 年至 1977 年，北京市统一规定中专学校学制 2 年，招生对象，主要是应届、插队、回乡初中毕业生。

1978 年 6 月 6 日，教育部《关于 1978 年中等专业学校招生工作的意见》提出：中专学校一般招收应届初中毕业生和具有初中毕业文化程度的工人、农民、上山下乡、回乡知识青年，年龄在 18 岁左右，学习年限，工科 3—4 年，师范、农林、卫生、财经等专业 3 年。也可以招收具有高中毕业文化程度的工人、农民及上山下乡、回乡知识青年（包括按政策留城尚未分配工作的），年龄在 22 周岁以内。学习年限可以适当缩短。　（第二篇第二章《学制》，第 98 页）

《北京卫生志》

北京卫生志编纂委员会编，北京科学技术出版社 2001 年

1970 年，开始招收"工农兵"学员。学制：医学专业 3 年；药学专业 2—2.5 年；医护班（护士进修为医生）1 年。招生对象：具有两年以上实践经验，25 岁以下，相当初中以上文化程度

的"赤脚医生"、"红医工"、"部队卫生员"及劳动三年以上的上山下乡和回乡知识青年。招生办法：本人申请，群众推荐，领导批准，学校复审。1970 年 12 月，由北京、河北、内蒙、陕西、河南等省市及解放军推荐的 499 名学生被批准为第一届"工农兵"学员。

（第十三篇第二章《高中等医学教育》，第 791 页）

北京煤矿护士学校。隶属于北京矿务局职工医院，建于 1979 年。其前身是 1974 年建立的"7·21"大学，招收在职医护人员，学制 2 年。1975 年开设医士专业，招收到郊区插队 1 年半以上的高中毕业生入学。　　　（第十三篇第二章《高中等医学教育》，第 807 页）

《北京市东城区志》

北京市东城区地方志编纂委员会编，北京出版社 2005 年

（1964 年）9 月 5 日，东城区应届初、高中毕业生第一批 65 人（男 34、女 31）赴北大荒参加农业生产。区有关领导及家长、教师送行。　　　　　　（《大事记》，第 36 页）

5 月 26 日，在中山公园召开东城区知识青年上山下乡动员大会。会后，分别于 6 月 14 日，490 名知识青年赴宁夏；6 月 21 日，499 名赴山西；8 月 5 日，522 名赴山西；11 月 2 日，474 名赴东北参加农业生产劳动。　　　　　　　　　　　（《大事记》，第 37 页）

（1967 年）10 月 9 日，二十五中、二十二中、女十二中的 10 名高、初中学生离京前往内蒙古插队当社员。　　　　　　　　　　　　　　　　　　　（《大事记》，第 38 页）

（1968 年）12 月 24 日，欢送 8 165 名本区知识青年到内蒙古、山西农村插队。

（《大事记》，第 39 页）

（1970 年）1 月 7 日，区革委会决定召开千人大会，进行疏散人口动员。对象为调离北京的干部、职工留京家属、临时户口、返京知识青年、退职退休人员及家属、社会闲散人员等。

（《大事记》，第 39 页）

1979 年—1995 年，国家实行改革开放，知识青年返城，"文化大革命"中下放干部和遣返人员落实政策回京，国内外人员进京，域内人口稳中有升。

（第二编第一章《人口数量》，第 59 页）

1980 年后,上山下乡知识青年按政策陆续返京。

(第三编第三章《区委主要活动》,第 103 页)

(1973 年)9 月,安置办公室改称知识青年上山下乡办公室。……1976 年 10 月,区革命委员会所属局、处行政单位有体育运动委员会、教育局、卫生局、城市建设局、劳动局、交通运输管理局、财政税务局、公安分局、工商行政管理处、知识青年上山下乡办公室、人民防空办公室;成立文化办公室。……1979 年,区革命委员会设有革委会办公室、街道办公室、人防办公室、外事办公室、财贸办公室、知识青年上山下乡办公室……共 24 个工作机构。

(第五编第一章《机构》,第 160 页)

1979 年后,多次调增职工工资,提高社会救济和优抚补贴标准,安置约 3 万名返城知识青年就业。

(第五编第二章《主要政务》,第 167 页)

"文化大革命"后,信访内容主要是要求落实遣返政策、知青返京等问题。1973 年第一季度,反映这两类问题的信访量达 1 426 件,占信访总数的 46.9%。

(第五编第三章《区政建设》,第 171 页)

第四届 (东城区政协)召开常务委员会 11 次。"文化大革命"前,会议协商讨论街道工业发展、动员知识青年上山下乡、医务人员参加农村医疗队、市场供应等问题。区政协恢复活动后,听取并协商讨论中共区委负责同志对当时几项主要工作进展情况的通报。

(第六编第三章《常务委员会》,第 194 页)

(1979 年)10 月,开始办理伤病残回城知识青年生活医疗困难救济。

(第十二编第一章《社会救济》,第 325 页)

1981 年 3 月,区知识青年上山下乡办公室并入区劳动局。

(第十三编第一章《劳动》,第 345 页)

知识青年上山下乡和回城安置就业 1955 年,毛泽东主席号召:"一切可以到农村去工作的知识分子,应当高兴地到那里去,农村是一个广阔的天地,在那里是可以大有作为的。"1956 年,东单、东四区约有 1 000 名知识青年响应号召,到郊区农村、农场参加生产劳动。1963 年—1966 年,东城区约有 2 500 名知识青年到外省农村、农场参加生产劳动,其中东北农场 800 人,山西曲沃县、大宁县、华北农垦二团 700 人,宁夏 800 人,内蒙古 100 人,云南 58 人。

1967 年 10 月，二十二中、二十五中等校的 10 名毕业生，到内蒙古西乌珠穆沁旗插队，当社员、牧民。1968 年 2 月，女十三中、二十五中等校的 55 名高中毕业生，到云南西双版纳参加建设。

1968 年 12 月，毛泽东主席指示："知识青年到农村去，接受贫下中农的再教育，很有必要。"区革命委员会成立知识青年上山下乡领导小组及办公室。各学校广泛动员，掀起知识青年上山下乡高潮。1966 年—1967 年的初、高中毕业生，几乎全部上山下乡。1967 年—1973 年，全区上山下乡知识青年总计 55 344 人。其中到外地农村插队 19 537 人（山西 6 514 人，内蒙古 4 764 人，陕西 3 552 人，吉林 947 人，投亲靠友 3 760 人）、农场兵团 24 410 人（黑龙江兵团 15 431 人，嫩江农场 706 人，内蒙古兵团 6 785 人，云南兵团 1 488 人）、北京市郊区插队插场 11 397 人。

1973 年 10 月，北京市制定关于上山下乡知识青年因家庭困难或因病回京落户的处理办法，规定因家庭困难回京的由劳动部门分配工作；因病回京，经治疗后能坚持八小时工作的，由劳动部门安排到集体所有制单位。

1974 年后，中学毕业生主要安排在北京市顺义、怀柔、平谷县插队。1974 年 7 025 人、1975 年 57 930 人、1976 年 8 125 人、1977 年 7 732 人、1978 年 4 129 人、1979 年 1 500 人，同时，去外省市的 41 人。1978 年末到 1979 年上半年，上山下乡的知识青年大批回京，约 3 万人。对北京市郊区插队的知识青年，招工招生征兵时优先录用。1979 年 10 月，实行下乡 2 年劳动满 400 天，允许回城的政策。1980 年，停止插队。

1985 年—1993 年，为上山下乡知识青年中一些有特殊困难（大龄未婚、夫妻两地分居、离婚、丧偶，退休后居住在贫困寒冷地区，因病丧失劳动能力）的 494 人，办理回京手续，解决户口问题。后几年，只要在京有接收工作单位和居住条件，本人要求回京的，均办理调转回京手续。1985 年—1995 年，共办理知识青年回京 4 909 人。1988 年—1995 年，共办理知识青年子女户口回京 8 202 人。1995 年，仍在外地的知识青年还有 5 096 人。

（第十三编第一章《劳动》，第 347 页）

1978 年，知识青年大批回城，待业人员达 4.6 万人。1979 年，在北新桥街道试点，成立劳动服务社。向区内用工单位提供用工服务。同年，向全区各街道推广试点经验，并成立区劳动服务联社。1980 年 6 月，成立区、街道劳动服务公司。1980 年下半年，区劳动服务公司与工人出版社合办工人出版社北京发行部，与北京市东城区邮局合办东城区报刊服务部，与人民文学出版社合办燕青服务部。安排社会待业青年和合办单位待业子女 100 多人就业。同时，发动区属各局、处、公司和驻区中央、市属单位，成立劳动服务公司，组织本单位职工的待业子女从事生产服务劳动。1981 年—1995 年，全区各劳动服务公司累计安置 11.2 万人就业，生产服务总收入 34.2 亿元，实现利润 2.7 亿元。

（第十三编第一章《劳动》，第 347—348 页）

1977年、1979年、1983年接连3次调整职工工资,上山下乡知识青年回城后的工龄待遇、知识分子和工程技术人员的定级和高调一级工资等问题得到适当处理。

(第十三编第一章《劳动》,第351页)

1978年下半年,撤销街道革命委员会,恢复街道办事处,设行政办公室、居民科、城建科、人防办、知青劳动科等。

(第十七编第一章《机构》,第414页)

1954年,对域内贫困户生活情况进行全面调查,建立长期救济和临时救济卡片,给予定期或临时救济。1958年后,社会救济转向组织福利生产自救。1962年后,又接收一批精简退职老职工、伤病残回城知识青年,对原国民党起义投诚人员和原国民党宽大特赦释放人员已丧失劳动能力的,全部按社会救济养起来。

(第十七编第三章《主要工作》,第421页)

1965年,街道举办讲习所,4次动员社会知识青年分别到北京郊区和东北、内蒙古、宁夏、云南、陕西、新疆等地支边务农。"文化大革命"期间,动员初高中毕业生到农村、边疆插队落户。1980年,街道联社、劳动服务公司、第三产业安置待业青年3 795名。1981年,朝阳门街道与内蒙古、湖北、广西、四川、天津、新疆等省市自治区驻京办事处,外交部、奥林匹克工地等14个单位建立劳务承包关系,先后安置1 289人次待业青年就业,其中335名青年转为正式职工。

(第十七编第三章《主要工作》,第422—423页)

70年代,区房管局修缮队陆续招收农民工、应届毕业生和插队返城知识青年,逐步形成管修结合的修缮体系。

(第二十一编第一章《房屋土地》,第512页)

70年代知识青年返城,为解决就业,又相继开办一批个体或集体餐馆。1978年,域内有餐馆140户、从业人员6 000余人。

(第二十四编第三章《行业》,第604页)

《北京市海淀区志》

北京市海淀区志地方志编纂委员会编,北京出版社2004年

(1969年)年底,自1967年以来,海淀区共有4.6万余名知识青年(1966—1969届中学毕业生)到东北、山西、陕西等地上山下乡。从1971年起,海淀区中学生毕业后,主要在远郊和本区农村插队。到1978年,海淀区先后接收知识青年2万余人。1978年底,下乡知识青年绝大多数回城。

(《大事记》,第31页)

(1970年)4月下旬,北京市派出1 200多名干部赴延安地区加强对在当地插队的北京知识青年的管理、教育,其中海淀区派出了130人。到1975年5月,北京支延干部返回北京。

(《大事记》,第31页)

1961年—1976年,人口发展呈平中趋降的态势。由于三年经济困难及60年代初期,国家提倡计划生育,人口出生率开始下降,人口自然增长17.7万人,年均1.1万人;更主要的是知识青年上山下乡、干部下放,以及大专院校外迁等原因,共净迁出人口20.07万人,导致总人口不仅未增,还减少了2.43万人。

(第三编第一章《人口演变》,第135页)

由于三年经济困难,压缩城镇人口,精简职工,"文化大革命"遣返回乡,大专院校外迁,知识青年上山下乡等原因,人口大量迁出,净迁出人口7万人,年均0.54万人。1971年以后,尤其是中共十一届三中全会后,由于落实政策遣返回城,知识青年返城安置,以及改革开放,各项事业大发展,再次出现人口大量迁入,净迁入人口56.77万人,年均达2.27万人。

(第三编第一章《人口演变》,第139页)

1969年至1976年,先后恢复和增设体育运动委员会、人民防空办公室、知识青年办公室…… (第六编第二章《区人民政府》,第224页)

1971年起各公社负责接收知识青年下乡插队(至1977年)。

(第六编第四章《乡人民政府、街道办事处工作》,第243页)

1965年7月4日,海淀区50名知识青年离京去内蒙古自治区临河县农村集体插队。他们是北京当年第一批到内蒙古插队的知识青年。 (第九编第二章《共青团》,第286页)

第六节　知青安置

知识青年上山下乡源于50年代中期。依据1955年5月中共中央批转的《关于垦荒、移民、扩大耕地增产粮食的初步意见》,海淀区有9名青年参加志愿垦荒队,他们是后来黑龙江省萝北县共青农场的奠基人和开拓者。到"文化大革命"开始前,全区有1 450名知青先后到黑龙江、山西、宁夏、内蒙古农场和农村插队。1966年—1976年,全区有11.55万名知青上山下乡,其中赴黑龙江、山西、陕西、内蒙古、吉林、云南等省区6.71万人,到本市郊区插队4.84万人。1977年和1978年还有1.29万名知青到本市郊区插队。海淀区赴黑龙江省知青、兵团二营政工组妇女干部张梅玲,1968年初中毕业后投身边疆建设,1969年10月9日为抢救国家财产在与特大荒火搏斗中英勇牺牲。

1969年12月开始,对知青中的独生子女或多子女全部在外地、家有特殊困难需要照

55

顾的,以及患有严重疾病长期未治愈的知青,分别批准回城安置。1978年后,知青不再作上山下乡安排,并统筹安置回城知青就业。同年10月,海淀区上山下乡知识青年安置办公室撤销,1981年成立海淀区劳动服务公司,主管知青回城、安置就业等工作。1969年—1979年全区因病退、困退回城知青883名。1980年—1995年因病回京的997名,单调进京的6346名,也有从其他渠道回京的知青。批准在京借读的知青子女1374名,批准进京的子女8356人。

（第十四编第一章《劳动管理》,第369—370页）

《北京市西城区志》

北京市西城区志编纂委员会编,北京出版社1999年

（1967年）10月9日,北京市第八女子中学等校部分高、初中学生成为北京市第一批到内蒙古插队知识青年。

（《大事记》,第33页）

（1969年）上半年,全区已有8000名知识青年到陕西省的延安等县插队落户;有400户居民到农村安家落户。

（《大事记》,第34页）

（1970年）4月,全区抽调151名干部赴延安地区协助当地管理北京市插队知识青年工作。

（《大事记》,第34页）

（1986年）1月21至25日,全区开展慰问上山下乡知识青年家长活动。

（《大事记》,第41页）

新中国建立后,西城区的人口发展在多种因素作用下形成三个态势不同的阶段。……第二阶段1961至1971年,呈平中带减态势,11年净减12万人。育龄人口减少及经济衰退遏制了人口出生,自然增长仅10万人;知识青年赴农村以及干部下放或"遣返原籍"等迁出20多万。

（第二编第一章《人口数量与分布》,第60页）

西城区44年间的人口机械变动总呈入出平稳,略有入超,仅有个别畸变的情势。人口总迁移率为11.6%,人口总入超41403人,净迁移率为1.2%。迁出畸升是1969年,入超最多是1979年,其主要致因皆系知青上山下乡,即前为离京,后为回归。

（第二编第一章《人口数量与分布》,第63页）

1973年,建立知识青年上山下乡办公室……1976年10月,区革委会下属行政单位共

26个部门:办事组、组织组、宣传组、财贸组、民政组、工交计划组、文教卫生组、街道组、城建规划组、学习班、人防办公室、知识青年上山下乡办公室……1980年设立档案科、民族宗教侨务科,知识青年上山下乡办公室并入劳动局。 (第五编第一章《机构与制度》,第165页)

1987年12月,区知识青年上山下乡办公室改为局属知青科。

(第十二编第一章《劳动管理》,第320页)

知识青年上山下乡 西城区的知识青年上山下乡工作始于1955年。到1965年底,先后有16批2774人到宁夏、山西、黑龙江及京郊的农场、农村插队落户。1966年,"文化大革命"开始后,主要是动员中学毕业生上山下乡接受贫下中农再教育。1968年夏,组织全区1966届至1968届初高中毕业生6.64万人上山下乡。到1979年,全区共组织11.7万名知识青年上山下乡。其中到外埠农村、牧区、生产建设兵团6.5万人,到京郊农村农场、林场的5.2万人。同时,病退、困退返回2.77万人。1980年组织知识青年上山下乡工作结束。1988年,贯彻市劳动局《关于解决外地的原北京下乡青年子女回京就读入户问题的通知》,制定《西城区劳动局关于做好原北京下乡青年子女回京入户的具体意见》。到1993年底,全区9214名原北京下乡青年子女被批准回京入户,5904名原北京下乡青年及其配偶被批准回京落户。还剩约6000名确定知青身份的人未回京。 (第十二编第一章《劳动管理》,第320—321页)

1981年,开始办理因公或因病上山下乡知识青年生活困难救济和散居区内的生活困难归国华侨救济。 (第十三编第四章《社会福利》,第347页)

为适应知识青年上山下乡形势的需要,街道设立劳动知青管理组(科),为留城和病退、困退回京的知识青年办理所需手续和安置就业。 (第十七编第三章《街道工作》,第402页)

街道大力发展集体经济,成立街道生产服务合作联社(街道联社)和街道劳动服务公司(街道劳服)。……安置返城知青和待业知青3万多人。

(第十七编第三章《街道工作》,第402页)

在落实毛泽东"要准备打仗"的指示中,革命居民委员会开展战备疏散工作,组织居民挖防空洞,疏散人口到农村安家落户,动员滞留在京的上山下乡知识青年离京,为知青病退、困退回北京居住办理手续出具证明材料。 (第十七编第四章《居民委员会》,第411页)

西城区建筑工程公司于1978年4月在原区交通局工程队、区工业局工程队、区城建局工程队的基础上组建而成。后招收 800 名京郊插队知识青年和农转工。

(第二十编第一章《管理机构与企业》，第 468 页)

1974 年，接收工农兵大学生 72 人，并从黑龙江招收 126 名北京知识青年到中学任教，还从中央党校下放干部中调入部分人员任教。……同年（1976 年），招收 86 名下乡知识青年任教。

(第二十九编第十章《教师》，第 773 页)

《北京市崇文区志》

《崇文区志》编纂委员会编著，北京出版社 2004 年

是年（1965 年），全区有 1 400 多名知识青年到宁夏、内蒙古和东北等地落户，参加农业生产劳动。

(《大事记》，第 33 页)

（1968 年）12 月，区革委会动员全区初、高中毕业生到农村插队落户。至 1980 年，全区有 6 万多学生到外省（自治区）和北京市郊农村插队。

(《大事记》，第 35 页)

（1970 年）4 月，区革委会抽调 81 名干部赴延安地区插队劳动，协助管理在延安、宜君两县插队的崇文区知识青年。1973 年和 1975 年先后返回。

(《大事记》，第 35 页)

1966 年"文化大革命"爆发，一些人被迫离京，当年人口减为 398 018 人，比 1965 年减少 14 515 人，下降 3.52%。1967 年有所回升。1968 年至 1970 年，由于知识青年上山下乡等原因，连续 3 年累计减少 25 004 人。1970 年人口减至 380 059 人，成为 1960 年以来最少的一年，比 1965 年减少 32 474 人，下降 7.87%。1971 年至 1975 年，人口总数介于 38 万至 38.4 万之间。1976 年"文化大革命"结束，当年人口有 385 925 人，比 1965 年少 26 608 人，下降 6.45%。

1977 年至 1982 年，下乡知识青年和被迫外迁的人陆续回京，加上人口的自然增长，人口数量逐年增多。1982 年达到 431 933 人，比 1976 年增加 46 008 人，增长 11.92%；比 1965 年增加 19 400 人，增长 4.70%。

(第二编第一章《数量与分布》，第 55 页)

1968 年至 1970 年，知识青年下乡和干部下放、居民还乡等共迁往市外 3.71 万余人，除去从市外迁入的 6 200 多人，净迁出 3.08 万余人。1971 年至 1976 年都是净迁入，共计 1.18 万余人，最多的 1973 年（部分下放干部和下乡知识青年回城）净迁入 4 242 人。……

1977 年以后，连年都是净迁入。其中，1977 年至 1979 年，大批下乡知识青年和外迁居

民返城,从市外迁入的累计 2.44 万余人,外迁的 8 000 余人,净迁入为 1.64 万余人,年平均 5 400 多人,最多的 1979 年有 8 904 人。 （第二编第二章《变动》,第 64—65 页）

1977 年至 1980 年,由于从北京市郊区返城的下乡知识青年和居民较多,连年都是迁入多于迁出,累计净迁入 1.53 万多人;其中最多的 1979 年从其他区县迁入的多达 40 600 人,除去迁出的 28 436 人,当年净迁入 12 164 人。 （第二编第二章《变动》,第 65 页）

知青返城问题 1987 年至 1993 年共计 16 456 件,其中 1991 年有 5 518 件,到 1993 年此类信访减少到 1 893 件,下降 65.7%。 （第五编第四章《信访 档案》,第 197 页）

1974 年(街道革委会)增设知识青年上山下乡办公室。是年底,全区 7 个街道共有在编工作人员 475 人。1976 年 10 月,街道革委会的办事机构有:政治组、办事组、街道组、文教组、知青劳力组、人防办公室、武装部及街道团委和妇联。

······

(1978 年)7 月,街道革委会撤销,恢复街道办事处,设主任 1 人,副主任 2 至 3 人,下设办公室、民政科、生产服务科、城建管理科、知青劳力科和人防办公室。

（第五编第六章《街道》,第 205—206 页）

1965 年,开始动员无业知识青年和社会青年上山下乡。

（第五编第六章《街道》,第 207 页）

1977 年后,"三站、两代、一所"中"三站、一所"逐渐入不敷出,难以为继,只能靠以生产养服务。"五七"生产组也出现任务不足。这时,一大批上山下乡知识青年开始返城,加上数年来待分配的初高中毕业生,全区待业青年达 3.5 万余人,占居民户口人数的 8.33%。1979年初,区委、区革委会提出"解放思想,广开门路,发展集体经济,安置待业知识青年"的要求。各街道利用"五七"生产服务网点以及街巷空地,组织知识青年务工、经商或自谋生路。1979年 4 月,前门街道鲜鱼口居委会党支部,带领 13 名回城知识青年,在前门大街摆起第一个茶摊。5 月,又与长巷、薛家湾居委会党支部联合成立"前门茶点综合服务社",便民的"大碗茶"叫响京城。到 12 月底,全区各街道将"五七"生产组改为 119 个工厂,将原有的服务网点改扩建为商店、饭馆,新组建 85 个生产服务合作社,安排待业青年 2.1 万余人。

1979 年 1 月,各街道配合区劳动局,筹建劳动服务公司。首先在崇文门外和天坛两个街道组建劳动服务合作社,并向各街道介绍经验。到 1980 年 6 月,各街道劳动服务合作社共组建修建队 4 个,起重队 3 个,水电队 1 个,从业人员 1 318 人,其中待业知识青年 804 人;向区外推荐安排待业知识青年 4 586 人。同时,区革委会决定,将刚成立的区劳动服务联社更名为区劳动服务公司,各街道也相应建立劳动服务公司,推动街道集体经济迅速发展。

(第五编第六章《街道》,第 207—208 页)

当年(1981 年),区民政部门又投资兴办福利工厂,安置残疾人 86 人,插队返城的知识青年 27 人。

(第十二编第四章《残疾人事务》,第 369 页)

1978 年,大批下乡知识青年回城,全区待业人员大量增加。1979 年初,全区待业人员超过 3 万人,形成待业高峰。是年,按照市委、区委部署,在全区大力发展集体经济,安置待业青年,区劳动局和各街道办事处组织待业青年摆摊卖大碗茶、开小酒馆,成立毛织组、木器加工组等各种劳务性网点;还成立劳动服务合作社,培训待业青年,创造就业条件。当年,各种劳务网点共安置待业青年 7 500 多人。区劳动局所属崇文区劳动服务联社办起三个直属企业,安置待业青年 100 余人。

(第十三编第一章《劳动》,第 385 页)

第二节　知识青年上山下乡

1963 年至 1966 年,区人委动员组织应届初、高中毕业生和社会青年上山下乡。先后动员去黑龙江、宁夏、内蒙古、山西等省(自治区)1 462 人,去北京市远郊县和个人还乡 846 人。1967 年,成立崇文区上山下乡安置办公室(后改为知识青年安置办公室,简称知青办)。1968 年 4 月,区革委会召开全区动员大会,向各中学下达任务。同年 6 月至 7 月,动员去黑龙江农场 1 800 多人。1969 年,宣传贯彻毛泽东关于"知识青年到农村去,接受贫下中农的再教育"的号召,采取市对区、区对各单位分配任务,学校、知青家长所在单位和街道"三结合",学校包学生、单位包职工、街道包居民、家长包子女的"四包干"做法,进行动员组织工作。当年共组织 10 批 1.62 万人去黑龙江、吉林、山西、内蒙古、河北、云南、陕西等省(自治区)插场、插队。1971 年,贯彻市委、市革委会调整的政策,将初、高中毕业生划分为动员下乡和留城就业两部分,组织下乡的应届毕业生去北京市远郊县农场、林场和农村插场、插队,经过劳动锻炼后招工回城就业。1979 年,停止大批上山下乡。1980 年,动员下乡工作结束。

1963 年至 1980 年,全区知识青年上山下乡共 65 219 人,其中,去北京市远郊县的 37 309 人,去外省、自治区(包含随父母去"三线"地区)的 27 910 人。去北京市远郊县的知青,实行下乡两年、参加劳动 400 天,然后由市劳动局给各区、县下达招工指标,用人单位通过城区和郊区县知青办办理招工手续。至 80 年代初,到北京市远郊县的知青,除个别人与当地青年结婚不愿回城外,绝大多数都已回城参加工作。去外省、自治区的知青,从 1969 年开始,为解决本人及家庭的实际困难,办理"病退"、"困退"和单调回京落户。至 1993 年,区主管部门共批准办理回京落户 15 833 人;中央各部门和北京市政府直接从外省、自治区调入及市、区公安系统按政策直接调入北京下乡知青和在当地升学、出国、参军的共 9 025 人;仍留在外省、自治区的尚有 3 052 人,占去外省、自治区知青的 10.9%。

1988 年起,去外省、自治区的北京市知青,凡在当地结婚成家的,每户可以办理一名未成年子女回京落户。至 1993 年,共批准回京落户的知青子女 5 419 人。

(第十三编第一章《劳动》,第 386 页)

1981 年,各街道成立知青劳力科,进行待业人员登记,建立个人就业档案。1983 年,市劳动局下达区、街道劳动服务公司事业编制 119 人,并将街道知青劳力科改为劳动科。

(第十三编第一章《劳动》,第 389 页)

"文化大革命"期间,原有干部大批去"五七"干校或下放工厂、农村劳动,出现严重干部缺额,便从工人、营业员、"上山下乡"返城的知识青年和复员退伍军人中选择一些人作干部使用,实行"以工代干"。"文化大革命"结束时,"以工代干"未转为干部的有 1 693 人。"文化大革命"结束后,随着一些机构的建立和恢复,按统一招考的方式从工人、复员退伍军人、"上山下乡"返城和待业知识青年中吸收录用大批干部。　(第十三编第二章《人事》,第 402 页)

1958 年至 1993 年区财政总支出 128 078 万元(不含上解数)。其中社会、文教、科学、卫生事业费 64 405.5 万元,占总支出 50.29%;行政管理费 11 893 万元,占 9.29%;经济建设投资(包括基本建设、企业技术改造、挖潜资金、工交商事业费等)7 058.8 万元,占总支出 5.51%;城市维护费 13 160.6 万元,占总支出 10.28%;其他支出(包括城镇就业费,知青就业费,专款支出和公、检、法支出费等)19 161.4 万元,占总支出 14.96%;用于价格补贴 12 398.7 万元,占 9.67%。　(第二十编第一章《财政》,第 654 页)

《北京市石景山区志》

北京市石景山区地方志编纂委员会编,北京出版社 2005 年

(1968 年)12 月 21 日,区革委会决定,要求各级革委会成员带头动员自己初中、高中毕业的子女到农村安家落户。公社、大队要做好接收知识青年插队的准备工作。

(《大事记》,第 32 页)

是年(1969 年),组织 1966 年至 1969 年初中、高中毕业的知识青年上山下乡,分赴黑龙江省、内蒙古自治区、云南省的生产建设兵团和陕西省农村生产队落户。　(《大事记》,第 33 页)

(1970 年)5 月,按照国务院部署和北京市革委会要求,在全区各系统选派 25 名干部赴陕西省延安地区黄龙县支援建设,协助管理石景山区在当地插队的知识青年。

(《大事记》,第 33 页)

(1973年)10月9日,区革委会设立知识青年上山下乡工作办公室,办理知识青年到农村插队和返城安置有关事项。 （《大事记》,第34页）

由于三年经济困难,压缩城镇人口,精简职工;"文化大革命"被迫离京;知识青年上山下乡等原因,净迁出人口183 884人,迁移负增长25 568人。

（第三编第一章《人口数量与分布》,第98页）

1971年以后,特别是中共十一届三中全会以来,由于落实政策遣返人员回城、知识青年返城安置,以及改革开放,再次出现人口大量迁入,迁移增长103 920人,年均4 157人。

（第三编第二章《人口变动》,第102页）

(1973年)10月,增设科技组、知识青年上山下乡办公室。……至1976年10月,区革命委员会办事机构共有7组4室1委,即办事组、组织组、宣传组、计划组、文教卫生组、财贸组、农林组、人民防空办公室、计划生育委员会办公室、知识青年上山下乡办公室、科技办公室和体育运动委员会。 （第六编第一章《组织机构》,第175页）

至1986年的两年内,群众来信来访和集体上访的主要内容为知识青年返城问题和首钢"五七"连职工(响应毛泽东主席"五七"指示,职工家属参加生产劳动的人)要求解决待遇问题。

（第六编第三章《区政建设》,第189页）

知识青年上山下乡和返城安置 1955年,毛泽东主席发出号召:"一切可以到农村去工作的知识分子,应该高兴地到那里去,农村是一个广阔的天地,在那里是可以有大作为的。"是年8月9日,中共党员西黄村乡长兼团支部书记杨华率先同其他地区4名青年向共青团北京市委递交申请书。12日,团中央书记胡耀邦和团市委领导接见并批准他们的申请。8月30日,胡耀邦在首都各界欢送60名北京青年组成志愿垦荒队大会上作《向困难进军》报告,向队长杨华授旗,辖区有3人参加荒队。1957年,有68名知识青年回到石景山农村,34人被安置在大田队,15人分到果树队,4人分到菜队,10人分到畜牧场,4人任会计,1人任广播员。1965年,32人回乡,均予以安排。1957年和1965年,共有338名初、高中毕业生上山下乡参加农村集体生产劳动。

1968年12月,毛泽东主席发出"知识青年到农村去,接受贫下中农的再教育,很有必要"的指示。同年底,区革命委员会要求各级革命委员会成员带头动员自己初中、高中毕业的子女到农村安家落户,公社、大队要做好知识青年还乡插队准备。至1969年,有7 593名知识青年上山下乡,其中,4 998名去山西、陕西、黑龙江等省。1970—1979年,有16 672名知识青年下乡上山,主要到石景山区或回本区农村。1955—1979年,北京郊区上山下乡知识青年共 24 606 名。自 1980 年始,根据上级精神,不再组织知识青年上山下乡。

知识青年上山下乡后,由于父母年老多病不能自理,弟妹年幼无人照顾,家中无劳动力,缺少经济来源,有的知识青年有病、个别知识青年致残,需要回城。1973—1980 年,每年都有知识青年因各种困难或因病经批准回京,全区安置回京知识青年 3 668 名。其中由外地来京 65 人,由市郊返城 3 603 人。

1980 年以后,贯彻北京市关于解决知识青年上山下乡工作遗留问题的指示,按政策规定,大部分知识青年陆续返城,知识青年问题得以解决。至 1995 年底,石景山区在外地知识青年仍有 800 余人。 （第十三编第一章《劳动管理》,第 308 页）

70 年代末,上山下乡知识青年回城,待业青年增多,区开办知识青年学校。1982—1984 年,9 个街道办事处先后办起培训学校(中心),培训未能及时就业的知识青年。

（第十三编第一章《劳动管理》,第 313 页）

1984 年 12 月,区知识青年学校改名为区劳动服务公司职业培训学校。

（第十三编第一章《劳动管理》,第 314 页）

"文化大革命"时期,人事工作受到冲击和干扰,管理不规范,干部岗位上有工人、农民、知识青年和复员退伍军人等。1977—1979 年,吸收干部 383 名,其中,工人 147 名,知识青年 148 名,其余来自复员退伍军人及其他人员。 （第十三编第二章《人事管理》,第 323 页）

1986—1995 年,主要为解决上山下乡知识青年返城及专业技术干部夫妻分居困难,从外省、市调入 359 名。 （第十三编第二章《人事管理》,第 324 页）

石景山区第二建筑工程公司始建于 1978 年。为解决回城知识青年和待业人员就业问题,北辛安、古城、苹果园、金顶街办事处以首钢退休工人、工程师为技术骨干,接收待业青年,组建 4 支修建队。1982 年,区政府将四支修建队划归区生产服务合作联社管理,并将 200 名知识青年转为集体工人。 （第十六编第一章《管理机构与企业》,第 358 页）

根据中共中央书记处关于首都建设的"四项指示"、市委"广开门路,大力组织集体所有制的生产服务事业"和首都城市建设总体规划发展地方工业的方针,以及安排知识青年就业的需要,1979 年 8 月至 1980 年初,成立石景山区区、街两级联社。

（第二十编第一章《区属部门工业》,第 503 页）

1963—1995 年,区财政总支出 14.34 亿元,年均递增 18%。其中,经济建设投资(包括基本建设、企业技术改造、挖潜资金、工业交通商业事业费）支出 2.17 亿元,文教、科技、卫生事业支出 5.18 亿元,优抚社救支出 7 234 万元,行政管理支出 1.28 亿元,其他支出（包括城镇就业费、知青就业费、专款支出、不发达地区援助费等）3.07 亿元,上解支出和向中央贡献 1.72 亿元及设立财政周转金 2 000 万元,分别占财政总支出的 15.13％、36.10％、5.04％、8.91％、21.39％、13.40％。

(第二十三编第一章《财政》,第 613 页)

1970 年 6 月,石景山区革命委员会决定建立石景山区师范学校,当年招收半年制和一年制培训班学员各 80 人。学生来源主要为上山下乡的返城或回乡知识青年。

1972 年始,同时举办二年制普通师范班和二年制专业班。普通师范班招收应届初中毕业生和上山下乡返城或回乡知识青年,培养目标是小学教师。

(第二十六编第六章《中等专业技术教育》,第 718—719 页)

《昌平县志》

《昌平县志》编纂委员会编著,北京出版社 2007 年

(1964 年)7 月 14 日,北京 83 中学 61 名学生到南口公社辛力庄村插队落户。是县第一批到农村插队的知识青年。

(《大事记》,第 29 页)

是月(1969 年 1 月),全县 316 名知识青年赴黑龙江军垦建设兵团插队落户。40 户城镇居民、1 384 名学生到县内农村插队落户。

(《大事记》,第 32 页)

是年,县农村接收市区居民插队落户 1 214 人,市、县回原籍的知识青年 802 人;接收县城镇居民插队落户 404 人,知识青年插队 1 450 人;县知识青年到黑龙江农垦兵团插队 786 人。

(《大事记》,第 32 页)

(1974 年)1 月 18 日,县委批转上山下乡知识青年工作检查组《关于对知识青年上山下乡工作检查情况的报告》,全县农村 22 个公社已安置下乡知识青年 3 700 人,要求各级党组织一把手亲自抓知青工作,公社、大队要设专人管理。

(《大事记》,第 34 页)

(1975 年)3 月 25 日至 29 日,县革委会召开公社、大队负责知识青年工作的领导干部和知青代表 500 多人参加的知识青年上山下乡工作会议,部署公社、生产大队建知青点工作。

(《大事记》,第 34 页)

1983 年 12 月劳动科与知识青年上山下乡办公室合并,成立县劳动局……

(第六编第四章《人民政府》,第 203 页)

1981 年 4 月,县政府劳动科与"知青办"合署办公。……1983 年 11 月撤销"知青办"……

(第十一编第一章《劳动》,第 295 页)

安置知识青年

1955 年,县内初、高中毕业生 20 人参加由北京市、天津市共青团组织的黑龙江省萝北县青年垦荒队。1964 年、1965 年,县组织初、高中毕业生 129 人到县内南口公社辛力庄和太平庄大队、老峪沟公社马刨泉大队、长陵公社康陵大队插队。"文化大革命"中,号召组织初、高中毕业知识青年上山下乡,到农村插队落户。1968 年、1969 年,全县组织初、高中毕业生 1 071 人赴内蒙古、黑龙江生产建设兵团插场、插队。1968 年开始接收、安置北京市城区上山下乡知识青年。安置三种形式有在公社或大队(自然村)办的知识青年"四集中"点集中吃、住、学习、劳动;在公社或大队办的知识青年"三集中一分散"点集中吃、住、学习,分散到各生产队劳动;下乡知识青年"四分散"分散到各生产队吃、住、学习、劳动。到 1971 年,共安置县内知识青年 1 450 人、北京城区和还乡知识青年 1 307 人。至 1979 年,全县共接收、安置知识青年 28 175 人。知识青年安置费用由国家拨专款,北京市统一核定具体开支范围和标准。至 1979 年,国家下拨到县知识青年安置费共计 890 万元。1980 年年底,组织知识青年上山下乡工作结束。到 1981 年年底,县内下乡知识青年大部分返回原户口所在地。1989 年开始,县劳动局按政策规定解决知识青年遗留问题,到 1995 年底,共办理赴外省、市知识青年子女回县 101 人,办理北京市插队知识青年子女农转非 171 人,核实知识青年身份 212 人,调往市内外区县和外省、市知识青年 60 人。　　(第十一编第一章《劳动》,第 299 页)

1973 年起,(昌平师范学校)每年从回乡知识青年不经考试招生,1978 年起,每年通过考试招收高考未录取生和队派教师。　　(第二十六编第四章《中等教育》,第 771 页)

1961 年底,为回乡知识青年办业余初中学校,入学 137 人,后农村开展社会主义教育运动停止文化课学习。　　(第二十六编第六章《成人教育》,第 782 页)

1961 年底,农村为回乡知青办业余高中,入学 203 人;1963 年入学 223 人,侧重学习政治和农业生产技术。　　(第二十六编第六章《成人教育》,第 782 页)

1966 年起,小学教师以插队知识青年和队派代课教师为主,多为初高中毕业生,记工分参加集体收益分配,有适当补助,户口在队称"民办教师",1971 年后逐步转正式教师。

(第二十六编第七章《教育管理》,第 789 页)

《怀柔县志》

怀柔县县志编纂委员会编,北京出版社 2000 年

(1965 年)10 月,北京市东城区 45 名知识青年到西茶坞、一渡河、陈各庄等村插队落户。这是怀柔县接收的首批北京下乡插队知识青年。至 1980 年,全县共接收安置北京知识青年 13 555 名。

(《大事记》,第 26 页)

(1976 年)5 月下旬,县革委会召开上山下乡知识青年代表大会。"插队插场"知青代表和各公社、大队主管知青工作的干部及知青家长代表等近 600 人出席。

(《大事记》,第 32 页)

(1978 年)9 月,喇叭沟门公社孙栅子大队插队知青、村"赤脚医生"何莹出席了第四次全国妇女代表大会。

(《大事记》,第 34 页)

(1979 年)10 月,喇叭沟门公社孙栅子大队北京插队知青、村"赤脚医生"何莹,七道河粮管所业务员刘奎勤,庙城公社郑重庄大队五队队长董新华,西庄公社枣树林大队妇代会主任王云被评为全国"三八红旗手"。何莹和县城西门副食店职工、团支部书记赵长宝被共青团中央授予"全国新长征突击手"称号。

(《大事记》,第 35 页)

1974 年 3 月,民政劳动局撤销,分别建立民政局、劳动科和知青办公室。

(第十二编第四十三章《政府》,第 555 页)

(解放)40 多年来,较大的户口迁移有两项,一是 1965—1980 年,来怀柔县插队落户和上山下乡知识青年计迁入 14 202 人,1969—1982 年,按政策招工、顶替、参军、返城等迁出 13 585 人……

(第十三编第四十五章《公安》,第 573 页)

第六节　知青管理

知识青年上山下乡,始于 1965 年,1981 年结束,历时 17 年。1965 年,首批北京城区 45 名知识青年来怀柔插队落户,安置在西茶坞、一渡河、陈各庄等村。1968 年底,有 82 名知识青年来怀柔县插队。1970 年以后,上山下乡知识青年来怀人数大量增加。1973 年,怀柔县

接收安置知识青年达 2 517 人,是接收知识青年最多的一年。1979 年,知识青年实行"进学校,上山下乡,支援边疆,城市安排"四个面向,使知识青年上山下乡工作纳入劳动就业的轨道,下乡人数减少,在怀柔插队的知识青年按政策都基本回城。1979 年北京城区来怀柔县插队的知识青年仅 215 人。1980 年春,最后一批来怀柔下乡的 30 名北京知识青年,安置在北房公社南房大队造纸厂落户。自 1965—1980 年,怀柔县共接收安置北京知识青年 12 950 人,分布在 17 个公社,156 个大队或工厂。

1969 年,怀柔县第一批县内的城镇知识青年共 79 名,安置到西庄公社插队。1972—1973 年,怀柔县有 70 名知识青年到农村插队。1974 年,是怀柔县知识青年插队人数最多的一年,达 136 人。1975—1978 年,共有 362 名知识青年下乡插队。到 1978 年后,怀柔县知识青年不再插队,上山下乡的纳入劳动就业轨道。1969—1978 年,怀柔县内共有 647 名知识青年上山下乡,分别安置在西庄公社、辛营公社、北台上林场、县农业试验场等单位。

怀柔县 1965—1980 年知识青年上山下乡人数一览表

年 份	合计	北京知识青年来怀				怀柔县知识青年上山下乡
		插队	转插	投亲	补办	
1965	45	45				
1968	155	82		73		
1969	207	60		68		79
1970	442	388		54		
1971	392	307	74	11		
1972	326	297	21			8
1973	2 517	2 455				62
1974	2 168	2 009	6	17		136
1975	2 205	2 118			43	44
1976	1 872	1 760				112
1977	1 949	1 862	12			75
1978	1 591	1 322	21		117	131
1979	303	215	57		31	
1980	30	30				
总计	14 202	12 950	191	223	191	647

从 1971 年起,每年都有人数不等的北京城区知识青年招工回城。1971 年,招工 479 人。1972—1977 年,招工共 6 851 人,办理子女顶替的 142 人,升学、参军的 219 人。1978 年,招收知识青年回城工作 3 847 人,是历次招收知识青年最多的一年。1981 年,招收 447

人,并为 22 名不能参加工作的女知识青年办理了夫顶妻招工手续。截止到 1981 年,中央、市、县属单位招收在怀上山下乡知识青年 11 729 人;办理子女顶替的 451 人;参军、升学的共 384 人;夫顶妻招工的 22 人。1981 年,根据"凡 1979 年底以前下乡的知识青年,招工未被录取的,可转回其家庭所在街道分配工作的规定",1981—1982 年,共办理按政策回城的999 人。至此,北京城区来怀上山下乡知识青年已全部回城,得到安置。

为加强对知青工作的管理,1968 年 10 月,县成立知识青年上山下乡、居民插队落户安置办公室。1971 年 5 月,县民政劳动局开始负责知青管理工作。1973 年 10 月,县革委会在民政劳动局内成立了知识青年上山下乡办公室。1974 年 3 月,知青办公室成为县革委会下属独立机构。各公社均建立知青工作领导小组,设有知青工作专职干部。各大队(村)中共党支部有一名副书记抓知青工作。

知青工作经费。1968—1981 年,北京市下拨怀柔县知识青年管理经费计 578.3 万元。其中用于各村知青点建房支出 137.11 万元,建房 3 377 间;购置炊具、家具、农具支出 65.6万元;购置文体用品支出 3.37 万元;支援知青场队生产和无偿调拨物资及无偿支援资金81.2 万元等。

大批知识青年在怀柔下乡上山,在失去了学习深造机会的情况下,克服生产上不熟悉,生活上不习惯的困难,坚持和农民同吃同住同劳动。1978 年统计,知识青年入党的 12 名,入团的147 名,担任中共基层支部委员的 5 人,团支委 119 人,生产队干部 18 人,专业技术人员 46 人,其他干部 185 人。1976 年 5 月,怀柔县召开知识青年代表大会,有 22 名先进知识青年得到表彰。1978 年,北京市召开上山下乡学大寨先进集体和先进个人代表大会,喇叭沟门公社孙栅子大队和西庄公社坟头大队知识青年点被评为进集体;沙峪公社渤海所大队知识青年、党总支副书记张平,喇叭沟门公社孙栅子大队知识青年赤脚医生何莹,黄花城公社东宫大队知识青年第二生产队副队长宋志良等 4 人被评为先进个人。1978 年 3 月,喇叭沟门公社孙栅子大队知识青年何莹,被选为北京市第五届政协委员,之后,又连续任第六届、第七届市政协委员。同年 8 月,何莹参加了国务院在北京召开的全国上山下乡知识青年工作座谈会,受到了国家领导人的接见。　　　　　　　　　(第十五编第五十三章《劳动管理》,第 630—632 页)

《密云县志》

密云县志编纂委员会编,北京出版社 1998 年

1969 年后陆续建立生产指挥组、文教卫生组、计划组、工交财贸组、战备人防办公室、体育运动委员会、劳动科、科技办公室、经营管理组、工副业组、广播科、计划生育办公室、知识青年上山下乡安置办公室……　　　　　(第十二编第四十三章《人民政府》,第 430 页)

1965年开始,对城镇待业的初高中毕业生分期分批安排到农村插队劳动,1971年才将插队的知识青年分期分批安置就业。 （第十四编第四十九章《劳动》,第469页）

第四节　知识青年安置

一、接 收 安 置

密云县知识青年上山下乡,插到农村生产队参加农业生产劳动,始于1965年。是年城关和古北口两地的非农户初、高中应届毕业生,未能升学的22人,被安排在东邵渠公社高各庄大队集体插队,参加农业生产劳动。同年还接收北京市城区一批插队知识青年。至1972年,共计接收安置市、县插队知识青年904人。

1973年,北京市实行初高中毕业生插队劳动2年后,才允许升学和安排工作的政策,插队知青数量猛增。1973年一年接收安置市县插队知青1 915人。1974年至1976年接收3 300余人。1977年至1980年接收3 912人。1980年后不再让知青插队。自1965年至1980年,共接收安置插队知识青年10 031人,其中本县知青2 571人;接收插队知青单位达139处。知青插队期间实行同吃、同住、同学习、分散劳动的"三同一分散"政策。东邵渠、卸甲山等知青农场则实行同吃、同住、同学习、同劳动的"四同"政策。知青插队期间,有43人参加中国共产党组织,1 064人参加共青团组织。

为安置插队知青,共建知青专用房2 567间。从1968年至1977年,共为知青拨专款396.72万元。其中市拨259.07万元;县财政补贴137.65万元。

二、就 业 安 置

插队知青就业安置始于1971年。是年,1965年下乡插队的知青得到就业安置,以后每年都有不同数量的知青得到就业安置。1975年有993名知青回城当了工人,为就业安置知青较多的一年。北京市区插队知青大多返回北京城区,本县插队知青在县境内进行就业安置。到1985年,原插队知青绝大多数得到就业安置。1986年对知青插队期间遗留问题进行处理。1986年至1989年,给知青插队期间与农村社员结婚所生子女办理农转非户口81人。1988年至1989年,解决外地原北京下乡知识青年子女回京入户13人。

（第十四编第四十九章《劳动》,第473—474页）

"文化大革命"期间,随着中小学校的增加,教工队伍猛增,并大量吸收下乡、回乡知识青年当队派或代课教师。 （第十六编第五十五章《教育》,第522页）

1986年(档案馆)全面开展档案搜集工作,对上山下乡知识青年的档案进行裱糊整理,并按姓氏笔画、时间、地点和分布编制了检索工具。

（第十七编第五十九章《图书、档案与史志》,第561页）

《平谷县志》

平谷县志编纂委员会编著,北京出版社2001年

是年(1965年),开始接收北京市城区来平谷插队知识青年41人。至1978年,全县共接收插队落户和外省市转插知识青年1.5万余人。1981年起,除少数知识青年和本县青年结婚落户外,其余陆续回城安置工作。 （《大事记》,第32页）

(1975年)6月6日晚8时,英城公社果各庄大队民兵打死天井大队插队知识青年1人,打伤7人,6名主要责任者被依法处理。 （《大事记》,第38页）

1966—1978年,年均迁入3 871人,迁出3 918人,年均总迁移7 789人。期间有几次大的人口迁移,……1966年12月至1978年,累计接收插队知识青年1.25万人;1978—1984年,年均市内迁入2 445人,外省市迁入1 191人;年均迁出4 222人,其中迁往市内3 409人,迁往外省市813人;年均总迁移7 858人。下乡插队知识青年安置、落实各类人员政策、学习迁移、随靠迁移和人才引进占有较大比重。 （第三编第二章《变动》,第120—121页）

1977年,2号三开取暖炉供应县内居民、农民和插队知识青年,1号两用炉、48号大炉只供县内机关团体、厂矿企事业单位、学校和部队,以上均有申请、批准手续。

（第六编第六章《日用工业品》,第277页）

知识青年安置

知识青年上山下乡,到农村插队落户,始于1965年。当年全县接收知识青年41人,1966年至1972年接收779人。1973年接收4 622人,是接收知识青年最多的一年。1974年至1978年接收9 931人。1979年起停止知识青年上山下乡插队落户。1965年至1978年,共接收插队知识青年1.54万人,其中北京市各区和县内插队知识青年1.51万人,河北、辽宁、山西、黑龙江等外省市转插知识青年277人。

1975年,中共中央、国务院和市、县属单位始招收农村插队满3年的知识青年5 839人,其中平谷县粮食局等16个单位招用1 851人。1978年至1979年,平谷县成立知青招工领导小组,凡在农村插队满2年的都安置工作。到1981年,通过招工,原市城区插队知识青年,有1.21万人被安排到中央、国家机关、市属全民和集体企事业单位,956人在县属全民和集体企事业单位,550人被大专院校录取,50人参加中国人民解放军,顶替和回城待业分配1 578人,8人在插队期间因病或其他原因迁往外地,100人与县内青年结婚,并已进行就业安置。

1965 年至 1978 年，北京市共拨知青安置费 325 万元，解决插队知青劳动、学习和生活等问题。

（第十编第二章《劳动管理》，第 357 页）

平谷县人民政府工作机构一览表

时　间	机　构　名　称
……	
1967— 1979 年	办事组、组织组、宣传组、经营管理组、农林办公室、工交办公室、计划委员会、社队企业局、财贸办公室、文教卫生组（归入县委序列）、劳动科（与知识青年办公室合署办公）……
……	

（第十二编第三章《人民政府》，第 426 页）

1975 年起，部分农村大队也办起了幼儿园，教师以回乡和下乡知识青年为主。

（第十六编第一章《教育》，第 484 页）

1959—1970 年，先后建立县农业科技办公室、良种推广站、地震办公室，兽医院、站、诊所发展到 22 个，有干部、老农、回乡知识青年参加的农村科技小组 907 个，4.43 万人。

（第十六编第二章《科学技术》，第 501 页）

1973—1976 年，县文化馆组织青年农民、知识青年等创作农民画，以国画、年画为主，兼有版画、水粉画，有 20 余幅作品参加北京市艺术展览。

（第十七编第一章《文学艺术》，第 520 页）

《通县志》

通州区地方志编纂委员会编，北京出版社 2003 年

（1968 年）9 月，通县城镇知识青年 316 人赴内蒙古凉城县插队。到 1980 年县内 1 469 名干部、教师和 1.13 万名青年"上山下乡"，接收县外"知识青年"3.89 万人。1980 年后，根据有关政策，陆续返城。

（《大事记》，第 38 页）

通县人口流动量较大。除升学、结婚、工作调动、家属随军等正常变动以外，还涉及以下因素：1964 年至 1980 年，全县累计接收知识青年 3.89 万人，其中 1976 年接收人数最多，达 10 680 人。是年，迁入近 2 万人，比上年增长 22.5％，其中知识青年迁入占总数的 44.7％。后期，落实有关政策，知识青年陆续返城 3.77 万人。1972 年临时工转正 8 300 人，其中迁出

3 914 人，占是年全县迁出总数的 28.8％。1979 年全县退休职工子女顶替 4 740 人，包括知识青年返城，是年，全县迁出 23 689 人，比上年增长 26.1％。

（第三编第一章《数量与分布》，第 104 页）

其他支出 此类支出项目较多。1953 年至 1996 年支出 24 545.2 万元，占财政总支出 11.89％。主要用于知识青年插队、兵役征集、安置城镇青年、支援不发达地区等。年均支出 557.8 万元。

（第十编第一章《财政》，第 272 页）

知识青年安置 1964 年至 1980 年间，重点进行知识青年上山下乡和知识青年返城安置工作。1964 年起，通县农村开始接收北京市各城区及通州镇知识青年插队落户。1965 年开始接收外省、市知识青年投亲还乡插队。1968 年至 1972 年，通县城镇知识青年赴内蒙古、黑龙江等地农村或生产建设兵团落户 1 433 人。至 90 年代初，返回通县 1 398 人，尚有 35 人支援边疆建设。1964 年至 1972 年末，先后有 6 640 名知识青年在通县农村插队落户。1973 年至 1980 年，先后有 3.23 万名知青落户通县农村，总人数达 3.89 万人。其间，有 3.77 万人得到妥善安置，其中，招工就业 2.67 万人，顶替父母招工就业 1 606 人，返城入户 5 465 人、病、困退安置 2 219 人，转迁外地及自然减员等 1 700 人。1981 年以后，开始解决知识青年上山下乡期间所遗留的问题。1985 年至 1990 年核实知青身份 346 人，为 212 名知青子女办理回京入户审批手续。1991 年为 35 名仍在外地的北京知青办理子女进京入户手续。1993 年 28 名知青因困调京。1995 年为 219 名知青的 247 名子女办理农转非户口手续。1996 年为 65 名知青的 69 名子女办理农转非户口手续。

退休、退职、死亡，职工子女顶替 1979 年贯彻国务院《关于工人退休、退职暂行办法》和市劳动局《关于招收退休、退职工人子女参加工作的暂行办法》，当年办理职工子女顶替就业 4 640 人，其中，城镇待业青年 576 人，插队知青 809 人，农村社员 3 234 人，外省商调进京 21 人。到 1995 年办理死亡职工子女顶替 495 人；办理退休职工子女顶替 1.31 万人，其中，安置北京市退休、退职工人子女顶替 1.26 万人，安置外省市在通县工作的退休、退职工人子女顶替 532 人。

（第十八编第二章《劳动》，第 573—574 页）

1975 年队派教师 650 人，代课教师 490 人，另有兼职教师 2 046 人，计 3 186 人。主要成分为高中毕业生和下乡知识青年，致使教学质量严重下降。

（第二十一编第七章《教育》，第 651 页）

1973 年 12 月县委宣传部组织三结合创作组，抽调业余作者，由作家、人民文学出版社编辑辅导，创作反映知识青年"学大寨"的长篇小说《晨光曲》，翌年 5 月由人民文学出版社出版。

（第二十三编第二章《文艺与著述》，第 687 页）

《大兴县志》

大兴县志编纂委员会编,北京出版社 2002 年

1968 年至 1975 年,接收插队知识青年 3.13 万人和插队居民 897 户、3 400 余人;至 1979 年,大部分返回北京城。　　　　　　　　　　　　(第三编第一章《人口规模》,第 117 页)

1979 年至 1981 年,先后将 7 000 名来县插队的知识青年输送到中央和市属工业、财贸等部门工作。80 年代,为 1 700 名曾在大兴县插队的知识青年审批插队工龄,为 252 人确定知青身份,给知青返城后留在大兴县农村的 564 名子女办理"农转非"手续。

(第十八编第三章《劳动管理》,第 333 页)

1977 年 11 月,在北京市第七届人民代表大会第一次会议上,大兴县定福庄公社南庄大队插队知识青年李岩(女),当选为第五届全国人大代表。

(第二十编第一章《人民代表大会》,第 394 页)

知识青年与插队居民安置　　1965 年,首批安置下乡知识青年 70 人。1968 年 12 月,县成立知青插队居民安置办公室,当年安置知识青年 2 020 人,其中崇文区 460 人,宣武区 530 人,丰台区 250 人,大兴 500 人,其他投亲靠友者 280 人。此后,不断接收安置知识青年和插队居民。截至 1974 年,全县共接收安置知识青年 36 415 人,安置插队城镇居民 897 户、3 400 余人。至 1978 年,知识青年全部陆续返城。1979 年,对插队居民落实政策,有工作能力者安排工作,无工作能力在市区有投靠者办理返城手续,无投靠者就地转为居民户口。

(第二十三编第一章《拥军　优抚　安置》,第 443 页)

1977 年,有中学 71 所,有 38 所小学附设初中班。由于中学数量增多,教师数量不足,于是小学教师到初中任教,初中教师教高中课程,或由知识青年中选拔"队派"、代课教师冲学教育质量与"文化大革命"前的五六十年代相比严重下降。

(第二十五篇,第三章《中高等教育》,第 483 页)

1962 年起,农民业余教育的重点转向回乡知识青年。……1975 年 10 月,成立县上山下乡知识青年函授教育工作领导小组。是年,全县农村建立政治、文化夜校 160 个,其中扫盲班 17 个,政治班 161 个,农业技术班 21 个,文艺班 1 个,在校学员 20 984 人,其中城镇上山下乡知识青年 2 712 人。　　　　　　　　(第二十五编第四章《成人教育》,第 488 页)

强烈地震刚刚发生,头天晚上参加义务积肥劳动睡得很晚的南三大队的共青团员们,立即翻身起床投入抗震抢险斗争。团支委甄胜利等,冒着余震,穿过只有两米宽的过道,跳进住有知识青年的院中,五名知青全被砸在倒塌的房屋或院墙下,刚脱离险情的人们迅即投入了抢险战斗。甄胜利头部受了伤,手也被扎破了,他全然不顾。共青团员甄洪林、周建华、臧玉荣等也迅速赶来参加抢救。在随后陆续赶到的其他社员群众的共同努力下,除一人遇难外,其他几名知青终于得救。(县档案馆全宗9目8卷464、490)

(《附录·资料辑存》,第 771 页)

根据县委决定,我们做了思想发动工作和具体组织工作,给这七个大队的社员和知青共计建房 2 152 间(每栋 8 间,为利用旧材料建两个"四破五"),其中采育公社 231 栋、1 848 间(其中板打墙 33 栋、264 间),朱庄公社 38 栋、304 间。(摘自县革委的《帮助灾区建新房总结》,县档案馆全宗9目8卷464)

(《附录·资料辑存》,第 772 页)

《房山区志》

房山区地方志编纂委员会编,北京出版社 1999 年

1981 年,房山县农业广播电视中专工作站成立,负责学员管理和学习辅导。该校学员分散,主要是社(乡镇)、队(村)、企业干部、职工及在乡知识青年。

(第四编第二十章《教育》,第 509 页)

1979 年,北京广播电视大学工作站恢复,学制 3 年,工作人员 3 人。学员包括县直机关干部,房山境内中央市属企业、部队、学校和在乡知识青年。

(第四编第二十章《教育》,第 510 页)

60 年代末和 70 年代初,随着北京石油化工总厂等大型工业企业的筹建及地方工业的发展,招工人数开始增加。招工对象主要为非农业人口中的初高中毕业生及技校学生,上山下乡知识青年及其他城镇待业青年。 (第五编第二十七章《劳动》,第 613 页)

1972 年,为解决矿山、冶金、化工等原材料工业和新建扩建军工项目急需劳力问题,北京市决定自房山县农村招收新工人 2 000 人。招工对象,一为因国家基本建设占用土地过多,地少人多的社队,以及修建水库需搬迁村的贫下中农社员,另为劳动锻炼达一年以上的上山下乡知识青年及还乡知识青年。招工条件为思想好,历史清楚,身体好的 18 岁至 28 岁男青年或 18 岁至 25 岁未婚女青年。 (第五编第二十七章《劳动》,第 617 页)

1971 年,改科为局,局下设知识青年办公室和复退军人安置办公室。1974 年,知识青年办公室撤销,移交劳动局管理。 （第五编第二十八章《民政》,第 623 页）

《北京市丰台区志》

北京市丰台区地方志编纂委员会编著,北京出版社 2001 年

(1969 年)1 月,根据毛主席关于知识青年上山下乡的指示,丰台区自 1964 年组织知识青年上山下乡,到 1981 年共有 4.9 万多名知识青年上山下乡。区革委会自今年 1 月到 1974 年,先后组织了 6 次慰问团,分赴东北、西北及丰台区慰问上山下乡的知识青年。为了解决他们的实际困难,陆续办理"病退"、"困退"的返京手续。到 1990 年,多数办理了返京手续。

（《大事记》,第 50 页）

1974 年 12 月,整顿丰台区贫协组织。年满 16 岁以上的贫下中农社员可以入会;中农出身的积极分子,承认其老会员资格,暂时不吸收新会员;上山下乡知识青年,劳动人民家庭出身的,经过劳动锻炼,可发展入会。 （第六编第四章《农民组织》,第 181 页）

(1973 年)8 月,(区革委会)成立知识青年上山下乡办公室。

（第七编第三章《人民政府》,第 200 页）

1983 年,根据劳动部《关于企业职工调整工资的规定》,调资范围是:1983 年 9 月 30 日在册职工,1978 年底以前参加工作的固定职工,1971 年以前参加工作的计划内长期临时工,1979 年 1 月 1 日后分配到单位的 1983 年 9 月 30 日以前已定国家正式职工的下乡知识青年。

（第十七编第四章《劳动管理》,第 518—519 页）

第八节　知识青年上山下乡
一、动员与安置

1957 年、1958 年,丰台区槐房和黄土岗农业生产合作社先后接收安置了北京市组织下乡的知识青年 400 多人。1964 年,中共丰台区委发出《关于在全区开展组织动员城市知识青年上山下乡参加社会主义建设的通知》。全区共有 84 名中学毕业生上山下乡,其中到东北国营农场的 40 人,到农村插队的 21 人,到山西插队的 5 人,到通县永乐店插队的 18 人。

1966 年至 1968 年,丰台区城市户口三届初高中毕业生 1.57 万人。经动员上山下乡的共 8 623 人,其中到黑龙江、内蒙古等建设兵团的 2 571 人,到山西、陕西等农村插队的 4 640 人,回原籍插队的 1 412 人。为这些青年发放了补助费、粮票、布票等。

1969年，动员5 350名中学毕业生上山下乡，其中到黑龙江生产建设兵团的4 300人，内蒙古生产建设兵团的900人，云南国营农场的150人，全年共动员知识青年上山下乡9 005人。

1970年2月，据区安置办公室调查，从各地农村返京的丰台区知识青年共4 929人，有的属正常回京探亲，有的是逾假不归，有的是因环境艰苦自行回京，根据北京市革命委员会的指示，开展广泛的宣传动员工作，到3月底，已返回原单位的知识青年4 597人，占返京知识青年总数的93.3％。

1973年，丰台区各社队共安置知识青年4 498人，在住房、生产和生活的管理、安置经费的管理使用等方面存在许多问题。6月21日，北京市革命委员会派人到丰台区对插队知识青年受迫害问题进行了调查，在检查的31个案件中，经公安局处理的11件，其中奸污8件，教唆1件，猥亵1件，打人1件；经公社、大队处理的8件。1974年，丰台区知青办公室对知识青年的安置工作进行了调查。黄土岗公社1957年以后，共安置知识青年1 707名，安排在11个大队、97个生产队和部分社队企业。从公社到生产队层层有人管，发现问题及时解决。知识青年先后有8人加入共产党，205人加入共青团，100人担任社队干部，88人成为赤脚医生、记工员、拖拉机手等，成为农村的一支生力军。王佐公社沙锅村大队擅自决定将由大队集中居住和管理的知识青年分散到生产队居住，大队把知青集中居住的37间房屋作为大队卫生所、兽医站、仓库等，知识青年上访告状，区革命委员会责成公社派干部到沙锅村大队，组织大队和生产队干部认真学习关于安置知识青年上山下乡工作的一系列指示和政策，提高认识，检查错误，发动群众共同做好知识青年的安置工作。同时组成清查小组，对知识青年的经费、建房材料以及农具、炊具等进行清查。

1976年，丰台区先后有10个大队办起了学习、劳动、食宿都在大队的"四集中"知青点。有的在大队直属的粮田队，有的在林业队，有的在农田水利建设专业队。区知青办公室总结了他们的经验，并要求在有条件的大队积极推广。

1980年，中共中央和北京市委关于知识青年上山下乡的方针是"政治动员、经济吸引，自愿下乡，把知识青年上山下乡逐步纳入劳动就业的轨道"。1979年秋和1980年春，许多知识青年都是自愿下乡的，他们下乡2年，劳动满400天后回城。但下乡人数大量减少，1979年954人，1980年90人，1981年72人。

二、慰　　问

1969年1月，组织三代会（工代会、农代会、学代会）和学生家长代表共33人，组成两个慰问团，分赴东北建设兵团和内蒙古农牧区慰问丰台区参加劳动的知识青年。

1969年7月，组织干部、教师和知青家长代表、医生共11人，赴陕西省洛川县同当地干部共同组成11个三结合慰问小组，分赴各社队慰问丰台区插队知识青年。

1969年12月，组织区知青安置办公室和文教、卫生部门的干部22人，组成赴山西学习慰问团，到临汾、浮山、安泽、榆次等4个县的37个公社、129个大队进行了慰问。丰台区的插队知识青年有 72 名受到各种表彰。蔡立坚(原丰台区长辛店铁路中学学生)1968 年 3 月到榆次县黄彩公社杜家山生产队插队,1969 年春任生产队长、县革委会委员,因工作成绩突出,被选为建国 20 年国庆观礼代表,登上天安门,受到毛泽东的接见。郭兴模(原丰台区长辛店铁路中学学生)1968 年 3 月到临汾县大苏公社南席大队插队,1970 年 7 月 7 日晚,山洪暴发,为抢救被洪水冲走的老乡英勇献身。中共临汾县委决定追认郭兴模为中国共产党党员,并授予"舍己救人英勇牺牲的无产阶级战士"光荣称号。

1970 年 5 月,丰台区抽调 35 名干部到延安地区洛川县作插队知识青年工作。帮助组织青年劳动、学习,解决生活困难问题,落实知青政策,有 1 504 人分别被招工、参军、考入大专院校。抽调的干部于 1973 年和 1975 年分批返回北京。

1972 年 12 月,丰台区会同崇文、海淀、门头沟 3 区共同组成 42 人的慰问团,赴辽宁、吉林慰问上山下乡知识青年。慰问团到白城、哲里木盟、昭乌达盟 3 个地区、20 个县(旗)、120 个公社的 461 个青年集体户慰问 2 369 名知识青年。召开慰问大会 18 次、知识青年座谈会 192 次,放映电影 96 场。

1974 年 12 月,丰台区组成 5 个慰问团,66 名干部参加,分赴黄土岗、卢沟桥、南苑、长辛店、王佐 5 个公社和卢沟桥农场慰问插队的丰台籍知识青年。

从 1973 年开始,每年春节期间均慰问回京探亲和养病的知识青年。听取他们的意见,送慰问信、慰问画和纪念品;召开座谈会,交流在农村锻炼成长的经验和体会;组织知识青年参观展览、看电影等;对多子女下乡和家庭经济困难者,由所在单位给以补助,家长无工作单位的,由街道办事处给以补助。

1979 年 3 月,丰台区召开上山下乡知识青年先进集体、先进个人代表大会。对 9 个先进知青队、3 个知青小组、48 名先进知识青年和 20 名先进知青队干部和社员颁发奖状和奖品。

三、知 青 回 城

1973 年 10 月,北京市制定关于上山下乡知识青年因病或因家庭困难回京落户的处理办法。1975 年 8 月,北京市规定,对在外地已结婚的知识青年,家庭确有困难的,经市公安局同意后,知青部门可以办理回京手续。

对"困退"回城的知识青年,由劳动部门按计划统一分配工作;"病退"知识青年,经过治疗能坚持八小时工作的,由劳动部门安排到集体所有制单位工作。病残较重,基本丧失劳动能力的由民政部门给予生活补助。

北京市对下乡到郊区县的知识青年在招工、招生、征兵等方面给予照顾,优先录用。1968 年至 1972 年,在丰台区农村插队的知识青年中有 4 518 人被招工,460 人被招生,13 人参军。此后至 1978 年,经过 3 次招工、2 次征兵,先后输送知识青年 4 396 人,其中招工 4 016 人,参军 305 人,考取大学、中专的 75 人。1979 年 10 月,实行"下乡满 2 年,劳动满 400 天允许回城"的政策,当年按规定回城的知识青年 1 324 人。1980 年按规定回城的知识青年 1 885 人。

1990 年 2 月,丰台区仍在外省市的知识青年共有 4 001 人。分布在全国 26 个省、市、区,其中比较多的是河北 964 人,山西 892 人,陕西 684 人,内蒙古 531 人,黑龙江 291 人。自 1988 年开始,北京市规定,允许北京市在外地的知识青年每户有 1 名未婚、未就业子女回京入户,以解决他们在升学、就业方面的困难。到 1990 年底,丰台区共办理 2 778 名知识青年子女回京入户手续。

四、知青管理机构

1962 年以前,丰台区没有专门管理知青安置机构。1962 年,成立"丰台区中学毕业生安排就业办公室",安排应届毕业生就业,工作结束后撤销。1968 年,建立"丰台区安置办公室",安置知识青年和居民上山下乡。1972 年 8 月,区民政劳动局设学生安置办公室,负责知识青年上山下乡工作。1973 年 8 月,成立丰台区知识青年上山下乡领导小组,设办公室。1981 年 1 月,知识青年上山下乡办公室并入劳动局。

(第十七编第四章《劳动管理》,第 524—526 页)

1971 年,区卫生局为本区培养初级医护人才,从区属医疗单位抽调 97 名青年医务人员,成立了医护培训班。1973 年,招收 40 名本届初中毕业生,举办护士训练班。学制 2 年,毕业后作为中专毕业生分配工作。1975 年,又从农村插队知识青年中招收学员 60 名,开办一届护士训练班。

(第十九编第一章《普通教育》,第 594 页)

1973 年开始,全区盲目普及高中,抽调部分小学教师教初中,抽调部分初中教师教高中,同时招收一部分下乡插队的高中毕业生到小学和初中执教。

(第十九编第三章《教师》,第 604 页)

1975 年,建立"丰台区上山下乡知识青年函授教育办公室",设在区文教局社教科内。

(第十九编第五章《行政管理》,第 614 页)

郭兴模(1950—1970) 北京市丰台区长辛店人,出身于一个工人家庭,自幼养成热爱劳动、艰苦朴素的习惯。

1968 年年底,19 岁的郭兴模从长辛店铁路中学到山西省临汾县大苏人民公社南席大队插队落户。队里动员社员到十里外山上去割牲口饲草,兴模第一个报名。他每天起早贪黑,连续三十天在山坡收获干草 1 050 公斤,挑回饲养处。提起郭兴模,贫下中农都竖起大拇指说:"兴模这娃娃,是工人阶级的好子弟,贫下中农的好后代。"

1970 年 4 月在北沟修筑拦洪大坝时,生产队派兴模打眼放炮。大家休息,他不停地干;大家下工吃饭,他仍然忍饥忍渴地干。大家称赞他"装车拉车是快手,打眼放炮是能手"。大坝基本完工后,兴模被大家推选为大灶的司务长。他每天不误三餐,还挤出时间去碾米、买菜、运煤、备柴,还出工和社员们一齐在田间劳动。

7月7日下午,天降暴雨,洪水上涨,全村群众抢护水库大坝。社员范立春、张甲全被卷入洪水中,生命危急。郭兴模见状奋不顾身,游到洪水中,将两名社员抢救脱险,自己体力不支被洪水卷走,光荣牺牲。

郭兴模壮烈牺牲后,南席大队的贫下中农为了纪念他,把他安葬在大坝南边的高坡上。根据郭兴模生前志愿和英雄表现,山西省临汾县委于1975年6月8日追认他为中国共产党党员,并授予"舍己救人英勇牺牲的无产阶级战士"的光荣称号。同时,县委召开了万人大会,号召全县人民学习郭兴模同志舍己救人英勇牺牲的模范事迹。1980年,县革命委员会追认郭兴模为革命烈士。

(第二十五编第一章《人物传略》,第723—724页)

天津市

《天津通志·中国共产党天津志》

天津市地方志编修委员会、中国共产党天津志编修委员编，中共党史出版社 2007 年

（1968 年）6 月 26 日，市革委会举行大会，欢送首批赴内蒙古自治区插队落户的知识青年。至 9 月，全市有 1.2 万余名知青去内蒙古，900 余名知青去东北地区。

（《大事记略》，第 52 页）

（1971 年）2 月 27 日，天津市召开学习张勇英雄事迹大会。1969 年到黑龙江插队的天津知青张勇于 1970 年 6 月 3 日牺牲。

（《大事记略》，第 53 页）

"上山下乡"活动。1955 年 9 月，毛泽东在《农村社会主义高潮》一书的一篇按语中指出："一切可以到农村去工作的这样的知识分子，应当高兴地到那里去，农村是一个广阔的天地，在那里是可以大有作为的。"在党和政府的号召下，中小学生毕业后回乡和下乡参加农业生产。1957 年 8 月 21 日，天津首批下乡回乡青年 392 人分赴军粮城、金谷农庄等地参加农业生产。赴黑龙江省萝北县垦荒的 260 多名青年，在不到一年的时间里，开垦出 1 800 亩荒地，建立"天津青年集体农庄"。此后 20 年中，几十万天津知识青年远离父母和城市，将自己的青春抛洒在北大荒、内蒙、新疆、青海等黑土地和黄土地上。知识青年回乡和下乡，为农村的社会主义改造和农业生产增添有生力量。邢燕子、侯隽等是最早下乡的知识青年的代表，成为闻名全国的青年学习的榜样。

（第十四篇第二章《共青团》，第 875 页）

天津市青年联合实业公司成立于 1981 年，是团市委、劳动局、市妇联共同创办的集体经济实体，其宗旨是为政府分忧、安置回城青年就业、服务社会。

（第十四篇第二章《共青团》，第 883 页）

《天津通志·民政志》

天津市地方志编修委员会编著，天津社会科学院出版社 1999 年

60—70 年代，救济对象中又增加精简退职人员、战备疏散人员，以及台眷、知识青年和宽大释放之原国民党的党、政、军、特人员等。全市享受社会救济最多年份达 49 万余人（次）。

（第六章《慈善救济》，第 163—164 页）

1973 年底，经中国共产党天津市委员会决定，将疏散返津人员安置工作由市知识青年上山下乡安置办公室移交给市民政局管理。

（第六章《慈善救济》，第 186 页）

1986 年 11 月,市民政局还接办了知识青年上山下乡因公因病严重致残人员的生活医疗救济共 164 人。1986—1988 年,每年平均支付救济款 2 万余元,使他们的生活和医疗都得到保障。1990 年 8 月,为简化审批手续,对伤残知青的救济,交由各区、县办理。

(第六章《慈善救济》,第 187 页)

《天津通志·人事志》

天津市地方志编修委员会编著,天津社会科学院出版社 1999 年

(1969 年)1 月 11 日,天津市革命委员会上山下乡领导小组成立,原中等学校毕业生分配领导小组撤销。

(《大事记略》,第 34 页)

(1985 年)9 月,天津市政府决定解决上山下乡知识青年返津问题,至 1990 年底,共为 7 495 名知青干部办理回津安置手续,随迁子女 2 759 人。

(《大事记略》,第 43 页)

天津市在聘用和选任乡镇干部的同时,还采取"公开招考,择优录用"的办法选拔录用一批乡镇干部。1980 年,从现任人民公社经营管理工作的非国家干部和大小队干部、上山下乡知识青年、社来社去大中专毕业生,年龄在 25 岁左右,高中文化程度的人员中,经过考试择优录用 218 人为公社经营管理员。

(第二篇第二章《吸收录用》,第 133 页)

知识青年上山下乡回城安置

从 1962 年至 1978 年,天津市上山下乡知识青年共有 415 000 人,分别到内蒙古、甘肃、新疆、山西、黑龙江、河北等省、区和天津郊区、县的农村、农场、生产建设兵团等上山下乡参加劳动,1978 年底知识青年上山下乡工作结束。中共十一届三中全会以后,对上山下乡知识青年中有病、有困难的陆续调回天津市并给予安置。到 1985 年 8 月,天津市的 415 000 名上山下乡知识青年中,通过调动工作、退休顶替、招工、招生、征兵以及按政策因病、因困难回到天津给予安置的有 342 000 人。在外省、区和天津市郊县安置的有 73 000 人,其中在外地被选调安置工作的有 42 000 人;在外省、区、生产建设兵团、农场和农村就地安置的有 17 000 人;在天津市郊、县乡镇和农场就地安置的有 14 000 人。这些安置在外省、区和天津市郊、县的 73 000 人中,有一些人仍有一些实际困难,按政策需要调回天津给予安置。为了进一步作好上山下乡知识青年的回城安置工作,1985 年 9 月天津市政府作了以下具体规定:

(一)上山下乡知识青年(以下简称下乡知青)回城安置的范围和条件:

1."四保"(即 1962 年至 1963 年由天津市统一组织到河北省等地农村劳动,保留四年城

市户口的支农青年)支农青年中一直未婚或丧偶的,以及夫妻双方均为"四保"支农青年的,可以调回天津安置工作。

2. 夫妻一方为"四保"支农青年,一方为本市下乡知青,可以回天津市安置工作。

3. 在天津市郊、县农场的"四保"支农青年,属于农业户口,就地转为非农业户口。

4. 凡1962年以来,天津市统一组织动员到外省、区的下乡知青,夫妻两地分居,其中一方户口在津,另一方可调回天津工作;婚后配偶死亡的可调回天津工作;一直未婚的可调回天津工作。后随着知青返城工作的展开,市有关部门又研究了知青返城政策:凡属天津知青(一方或双方)及其配偶均可调回天津工作,子女随迁,其中一方一时找不到接收单位的,知青一方可先行调入,另一方可后调。

(二)下乡知青回城安置的去向:

1. 凡回津安置的下乡知青,均由其父母、配偶或兄弟、姐妹所在工作单位负责接收安置;

2. 无口可归的由户口所在街道、乡镇负责接收安置;

3. 回津下乡知青,凡原工作单位属全民所有制的,原则上安排到全民所有制单位。原工作单位属于集体所有制的一律安排到集体所有制单位。

(三)下乡知青回城安置的审批权限:

1. 属于工人的由市劳动局审批;

2. 属于干部的由市人事局审批;

3. 属于天津市郊、县农场的"四保"支农青年就地转为非农业户口的,由当地派出所按公安部门有关规定办理"农转非"手续。

1986年1月,为解决京津沪三市下乡知青的结婚后两地分居问题,在中共中央办公厅和国务院办公厅的主持下,召开了三市有关负责人的联席会议,会议决定:京津沪三市下乡知青跨市结婚的,一方已调回三市,另一方仍在外省、区工作(包括兵团、农场),长期两地分居的,由先已调回其中一方的城市负责将另一方调到其配偶所在的城市工作,其未婚未就业的子女可随迁。属于工人的由劳动部门办理,属于干部的由人事部门办理。1986年7月,京津两市的劳动、人事部门负责人又在北京进行协商,双方一致同意:京津两市下乡知青现已选调在外省、区工作,其爱人在京或津工作,夫妻两地分居的,由京或津一方的单位提出申请,分别按各市知青夫妻两地分居问题的规定解决。京津两市下乡知青互相结婚的,现已分别回到原动员下乡城市,原则上由家庭基础所在市的一方提出申请,分别按各市解决知青夫妻两地分居的有关规定办理调入。京津两市1986年9月又与上海市协商决定:京津两市因夫妻两地分居需调往上海的原上山下乡知青,夫妻分居需在5年以上才能调往上海。

从1985年9月到1990年3月,下乡知青已回天津安置7 465人(随迁子女2 759人),其中属于"四保"支农青年回津安置的1 259人(包括"四保"支农青年与当地人结婚,允许其一名子女回津投亲靠友落户的 622 人）；属于在外省、区工作而有特殊困难的天津市下乡知青回津安置的 6 206 人（其中夫妻长期两地分居，一方在津的 4 817 人；在外地一直未婚的 1 011 人；丧偶的 378 人）。从 1986 年至 1990 年在调回天津市的下乡知青中，属于干部给予安置的 1 496 人（1986 年 1 168 人，1987 年 119 人，1988 年 83 人，1989 年 77 人，1990 年 49 人），余均属工人。至此，上山下乡知识青年的回城安置工作已接近尾声，以后均属零星遗留的问题。

（第二篇第三章《调配交流》，第 145—146 页）

上山下乡知识青年的工龄计算

兵团、农场的职工（包括知识青年当职工的）经组织调到其他单位工作的，其在兵团、农场工作期间，可计算为工作年限。

因病退、困退经组织批准调离兵团、农场的职工，重新分配工作后，其在兵团、农场的工作年限可与重新工作后的工作年限合并计算。

凡在"文化大革命"期间由国家统一组织下乡插队的知识青年到城镇参加工作以后，其在农村参加劳动的时间，可以与参加工作后的时间合并计算为连续工龄。他们参加工作的时间，从下乡插队之日算起。返城后等待分配工作的时间，可计算工龄。

天津市有部分女知青下乡插队后，与当地男社员结婚，为了妥善安置他们的生活，采取了男社员代替其妻安置就业（即简称"换帽知青"），他们的工龄计算是个特定历史时期的特殊问题，可将女知青下乡插队劳动的时间与男社员参加工作的时间合并计算。今后这些人不再按下乡知识青年对待和考虑工龄计算问题。

（第二篇第十章《工资　福利》，第 388 页）

（1980 年）10 月，将市知青办（连同城市集体经济办公室、生产服务管理局）并入市劳动局，作为市劳动局处级机构，对外仍挂"市人民政府知识青年上山下乡办公室"的牌子，负责原市知青办所担负的各项工作。

（第三篇第二章《机构编制设置》，第 446 页）

1981 年 3 月 16 日，市人民政府决定，县人民政府设立以下工作部门：办公室、信访办公室（统管党委、政府、人大信访工作）、农业办公室、财贸办公室、工交办公室、文卫办公室、计划生育办公室、计委、物委、体委、地震办公室与科委（合署办公）、爱委会办公室与卫生局（合署办公）、知青办公室与劳动局（一套机构两块牌子）……

（第三篇第一章《机构编制管理部门》，第 466 页）

（1965 年）12 月 1 日，市委转发市街道工作领导小组《关于街道工作会议情况的报告》，明确街道主要任务是：围绕党的中心工作，组织居民参加劳动，为生产和群众生活服务，做好人民防空工作；依靠群众搞好市政建设、城市卫生、计划生育、上山下乡工作和社会知识青年、校外少儿组织教育工作;开展文化宣传活动,做好调解优抚救济和群众来信来访等工作。

(第三篇第二章《机构编制设置》,第469页)

(1970年10月)市物资局、劳动局、统计局、上山下乡办公室、市复员军人安置办公室合并为综合计划局(市上山下乡办公室名称保留)。机关设办事组、政工组、人保组、计划组、物资组、劳动组、统计组和上山下乡组;含正、副主任共设编制130名。工勤人员14名。

(第三篇第二章《机构编制设置》,第475页)

《天津通志·公安志》

天津市地方志编修委员会编著,天津人民出版社2000年

(1969年)12月9日,凌晨5时许,和平区清和街大琪业里13号院内发生重大凶杀案。居民孙文友(南泥湾造纸厂工人)因对动员其子女"上山下乡"不满受到批判,用斧头将其妻、子及邻居9人砍伤,其子孙建国重伤后死亡。 (《大事记略》,第48页)

(1975年)6月10日,市革命委员会批准由市公安局和市知识青年办公室联合拟定的《关于知识青年下乡后因家庭困难和因病需要返津落户的暂行办法》,并转发各分、县局和知青办掌握执行。 (《大事记略》,第50页)

1966年开始,户口迁出迁入出现不正常情况,由于大批知识青年上山下乡,人口迁出大幅度增加。公安机关自1966—1970年,为29万多上山下乡知识青年办理了户口迁出;为遣返回原籍劳动改造的17 000余名"专政"对象办理了户口迁出。在迁入方面主要是解放军"三支"、"两军"人员和复员转业进津人口,加上随迁和投靠人口,1968—1970年迁入人口达66 000余人。

1971—1976年,主要是回返性的人口迁入,主要有下放干部、知识青年和技术人员及他们的随迁家属。 (第四篇第六章《户籍管理》,第546页)

1974年10月,经中共天津市委批准,公安学校按中等专业学校参加全市统一招生。自10月起,开办的第31期培训班共招生200名,其中从内蒙古、黑龙江建设兵团、农场选调知识青年185名,应届毕业生15名。学制2年,为中专毕业生,毕业后分配当干部和民警。……本期学员学业期满后除1人转学、1人死亡外,其余学员全部分配到市公安局各业务处、分县局工作。

1975年10月,开办第32期培训班。此期从黑龙江建设兵团、四郊五县知识青年及

应届毕业生中招收学员 170 名,学制 2 年,学员共分 2 个班:普通班 120 人,劳改专业班 50 人。学习内容和方法与上期相同。1977 年 11 月学业期满后,普通班的学员全部分配到市公安局各业务处、分县局;劳改班学员全部分配到六处(劳改)工作。此后至 1978 年 3 月,仍以招收知识青年和应届高初中毕业生为主。连续举办 3 期培训班,毕业学员均输送到市公安局以及各公安分局业务部门,为刚刚恢复起来的公安机关补充了新鲜血液。

为适应公安队伍革命化、正规化建设的需要,自 1978 年 12 月起,一律从应届高中毕业生中招收新学员。是年开办的第 35 期培训班,招收应届高中毕业生和下乡知识青年 258 名,分为两个班:综合班 158 名、劳改班 100 名,学制 2 年。教育方针是以中共十一届三中全会精神为指针,学习毛泽东著作和公安工作方针、政策,学习公安业务基础知识,培养忠于党、忠于人民、忠于无产阶级事业,有一定公安专业知识的公安干部。毕业后综合班学员分配到市公安局各业务处和各公安分局工作;劳改班学员分配到公安六处。

(第四篇第十五章《公安教育》,第 753—754 页)

《天津通志·审判志》

天津市地方志编修委员会编著,天津社会科学院出版社 1999 年

对原无正式工作,改判为无罪、免予刑事处分或轻刑而释放的,由区、街组织他们参加生产劳动;其中原是知识青年或临时工,因错判影响了分配工作的,招工时,在条件允许的情况下,各区、县应优先分配工作。 (第四篇第六章《审判监督与告诉申诉审判》,第 383 页)

判刑前系本市下乡知识青年的,改判后,尽量动员其返回原地,原地不予安置,或本人返回原地确有困难的,凭改判、释放证件和有关证明材料,到派出所申请,经核实情况后,报市公安局批准,可回津落户。 (第四篇第六章《审判监督与告诉申诉审判》,第 383 页)

《天津通志·计划志》

天津市地方志编修委员会编,天津社会科学院出版社 2005 年

1966—1976 年"文化大革命"期间,劳动就业工作受到干扰。对中学毕业生实行全部动员上山下乡、或全部留城、或"走多留少"、"走一留一"等按档分配办法。10 年中,全民所有制单位安置固定职工 78.5 万人(包括临时转正 4 万人),区、县、局所属大集体企业安置 21.9 万人。同时,有 38 万知识青年上山下乡。

(第二篇第十六章《劳动工资计划》,第 410 页)

"文化大革命"后期,大批上山下乡知识青年返城,加上前几年新增的劳动力以及其他方面需要安置的人员,使得天津市城市就业问题十分突出。

(第三篇第三章《"文化大革命"期间的计划管理体制》,第 448 页)

1970 年 9 月,天津市革命委员会再次调整机构,市革委生产指挥部综合计划组撤销。10 月 30 日,根据天津市革命委员会津革[1970]74 号文件,由市物资局、劳动局、统计局、天津市革委会上山下乡办公室、天津市复员军人安置办公室、天津市革委会生产指挥部综合经济计划组等单位合并为天津市综合计划局,经济计划组自行撤销。综合计划局机构设置为 11 个组即:办事组、政工组、人保组、物资组、生产组、计划组、燃料组、物价组、劳动组、统计组、上山下乡组。

(第四篇第一章《行政管理机构》,第 482 页)

1954 年 9 月至 2004 年 3 月天津市计划委员会处长名表

姓　名	处　室	任职起始时间
……		
额尔敦巴图	上山下乡组	1970 年 10 月
……		

(第四篇第一章《行政管理机构》,第 492 页)

1970 年 11 月,建立南开区综合计划局,下设经济计划组、物资组、劳动工资组、上山下乡办公室和复员军人安置办公室。1972 年,区综合计划局将内设的组改为科,同时增设技术科、财务科。1973 年,复员军人安置办公室和上山下乡办公室从区综合计划局划出。

(第四篇第一章《行政管理机构》,第 513 页)

1970 年,区革委会建立区综合计划局,设政办组、上山下乡办公室、计划统计组、劳动工资组及临时机构钢铁办公室。　　(第四篇第一章《行政管理机构》,第 517 页)

1970 年 8 月,区革委根据中央各地要建立相应机构,加强计划管理工作的指示,决定在区革委办事组内设经济计划组。11 月,将办事组下属的经济计划组、人民服务组、上山下乡办公室、街政组等部门组合成塘沽区综合计划局。内设机构为政工组、办事组、经济计划组、物资劳动组、上山下乡组、街政组。

1972 年,区综合计划局机构设置:政工组、办事组、经济计划组、物资组、上山下乡组,根据市革委的通知又设物价组,同时撤销街政组,划归街道部。

1973 年 11 月,区革委决定将上山下乡组划归区革委直接领导,区综合计划局内设机

89

构为:政工组、办事组、经济计划组、物资组、物价组。

(第四篇第一章《行政管理机构》,第 518 页)

1968 年 8 月,区(东丽区)成立"抓革命促生产"指挥部(简称生产组),主管农林、水利、工农业等工作。1970 年 12 月,改称综合计划组,主管计划、统计、物资、基建、城建、劳动工资、上山下乡、复员转退军人安置等项工作。　(第四篇第一章《行政管理机构》,第 524 页)

1980 年 1 月,劳动管理工作与知识青年管理工作从区(西青区)经济计划委员会划出。

(第四篇第一章《行政管理机构》,第 526 页)

1970 年 8 月,成立天津市南郊区区革命委员会计划组。同年 11 月,与外贸组合并为天津市南郊区革命委员会综合计划组,主要负责全区的计划、物资、城建、劳动、科技、物价、统计、石油、复转退军人安置、上山下乡(知青)等方面工作。

(第四篇第一章《行政管理机构》,第 527 页)

1965 年底,全市人口 434 万,其中,市中心 301 万,"三五"期间,计划把市中心区人口压缩 81 万,到 1970 年底达到 220 万人,比 1965 年减少近三分之一。压缩人口的主要途径是:
……

(4) 妥善安置社会青年,"三五"期间将有 24 万初中毕业生,计划留 10 万人由市内安排,14 万人上山下乡,支援边疆建设。

(《附录·天津市国民经济"三五"规划草案(初稿)》,第 587 页)

(教育事业)要加强对上山下乡知识青年的培养,鼓励他们坚定不移地走与工农相结合的道路,为建设社会主义新农村作出贡献。

(《附录·天津市 1976 年至 1985 年国民经济发展规划大纲(草案)》,第 606—607 页)

《天津通志·财税志》

天津市地方志编修委员会编著,天津社会科学院出版社 1996 年

(1970 年)1 月 2 日,市革委会批转市财政局等单位联合提出的《关于疏散人口和上山下乡人员经费开支的试行意见》,对工资发放办法和知识青年、居民生活补助标准等作了规定。

(《大事记略》,第 48 页)

（1977年）5月26日，市财政局等3个单位联合制订《天津市城镇知识青年上山下乡经费开支标准暂行规定》和《经费管理暂行办法》，从本年6月1日起实行。

（《大事记略》，第50—51页）

（1979年）1月5日，根据财政部规定，天津市从本年开始实行农业税起征点的征收办法。以生产队为单位，对人均口粮300市斤以下、人均分配额50元以下，两条具备的免征农业税。对知青农场、知青队独立核算单位，从当年起至1985年底免征农业税。

（《大事记略》，第51页）

同年（1976年），天津市贯彻财政部《关于知青场、队免征农业税问题的通知》，凡是集中安置上山下乡知识青年，专门在农村举办的集体所有制知青场、队独立核算的，从1979年至1985年免征农业税。机关、部队、团体、学校、企业、事业单位以安置本单位上山下乡知青而举办的农、林、牧、副、渔业生产基地，以及国营农场、林场、渔场专为知青举办的生产队，独立核算，自负盈亏，知青人数占60%以上，也自1979年至1985年免征农业税。国营农场、林场、渔场本身，不论安置多少知青仍照章征收农业税。

（第二篇第二章《农业税收》，第135页）

1979年2月财政部规定，为安置上山下乡知识青年而在农村专门举办的独立核算集体所有制场、队，不分原有和新办，自1979年起至1985年底，其生产经营的各项应税产品和业务收入免纳工商税和所得税。为安置知青而举办的农、工、林、牧、副、渔生产基础（包括五七干校办的基地）以及机关、事业、部队、学校、企业为安置知青而举办的生产基地，知青人数占职工总人数60%以上的，也比照办理。1980年4月财政部又规定，为安置待业知识青年而兴办的城镇集体企业，自投产经营月份起免征所得税1年，1年后仍有困难，可自经营月份起免征2至3年。但照征工商税；城镇集体企业安置知青人数占职工总人数60%以上的免征所得税2至3年；从事修配服务劳务的免工商税2至3年。天津市相应规定免征所得税2年。国营与集体合资举办的安置知青企业，国营分得的利润在2至3年内不上缴财政，留给知青单位发展生产。国营企业划出车间、工序与待业知青组成集体联营企业，免缴所得税2至3年，但国营企业分得的利润要上缴财政，不得留用。从事代购代销、理发拆洗、缝鞋、托儿、食堂等业务的免征工商税。从事代理、服务、劳务业务的免工商税3年。街道生产单位安置待业知识青年人数占总人数20%，同时所得额在1 500元以内的免征所得税；5 000元以内的减半征收；占总人数60%以下的减征40%；占60%以上的免征所得税。

（第二篇第三章《工商各税》，第197页）

1968年以前，根据城市知识青年上山下乡、城市精简职工、疏散城市人口等政策，在经济建设费类科目中列有城市人口下乡安置支出,1969 年在支出科目中单列一项城市人口下乡安置费。天津市规定了统一的开支标准,1970 年单身插队每人 230 元;成户插队每人 150 元;回乡(指郊区原籍有房居住者)补助 50 元;到新建公社,新建村插队的,劳动力每人 400 元,非劳动力每人 150 元;到外省、区农村插队落户的,按外省、区安置经费标准办理。所需路费由迁出所在区、单位支付。安置经费一律由单位交给安置地区,不给本人。使用范围为建房补助费、生活补助费(对生活困难者,适当补助)、旅运费、小农具家具购置费、机动费。并从安置人员人均定额内留出少量经费,由郊区掌握使用。安置费不准挪用。1966 年至 1970 年,天津市城市人口下乡安置费共支出 1 074.7 万元,平均每年支出 214.94 万元。

……1974 年,将城市人口下乡安置经费改为城镇人口下乡经费。1976 年至 1980 年共支出 3 698 万元,其中,知识青年下乡插队补助费 2 254 万元;插入农场补助费 677 万元;工作业务费 152 万元;其他困难补助费 615 万元。1977 年 5 月,天津市制定《天津市城镇知识青年上山下乡经费开支标准的暂行规定》,凡到郊区、县农村集体插队落户的,每人补助费 500 元;到国营农牧场集体插场的,每人补助 400 元。开支范围包括:每人平均建房 8—10 平方米,补助 206 元;每人平均生活补助 200 元,主要用于知识青年因病或自然灾害等特殊情况的开支;农具、炊具补助费每人平均 40 元;学习材料补助每人平均 15 元;医疗补助费每人平均 20 元;旅运费郊县每人平均 10 元;其他费用每人平均 15 元。由天津市知识青年上山下乡办公室统一掌握使用。

从 1979 年开始,城镇青年不再上山下乡,原下乡的青年又陆续回城就业,城市待业青年不断增加,城镇人口下乡安置费改为城市待业青年就业安置费,1983 年又改为城镇青年就业经费。使用范围包括扶持生产资金、安置费、就业培训费、业务费等。1981 年至 1985 年共支出 7 153 万元,其中:举办待业青年集体生产网点就业费 1 145 万元,扶持街道生产安置青年就业补助资金 3 107 万元;开办劳动服务公司的生产补助资金 2 797 万元,支付安置待业青年培训费和业务费等 104 万元。

1989 年天津市政府规定:凡 1964 年以来由市统一组织动员到外省、区上山下乡的原天津市知识青年,现仍在外地工作的(包括从事农、牧、渔业生产劳动的);以及知识青年本人虽已回津,但回津前已在当地结婚,其配偶和子女尚在外地的,均属于解决回津就读落户范围。每户知青(包括夫妻双方都是天津知青的和夫妻中有一方是天津知青的),在知青本人自愿要求的前提下允许一名未婚、未就业的子女将户口迁入天津;同时允许其子女回津借读至普通高中毕业。这一规定执行后,待业和安置就业的人员逐渐增加,城镇就业补助费支出上升。1986 年至 1990 年,全市城镇青年就业费支出 2 347 万元。其中,用于扶持生产的资金为 422 万元,城镇青年安置费 506 万元,待业青年就业培训费 1 341 万元,业务活动费 25 万元,其他支出和会议费等 53 万元。

(第三篇第二章《经济建设费》,第 317—319 页)

1949—1990 年天津市经济建设费分项支出

单位：万元

年度	合计	基本建设支出	企业挖潜改造资金	简易建筑费	地质勘探费	科技三项费	流动资金	农林水利气象事业费	支援农村社队生产支出	工交商等部门事业费	城市维护费	城镇青年就业经费
						......						
1966	19 801	7 494	2 403			4 369	1 714	601		1 258	1 832	130
1967	13 468	4 767	4 302				1 020	391		1 016	1 937	35
1968	10 534	5 004	566			669	1 050	235		894	2 057	59
1969	23 532	14 241	1 119			2 644	2 020	580		652	2 087	189
1970	48 965	37 629	215			2 664	4 520	311		773	2 190	663
1971	48 846	33 801	320		1 000	4 830	5 035	716		932	2 103	109
1972	55 944	39 783	425		26	5 670	5 228	1 636		1 012	2 150	14
1973	58 280	38 432	623		44	4 306	7 992	2 240		1 422	2 325	896
1974	71 937	42 107	2 022		100	6 198	10 328	5 652		1 594	2 398	1 538
1975	79 834	47 391	3 447		216	6 329	12 959	4 064		1 705	2 541	1 182
1976	76 145	47 224	2 138		284	5 909	11 660	3 134	556	1 678	2 668	894
1977	94 950	61 863	6 665		421	2 805	12 411	3 836	530	1 915	2 784	1 720
1978	96 435	60 036	6 509	1 766	500	4 240	12 945	4 453	541	2 003	3 001	441
1979	107 274	68 251	12 326	1 229	500	3 431	9 192	6 975	189	1 896	3 164	121
1980	97 316	45 835	15 660	1 065		3 809	13 561	4 295	2 228	1 867	8 474	522
1981	94 965	49 592	10 773	739		2 577	8 393	3 526	3 129	1 603	12 678	1 955
1982	151 966	110 575	9 423	739		2 691	6 673	3 761	2 689	1 662	12 831	922
1983	142 299	99 732	9 248	514		4 451	3 092	4 561	2 764	1 713	15 148	1 076
1984	126 251	79 410	13 542	730		5 620		4 806	2 712	2 395	15 981	1 055
1985	162 075	112 690	9 773	455		5 276		5 779	2 341	2 713	20 903	2 145
1986	175 602	73 859	11 304	90		6 593		5 204	6 656	3 030	67 748	1 118
1987	128 790	51 963	7 706	730		4 210		6 441	5 953	2 579	48 826	382
1988	130 402	46 451	7 840	450		4 947		8 613	5 877	3 124	52 766	334
1989	133 895	48 930	8 176	516		4 426		7 868	8 966	4 322	50 457	234
1990	120 016	42 778	6 971	880		5 648		7 060	11 347	4 662	40 391	279

（第三篇第二章《经济建设费》，第 319—320 页）

为保证城市救济对象的基本生活费支出，规定从 1988 年 7 月 1 日起，适当提高生活标准，每人每月增加 7 元。救济对象包括：享受定期救济的孤老残幼人员；困难户中享受定期救济的人员；外侨、华侨中享受定期救济人员；享受定期救济的国民党宽释人员、投诚起义人员；享受定期救济因公致残和病残下乡知识青年；被精简的职工中享受原工资 40％ 的定期救济人员;区县以上民政部门管理的社会福利事业单位收容收养的人员。

(第三篇第四章《抚恤和社会福利救济费》,第 368—369 页)

1971 年和 1972 年编制的预算,要求努力增加收入,节约支出,搞好综合平衡,坚持收支平衡。除企业流动资金和城市人口下乡安置费专款专用外,其余各项支出都可调剂使用。预备费按支出总额的 3% 计算。

1973 年至 1975 年实行固定比例留成和超收分成的办法。增加了地方因地制宜安排支出和调剂使用的权限。天津市预算安排和管理的原则……五是支出结余,除基本建设拨款和城市人口下乡安置费外,其余由市使用。

1976 年 10 月由原固定比例留成改为定额机动财力和年终预算结余全部在下年由市安排使用。为了克服"文化大革命"造成的经济困难,根据中共中央《关于冻结各单位存款的紧急通知》开始冻结全市各单位存款,至 10 月底各项经费和资金的结余存款,除去计划内未完工程的基建拨款、企业流动资金、本年提取的大修理基金和更新改造资金、本年安排的技术措施费、农田水利费、优抚救济费、知识青年上山下乡经费以及后两个月的人员经费以外,一律按银行存款的帐面数字进行冻结,加强了财政资金的控制。

(第四篇第一章《预决算管理》,第 407—408 页)

1964 年天津市规定:1964 年市财政的决算清理期为 20 天,区财政的决算清理期为 10 天。1964 年支出预算结余可以结转到 1965 年继续使用的项目有,基本建设拨款、城市人口下乡安置费、小型农田水利补助费、抚恤救济费等共 4 个项目费用。

1965 年又规定:区财政支出预算的结余,除小型农田水利补助、抚恤救济费、城市人口下乡安置费外,其余的结余留归各区自行安排。 (第四篇第一章《预决算管理》,第 415 页)

1968 年天津市规定:……市级预算单位年终结存的"经费存款"在 1969 年 1 月 15 日以前缴回财政,并减少 1968 年的"拨入经费"。行政事业单位的经费结余,除城市人口下乡安置费和抚恤、救济费 3 个项目继续结转下年使用外,其他经费一律不结转。1970 年又规定行政事业经费结余除城镇人口下乡安置费、抚恤救济费、"五·七"干校开办费和修建防空掩体经费 4 个项目结转下年使用外,其他经费一律不结转。

1971 年又规定,区、县财政支出结余除市下达的流动资金、新产品试制费、固定资产更新和技术改造资金、城镇人口下乡经费……以及支援农村人民公社经费结余可作为专项资金结转下年继续使用外,其余结余由区、县财政安排使用。

(第四篇第一章《预决算管理》,第 415—416 页)

(1972 年)区财政支出结余,除流动资金、新产品试制费、固定资产更新及技术改造资金、城市人口下乡安置费、人民防空经费、抚恤和社会救济费、居民防空掩体补助费、打井补助费等作为专项资金结转下年继续使用外,其余全部归区财政支配使用。

(第四篇第一章《预决算管理》,第 416 页)

(1973 年)全面清理截止 1972 年底的城镇人口下乡经费的结余。

(第四篇第一章《预决算管理》,第 417 页)

(1974 年)区、县财政支出的结余,除市下达的流动资金、新产品试制费、固定资产更新和技术改造资金、城镇人口下乡经费、人民防空经费、抚恤和社会救济费、居民防空掩体补助费、小型农田水利和水土保持费、打井补助费和支援农村人民公社经费等的支出结余结转下年继续使用外,其余由区县财政安排使用。　　(第四篇第一章《预决算管理》,第 417 页)

1977 年,为了集中财力恢复震灾的破坏,天津市规定:区、县财政支出结余除流动资金、新产品试制费、固定资产更新及技术改造资金、小型农田水利和水土保持费、打井补助费、支援农村人民公社支出、城市维护费、抚恤和社会救济费、城镇知青下乡补助费、抗震救灾专款、民兵装备费、抗震加固费、中小学修缮等共 13 项可以结转下年继续使用外,其余不再结转。

(第四篇第一章《预决算管理》,第 417 页)

(1978 年)区、县财政支出结余全部留给区、县。其中:……城镇知识青年下乡补助费、抗震救灾专款、民兵装备费、抗震加固经费、文化馆修缮费、中小学修缮费等共 16 项结余,可结转到 1979 年继续使用。　　(第四篇第一章《预决算管理》,第 417—418 页)

《天津通志·工业志(轻工纺织卷)》

天津市地方志编修委员会办公室,(内部刊行)2008 年

1969 年,由于大批的初高中应届毕业生上山下乡,凭证供应上山下乡知青衣箱,又逢结婚高峰,增加了市场压力。　　(第二篇第三章《家具行业》,第 152 页)

《天津通志·商业志·粮食卷》

天津市地方志编修委员会编著,天津社会科学院出版社 1994 年

(5) 1973 年 5 月市粮食局规定,对带领知识青年上山下乡的干部,包括本人粮食定量在内男的补足到 45 斤,女的补足到 43 斤。　　(第三篇第一章《城镇粮食供应》,第 120 页)

1975 年和 1976 年,市粮食系统固定职工人数大幅度增加,其中分配的中学毕业生 1 940 人;接收复员转业军人 194 人;社会招收 772 人(其中招收回城"知青"610 人)。到 1976 年年底,全市粮食系统固定职工增加到 21 941 人,较 1974 年净增 2 093 人。

(第五篇第四章《劳动人事》,第 433 页)

1979 年 1 月,市粮食局根据国务院《关于工人退休退职的暂行办法》规定,对家居农村的退休工人,本人户粮关系迁回农村后,可招收其 1 名符合招工条件的子女参加工作。家居城镇的退休工人,家庭生活确实困难或多子女上山下乡、子女就业少的,原则上可招收 1 名符合条件的子女参加工作。 (第五篇第四章《劳动人事》,第 439 页)

《天津通志·二商志》

天津市地方志编修委员会办公室、天津二商集团有限公司编著,天津社会科学院出版社 2005 年

(1973 年)10 月 25 日,市二商局革委会转发市上山下乡办公室、市劳动局《关于从 1973 届毕业生中招收部分学生到集体所有制企业、事业单位工作几个问题的通知》。

(《大事记略》,第 34 页)

1975 年至 1977 年,市饮食服务学校在校舍兴建没有完工的情况下,按指标招收学员 1 322 名,绝大多数是插队返城知识青年。 (第七篇第一章《职前教育》,第 832 页)

《天津通志·烟草志》

天津市地方志编修委员会办公室编,天津古籍出版社 2009 年

1977 年以后,上山下乡知识青年开始大批返城,随即国家出台了职工子女顶替(职工退休后可由其子女顶替其名额进厂工作)的招工政策,企业变招工为招生无法继续执行,技工学校 1979 年至 1992 年之间停止招生,转为对入厂新工人的岗位培训,并配合工厂"八五"技术改造进行专业技术培训等短期培训教育工作。 (第六篇第三章《教育》,第 434 页)

《天津通志·公路运输志》

天津市地方志编修委员会办公室等编著,天津社会科学院出版社 2006 年

"文化大革命"结束后,特别是中共十一届三中全会以来,……天津西站、东北角、八里

台、静海、宝坻、武清、宁河、蓟县等汽车客运站,多方面改进和完善服务措施,热诚为旅客服务;……五是专车接送直达目的地,以解决客流集中站点旅客和知识青年离津返津的困难;……

(第六章《旅客运输》,第 208 页)

"文化大革命"结束后,大批"上山下乡"知识青年陆续返津,加之安排待业人员和职工子女就业,天津市公路运输部门所属各单位的搬运装卸工人又有增加,至 1980 年,各国有运输企业为 934 人,比 1976 年增长 1.86 倍;各集体运输企业为 22 550 人,比 1976 年增长 10%。

(第八章《搬运装卸》,第 270 页)

《天津通志·铁路志》

天津市地方志编修委员会编著,天津社会科学院出版社 2006 年

1969 年,全国掀起知识青年上山下乡高潮,客运量增加,分局旅客发送量增至 1 900 万人。

(铁路分局卷第二篇第二章《旅客运输》,第 167 页)

退休顶替

1978 年,分局根据国务院《关于工人退休、退职的暂行办法》的规定,重新实行职工退休、退职子女顶替制度。工人退休、退职后允许一名按政策规定留城知识青年、上山下乡知识青年、城镇应届中学毕业生符合招工条件的子女顶替;家居农村,职工本人户口迁回农村后也允许其在农村一名符合招工条件的子女顶替工作。……1983 年,分局根据国务院《关于认真整顿招收退休退职职工子女工作的通知》停止了因病提前退休、退职职工子女顶替工作和干部离休、退休、退职职工子女顶替工作。

(铁路分局卷第三篇第六章《人事》,第 561 页)

集体经济人员构成,分为四部分:

……

二、待业青年。1979 年天津铁路分局待分配的职工子女达 5 000 余人。主要是职工子女中的返城知识青年和初高中毕业待分配青年。根据天津市和北京铁路局指示,从 1980 年开始组织青年服务队,安排就业。安置中按年龄先大后小,先安置 24 岁以上的大青年,然后安置 1979 年以前的历届毕业生。1980 年安置待业青年 2 101 人,占待业青年的三分之一;1983 年安置工作达到最高峰达 3 316 人;1984 年待业青年全部安置完毕。以后则为当年毕业生当年全部安置。到 1990 年累计安置 14 332 人。

(铁路分局卷第三篇第十三章《集体经济》,第 653 页)

进入 1979 年,随着上山下乡知识青年大量返城和城市初、高中毕业生待分配的增多,天津铁路分局职工子女中的待业子女达 5 000 多人,尽快安置待业青年成为分局当务之急。

(铁路分局卷第三篇第十三章《集体经济》,第 654 页)

《天津通志·军事志》

天津市地方志编修委员会编著,天津社会科学院出版社 2000 年

1979 年冬季征兵,天津市根据《国务院、中央军委 1979 年冬季征兵命令》征集新兵(含部分女兵)。

(一) 征集对象和范围:农村征集家庭劳动力比较充裕的青年和上山下乡知识青年……征集年龄:男青年为 1979 年 18、19 岁,城镇中学毕业生年满 17 岁的也可以征集,女青年为 1979 年年满 17、18 岁。

……

(四) 征集办法:……农村社员和上山下乡知识青年在所在大队报名,经本单位党组织同意,体检、政审合格后,由区、县征兵办公室批准。

1980 年冬季天津征集新兵参照上年的征集办法,如期完成了任务。此后征集办法大致相同。

(第四篇第三章《人民军队兵役》,第 302 页)

《天津通志·基础教育志》

天津市地方志编修委员会编著,天津社会科学院出版社 2000 年

(1957 年)8 月 19 日,市中小学毕业生升学就业指导委员会批准家在城市的 124 名初中毕业生,第一批到宁河、军粮城、赤土和西郊农村去安家落户。9 月 20 日,又批准 290 名中小学毕业生下乡参加农业生产。
(《大事记略》,第 53 页)

10 月 5 日,天津市本年最后一批下乡参加农业生产劳动的中小学毕业生 254 人出发。至此,全市共有 2 092 名知识青年走上农业生产岗位。
(《大事记略》,第 53 页)

(1963 年)12 月 18 日,天津市欢送第一批赴新疆参加建设的知识青年(都是高中毕业生)。娄凝先副市长在欢送会上讲话。
(《大事记略》,第 59 页)

(1964 年)4 月 13 日,天津市召开动员知识青年参加农业社会主义建设广播大会。副市长樊青典作报告。

4月25日,红桥区、和平区、河西区、河北区热烈欢送知识青年下乡。红桥区400多名知识青年到宝坻县王卜庄公社参加农业生产。和平区320多名知识青年到宝坻县大中庄插队落户。河北区320多名也去宝坻。26日,南开区300多名启程去宝坻。

(《大事记略》,第59页)

(1965年)9月14日,天津市第一教育局在九十六中学附设的耕读师范班学员开始报到,23日正式上课。这是第一教育局为适应天津市半农半读教育事业的发展,为郊区耕读小学培养师资,提高耕读小学教学质量,决定开设的。有学员300人,大都是耕读小学教师、回乡知识青年和应届初中毕业生。

(《大事记略》,第60页)

(1969年)1月14日,市革委召开"贯彻落实毛主席最新指示,迅速掀起更大规模的上山下乡新高潮电视动员大会"。

2月5日,红桥区革委会召开大会,热烈欢送2 000余名知识青年赴河北省沧州地区插队落户。

(《大事记略》,第63页)

11月18日,和平区首批去保定地区插队落户的知识青年1 200余人,分批出发。另报道:红桥区又有6 000名知识青年赴沧州地区安家落户。"一年来,全市已有20余万红卫兵、知识青年和部分居民赴农村、边疆"。

(《大事记略》,第63页)

(1972年)1月25日,天津市上山下乡人员和革命家长代表会议在第一工人文化宫召开(至28日),号召巩固和发展上山下乡的成果。

(《大事记略》,第64页)

11月9日,天津市教师进修学院(新组建。原市教师进修学院于1970年解散)举行开学典礼。第一期学员1 100人,都是经过选拔的1966届、1967届天津市高中毕业的上山下乡知识青年。暂设政教、中文、数学、理化、史地等五个专业。

12月21日,红桥区、南开区、河西区又有一批知识青年赴邯郸地区农村插队落户。

(《大事记略》,第64页)

(1973年)8月6日,《天津日报》全文转载《辽宁日报》7月19日《一份发人深省的答案》,并刊登"白卷英雄"张铁生的信和《辽宁日报》的"编者按"。　(《大事记略》,第65页)

12月,截至本月,天津市5年来,先后有275 000多名初高中毕业生,到农村去,做新型农民。

(《大事记略》,第65页)

(1976 年)6 月 9 日,天津市召开 1976 届高中毕业生上山下乡动员大会,参加大会的应届高中毕业生有 5 000 多人。(全市 1976 年有 50 000 名高中毕业生)

(《大事记略》,第 65—66 页)

(1989 年)1 月 15 日,市劳动局、公安局、教育局、粮食局联合发出《关于解决在外省区的原天津下乡知识青年子女回津就读落户问题的通知》,规定:1964 年以来天津市统一组织动员上山下乡的原天津知青,在本人自愿要求前提下,每户允许一名未婚、未就业子女将户口迁入天津,同时允许其余子女在津借读至普通高中毕业,免收借读生管理费。

(《大事记略》,第 76 页)

到 1972 年 11 月,市教育系统革命委员会才决定重建教师进修学院。当时招收 1966 和 1967 届高中毕业后上山下乡的知识青年 1 200 多人。设政教、中文、数学、理化、史地 5 个专业,学习一年(实际只有 8 个月),分配担任初中教师。　　(第二十章《教师》,第 614—615 页)

《天津通志·信访志》

天津市地方志编修委员会编著,天津社会科学院出版社 1997 年

从 70 年代开始的上山下乡知青的上访,直到 80 年代中期,上访量仍然很大,而且要求强烈。既有"文化大革命"前的"四年保留户口"问题,也有"文化大革命"中陆续下乡的知青,他们要求解决返城、招工、待遇和子女落户问题。　　　　　　　　　(《综述》,第 11 页)

(1980 年)9 月 30 日,市内各区根据市政府关于做好新疆支边青年家长会议,向他们宣传党的有关政策,协助市政府做好子女的工作。

10 月 30 日,下午,市信访办公室、市知识青年上山下乡办公室和新疆维吾尔自治区政府的干部,在市知识青年上山下乡办公室接待新疆支边青年集体上访的 12 名代表,劝他们返乡安心生产,并对他们上访中出现的越轨行为提出批评。　　　(《大事记略》,第 36 页)

(1983 年)1 月 14 日,市政府办公厅主任王辉召集市信访办公室、劳动局、公安局、汉沽区政府等有关部门负责人开会,研究解决新疆阿勒泰垦区和甘肃小宛农场的天津知青返津上访的问题。　　　　　　　　　　　　　　　　　　　　　　(《大事记略》,第 38 页)

(1986 年)1 月 15 日,市政府上报国务院《关于我市解决下乡知青遗留问题的情况和几个问题的报告》。

(《大事记略》,第 40 页)

1月29日—30日,市政府副秘书长燕政在京参加中办国办信访局召开的部分省、市信访工作会议,研究下乡知青的遗留问题。 （《大事记略》,第41页）

1月—3月,反映下乡知青问题的来信猛增,市信访办公室共受理2 848件,比上年同期增加13倍;知青集体上访量也大增,共30批次,1 129人次。 （《大事记略》,第41页）

5月,天津去山西的知青派代表返津上访,交来由原京津下乡知青5 700多人签名的《致中共中央及各级政府公开信》。 （《大事记略》,第41页）

9月11日,市政府批转市劳动局、人事局、公安局、信访办公室《关于解决我市少数下乡知青回城问题的请示》。 （《大事记略》,第41页）

9月20日—24日,市信访办公室副主任冯世渭参加国务院办公厅在京召开的处理集体上访座谈会,并在会上介绍了处理知青上访的经验。

10月,天津去山西的知青代表到市政府送交《致天津市各界同胞书》。

11月,为妥善解决天津市下乡知青遗留问题,市信访办公室副主任吴逢奇和市劳动局副局长邓凤桐分别带领有关人员,分两路走访了河北、山西、宁夏、甘肃、新疆和内蒙、辽宁、吉林、黑龙江等9个省区。 （《大事记略》,第41页）

十四、有关知识青年上山下乡政策。知青待遇、病退、困退、公伤、非正常死亡、受迫害等问题,由市知青办公室处理。

（第二篇第三章《统计　总结　报告　检查　评比》,第108页）

80年代中、后期,信访量最大的是人民群众在生产生活中的实际问题。其中,住房问题最为突出,每年都居首位;随后是工资劳保待遇问题、户口问题和下乡知青问题。

（第三篇《来信来访·简述》,第123页）

1970年以后,……检举控告类信访继续增多。……有揭发在房屋分配、知青返城、毕业生分配、招工、参军等问题上违纪和"走后门"等不正之风的。

（第三篇第一章《一般信访》,第151页）

1967年12月以后,……在此后的十年时间,各种各样的求决类信访始终很多。其中比较突出的是劳动就业、住房、死伤处理、调整工资、知青返城等问题。

（第三篇第一章《一般信访》,第166页）

在户口和口粮问题上,比较突出的:一是每年都有千余名倒流回津的知识青年,因长期不归没有口粮,本人和家长上访要求解决户口和口粮问题;……

(第三篇第一章《一般信访》,第 166 页)

1976 年 10 月粉碎"四人帮"以后,求决类信访呈逐年增多的趋势。到 80 年代初,该类信访的数量仅次于申诉类信访,排在第二位。突出的问题是住房、劳动就业、工资福利和知青要求返城落户问题。

(第三篇第一章《一般信访》,第 167 页)

在就业问题上,市信访办公室在 1980 年受理 4 700 余件,占信访量的 9.2%。要求就业的:一是待业青年,多数是留城的历届初、高中毕业生;二是"病退"、"困退"回市的年龄较大的知青;三是"文化大革命"中随父母被遣送农村,后来又随父母落实政策返城落户的青年;……

(第三篇第一章《一般信访》,第 167—168 页)

户口粮食关系的信访在 80 年代中、后期呈逐步下降趋势。……其间,户口粮食关系的信访主要有五种情况:……二是外地职工调入和知青返津后要求家属子女调进的;……

下乡知青要求返城的信访在 80 年代中期形成高潮,然后显著下降。市信访办公室在 1986 年受理 4 000 余件,从 1987 年到 1990 年每年受理 400 件左右;市劳动局在 1984 年受理 6 400 余件,1990 年受理 2 800 余件。

(第三篇第一章《一般信访》,第 169 页)

反映生活困难问题

1987 年 6 月,武清县城关乡草茨大队杨凤英等 39 人写信反映,他们是到该县安家落户的知识青年,大都有两个小孩,1980 年先后被分配在乡、镇企业工作,由于工资待遇低,企业不景气无活干,只拿 30% 的工资(24 元),子女又享受不了父母所在单位的公费医疗,生活十分困难。解决生活困难问题。

(第三篇第一章《一般信访》,第 175—176 页)

另据 1979 年的统计,到市里集体上访的有 197 批次,11 072 人次,约占当年信访量的七分之一。内容上,关于遣返、战备疏散、房屋压缩、1962 年精简职工、"农监分子"以及知识青年"四年保留户口"等要求落实政策问题占较大比重。

(第三篇第二章《特殊信访》,第 180 页)

1980 年至 1982 年,集体访逐年下降。……突出的问题是支边青年要求返津落户,……支边青年较大规模的集体访是从 1980 年 5 月开始的。先是甘肃支边青年 70 余人多次到市委、市政府门前上访,然后是新疆阿勒泰地区支边青年代表多次到市政府门前上访,他们强烈要求解决返津落户。在上访的同时,他们还曾多次在公园等处集会和到市委、市政府门前静坐。

(第三篇第二章《特殊信访》,第 180 页)

（1985年）新疆、甘肃的支边青年要求返津落户的集体访也持续不断，同时有河北、山西、宁夏、内蒙、吉林、陕西、湖北、山东等8省区的天津知识青年代表到市政府上访，要求解决其返津落户问题。

（第三篇第二章《特殊信访》，第181页）

各种类型的知青要求返城问题，到1986年形成高潮，达到64批次，2151人次。知青集体上访，有的是要求返津工作；有的是为其子女返津落户或为子女（天津知青与外地农民结婚所生）户口"农转非"；还有的是反映在乡镇企业里工作收入不固定，要求解决其生活困难问题。随着一些问题得到妥善处理，到1988年减少到14批次，617人次。

（第三篇第二章《特殊信访》，第181页）

原天津上山下乡知青要求返津或关于子女就读等问题到市委、市政府集体上访的，1991年是8批，215人；从1992年下半年开始明显减少。（第三篇第二章《特殊信访》，第182页）

市委第一书记陈伟达对一封控告信的批示及处理情况

1978年12月29日，天津第一石油化工厂强万起写信控告西郊区木厂公社下辛口大队党支部副书记阎善岭、支部委员于忠玉，从1971年开始，利用职权强行奸污女知识青年张××，以及在张与强万桐（写信人之弟）结婚后继续对张奸污妨害其家庭。强万桐到公社告发，公社对阎善岭和于忠玉仅审查40多天就放了。强又告到区，区里组成了由区政府、区公安分局和公社参加的专案组，可是问题却长期得不到解决。数月后，张的丈夫被叫到公社。当时，区政府、公安分局、法院和公社的干部都在场，宣布对阎善岭和于忠玉教育释放。强万桐一气之下用铁球朝于忠玉抛去，被当场拘捕。来信要求市领导过问，主持公道，按党纪国法严肃处理。

12月31日，市委第一书记陈伟达批示："儒生、赵钧同志：请查处。"

1979年2月1日，市革委副主任赵钧批示："遵伟达同志意见，因涉及西郊区、公、法领导干部，可送市检察院查处。"

2月15日至16日，市检察院派人赴西郊区作初步调查，得知，西郊区原办案单位已于1978年12月21日到市法院作了汇报。于忠玉已被拘留审查，阎善岭被停职审查；张的丈夫已被释放。区里已决定由区法院、区委组织部、公安分局和木厂公社组成联合调查组审理此案。

3月5日，赵钧将此案批交市法院办理。

12月21日，西郊区人民法院对此案作出判决：判处被告于忠玉奸污知青罪有期徒刑3年，判处被告阎善岭奸污知青罪有期徒刑2年。

（第四篇第二章《领导干部阅信接待办案》，第237—238页）

市长胡启立等对一残废待业知青就业问题的批示及处理情况

1981年6月,残废待业女知青徐秉荣上访,要求市领导批准她顶替其母的工作。经了解,徐在1969年响应党的号召到河北省阜城县王海公社郝庄村插队。1974年7月1日在去公社开会返村时,因途中遇雨,不慎将左腿摔伤,造成截肢的后果;当地定为因公致残,并决定每月发给一定生活费,到有正式工作时为止。1979年徐办理知青病退回津。1980年底在办理顶替其母景秀英(天津第二丝绒厂工人)工作时,该厂以不符合劳动部门招工规定为由,不同意其办理顶替。

1981年6月30日,《天津日报》刊登了市政府召开残废人年会要求各单位应积极安排残废人的工作报道后,徐又拿着《天津日报》到市上访,强烈要求市里帮助她解决顶替其母工作的问题。

7月6日,市信访办公室召集市劳动局、民政局、残废人年会、纺织局、知青办公室和南开区信访办公室以及南开区劳动局等有关部门进行会商。与会者一致认为,根据市人民政府残废人年会的精神,市纺织局应做好第二丝绒厂的工作,对因公致残的女知青徐秉荣优先安置。会后,第二丝绒厂仍不同意安排徐顶替其母工作。市纺织局也提出要市领导批示后才好办理的意见。在此期间,徐唯恐顶替不成,多次到市里上访,哭哭啼啼,寻死觅活,坐着不走,甚至躺在办公室里过夜。有时闯入市委大楼,表示如若顶替不成,就不活了,等等。

8月29日,副市长赵钧在市信访办公室《关于对因公致残待业知青徐秉荣要求顶替其母工作问题的紧急请示》上批示:"安排残废人进厂工作,必须能从事一定的劳动才能安排。请你们和纺织局、企业协商解决。当然对残废人的要求又不能和正常人一样,应有所照顾。"随后,市信访办公室与市纺织局和南开区联系,问题仍未能解决。

9月28日,副市长李中垣批示:"胡市长、赵副市长:厂里反映很强烈。这样的残废人安排到工厂确有困难,建议由社会救济部门安置。"

10月3日,市长胡启立批示:"同意中垣意见。招工同救济是两码事。办工厂不是救济事业。徐的问题值得同情,应予以妥善安置。安置有困难,国家发救济金,保证她的生活。但不能强要工厂招收不合格的劳动力,请信访办认真做好思想工作。请民政局依照过去的办法发给一定的生活费。生活费不够,可酌情增加。请民政局在所办的残废人厂中考虑加以安置。"

11月25日,市民政局将徐秉荣安排到第三纸制品厂工作。

(第四篇第二章《领导干部阅信接待办案》,第240—241页)

三是关于"文化大革命"中判处的一般刑事犯罪问题。蓟县曾判处迫害"上山下乡"知青案件30起,由于一味强调为当时的政策服务,一些案件量刑过重。检查组确定:凡以暴力、胁迫以及依仗职权采取威胁、引诱等手段,强奸或奸污女知青的,一般要维持原判。而属于社员男青年与女青年出于感情冲动偶尔发生两性关系的,不应按强奸罪论处,应免于刑事处分或宣告无罪。

(第四篇第三章《信访重要事件和典型案例》,第260—261页)

孙××弄虚作假顶替回城后遗妻弃子被注销户口

1982年10月20日,《工人日报》群众工作部发函给市委书记陈伟达和市信访办公室,并附有《工人日报》的290期《来信摘编》。该刊登载了署名河北孟祥敏的控诉信。信中说,天津的孙××于1969年来到河北省沧县西崔尔庄大队插队落户。后由本村一位社员介绍与孟祥敏相识,当年10月就订下婚约。从此孙受到孟家的热情招待,孙冬天关节炎病复发,孟祥敏就把自己的新棉裤改好给他穿上,宁可自己冻着。1970年6月两人结了婚。婚后家庭生活很困难,粮食和钱都由孟的娘家负担。婚后10年,有了两个孩子。1979年,孙的父母用请客送礼的办法,改写了一份假证明,以未婚知青之名给孙办成了顶替其父工作的手续。孙回津不到半年就以同居为名把孟和孩子骗到天津,动员离婚。孙的母亲还迫不及待地到河北沧县去卖孟原来居住的房子。孟与孩子在津没钱买吃的,更无钱让孩子借读,没办法就先在一老乡家借点钱维持生活,同时,孟耐心地劝孙看在两个孩子的份上千万别走离婚这条路。可是,孙为了达到离婚的目的,一次又一次地毒打孟,边打边问离不离?孟没办法,带着全身伤找到孙的单位,结果又遭孙的毒打,孟只好求孙的单位将其母子送回原籍。孟回家后孙长期不寄生活费,后来由孙的单位每月给寄。孟要求有关领导为她母子做主,伸张正义。

10月25日,市信访办公室写信给孟祥敏询问孙××的住址和工作单位。从孟的回信中得知孙在河西汽车运输场工作。

11月8日,市信访办公室就孟祥敏上访的问题,召集市劳动局、公安局、交通局和第二运输公司以及河西汽车运输场等有关部门开座谈会。经查,孟祥敏反映属实。孙××于1979年9月用欺骗手段弄到假证明在河西汽车运输场顶替其父的工作。1980年12月孟祥敏带着孩子来津投奔孙后,经常遭到打骂,逼其离婚。孟百般无奈找到孙的单位。此后,河西汽车运输场对孙进行了大量的思想工作,对其虐待妻子儿女的行为进行了严肃批评,并多次指出孙在顶替问题欺骗组织的严重性。然而,孙执迷不悟,一意孤行,对孟的打骂、威逼加剧。于是,孟祥敏多次走访市政府、市总工会、市妇联、天津日报社和交通局等单位。1982年1月6日,市交通局局长张子秋对此作了批示:1.汽车运输场责成孙每月给孟祥敏母子3人生活费;2.将孙顶替工作上弄虚作假的情况查实上报。河西汽车运输场根据张子秋的批示,每月扣除孙工资25元寄给孟祥敏作为母子的生活费;同时,走访了市劳动局,根据国发104号文件精神及天津市的有关政策,即与农村社员结婚的知青不许顶替的原则,孙不符合规定,应予退回农村。为做好工作,1982年4月9日,汽车运输场派人到河北沧县崔尔庄做了调查。在孙返津顶替前,孙本人及其全家都明确知道关于顶替的政策规定。但为达到回津顶替的目的,孙起初向孟提出假离婚,待孙返津顶替后再复婚,其妻怕弄假成真拒绝这样做,孙又提出假报其妻死亡,又被其妻及家属否定。孙于是在河西汽车运输场发给的招收子女联系函表上作了文章,将此表已由公社填好的"已婚"上改为"未婚"。孙返津顶替成为现实,在孟祥敏母子3人来津以后,即开始威逼离婚。1982年7月,孙正式向沧县崔尔庄法庭起诉与孟离婚。7月24日法庭传孙到庭,做其思想工作。孙对法院的批评教育不服,于7

月 28 日返津。由于孙不接受各方面的教育,孟只好走访求助政府及新闻单位解决。

在全面了解事实真相以后,参加座谈会的人员一致认为,孙××返津顶替其父工作不合政策,又弄虚作假,威逼孟祥敏与其离婚手段恶劣,为了满足孟祥敏的要求,给孙与孟的团聚和睦创造条件,决定将其退回农村。

第二运输公司党委为了慎重而又稳妥地解决好这个问题,对孟祥敏反映的问题又进行了专门研究,认为:孙××系天津下乡知识青年,最好在做好各方面工作的基础上,将孙的工作介绍到当地进行妥善安排。这个意见也得到交通局党委的同意。于是,河西运输场曾多次派人到沧县与有关部门联系,但得不到解决。在此期间,孙对组织上的处理意见抵触情绪极大,已有一个多月不上班,思想工作也做不通。第二运输公司和河西汽车运输场感到作为企事业单位,职权所限无权强迫孙回原农村,于 1983 年 1 月 31 日提出,根据其顶替手续有假,又长期旷工,拟予开除厂籍(或除名),其户口问题请公安部门解决。

1983 年 10 月 13 日上午 11 时,河西汽车运输场分别召开了场长办公会议和场职工代表会议,一致同意将孙××除名。

1984 年 3 月 2 日,市公安局通知公安河西分局立即注销孙××的城市户口,限其在一个月内将户口迁回河北省沧县西崔尔庄大队。

(第四篇第三章《信访重要事件和典型案例》,第 282—284 页)

伤残女青年李秀华信访问题圆满解决

李秀华原是天津市东方红中学(现第二南开中学)高中毕业生,1975 年下乡到静海县大庄子乡东小屯村务农。1976 年 6 月 8 日,在队办副业工厂劳动时,由于汽油燃烧酿成火灾,李被大火烧伤致残,烧伤面积高达 67％以上,深三度烧伤占全身皮肤的 39％。当地政府及时组织救治,经过天津医院抢救治疗、口腔医院整形手术后,才使李秀华脱离了生命危险期。截至 1986 年 9 月,李所在的东小屯村共为其支付医疗费、生活费达 7 万多元。1986 年 9 月,按照市政府有关决定,全市伤残下乡知识青年移交给民政部门后,静海县民政局即按当时最高标准给予生活费和护理费,并实报实销其全部医药费用。

但是,李秀华因工致残,留下诸多后遗症,不仅全身斑痕,手臂畸形,关节脱落、坏死,而且由于烧伤度较深,皮下软组织全被破坏,不能自行排汗,生活不能自理。因此,她出院后被接回家中,19 年来由其父母及姐妹家人轮流伴护,每到夏天,李在居住条件较差的父母家中,家人只好用浴盆买来冰块为其降温祛暑,十分不便。李更感苦恼的是,父母年事已高,今后离开了父母,自己将怎样生活? 她想到了死,但记起家人十多年来的尽力照料,又不忍伤家人的心。1994 年 12 月间,她给市领导写信,详叙了自己的困难和想法。原市人大常委会副主任石坚将李的信转给市委常委、副市长宋平顺,并告:"李秀华的情况很值得同情和关注,请您过问一下,以解决她的困难。"宋平顺批示:"请市信访办会同有关部门研究解决此事,提出意见报我。"市信访办公室主任俞肇新当即批示:"此事由我办牵头,会同有关部门查清情况,尽快提出处理意见报平顺同志,请二处速办。"

1995年元旦刚过,市信访办公室二处办案人员即到静海县东小屯村详细了解李秀华下乡务农及被烧伤的情况,又到县里了解其烧伤后的处理情况,尔后,又和李的亲属取得联系,详细了解李秀华的病情现状和家中困难。在查清了李秀华信中反映的情况以后,市信访办公室抓紧和有关部门协调,逐一研究解决李的实际问题,取得了很大成效。市劳动局和有关部门对李秀华作出了"因工致残"的确认,决定按有关政策,为其补办知青"农转非"手续;市民政局和静海县民政局也按照有关规定,给李秀华增加了生活费和护理费,医药费优先照顾,实报实销;市公安局考虑李秀华的特殊情况,决定其可随时直接到市办理回市落户手续;静海县政府表示,今后李秀华如愿回县,其生活、就医、住房等问题,均由县里妥善安排;李秀华父亲所在单位——中国银行天津分行决定为李家调整一个偏单元住房,解决其家人伴护不便的问题;和平区民政局给李秀华家安装了一台空调器,以使李不再受暑热无法排汗之苦。

1995年3月11日,市信访办公室主任俞肇新、副主任宁锡来带领有关部门负责人到李秀华家表示慰问,并转达市领导的关怀,各部门负责人当场表明了对解决其特殊困难所做的一个个决定。李秀华及其家人无限感激,连夜赶制了一面锦旗,上写:"高歌颂扬爱心,党和政府关怀",赠给市委、市政府。《天津日报》和《今晚报》均以显著位置及时报导了这则社会新闻,天津电视台还播放了各有关部门领导慰问李秀华的感人场面。一时间,这件事引起全市各方面的普遍关注和强烈反响。李秀华的信访问题获得圆满解决。

(第四篇第三章《信访重要事件和典型案例》,第295—296页)

(1979年信访工作会议认为)当前信访形势的特点是:……三、反映的政策性问题比较集中。特别是有关遣返、疏散、房屋、精减、"农监"、"四年保留户口"等问题,大体要占信访总量的30%到40%。……

会议要求各级党委:一、加强领导,健全机构。……公安、法院、检察院、劳动、知青办、民政等综合部门设信访处或室…… (《附录·历届市信访工作会议纪要摘编》,第457—458页)

(1981年信访工作会议认为)还有一批属于目前政策不允许,不能给予解决的如62年被精减的职工、"四年保留户口"、支边青年要求复工、返津的问题,上访量仍然很大。

(《附录·历届市信访工作会议纪要摘编》,第462页)

《天津通志·出口商品检验检疫志》

天津市地方志编修委员会编著,天津社会科学院出版社2000年

为充实商检队伍,1975年人事部门会同业务部门在调研的基础上,决定在天津市外贸

中专建立商检专业中专班。由天津市统一招收在上山下乡知青中选拔 29 名表现优秀的青年,在外贸中专举办了商检班,进行专门培训。　　　　　　　　　　(第七篇第一章《人事》,第 598 页)

《天津通志·广播电视电影志》

天津市地方志编修委员会办公室,天津市广播电视电影局、天津广播电视电影集团编著,天津社会科学院出版社 2004 年

1965 年 4 月 9 日到 4 月 14 日,天津电台开办《知识青年参加边疆和农村社会主义建设专题节目》。　　　　　　　　　(第一篇第三章《天津人民广播电台节目》,第 155 页)

1978 年,又从下乡知青中挑选了(播音员)丁书惠(播音用名丁涵)、王淑英(播音用名王萱)。　　　　　　(第一篇第四章《天津人民广播电台编辑及播音工作》,第 257 页)

1964 年开始,记者刘杰等又报道了下乡知识青年邢燕子、侯隽的典型事迹,先后拍摄了《到农村去,做革命者》、《在农村广阔天地里》、《戈壁滩上的天津青年》等纪录片。

　　　　　　　　　　　　　　　　　(第二篇第三章《天津电视台节目》,第 344 页)

1971 年 5 月,完成了反映天津知识青年上山下乡的纪录片《广阔天地育新人》,长度近30 分钟,后压缩成 20 分钟的 35 mm 电影拷贝,在全国发行。主创人员为王朝海、王玉芬、庄永兴、梁春泽等。　　　　　　　　(第二篇第三章《天津电视台节目》,第 344 页)

(专栏《当代英雄谱》)创办于 1961 年。介绍了许多英雄人物、劳动模范及一些知名人士的事迹,宣传他们的精神风貌,为人们树立榜样,鼓励人们向他们学习。先后介绍过……上山下乡知识青年带头人邢燕子、侯隽、王培珍、赵耘等的先进事迹。

　　　　　　　　　　　　　　　　　(第二篇第三章《天津电视台节目》,第 373 页)

《天津通志·档案志》

天津市地方志编修委员会编著,天津社会科学院出版社 1999 年

河西区、河东区等档案馆积极配合市、区劳动局关于落实下乡知识青年子女回津就读落户政策的工作,提供了 1968—1980 年知识青年上山下乡档案材料 19 559 卷次,为 11 349 人的子女返城落户提供了证明,办了手续,使党的"知青"政策迅速得到落实。

　　　　　　　　　　　　　　　　　　　(第六章《档案利用效益》,第 318 页)

《天津通志·照片志》

天津市地方志编修委员会编，天津人民美术出版社 1999 年

上山下乡

在共和国半个世纪的风雨历程中，有过一个特殊的群体——知青。

在 50—70 年代，知识青年响应党的号召，把到农村去，到边疆去，到祖国最需要的地方去，作为自己的理想和追求，天津 25 万知青，浩浩荡荡走上了上山下乡的道路。新疆、内蒙古、黑龙江、吉林、河北、山西等地都留下了天津知青的足迹。在艰苦的环境中，他们与当地群众融为一体，满怀豪情地辛勤耕耘，默默奉献。为了那块热土，他们不仅奉献了青春年华，有的甚至献出了年青的生命。天津知青以一代人的青春，谱写了人生的风和雨、悲与壮、思与情。他们把热血与信念深深地融入了祖国这块神奇的土地上。以其壮丽的青春、创业者的自豪，艰苦卓绝的奋斗精神，在共和国的历史上写下了辉煌的篇章。

30 年过去了，不少当年的知青扎根边疆，扎根农村，成为建设社会主义新农村的带头人。大部分知青回城后，无论是考入高等学府毕业后重新参加工作，还是通过自学成才，或是回城后作领导工作等，很多人成为多条战线上的中坚力量。他们坚韧不拔、一往无前的精神，是建设社会主义祖国的巨大财富。

1958 年到宝坻县回乡落户的邢燕子(左二)，是天津市最早的下乡知识青年①

1962 年北京知青侯隽到宝坻县插队落户

1969 年，领导与家长在火车站与奔赴农村的天津知青告别

1969 年，天津湾兜中学的"长征队"从天安门广场出发，步行到山西毛家山插队落户

湾兜中学的"长征队"手拉手通过艰难路程

1970 年，天津万名群众热烈欢送第三批"长征队"下乡

1969 年在黑龙江生产建设兵团的天津知青在风雪中前进

天津市湾兜中学热烈欢送赴吉林插队落户的"长征队"出发

1970 年内蒙古自治区科右前旗热烈欢迎天津知青到农村安家落户

天津知青在山西的窑洞里和农民共同学习

在山西插队落户的天津知青到农民家作客

在山西毛家山插队落户的天津知青，在炕头与农民大娘交谈

在蓟县插队落户的知青听农民介绍情况

在山西毛家山的天津知青正在开山造田

天津知青在山西平陆县开山修路

在黑龙江生产建设兵团的天津知青，于深山老林中采药

---

① 根据本书体例只收文字，不收照片，以下收的是照片的图注。——编者注

在河北省插队落户的天津知青,与农民一起劈山修公路

黑龙江生产建设兵团的天津知青解振华(中),在小兴安岭的深山老林中开山伐木

1969年,在内蒙古插队落户的天津知青王爱英,骑着马儿驰骋在草原上

天津知青在内蒙古草原

1975年天津知青在农舍开"狠批'克己复礼'会"

1970年在黑龙江插队落户的天津知青放牧羊群

1971年在河北省隆化县插队落户的天津知青郑家元,于抗洪抢险中不幸牺牲,后被河北省政府授予"模范共青团员"等光荣称号

1969年在内蒙古边境"屯垦戍边"的天津知青罗保铭(现为中共天津市委常委、宣传部长)

1971年,翟英选(左)在黑龙江生产建设兵团为救山火被烧成重伤,图为受伤前的照片

1969年到内蒙古呼伦贝尔盟新巴尔虎右旗插队落户的天津知青张勇(右),1970年因抢救落水羊只而牺牲

《天津民政简志(1949—1986)》

天津市民政局编志办公室编著,(内部刊行)1987年

六十年代初工厂企业部分精减职工;以及在"文化大革命"中被遣送、疏散下乡和回城知青等,生活暂时发生困难的都给以适当救济。 (三《救济、救灾》,第60页)

《天津市农林志》

天津市农林局编著,天津人民出版社1995年

(1971年)5月,宝坻县窦家桥下乡知青侯隽受到周总理接见。

(《天津市农林大事记》,第456页)

(1975年2月)宝坻县司家庄大队邢燕子参加中国农民代表团赴罗马尼亚访问。

(《天津市农林大事记》,第462页)

《天津邮政志》

天津市邮政局史志编辑委员会编,天津社会科学院出版社1998年

"文化大革命"期间,由于大批知识青年下乡和干部职工下放农村劳动,包裹业务又出现了突出的增长,1966年包件业务量607 783件,至1975年突增至1 459 244件。

1979年后,国家实行改革开放,搞活经济的方针,城乡市场商品供应充裕,下乡知识青年和下放干部职工陆续回城,个人邮寄的生活用品包裹开始减少,商品包裹业务量有了新的增加,1981年包件业务量1 254 744件、1982年1 157 785件。 （第三章《邮件业务》,第167页）

《河西区志》

天津市河西区地方志编修委员会编著,天津社会科学院出版社1998年

(1963年)8月12日,本区首批上山下乡知识青年一行10人,赴河北省安次县大北尹林场落户。
（《大事记》,第30页）

同年(1964年),河西区到宝坻、蓟县插队的知识青年共424人。 （《大事记》,第48页）

(1969年)3月15日,区成立上山下乡领导小组,下设办公室。截至7月25日,全区累计已有19 944人奔赴农业第一线,其中学生19 507人,社会青年252人,城市居民185人。
（《大事记》,第50页）

11月16日,区成立疏散人口上山下乡指挥部。 （《大事记》,第50页）

(1970年)6月3日,赴黑龙江省呼盟新巴尔虎右旗插队知识青年张勇,为抢救溺水羊群而光荣牺牲。被追认为共产党员、革命烈士。 （《大事记》,第51页）

(1971年)12月1日—3日,区革委会召开首届上山下乡知识青年、家长代表会议。
（《大事记》,第51页）

同日(1973年5月21日),市第十三中学65届高中毕业生周春山,在新疆军区建设兵团因患白血病光荣殉职。被追认为革命烈士。 （《大事记》,第51页）

(1975年)7月9日,在河北省邢台地区南和县插队的知识青年周作龙,在沼气试验中不幸中毒牺牲,被追认为革命烈士,优秀共产党员。 （《大事记》,第52页）

1964年区内开始动员知识青年支援边疆、支援农村。到1965年底,有1 413名知识青年自愿支援新疆、甘肃、云南、内蒙古等地建设,迁至当地安家落户。1968年起,广泛动员初、高中毕业生和社会青年"上山下乡",到内蒙古、黑龙江、河北、山西等地参加农业生产。

1968 年至 1970 年形成高潮，3 年中共迁出知识青年 41 188 人；导致全区人口总数出现历史上第二次连续 3 年的负增长。至 1977 年下半年，"上山下乡"停止。10 年期间，区内共迁出知识青年 6 万余人。自 1969 年，少数"上山下乡"的知识青年开始通过各种途径陆续迁回。1978 年后政策调整，知识青年大批迁回。　　　　　　　（第二章第一章《人口数量》，第 86 页）

1979 年 7 月，成立区劳动服务公司，主要任务为安置返城知青、待业青年就业，发展集体经济。　　　　　　　　　　　　　　　　（第七篇第三章《区属工业》，第 232 页）

1979 年以后，各街道办事处相继兴办劳动服务企业，安置返城的"上山下乡知识青年"及待业青年。　　　　　　　　　　　　　　　（第七篇第三章《区属工业》，第 245 页）

到 1980 年 5 月，区革委的工作机构有：办公室、人民防空办公室，知识青年上山下乡办公室……　　　　　　　　　　　　　　　（第十二篇第三章《人民政府》，第 418 页）

1974 年，在知识青年上山下乡办公室内增设信访接待组，负责接待到中共河西区委、区革委会的上访群众。　　　　　　　　　　（第十二篇第三章《人民政府》，第 421 页）

60 年代后期至 70 年代中期，信访内容主要是在"文化大革命"中被冲击的申诉和有关知识青年上山下乡问题。　　　　　　　　　（第十二篇第三章《人民政府》，第 421 页）

知青回城安置　　1966 年至 1976 年"文化大革命"期间，每年都有成批高中、初中毕业生上山下乡，赴农村插队落户参加农业生产。1976 年粉碎"四人帮"以后，上山下乡知识青年陆续返城，造成严重待业问题。区政府利用各种途径安置回城知青就业，各街还建立了以安置回城知青就业为主的劳动服务公司。通过招工、自愿组织起来就业和自谋职业等办法，全区回城知青就业问题基本得到解决。　　　　　（第十二篇第三章《人民政府》，第 433 页）

1968 年以后，有 6 万余名团员和青年响应中央号召"上山下乡"，"插队落户"。

（第十三篇第二章《共青团》，第 458 页）

"文化大革命"期间，街道工作受到严重干扰，搞以阶级斗争为纲、清理阶级队伍、"评法批儒"、学唱"样板戏"，动员知识青年上山下乡等，以政治运动代替了居民工作。

（第十四篇《街道》，第 471 页）

70 年代末，大批下乡知识青年返城，急待就业安置。为此，各街建立了以安置待业人员为主旨的劳动服务公司，与劳动服务科合署办公。初期，主要是向驻区企事业单位提供劳务,介绍待业人员就业。随着改革的深入和劳动制度的变化,80年代末,各街劳动服务公司开始自办企业,自行安置待业人员。

（第十四篇第一章《街道工作》,第473页）

"文化大革命"期间,(信访内容)主要是上山下乡知识青年有关返城、就业、患病及生活困难等问题。

（第十四篇第一章《街道工作》,第483页）

1980年在区上山下乡办公室和区计划局劳动科的基础上成立了河西区劳动局。

（第十六篇第一章《劳动管理》,第537页）

1964年开始,区内一些初、高中学生(即知识青年)响应中共中央"支边"的号召开始上山下乡。当年即有28人去了新疆;此后到1978年,都有不少知识青年到农村、到边疆。

1964—1978年河西区上山下乡知识青年统计表

年　度	去　向	人　数
1964	新疆	28
	宝坻县、蓟县	424
1965	甘肃	390
	新疆	241
	云南	13
	内蒙古	5
	（整户下乡）	27
1968—1972	内蒙古	5 921
	河北省	6 958
	山西省	8 320
	天津市郊区	8 320
	黑龙江省	4 507
	内蒙古农垦兵团	2 610
	军管农场	2 832
	大兴农场	162
	回原籍	9 693
	其他省	66
1973	天津市郊区、县	682
	回原籍	3
1974	天津市郊区	1 374
	天津市郊区、县	1 371
	河北省	878
	黑龙江省	109
	吉林省	69
	其他县	112
1975—1978	天津市郊区、县	11 135
	回原籍	

通过上山下乡,河西区总共向外输送知识青年为主的劳动力达6万余人。

70年代末及其以后,陆续放宽了有关上山下乡知识青年及其子女返城的政策,河西区大部分上山下乡知青返城,其后,部分知青子女也陆续返回。

(第十六篇第一章《劳动管理》,第538页)

1964年开始,知识青年上山下乡,大批劳动力安置在农村、农场、生产建设兵团和农村生产队。
(第十六篇第一章《劳动管理》,第539页)

1978年国务院下发关于《工人退休退职的暂行办法》规定,工人退休退职后家庭生活困难的,或多子女上山下乡,子女就业少的,原则上可以招收其中一名符合招工条件的子女参加工作。河西区从1979年开始办理子女顶替工作。1986年根据天津市文件规定凡10月1日以后达到退休年龄的工人,一律不再办理子女顶替。1979年至1985年,共计办理职工退休后顶替的子女数为17 232人,其中:1979年9 276人,1980年3 483人,1981年1 181人,1982年1 631人,1983年921人,1984年437人,1985年303人。

(第十六篇第一章《劳动管理》,第541页)

60年代初,各校高、初中毕业生开始上山下乡,升学数字逐年下降。

(第十九篇第三章《普通教育》,第656页)

张勇(1951—1970) 女,天津河西区人。1968年于天津四十二中学初中毕业,在学期间曾任河西区红卫兵代表大会常务委员。1969年4月,响应党的号召到黑龙江省呼伦贝尔盟新巴尔虎右旗额尔敦乌拉公社白音宝力格生产队(今属内蒙)插包落户。她主动要求到条件艰苦的牧业组下蒙古包,去游动放牧中锻炼。不久,由于积极学习毛主席著作,工作踏实,被选为旗"活学活用毛主席著作积极分子",任该队第一生产组副组长,基干民兵。

张勇在日常工作生活中,努力团结牧民,不计较个人得失,除白天放牧外,暇时帮他们拉水、烧饭、洗碗、刷锅、拣牛粪、挤牛奶、料理家务,还经常为牧民缝补衣服,照顾病人。思想感情与牧民水乳交融,深受人们的关怀和爱护。

1970年6月3日,张勇骑马赶着羊群到草原放牧,1 600多只羊边吃草边前进,转瞬来到克鲁伦河边。由于阴雨连绵,克鲁伦河河水猛涨,已漫溢河岸,浸及草原。中午时刻,天气炽热,羊群冲向河边饮水,突然几只头羊被卷入急流,拼命挣扎,如不及时抢救,就有羊群落水的更大危险,她奋不顾身,跳进河里救羊,不幸被湍急的河水卷走,献出了年青的生命。

张勇为抢救集体财产而英勇献身。盟、旗、公社领导组织牧民近百人,经过7天7夜始将其遗体打捞上岸。6月10日召开有400多人参加的追悼大会,会上中共新巴尔虎旗核心小组追认其为中国共产党党员,随后黑龙江省革委会批准张勇为革命烈士。同年 10 月 30 日,中共天津河西区核心小组及河西区革委会作出"关于向张勇同志学习的决定"。

周作龙(1951—1975)　印尼归侨子女,天津河西区生人。1966 年于平山道中学(今实验中学)初中毕业,1968 年响应上级号召到河北省邢台地区南和县郄村大队插队落户,1974 年加入中国共产党,任大队党支部委员、民兵连副连长,多次出席省、地、县知识青年积极分子代表会议并 5 次被评为地、县根治海河劳动模范。周作龙努力学习革命理论,写心得笔记 30 多万字。曾患血管瘤,作过 3 次手术,家人和亲朋劝其回津治疗,都被他婉言拒绝。后来有 3 次选调机会,都把名额让与别人。他在农村连续 6 个春节不回津过年,与贫下中农打成一片,深受群众爱护。劳动能吃苦耐劳,在平地治碱、打井抗旱中,流汗实干,人们称赞他是"硬汉子"。1975 年初,为解决农村的燃料和肥料问题,周作龙带头大办沼气,先后 40 余次潜入沼气池中作试验、搞数据,为办好沼气积累了许多宝贵经验。是年 7 月 9 日,在一次沼气试验中,不幸中毒牺牲。中共南和县委为其召开追悼大会,授予他优秀共产党员称号,追认为革命烈士。中共天津市河西区委于同年 9 月作出向周作龙同志学习的决定,号召全区广大干部群众学习宣传他的英雄事迹。

(第二十四篇《人物·传略》,第 845 页)

《南开区志》

天津市南开区地方志编修委员会编著,天津社会科学院出版社 1998 年

(1964 年)3 月 14 日,建立区上山下乡工作安置小组,下设办公室。4 月 11 日市召开动员大会后,掀起了知识青年上山下乡高潮。　　　　　　　　(《大事记》,第 44 页)

(1969 年)11 月 9 日,湾兜中学一些学生、教师到山西省毛家山安家落户。

(《大事记》,第 45 页)

(区五届人大)第二次会议,1964 年 6 月 2—3 日召开。参加会议总计 1 200 余人,其中有知识青年家长 697 人。会议听取关于当前几项主要工作的报告。会上发言的有区卫生局、团区委、南门西街道、妇联领导。一位副区长就危房修缮发了言。炮台庄街道青年代表作了上山下乡的发言。　　　　　　(第三篇第二章《人民代表大会》,第 179 页)

(区六届人大)第二次会议,1966 年 5 月 28 日召开。会议听取区长作的《高举毛泽东思想伟大红旗,动员知识青年上山下乡走革命化道路》的报告。新疆生产建设兵团孙自成在大

会上发言。 （第三篇第二章《人民代表大会》，第 180 页）

1964 年，抽调干部参加"四清"（清政治、清经济、清思想、清组织）运动。动员和组织城市知识青年 1 311 人上山下乡，到农村、边疆和国营农场、渔场参加农业生产，支援边疆建设。

（第三篇第三章《人民政府》，第 193 页）

1962—1965 年，……通过召开各方面人士参加的政策报告会、座谈会……关于知识青年下乡参加农村社会主义建设等问题，进行了深入地讨论和充分地协商。

（第三篇第三章《人民政府》，第 199 页）

1964—1966 年，教育妇女权树立"一切为生产打胜仗"、"一切为社会主义建设"的思想，当好生产后勤兵。响应党的号召，支持女子上山下乡，支援边疆建设。

（第三篇第六章《群众团体》，第 224 页）

1979 年始，"五七"生产组（厂）成为街道安置待业青年的主要途径。当年安置 5 791 人，翌年又安置 6 660 人，分别占街道安置总数的 67.62％和 68.99％。

（第六篇第一章《工业》，第 396 页）

（区街劳动服务工业）始于 1979 年 10 月。1978 年，上山下乡知识青年陆续大批返城，急待安置。1979 年 7 月，成立区劳动服务公司和街道劳动服务站，即刻筹建工厂，开辟安置待业青年的途径。10 月，第一家工厂——皮毛加工厂投产。……

区街劳动服务工业由区、街道两级分别管理，均属集体经济类型，享受优惠政策。在从业人员中，安置待业青年占 60％以上者，国家免征所得税三年；安置待业青年占 30％以上者，国家减征两年所得税的一半。通称安置型企业。 （第六篇第一章《工业》，第 419 页）

1979 年 9 月 3 日劳动科与区革委会知识青年上山下乡办公室合并，建立区劳动局（劳动局与知青办一套机构，两块牌子），下设办公室、知青科、调配科和安全科，干部 38 人。

1964 年 4 月建立知识青年上山下乡办公室。1968 年 1 月 28 日区革命委员会成立后，知青安置工作纳入革委会办事组。1970 年 10 月归属区综合计划局，设立上山下乡安置组。1973 年 12 月 10 日，从综合计划局中析出，建立南开区革委会知识青年上山下乡办公室。

（第十一篇第二章《劳动》，第 804 页）

1964 年 3 月始，开展知识青年上山下乡工作，4 月 26 日第一批知青奔赴农村。至 1965 年，全区上山下乡知青累计 5 800 余人。1966—1976 年，对中学毕业生实行动员上山下乡，实行"走多留少,走一留一"等按档分配办法,全区下乡到山西、河北、内蒙古、吉林、黑龙江、新疆等10余个省、自治区的农村、农场、兵团插队、插场的知青累计5.8万余人。1978年后,大批下乡知青相继病退、困退回津,加之劳动适龄人口增加,就业安置人员大幅度增长。

(第十一篇第二章《劳动》,第805页)

1966—1976年"文化大革命"期间,群众性上访大量增多,主要涉及到成份划分、清理阶级队伍及查抄、遣送、人口疏散、上山下乡、工作选调、学生分配、劳动就业、社会招工、落实政策、住房和领导干部作风等问题。到1980年,反映上山下乡、落实政策、住房困难、招工就业、工资福利等问题仍较集中。

(第十一篇第五章《信访》,第829页)

1959—1995年部分年份南开区档案馆利用情况一览表

年 份	利用档案		利用资料		备　　　注
	卷次	人次	册次	人次	
		······			
1987	6 695	2 247	430		复制材料2 247页。编制对外开放档案目录及区政府文件卡片600张、上山下乡知青卡片21 249张。
1988	10 344	1 408	486		复制材料9 981页。编制诉讼人名卡片5 000张、上山下乡知青卡片28 591张。
1989	1 495	1 379	836		复制材料2 011页。编制上山下乡知青卡片、婚姻卡片87 573张。
1990	7 070	849	101		复制材料599页。编制上山下乡知青卡片、婚姻卡片共41 180张。
1991	1 566	421	210	115	复制材料19 512页。编制上山下乡知青卡片4 971万张、婚姻卡片5 029张、重要文件卡片2 000张。
		······			

(第十一篇第五章《信访》,第838—839页)

《大港区志》

天津市大港区地方史志编修委员会编著,天津社会科学院出版社1994年

第二节　城镇知青安置

1968年12月,中共中央主席毛泽东发出了"知识青年到农村去,接受贫下中农的再教育,很有必要"的指示,一大批城镇知识青年被动员到农村去,参加农业生产劳动。大港地区

从 1969 年到 1972 年先后接收安置了天津市内知识青年 914 人。1973 年,学制缩短,招生制度发生变革(直接从工农兵中招生),又有一大批城市知识青年下放农村。大港地区自 1973 年到 1979 年先后又接收知识青年 7 046 名,以上两次共接收知识青年 7 960 人。为安置插队(村)知识青年,1966 年至 1979 年天津市为大港地区共下拨知青经费 3 578 678.81 元,为知识青年盖房 2 151 间,知青生活得到较好的安排。

大港地区自 1970 年开始,广大知识青年通过选调、顶替、困退、病退、上学、参军等形式陆续离开农村。到 1980 年底,全区回城知青 7 760 名,占插队知青总数的 97.5%,城镇知青安置工作基本结束。

大港区 1966 年至 1980 年插队知青去向一览表   单位:人

项目 年份	选调	顶替	困退	病退	上学	参军	迁出	退回	死亡	判刑	合计
1966						1	4				5
1969							1				1
1970	18	1	1	12	2	1	5			1	41
1971	227	3	2	2	25	24	1				284
1972	186		1	5	15	11	5			1	224
1973	148		2	2	27	14	41		2	1	237
1974	143	1	1	1	18	7		1	1	3	176
1975	994	5	7	6	43	8	8			6	1 077
1976	311		6	23	12	10	4		3	1	370
1977	520	14	13	38	14	8	4	1			612
1978	255	69	21	485	148	31	25	8	2	1	1 045
1979	531	1 222	1 146	831	25	6	157		4		3 922
1980	77	11	84	1 015		1			2		1 190
共计	3 410	1 326	1 284	2 420	329	122	255	10	14	14	9 184

注:其中包括 1972 年以后农转非的城镇疏散子女一千多人。

1987 年 8 月,天津市政府批转市劳动局《关于解决我市郊县下乡知青子女户口等遗留问题的请示》(津政发(1987)108 号)。据此,大港区劳动局从 1987 年 9 月开始,对 1964 年以后,经统一组织到大港区农村、农场落户,与当地农民结婚的知识青年及未婚、未就业的子女,户口仍属农业的,均一次性农转非。截止到 1989 年 5 月 1 日,全区共解决下乡知青及子女户口农转非 638 人,其中男性 312 人,女性 326 人。同时,对本市下放到大港区农村的,原天津市下放到外省又自行转点到大港区的农村和由外地自行转点到大港区农村的原外省、市的漏办手续的下乡知青,进行了补办手续。截止到 1990 年底,全区共补办知青身份手续的共 386 人,其中男 143 人,女 243 人。另外,1989 年 5 月至 1990 年,大港区根据天津市劳动局知青处《关于解决外省、区的原天津下乡知青子女回津就读落户问题的通知》精神,区劳动局又解决在外地天津知青子女回津落户就读 2 名,全为女性。

(卷二十八第四章《就业安置》,第 818—820 页)

《津南区志》

天津市津南区地方志编修委员会编著，天津社会科学院出版社 1999 年

是年(1968 年)，一批"老三届"毕业生被动员去边远省份，参加农业生产劳动。

（《大事记》，第 36 页）

新中国建立后，……因升学、参军、工作调动、区划调整、工程占地搬迁、城市知识青年下乡、干部下放、城市人口疏散等原因，人口时有变动。1958 年和 1964 年，市内大批干部下放；1969—1970 年知识青年上山下乡，天津市区的知识青年蜂拥而入，加之干部下放和城市闲散人口疏散，以及部队干部"三支、两军"(支左、支农、支工、军管、军训)后转业，连同家属到区内落户；1979 年，知识青年返城，造成人口逐渐增加。 （第三编第一章《数量分布》，第 129 页）

支边有 3 种情况：知识青年到边疆插队或进入建设兵团；领导干部和教师进藏工作；和兰州城关区、七里河区、西固区进行干部双向交流。

1964—1970 年，咸水沽、小站、葛沽 3 镇街道居民户学生，初、高中毕业后，响应党和政府的号召，经区劳动组织分配或个人自愿报名，到新疆、甘肃、内蒙、黑龙江等地参加兵团建设或下乡插队。1976 年以后，多数已返乡参加了不同部门的工作。

（第十四编第四章《支边援外》，第 490 页）

知青安置

根据中共中央、国务院的有关决定，从 1965 年开始接收下乡知识青年，到 1978 年区内共接收 18 944 人。1970 年开始，广大知识青年通过选调、顶替、困退、病退、上学、参军等形式陆续离开农村。到 1990 年，全区共选调知青 8 744 名，返城 9 800 名，就地转非 400 名。至此，接收的知识青年全部安置完毕。 （第十五编第一章《劳动管理》，第 497 页）

1973 年 3 月恢复人民法院后，审理破坏知识青年上山下乡，奸污迫害女知青的犯罪案件 118 件，其中 1973 年 34 件，1974 年 30 件，1975—1976 年 7 月 54 件。犯罪分子受到严厉惩处。 （第十六编第三章《审判》，第 530 页）

《东丽区志》

东丽区地方志编修委员会编著，天津社会科学院出版社 1996 年

(1957 年)7 月，市内部分中小学毕业生来区内插队落户，参加农业劳动。这是区内接待

的首批上山下乡知识青年。 (《大事记》,第 30 页)

(1964 年)6 月 11 日,赵耘作为代表出席共青团中央"九大",受到中共中央主席毛泽东的接见。并被选为团中央委员。 (《大事记》,第 35 页)

(1974 年)3 月 6 日,《天津日报》头版头条以《坚持前进,反对倒退》为题,报道了山岭子大队 5 名下乡知识青年的题为《气不平》的大字报。同日,区委召开支持革命大字报的广播大会。 (《大事记》,第 39 页)

1969 年财政支出增加城市人口下乡安置费、"五七干校"经费;

60 年代末 70 年代初,财政支出相继增加了流动资金、人民防空经费、干部下放劳动锻炼费、插队干部开支、人民公社投资、城市知识青年下乡补助费、民兵事业费等几十类开支。 (第十二编第一章《财政》,第 467 页)

1980 年以后,税务机关做出如下减免税规定:

1. 为安置待业知识青年新成立的城镇街道企业,由原规定的免所得税一年,改成免征工商所得税 2—3 年;

2. 原有城镇街道企业,当年新安置待业知识青年超过企业职工总人数的 60%,(含 60%)免征所得税 2—3 年;

……
(第十二编第二章《税务》,第 476 页)

1973 年 12 月 16 日,军粮城公社山岭子大队第六生产队的 5 名下乡知识青年在大队部墙上贴出一张题为《气不平》的大字报,就小队选举问题提出自己的看法。区、社领导得知后,认为这是一张反潮流的革命大字报,当即表示支持,并向市委作了专题书面报告。1974 年 3 月 6 日,"批林批孔"运动兴起,《天津日报》在头版显著位置以《坚持前进,反对倒退》为题,刊登出这张大字报原文,并加了编者按语。按语中提出:"这种反潮流的革命精神值得大大发扬。"

1974 年 2 月 19 日,区委编印了《一张革命大字报情况的报告》,发至各公社、局和各下乡工作组,要求"对敢于反潮流的革命行动必须坚决给予支持。"同日,区委派出工作组进驻山岭子大队,支持 5 名小将。3 月 6 日,区委召开了"热情支持山岭子大队五名女下乡知识青年的革命大字报,深入开展批林批孔运动"的广播大会,区委机关和各公社设分会场,全区收听者达 45 000 余人。3 月 7 日,区人民武装部、区团委、区知青办联合向全区共青团员、民兵、下乡知识青年、红卫兵、红小兵发出《倡议书》,号召他们"学习 5 位知青的敢于反潮流的精神,站在运动前列,向封、资、修宣战,当闯将。"

在领导的号召和鼓励下,全区很快出现了写大字报"反潮流"的热潮。一些大字报又得到了区、社领导的支持。但也有的人因追逐"反潮流"的潮流而得到相反的结局。有一女青年在大字报中提出"上海民兵参加社会阶级斗争的新鲜经验"是"毒草","中央和解放军首长"是"反党集团",而被定为"反动的大字报",进行公开批判,并予以刑事拘留审查。

（第十六编第五章《文化大革命时期》,第605—606页）

建郊区后,劳动部门设工商劳动科,负责劳动就业工作,"文化大革命"后改为综合计划组、计划委员会。1980年2月由计委劳动工资科和知识青年上山下乡办公室合并而建立区劳动局。

（第十七编第二章《劳动人事》,第622页）

职工调动情况表

年\项数	调　入		调　出		区内调动	在职知青返津	
	全民	集体	全民	集体		返津人数	安置人数
……							
1985	61	27	65	23		39	18
1986	18	17	12	52		40	6
……							
1993	100	15	4	18	36	10	10
1994	97	3	15	2	24	4	4
1995	93	8	17	9	11	3	3
合计	889	176	654	318	168	96	41

（第十七编第二章《劳动人事》,第623页）

《招工统计表》。（见本书第122页表）

第四节　知识青年上山下乡

1956年中共中央主席毛泽东发出"农村是个广阔天地,到那里去是可以大有作为的"号召后,天津市自1957年开始开展知识青年上山下乡工作。是年有70名市区知识青年来区内农村插队落户。

1964年中共中央批转关于"城镇知识青年开始有组织、有计划地上山下乡,投入农业生产建设"的指示下达后,知青上山下乡形成高潮。1965年5月东郊区动员了159名知识青年赴甘肃支援建设,1966年又动员172名知青,分3批赴甘肃,当年还有87名知青分别赴河北、山东、黑龙江等省区插场插队安家落户。1968年天津市统一行动统一部署,召开誓师大会,组织专列奔赴黑龙江,其中有区内知青64人。

（本表上接本书第 121 页）

招工统计表

类别＼年度	中学生毕业分配	知青选调	社会招工	在乡知青招工	新兴集体招工	合同工		三资企业	知青	插场知青	双退		子女		补充减员	外省市招工	占地转工	临时工转正	
						非农业	农民				历届中学生	社会青年	死亡顶替	农业人口				非农临时工	农民临时工
1974	1 455	1 314	1 679	220															
1975	1 088	1 133	442	755															
……									……	……									
1976	650	838															488		
1977	670	1 347											1				1 583		
1978	680												3				52		
1979	132	837	1 008						1 735	1 137	372	569	11	555			1 748		
1980	42	147	941		1 578				27	54	775			257	98	10	595		
1981	43			944	573				153		153								
1982			887		440							244		104			708		
1983			956		379							88	58	52			690		
1984			320		457		215												
1985			1 055		91	63											706		
1986			702		82	371	145		45			45	58				335		
……									……	……									
总计	7 674	5 616	10 822	1 919	5 129	4 415	837	1 021	1 960	1 191	1 300	946	125	968	98	10	7 419	659	226

（第十七编第二章《劳动人事》，第 624—625 页）

1969 年 3 月区建立知识青年上山下乡办公室,管理知青工作。1980 年该工作纳入区劳动局。为安置好知青工作,普遍建立生活配套设施。全区建立知青食堂 201 个、知青大院 94 个,住房 1 936 间,建房占地 76 851 平方米,投资 1 699 146.32 元。其中范庄、赤土、北程林等村还盖了知青大楼。自 1957—1978 年全区共接收安置知青 12 210 人,其中接收市区下乡知青 6 762 人,区内安置 4 966 人,输送外省区 482 人。

自 1972 年起陆续展开选调安置工作。其中:顶替招工 1 703 人,参军 244 人,升学 427 人。有病及特殊困难知识青年经批准可返城,到 1984 年共批准返城 4 031 人。

1985—1986 年办理知青插队期间工龄计算手续 1 277 人,伺后主要办理知青子女遣回问题,如农转非户口、招工、回津落户和就读等问题。

1957—1972 年知识青年上山下乡统计表

1957	1965	1966	1968	1969	1970	1971	1972
70	159	259	64	705	2 730	2 539	31
1973 年	1974 年	1975 年	1976 年	1977 年	1978 年	合 计	
510	1 312	607	1 280	1 887	57	12 210	

(第十七编第二章《劳动人事》,第 630—631 页)

1973—1981 年,撤销军管会,恢复区人民法院。1978 年前刑事案件每年达 40—60 件,突出是迫害上山下乡知识青年。这阶段共审结刑事案 651 件。

(第十八编第四章《审判》,第 663 页)

连环画。1957—1995 年全区创作作品 40 余套,主要有《知识青年赵耘先进事迹展览》、《×××忘本回头展览》、《周梦岭苦难家史》、《赵沽里村史》、《赤土村十年改革巨变史》等。

(第二十三编第六章《美术摄影书法》,第 824 页)

《西青区志》

天津市西青区地方志编修委员会编著,天津社会科学院出版社 2000 年

(1957 年)10 月,天津市下乡知识青年 42 人,到王稳庄乡插队落户,是为境内接收上山下乡知识青年之始。

(《大事记》,第 50 页)

(1965 年)3 月 13 日,境内开始动员知识青年支援农业生产。包括上山下乡和支边。

(《大事记》,第 55 页)

（1971 年）12 月，自中共中央主席毛泽东号召"知识青年到农村去"以来，境内安排天津市在西郊区插队落户的知识青年近 30 000 人。全区到山西插队，或去黑龙江、内蒙古生产建设兵团的知识青年 3 000 余人。 （《大事记》，第 58 页）

（1981 年）1 月，张家窝公社建立适合知识青年工作的社队企业，妥善安排市区下乡知识青年就业。 （《大事记》，第 62 页）

1974 年，审判了严重破坏知识青年上山下乡，利用职权奸污女知识青年的罪犯，组织巡回批斗 10 次，批斗罪犯 15 名。 （第八编第三章《审判》，第 377 页）

《北辰区志》

天津市北辰区地方志编修委员会编著，天津古籍出版社 2000 年

是年（1955 年），区首批 12 名知青赴黑龙江萝北县，与天津市其他青年创建"天津庄"。
（《大事记》，第 52 页）

（1962 年）2 月，全区已安置回乡知识青年 5 130 人。 （《大事记》，第 56 页）

（1964 年）9 月，四十七中学、朱唐庄中学 20 名应届高中毕业生赴新疆塔城、伊犁地区支援边疆建设。 （《大事记》，第 57 页）

（1965 年）2—11 月，天穆、北仓等地知青 72 人赴甘肃、云南支援边疆建设。
（《大事记》，第 57 页）

（1968 年）9—11 月，全区 963 名知青分赴黑龙江、内蒙古、山西等地生产建设兵团、农村，屯垦戍边，插队落户，接受再教育。 （《大事记》，第 59 页）

（1970 年）7 月 26 日，南仓中学知青孙连华在黑龙江生产建设兵团为扑灭荒火而牺牲。区革委发出"向孙连华烈士学习"的号召。 （《大事记》，第 60 页）

1968 至 1972 年，全区先后动员 2 798 名知识青年上山下乡，分赴河北、山西、陕西、内蒙古、黑龙江等省、自治区及生产建设兵团插队落户，其中 1968 年为 963 人、1969 年为 1 252 人。1973 至 1978 年，先后接收天津市区 9 738 名知识青年到区属各社队插队落户。

八十年代初，由于知青返城、居民迁居及工作调动等原因，人口迁移明显增多。1980 年，迁入 16 214 人、迁出 22 516 人，净减 6 302 人。 （第五编第二章《人口变动》，第 185 页）

曙光农场

1961年11月,天津市垦荒指挥部和天津市农业局在和平区属堤头人民公社辖地"大洼"组建东赵庄农场,占地6274亩,后扩展为7332亩。东邻华北河、西靠筐儿港河、北至北隔堤、南达津榆公路,设稻田、农牧和园林3个队,"文化大革命"期间划归和平区,为和平区五七干校。1970年4月,天津市和平区与北郊区商定在赵庄农场旧址筹建战斗人民公社,并于6月10日组建领导小组,设政工、办事和生产3组,下设3个生产大队,有耕地3000亩,由和平安置劳力500人和家属1500人。1973年,撤销公社,改建为永新、永华两个生产大队,隶属西堤头公社,并开始接收天津市下乡知青,公社则抽调15户老农到知青点落户。1978年,贯彻中央74号文件精神,市知青办与郊区政府商定,将散在区境各村的部分城市知青及与当地农民婚配的知青集中到永新、永华,分别改建为综合场,由市知青办借给发展资金74万元,实行西堤头公社领导下的"农业为主、多种经营、独立核算、自负盈亏"的管理体制。原老农留作顾问。其后,老农迁出10户,迁入33户。到1985年4月,共有居民177户、582人(永新87户266人),其中知青119户、424人,农民38户、130人,疏散户28人。有耕地2427亩,其中农田1010亩、渔塘600亩、果树150亩、苇塘667亩,固定资产220万元,外债105万元。是年12月7日,根据知青意愿,38户农民开始回村安置,并带走永新化工厂和永华药厂,所需60万元安家补助款项由市财政局从历年上报的郊区知青综合经费中拨出,知青及疏散户新建新华知青综合场,改由天津市劳动局属劳动服务公司领导。1987年5月,新华知青综合场改称曙光农场,隶市农场局,原永华改称农场一分场,永新改称农场二分场。1992年,详查土地现状面积4170.11亩。

　　　　　　　　　　　　　　　　　(第九编第八章《管理产值农场》,第416页)

1969年,增加城市人口下乡安置费、"五七"干校经费。六十年代末和七十年代初,相继增加流动资金、人民防空经费、干部下放劳动锻炼费、人民公社投资、城市知识青年下乡补助费、民兵事业费等十几类。

　　　　　　　　　　　　　　　　　　　　(第十五编第一章《财政》,第584页)

1962年,动员团员青年分担国家困难,全区5130名知青回乡生产。

　　　　　　　　　　　　　　　　　(第十九编第二章《青少年组织》,第753页)

1971—1997年北辰区就业情况表

年份	社会招工	知青选调	在乡知青招工	合同工人	三资企业招工	双退子女	占地招工	临时工转正	总　计
1971	200	200	1 282						1 682
1972	832	503					189	1 341	2 865
1973	1 024	717							1 741
1974	1 417	958							2 375

年份	社会招工	知青选调	在乡知青招工	合同工人	三资企业招工	双退子女	占地招工	临时工转正	总　计
1975	3 601	2 305							5 906
1976	4 204	17							4 221
1977	2 603	780							3 383
1978	1 665	1 169							2 834
1979	1 666	904				5 776			8 346
1980	2 653	367	256			768	502		4 546
1981	1 770		49			342	177		2 338
1982	1 289					242			1 531
				······					
1987	1 194		227	1 046		15	220		2 702
1988	1 079		34	809		43			1 965
1989	457		136	355	39	59	25		1 071
1990	494		40	411	4	84	121		1 154
				······					
总计	34 297	7 920	2 024	5 267	220	8 144	1 468	1 341	60 681

（第二十三编第二章《劳动》，第874—875页）

第三节　知青上山下乡

1955年，区内首批12名知识青年响应团中央的号召，远征黑龙江萝北县，同天津市其他青年一起在北大荒建立"天津村"，成为扎根边疆、艰苦创业的楷模。1958年，区内有近百位中学毕业生自愿下乡、回乡参加农业生产，立志在农村广阔天地锻炼成长。1963年，区内有7名中学毕业生以"下乡4年，保留户口"的形式分别到河北、宁夏、甘肃等边远山区参加农业生产。1965年5月和12月，区内先后有69名和3名知识青年到甘肃生产建设兵团农建十一师和云南农场参加边疆建设。

1968年初，区内有组织的推动知青上山下乡工作开始启动，采取学生报名、学校推荐、接收单位审核等方法，动员"老三届"（1966、1967、1968届）初、高中毕业生到边远地区插队落户。至11月，全区共审定833人，其中到内蒙古乌兰察布盟334人、黑龙江生产建设兵团兴凯湖农场244人、山西运城地区255人。12月，为响应毛泽东"知识青年到农村去"的号召，区成立动员安置工作领导小组，下设办公室（1973年改为知识青年上山下乡办公室），在全区范围内掀起知识青年上山下乡热潮。至1972年，全区共有1966至1969届初、高中毕业生 6 011 人。其中,农业户 2 957 人,占 49%,全部动员回乡生产;非农业户 3 054 人,占 51%,多数动员上山下乡,其中到黑龙江和内蒙古生产建设兵团、吉林农场、山西和河北省农村及哈尔滨郊区插队落户 1 730 人,占 56.6%;到区内各村插队落户 324 人,占 10.6%;回原籍农村投亲 297 人占 9.7%;分配工矿企业 202 人,占 6.6%;其他 501 人,占 16.4%。

1973 年,落实全国第二次知青工作会议精神,知青不再跨省、市、区下乡,区在西提头公社下属创建永新、永华两个生产队,用以接收天津市下乡知青,并将东提头、西提头、刘快庄 3 村插队知青集中到知青点,选派 15 户老农加强生产指导和再教育。1974 年,市二轻局、一商局等 6 个单位分别与小淀、朱唐庄、南王平、霍庄子 4 个公社建立"厂社挂钩"关系,将职工子女集中到农村落户,并配备带队管理人员。1978 年贯彻中央指示精神,将下乡知青分散插队改为集中办场队,同时开始为部分知青办理返城手续。是年,全区共安置插队知青 11 238 人,其中市区 9 738 人、区属单位 1 500 人;共建知青大院 93 个、集体食堂 96 个、集体宿舍 2 641 间,协助已婚知青建房 825 间。至 1982 年,通过招工、录干、招生、顶替、参军、自谋职业等多种渠道安置返城知青 3 000 多人就业,并为知青的农业户配偶或子女顶替招工 564 人。

1983 年始,区内办理知青遗留问题。至 1994 年,共办理跨省市知青返津落户 136 人,补办未经正常渠道下乡知青手续 53 人,办理知青子女回津落户 210 人,帮助自谋职业 59 人,解决留农村知青的未婚、待业子女就地农转非 2 938 人。并对知青场(队)资产进行清理,1973 至 1978 年市财政共下拨知青经费 550.4 万元,实际支出 488 万元,其中安置费 425.4 万元、就业金 19.7 万元、兴办农场(工厂)23 万元、业务与其它费用 19.8 万元,结余 62.4 万元。

1955 至 1978 年,全区知青上山下乡总计 14 220 人,其中跨省区下乡 2 882 人、回乡 1 600 人、市区及外地到区内下乡 9 738 人。1978 至 1994 年安置和处理知青问题 3 731 人,解决知青子女问题 3 148 人。

(第二十三编第二章《劳动》,第 875—876 页)

1966 年"文化大革命"开始,四十七中被迫停课,校园遭破坏。1968 年秋,"老三届"(66、67、68 届)初、高中农户毕业生"社来社去",回乡生产;非农户学生除少数分配工矿企业,均分期分批到黑龙江生产建设兵团和内蒙、山西、河北农村及哈尔滨郊区插队。学校 3 年未招高中生。其后,又有各届部分毕业生到北郊区乡村插队。

(第二十六编第四章《中学教育》,第 968 页)

孙连华 (1948—1970),西于庄人。1964 年入南仓中学读高中,任校团委委员、校"文革领导小组"成员(学生代表)。1968 年主动放弃"留津分工矿"指标,参加黑龙江生产建设兵团,任排长。1969 年,应邀参加天津市学习毛主席著作积极分子代表大会;10 月 1 日赴北京参加国庆 20 周年观礼,受到毛泽东接见。专程看望张思德、刘胡兰 2 位烈士的母亲,9 次学习英雄杨水才事迹,在日记中表示:"只要还有一口气,也要用在革命上"。后任营见习政治干事。1970年4月1日加入中国共产党,4月27日在扑救边境荒火中牺牲。兵团党委授予革命烈士称号,追记一等功。《天津日报》发表长篇通讯:《朝气蓬勃干革命的榜样——孙连华》。

(第三十一编《人物》,第1140—1141页)

《静海县志》

静海县志编修委员会编著,天津社会科学院出版社1995年

(1964年)2月21—27日,中央宣传部副部长周扬来县了解知识青年思想活动情况。

(《大事记》,第23页)

是年(1965年),始接收上山下乡知识青年。至1979年,下放到县内的知青共20 027人。1973年开始安置,1981年底,全部安置完毕。

(《大事记》,第23页)

(1985年)11月18日,自10月5日起,原下乡知青连续集体上访,赴市上访5次,县内18起,要求解决安置后的遗留问题。至1987年8月已全部安置解决。

(《大事记》,第31页)

新中国建立以后静海县3次较大的集体上访。……第三次发生在1986年3—4月间。摘换帽知青(即知青招工转非农业时,把指标让给了配偶。多为女让男。)为子女户口转非,集体到县委、县政府上访。上访20多批,650多人次。县领导及信访办人员不分昼夜,做了大量工作,将上访知青劝回。后这些知青子女的户口根据市政府有关指示,予以转非。

(第十四编第一章《中国共产党》,第442页)

静海县人民政府不同时期工作机构设置表①

类别 年度	1966	1976
其 它	知青办	知青办 战备办
合 计	31	32

(第十四编第三章《政府》,第452页)

---

① 本表内容为节选。——编者注

1965 年 5 月,设立安置城镇下乡知识青年办公室(简称知青办)。1971 年 2 月,知青办并入民政局。1973 年 6 月知青办复设。1974 年,县计委设劳动工资科,管理工资、就业、劳动力调配等。1980 年 1 月,知青办与计委劳动工资科合并,成立劳动局,编制 19 人,负责工人调配、工资、劳动保护、知青安置等。　　　　　　　　(第十七篇第二章《劳动》,第 534 页)

1978 年后,知识青年下乡停止,插队知识青年返城,需就业人数骤增,非农业待业青年出现,招工重点转移到非农业人口就业上来。就业制度改为统包统配和公开招考、择优录取相结合。大中专毕业生、复员退伍军人由人事、民政部门按计划统一分配,回城知识青年、城镇待业青年、社会闲散劳动力和农业人口实行德、智、体全面考核,择优录用,工商企业退职、退休职工子女,可顶替为正式职工。　　　　　　　(第十七编第二章《劳动》,第 539 页)

知识青年接收、安置

1957 年,接收首批知识青年(简称知青)173 人集中到团泊洼一带插队。1962 年开始安置其就业,除 5 名已婚女知青务农外,其余皆返城或分配到县、公社所属单位。1965 年后,接收插队知青成为每年常规工作。接收的知青主要来自天津市区,少数来自北京、甘肃、内蒙古、上海、四川、广西等省市,插队方式为:天津知青结组集体插队;外省市知青多系投亲靠友,实行分散插队。1965—1972 年共接收知青 4 202 人。县知青办每年都安置部分知青就业。

1973 年后,插队规模增大,每年接收 2 000 余人,安置就业人数亦增。1973—1978 年,安置就业 2 016 人,另外提干 3 人,参军 116 人,升学 377 人,病返 120 人,特困返城 62 人,外迁 273 人。1979 年,国家允许知青返城,也可由子女顶替回城,当年有 4 871 人回城或顶替回城。至 1987 年底,全县累计接收的插队知青 20 028 人全部得到安置。其中:招工 6 868 人,返城或顶替回城 4 871 人,提干 8 人,参军 301 人,升学 1 461 人,病返 2 433 人,特困返回 3 287 人,外迁 572 人,死亡 37 人,其它 190 人。1987 年 8 月,县着手解决知青遗留问题,按天津市有关规定补办知青手续 353 人,办理知青子女转非 4 037 人。　　(第十七编第二章《劳动》,第 539 页)

《武清县志》

武清县地方史志编修委员会编著,天津社会科学院出版社 1991 年

(1964 年)天津市 109 名下乡知识青年到豆张庄插队落户。　　　　(《大事记》,第 47 页)

天津市一批知识青年到国营武清农场参加农业建设。　　　　　　(《大事记》,第 47 页)

(1969 年)安置下乡知识青年 3 300 人。　　　　　　　　　　(《大事记》,第 50 页)

《宝坻县志》

宝坻县志编修委员会编著,天津社会科学院出版社 1995 年

(1960 年 8 月)15 日,《河北日报》刊载《邢燕子创大办农业范例》的长篇通讯,介绍大钟庄公社司家庄生产队共青团员、"燕子突击队"队长邢燕子发奋图强,埋头苦干,建设社会主义新农村,奋战一年,穷队面貌大变的模范事迹。并刊登了邢燕子的半身照。

同日,《河北日报》刊载中共唐山市委第一书记马力撰写的《我们需要千千万万个邢燕子》的文章,号召全市人民向邢燕子学习。

同日,中共唐山市委作出"全市人民群众向邢燕子学习,更迅速地发展粮食生产,更多地增产粮食"的决定。

(《大事记》,第 55 页)

(1962 年 3 月)月底,县委首次召开回乡知识青年代表大会。 (《大事记》,第 56 页)

(1963 年 7 月)19 日,《天津农民报》刊登了共青团天津地委《关于在知识青年中开展学习侯隽事迹的通知》。

28 日,《河北日报》刊载《北京来的姑娘》的长篇通讯,介绍从北京下乡的知识青年侯隽,不迷恋城市,远离父母,到宝坻县史各庄公社窦家桥大队插队落户,甘心务农的先进事迹。

(《大事记》,第 57 页)

10 月,中旬,国务院农办副主任陶桓馥和华北局农办赵克等来宝坻县视察,并访问了当时被称为"三面红旗"的邢燕子(司家庄回乡知识青年)、侯隽(从北京到窦家桥村落户的下乡知识青年)和"铁姑娘"张秀敏(小于庄女青年)第 3 人。对如何安置城市青年进行了调查研究。

20 日,陶桓馥、赵克等在宝坻县召集座谈会,河北省及天津市负责下乡知识青年安置工作的干部和县委负责人参加,对如何妥善安置城市下乡知识青年的问题进行了讨论。

(《大事记》,第 58 页)

(11 月)10 日至 13 日,宝坻县三个姑娘——邢燕子、侯隽、张秀敏参加了天津地区农村先进青年代表座谈会。 (《大事记》,第 58 页)

(1964 年)2 月,中央宣传部副部长周扬和中共河北省委宣传部副部长远千里来宝坻县了解农村知识青年思想活动和文化革命情况。期间,召集邢燕子、侯隽、张秀敏等举行座谈会,并听取了县委负责人的汇报。

(《大事记》,第 58 页)

3月2日,侯隽、邢燕子被推举为出席河北省农业劳动模范代表大会的代表。

(《大事记》,第58页)

(4月)宝坻县首次接收天津市及汉沽区下乡知识青年到县内插队落户。10月接收第二批。两批共2 000余人。

(《大事记》,第58—59页)

6月11日,邢燕子赴京出席中国共产主义青年团第九次全国代表大会。

(《大事记》,第59页)

(9月)3日,邢燕子被提名为第三届全国人民代表大会代表候选人。

(《大事记》,第59页)

(1965年)3月3日,邢燕子、侯隽出席共青团天津地委召开的知识青年代表会议,会议期间,她们各自介绍了在农村锻炼的经验。

12日,邢燕子在天津出席河北省贫下中农、农业先进生产者、先进单位代表会议,并被选为大会主席团成员。会议期间,受到莅会的周恩来总理、李先念副总理的接见。

(《大事记》,第59—60页)

5月4日,大钟庄公社小于庄"铁姑娘突击队"、高家庄公社后莲花庄大队"科学实验小组"获共青团河北省委授予的先进集体称号,邢燕子、侯隽获先进个人称号。

(《大事记》,第60页)

(6月)8日,邢燕子出席河北省第四次妇女代表大会,被选为大会主席团成员,并被大会选举为河北省妇女联合会第四届执行委员会委员。

8月14日,国营大钟庄农场大米庄大队发生殴打下乡知识青年事件。大队组织干部群众71人,对11名下乡知青进行毒打、捆绑,并克扣他们1964年的生活费1 000余元、口粮7 000余斤。事发后,县委组织工作组进行查处。对肇事者分别给以开除党籍或交司法机关法办等处分,克扣的粮款全部退还给知青。

(《大事记》,第60页)

(10月)城关镇首次动员200余名知识青年和城镇居民到大洼地区的糙甸、黄庄等地插队落户。

(《大事记》,第60页)

(12月)26日晚,邢燕子在北京受到毛泽东、刘少奇、周恩来、朱德等党和国家领导人的接见,并共进晚餐。

(《大事记》,第60页)

（1966 年）5 月 4 日,高家庄公社后莲花庄大队科学实验小组和史各庄公社窦家桥大队团支部副书记侯隽,分别获得共青团河北省委授予的"青年先进集体"和"先进人物"称号。

（《大事记》,第 61 页）

（1969 年）4 月 1 日至 24 日,邢燕子作为党的"九大"代表,出席中国共产党第九次全国代表大会,并被大会选为中央委员。　　　　　　　（《大事记》,第 63 页）

（1971 年）5 月,侯隽在北京养病期间,受到周恩来总理的接见,总理向她详细询问了宝坻县的情况,指示要把宝坻大洼建设好。　　　　　　（《大事记》,第 64 页）

6 月,邢燕子、侯隽当选为中共天津地委委员。

8 月 10 日,中央、河北省、天津地区三级安置办公室的负责人到宝坻县召开座谈会,了解城市知识青年到农村插队落户的情况,并对中共宝坻县委作了"要树立好邢燕了、侯隽两面下乡知识青年旗帜"的指示。　　　　　　　　　　（《大事记》,第 65 页）

（1972 年）7 月 17 日,侯隽随中国农民代表团访问日本。在日期间,对日本农村的阶级状况、农民生活、农村政策等进行调查。　　　　　　（《大事记》,第 65 页）

（11 月）县内开始在插队知识青年中选调,就地招工、安排工作。　（《大事记》,第 66 页）

（1973 年 4 月）邢燕子随中国妇女代表团访问日本,并接受日方赠送的玩具 30 余件。

（《大事记》,第 66 页）

（8 月）7 日,华国锋(时为中共中央政治局委员、国务院副总理)接见宝坻县参加全国上山下乡知识青年工作会议的邢燕子、侯隽二人,并指示她们要把所在村的生产搞好,把宝坻全县带动起来,建成"大寨式"的县;要多种经营、全面发展。

24 日至 28 日,邢燕子作为党的"十大"代表,在北京出席中国共产党第十次全国代表大会,并继续当选为中央委员。　　　　　　　　　（《大事记》,第 66 页）

（1975 年）1 月 13 日至 18 日,窦家桥大队党支部书记侯隽、甸沽大队党支部副书记安广云、小靳庄大队党支部书记王作山,作为四届全国人大代表,在北京出席第四届全国人民代表大会。期间,受到周恩来总理的接见。同时,又另行受到江青的"接见"。

（《大事记》,第 68 页）

(2月)邢燕子随中国农业代表团访问罗马尼亚。 　　　　　　　　（《大事记》,第 68 页）

(1976 年)5 月 3 日,由近腾康男率领的日本日中农民交流协会中央代表团一行 12 人到小靳庄参观访问,观看了小靳庄图书室、育红班、副业厂等,并与下乡知识青年代表进行了座谈。 　　　　　　　　　　　　　　　　　　　　　　（《大事记》,第 69 页）

10 日至 28 日,王作山、郑守森、邢燕子等三人参加第二次全国农业学大寨会议。

（《大事记》,第 69 页）

(1977 年)8 月 12 日至 18 日,邢燕子作为党的“十一大”代表,在北京出席中国共产党第十一次全国代表大会,并继续当选为中央委员。 　　　　　（《大事记》,第 70 页）

到宝坻县插队的城市下乡知识青年继 1972 年选调之后,再次通过选调,陆续回城安排就业。至 1980 年除按政策不再离开农村的以外,全部回城。 　　（《大事记》,第 71 页）

(1980 年)9 月,县内所有城市上山下乡知识青年全部回城就业或在县内就地安排工作,知青上山下乡工作至此结束。 　　　　　　　　　　　（《大事记》,第 73—74 页）

1976 年 10 月,设立党组的单位有:人民法院、民政局、财政局、物资局、邮电局、市场管理委员会、人民银行宝坻支行、知识青年上山下乡办公室。

（第九编第一章《中共宝坻县组织》,第 537 页）

第七节　知识青年安置
一、接 收 安 置

1964 年初,中共中央关于城镇知识青年要有组织、有计划地下乡,投入农业生产建设的指示下达后,当年 4 月和 10 月,宝坻县先后两次接收天津市及汉沽区 2 145 名知识青年,分别安置在史各庄、大钟庄、南王庄(后为袁罗庄)、北潭、新安镇、三岔口、霍各庄、王补庄、口东、杨家口、方家庄等 11 个公社。翌年 10 月,宝坻城关镇动员 213 名知识青年下乡,到糙甸、黄庄、新安镇公社插队落户。以后继续接收,随时安置到其他各个公社。从 1964 年到 1977 年,成批接收安置 8 次,先后共接收安置下乡知识青年(含县内被动员下乡的城镇青年,下同)18 222 名。

宝坻县对城市、城镇下乡知识青年的落户安置有三种形式:一是插场落户,即将知识青年直接安排到县内国营农场;二是集体插队落户,即将成批的知识青年划分成若干个小组分别到各生产队集体落户,有知识青年集体落户的生产队称“知青点”;三是分散回原籍或投亲

133

落户。全县从1964年到1977年接收的下乡知识青年,被安置到国营农场的有2 166名,集体插队落户的有12 670名,分散还乡或投亲落户的有3 386名。

中共宝坻县委和县人民政府在搞好知识青年落户安置的同时,加强对知识青年的领导。县、社、队各级都以一定的人力、物力、财力,解决知识青年在生产和生活上存在的实际困难。国家为县内安置的下乡知识青年先后累计拨款486.8万元,县拨为下乡知识青年建房用砖215.5万块、瓦177.5万块、木料3 801立方米,还有油毡等其它物资。下乡知识青年所在生产队除量力投资外,并以大量人力为下乡知识青年盖房,从各个方面照顾他们的生活。

中共中央对下乡知识青年工作一向十分重视,在宝坻县树立了邢燕子、侯隽两面旗帜,培养了司家庄、窦家桥两个全国知名的知识青年工作典型队。市、县、社也都有各自的典型。中央和省、市、地各级领导人经常深入到宝坻县对如何做好知识青年工作的问题加以指导。

二、招 工 选 调

从1972年起,宝坻县开始对知识青年进行招工选调。1978年党中央召开全国知识青年上山下乡工作会议,调整上山下乡政策,要求各地采取多种途径解决知识青年就业问题以后,县内对知识青年就业问题提起更大重视。

从1972年到1980年,县内对知识青年安排就业情况如下:

1972年至1977年招工安排工作的4 228人。

1978年至1980年回城顶替父母工作的8 808人,因本人身体有病和家庭有困难回城的6 971人,参军的320人,招工安排工作的3 689人,共计19 788人。其中包括在"文化大革命"中被"遣送"人员的适龄子女、自愿投亲还乡的城镇青年、上山下乡到边远地区后又转到宝坻的青年2 693人(这些人在安排工作之前均已补办下乡知青手续)以及城镇待业青年3 101人。截止到1980年,全县接收的知识青年全部安置就业。知识青年上山下乡工作彻底结束。

附记:

全国知识青年的旗帜——邢燕子、侯隽

邢燕子、侯隽是党中央为全国知识青年树起的两面旗帜,是党和国家主要领导人亲自关怀和培养起来的全国知识青年学习的典范。她们所走的道路和坚持的方向,当时被誉为20世纪六七十年代全国青年前进的方向,她们的行动带动和鼓舞了全国广大知识青年踊跃上山下乡,人人争当社会主义的新型农民。

邢燕子是全国知识青年上山下乡的带头人。1958年,天津市青年学生邢燕子满怀建设农村、改变家乡落后面貌的豪情壮志,冲破当农民"低贱"等世俗观念,毅然回到原籍宝坻县大钟庄人民公社(今为乡)司家庄生产大队(今为村)安家落户,走上与农民相结合的道路。她在农村历经艰苦生活的考验,数年如一日地忘我劳动,为农村社会主义建设事业奉献青春,做出的成绩十分突出。

邢燕子所走的道路为党中央所充分肯定。她在农村做出的成绩赢得了党和人民的信任,获得了很高荣誉。1964年她被评为河北省劳动模范代表,出席河北省劳动模范代表大会。同年受到毛泽东、周恩来、刘少奇、朱德等党和国家领导人的亲切接见,并在北京人民大会堂同她共进晚餐。以后又作为代表先后出席第三届全国人民代表大会、中国共产主义青年团第九次全国代表大会和中国共产党第九次、十次、十一次、十二次全国代表大会。在党的"九大"、"十大"、"十一大"、"十二大",连续四届均被选为中央委员。

邢燕子 1964 年任中共天津地委委员,1973 年任中共宝坻县委委员,1974 年任中共天津市委书记。1973 年以中国妇女代表的身份访问日本,1975 年以同样身份访问罗马尼亚。1986 年始任天津市北郊区人大常委会副主任。

侯隽于 1962 年放弃考大学的机会,从北京来到宝坻县史各庄人民公社(今为乡)窦家桥生产大队(今为村)插队落户,立志做一个社会主义新型农民。1963 年 7 月,共青团天津地委发出《关于在知识青年中开展学习侯隽事迹的通知》,在天津地区青少年中掀起学习侯隽的热潮。1964 年侯隽与邢燕子一起出席河北省劳动模范代表大会。1971 年在北京受到周恩来总理的接见,同年被选为中共天津地委委员、中共宝坻县委委员,1973 年任中共宝坻县委副书记,1976 年任国务院知识青年上山下乡领导小组副组长。1972 年以中国农民代表的身份访问日本。1980 年始任宝坻县人大常委会副主任。

(第十二编第一章《民政》,第 635—637 页)

1964 年 3 月,为适应大批城市知识青年上山下乡安置工作的需要,县内始设安置城市下乡知识青年办公室(简称"安办室")。1966 年"文化大革命"开始后,安办室的工作陷于瘫痪。1971 年 6 月将知青安置工作纳入民政安置局,同年 9 月民政安置局改称民政局后继续负责知青安置工作不变。1973 年 11 月单建知识青年上山下乡办公室(简称"知青办")后,民政局不再负责知青工作。以后随着知青工作的逐步结束,知青办于 1983 年 10 月撤销。

(第十二编第一章《民政》,第 637 页)

宝坻农业劳动大学由中共宝坻县委直接领导,天津地区知识青年安置办公室和县知识青年安置办公室负责管理,当时办学宗旨和任务是学习江西共产主义大学和辽宁朝阳农学院的经验,白手起家,半耕半读,三年毕业,达到大专水平,创出一条自己的路子。

(第十四编第一章《教育》,第 711 页)

《宁河县志》

宁河县地方史志编修委员会编著,天津社会科学院出版社 1991 年

(1964 年)3 月 19 日,成立县"安置城市青年领导小组"。至 5 月初,苗庄公社等 3 个公社 21 个生产大队,先后安置了天津市和芦山镇下乡知识青年 607 人。(《大事记》,第 51 页)

（1968年）12月底，动员芦台镇1966至1968届高、初中毕业生下乡。时，淮淀、造甲、丰台、岳龙等公社安置天津市、芦台镇等地1232名知识青年落户。（《大事记》，第53—54页）

（1973年）6月25日至30日，县委组织检查下乡知识青年安置工作情况。1964年以来，宁河县先后安置天津市、芦台镇下乡知识青年4200名。　　　　（《大事记》，第55页）

《蓟县志》

蓟县志编修委员会编著，南开大学出版社、天津社会科学院出版社1991年

1964—1979年，先后有11批9646名上山下乡知识青年到县内落户。

（第四编第一章《人口发展》，第187页）

知识青年管理　从1963年起，县和国营林场、有安置任务的工委、公社、大队都先后建立了知识青年领导小组，负责管理上山下乡知识青年（简称知青）工作。1963年8月14日，县内首次接收天津市知青72名，集体安置在国营林场落户。1964—1967年，先后接收知青11批、9646人，安置在下仓、上仓工委的10个公社和尤古庄、侯家营、三岔口、桑梓、许家台、白涧、刘家顶、东二营、李庄子、翠屏山、礼明庄、马伸桥、宋家营、官庄、罗庄子、下营16个公社，集体插队。1968—1974年，县内城镇知青300人下乡和还乡，知青分布全县各个公社。下乡知青大多来自天津市，少数属蓟县和北京、唐山、内蒙古、黑龙江等省、市还乡转插知青。在接收的知青中，集体插队的有8088人，还乡的565人，因战备疏散、遣送等原因来县内农村、补办知青手续的919人，外省市迁入的32人，其他42人。知青到村后，除原动员地区每人发给一次的安家费外，在生产队享有高于当地社员的经济待遇。到1979年止，为知青建房3858间，共用建房费114.15万元，拨发知青生活费85.47万元，生活困难补助费13万元，医疗费6.46万元；16名知青改为农民待遇，领取一次性补助1.58万元，最多者1800元，最少者300元；有12人加入中国共产党、172人加入共青团、1人参加县级领导班子、4人参加公社领导班子、39人参加村级领导班子。1972年，有14人被直接录用为国家正式干部；同时开始对知青边接收边安置。到1973年，招干选调14人，参军35人，升学35人，企业招工380人，病退回城30人。7月5日，《人民日报》头版刊登了《安置好、教育好、使用好——蓟县做好上山下乡知识青年工作的调查》，中央人民广播电台的新闻和报纸摘要节目中播出县委书记、县革委会主任马树魁《重看一眼，关心十分》的讲话录音。1974年后，招干选调4人，参军174人，升入大、中专学校1039人，企业招工安置3917人，因病回城922人，因特殊困难回城1078人，转插到外省市194人，死亡18人，因本人要求务农、改农民待遇18人，因转非等原因迁出37人，顶替父母工作1644人。到1985年底，全部迁出农村。

（第十六编第二章《政府》，第604—605页）

《汉沽区志》

天津市汉沽区地方志编修委员会编著,天津社会科学院出版社 1995 年

(1968 年)9 月 14 日,201 名知识青年去兴凯湖黑龙江生产建设兵团落户。

(《大事记》,第 33 页)

(1969 年)3 月 9 日,1 093 名知识青年去哈尔滨郊区插队落户,上山下乡达到高潮。

(《大事记》,第 33 页)

60 年代,因国民经济暂时困难,动员工人及家属还乡,后又动员知识青年上山下乡,增长速度降低。整个 60 年代增加 9 300 人,增长 8.8%,平均年递增 0.84%,其中 1961、1965 年均为负增长,1969 年增长速度为零。 (人口志第一章《人口规模》,第 121 页)

1969 年因知识青年上山下乡等,净减 2 293 人,净减率 19.89‰。

(人口志第一章《人口规模》,第 124 页)

知识青年上山下乡办公室 1969 年建上山下乡办公室,1970 年并入综合计划局,1975 年分置,称知识青年上山下乡办公室。1979 年 8 月并入劳动局。

(政权、政协志第二章《人民政权》,第 626 页)

1977 年 12 月,区革命委员会设办公室、文教卫生办公室、民政科、人民防空办公室、财贸组、计划委员会、体育运动委员会、知识青年上山下乡办公室……

(政权、政协志第二章《人民政权》,第 628 页)

由于知识青年上山下乡等原因,1970 年全境劳力资源 66 202 人,占总人口的 55.21%,比 1960 年减 5.04 个百分点,70 年代初,又出现劳动力短缺局面。

……1977 年本区上山下乡停止,劳力资源达 83 676 人,紧张状态趋于缓解,1979 年底城市待业青年 2 600 名。 (劳动人事志第一章《劳动》,第 707 页)

1979 年后,大批上山下乡知识青年返城,招工分配人数增大。1980 年安置待业人员 4 171名,占是年待业人员总数 6 673 人的 62.5%。

(劳动人事志第一章《劳动》,第 709 页)

《塘沽区志》

塘沽区地方志编修委员会编著,天津社会科学院出版社1996年

(1969年)3月,知识青年"上山下乡"达到高潮,数千名知青去黑龙江、内蒙等地生产建设兵团、农村,屯垦戍边插队落户,接受再教育。 (《大事记》,第38页)

(1970年)11月建综合计划局,设政工、办事、经济计划、物资、劳动、上山下乡、街政7个组。 (第十八编第一章《计划管理》,第509页)

1970年11月至1975年12月,区综合计划局的职责:审查、编制、汇总、综合平衡、检查全区各行业远景规划和年度计划;全区国民经济统计分析;区属企事业单位主要原材料物资计划和分配;劳动力分配、劳动保护、生产安全;知识青年上山下乡,复员转退军人安置,城市人口疏散;街道生产管理。 (第十八编第一章《计划管理》,第509页)

1977年恢复塘沽卫生学校名称,设护士、医士两个专业,生源先是上山下乡知识青年,后为高考落榜生。至1979年,共招收学员247人。

(第二十三编第二章《专业教育》,第682页)

1973年9月恢复招生,新建校舍3 838平方米,更名天津化工局技工学校大沽化工厂分校,招收上山下乡知识青年和特困留城人员,开设化工工艺、化工机械维修、电工仪表、土木建筑专业,学制2年。 (第二十三编第二章《专业教育》,第683页)

"文化大革命"时期,师范院校受到冲击,致使中小学教师严重不足。1971年,成立师范学校,作为应急措施,招收了3种班次学员:从高中毕业生中录用42人,培训4个月后赴中学任教;从渔农子女和上山下乡知青中选调300名左右,经8个月培训,分配中、小学任教。

(第二十三编第四章《成人教育》,第694页)

1966—1968年,初、高中毕业生中,少部分分配到企业,大部分到内蒙古、黑龙江等地上山下乡。

1969—1976年,初高中毕业生除上山下乡外,按政策留城的,其工作分配由劳动部门与学校配合进行,年分配数额为983—6 545人。

1978年后,"文化大革命"中上山下乡的知识青年因病或家庭困难大批返城,中学毕业生分配停止,出现待业高峰。 (第二十八编第一章《劳动》,第834页)

1964 年 3 月，塘沽区成立动员青年参加农业建设领导小组。至 1967 年，先后动员初中毕业生、社会知识青年 3 102 人到河北、甘肃、内蒙古、新疆等地插队落户，支援边疆。

1965 年，组建新河、北塘、东沽 3 个新建队，有青年 1 300 人从事农业生产。1966 年 8 月，合并为塘沽创业兵团。1967 年春，划归华北农垦兵团。1969 年秋，重归塘沽区管理，并逐步由农业生产转为从事地方性工业生产。

1968 年秋，两次组织 1966 届和 1967 届初、高中毕业生到内蒙古插队落户，去黑龙江建设兵团支边。

1969 年，组织 1967 届部分和 1968 届全部初、高中毕业生去内蒙古插队，去黑龙江生产建设兵团支边。1968—1969 年，全区有 10 388 名社会知识青年上山下乡。

1970—1977 年的毕业生，除 2 890 人到外地插队外，5 384 人在塘沽郊区插队或组建新建队。

1977 年底，上山下乡动员工作停止。

自 1964 年始，全区 24 635 名知识青年上山下乡。

1978 年起，下乡知识青年因疾病、不适应当地气候和生活条件等原因陆续返城。到 1989 年，返回塘沽的知识青年达 15 544 人，其中在塘沽郊区插队的知识青年于 1980 年前全部返回。

区政府想方设法安置返城知识青年，并为他们解决实际困难，至 1989 年，返城知识青年全部得到安置；并为 2 711 名知识青年子女办理了农转非户口。

（第二十八编第一章《劳动》，第 838 页）

河北省

《河北省志·大事记》

河北省地方志编纂委员会编,河北大学出版社1992年

(1970年10月)31日,河北省上山下乡知识青年活学活用毛泽东思想积极分子代表会议在石家庄市召开,会议历时19天。会议号召全省近百万名上山下乡和回乡知识青年要当好"三员"(毛泽东思想宣传员、阶级斗争的战斗员、大寨式的好社员),在农村"三大革命斗争"中充分发挥作用。 (第409页)

(1973年4月)5日至11日,河北省上山下乡知识青年代表会议在石家庄召开,出席会议的代表共800多人。中共河北省委刘子厚、郑三生、马辉、马杰、吕玉兰等出席了开幕式,刘子厚主持了会议。会议号召全省上山下乡知识青年要积极参加"批林整风"运动,努力学习马列著作和毛主席著作,不断提高识别真假马克思主义的能力。 (第415页)

《河北省志·人口志》

河北省地方志编纂委员会编,河北人民出版社1991年

知识青年上山下乡:1967年以来,组织城市知识青年下乡,构成了省际人口迁移的一项新内容。全省共接收安置外省市知识青年72 945人,其中来自天津市的42 216人,来自北京市的10 826人,来自其它省市的19 903人。同时,河北省知识青年下乡到外省、区的12 377人,其中多数到黑龙江和内蒙古两个建设兵团。这批知识青年到1982年末,基本上又陆续返回原地。 (第三编第二章《人口迁移与流动》,第78页)

1966年和1967年由于"文化大革命"开始,部分干部、知识分子和其他一些人,连同其家属由城市遣送到农村,加上城市知识青年上山下乡等,使一部分城市人口迁移到农村。大规模的知识青年上山下乡主要是在"文化大革命"期间,仅1972年就下乡23万人,这些人后来又陆续返回城市。

1972—1982年城市知青下乡情况表

年　　份	下乡人数(人)	年　　份	下乡人数(人)
1972	229 729	1978	8 078
1973	15 730	1979	1 910
1974	60 085	1980	691
1975	75 615	1981	271
1976	73 712	1982	42
1977	45 561	总　　计	511 424

(第三编第二章《人口迁移与流动》,第79页)

《河北省志·经济实力志》

河北省地方志编纂委员会编,中国统计出版社 2000 年

  十年"文化大革命"中,大批城镇知识青年上山下乡,然后又回到城市就业。这一期间城镇从业人数从 1965 年的 163 万人,增加到 1978 年的 445.2 万人,实际增加 282.2 万人,平均每年增加 21.7 万人,年递增速度为 8%。1978 年城镇新就业人员 22.4 万人,其中从城镇招收(含上山下乡知识青年回城安置工作)10.8 万人,吸收农村劳动力 6.2 万人,统一分配复、退、转军人 2.8 万人。   (第一编第五章《劳动力与人才资源》,第 105 页)

《河北省志·经济体制改革志》

河北省地方志编纂委员会编,河北人民出版社 2000 年

  根据中央的指示精神,1969 年上半年,河北省有 14 万名知识青年陆续到农村"插队落户",相当于"文革"开始以来四年上山下乡人数总和的两倍。到 1970 年 10 月召开河北省上山下乡知识青年代表会议时,全省上山下乡和回乡知识青年已近百万名。这种城镇劳动力向本来劳动力已大量剩余的农村流动,带来许多社会问题,特别是为以后在城镇重新安排这批人员就业,增加了很大难度。   (第五编第六章《社会劳动制度》,第 296 页)

《河北省志·农业志》

河北省地方志编纂委员会编,中国农业出版社 1995 年

  1964 年河北省农业劳模代表会议。3 月 22 日—4 月 1 日在天津召开。会议……号召回乡知识青年学习天津郊区苗街赵耘,立志建设新农村,做有觉悟有知识的新式农民。

  (第七编第一章《宣传》,第 532 页)

《河北省志·铁道志》

河北省地方志编纂委员会编,中国铁道出版社 1997 年

  1969 年 3 月,根据运输生产需要,开始向社会招工,办法是在批准的劳动计划以内,经省、市(街道、学校)、劳动部门介绍,推荐分配,铁路招工单位考核录用,以后又改为由农村招收插队知识青年(回城)。   (第三篇第四章《劳动人事》,第 306 页)

《河北省志·共产党志》

《河北省志·共产党志》编纂委员会编，中央文献出版社1999年

组织知识青年上山下乡

1968年12月毛泽东发出"知识青年到农村去，接受贫下中农的再教育，很有必要"的号召。从1969年起，京、津及河北省的知识青年陆续到河北农村上山下乡。

1970年10月31日，河北省召开了上山下乡知识青年活学活用毛泽东思想积极分子代表会议，历时19天。会议号召全省上山下乡知识青年要当好"三员"，即毛泽东思想宣传员、阶级斗争战斗员、大寨式的好社员，在农村"三大革命"斗争中充分发挥作用。

1972年9月，省革委召开了全省知识青年代表会议，交流经验，表彰先进。1973年8月18日，省委在石家庄召开了知识青年上山下乡工作会议，研究解决知青工作中的问题。

1974年1月9日，《河北日报》发表省革委致上山下乡知识青年、带队干部的春节慰问信。3月15日，石家庄市8400多名知识青年奔赴农村，石家庄市委、市革委召开20万人大会欢送。随后又有张家口市5000多名、承德市1300多名知识青年到农村务农。

1975年12月，为纪念毛泽东"知识青年到农村去"的号召发表7周年及"大有作为"的指示发表20周年，省委、省革委召开了全省上山下乡知识青年先进集体、先进个人代表会议，并作出《关于在上山下乡知识青年中树立和表彰一批先进典型的决定》。《河北日报》以较大篇幅先后报道了河北省上山下乡知识青年先进人物程有志、董良翮、宋文利、赵树君、蒋梅英、毛继才、吴永娣、李荣华等事迹。

知识青年上山下乡随着"文化大革命"的结束而停止。广大知识青年到农村去，接受了锻炼，为农村的建设事业做出了贡献。但是，使这些青年失去了接受学校正规教育的机会，造成人才生长的断层，而且给青年的家长和部分农民也因此加重了负担。

（第一编第八章《开展"文化大革命"和唐山抗震救灾》，第209—210页）

知识青年上山下乡的宣传

1968年12月毛泽东发出"知识青年到农村去，接受贫下中农的再教育，很有必要"的号召。从1969年到1976年，省委、省革委进行一系列宣传活动。

1970年10月31日，河北省召开上山下乡知识青年活学活用毛泽东思想积极分子代表会议，历时19天。会议既是一次总结交流经验的会议，又是一次宣传性会议。会议号召全省上山下乡知识青年当好毛泽东思想宣传、阶级斗争的战斗员、大寨式的好社员。《河北日报》对会议情况以及典型人物、事迹，进行一系列宣传报道。

1972年4月，省革委为交流经验、表彰先进、宣传知识青年上山下乡运动，召开了全省知识青年代表会议。从4月6日到4月16日，《河北日报》集中报道河北省上山下乡知识青

年代表会议的情况,和上山下乡知识青年先进人物的事迹。同时,发表社论《坚持知识青年上山下乡的正确方向》,号召广大知识青年响应毛泽东号召,到农村中增长才干,经受锻炼,为建设社会主义做贡献。此后,《河北日报》在9月集中报道张家口市下乡知青程有志"广阔天地大有作为","桑干河畔绘新图",在涿鹿县科学种田,做出成绩的事迹。

1973年8月18日,中共河北省委在省会石家庄召开河北省知识青年上山下乡工作会议。为配合会议的宣传,同日,《河北日报》报道尚义县委领导成员带头送子女下乡务农的事迹,并配发短评"领导干部要做送子女下乡务农的促进派",号召领导干部响应省委号召,带头送子女下乡务农。同日,《河北日报》刊出知识青年上山下乡事迹专版,以较大篇幅报道河北省上山下乡知识青年先进人物程有志、董良翮、宋文利、赵树君、蒋梅英、毛继才、吴永娣、李荣华的事迹。1973年11月27日,《河北日报》刊登程有志《下乡务农无尚光荣》的文章。12月13日,《河北日报》刊登人物通讯《当一辈子庄稼人》,记述唐山市下乡知识青年毕淑文的事迹。12月21日,《河北日报》发表题为《我省广大上山下乡知识青年茁壮成长》的报道及《坚持知识青年到农村去的正确方向》的社论。

1975年3月8日,《河北日报》报道,"在毛主席革命路线指引下,朝气蓬勃地战斗在农村三大革命第一线,我省二十多万下乡知识青年正在茁壮成长"。4月14日报道,"石家庄市今年首批六千多名知识青年奔赴农村,省会二十万人隆重集会热烈欢送"。同日,《河北日报》还报道张家口市5 000多名知识青年到农村,承德市1 300多名知识青年到农村务农的情况。1975年12月21日,《河北日报》发表程有志《学大寨坚持斗争哲学大干苦干创新业》的文章。1975年12月,为纪念毛泽东"知识青年到农村去"的号召发表7周年及"大有作为"的指示发表20周年,省委、省革委召开全省上山下乡知识青年先进集体、先进个人代表会议。

(第四编第一章《社会宣传》,第560—561页)

《河北省志·共青团志》

河北省地方志编纂委员会编,河北教育出版社2003年

第四节　知识青年上山下乡运动

随着文化教育事业的发展,全国中、小学毕业生人数逐年增加。但是,国家还不可能拿出更多的钱来办学校,大部分学生面临就业的问题。1956年,我国社会主义"三大改造"基本完成之后,公有制和集体经济成为主导经济,个体经济难于存在,就业只能依赖国家。而国家各方面的建设刚刚起步,发展规模小,吸纳劳动力极其有限,在短期内不可能完全解决城市中、小学毕业生的就业问题(包括城市社会青年的就业问题)。农业是国民经济的基础,知识青年走向农村、支援农业建设成为一种必然的趋势。1955年9月,毛泽东针对动员高小毕业生和初中毕业生到农村参加财会工作时指出:"一切可以到农村中去工作的这样的知

识分子,应当高兴地到那里去。农村是一个广阔的天地,在那里是可以大有作为的。"随后,一部分高小和初中毕业生陆续回乡参加农业生产劳动。1957年,一批城镇青年响应党的建设社会主义新农村的号召,到农村参加农业生产,大部分知青被安排到城镇近郊和国营农场参加劳动。1960年,在党的大办农业的号召下,一大批城市知识青年走向农村,把自己学到的知识用于农业生产,为农业增产作出了积极贡献。1961年1月,党的八届九中全会提出对国民经济实行"调整、巩固、充实、提高"的方针,决定大量精简职工和减少城镇人口,以渡过难关。从此,大批知识青年回乡参加农业生产,掀起了知识青年上山下乡的高潮。"文化大革命"开始后,知识青年上山下乡运动再次兴起,大批城镇知识青年到农村边远山区和艰苦的地方插队落户,演变成一场青年思想政治运动,误入"左"倾错误的歧途。到1981年,大部分知识青年离乡返城,知识青年上山下乡运动逐步结束。

一、知识青年建设社会主义新农村

随着农业合作化的发展,对农业社会主义改造的完成,农村比过去任何时候都迫切需要文化,迫切需要有文化的青年参加农业生产,以便逐步推广农业科学技术,搞好农业生产合作社的经营管理工作。一大批初中、高小毕业生不断回乡参加农业生产,一部分城市高小、初中、高中甚至可以继续升学的青年,积极响应党的建设社会主义新农村的号召,来到农村,争做祖国第一代有文化的新式农民。到1957年,河北省在乡知识青年(包括回乡和下乡中、小学毕业生)已达100多万名。广大知识青年虚心向农民学习,以艰苦奋斗的精神克服了重重困难,为建设社会主义新农村作出了很大贡献。

为总结交流知识青年参加农业生产的经验,动员更多的知识青年投入农业生产建设,1957年3月20日,青年团河北省委召开了"河北省建设社会主义新农村知识青年积极分子大会"。来自全省农村的模范社员、饲养员、垦荒队员、畜牧技术员中690多名知识青年积极分子出席了大会。青年团中央给大会写来了贺信,号召广大知识青年为建设社会主义新农村而贡献力量。团省委书记李兴作了题为《立志做祖国第一代有文化的新式农民,为建设社会主义新农村而奋斗》的报告。大会通过了给全省在乡知识青年的一封信,号召广大知识青年积极参加农业生产、开展劳动竞赛,把自己煅炼成为真正合格的祖国第一批有文化的新式农民。

在全省建设社会主义新农村知识青年积极分子大会的激励下,大批省内外城市知识青年积极响应党和政府的号召,到河北各地农村安家落户。北京市先后两批1 500多名初中和高中毕业生,于1957年8月底来到河北茶淀青年农场参加劳动生产。唐山市有1 041名初中毕业生到郊区农业社参加了生产,其中有126名是家住市区的学生。天津市有298名中、小学生分别到郊区和宁河县军粮城乡"共产主义之路农业社"、"金谷农庄"、"山子农业社"和李庄子乡的"新元庄农业社"参加农业生产。石家庄市桥西区第一批30名毕业生,到郊区新华、胜利两个蔬菜合作社参加生产。保定市应届毕业生严树菁等5人,自愿到农村安家落户。

1957 年以前知识青年下乡,以到附近郊县、国营农场为主,为后来大规模、有组织的知识青年上山下乡运动的开展打下了基础,提供了经验。1958 年,由于"大跃进"兴起,城市基建规模扩大,职工人数猛增,城镇知识青年上山下乡活动暂停。

二、城镇知识青年上山下乡运动

1960 年全国逐渐兴起大办农业、大办粮食的热潮。许多城市青年、学校青年,把到农村去看做投入锻炼革命意志的熔炉和学习生产知识的学校,把农村人民公社看做大有作为的广阔天地,毅然走向农业生产第一线。邢燕子就是这一时期全国知识青年上山下乡的光辉典范。

邢燕子,原名邢秀英。1959 年高小毕业后,响应党的号召,离开天津市的父母走向农业战线,到汉沽大锤庄公社司家庄生产队插队落户。后加入共青团,任"燕子突击队"队长。面对严重的自然灾害,她坚决留在农村,带领突击队青年克服困难、坚持生产、战胜灾荒,为改变穷队面貌作出了贡献,受到农村青年的拥护和爱戴。1960 年 8 月 15 日,《河北日报》发表题为《发愤图强,埋头苦干,建设社会主义新农村》的通讯,介绍了邢燕子的先进事迹。8 月 16 日,共青团河北省委、省妇女联合会联合发出《关于在全省青年、妇女中开展学习邢燕子运动的通知》,号召全省青年和妇女掀起大规模的学赶邢燕子运动。

为了教育青年学生热爱农业劳动,号召更多的知识青年到农业第一线去,1960 年 9 月,共青团河北省委与河北人民广播电台联合举办了"河北省青年红在农村、专在农村"的专题广播节目,邀请邢燕子、"铁姑娘"突击队队长张秀敏、静海县团泊洼公社新式农民王培珍等知青先进模范人物作报告。通过组织全省青年学生收听广播,动员和激励全省一切能够到农村去的知识青年,愉快地到农村去,到农业生产第一线去,立志做一个新式农民和新型知识分子。9 月 16 日,中共河北省委书记、省长刘子厚在《河北青年报》发表题为《把青春献给光荣的农业战线》的署名文章,号召青年们到农业战线去,到农村去贡献自己的青春和热血。在党、团组织的号召下,全省各地掀起了"力争做燕子式青年"的热潮,大批城镇知识青年上山下乡。保定市 15 万名青年向邢燕子、魏新民提出挑战竞赛。全市非农业生产战线的 63 000 名青年,奔赴农业生产第一线。天津市知识青年在邢燕子、王培珍先进事迹的鼓舞下,立志投身于建设美好幸福的农村壮丽事业,决心做又红又专的新式农民,共有两万多名知识青年到农村安家立业。

1961 年下半年,中共中央决定对国民经济进行调整,在大办农业、大办粮食中,有组织有计划地动员城镇知识青年到农村和边疆参加生产建设,揭开了城镇知识青年大规模上山下乡运动的序幕。

1962 年 1 月 12 日,《河北日报》发表题为《把青春献给农业,在实践中锻炼成长——广大知识青年下乡加强农村建设》的文章,肯定了城镇知识青年上山下乡参加农村建设的道路。7 月,农村工作部部长邓子恢发表《关于知识青年到农村去的几个问题》一文,随后共青团中央发表了《中国共产主义青年团中央委员会给走向农业战线的团员和青年的一封信》,

回答了在乡和即将下乡的知识青年关心的问题,宣传了党的有关方针、政策,推动了上山下乡运动的深入开展。北京知识青年侯隽,就是这一时期上山下乡知识青年的典型代表。

1962年,家住北京的侯隽高中毕业后,主动申请下乡,到河北宝坻县史各庄公社窦家桥安家落户。经过一年来的锻炼,克服种种困难,终于在农村站稳了脚跟,后连续被评为五好社员、五好民兵和五好青年,并光荣地加入了共青团。1963年7月28日,《河北日报》发表题为《城市知识青年立志建设新农村的榜样》的通讯,赞扬了她扎根农村的先进事迹。同时,该报还发表了题为《城市知识青年到农村去落户》的社论,号召广大城市青年勇于担负起建设社会主义新农村的光荣任务,在农村安家立业。

1963年11月25日,共青团河北省第五次代表大会在天津召开。会议确定,今后城市青年下乡的主要形式是插队落户。会议期间,出席团代会的部分知识青年代表座谈了学习王培珍、侯隽的体会。通过讨论,代表们认为,农业是发展国民经济的基础,到农村去是新中国青年光荣的革命道路;广大知识青年应当投身到农村这个广阔的天地里,去放射奇光异彩。

1964年5月3日,共青团河北省委作出决定,号召全省知识青年向赵耘同志学习。5月4日,《河北日报》发表《走革命路,做革命人——论知识青年赵耘在农村锻炼成长》,介绍了天津市下乡知识青年、现为天津市东郊区军粮城公社苗街三队党支部书记兼队长赵耘的事迹,充分说明了知识青年扎根农村大有作为的道理。

据有关报道统计,到1964年,全省共有100多万名知识青年上山下乡参加农业生产,全省在乡知识青年总数达到200多万人,成为一支强大的建设农村的力量。

在上山下乡参加家乡农业建设的同时,广大知识青年还进行了支援、参加边疆建设的行动。据统计,仅天津市1964年就有300多名知识青年参加了新疆建设;截止到1965年,天津市共有8 400多名知识青年,分别开赴新疆、甘肃、内蒙古等地,参加开发边疆的生产劳动。

以到农村插队落户为主要形式的知识青年上山下乡运动,有力地解决了城市知识青年的就业问题。广大知识青年将自身的热情和文化带到农村,加快了农业科学技术的普及推广,促进了农村的文化建设,提高了农村集体经济的管理水平,同时也磨炼了一代青年的意志。他们为建设社会主义的新农村奉献了青春,作出了贡献。

三、知识青年上山下乡改造运动

1966年“文化大革命”的开展,使知识青年上山下乡运动暂入低潮。到1968年,由于“文化大革命”运动造成整个国民经济出现全面衰退的形势,大批中学毕业生在城镇无法安排就业,知识青年上山下乡的问题再次提到议事日程上来。为了进一步推动城镇知识青年上山下乡工作,1968年12月22日《人民日报》用“最新指示”的形式向全国公布了毛泽东的一段话:“知识青年到农村去,接受贫下中农的再教育,很有必要。要说服城里干部和其他人,把自己初中、高中、大学毕业的子女,送到乡下去,来一个动员。各地农村的同志应当欢迎他们去。"这样,知识青年上山下乡被赋予了政治使命,逐步演变成一场政治运动。

1969 年城镇知识青年上山下乡运动达到有史以来最高潮。据 1969 年 5 月统计,河北省已经有 14 万名知识青年陆续奔赴农业生产第一线,相当于前 4 年上山下乡人数总和的 2 倍。到 1971 年底,全省共接收、安置上山下乡知识青年 20 多万人。

1973 年 4 月,中共河北省委召开全省上山下乡知识青年代表会议,再次强调知识青年上山下乡是一场伟大的社会主义革命,要求广大知识青年老老实实接受贫下中农再教育,努力改造世界观,为建设社会主义新农村贡献全部力量。8 月 18 日,中共河北省委召开河北省知识青年上山下乡工作会议。至此,全省上山下乡知识青年总数已达 26 万名。

1975 年,在"农业学大寨"群众运动高潮的影响下,全省又有 55 000 名知识青年上山下乡。12 月 22 日,河北省上山下乡知识青年先进集体、先进个人代表会议开幕,共有 1 250 人参加了会议。会议对农业学大寨运动中涌现出来的知识青年先进集体和个人进行了表彰,号召全省上山下乡知识青年大干社会主义,为普及大寨县,反修防修,巩固无产阶级专政而奋斗。

1976 年全国掀起"批邓、反击右倾翻案风"运动。在政治斗争的推动下,知识青年上山下乡再次升级,截止到 7 月份,仅省会石家庄市就有 13 100 名知识青年上山下乡。

1978 年 10 月,国务院召开全国知识青年上山下乡工作会议,对知识青年工作进行了调整。大规模知识青年上山下乡接受改造运动已近尾声。

"文化大革命"中上山下乡的知识青年绝大多数是有理想、有抱负的,他们大都怀着建设社会主义新农村的雄心壮志到农村和边疆插队落户,增进了他们与广大农民的了解与交流,促进了当地的文化和农业生产。但是,"文化大革命"中的大规模政治性知识青年上山下乡运动,加重了农村和知识青年个人家庭的负担,造成了人力、物力的很大浪费,中断了大批青年的文化教育进程;以强迫命令和形式主义、政治口号和"一刀切"的方式组织和发动知识青年上山下乡,造成了一代青年的命运悲剧。

(第三编第五章《开始全面建设社会主义》,第 379—384 页)

秦皇岛地区卢龙县查找以往组织发展工作中"三不要"(小青年不要、快出嫁的姑娘不要、原来没有列入积极分子的不要)的错误做法,注重教育青年,在实践中锻炼青年,注意发展 20 岁以下的小青年、清理消灭生产队没有团员的现象。注意发展下乡知识青年,坚持政策,完善审批手续,取得了很大成绩。　　(第四编第一章《组织工作》,第 391 页)

1961 年,正值国家出现大的自然灾害,团组织对广大团员进行形势教育和革命传统教育,提倡勤奋工作,艰苦奋斗。为渡过困难,中共中央发出了举办"抗大"式政治学校,训练一批革命的知识青年,派他们到农村工作的指示。8 月,省委决定举办"河北农村社会主义建设学院",省设总校部,各地委设分院。10 月 1 日正式开学,学习半年,每半年为一期,共训练 5 000

余名学员。学员毕业后回乡或村分配工作。12月,省委发出指示,组织全省103万回乡知识青年参加农村建设,在实践中锻炼与教育青年。 　　　　　(第四编第一章《组织工作》,第409页)

1975年5月5日,《河北日报》刊登了省会各界青年隆重集会纪念五四运动56周年的消息,号召广大团员青年学习无产阶级专政理论,走与工农相结合的道路。之后,全省知识青年"上山下乡"的人数大增,各行各业涌现出了一大批先进集体和先进人物。
　　　　　(第四编第二章《宣传教育》,第475页)

1964年5月3日,团省委作出决定,组织全省知识青年学习赵耘。"要学习他热爱劳动,热爱农村,坚决实行和工农相结合的革命精神";"学习他坚定的无产阶级立场和坚持社会主义方向的决心";"学习他艰苦奋斗,勇于战胜困难";"学习他虚心向农民学习、密切联系群众的作风";"学习他刻苦学习,活学活用毛主席著作的精神"。
　　　　　(第四编第二章《宣传教育》,第489页)

1974年,团省委发出文件,介绍了乐亭县海田大队下乡知识青年、团支部书记刘子芹的事迹。为了改变海田的落后面貌,在党支部的支持下,刘子芹带领青年创业队大干、苦干,艰苦创业,新开垦盐碱地160亩,为"二年翻番三年巨变"的目标努力奋斗。当地人称赞刘子芹是"盐碱地的铁姑娘"。 　　　　　(第四编第二章《宣传教育》,第489页)

60年代初,在农业生产高潮中,群众性的科学实验运动,蓬蓬勃勃地发展起来。在这一运动中,广大农村青年,特别是广大在乡知识青年积极参与,作用日益显著,并涌现出大批先进小组和先进人物。遵化县建明公社刁庄子大队,以席瑞华同志为首的科学实验小组,成为全省农村科学实验的一面旗帜,为全省农村青年树立了榜样。1962年,席瑞华在党支部的领导和广大贫下中农的帮助下,同在乡知识青年一起,与干部、老农结合,创办了科学实验小组。他们从总结生产经验入手,紧紧抓住生产关键,广泛地开展技术学习和实验活动,除治虫害;选育推广了22个高产良种,并推广了粮棉作物合理密植等新的技术措施,对促进农业大幅度增产起了重要作用。科学实验小组也由13人扩大到45人,初步形成一支有觉悟有文化的科学技术骨干队伍,小组连续两年获得了省"农业社会主义建设先进单位"的光荣称号。5月4日、6日《河北日报》和《唐山劳动日报》分别刊登了席瑞华同志的先进事迹。

为了把刁庄子科学实验小组和席瑞华同志的革命思想和先进经验传播到广大青年中去,把农村青年科学实验活动引向深入,1965年9月10日,团省委作出《关于在全省农村青年中开展"向刁庄子科学实验小组和席瑞华同志学习"活动的决定》,号召每个在乡知识青年立宏志在农村,专在农村,把参加农业生产,大搞科学实验,建设社会主义新农村当作自己献身革命、改造思想的一条光荣道路。 　　　　　(第四编第四章《青农工作》,第636页)

1960 年 8 月 22 日到 27 日,团省委召开了学校工作会议,号召全省青少年热爱农业、踊跃支援农业。全省广大青少年在邢燕子、王培珍、赵国栋为建设社会主义新农村发愤图强、埋头苦干的革命精神激励下,大兴艰苦奋斗、勤俭劳动之风。

(第四编第五章《学校青年工作》,第 676—677 页)

《河北省志·妇女运动志》

河北省地方志编纂委员会编,中国档案出版社 1997 年

　　为了减轻城镇人口对农业的压力,中共中央于 1960 年发出了动员城镇居民回乡务农的号召。一批女知识青年响应号召回到了农村。她们务农后艰苦奋斗,涌现出很多先进典型。1960 年 8 月 19 日,河北省妇联会、共青团河北省委联合发出了《在全省青年妇女中开展学习邢燕子的通知》,要求在全省青年、妇女中立即掀起一个大规模的"学习邢燕子,树立革命大志,建设美好农村"的群众运动。邢燕子于 1958 年放弃了在城市升学就业的机会,回到家乡唐山专区汉沽市(后为宝坻县)大钟庄公社司家庄生产队参加了农业生产。为改变家乡贫困的面貌,她带领全村青年埋头苦干,1961 年使生产队的粮食产量大幅度上升:社员口粮比1960 年提高了 75%,平均每户向国家出售余粮 800 多公斤。学赶邢燕子的群众运动,不仅在全省很快形成了高潮,并且在全国也形成了轰轰烈烈的热潮。"以务农为荣,以务农为乐"的观念,逐渐被越来越多的知识青年所接受。当时仅唐山市就出现了 12 000 多个"邢燕子式"的青年妇女突击队。保定市的 63 000 多名知识青年,在邢燕子等先进典型的感召下,毅然离开城市到农村参加了农业生产。

　　1962 年夏,中共中央主席毛泽东向全党和全国人民发出"大办农业,大办粮食"的号召,中共中央提出了"各行各业支援农业"的号召。此后,有成千上万的知识青年自愿放弃了城市生活,到农村务农,走上了知识青年与工农相结合的道路,涌现出众多的女先进典型。如女知识青年侯隽自愿到宝坻县窦家桥生产大队参加农业劳动。她吃苦耐劳,艰苦奋斗,带领社员改造盐碱地,使全大队的土地实现了园田化、条田化,粮食平均亩产由过去的 50 多公斤增加到 250 多公斤,集体积累和社员收入都显著增加。侯隽因此被树立为全省、全国青年妇女学习的榜样。原在哈尔滨铁路局客运段担任副列车长的柏玉兰,于 1962 年回到原籍玉田县石臼窝公社石臼窝大队小太平庄参加了农业生产。回乡第四天,她就和社员们一起下地锄玉米。她不怕苦、不怕累,虚心向老农学习,仅用 1 年多时间就锻炼成为掌握了大部分农活技术的"庄稼姑娘"。由于她热爱集体,劳动积极,先后被选举为大队妇代会主任、团支部副书记、县人民代表和省、全国团代会代表等(她曾先后担任过共青团河北省委书记、省妇联副主任、省计划生育委员会副主任等职)。高中毕业生张秀耕于 1962 年到衡水县何家庄大队安家落户。在劳动中,她抢脏活累活干,社员有困难她想方设法帮助解决,孤寡老人有病

她细心照顾。1964 年她担任大队党支部书记职务后，带领社员艰苦奋斗，经过数年努力，将何家庄大队建设成全区"农业学大寨"的先进队：到 1971 年，全村粮食平均亩产由 10 年前的不足 50 公斤，提高到 252.5 公斤。张秀耕被选举为中共衡水地区委员会常委（后她曾担任河北省妇联副主任、中共河北省委组织部副部长、中共石家庄市桥西区委副书记等职）。

（第四编第一章《参加社会生产》，第 206—207 页）

1971 年 5 月 17 日至 20 日，中共河北省第二次代表大会在石家庄市召开。出席大会的代表共 1 209 名，其中妇女代表 247 名，占总数的 20.4％。王佐兰、王桂华、叶颖芬、吕玉兰、戎冠秀、邢燕子、孟慧琴、侯隽、晋桂香为主席团成员。王桂华、丹俊英、叶颖芬、吕玉兰、安全新、邢燕子、张子明、陈凤荣、吴启秀、柏玉兰、晋桂香、彭青、焦彩茹被选举为省委委员，王文秀、孟慧琴被选举为省委候补委员，吕玉兰被选举为省委常委、省委副书记。

（第四编第三章《参加社会管理》，第 266 页）

在河北省革命委员会常设机构中工作的女领导干部有：
……
白启娴　　1975 年任省知识青年上山下乡办公室副主任（未到职）。
……

（第四编第三章《参加社会管理》，第 267 页）

在河北省革命委员会工作的女领导干部有：
……
白启娴　　从 1976 年 10 月开始任省知识青年上山下乡办公室副主任。
……

（第四编第三章《参加社会管理》，第 270 页）

河北的绝大多数妇女在"文化大革命"运动中积极地参加了学习毛主席著作的群众运动，她们中的吕玉兰、邢燕子、侯隽、柏玉兰、白启娴、张秀耕等，还被树立为全国的学习毛主席著作积极分子，其学习的体会和运用毛泽东思想指导工作和生活的事迹被报刊、电台等新闻媒介广为传播。

（第五编第二章《提高妇女素质》，第 341 页）

（1969 年）5 月 27 日，《河北日报》发表了题目为《"穷棒子"的好后代》的文章，表彰了遵化县刁庄子大队回乡女知识青年席瑞华。文章说，席瑞华自 7 年前响应中共中央的号召，从中国科学院昆虫研究所回到农村安家落户后，把全大队的 13 名回乡知识青年组织起来，成立了"农业科学实验小组"，通过多次实验，成功地治除了在当地危害较严重的蝼蛄、玉米螟等虫害，还为大队引进、培养了 22 种粮棉优良品种，使本大队 1968 年的粮食产量比 1962 年提高了 1 倍多。《河北日报》的这篇文章，号召全省妇女和青年向席瑞华努力钻研科学技术，为农业增产服务的精神学习。

6月4日,《河北日报》载文报道:自今年以来,全省已有14万余名男女知识青年陆续奔赴农业生产第一线(相当于1966年至1968年全省上山下乡知识青年人数总和的两倍)。

(《附录·河北省妇女运动大事记》,第463页)

(10月1日)回乡知识青年王娥自1966年担任民办教师后,筹建了大队的"耕读班",并为解决学生家务活多的矛盾创造了"多级多头"教学法。

(《附录·河北省妇女运动大事记》,第463页)

(1970年)6月1日,省活学活用毛泽东思想积极分子代表会议开幕。女知识青年胡志红、孙淑英作为典型之一,在会上介绍了自己学习毛主席著作的经验。胡志红和孙淑英于1968年分别从南京市、天津市到围场县、临西县插队落户。她们到农村后认真向贫下中农学习,积极参加集体劳动,刻苦学习毛主席著作,得到了当地社员的好评。

(《附录·河北省妇女运动大事记》,第463—464页)

10月31日,"河北省上山下乡知识青年活学活用毛泽东思想积极分子代表会议"开幕。来自全省各地的积极分子,代表全省25万上山下乡插队落户知识青年和72万回乡知识青年,在会上介绍了他们活学活用毛泽东思想的经验。在会上作了典型发言的女知识青年,有文安县中艾头大队的李银戈、武清县国营农场的李红、衡水县何家庄大队的张秀耕、临西县东留善固大队的孙淑英、邯郸县林村大队的康铁英。

12月3日,河北省首批4 000多名工农兵学员进入省属12所大专院校,其中有相当比例的女学生。她们有来自农村的农民、赤脚医生、上山下乡知识青年,有来自企业的工人,来自部队的军人等。 (《附录·河北省妇女运动大事记》,第464页)

(1971年)7月27日,到隆化县插队落户的天津女知识青年郑家元,在抗洪抢险中负重伤,经救治无效牺牲。中共隆化县委、县革委授予她"模范共青团员"、"知识青年的榜样"的称号,并号召全县青年和群众向她学习。 (《附录·河北省妇女运动大事记》,第464页)

(1973年)6月,到任邱县西八方大队插队落户的天津知识青年刘淑香被吸收为中共党员。刘淑香于1967年插队落户后,组织知识青年和当地女社员办起了绣花加工厂。几年来,该厂为外贸部门加工鞋面36万双、枕面10万对、童装3万件,产品畅销70多个国家和地区,为集体创收11万余元。 (《附录·河北省妇女运动大事记》,第466页)

7月13日,河北省第五次妇女代表大会在石家庄市召开,到会代表共1 200人,特邀代

表 50 人。大会通过了《进一步发动广大妇女为伟大的社会主义事业而奋斗》的决议,选举产生了河北省妇女联合会第五届委员会:委员 97 名,候补委员 10 名。委员会选举出常务委员 20 名,选举出省妇联主任王桂华,副主任王敏、侯隽、张秀耕、马力国。

(《附录·河北省妇女运动大事记》,第 466 页)

《河北省志·政府志》

河北省地方志编纂委员会编,人民出版社 2000 年

知识青年上山下乡

城镇知识青年上山下乡在"文化大革命"中迅速发展,1968 年以后掀起高潮,到 1978 年,全省农村共接受安置下乡知识青年 55 万人。1980 年后,大规模有组织地知识青年上山下乡活动基本停止,大部分知识青年返城安置就业。

1968 年 12 月 22 日,毛泽东主席发出"知识青年到农村去,接受贫下中农的再教育,很有必要"的指示。12 月 28 日,省革委召开常委办事会议,讨论研究 1969 年安置城市知识青年上山下乡工作。自此之后,河北省开始了大规模的知识青年上山下乡运动。河北省动员安置知识青年大体有五种形式:即到农村插队、到农场、到农村单建队、回原籍和投亲靠友等。1970 年 12 月 5 日,省革委核心小组发出《关于进一步做好下乡知识青年工作的通知》。《通知》指出:(1)用毛泽东思想武装知识青年,是培养造就革命接班人的根本问题;(2)做好下乡知识青年的工作,必须狠抓阶级斗争;(3)加强下乡知识青年的政治思想工作,指导他们走突出无产阶级政治的道路;(4)安置知识青年的地区和动员知识青年下乡的城市,要密切配合,互相支持,共同做好下乡知识青年的再教育工作;(5)要关怀下乡知识青年,认真落实党的政策;(6)各级党组织、革委会必须加强对下乡知识青年工作的领导。

1973 年,中共中央相继下发了毛泽东主席给福建教师李庆霖的复信和中发〔1973〕21 号、30 号文件,要求加强对知青工作的领导,"统筹解决"各种问题。1973 年 5 月,省革委成立知识青年上山下乡办公室,具体负责知青工作。1973 年 9 月,省革委制定了《知识青年上山下乡若干问题的试行办法(草案)》,进一步明确了做好知青工作的各项政策,对知青安置经费、口粮、住房、医疗等方面作了具体规定。1974 年,开始在全省推广大厂县建设知青点和株洲厂社挂钩的经验,使城乡两方面共同做好知青工作,1975 年,河北省知识青年动员安置工作,实行由学校定向、单位定点,系统对口动员、对口管理的办法。到 1976 年,全省基本实现青年点化,共建知青点 4 342 个,安置下乡知青 144 328 人,占插队青年总数的 85.1%。青年点共建房 60 583 间,一般有宿舍、伙房、图书室、学习室、仓库等。

在城镇知青大规模上山下乡的同时,省有关部门每年都留出部分招工、升学、参军指标用于知青回城,特别对下乡时间长、年龄较大的知青实行优先招收。到 1980 年底,全省下乡知青大部分返城。(第九章《河北省革命委员会(1968 年 2 月至 1980 年 2 月)》,第 595—596 页)

《河北省志·劳动志》

河北省地方志编纂委员会编，中国档案出版社1995年

1964年以后，知识青年到农村插队。后来大批知识青年上山下乡，除河北省部分财政补助外，每年中央财政下拨专项经费（每人按500元计算）。随着下乡人数的减少，中央和省财政拨款逐渐减少，后几年每年使用于就业经费只有200万元（中央、省财政各100万元），1977年对城镇青年就业经费中扶持生产资金的使用情况进行了清理及挂帐。挂帐的条件是：一，扶持的知识青年场队，人走场（厂）散；二，遭受自然灾害，造成毁灭性损失；三，经反复查核，确实无法查清债务人的；四，扶持的企业因经营管理不善，造成关停或破产，以财产抵债的；五，为解决在农村城镇郊区老知识青年问题，借用的扶持生产资金；六，借用扶持生产资金修建的生产服务网点，在市政建设中被无偿拆除，造成严重损失，又无其他收入补偿；七，因化纤产品一次性降价后，给就业网点造成严重损失的。到年底，经过清理，全省实有扶持生产周转金4 293万元，其中1982年前投放和知识青年费转入2 025万元，1983年至1986年，投放2 268万元。经过清理审核，全省符合劳动人事部、财政部规定挂帐条件的有1 188.8万元，扶持生产资金形成固定资产1 041.9万元。全省清理挂帐后，可以用于生产经营周转的流动资金有2 062万元。

自1983年1月1日起，知识青年上山下乡补助经费转为就业补助费（就业经费），包括扶持生产资金、安置费、就业训练费、业务费和其他费用五部分。

（第三章《劳动就业》，第83—84页）

1980年，城镇知识青年停止上山下乡，在农村的下乡知识青年大部分回城，城镇出现了大批待业人员。同年8月，中共中央、国务院召开了全国劳动就业会议，会上提出了"要积极创造条件，在全国统筹规划和指导下，实行劳动部门介绍就业、自愿组织起来就业和自谋职业相结合"的就业方针（以下称三结合的就业方针），并作出《关于广开门路，搞活经济，解决城镇就业问题的若干规定》。

（第三章《劳动就业》，第85页）

第三节　城镇知识青年上山下乡

1955年，中共中央主席毛泽东号召："一切可以到农村中去工作的这样的知识分子，都应当高兴地到那里去。"之后，共青团开始组织城市知识青年下乡的试验工作。同年，河北省有计划地组织了初中、高中毕业生奔赴边疆支援边疆建设。

1956年1月中共中央在《1956—1967年全国农业发展纲要（草案）》中提出："城镇中学毕业的青年，除了能够在城市升学的以外，应当积极响应国家号召，下乡上山参加农业生产，参加社会主义建设的伟大事业。"后来，把城镇知识青年参加农业生产概括为下乡上山。1965年以后，强调"向山区进军"，又称为上山下乡。

50 年代动员知识青年下乡上山,是以农村合作化运动及城市尚未解决失业问题为社会背景的。1955 年 8 月 11 日,《人民日报》发表社论《必须做好动员组织中小学毕业生从事生产劳动的工作》,阐述了当时动员城镇中、小学毕业生下乡上山的理由。社论指出:"新中国成立的时间还短,还不可能马上就完全解决城市中的就业问题。如果国家用分散经济力量的方法把每人的职业都包下来,那么工业的发展就要受到挫折。必须指出,家在城市的中、小学毕业生中有一部分人目前的就业是有一定困难的。""农业生产中对中、小学毕业生的容纳量是十分巨大的,现在需要量很大,以后的需要量更大。"同年 9 月,中共中央主席毛泽东在《全国农村的社会主义高潮》一书的按语中指出:"全国合作化,需要几百万人当会计,到那里去找呢? 其实人是有的,可以动员大批的高小毕业生和中学毕业生去做这个工作。"他号召:"一个可以到农村中去工作的这样的知识分子,应当高兴地到那里去。农村是一个广阔的天地,在那里是可以大有作为的。"1957 年 4 月 8 日,刘少奇主持写成的《人民日报》社论《关于中小学毕业生参加农业生产问题》,更加明确地指出:"就全国说来,最能容纳人的地方是农村,容纳人最多的方面是农业。所以从事农业是今后安排中小学毕业生的主要方向,也是他们今后就业的主要途径。"

知识青年上山下乡的根本出发点,是试图把解决城镇失业问题同改变农业生产落后的状况结合起来,探索出一条解决中国就业问题的道路。

1957 年以后,本着动员不能升学的高小、初中毕业生参加农业生产的精神,动员城市知识青年到农村插队。

60 年代初,调整国民经济比例失调,压缩基本建设规模,精简企业职工,因而城市社会闲散劳动力增加。每年自然增长的新劳动力需要安置就业,造成了城市劳动就业工作的很大压力。1960 年,党中央提出"大办农业、大办粮食"的号召以后,知识青年自愿下乡的人数越来越多。随着精减职工和城镇人口工作的开展,为了进一步推动城市青年下乡的工作,1964 年 1 月,中共中央、国务院发出了关于动员和组织城市知识青年和其他闲散劳动力下乡、回乡参加农村社会主义建设工作的指示。河北省成立了"安置城市下乡青年领导小组",安置办公室设在省人委农办。1968 年安置办公室移交省民政局。1973 年 5 月 8 日河北省革命委员会决定将"河北省革命委员会安置办公室"改为"河北省革命委员会知识青年上山下乡办公室"(以下简称"知青办"),直接受省委、省政府领导,独立办公。1980 年 6 月知青办与省劳动局合并,全省大规模地组织知识青年上山下乡活动逐步停止。自 1968 年毛泽东主席发出"知识青年到农村去,接受贫下中农再教育,很有必要"的号召,知识青年上山下乡掀起高潮,到 1978 年 12 月《全国知识青年上山下乡工作会议纪要》发出以后,1979 年河北省才明确不再动员知识青年上山下乡,除一部分已婚知识青年留在农村就地安排外,其余逐步返回城市。河北省对于遗留问题做了妥善处理。直到 1989 年把农村的男知识青年子女农转非后,知识青年上山下乡工作才告结束。

一、动 员 安 置

1955 年毛泽东主席号召知识青年到农村去。共青团河北省委根据团中央指示,在唐山、保定等市动员了一批初高中应届毕业生奔赴新疆,参加建设兵团、开发边疆、建设边疆、保卫边疆。分布在新疆的伊犁地区、喀什地区、套屯、石河子、五家渠等几十个兵团约3 000多人。同年10月,共青团河北省委在唐山、石家庄、保定等市重点动员百余名青年组成了河北省第一支赴黑龙江兆县垦荒队,于11月8日出发到兆县成立了"河北村",队员共102人,其中共产党员16人,共青团员77人。他们克服种种困难,一年垦荒1 550亩。

1962年、1963年国民经济调整,压缩城市人口,精简职工,同时动员了2万多名知识青年下乡,安置到国营农、林、牧、渔场。1963年11月河北省安置办公室统计,全省国营农、林、牧、渔场安置家居大、中城市精简职工和学生16 900人,其中职工占12.4%,学生占45.1%,闲散人员占42.5%。仅柏各庄农场3年就接收天津、唐山知识青年1 138人,连同社会青年共计1 918人。

1964年4月24日,中共中央批转共青团中央书记处关于组织城市知识青年参加农村社会主义建设的报告,把知识青年下乡上山的工作视为共青团的一项长期的重大政治任务。各级党委十分重视,妇联、统战、教育等部门紧密配合,广泛宣传动员,全面展开知识青年上山下乡运动。共青团河北省委统计,全省已有200多万名知识青年先后参加了农业生产,并涌现出赵耘、邢燕子、张秀敏、侯隽、王培珍等先进人物。仅1964年、1965年两年就动员县以上城镇户口的年满16周岁以上的初高中毕业生和社会闲散人员下乡、回乡23 931人。

1964年全省下乡、回乡知识青年和退伍军人安置人数计划17 505人左右(不包括衡水地区数字)。除邢台地区任县接收天津下乡知识青年100人,农场新建队安置300人,保定、唐山等地接收下乡投亲靠友安置1 700人外,各地、市、镇动员下乡的知识青年和城市闲散劳动力,一般都在当地安置。1965年动员上山下乡支援边疆建设的有1 711人。

1965年河北省下乡人员安置计划表

	合计	插队安置				回乡人员	国营农林场安置	备　考
		小计	单身插队	成户插队	新建队			
总　　　计	17 505	14 950	8 600	4 750	1 600	1 755	800	
1. 天津市	1 800	1 300	500	300	500	500		郊区安置
2. 天津专区	2 600	2 450	800	1 650		150		包括天津市100人
3. 唐山专区	3 200	3 000	2 300	300	400	200		
4. 承德专区	1 000	900	390	410	100	100		
5. 张家口专区	2 500	2 000	1 020	880	100	500		
6. 保定专区	1 075	1 000	700	200	100	75		
7. 石家庄专区	650	600	520	80		50		
8. 邢台专区	445	400	365	35		45		包括天津市100人
9. 邯郸专区	900	800	670	30	100	100		
10. 沧州专区	535	500	435	65		35		
11. 中捷农场	300	300			300			天津市300人
12. 未分地区	1 700	1 700	900	800				天津市投亲靠友成户下乡
13. 农　　场	600						600	
14. 林　　场	200						200	

	插队安置经费	插场安置经费	回乡人员安置经费	
总　　　计	4 331 350	3 473 600	770 000	87 750
天津市	435 000	410 000		25 000
天津专区	441 250	433 750		7 500
唐山专区	777 000	767 000		10 000
承德专区	210 700	205 700		5 000
张家口专区	460 150	435 150		25 000
保定专区	244 250	240 500		3 750
石家庄专区	141 500	139 000		2 500
邢台专区	95 250	93 000		2 250
邯郸专区	213 500	208 500		5 000
沧州专区	117 750	116 000		1 750
农垦局	654 000	114 000	540 000	
林业局	230 000		230 000	
省暂保留	311 000	311 000		

　　1966 年"文化大革命"开始后,除个别知识青年回乡务农外,城镇知识青年上山下乡工作基本停止。1968 年 12 月,毛泽东主席号召城镇"知识青年到农村去,接受贫下中农的再教育",河北省动员知识青年上山下乡形成了高潮。各单位和城市街道居民委员会对符合下乡条件的知识青年开始摸底动员,把人员公社所属单位的非农业人口并符合下乡条件的,也列入了动员对象。1968 年到 1970 年期间,全省有 68 451 名知识青年上山下乡。1971—1972 年城镇高中毕业生大部分留城就业,只有 9 055 名知识青年上山下乡。到 1973 年底统计,全省已有 11.2 万多名知识青年上山下乡。

　　1973 年,根据中共中央 1973 年 30 号文件精神,结合河北省情况,中共河北省委批转了《河北省知识青年上山下乡若干问题的试行规定草案》。除按有关规定和国家计划直接升学、参军和病残、独生子女、多子女家庭只有一个子女的以及中国籍的外国人子女不动员下乡外,均应动员上山下乡。对多子女家庭留城规定改变为:根据要求,领导批准,可以先留下一个。对应下乡而不下乡的青年,不安排就业。

　　1974 年以来,下乡、回乡知识青年计 48 万人,其中 1974 年下乡 23 236 人,北京、天津到河北省插队的有 12 万人,其他省、市的 0.58 万人。全省建立青年点 4 151 个。到1977 年,建点达到 4 296 个,集中安置 13.7 万人,占下乡人数的 60%。青年网点形式有三种:一是由大队建点,集中食宿,劳动在生产队;二是大队建点,食宿集中,分别在各生产小队和大队的农、林、牧场劳动;三是公社或大队建点,创办以知识青年为主,有贫下中农代表参加、实行单独核算的青年农场。各点一般都有宿舍、伙房、图书室和院墙。在点知识青年有北京市 6.4 万人,天津市 3.4 万人,其他省、市 0.5 万人。以系统为单位,各单位向其知识青年点派出带队干部,共选拔政治条件好、身体健康的带队干部 695 人。带队干部一般在点一年,到期轮换。

1974 年 4 月 20 日城镇动员知识青年上山下乡进度统计表

	全省动员任务			已下乡人数				
	小计	市	县	小计	市	所占百分比	县	所占百分比
总　计	67 103	54 064	13 039	23 236	17 177	31.7	6 059	45.8
邯　郸	5 300	4 200	1 100	1 263	370	8.8	893	81.1
邢　台	2 054	324	1 730	69	7	2	62	3.6
石家庄	14 394	13 543	851	10 196	9 468	70	728	85
衡　水	750		750	656			656	87
保　定	3 408	1 708	1 200	392	317	18	75	4.4
沧　州	1 092	333	759	98	3	1	95	12
天　津	800		800	140			140	17.4
唐　山	25 000	23 000	2 000	3 434	2 549	11	885	44.3
张家口	9 111	7 521	1 590	5 005	3 905	52	11 000	70
承　德	5 194	3 435	1 759	1 983	558	16	1 425	80

　　唐山市动员任务 20 000 人,已下乡 1 838 人,占 9.2%。各县动员任务 2 000 人,已下乡 885 人,占 44.3%。秦皇岛市动员任务 3 000 人,已下乡 573 人,占 24%。邢台市学生暑期毕业,毕业后才能动员。

　　1973 年 4 月 12 日,河北省知识青年上山下乡工作会议和代表会议从思想、政策等方面检查总结了工作,交流了经验,明确了任务,研究了进一步加强领导的措施。会议统计,在几十万下乡知识青年中,涌现出先进集体 923 个,先进个人 2.6 万多名;有 6.17 万多人加入了中国共产党,有 1.5 万多人加入了共青团;有 1.3 万多人被选为各级领导班子的成员,其中进入公社以上领导班子的有 315 人;有 3.7 万多人当了农业技术员、农机手、"赤脚医生"和民办教师。

　　1975 年 12 月 21 日召开河北省上山下乡知识青年先进集体、先进个人代表会议,会议表彰了先进集体 155 个、先进个人 706 人、贫下中农代表 40 人、家长代表 9 人、厂矿企业代表 13 人、带队干部代表 18 人。

　　1975 年,实行由学校定向、单位定点、系统对口动员、对口管理的办法。从 1974 年到1978 年,共动员 263 051 名知识青年下乡、回乡。另外,有 29 名大学生自愿回乡当农民,42 名大中专学生赴西藏工作。

　　根据 1978 年 12 月国务院召开的全国知识青年上山下乡工作会议精神,结合河北省城镇就业的需要和上山下乡中出现的一些实际问题,有条件地缩小了动员下乡范围。调整了城镇知识青年上山下乡政策,决定矿山、林区、小集镇、一般县城非农业户口的中学毕业生以及有安置条件的城市的中学生,不再动员下乡;以后上山下乡不再搞分散插队,改为举办集体所有制的青年农场、工厂或生产队,并提出城镇要更多地为中学毕业生创造就业和升学条件。对于农村人民公社非农业人口的子女,父母双亡的,不再属动员范围。对于老红军、二等以上革命残废军人,允许两名子女留城。同父异母或异父同母的,父母双方身边各留一名子女。父母两地工作的,允许父母身边各留一名子女。1978 年,全省有知识青年下乡 8 078人。1979 年以后,进一步缩小动员范围,除石家庄市、唐山市、保定市、邯郸市、张家口市、沧州市、邢台市、承德市和秦皇岛市以及安置任务大的县城外,其他地方一般不再列入动员下乡范围。1979 年全省共有 1 910 名知识青年上山下乡。

1979 年 10 月 24 日至 30 日,河北省革命委员会召开全省劳动就业、知识青年上山下乡工作汇报会。据统计,到 9 月底全省已安置待业人员 24.49 万人就业。

1980 年 5 月 14 日,召开河北省劳动就业、知识青年安置工作会议。会议认为,知识青年工作取得较好成绩,但全省当年仍需要安置 44 万人,任务艰巨。为此,要求各地认真抓好以下几项工作:

一、充分认识劳动就业问题的重要性和艰巨性,进一步解放思想,广开门路。

二、把发展集体经济作为解决就业问题的主要渠道。

三、努力办好劳动服务公司。

四、加强劳动力的统一管理,严格控制农村劳力进城。

五、继续做好下乡知识青年的安置工作。

六、切实加强对城镇待业青年和下乡知识青年安置的领导。

到 1981 年 9 月 26 日,全省已安置 18.44 万人,占当年需要安置人数 21.18 万多人的 87.1%。

1963—1980 年城镇知识青年下乡人数统计表　　　　　　单位:人

年　份	下乡人数	年　份	下乡人数
1963 年	8 679	1972	5 109
1964	12 888	1973	15 730
1965	11 043	1974	60 085
1966	7 643	1975	75 615
1967	3 025	1976	73 712
1968	31 135	1977	45 561
1969	14 900	1978	8 078
1970	22 416	1979	1 910
1971	3 946	1980	691

二、知识青年管理

1973年5月,河北省革命委员会批准建立"河北省革命委员会知识青年上山下乡办公室"。8月29日,确定行政编制25人,由省民政局拨11人。9月20日,充实、调整省知识青年上山下乡领导小组,确定马力兼任组长,王金山、柏玉兰兼任副组长,邢安民、吴启秀、徐纯性、王漫、张振华、马耀章、常书田、石虹、赵卜、阎懋、陆治国、王敏、王建昌、徐敏光、钮文起任成员。

各级知识青年办公室作为党的办事机构,具体负责知识青年的动员、安置、经费、回城等项工作,制定有关政策,检查落实情况,使河北省比较稳定地渡过了"上山下乡"这一特殊时期。

（一）安置形式

第一种形式是集体插队。这是一种主要的安置渠道,占全部上山下乡知识青年的85%。插队知识青年10人左右为一组,集体插入生产大队。一部分由动员城市自行找点安置,一部分跨地区异地安置。

第二种形式即回乡安置。城镇知识青年可以投亲靠友,回原籍农村。知识青年本人自愿,经原籍社队同意,可以回乡安置。除接收省内回乡者外,还接收了相当数置的外省知识青年。仅大厂回族自治县1974年统计,自1969年以来,共安置北京、天津两地下乡、回乡知识青年673人。也有部分河北知识青年到外地安置。

第三种形式即到农场安置。由省统筹规划,根据各农场经营管理条件和需要人情况统一安置。各地根据中央要求,发动机关、学校、部队、企事业单位举办农、林、牧、渔基地,有条件的可以试办农工商联合企业。也可以在独立核算的集体所有制知识青年场（队）和国营农、林、牧、渔场安置知识青年。安置有困难的,也可在办得好的青年点进行安置。有条件的地方,组织知识青年到山区绿化造林。时间连续一年以上,经省知识青年上山下乡办公室批准,可以不转粮户关系,按照到国营农、林、牧、渔场的标准拨发安置经费。

对于集中安置城市上山下乡知识青年,在农村为他们举办的独立核算的集体所有制场、队,不分原有新办,一律在一定时期内享受免税、免交利润等优惠待遇。自1979年1月至1985年底,对其生产经营的各项纳税产品业务收入,免于缴纳工商税;对其所得的利润免于缴纳工商所得税。机关、部队、学校、企事业单位为安置本系统城市上山下乡知识青年而举办的农、工、林、牧、副、渔业生产基地,凡城市上山下乡知识青年占总人数60%以上的,也照以上规定办理。1980年4月25日,国家财政部对安置知识青年的集体企业作出进一步减免税的规定,对于安置下乡知识青年超过企业职工总人数60%（含60%）的企业,对其实现的利润,可以免征工商所得税一年,改为从投产经营的月份起,免征工商所得税二年至三年。

河北省除安置了省内外上山下乡知识青年、回乡知识青年外,还接收安置了部分归国华侨。河北省革命委员会1973年453号文件规定,"对插队落户满两年以上归国华侨学生,尽可能安排进当地工厂","今后原则上不动员他们去农村插队落户","对1972年前回国又有工作条件,但未安排工作的归侨,争取在1973年内予以安排"。

1973 年河北省需要安置历届华侨情况表

地区 ＼ 项目	需要安置数	其中			备 考
		在农村插队落户两年以上的	初高中毕业生归侨学生	回国后有工作条件尚未安置的	
合 计	31	15	5	10	
石家庄地区	7	4	3		
保定地区	9	4		5	
唐山地区	2	2			
张家口地区	6	1		5	
承德地区	3	3			
邢台地区	2		2		
邯郸地区	1	1			
衡水地区	1	1			

（二）生活安排

对于知识青年到农村的生活安排，在大批知识青年上山下乡之前，一般没有计划安置经费，只是在个别生活费用方面有点照顾。对于下乡、回乡的知识青年，只是发给锄、镰、镢头、锨等生产工具，到山区插队的酌情发给一些扁担、绳子等生产用品。以后在经费、建材、口粮、医疗等方面逐步规定办法并加以完善。到 1973 年，才对河北省知识青年的有关问题进行了明确和调整。

1. 提高了经费开支标准

城镇知识青年回农村老家落户的，到农村插队和建立集体所有制场（队）的，每人补助 500 元。(1)建房补助费每人 200 元左右。由县（市）掌握，主要用于木材、砖瓦等基本材料开支。选择适当地址，给每个下乡知识青年建房 8—10 平方米。生产大队作出建房计划，征得下乡知识青年同意，公社审查批准后，由大队统一兴建。不足部分编造计划，逐级上报，由省增拨。(2)生活补助费每人 200 元左右。主要用于购买吃、穿、用等生活必需品。此项补助，原则上分三年拨付，第一年 130 元，第二年、第三年 70 元。在此限内由县（市）掌握。经济条件好的地方少补一些，差的地方多补一些，分年落实到人。(3)农具、家俱补助费每人 50 元，由生产大队掌握，给下乡青年购置必需的农具和家俱。(4)学习材料费每人 15 元。医疗补助费每人 50 元，由县（市）掌握，分期拨给大队，定期向下乡青年公布使用情况。(5)旅运费每人 5 元，包干拨给动员城市，作为上山下乡知识青年由城镇到安置地点的路费和途中补助费。(6)其它费用每人 15 元，由省掌握，用于下乡知识青年的特殊开支和到坝上高寒地区下乡知识青年冬装补助费（每人 40 元），到国营农、林、牧、渔场的每人补助 400 元。(7)京、津二市的知识青年到河北省下乡的，车船费可按实支数另付，到坝上高寒地区的，国家给每人另加 40 元冬装补助。(8)知识青年的房屋应留给下次新下乡的知识青年使用，并抵顶有关经费，尚未用完的经费上交财政，或抵作新下乡知识青年经费。

2. 口粮问题

（1）下乡知识青年的口粮，第一年在当年秋粮分配以前，由国家供应。口粮标准，每人每月贸易粮22.5公斤。知识青年下乡时，由所在地粮食部门按本人标准发给一个月的粮票，到村后，由当地粮食部门补到22.5公斤。（2）参加集体分配后，既要体现按劳分配的原则，又要给以必要的照顾。正常出勤的，应不低于当地单身整劳动力的实际吃粮水平。一般每人每月贸易粮21公斤到22.5公斤。具体标准由县（市）确定。余粮队超过22.5公斤的不下降；缺粮队或自足队分配的口粮达不到上述标准的，用国家统销粮给予补助。（3）受灾地区的缺粮队，应教育下乡知识青年与贫下中农同甘共苦，生产自救。但所在队口粮水平低的，下乡知识青年的口粮每人每月也不要低于贸易粮18公斤。（4）下乡知识青年经批准到外地探亲、治病等，所需全国粮票或地方粮票，当地粮食部门要保证兑换。（5）下乡知识青年参加集体分配前的食油，由国家按当地非农业人口标准供应；参加集体分配后，国家不再供应。

根据下乡带队干部的不同情况，口粮补助可区别对待。在县和公社工作期间，国家不予补助；在农村期间，在社员家吃饭或随知识青年一同搭伙的，每天补助到0.7公斤，驻县、公社的带队干部到生产队参加集体生产劳动，每天也补助到0.7公斤。

（三）卫生医疗

1. 办好社队合作医疗，为每个知识青年点培训赤脚医生和卫生员。对现有的医务人员，由县（市）普训一次，对以后新增加的知青点卫生人员，继续进行培训工作。

2. 对下乡知识青年进行卫生教育。照顾女知识青年生活特点，例假期间不安排重活和下水农活。

3. 防病措施。对重病、重伤的下乡知识青年，经县（市）的领导机关批准，持当地医院的转院治疗证明，可以到城市就医。下乡知识青年探亲期间，可以持探亲证明到所在地城市医院治疗。

（四）伤亡病残

对于下乡知识青年的伤亡病残，逐步有了明确的规定。1978年8月，河北省对知识青年的死亡抚恤、丧葬费用、伤残待遇等有了明确规定。

1. 知识青年残废抚恤

知识青年因公死亡，发给丧葬费80元至150元。根据家庭情况，酌情给予一次抚恤120元至150元。已婚知识青年因公死亡，可根据配偶及子女情况，给予家属一次性补助，家庭一人者200元，二人者350元，三人以上者450元。因抢险、抢救死亡者，增发抚恤金50％。因受迫害致死，可根据家庭情况，酌情给予补助，最多不超过因公死亡的标准。

知识青年正常死亡和其他原因死亡者，发丧葬费80元至150元。

知识青年死亡丧葬费，由社队负担。抚恤费和生活补助费由知识青年经费开支。

2. 知识青年患严重疾病的医护生活费等问题的处理

知识青年患有严重疾病，不宜参加农业生产劳动的，可办病退手续回城。回城前的医疗费按农村合作医疗规定办理，合作医疗解决不了的，或因病造成生活困难，以及回城后医疗费开支有严重困难的,知识青年部门酌情补助。

患有严重神经病的知识青年,其医疗费和护理费,在农村合作医疗规定的开支范围内解决不了的,由知识青年部门给予补助。迁回城镇的,由家长和城镇知识青年部门共同做好安置工作。其医疗费、护理生活费由城镇知识青年部门酌情补助。

3. 伤残知识青年的待遇

知识青年因公负伤,由所在社队(如系队统一组织外出做工的,由用人单位负责)负责治疗,其药费、住院费由所在社队合作医疗支付。社队有困难的,由知识青年医疗费酌情补助。非因公负伤的医疗费,原则上由本人自负,如有困难者,给予适当补助。

知识青年因公伤致残者,不能参加农业生产劳动的,征得同意,可迁回动员城镇,安排力所能及的工作。安排工作前的生活费,根据实际情况由城镇知识青年部门给以补助。留农村的人,安排力所能及的工作,收入不足130元的,由社队补助到130元,社队有困难的,由知识青年部门酌情补助。终身致残的,医疗费、护理费和生活费由社队负责,有困难的由知识青年部门酌情补助。

知识青年非因公致残者,其医疗费按合作医疗规定办理,生活费原则上自己负担。确有困难的,知识青年部门酌情补助。

(五)其他问题

1. 分给插队青年和社员同等数量、质量的自留地。

2. 对下乡知识青年,要和当地社员同工同酬。实行男女同工同酬,做到分配兑现。不得以任何借口克扣他们的劳动工分和应分配的粮款。

3. 下乡知识青年建房所需木材等物资,当地确实解决不了的,纳入国家计划,保证供应,不得挪用。

4. 按照国家计划,在下乡知识青年中招工、招生、征兵时,应在党组织领导下,经知识青年小组评议,征求带队干部和贫下中农意见,由县革委会或团、场领导批准。任何单位不得擅自到社队抽调下乡青年。

5. 已下乡的独生子女和多子女身边无人的,在按照国家计划招工时,应予照顾。

1973年河北省财金局、安置办一次性拨付各地、市30万元,用于个别严重疾病、严重伤残和医疗费用过大,个人、集体确实无力解决的知识青年的困难补助。

河北省各市知识青年困难补助情况表

市	困难补助(万元)	市	困难补助(万元)
石家庄	1.4	衡　水	1.4
承　德	4.8	天　津	4.5
邢　台	1.3	沧　州	3.1
保　定	2.1	邯　郸	1.6
张家口	4.8	唐　山	6.0

1973—1976年国家拨给河北省安置知识青年经费1.5亿元,建房补助木材8.7万立方米。从1975年开始,每年按下乡青年每人0.2立方米木材下拨。到年底,全省下乡知识青年共计建房57 189间。

(六)慰问知识青年

河北省知识青年上山下乡办公室建立后,不断组织下乡调查研究,结合慰问了解下情,解决问题。中共中央1970年26号文件下发以后,为了全面落实上山下乡的部署,河北省革命委员会决定于1971年12月对全省下乡知识青年进行慰问。省、地、市、县共同组织建立"河北省慰问上山下乡知识青年代表团"。省设总团,地区设团,市、县设分团,分团下设若干小组(每组3—5人)。省总团团长由马力担任,副总团长由吕玉兰、耿长锁、谷奇峰、郭志、邢燕子、侯隽等人和地区慰问团的团长担任。各地区正副团长由地区革委会主要负责人担任。慰问团的成员有工人、贫下中农、解放军、革命干部、下乡知识青年的家长和下乡知识青年代表。

另外,由省直有关单位抽调56人(包括局级领导干部11人)分赴10个地区和16个安置下乡青年3 000人以上的县进行慰问。

在总团统一领导下,慰问以分团为单位进行活动。携带省革命委员会给下乡知识青年的慰问信,深入到有插队知识青年的大队进行慰问。本着"村村到,人人见"的精神,开好三个会,即知识青年座谈会、贫下中农和基层干部座谈会,并征求意见,进行慰问,宣传贯彻毛主席、党中央关于知识青年上山下乡的指示,总结经验。对知识青年提出的有关学习、锻炼和生活等方面的问题,协助社、队解决。

地、市、县慰问单位带剧团或电影队分片给下乡知识青年和广大贫下中农演出。

河北省上山下乡知识青年慰问团总负责人及慰问领导小组成员名单

总负责人:马力、吕玉兰、耿长锁、谷奇峰、郭志

领导小组成员:许明、吴启秀、王树华、李文学

为了更好地掌握日常工作情况,下设慰问工作办公室,李文学任主任,李宝山任副主任。办事人员由省革委会政治部1人、保卫部1人、生产指挥部1人、民政局3人,共8人组成。

河北省省直有关单位参加慰问上山下乡知识青年人数表

单 位 名 称	抽调人数	其 中		备 考
		局级领导	工作人员	
合 计	56	11	45	
省革委会政治部	4	1	3	
省革委会生产指挥部	4	1	3	
计划局	2	1	1	

单位名称	抽调人数	其 中		备 考
		局级领导	工作人员	
公法军管会	3	1	2	
教育局	3	1	2	
财金局	2	1	1	
粮食局	2	1	1	
农业局	3	1	2	
基建局	2	1	1	
民政局	4	1	3	
省革委会政策研究室	1		1	
商业局	1		1	
卫生局	2		2	
河北日报社	4		4	
河北人民广播电台	2		2	
储备局	1		1	
外贸局	1		1	
出版社	1		1	
水利局	1		1	
交通局	1		1	
轻工业局	1		1	
冶金局	1		1	
煤炭局	1		1	
文化局	2		2	
化工局	1		1	
机械局	1		1	
电力局	1		1	
地质局	1		1	
科技局	1		1	
电讯局	1		1	
邮政局	1		1	

中共河北省委发出《关于慰问下乡知识青年的通知》后，各地很重视，分别组团慰问。这次慰问历时约一个月。参加这次慰问的有革命干部、解放军、贫下中农等共计7 800多人，加上慰问团带去的497个电影队、48个剧团的成员，总计近1万人。各地的慰问活动是以县分团为单位划分若干小组分别进行的，先后到2 700个公社，14 000多个生产队，共慰问上山下乡知识青年13.9万人，占上山下乡知识青年总数的81%。

三、招 工 回 城

1972年10月，中共河北省委关于批转省革委安置办公室《关于召开安置工作座谈会议情况的报告》的通知指出，几年来，为工交、财贸、文教战线输送了4万多名新职工。今年从上山下乡知识青年中招工、招生时，县以上计划部门和安置部门要共同协商，确定分配指标。招收的对象，要经贫下中农推荐，由县安置部门和计划部门审查、批准。1973年4月21日，中共河北省委常委会议议定："今后在征兵、招收工人、招考大学生时，都要给安置办公室一定名额，从上山下乡知识青年中征招部分。"同年5月9日，中共河北省委41号文件规定："今后征兵、招工、招生时，要从下乡知识青年中征招一部分，列入国家计划，具体指标由有关部门共同商定下达，由知识青年上山下乡办公室掌握，从下乡两年以上的知识青年中征招。要坚持青年小组评议、贫下中农推荐和领导批准的方法，严禁走后门。"

1973年以前，在乡知识青年有23万多人。有11.17万人逐步调离了知识青年岗位，其中升入大中专学校的有6 515人，参军的5 191人，招工就业的40 804人，提拔为各级干部和教师的26人，因各种原因回城的59 191人。

1974年3月5日，河北省知识青年上山下乡领导小组会议议定，对于病退和家庭有特殊困难需要回城的知青，由地区批准，今后城市招工应优先安排。同年下达招生计划760人，当年实际招工12 363人，1975年招工41 377人。以后每年在社会招工总数中都安排一定比数招收下乡知识青年，特别是对下乡时间长、年龄较大的优先招收。适应女同志工作的，尽量多招收女知识青年。劳动部门和知识青年部门共同负责做好在知识青年中的招工工作。到1978年上半年，共计招收下乡知识青年16.71万人。升入各类学校的21 708人，参军的18 766人，另有93 494人以其他形式调离了知识青年岗位。

1979年，根据中共中央关于"插队知识青年中确有实际困难不易解决的，要在城乡全民和集体所有制企事业中，逐步安排他们从事有固定工资收入的工作"和"招收下乡知识青年的指标要专项下达"的精神，省计划当年用6万名专项指标（包括全民和集体）招收下乡知识青年。优先招收对象是1975年以前下乡的老知识青年（包括有困难的已婚知识青年），指标有多余的，可对1976年以后下乡的有特殊困难的给以照顾。招工办法，主要是由动员城市和安置地区的劳动、知识青年部门根据有关规定共同商定。征求社队意见之后，进行招收。招工分配时，进行德、智、体全面考核，主要是看劳动态度及表现。到6月底，共招工10.8万人。

为了搞好下乡知识青年的招工和统筹安排，要求各地做到：一，要对已婚知识青年分别情况,逐人逐户地进行妥善安排。首先教育和鼓励他们安心农村,为农业现代化贡献力量。凡自愿在农村扎根安家的,都给以支持和鼓励;对于失去安排条件的,子女多离家有困难的,和社队条件好、收入多的,要尽量做好思想工作,帮助他们解决实际问题,使他们稳定在农村。其他需要安排的已婚知识青年,根据不同情况,本着就地就近的原则,切实把他们安排好。知识青年同本省城镇职工结婚的,可由知识青年部门协助他们迁回职工所在城镇安排,知识青年同外省、市职工结婚的,和知识青年之间结婚的,安置地区可与外省、市和动员城市协商解决,外省、市安排有困难的,由安置地区安排。现在担任民办教师、赤脚医生和作临时工、合同工的知识青年,如有招收指标,可优先转正。已婚知识青年还可在当地国营农、林、牧场进行安排,如已婚知识青年和其爱人、子女一块进场,为了协助农场把他们安排好,每户可补助 600 元、0.5 立方米木材,交农、林、牧场统一使用。二,为了控制中等城市人口的增长,发展小城镇,对于解决住房和家庭困难,加之城市大量行业人员安排尚有困难,对未婚知识青年的安排,继续贯彻市招市、县招县下乡知识青年的原则。对外省市的知识青年,经联系回不去的,同本省知识青年同样看待,在市郊区插队的由市安排,在县插队的由县安排。其中,由于单位搬迁、部队干部转业、职工调动等,知识青年跟随转了点的,由父母所在城镇安排(如系父母一方调动,由原动员城镇和接受地区协商安排)。本省城跨地区插队的下乡知识青年,原则上由动员城市安排。跨县插队的知识青年由接收县安排。三,城镇举办全民所有制领导下的集体企事业单位,安排留城下乡知识青年的,要按照省委文件规定,在税收政策和产供销等方面给以照顾,3 年内免税。

1980 年全省劳动就业工作会议确定,不再动员城镇中学毕业生上山下乡,仍在农村插队的下乡知识青年,在招工中尽量优先安排就业,确实招收不了的,可回父母所在城镇待业。到 1980 年底,全省下乡知识青年大部分回到原动员城市就业或待业。对 1972 年前下乡的老知识青年本着"国家关心,负责到底"的精神,就近安排了有固定工资收入的工作。1981 年 6 月,全省知识青年机构合并到同级劳动部门,遗留的知识青年问题由各级劳动局培训处、科、股负责解决。全省知识青年工作基本结束。

1983 年 4 月 17 日,省知识青年上山下乡办公室、省劳动局、省公安厅、省粮食局、省人事局、省教育局、省财政局联合发出《关于贯彻省政府批转知青办、劳动局、公安厅、粮食局、财政局关于解决自行转点的知青和女知青子女户口问题的意见的报告》。对于补办知识青年手续、安置就业、户口农转非、经费等方面提出了具体意见。6 月 28 日,省劳动人事厅发出《关于抓紧处理插队知青遗留问题的通知》,要求各地加强领导,对知识青年遗留下来的问题,全面解决,善始善终。同年 8 月 5 日,河北省劳动人事厅转发劳动人事部《关于解决原下乡知识青年插队期间工龄计算问题的通知》,结合河北省具体情况,对上山下乡知识青年范围、自行转点插队等几个问题作了补充规定。规定凡在"文化大革命"期间由国家统一组织下乡插队的知识青年,在他们到城镇参加工作以后,其在农村参加劳动的时间,可以与参加工作以后的时间合并计算为连续工龄。　　　　　　　　　　(第三章《劳动就业》,第 98—113 页)

169

"文化大革命"期间,大批城镇知识青年上山下乡,劳动工作受到影响,城镇劳动力安排不能正常进行。1970 年至 1972 年新工人招收又失去了控制,一方面大批城镇知识青年上山下乡,一方面又从农村大量招收新职工进城作工(包括招收上山下乡知识青年)。1972 年,按照中共中央和国务院指示,严格控制增加新职工,规定未经省劳动部门批准,任何地方或单位不准招收新职工。1974 年,为了安置下乡多年的城镇知识青年,将招收上山下乡知识青年的最高年龄适当放宽,还规定只要适合女性做的工作,就不招男性。在此期间,职工子女顶替和长期使用的临时工也都转为国家固定职工。 (第四章《企业劳动力管理》,第 130 页)

2. 1966 年至 1978 年,大量城镇知识青年上山下乡。同时,又从农村大量招收工人进城,形成城乡劳动力大对流。

3. 在"文化大革命"期间先后下放到农村去的大量知识青年,在 70 年代后期开始陆续回到城镇,城镇就业压力急剧加大,各地区各部门普遍采取按系统按行业包干安置的办法,在国家劳动计划不能满足其需要的情况下,即以集体所有制职工名义安排到全民单位混岗作业,又增加了一部分计划外用工。 (第五章《劳动工资计划》,第 168 页)

知识青年的工龄计算

河北省革命委员会劳动局 1978 年 5 月 30 日对原兵团战干工龄计算问题作出规定,对在国家没有新的规定以前,经组织批准,原兵团、农场职工(指知识青年当职工的)直接调到国家机关、企事业单位或病退、困退到城市或插队到农村,以后又招为国家机关、企事业单位正式职工的,其在兵团、农场期间的连续工作时间可与重新参加工作后的连续工作时间合并计算连续工龄。在本规定发布以前,凡因未加在兵团、农场的工作时间,连续工龄不满 5 年而没有带工资上大、中专学校的在校学生,从本规定发布起,由原选送单位按照规定发给工资,并通知本人所在学校停发人民助学金。原工作单位由此超过的劳动计划指标,报当地劳动部门予以承认。1979 年 2 月重新规定,知识青年上山下乡期间不计算工龄,他们的连续工龄应当从招为正式职工之日起计算。但原在兵团、农场(指知识青年安排为职工的)的知识青年,经批准病退、困退到城市或转插到农村后招为国家正式职工的,其在兵团、农场的连续工作时间可与招为正式职工后的工作时间合并计算为连续工龄。

对于城市知识青年参加劳动服务公司、生产合作社和生产生活服务网点的工作,被招到全民所有制或县、市辖区以上集体所有制单位后工资工龄如何处理问题,根据中央和省革委冀革1979 年文件规定精神,1980 年河北省劳动局规定,城市知识青年参加服务公司、生产合作社、生产生活网点生产(工作)的时间计算工龄,在他们经组织批准被招收到全民所有制和县、市辖区以上集体单位工作后,可把这一段工龄合并为连续工龄。河北省 1981 年 3 月 27 日作出规定,对城镇行业青年参加固定性劳动服务公司和集体所有制生产生活服务企事业单位工作的,视为就业。在本单位连续工作的,从参加工作之日起计算工龄,由劳动部门在同类企业之间调动的,调动后工龄连续计算。自动退出本企业工作转到其他单位的,工龄不连续计算。

1985年6月5日河北省劳动人事厅规定:

1. 根据原来关于下乡知识青年的范围规定:(1)凡响应党的号召,上山下乡的家居城镇吃商品粮的中学毕业生,下乡时年满16周岁的中学在校学生和过去已动员下乡的社会青年,有动员城镇和所在学校证明或补办了证明,经接收县知识青年办公室批准的,按下乡知识青年对待。(2)"文化大革命"期间随父母回乡以及战略疏散的中学毕业生或年满16周岁的中学在校学生,有原迁城镇和所在学校证明,经接收县知识青年办公室批准后,按下乡知识青年对待。

各地按上述规定已承认的下乡知识青年,应算作下乡插队知识青年。其在农村参加劳动的时间,可计算为工龄。属上述人员,当时没有承认为下乡插队知识青年的,现在经所在单位调查,报县以上劳动人事部门审批的,亦可仿照办理。

2. 关于自行转点插队的下乡知识青年,经地区和省辖市审查批准,补办手续,承认其下乡知识青年身份的,转点前后在农村插队劳动时间可连续计算工龄;未补办知识青年手续的,转点前后在农村插队劳动时间可连续计算工龄。未补办知识青年手续的转点知识青年,自行招工或通过其它渠道回城后工作的,其工龄计算问题也可仿照上述精神办理。

3. 下乡知识青年插队期间计算工龄后,其前后的衔接和连续计算工龄问题,按国家有关工龄的规定执行。

1986年1月13日,河北省劳动人事厅对知识青年工龄计算问题,又作了如下规定:

1. 河北省劳动人事厅1985年6月5日规定:"属上述人员当时没有承认为下乡插队知青的,现在经所在单位调查,报县以上劳动人事部门审批的,亦可仿照办理",是指此类人员现已参加工作,其在农村劳动期间,可以计算为工龄。即由所在单位取得其原在农村劳动的村、乡证明,并负责审查后,报所在地劳动人事部门批准,可计算为工龄。而不是再补办知识青年手续。这些人员除计算工龄以外,其它问题仍按以往有关文件执行。

2. "文化大革命"期间随父母由城市被遣送回农村,或随父母回乡以及战备疏散的,下乡时不满16周岁的,其在农村自然成长满16周岁后,参加农业劳动,后经落实政策返城参加工作的,其工龄可从满16周岁后参加农业劳动的时间算起,与参加工作后的工龄合并计算。

3. 下乡知识青年插队劳动期间,上大学、中等专业学校、技工学校和参军的,或选调工作后又离职、退职的,被判刑、劳教的,他们的工龄计算可参照在职职工有关现行规定处理。

4. 下乡知识青年回城后参加劳动服务公司、生产合作社、服务网点的时间,可按照1980年省劳动局的有关规定计算工龄。

5. 下乡知识青年插队期间工龄计算的起止时间,可按户口迁出、迁入掌握。但对户口迁出,人始终没有下乡参加劳动的不计算工龄。

6. 下乡知识青年在农村参加劳动期间,经大队派出或批准外出当临时工的,可与在村参加劳动时间合并计算工龄。

7. 对劳动人事部、省劳动人事厅 1985 年文件规定，以及本补充通知规定范围以外的，均不得按下乡插队知识青年计算工龄。 （第十五章《劳动保险》，第 384—386 页）

《河北省志·人事志》

河北省地方志编纂委员会编，河北人民出版社 1994 年

1979 年至 1983 年招录对象主要是，农村优秀大小队干部，上山下乡知识青年，复员退伍军人，国家机关、企事业单位的在职工人，在农村公社做经营管理工作的非国家干部，以及自学成才的人员。 （第二编第一章《社会招录》，第 41 页）

河北省中小学民办教师共分两部分。一部分产生在 60 年代初期，……另一部分是在"文化大革命"所谓"教育改革"中，为解决师资不足，从农村初、高中毕业生和插队落户知识青年中选拔补充的。 （第二编第一章《社会招录》，第 46—47 页）

1968 年，河北省接收分配各类毕业生 9 133 人。其中，驻军农场 1 990 人，地区农场 500 人，当工人的 3 011 人，插队当农民的 3 632 人。（第二编第三章《毕业生分配工作》，第 62 页）

同年（1973 年），随着形势的发展，陆续恢复了公安局、外贸局、林业局、统计局、农机管理局和科委、知识青年上山下乡办公室等。 （第六编第一章《国家机关机构编制管理》，第 268 页）

1981 年 3 月，各市单独设立民族工作机构，与其它部门合设的，正式分开单设。同时，为加强劳动就业，根据中央和国务院要求，各市建立劳动就业领导小组。知识青年上山下乡办公室和劳动局合并，一套人马，两个牌子。（第六编第一章《国家机关机构编制管理》，第 279 页）

《河北省志·公安志》

河北省地方志编纂委员会编，中华书局 1993 年

1968 年后，省内城市每年初、高中毕业的知识青年，开始到农村插队落户。一些地区的农村基层干部利用职权奸污、调戏女知识青年的案件时有发生。根据群众检举、揭发，省知识青年办公室会同公安机关组成调查小组，到各地区进行深入调查。仅 1971 年，全省就发现这类案件 143 起。针对上述问题，各地、县知识青年办公室与公安机关一起，在当地党委、政府的领导下，认真进行查处，对违法犯罪分子，据情节轻重，分别给予党纪、政纪处分和刑事处罚。 （第三章《打击刑事犯罪》，第 47 页）

上山下乡男知识青年(简称男知青)子女。1988年4月,省劳动人事局、信访局等部门联合行文,对解决原下乡插队男知青子女户口"农转非"条件规定如下:原下乡插队男知青被招回城后,其在下乡期间与农民结婚所生的子女,可以解决"农转非",不须占用正常"农转非"指标。"农转非"子女的年龄应为1982年时的15周岁以下(含15周岁),或正在学校读书18周岁以下的子女。男知青子女"农转非"后,子女可随父落户,亦可就地落户。男知青子女"农转非",须经地区行署、省辖市政府批准。是年,河北省批准男知青子女"农转非"户口5万余人。

(第八章《户政》,第160页)

《河北省志·审判志》

河北省地方志编纂委员会编,河北人民出版社1994年

这一时期(1966—1976年)的刑事案件中的罪名,……属于普通刑事案件的有凶杀、投毒、强奸、奸污幼女、纵火、贪污、盗窃、破坏军婚、破坏插队下放、破坏知识青年上山下乡、破坏社会治安等。

(第四编第四章《中华人民共和国成立后的刑事审判》,第171页)

《河北省城市金融志》

《河北省城市金融志》编纂委员会编,中国金融出版社1992年

1976年,各行遵照中共中央《关于冻结各单位存款的紧急通知》,全省各行对各机关、团体、学校、企业、事业单位,1976年10月底各项经费和资金的结余存款(包括预算外资金和县、区以上所属集体企业的资金),除去(1)计划内的未完工程基本建设拨款,(2)企业流动资金,(3)当年提取的大修理基金和更新改造资金,(4)当年安排的技术措施费、农田水利、优抚救济、知识青年上山下乡经费,(5)11、12两个月的人员经费以外,一律按银行存款的帐面数字,实行冻结,全省共计冻结存款2.53亿元。

(第二章《计划管理》,第130页)

《河北农村金融志》

河北省农业银行金融志编纂委员会编,河北人民出版社1994年

这次(农行河北省分行)接办的内容为国家财政和其它部门支援农业的各项拨款,基本建设拨款除外。具体范围是:财政、农财口拨付的一切支农资金。凡是列入国家预算的农业、农垦、农机(不包括制造业)林业、畜牧、水利、水产、气象、侨办、知青办、劳改系统的国营企事业单位和国家支援农村人民公社的各项农业拨款和农业部门自筹的用于农业的资金。

有支援农业支出;城镇人口下乡经费;科技三项费用、企业挖潜改造资金、商业简易建筑费、流支资金共 6 类,101 项资金:

对一些具体问题做了如下规定:……5.知识青年下乡补助费和知青工作业务经费属拨款监督拨付范围,城镇居民下乡补助费,不属监督拨付范围。……

（第九章《拨款》,第 203—204 页）

《石家庄地区志》

石家庄地区地方志编纂委员会编,文化艺术出版社 1994 年

(1968 年)12 月 30 日,石家庄 15 万群众集会,欢送首批 5 000 多名知识青年和城市居民,上山下乡到农业生产第一线。

（《大事记》,第 53 页）

(1972 年)1 月 21 日,地委组成地、县领导和各方面代表 764 人参加的"上山下乡知识青年慰问团",从去年 12 月 16 日起,用了 37 天时间,分别对本区 368 个公社、1 558 个大队,对 6 170 名知识青年进行了慰问。

（《大事记》,第 56 页）

(1976 年)3 月 21 日,石家庄市 4 100 多名知识青年到本地区农村插队落户。

（《大事记》,第 58 页）

第一节　知识青年上山下乡

对知识青年上山下乡的安置始于 1962 年。安置对象限于家居大中城市、在精简中减下去的、具有下乡条件的职工;年满 18 周岁、有独立生活能力、未能升学或就业的应届毕业生,以及下放的闲散人员。1962 年至 1963 年安置大中城市下乡知识青年 516 人,其中,有少量石家庄市的知识青年。这些人员的安置费用,按 1962 年 11 月 20 日财政部《关于国营农场安置大中城市精简职工和青年学生的经费平均定额》规定办理:安置一个带家属的职工 560 元,单身职工 460 元,学生 210 元,带家属的闲散人员 130 元,单身闲散人员 30 元。

1964 年 1 月,中共中央、国务院颁发《关于动员和组织城市知识青年参加农村社会主义建设的决定》指出,在今后一个相当长的时期内,有必要动员和组织大批的城市知识青年下乡参加农业生产。根据文件精神,地区成立了知识青年上山下乡安置办公室。1964 年安置下乡知识青年 332 人,1965 年安置 924 人,1966 年安置 983 人,其中大部分人来自北京和天津,一小部分来自石家庄。"文化大革命"开始后,1968 年安置了 310 人。1969 年,贯彻毛主席"知识青年到农村去,接受贫下中农再教育"的指示,京、津、沪、浙大批下乡知识青年急需安置,本区根据上级指示,安置 16 948 人,创历史记录,1970 年至 1972 年安置 1 442 人。

1973 年 7 月 24 日,国务院根据全国下乡知识青年中存在的问题,召开了全国知青上山下乡工作会议,对知识青年下乡做了若干政策规定,一是城镇中学毕业生的分配,以上山下乡为主;二是病残不能参加农业劳动的独生子女,多子女身边只有一个子女的,不动员下乡;三是对生活上规定,以前下乡插队的青年,凡是生活不能自给的,每人补助 100 元;没有建房的补助每人 200 元;四是以后下乡的知识青年每人补助 500 元,其中建房费 200 元,生活补助费 200 元,农具、家具补助 100 元。从 1973 年至 1977 年是知青下乡最多的阶段,五年中安置下乡知识青年 62 108 人,财政拨下乡安置费 2 198 万元,建知青点 841 个,建房 17 254 间、210 743 平方米。其中楼房 18 座、573 间。与此同时,从知青中招工回城 12 268 人。

1978 年 12 月,国务院颁发《关于知识青年上山下乡若干问题的试行规定》,提出广开门路,逐步扩大城镇安置能力。有安置能力的城市,也可不动员知识青年上山下乡。这以后,知识青年上山下乡人数骤然减少,当年只安置了 159 人。1979 年,根据上级指示精神,提出在乡知青病退回城规定,一年内,石家庄市 4 万多下乡知识青年全部返回城市。1980 年 12 月,地区知识青年上山下乡办公室经地区领导批准宣布撤销。

(第二十编第五章《劳动就业》,第 697—698 页)

《石家庄市志(第一卷)》

石家庄市地方志编纂委员会编,中国社会出版社 1995 年

(1964 年)12 月 5 日,第一批 231 名知识青年下乡,参加农村社会主义建设。

(《大事记》,第 29 页)

(1968 年 12 月)30 日,响应中共中央的号召,石家庄市首批 5 000 多名知识青年、干部和城市居民到农村"安家落户"。

(《大事记》,第 31 页)

(1972 年)11 月 29 日,中共石家庄地委、地革委和市委、市革委联合召开石家庄市欢送知识青年上山下乡大会,欢送当年首批近三百名知识青年到农村插队落户。

(《大事记》,第 32 页)

《石家庄市志(第二卷)》

石家庄市地方志编纂委员会编,中国社会出版社 1998 年

1969 年 10 月 4 日,市革命委员会以石市革字(1969)91 号文通知,成立石家庄市轻工业局革命委员会。下设办公室、上山下乡办公室、保卫科、计划科、财务科、设备科、劳资科、技

术科、基建科,编制 84 人。

1973 年 5 月 29 日,经石家庄市革命委员会石市革字(1973)第 49 号文件批准,将石家庄市轻工业局革命委员会改为石家庄市革命委员会纺织工业局。下设办公室、保卫科、生产计划科、劳资科、财务科、教育科、安全科、技术科、基建科、上山下乡办公室,编制 84 人。

(第六篇第一章《纺织工业》,第 41 页)

《石家庄市志(第四卷)》

石家庄市地方志编纂委员会编,中国社会出版社 1999 年

1968 年河北省会迁至石家庄。由于进行"文化大革命",城镇的高、初中毕业生,大部分到农村插队参加农业生产,城镇劳动力减少。企业劳动力的来源,除复员退伍军人和按政策批准留城的知识青年外,不得不大量使用临时工和农民工。1976 年后,开始招用下乡两年以上的知识青年,从而城镇劳动力资源紧张状况得以缓解。

(第十五篇第一章《劳动》,第 194 页)

1968 至 1977 年,全市的高、初中毕业生除个别年份安排工作外,绝大多数动员到农村下乡。全民所有制单位招工对象主要是城镇复员退伍军人、按政策批准留城和上山下乡劳动锻炼满 2 年以上的知青。

(第十五篇第一章《劳动》,第 195 页)

知识青年上山下乡 1964 至 1977 年,石家庄市动员了 5.58 万名高、初中毕业生上山下乡,参加农业生产。至 1978 年底,除历年招工、招生、征兵、提干和因各种疾病病退、困退调离农村返迁回城镇外,尚有在乡知识青年 16 700 人,分布在石家庄市周围的 5 个县和井陉矿区。

1979 年 4 月始,石家庄市通过国家计划招工、职工退职退休顶替和坚决压缩外地农村的临时工、合同工以及创办全民所有制领导下的集体生产等办法,安置了大批回城知识青年就业。是年 10 月底,在回城的 15 769 名知识青年中,除有的病残、参加高考及其它原因没有安排外,共安置了 14 450 名。其中,全民固定工 2 870 名,集体固定工 9 361 名,合同工 1 855 名,临时工 261 名,服务公司 35 名,区街办集体 187 名,商业网点 81 名。以后又陆续安排了部分未回城的知识青年,截至 1980 年 2 月,在乡知识青年还有 214 名,主要是已婚和到外省市下乡的知识青年。对这部分知识青年,采取逐个进行登记、摸清底数、区别不同情况、从实际出发,妥善加以解决。

(第十五篇第一章《劳动》,第 196 页)

1968 至 1977 年石家庄市动员了 5.58 万余名城镇高、初中毕业生上山下乡;反之,企业

又从农村大批招雇农民进城务工，其中仅固定工就达 2 万人，形成了城乡劳动力的对流。

（第十五篇第一章《劳动》，第 201 页）

《石家庄市志（第五卷）》

石家庄市地方志编纂委员会编，中国社会出版社 1999 年

1964 年，农村各社、队从回乡知识青年中录用了大批民办教师。

（第十八篇第八章《教师》，第 96 页）

《桥东区志》

河北省石家庄市桥东区地方志编纂委员会编，中国社会出版社 1993 年

（1964 年）8 月 30 日，区成立安置城市下乡青年领导小组，组织区内知识青年上山下乡。

（《大事记》，第 24 页）

（1965 年）5 月 12 日，区委召开动员社会知识青年下乡专门会议，共动员 146 名社会知识青年和闲散劳力下乡。

（《大事记》，第 25 页）

（1969 年）1 月 10 日，《石家庄日报》报道，桥东区 300 余名知识青年、城市居民到栾城、晋县农村安家落户。

（《大事记》，第 28 页）

第三节　知识青年上山下乡

1964 年 8 月 30 日，桥东区根据中央提出的"知识青年上山下乡"的号召，成立安置城市下乡青年领导小组，进行知识青年上山下乡的组织动员和安置工作，并对响应号召的 173 名下乡的知识青年进行了妥善安置。1965 年 5 月 12 日，桥东区根据中共石家庄市委宣传部发出"动员和组织城市知识青年参加农村社会主义建设"的通知，动员广大干部、职工、居民积极响应党的号召，报名下乡。到 1977 年，全区共动员上山下乡知识青年 4 955 人，分赴农村安家落户。在此期间，区政府根据政策规定，对上山下乡知识青年的生产、生活进行妥善安排，拨专款给予补助，每年组织慰问团，对下乡知识青年进行走访慰问，为他们解决生活中的实际问题。

1968—1979 年，在办理下乡的同时，根据有关政策规定，为有实际困难的下乡青年 636 人办理了回城入户手续。并为返城青年安置了工作。1980 年，桥东区根据全国知识青年上

山下乡工作会议关于"有安置条件的城市，也可以不动员上山下乡"的精神，停止动员知识青年上山下乡工作。同时撤销桥东区动员知识青年上山下乡办公室。

1964—1977 年桥东区知识青年上山下乡、成户下放人员统计表

年份	知识青年下乡					
	人　　数			动员形式	落户地点	
	小计	集体下乡	成户下乡		本地区	外地区
1964	173	173		区包干	173	
1965	217	217		区包干	216	1
1966	49	49		区包干	23	26
1967	/	/		区包干	/	/
1968	436	436		区包干	392	44
1969	605	437	168	区包干	535	70
1970	21	21		区包干	19	2
1971	31	31		区包干	31	
1972	90	90		区包干	90	
1973	126	126		区包干	126	
1974	2 073	2 073		区包干	2 073	
1975	448	448		各系统包干	448	
1976	459	459		各系统包干	459	
1977	227	227		各系统包干	227	
合计	4 955	4 787	168		4 812	143

（第二十篇第三章《劳动》，第 584—585 页）

《石家庄市长安区志》

石家庄市长安区地方志编纂委员会编，中国社会出版社 1997 年

（1965 年）5 月 28 日，成立长安区安置城市青年下乡办公室。　　（《大事记》，第 19 页）

第八节　知识青年上山下乡

根据党中央提出的"知识青年上山下乡"的号召，1964 年 11 月 6 日成立长安区知识青年上山下乡领导小组，专门负责城市知识青年上山下乡工作。1965 年 6 月，长安区送走第一批城市知识青年 105 名到农村安家落户。到 1970 年，长安区共有 2 471 名城市青年响应号召开到农

村插队落户,参加农村的社会主义建设。其中知识青年 1 386 人,社会青年 207 人,干部、职工、教师、医生等 878 人。根据政策规定,对上山下乡的知识青年的生产、生活进行了妥善安置,各级拨出专款给予补助。到 1977 年全区共动员了上山下乡青年 7 207 人到农村插队落户。

1968 年至 1979 年,根据国家有关政策规定,长安区在继续动员知识青年上山下乡的同时,对上山下乡的青年确定有实际困难的 4 744 人办理了回城入户手续,并对其中 4 398 人安置了工作。1979 年 1 月 1 日根据全国知识青年上山下乡会议精神(有安置条件的城市,也可以不动员上山下乡),长安区 1979 年底停止动员知识青年上山下乡,并陆续招回下乡人员。

(第十四篇第二章《劳动人事》,第 398 页)

1966 年"文化大革命"中,业余教育工作被迫停止。1973 年,恢复政治夜校 38 所。学员 6 260 人。其中上山下乡知识青年 620 名,兼课教师 83 人。

(第十八篇第五章《成人教育》,第 524 页)

《石家庄郊区志》

石家庄郊区志编纂委员会编,中国社会出版社 1995 年

(1975 年)6 月 11 日,《石家庄日报》载:1975 年 3 月 15 日西三教大队在改造污水渠施工中发生塌方,下乡女知青赵兰珍为抢救社员光荣献身。西里公社团委追认她为共青团员,公社党委号召干部群众向她学习。

(《大事记》,第 20 页)

(1976 年)3 月 31 日,郊区召开上山下乡知识青年 1975 年度先进集体、先进个人代表会议。

(《大事记》,第 20 页)

(1977 年)3 月 31 日,郊区召开上山下乡知识青年先代会。向先进单位和先进知青发了奖旗、奖状,并向全区知青发了《倡议书》。

(《大事记》,第 21 页)

12 月 28 日,区委、区革委召开下乡、回乡知识青年先代会。　　(《大事记》,第 21 页)

(1978 年)8 月 26 日,郊区遭受暴风雨袭击。石桥大队猪场被淹,年仅 20 岁的下乡知青田志刚为抢救集体财产英勇献身。

(《大事记》,第 22 页)

1976 年后,郊区部分村办起了育红班(学前班),它们多附设在小学内。一些回乡知识青年和部分小学教师开始走上幼教讲台。小学教师和知识青年的参与,提高了幼儿工作的

179

水平,也解除了孩子父母的后顾之忧,使幼儿在入小学之前受到一些早期启蒙教育。

(第五编第一章《教育》,第 317 页)

《石家庄市井陉矿区志》

石家庄市井陉矿区地方志编纂委员会编纂,新华出版社 2007 年

是年(1964 年),井陉矿区首次接受 14 名知识青年到西沟大队落户。

(《大事记》,第 29 页)

(1975 年)3 月 30 日,142 名知识青年分别到贾庄、南寨、青泉、横西、南凤山、西沟等 9 个大队和苗圃场插队落户。

(《大事记》,第 33 页)

(1977 年)1 月 24 日,矿区上山下乡知识青年印刷厂在南寨建成。(《大事记》,第 34 页)

1969 年至 1971 年,矿区学生增加 5 000 人,100 个班级。各级各类学校的急剧发展,村村办初中造成教师缺口甚大,于是大量下乡知识青年加入民办教师队伍,以缓解师资匮乏形势,民办教师队伍迅速壮大。

(第二十九章《教育 科技》,第 838 页)

《行唐县志》

行唐县地方志编纂委员会编,中国对外翻译出版公司 1998 年

是年(1977 年),从 1969 年开始,到行唐插队落户的 466 名外地知识青年,又陆续回城安排工作。

(《大事记》,第 33 页)

新中国建立后,人口较大规模的机械变动主要有三次:……三是 1966—1977 年一批北京、天津、上海、辽宁等省市知识青年到行唐插队落户,迁入 466 人。

(第三编第二章《人口变动》,第 136 页)

知识青年安置

1966 年至 1978 年,行唐县先后接收北京、天津、上海、辽宁等省市和县内知识青年 511 名。为鼓励他们长期立志务农,并使其劳动、生活方便,每人补助 300 元的建房安居费。县财政拨款、拨物,分别于 1968 年和 1976 年在河合村、羊柴村、贾洛营村建起三处知青点。同时,各乡镇也设立了知青点。

1970 年起,通过大、中专院校招生、招工、应征入伍等途径,逐步安置下乡、上山知识青年,到 1980 年末全部安置。

根据 1988 的冀劳人培 123 号文件精神,将原来 29 名男知青的 60 名子女,转为非农业户口。 （第二十四编第二章《工人》,第 482 页）

《灵寿县志》

河北省灵寿县地方志编纂委员会编纂,新华出版社 1993 年

(1969 年)1 月 4 日,县革委通知,1969 年应毕业的初、高中学生,提前于 1 月底毕业,发给毕业证书,和 1968 年的初、高中毕业生一起,到农村去劳动锻炼,接受贫下中农再教育。此为灵寿县执行"知识青年上山下乡"政策之始。 （《大事记》,第 43 页）

1981 年劳资组从"计委"分离出来,与县知识青年上山下乡办公室(简称"知青办")合并,正式建立劳动局,设局长、副局长各 1 人,秘书 1 人,工作人员 5 人。

（第三编第三十五章《人事劳动》,第 509 页）

1969 年 1 月,县革委决定:1968 年延期毕业和 1969 年暑期应届毕业的初、高中学生,同时于 1 月 31 日前发给毕业证书,上山下乡,到农村插队劳动,接受贫下中农的再教育。当年,大批毕业生中非农业户口的知识青年被下放到瓦房台、北霍营、北洼、木佛等 20 多个大队安家落户。此后连续数年下放,为农业建设输送大量劳力,发挥了好的作用,但也由于他们年轻,远离父母,多数人不会理家务农,吃了一些苦头,给农民增加不少麻烦。其间,虽有一些有门路的家属设法通过各种关系和手段,相继把子女招回身边,但毕竟是少数,而大批知青却长期留在农村,得不到妥善安置,兼因农民人均占有土地越来越少(有些村庄人均不及 1 亩地),出现许多剩余劳力,待业就业问题开始突出起来。1978 年后,随着党的农村经济政策贯彻落实,乡、镇企业迅速发展,吸收一批剩余劳力。同时,国家实行劳动部门介绍就业、自愿组织起来就业和自谋职业相结合的待业人员就业方针,为更多的剩余劳力广开了门路。1980 年,县劳动部门将最后一批(约 500 人)上山下乡知识青年招回城镇,安置就业,当年年底,全县待业青年只剩 80 人。 （第三编第三十五章《人事劳动》,第 514 页）

《晋县志》

河北省晋州市地方志编纂委员会编纂,新华出版社 1995 年

1968 年至 1978 年,城市知识青年下乡,有 11 000 余名知青迁入本县。到 1982 年除少

数在农村安家落户外,大部分回城安置,迁出本县。 （第三编第二章《人口变动》,第118页）

　　知识青年安置　　1968年,城镇知识青年（知青）响应毛泽东同志的号召,上山下乡,接受贫下中农再教育。次年,县革委设知青安置办公室。到1972年5月,接收来自天津、北京、石家庄等地知青1 188名,分配到12个公社的百余个大队安家落户。1975年知青安置办公室改称知青上山下乡办公室。是年安置石家庄市下乡知青1 250名。到1978年,全县共接收下乡知青11 000余名。知青到农村后,由国家投资在大队集中建房,称知青点。知青同社员一样参加生产劳动,评工记分,按劳分配。1979年城镇知青下乡工作停止。

　　1972年始,通过入伍、招工、大中专招生等途径,逐步安置下乡知青。是年参军23名,大中专招生49名,招工113名。到1982年除少数在农村安家落户外,多由本县安置或回城。1983年1月,知青上山下乡办公室撤销。 （第二十五编第二章《劳动》,第565页）

《藁城县志》

藁城市地方志编纂委员会编,中国大百科全书出版社1994年

　　（1975年）2月18日,1 411名城市知识青年来藁接受贫下中农再教育,被安置到大同、岗上等13个公社的农村。 （《大事记》,第31页）

　　由于60年代后期下乡劳动的城镇知识青年逐步回城,积压了大量城镇劳动力,从70年代初开始,企业用工主要从城镇待业青年中招收,不足部分由农村补充。1978年以后一般不再从农民中直接招工。 （第六编第三章《劳动》,第503页）

知识青年安置

　　1964年,成立藁城县人民委员会安置下乡青年办公室,1969年1月28日改为藁城县革命委员会安置办公室,1973年11月19日改称藁城县革命委员会知识青年上山下乡办公室,1980年2月1日更名为藁城县人民政府知识青年上山下乡办公室,同年4月并入县计划委员会。

　　1969—1978年,共接收安置下乡知识青年6 842人（包括接收北京、天津、石家庄市等外地知青）,其中县内403人。自1972年起,逐步通过招工、参军、上学等渠道安置回城,1983年8月全部安置完毕。 （第六编第三章《劳动》,第507页）

　　"文化大革命"期间,厂矿企业很少招工或不招工,大、中专院校停止招生,正常的就业工作陷于停顿状态,大批知识青年只能上山下乡,于是积留下一大批待业大员。"文化大革命"后,国家对城镇知识青年政策作了调整,大批知青回城。 （第六编第三章《劳动》,第507页）

《高邑县志》

高邑县地方志编纂委员会编,新华出版社 1993 年

(1969 年)12 月 6 日,天津市 200 名知识青年到高邑县王留村、东塔影、南邱村等 20 个大队插队落户,这是首批到高邑县插队落户的城市知识青年。　　　　（《大事记》,第 37 页）

(1975 年)4 月 10 日,石家庄市 67 名知识青年到高邑县农村插队落户。

　　　　　　　　　　　　　　　　　　　　　　　　　　　　（《大事记》,第 39 页）

1972—1986 年,迁入人口 13 466 人,年均 1 496 人,其中最高年份 1980 年迁入 2 336 人;迁出人口 14 488 人,年均 1 670 人,其中最高年份 1979 年迁出 2 537 人;净迁出人口 1 022 人。迁入人口主要以工作调动、外县籍干部家属迁入、部队转业复员、大中专毕业生分配为主,迁出人口以下乡知识青年返城就业、外地招工、招干、参军、升学为主。

　　　　　　　　　　　　　　　　　　　（第三编第三章《人口变动》,第 109 页）

城镇知识青年安置

1969 年,接收天津知识青年 185 人,1974—1975 年分四批接收石家庄知识青年 730 人,加之本县动员下乡的城镇知识青年 43 人,共计 958 人。安置形式以建立知青点为主,少数知青投亲靠友。全县共有知青点 39 个,分散在较好的生产大队,王留村知青点人数较多,达 39 人。安置经费(包括生活费、建房费、农具费、学习费)每人每年 500 元。知识青年口粮每人每年不少于 450 斤,由所在生产队供应。据统计,1970—1978 年共拨安置经费 50 万元,木材 300 立方米,建房 480 多间。

1971 年起,在农村劳动锻炼两年以上知识青年,通过企业招工、大中专院校招生、应征入伍等途径逐步进行安置。到 1981 年,全县除 38 名知识青年在农村安家落户外,其余都已回城安置。知识青年被招之后,其下乡年限计入工龄。下乡结婚又招回城的城镇女知识青年,其所生子女同迁回城。　　　　（第二十一编第四章《劳动就业》,第 483 页）

《赵县志》

河北省赵县地方志编纂委员会编纂,中国城市出版社 1993 年

(1965 年)秋,石家庄市 400 名知识青年到赵县集体落户,在大吕村北组成新建队。

　　　　　　　　　　　　　　　　　　　　　　　　　　　　（《大事记》,第 33 页）

(1975 年)3 月,石家庄市和赵县知识青年,共计 1 300 多人到农村插队落户。

(《大事记》,第 37 页)

《井陉县志》

《井陉县志》编纂委员会编,河北人民出版社 1986 年

下乡知识青年安置

1966 年井陉县开始动员知识青年上山下乡,到 1978 年,下乡知识青年有 1 485 人。

在农村锻炼二年以上的知识青年,经过群众讨论,知青评议,大队审查,推荐招工。从 1968 年到 1982 年有 1 251 人招为固定工,上大中专的 110 人,参军 120 人,扎根农村 4 人。

(第二十一篇《民政·劳动就业》,第 450 页)

根据中发〔1978〕74 号文件精神,从 1978 年开始停止知识青年上山下乡。

(第二十一篇《民政·劳动就业》,第 450 页)

《获鹿县志》

鹿泉市史志编纂委员会办公室编,中国档案出版社 1998 年

(1970 年)6 月 16 日,据统计,到获鹿县"上山下乡"的知识青年已达 1 254 人,他们之中有初中生、高中生和大学生,来自祖国各大中、小城镇,分布在获鹿县 121 个大队。其中集体插队落户的 542 人,分布在 56 个生产队。

(《大事记》,第 36 页)

知识青年安置

1968—1976 年,获鹿县先后接收了来自北京、天津、石家庄及本县上山下乡知识青年 3 380 名。县革委设置了知识青年办公室(简称"知青办"),负责知识青年安置工作。在知青集中、住房难的社队,知青办需根据情况发给建房费,由知青所在大队为知青建房,并需帮知青建集体食堂解决吃饭问题,知青办还负责知青的思想政治工作,在知青中招工、招生等。

1968—1976 年,在获鹿县的知识青年有 925 人被招工,154 人被招生上学,96 人参加了中国人民解放军。1978 年后,城镇知青上山下乡逐渐停止。到 1980 年,全县共接收上山下乡的知识青年 4 268 人。发放建房费 49 万元,为知青建房 1 407 间,建筑面积 21 512 平方米,1980 年后,除少数知青仍留在农村外,大部分返回城镇安置了工作。

(第十八编第一章《劳动人事》,第 738—739 页)

《新乐县志》

新乐县地方志编纂委员会编，中国对外翻译出版公司 1997 年

第二节　知识青年安置

　　1967 年新乐始动员知识青年上山下乡。1969 年，大批城镇初、高中毕业生赴农村插队落户，至 1978 年，共安排下乡知识青年 1 973 人，其中本县 254 人，外地回乡插队 674 人，接收石家庄市 1 045 人，分别安置在 18 个公社 80 个生产大队，其中有 45 人在农村锻炼中入了党，708 人入了团，112 人担任了大小队干部，有 343 人分别担任了民办教师、会计、技术员等职，为推动农村的各项工作起到了积极作用。

　　根据中央关于在知识青年中进行招工、招生、征兵的规定，从 1970 年至 1980 年经群众推荐、公社审查、县批准，先后在上山下乡知识青年中招工、招生和征兵 572 人，其中招工411 人，上大专 22 人，应征入伍 139 人。　　　　　（第十九编第五章《劳动就业》，第 480 页）

《正定县志》

河北省正定县地方志编纂委员会编纂，中国城市出版社 1992 年

　　(1964 年)9 月 27 日，本县第一批 51 名城镇知识青年下放农村。（《大事记》，第 60 页）

　　至此(1973 年 11 月)，全县 25 个公社 175 个大队共安置知识青年 1 046 人。

　　　　　　　　　　　　　　　　　　　　　　　　　　（《大事记》，第 65 页）

安置上山下乡知识青年

　　1964 年至 1978 年，全县共动员接收、安置下乡知识青年 7 871 人。其中：县内动员3 756 人，接收石家庄市 3 816 人，外省、市 299 人。下乡知识青年分别安置在 25 个乡(镇)，178 个村，建房 1 300 间，计 13 680 平方米，发放安置经费 146.5 万元。知识青年在下乡期间，有 63 人参加了中国共产党，2 089 人参加了共青团，968 人当选为大、小队干部，384 人参加了中国人民解放军，163 人升了学。

　　接收石家庄市的知识青年全部招回石市。外省、市的知识青年招工回原城市或到石家庄市的 174 人。本县动员的知识青年招工到外地和石家庄市的 1 013 人。县内招工安置2 867 人，其中本县 2 742 人，外省、市 125 人。留农村的知识青年 1 人。

　　　　　　　　　　　　　　　　　　　　（第十二编第四十二章《人事　劳动》，第 554—555 页）

《深泽县志》

深泽县地方志编纂委员会编,方志出版社1997年

(1968年)7月20日,县内66、67、68届高、初中毕业生同时毕业回乡参加劳动。

(《大事记》,第38页)

(1969年)1月15日,深泽县知识青年安置办公室成立,并先后在10个公社建知青点21个,负责安置来自京、津、石的下乡知识青年。到1976年7月,全县共接收知青1496人。

(《大事记》,第38页)

1974年增设经济计划委员会、知识青年上山下乡办公室……1980年增设财政局、税务局、司法局,撤消财税局、知识青年上山下乡办公室。 (第四编第五章《政府》,第378页)

1966年至1976年的"文化大革命"期间,动员城镇初、高中毕业生即知识青年"上山下乡"、"接受贫下中农再教育"。全县共有180名城镇知识青年被动员下乡插队务农,并接收天津、北京、石家庄等外地城市知识青年共1496名。从1973年开始通过招工、大中专院校招生、参军、转干等途径,逐步安置上山下乡知识青年。在逐步安置的同时,对响应国家号召,申请终身务农的知识青年,给予鼓励和支持,发给补助安家费每人400元,住房有困难的适当发给住房补助费。全县共有31名下乡男知识青年与农村女青年结为伉俪,在农村落户安家。1978年,未得到就业安置的下乡知识青年全部返回原动员地城市就业。到1983年全县下乡知识青年安置完毕。 (第四编第八章《劳动人事》,第411页)

1969年—1970年,接收安置外地及本县城镇下乡人员456名。其中干部、职工家属181名,知识青年275名。后经落实党的有关政策,这批人员陆续转回原城镇。

(第四编第九章《民政》,第416页)

《无极县志》

无极县地方志编纂委员会编,人民出版社1993年

(1968年)12月30日,首批知识青年48人自石家庄市到无极县农村落户。此后至1979年,来自北京、天津、石家庄和县内知识青年共2412名,分别到106个生产大队插队劳动锻炼。至1980年底,有的被选调升学、参军、就业,有的转点,有的因故返城,全部得到安置。

(《大事记》,第36页)

是年(1971年),按照上级要求,首批不经文化考试、直接"选拔推荐"保送的工农兵学员进入大专中专学校学习。至1976年,共保送大专生205人,中专生463人,合计668人。

(《大事记》,第37页)

知识青年安置

从1968年起,国家动员城镇知识青年上山下乡。1968年至1975年,无极县接收北京、天津、石家庄等城市和县内知识青年2 163人,1976年至1977年接收补办知识青年249人,共2 412人。

自1974年起,通过招工、招生、应征入伍、转干等途径逐步安置下乡知识青年。

倡导和奖励立志务农,在经济、政治上予以从优待遇。对申请终身务农者,每人补助安家费300元,住房困难者另补建房费300元;女知识青年终身为农业工人后,允许1名15岁以下子女农转非,上班期间因病、事故去世后丈夫可接替正式工。

全民所有制单位招收工人时,在考分上优先照顾下乡知识青年;集体所有制单位招工时,对本系统下乡知识青年包干安置就业;无归属单位的,由劳动部门统招统配。以上人员年龄放宽至35岁。

下乡知识青年参军退伍后,由劳动部门统一安置就业。

1978年至1980年,县拨给工业系统造纸厂、制糖厂、制药厂,商业系统利民商店,供销系统综合商店和粮食系统食品加工厂等单位经费11万元,用于发展生产、扩大经营,安置知识青年180人。

经采取上述措施,至1980年,下乡知识青年全部安置完毕。

(第三编第八章《人事劳动》,第456—457页)

1975年至1988年共迁入84 215人。主要是婚迁,外地调入、下放职工、城镇居民及其家属,下乡插队的城市知识青年,"大跃进"年代进城做工返乡的农民,军队转业干部及其家属,分配到县工作的大中专毕业生,以及到县经商务工的外地居民。

(第六编第一章《人口》,第634页)

1968年至1975年北京、天津、石家庄等大中城市下乡插队到无极县的知识青年2 163人。

(第六编第一章《人口》,第634页)

1975年至1988年共迁出64 910人。主要是婚迁,参军,升学,招工,农民进城做工,下放的城镇居民、职工及其家属和下乡插队的知识青年返回原地,以及外徙生活的农民。

(第六编第一章《人口》,第634页)

《赞皇县志》

河北省赞皇县地方志编纂委员会编,方志出版社 1998 年

(1968 年)12 月 30 日,第一批外地知识青年到赞皇插队劳动锻炼,被称作是"接受贫下中农再教育"。 （《大事记》,第 44 页）

1968 年开始,大批知识青年上山下乡,全县共下乡知识青年 81 人,接收天津等外地下乡知识青年 330 人。1978 年知识青年下乡停止。上山下乡知识青年安置从 1971 年开始,安置途径主要为招工、参军、推荐上大学等方式。外地知识青年分批返原在地安置。至1979 年,全县 411 名上山下乡知识青年全部安置完毕。

（第三编第十章《人事劳动》,第 450 页）

《元氏县志》

元氏县志办公室编,中国和平出版社 1995 年

(1968 年)12 月,毛泽东主席发出"知识青年到农村去,接受贫下中农再教育"的指示。县内先后接受、安置天津、石家庄等地知识青年千余名。 （《大事记》,第 40—41 页）

1975 年,迁入 3 140 人,迁出 2 497 人,其中有来自城市的知识青年 483 人来县插队落户。

（第三编第二章《人口普查》,第 38 页）

第二节　知识青年安置

自 1964 年,开始动员城镇知识青年上山下乡,"文革"初期的 1968 年和 1969 年,知识青年上山下乡形成高潮,北京、天津、石家庄等大城市部分大学生、中学生,外地回乡"投亲靠友"知识青年,本县城知识青年先后走向农村,"接受贫下中农再教育"成为生产大队社员。从 1971 年起,通过企业招工、大中专院校招生、应征入伍、转干等途径,陆续对上山下乡知识青年进行安置。是时,一面安置,一面仍动员城镇知识青年上山下乡。

知识青年就业,安置措施主要有:企业招工,优先照顾知识青年;外地知识青年,多动员回本地安置就业;自愿终身务农的知识青年,发给适当安家、建房补助费;入伍知识青年复员退伍后,由劳动部门予以安置就业;鼓励知识青年自谋职业,并提供就业便利。1979 年后,知识青年上山下乡活动停止。1985 年底,全县知识青年基本安置完毕。1982 年至 1985 年中,全县总计安置知识青年 520 名。 （第二十五编第四章《劳动就业》,第 340—341 页）

1981年2月成立县劳动服务公司,归属县计划委员会,1983年12月改属劳动人事局。公司下设培训就业组、劳务输出组、财务组和办公室,并有锅炉清洗队。公司负责在职职工培训、社会待业人员登记和安置、临时工管理、原上山下乡知识青年档案管理及劳务输出。

(第二十五编第五章《管理机构》,第341页)

《栾城县志》

河北省栾城县地方志编纂委员会编,新华出版社1995年

(1962年)3月5日,共青团栾城县委召开回乡知识青年代表大会,表彰335名回乡安心农业生产的青年。

(《编首·大事记》,第57页)

(1964年)8月7日,成立栾城县安置城市下乡青年领导小组。

(《编首·大事记》,第59页)

12月6日,县开始接收安置首批下乡知识青年,至1978年底共接收安置下乡知识青年8 345人,分布在全县16个人民公社95个生产大队,后集中为74个知青点。到1981年,知青均进行了安置。

(《编首·大事记》,第59页)

(1969年)1月28日,设立知识青年安置办公室。

(《编首·大事记》,第66页)

1964年至1978年,先后有9 345名下乡知识青年迁入栾城县,后来,除少数留在栾城县外,其余陆续回市。

(第三编第二章《人口变动》,第235页)

1964年,大批城市下乡知识青年到农村"接受贫下中农再教育",为此,栾城县于当年8月成立安置城市下乡知识青年领导小组。1974年3月成立栾城县知识青年安置办公室。至1978年,共接收安置知识青年9 345人,动员安置县内知识青年98人,并为42人补办下乡知识青年证。全县共建知青点84个,拨知青建房费109.5万元,建知青住房2 640间,共计4.5万平方米。知青在农村入党142人,入团3 275人,升学45人,入伍67人。1978年,知识青年开始回城,1979年—1980年大批知识青年陆续回城,在农村插队的知识青年除极少数扎根农村外,其余的通过升学、参军、招工、顶替、病退等途径全部回城安置。

1984年4月,栾城县劳动服务公司成立,任务是解决上山下乡知青的遗留问题。

(第五编第十章《劳动人事》,第653页)

《平山县志》

河北平山县地方志编纂委员会编,中国书籍出版社 1996 年

是年(1965 年),石家庄市知识青年到南滚龙沟和近掌村插队落户。(《大事记》,第 59 页)

第二节　知识青年安置

1965 年开始动员城镇知识青年上山下乡,1969 年大量动员城镇知识青年上山下乡。至 1972 年 8 月,共接收本县和外地知青 265 名,其中大部分安置到农村参加农业生产,少量安置到工矿企业。到 1979 年,本县动员知青支农 500 余人,接受北京、天津、石家庄等地知青 2 000 余人。1973 年 11 月,县政府①成立知识青年上山下乡办公室,对下乡知青从住房、吃粮、户口、生活、学习、劳动等方面进行安置。是年底,全县拨款 13 万元支援知青工作,建立知青点 30 个。

1973 年以后,通过招工、招生、应征入伍等途径,优先安置上山下乡知识青年。1980 年,大部分知青得到安置;其中外省市的未婚知识青年,原则上动员回原地安置,对无法招工就业的均允许回城待业。1981 年,全县下乡知识青年安置完毕。

(第二十一编第五章《劳动就业》,第 629 页)

《张家口市志》

张家口市地方志编纂委员会编,中国对外翻译出版公司 1998 年

(1968 年)12 月,中共张家口市委成立知识青年上山下乡领导小组及办公室,组织动员知识青年到农村插队落户,至 1978 年停止,期间全市上山下乡知识青年共为 4.2 万人。

(《大事记》,第 46 页)

(1973 年)2 月 24 日,《张家口日报》报道,全市已有 1.1 万余名知识青年在农村落户。

(《大事记》,第 48 页)

6 月 25 日,市委召开市委扩大会议。会议传达贯彻了中央和省有关"批林整风"指示精神,具体研究部署了本市深入开展"批林整风"、"狠抓阶级斗争",促进工农业生产大上和知识青年上山下乡的问题。　　　　　　　　　　　　　　　　　　(《大事记》,第 48 页)

(1974 年)7 月底,自 1968 年以来,全市初、高中毕业生中有 1.9 万多名"知识青年"上山下乡,占毕业生总数的 27%。　　　　　　　　　　　　　(《大事记》,第 48—49 页)

---

① "县政府"应为"县革委"。——编者注

190

1978 年之后，劳动工资统计恢复发展较快。为了适应劳动工资政策的变化，每年都对劳动工资统计报表制度进行修改，使劳动工资统计报表制度逐渐完善。为了掌握城镇待业人员就业情况和知识青年返城后的安置情况，1981 年 12 月 10 日，建立了城镇待业人员就业情况季报。

（第十二编第二章《统计管理》，第 934 页）

全民所有制职工补充自然减员（简称补员），包括顶职补充，无顶职补充和其他补充减员 3 个方面。

补充对象不同时期有不同的规定，主要是：按政策留城、回城的知识青年，上山下乡锻炼 2 年以上的知识青年，应届初高中毕业生，农村回乡知识青年，已在生产岗位的亦工亦农、临时工、合同工。年龄一般在 16—25 周岁，从事建筑搬运装卸、炊事工作人员的年龄可适当放宽。

（第二十编第二章《劳动》，第 1270 页）

知识青年上山下乡

张家口市知识青年上山下乡工作，始于 1964 年，止于 1978 年。1964 年，根据中共中央、国务院中发(1964)40 号文件，《关于动员和组织城市知识青年参加社会主义建设的决定》(草案)和省市精神，1964 年有计划有组织地在全市动员了 3 500 名知识青年上山下乡。1967—1968 年由于"文化大革命"的原因，全市没有动员知识青年上山下乡。1968 年 12 月 22 日《人民日报》发表了毛泽东同志关于"知识青年到农村去，接受贫下中农再教育，很有必要"的指示，中共张家口市委组成知识青年上山下乡领导小组，领导小组专设办事机构，即知识青年上山下乡办公室。很快在全市范围内掀起了组织知识青年上山下乡的高潮，至 1972 年有 24 647 名知识青年上山下乡到农村去。1973 年 8 月，中共中央中发(1973)30 号文件转发了《国务院关于全国知识青年上山下乡会议的报告》，逐步缩小上山下乡范围，至 1977 年有 17 537 名知识青年上山下乡。1978 年 12 月 12 日，中共中央(1978)74 号文件印发了《全国知识青年上山下乡工作会议纪要》和国务院《关于知识青年上山下乡若干问题的施行规定》。按照纪要规定：今后留城政策、下乡范围都要从实际出发，作适当调整，城市中学毕业生的安排，实行"进学校、上山下乡、支援边疆、城市安排"4 个面向的原则。根据中央 74 号文件精神，从 1978 年起不再继续动员城镇中学生上山下乡，知识青年上山下乡办事机构相继撤销。

（第二十编第二章《劳动》，第 1271—1272 页）

《宣化区志》

宣化区地方志编纂委员会编，三秦出版社 1998 年

(1971 年)12 月，今年高中毕业生，除部分可按规定条件照顾留城外，其余仍动员上

山下乡。

今年开始,每年都抽调部分下乡时间较长的"知青"回城安置工作。(《大事记》,第 19 页)

(1973 年)2 月,区革委会按照有关指示精神,详细规定了照顾"知青"留城的条件。并成立毕业生下乡动员领导小组下设学生分配办公室,负责具体执行。1975 年改设宣化区知识青年上山下乡办公室。 (《大事记》,第 20 页)

同月(1980 年 12 月),宣化区历年上山下乡知青共 10 362 名,已全部抽回。

(《大事记》,第 23 页)

同月(1981 年 12 月),知识青年上山下乡办公室撤销,遗留问题交由劳动局处理。

(《大事记》,第 23 页)

知识青年上山下乡

宣化区大规模组织知识青年上山下乡,始于 1968 年。但 1964 年就曾动员社会青年去农村。后政策规定,这部分去农村的社会青年也按下乡知青对待。

1. 工作机构

1968 年 12 月,区革委会成立临时机构,负责首批知青上山下乡的动员、安置工作。任务完成后撤销。随后的知青上山下乡工作由区教育局负责办理。

1973 年 2 月,宣化区成立毕业生下乡动员领导小组,李效华任组长,马文星、孙祥、王善成任副组长。下设宣化区革命委员会学生分配办公室,王善成兼办公室主任。

1975 年,成立宣化区知识青年上山下乡办公室。孟士哲任办公室主任,王化龙任副主任。后由贾茂俊任副主任。

1981 年,根据工作需要,宣化区知识青年上山下乡办公室并入宣化区劳动局,知识青年上山下乡工作的遗留问题由劳动局负责处理。

2. 上山下乡

1968 年 12 月,根据毛泽东同志"知识青年到农村去,接受贫下中农的再教育,很有必要"的号召。宣化"老三届"(1966、1967 1968 年初、高中毕业)学生,除少数不足 16 周岁可继续升学,和个别家庭确有困难的转留街道外,绝大部分上山下乡。1968 年至 1969 年全区共有 3 942 名知识青年上山下乡,占毕业生总数的 82.8%。

1971 年 1 月和 10 月,分别对 1969 届、1970 届的毕业生进行了分配。这两届毕业生除少数升学外,其余绝大部分留城就业。

1971 届毕业生 16 周岁以下的原则上升学,16 至 17 岁的多数升学,少数下乡;17 周岁以上的原则上下乡;独生子女、烈军属及困难户留城就业;明残、患严重慢性病的留城转

192

街道。

1973年,对知识青年上山下乡作出新的规定:城镇中学毕业生,除根据有关规定和国家计划直接升学、参军和确因病残不能参加劳动以及独生子女、多子女身边只有一个子女,中国籍外国人子女不动员以外,凡毕业时年满17岁的都要动员上山下乡。

1978年12月,中央召开全国知识青年上山下乡工作会议,对中学生分配政策进行了调整。宣化区从1979年开始对有安置能力的单位不再动员其职工子女上山下乡,由单位举办劳动服务公司,自行妥善解决。对没有安置能力的单位也不再动员知识青年到外县下乡,而采取当地集中安置的办法,统一安置到知识青年农林场。宣化1975年在宋家庄办了知青农场,1980年又在农场建知青酒厂,先后共安置知识青年440名。

从1968年至1980年,宣化区共动员10 362名知识青年上山下乡,主要安置在张家口地区各县。其中1 783人安置在本区三个乡的28个自然村。

3. 抽调回城

1971年开始陆续抽调知识青年回城或就地安置工作。截至1980年12月,宣化区上山下乡的知识青年已全部安置就业。　　　　　　(第八篇第二章《劳动、工资》,第191—192页)

《康保县志》

康保县地方志编纂委员会编纂,新华出版社1991年

(1968年)7月20日,安置全县应届初、高中毕业生,接收张家口市、宣化县等地上山下乡知识青年,下农村插队劳动。　　　　　　　　　　　　(《大事记》,第34页)

(1973年)9月11日,召开上山下乡知识青年工作会议。学习毛主席给李庆霖的一封信和中央有关知识青年问题的文件,以此加强了知识青年工作。　　(《大事记》,第37页)

"文化大革命"期间,各工商企业都大量招用农业人口临时工,形成城镇知识青年上山下乡与农业人口进城就业对流的局面,给就业安置工作造成了困难和被动。

　　　　　　　　　　　　　　　　(第二编第十九章《经济综合管理》,第667页)

1975年12月,补充自然减员42人,其中:招收符合条件的城镇非农业闲散劳力9人,从上山下乡2年以上的知识青年中招收33人。

1976年11月,补充本年1至9月份自然减员16人(其中:招收按政策留城的初高中毕业生8人,符合招工条件的城镇社会劳动力3人,上山下乡劳动锻炼2年以上知识青年5人)。……

1977 年 1 月，补充自然减员 28 人（其中从按规定留城的初高中毕业生中招 13 人，从符合招工条件的城镇社会劳动力中招 7 人，从上山下乡 2 年以上的知识青年中招 8 人）。

（第二编第十九章《经济综合管理》，第 668 页）

知识青年上山下乡

1968 年 7 月，康保县安置该县应届初高中毕业生 227 名到农村接受贫下中农再教育（其中回乡 134 名，上山下乡 93 名）。接收张家口、宣化的 662 名上山下乡知识青年。

1971 年下半年，根据地区革委会生产指挥部要求，选送下乡知识青年 421 名当固定工，补充财贸系统缺额。

1974 年，宣化钢铁公司从康保上山下乡 2 年以上的知识青年中招收固定工人 20 名，12 月底地区地质三大队等单位从该县上山下乡 2 年以上的知识青年中招收固定工 45 名。同时，宣化钢铁公司等地直单位从该县知识青年中补充自然减员 60 名。

1975 年 11 月，地区商业局、外贸局等地直单位从康保县上山下乡 2 年以上的知识青年中招收全民固定工 55 名。12 月，张家口市及地直集体所有制企业、市属全民单位从该县上山下乡 2 年以上的知识青年中招收 152 名工人，补充自然减员。

1976 年 6 月，宣化龙烟铁矿等单位从康保县招收固定工 49 名（其中招下乡 2 年以上的知识青年 39 名，招 1971 年 11 月底以前的临时工、合同工中的退伍军人 10 名）。7 月，地区冶金、电力等单位从该县下乡 2 年以上的知识青年中招收固定工 85 名。

1978 年，康保县在劳动力管理、使用上，由于单位用人无计划，私招乱雇，致使农村劳动力大量流入县城，影响了农业生产的发展。因此，该县从 1978 年底开始，清理计划外用工。在精减压缩计划外用工时，安置知识青年 252 名。当年，应届毕业生 119 名，留城、返城青年 21 名，其它社会待业的 9 名，共待业青年 149 名。

据统计，1965 年至 1979 年，康保县先后动员、接收了张家口市、天津市和该县下乡知识青年 2 647 名。后升学 276 人，被招工 1 159 人，参军 256 人，返城、迁出等原因离队 281 人，在队知识青年 675 人（其中该县下乡知识青年 228 人）。

1980 年，康保县清压各种计划外用工 753 名，占应清压任务的 83.8%；安置知识青年和待业人员 763 名，占应安置数的 66.2%。同年，完成全民招工指标，招收知识青年 50 名。是年，为加强对待业青年的管理，发放了待业证，并建立了待业青年登记卡片。

1981 年前半年，为全民单位补充自然减员安置待业青年 72 名，为各单位输送季节工 524 人次。10 月底，全县共兴办待业青年生产、生活服务摊点 8 个，安置待业青年 39 名。同年完成全民招工指标 250 名，知识青年专项指标 110 名，补充自然减员 15 名，集体单位招工 17 名。是年，对上山下乡知识青年全部安排完毕。

（第二编第十九章《经济综合管理》，第 669—670 页）

《赤城县志》

河北省赤城县地方志编纂委员会办公室编,改革出版社 1992 年

　　(1968 年)6 月上旬,1968 届初、高中毕业生 65 人,第 1 批分赴龙关、云州、后城、茨营子、龙门所、南卜子、样田公社"上山下乡"插队劳动,"接受贫下中农再教育"。同时接收安置了宣化区知识青年 59 人。

(《大事记》,第 21—22 页)

　　(1969 年)12 月 5 日,天津市第一批高中毕业生和社会青年 160 人,第二批 350 人,到赤城县"上山下乡"安家落户,接受贫下中农再教育。

(《大事记》,第 22 页)

　　(1973 年)3 月 22 日,赤城县再接收动员 490 名知识青年"上山下乡"插队落户。

(《大事记》,第 23 页)

《怀来县志》

怀来县地方志编纂委员会编,中国对外翻译出版公司 2001 年

　　(1964 年)6 月 5 日,首批来自张家口市的 153 名知识青年到大黄庄大队插队落户。1969 年 1 月又有天津、张家口市和怀来县 540 名知识青年到本县农村插队落户。

(《大事记》,第 36 页)

知识青年安置

　　1964 年,首次发动城市知识青年上山下乡。本县承担安置知青任务 650 人(其中张家口市知青 450 人,本县知青 200 人)。年底,实际安置 255 名,完成任务的 39.2%。到 1967 年共安置知青 522 人(其中:集体插队 363 人,单身插队 14 人,成户下乡 292 人)。集体插队知青分别安置到原大黄庄公社 191 人,李官营公社 54 人、草庙子公社 11 人、土木公社 27 人、小南辛堡公社 28 人。到 1975 年安置下乡知青达 2 905 人。经锻炼,有 42 人加入中国共产党,731 人入团,122 人参加社队各级领导班子,320 人担任社队各级群众组织的政治辅导员,199 人担任农业技术员或民办教师、赤脚医生等职。1974 年 2 月,172 名应届高中毕业生奔赴农村插队落户。到 1978 年底共有 4 202 名知识青年,分布于 20 个公社 106 个大队插队劳动。据 1976 年经费预算标准:张家口及外省知青每人 475 元,本县知青每人 485 元,自 1964 年—1983 年,国家用于知青安置经费约为 150 万元。1972 年,已有 766 名知青调离农村。到 1978 年,停止知青下放,转入就业安置。1977 年将 37 名知青输送到县果树场,1978 年输送 102 名进入沙城酒厂,1979 年通过公开招工就业知青 364 名。其后通过多

种渠道进行安置,到 1983 年全部安置完毕。情况如表:

年　　份	调离农村	其　　　　中					
		招　工	招　生	参　军	返　城	转　出	死　亡
1964—1972	766	553	46	28	42	95	2
1973	22		18			4	
1974	104	49	26	3	20	5	1
1975	383	343	10	1	20	9	
1976	607	491	17	43	20	36	
1977	99	30	19	18	20	11	1
1978	696	378	68	121	114	15	
1979—1983	1 525	1 525					
合　计	4 202	3 369	204	214	236	175	4

(第十八编第三章《劳动》,第 679 页)

《蔚县志》

蔚县地方志编纂委员会编,中国三峡出版社 1995 年

本年(1964 年)至 1978 年,蔚县接收安置知识青年 1 787 人,其中本地知青 749 人,外地知青 1 038 人。全县 18 个人民公社筹建知青点 80 个,知青林场 1 个,营建住房 813 间。到 1980 年,绝大部分知识青年迁离农村。　　　　　　　　　　　　　(《大事记》,第 21 页)

1969 年,知识青年上山下乡,增加了"知青"投递点。　(第十编第二章《邮电》,第 273 页)

第一节　知　青　安　置

1964 年,县成立了毕业生分配办公室,开始有计划地动员和安置城镇知识青年上山下乡插队落户,到 1966 年末,共安置 122 名。"文化大革命"初期,此项工作中断。1967 年,部分应届高中毕业生分配到南、北电厂等单位工作。1968 年,在接受贫下中农再教育的口号下,有 79 名知识青年报名参加农业生产劳动。1969 年,接收安置天津知青 123 人、张家口知青 233 人。1973 年 12 月,县毕业生分配办公室更名为"知识青年上山下乡办公室"。1964—1978 年,蔚县接收安置知识青年 1 787 人,其中外地知青 1 038 人。全县 18 个人民公社筹建知青点 80 个,知青林场 1 个,营建住房 813 间。

从 1968 年开始,蔚县对下乡知识青年进行统筹安排,到 1980 年,除个别人外,绝大部分知识青年迁离农村。本年底,撤销"知识青年上山下乡办公室",此项工作移交劳动局。1983 年,知识青年遗留问题得到进一步解决。1988 年,对全县男知青的子女农转非进行摸底工作,并对 169 户男知青子女农转非报批材料进行了审核。 (第二十二编第六章《就业》,第 529—530 页)

1964—1978 年知识青年安置情况表

年　　份	安置人数		
	合　计	蔚县人	外地人
1964—1966	122	122	
1968	79	79	
1969	412	56	356
1970—1972	71	69	2
1973	181	34	147
1974	295	63	232
1975	224	114	110
1976	119	111	8
1977	159	147	12
1978	175	77	98
合　计	1 837	872	965

(第二十二编第六章《就业》,第 530 页)

《宣化县志》

宣化县地方志编纂委员会编,河北人民出版社 1993 年

(劳动服务公司)前身为宣化县知识青年上山下乡安置办公室。1982 年 1 月,为适应安置、管理城镇待业青年的需要,缓解新增和返城待业出现的高峰,县革委将原知青办撤销,改组为宣化县劳动服务公司,成为县计划委员会下属的一个行政单位。……

初,仅负责安置下乡知青返城工作,后改为办理所有待业青年安置工作,以及农村富余劳动力的输出介绍工作。……1988 年 5 月 20 日,为适应经济体制改革的形势,宣化县开放劳务市场。劳务市场设办公室,亦由劳动服务公司管理。

现,劳动服务公司具有四项职能:……④原知青办知青工作遗留问题的处理。其工作人员已由最初 7 人,增至现在的 13 人。

在下乡知青成批回城期间,县内曾有 16 个部门和单位,建立本部门本单位劳动服务公司,安置回城知青,安置新毕业的知青。现一部分已撤销,剩下的也已成为经济实体,不再具有安排就业或职业培训的职能。(第二十五篇第一章《人事劳动管理机构》,第 729—730 页)

知识青年上山下乡和回城安置

　　1964 年起,开始动员城镇知识青年(即非农业户口的初、高中毕业生)上山下乡。1969 年除大量动员县内知青下乡外,还接收天津市、张家口市区和宣化区知识青年。开始规定,知青在农村锻炼二年,经所在村群众和知青集体评议,大队审查,可向招工单位推荐。但未能按期限兑现。1979 年,停止知识青年上山下乡,允许已下去的知青回城,回城知青除应召考工外,知青父母所在部门、单位,以及县劳动服务公司共同想方设法安置,至 1982 年结束这项工作。

　　上山下乡知识青年共 3 981 人。至 1982 年,招为全民、集体单位固定工 3 789 人,考入大、中专 35 人,参军 126 人,留在农村 1 人,其它(婚姻迁出、病故)30 人。

(第二十五篇第三章《工人》,第 742—743 页)

　　60 年代后期,受"文化大革命"的影响,刮起公办教师转民办教师之风,外县籍教师大批外流,加之农村学校大发展,教师严重缺编,回乡或下乡的知识青年(即初高中毕业生)便大量涌入学校,使民办教师人数激增。　　(第二十七篇第二章《教职工队伍》,第 787 页)

《张北县志》

张北县地方志编纂委员会编,中国社会科学出版社 1994 年

　　(1968 年)6 月 10 日,张家口市知识青年 2 230 人到张北县插队落户,接受贫下中农再教育。　　　　　　　　　　　　　　　　　　　　　　(《大事记》,第 17 页)

《沽源县志》

沽源县地方志编纂委员会编,中国三峡出版社 2003 年

　　(1965 年)2 月 25 日,张家口地区分配到沽源 210 名城镇下乡知识青年。

(《大事记》,第 18 页)

　　(1966 年)1 月 5 日,来本县插队落户的知识青年 536 人,分别到 7 个公社的 16 个大队安家落户。　　　　　　　　　　　　　　　　　　　　　　　(《大事记》,第 19 页)

　　(1969 年)2 月 23 日,张家口市 882 名知识青年分别到本县 10 个公社 43 个大队插队落户。　　　　　　　　　　　　　　　　　　　　　　　　(《大事记》,第 20 页)

　　8 月 26 日,小厂公社野马营大队东坡村几个青年,对个别下乡插队知识青年的行为不满,于 26 日晚和 28 日对 5 名天津下乡知识青年捆绑吊打,造成严重后果。 (《大事记》,第 20 页)

知识青年安置

沽源从 1964 年,开始接待大、中城市知识青年插队落户。当年首批接受张家口市 29 名知识青年。1968 年后,陆续接收天津、张家口和当地的知识青年,并安置到各公社插队落户。(对)这些知识青年实行优厚政策,在生活上由各社队给予照顾。到 1978 年止,赴沽源插队落户的知识青年就有 4 816 人。粉碎"四人帮"后,他们陆续返城,仅有个别留在当地就业。

(第十四编第二章《人事劳动》,第 511 页)

《崇礼县志》

崇礼县地方志编纂委员会编,中国社会出版社 1995 年

同月(1968 年 6 月),建立崇礼县知识青年上山下乡安置办公室。1979 年 10 月 15 日撤销。10 年间,先后 22 次接收、安置本县及天津、张家口市等地知识青年 1 796 人。

(《大事记》,第 31—32 页)

"文革"期间又增设了知识青年上山下乡办公室。1979 年以来,由于企业的发展、职工人数的增加而设立劳动局。1984 年,在机构改革之后,人事与劳动(包括知青工作)机构合并为劳动人事局。业务范围由机关内部扩大到了社会。 (第二十一编《人事劳动》,第 501 页)

"文革"期间,就业安置的重点,转向了上山下乡的知识青年。崇礼县于 1968 年建立了知识青年安置工作领导小组,下设办公室,接收知识青年的社、队也相应成立领导小组,管理知识青年的安置工作。当时国家规定每个下乡知识青年补助 500 元(包括建房费、用具、学习、医疗、生活补助等项开支费用)。接收单位也在力所能及的情况下给予适当补助。截至 1979 年,全县先后 22 次接收安置县内和天津、张家口市等地知识青年 1 796 人。1971 年始从知识青年中招收工人与照顾回城。对在农村锻炼 2 年以上的插队知识青年,经当地贫下中农评议和大队审查推荐,通过市、地、县企业单位招工以及大中专院校招生、应征入伍、转干等渠道进行安置。并于 1978 年,按照党的政策,对遗留问题作了妥善处理。

(第二十一编第三章《劳动管理》,第 514 页)

《涿鹿县志》

涿鹿县地方志编纂委员会编,(内部刊行)2000 年

是年(1970 年),全县共接收、安置上山下乡知识青年 2 058 人。 (《大事记》,第 30 页)

(1975 年 8 月)12 日，县委书记吴景珍与特邀知识青年代表程有志，启程参加全国农业学大寨会议。 （《大事记》，第 32 页）

1975 年县内招工 102 名，地区单位在涿鹿县招工 529 名，其中知识青年 286 名。……1979 年，根据地区(79)计劳字 38 号文件精神，华北油田从涿鹿县招收全民固定工 138 名，其中男 124 名，女 14 名；知识青年 95 名，社会青年 43 名。

（第二十三编第一章《劳动管理》，第 508 页）

(1989 年)根据省劳人厅、公安厅、粮食局、信访局、冀劳人培(1988)123、333 号文件精神，办理男下乡知青子女农业转非 223 户 386 人。 （第二十三编第一章《劳动管理》，第 509 页）

《阳原县志》

阳原县地方志编纂委员会编，中国大百科全书出版社 1997 年

(1972 年)年末统计，1968 年以来，先后将天津、宣化和阳原县知识青年 190 人，安排到 6 个公社 18 个大队插队落户。 （《大事记》，第 12 页）

1968—1978 年，根据毛泽东关于"知识青年到农村去，接受贫下中农的再教育"的指示，全县安排到农村插队落户的知识青年 1 199 人，其中来自外省市县知识青年 198 人，他们分布在 70 多个大队或生产队。国家拨安置费 58 万元，拨木材 100 立方米，社队调拨大量人力和建筑材料，为知识青年建房 516 间，另拨业务费 14 800 元。国家还支援拖拉机 2 台，文体器材 100 余件，图书 300 余册。1978 年 10 月，根据国发(1978)74 号文件，对下乡知识青年统一安排工作。1979 年，下乡知识青年先后离开农村。其中转为国家干部 48 人，录取大中专院校学生 131 人，参军 67 人，招为国家正式职工 953 人，另有拟下乡而未下乡的知识青年 222 人，也招为国家正式职工。 （第十五编第五章《劳动管理》，第 383 页）

《怀安县志》

河北省怀安县地方志编纂委员会编，中国社会出版社 1994 年

1970—1979 年，怀安县按中央指示精神，对知识青年实行上山下乡安置办法，并接收了张家口市和天津市的 60 多名知识青年下乡插队，会同本县近 4 100 名知识青年一并安排下乡劳动。与此同时，各工商企业大量招收农业人口作为临时工，造成城镇知识青年上山下乡，农业人口进城就业的劳动力倒流局面。

1978年以后,经济体制的改革,使各种经济成份得以发展,就业门路得以拓宽。1979年怀安县劳动人事局成立了劳动服务公司,在国家统筹规划指导下,实行劳动部门介绍就业、自愿组织就业和自谋职业相结合的方针。鼓励、促进、扶持集体和个体企业接纳待业青年就业。至1988年底,劳动服务公司劳务输出906人,对剩余的248名待业青年分别作了安置。经考核择优录取,工商企业招用158人,以待业青年为主的摊点上安排55人,35人自谋职业。1979—1988年,4 100名上山下乡知识青年也全部陆续安置为正式职工,工龄由下乡之日算起。

(第十九编第二章《职工》,第510页)

《尚义县志》

河北省尚义县地方志编纂委员会编,方志出版社1999年

(1965年)7月10日,300名知识青年到坝上9个公社插队落户。(《大事记》,第27页)

是月(1969年1月),全县安置3 340名知识青年到农村插队落户。(《大事记》,第29页)

(1970年)10月31日,全县推荐153名青年上大中专学校,其中大专34人。这是"文革"以来第一批推荐的工农兵学员。(《大事记》,第30页)

(1971年)8月3日,全县选送23名经过劳动锻炼二年以上的插队知识青年,充实地、县工业战线。(《大事记》,第30页)

(1975年)7月26日,七甲公社七甲村共青团员何儒林,为抢救落水知识青年赵胜利不幸牺牲。共青团尚义县委授予他"模范共青团员"称号。县委根据他生前的要求,追认为中国共产党正式党员,并号召全县人民向他学习。(《大事记》,第32页)

(1978年6月)12日,大营盘公社刘油房大队插队知识青年武清,因三角恋爱用大刀将张家口市青年刘乾宝、张福利砍死,同时还砍伤曹建国等4人,凶犯武清被捕归案。

(《大事记》,第34页)

第三节 知识青年安置

1964年,根据毛主席"知识青年到农村去,接受贫下中农再教育"的指示,开始动员城镇知识青年上山下乡。1965年7月10日,动员300名知识青年到县境坝上大青沟、大苏计、大营盘、哈拉沟、后石庄井、八道沟、炕塄、七甲、南壕堑9个公社插队落户。至1977年全县累计接受来自天津、张家口市和县城知识青年2 709人。下乡插队2—3年后,通过招工、招

生、参军等渠道进行安置。至 1976 年底共安置知识青年 1 120 人,其中招工安置 844 人,升学 126 人,参军 150 人。同年底对尚未回城的 999 名知识青年进行安置,其中集体返城 582 人。1978 年中央决定县以下城镇知识青年不再上山下乡,原来下乡的分期分批回城镇安置就业。

(第十九编第五章《劳动就业》,第 775 页)

《万全县志》

万全县志编纂委员会编纂,新华出版社 1992 年

(1969 年)1 月 4 日,县革命委员会决定从上年度起,凡属城镇户口年满 17 周岁的高中毕业生或初中毕业未考入高中的学生到农村插队落户,接受贫下中农再教育。以后逐年例行,到 1978 年止。

(《大事记》,第 41 页)

知识青年安置

1964—1965 年,开始接收安置国家分配来的大中专毕业生到农村劳动锻炼,数量较少。"文化大革命"时一度中断。从 1968 年开始,本县及外地知识青年分批到农村插队落户,截至 1978 年底,全县共接收 2 376 人(京津张等城市的 2 025 人,本县 351 人)。分别安置在 13 个公社,85 个大队。下乡插队落户 2—3 年后方可通过招工、招生、参军等渠道进行安置。1978 年中央决定县以下城镇知识青年不再上山下乡,原来下乡的分期分批回城镇安置就业。至 1983 年底外省市知识青年除本县安置外,已全部返籍安置。本县的也陆续安置就业。

(第十七编第二章《劳动管理》,第 683 页)

《承德市志》

承德市地方志编纂委员会编纂,新华出版社 2009 年

(1965 年)6 月 19 日,承德市各界人士在电影院集会,热烈欢送第一批上山下乡参加社会主义建设的知识青年。

(《大事记》,第 57 页)

8 月 14 日,欢送承德市第二批 44 名知识青年上山下乡到围场蓝旗卡伦安家落户。
8 月 31 日,欢送第三批 72 名知识青年上山下乡。

(《大事记》,第 57 页)

(1968 年)年内,全市城镇知识青年上山下乡,到农村插队。

(《大事记》,第 60 页)

(1973 年)9 月 9 日,中共承德市委召开知识青年上山下乡工作会议。1968 年以来,全

市已有 7 000 多名知识青年上山下乡。 (《大事记》,第 63 页)

《承德县志》

河北省承德县地方志编纂委员会编,内蒙古科学技术出版社 1998 年

(1970 年)2 月 10 日,县将"教革安置分配办公室"改为"上山下乡安置办公室"。1968—1970 年 6 月 14 日,境内有 32 个公社接收安置北京、天津、承德市知识青年 1 800 余人,名曰"接受贫下中农再教育"。 (《大事记》,第 37 页)

(1972 年)12 月 7 日,据民政局统计,插队的 1 200 多名知识青年中,有 6 人入党,150 人入团,51 人进入社、队班子,150 人做社、队专业工作(会计、教师、农技员、赤脚医生等),10 人参军上大学,180 余人脱产工作。 (《大事记》,第 39 页)

1968—1976 年,县革委会设"两部"(政治部、生产指挥部)一室(办公室)。后撤销,设立综合、政工、农工、后勤 4 组。时隔不久恢复"两部一室"。除革委办公室外,政治部设 5 组(组织、宣传、教育、群众工作、县直政工)1 室(知识青年上山下乡办公室);生产指挥部设 4 组(农村、工商、财贸、卫生)、2 室(战备办公室、国防工业办公室)。……1978 年经调整,撤销县革委生产、国防工业与知识青年上山下乡 3 个办公室。 (第五篇第二章《县政府》,第 256 页)

1948—1994 年县人民政府机构设置表①

县政府名称及隶属	时 间		直 属 单 位	派出机构
	时期	年份		
承德县革命委员会	1969.1.11—1981.11.10	1980	公安局、工业局、轻工业管理局、社队企业管理局、矿山管理局、交通运输局、邮电局、电力局、农业委员会、农业办公室、农业局、林业局、水利局、畜牧局、财政局、税务局、粮食局、财贸办公室、物资局、商业局、工商行政管理局、体育运动委员会、科学技术委员会、文化局、教育局、卫生局、计划生育办公室、广播事业管理局、计划委员会、统计局、经济委员会、基本建设委员会、房地产管理局、城乡建设管理局、办公室、劳动局、人事局、民政局、知识青年上山下乡安置办公室、地震办公室	1970 年 9 月设上谷、下板城、上板城、鞍匠、六沟、三沟、双峰寺、头沟、三家 9 个战区

(第五篇第二章《县政府》,第 258 页)

---

① 本表内容为节选。——编者注

1964年,省曾分配6名天津知识青年到境内锻炼。1967—1968年又安排县内外98名知识青年。县革命委员会设"教育革命安置分配办公室"统管知识青年事宜。1970年7月改为"知识青年上山下乡安置办公室"(1972年6月撤销,11月恢复)。据1979年11月统计,先后将3238名城镇青年安排在9个工委(区)、45个公社(乡)、262个大队(村)和2个青年点(前五沟大队及冯营子农业科学研究所),插队落户,接受贫下中农"再教育"。期间,头一年国家支付安置费用,第二年则自食其力。1981年通过招工、参军、升学及回城就业等渠道皆陆续得到安置。

(第九篇第五章《就业》,第323页)

《围场满族蒙古族自治县志》

围场满族蒙古族自治县地方志编纂委员会编纂,辽海出版社1997年

"文革"最先冲垮文化、教育系统,接着是党、政机关被夺权,揪斗"走资派",随后工厂、商店也卷入派性辩论。大批学生上山下乡"接受贫下中农再教育",在这个期间内除接收天津、承德等大中城市知识青年外,县内有1230名高初中毕业生下农村。

(第十四篇第二章《重大政治运动》,第405页)

"文化大革命"中,师范学校停办,公立教师无来源,大批回乡"知识青年"被录为民办教师,民师比例扩大。　　　　　　　　(第二十篇第一章《教育》,第503页)

(1968年)8月23日,县革委对本县高中、初中毕业生上山下乡工作做出安排,有1232名初、高中毕业生分配或回到各区、社接受贫下中农再教育。　　(《大事记》,第628页)

(1969年)1月19日,地区分配安置下乡知识青年任务7000名。其中天津市1700名,北京市1300名,承德市1000名,本县城镇社会青年,无职业居民及职工家属3000名。北京知青没有来围场。　　　　　　　　　　　　　　　　(《大事记》,第628页)

(1970年)7月1日,县革委召开首届上山下乡知识青年活学活用毛泽东思想"积极分子"代表大会。　　　　　　　　　　　　　　　　　　　(《大事记》,第628页)

《平泉县志》

平泉县志编纂委员会编著,作家出版社2000年

是年(1968年),县604名初高中毕业生和1041名天津市知识青年到农村插队落户,接

受贫下中农再教育。（《大事记》，第38页）

（1970年）9月25日，县革委会及县人武部联合发出开展"学习齐玉林活动的决定"。齐玉林为天津下乡的知识青年，身患癌症仍组织知识青年植树造林，勤奋不息，献出了年轻的生命。（《大事记》，第39页）

知识青年安置　1964年，大庙林业管理局首批接收30名天津市青年。是年动员城镇初、高中毕业生150人，分别到大庙林管局所属林场和围场孟滦林场。

1968年，天津知识青年1044名，平泉镇初、高中毕业生和待业青年559名，下放到各社生产大队劳动。截止于1979年10月，全县累计安置承德市、天津市和本县知识青年4520名。开支安置费147万元，建房1570间。

1971年6月，选调劳动锻炼二年以上的知识青年198名，充实到财贸系统。此后，通过招工、招生、应征入伍等途径逐步安置。到1984年，基本安置完毕。

（民政、人事、劳动编第二章《人事劳动》，第768页）

《宽城县志》

宽城县志编纂委员会编，河北人民出版社1990年

"文化大革命"开始，劳动就业渠道堵塞，号召城镇青年上山下乡。1968年9月，第一批20名知识青年上山下乡。至1977年底，全县共接收天津、承德及本县下乡劳动的知识青年919人。期间，城镇青年下乡与回城就业同时进行，通过招工、升学、参军、转干等途径逐步安置下乡青年就业，至1980年，本县下乡青年全部安置完毕。

1978年，改革就业制度，城镇知识青年停止下乡。

（第五编第十六章《劳动管理》，第310页）

《兴隆县志》

兴隆县志编纂委员会编，新华出版社2004年

（1968年）9月18日，兴隆县首批上山下乡知识青年193人，分别赴四拨子、八卦岭、大水泉、跑马场公社安家落户。（《大事记》，第28页）

（1970年）6月26日，召开全县上山下乡知识青年学习毛泽东思想积极分子代表大会。

（《大事记》，第29页）

（1973年）6月19日至24日，召开全县上山下乡知识青年积极分子代表大会。

9月11日，召开全县知识青年上山下乡工作会议。　　　　　（《大事记》，第30页）

是月（1981年12月），县知识青年上山下乡安置办公室工作总结中称：自1968年以来，先后共接收安置县内及外省市上山下乡知青3 922人，分布全县37个公社196个大队。除个别人就地成家外，其余全部回城妥善安置。　　　　　（《大事记》，第33页）

1978年，在农村插队落户的知识青年陆续返城，出现建国以来的第一次待业高峰。当年下达1 300名招工指标，使待业高峰得到缓解。（第十七编第一章《劳动人事》，第696页）

第八节　知识青年上山下乡

1968年12月，毛泽东主席发出"知识青年到农村去，接受贫下中农再教育"的指示后，兴隆县建立知识青年上山下乡办公室（后合并到劳动局），负责接待和管理上山下乡知识青年。首先动员"老三届"初、高中毕业生到农村插队落户，其次动员城镇社会青年、闲散居民上山下乡，从而形成一个时期内的制度。

1969年1月—1978年6月，全县共接收安置上山下乡知识青年3 928人，其中：县内2 137人、天津市802人、承德市769人、北京市和转点知识青年220人。在全县42个公社296个大队中，有38个公社258个大队有接收安置任务。知识青年与当地农民同吃、同住、同劳动、劳动报酬实行工分制。1978年12月，停止动员城镇初、高中毕业生上山下乡。在农村插队落户的知识青年陆续返城，有的参军、升学，有的就地安排工作。

　　　　　（第十七编第一章《劳动人事》，第705页）

《滦平县志》

滦平县志编委会编著，辽海出版社1997年

（1969年）1月16日，县革委成立知识青年城镇居民上山下乡安置办公室。

1月27日，至此，全县共安置去农村知识青年1 268人。其中北京、天津知识青年1 000人，另安置社会知识青年16人，安置城镇居民9户42人，职工家属还乡134户。

　　　　　（《大事记》，第59页）

1969年1月接收安置北京、天津、承德知识青年400人。1973年安置承德市下放居民144户697人。1976年知识青年及城市下放居民多返城。

　　　　　（第三编第二章《人口变动》，第223页）

1980 年 8 月,建立劳动局,负责劳动调配、劳动保护、劳动安全监察等项工作。1981 年 5 月 12 日,县知识青年上山下乡安置办公室并入。

(第十六编第一章《劳动人事》,第 705 页)

1971 年至 1980 年,全县共下拨救济款 101.3 万元,棉花 1 万公斤,棉布 7 万米,棉大衣 3 960 件,绒衣 3 000 件。另外,下拨少数民族救济款两次 1.2 万元,下乡知识青年补助款两次 1.4 万元。

(第十六编第二章《民政》,第 720 页)

《隆化县志》

隆化县地方志编纂委员会编,河北人民出版社 2001 年

(1966 年)5 月 26 日,郭家屯建立上山下乡知识青年生产队,有 27 名青年插队落户。

(《大事记》,第 51 页)

(1968 年)10 月 6 日,天津市和本县初、高中毕业知识青年 1 000 多人、社会青年 200 人到全县 30 个公社接受贫下中农再教育。

(《大事记》,第 53 页)

(1971 年)7 月 18 日,天津市上山下乡知识青年郑家元在抗洪抢险战斗中负伤,因伤势严重抢救无效,于 7 月 27 日牺牲。1993 年,河北省人民政府追认郑家元为革命烈士。

(《大事记》,第 55 页)

(1972 年)12 月,成立县知识青年上山下乡办公室,负责知识青年选调、升学、劳动就业等工作。

(《大事记》,第 55 页)

第三节　知识青年管理机构

1968 年 10 月,天津市等地知识青年来隆化县上山下乡,接受贫下中农再教育,县建立知识青年工作领导小组,负责知识青年管理。1972 年 12 月,成立隆化县知识青年上山下乡办公室,负责上山下乡知识青年选调、升学、劳动就业等工作。1981 年 10 月,知识青年办公室撤销,有关知识青年工作由劳动局管理。　(第二十一编第一章《机构沿革》,第 750 页)

1968 年,本县城镇知青 96 人到农村、林场安家落户。1977 年,全县有本县下乡知青 1 173 人,外地下乡知青 1 492 人。到 1979 年,通过招工、双退子女顶替等安置城镇待业青年 1 048 人,其中知青 438 人。1980 年 12 月,县政府成立劳动服务公司,负责城镇劳动就业工

作。1981 年 12 月,县政府召开劳动就业工作会议,同年 1 至 9 月,安置待业人员 666 人,占城镇待业青年总数的 47.8%。 （第二十一编第三章《工人管理》,第 759 页）

《青龙满族自治县县志》

青龙县地方志编纂委员会编纂,中国城市出版社 1997 年

(1974 年)6 月 20 日,接收天津市下乡知识青年 207 名。 （《大事记》,第 27 页）

1968—1970 年,青龙接收、安置北京、天津、承德等地上山下乡知识青年 1 464 人,至 1979 年,通过招工、招生、参军、病退、困退等渠道,已全部迁回原籍或安排了工作。

（第三篇第一章《人口》,第 204 页）

1979 年,开始实行统包统配和在一定范围内公开招考并择优录用这两种形式安置就业……大中专毕业生和复员退伍军人,由国家按计划统一安置,回城知识青年、城镇待业青年、社会闲散劳动力和农村部分人口,实行德、智、体全面考核,择优录用,另有退职、退休固定工人的子女顶替的方法就业。1970—1980 年共招收新工人 2 850 人,1980 年底实有城镇待业青年 225 人。 （第十一篇第四章《综合经济管理》,第 724 页）

《丰宁满族自治县志》

丰宁县志办公室编,中国和平出版社 1994 年

(1968 年)8 月 12 日,响应知识青年上山下乡号召。承德市首批 83 名中学生和社会知识青年奔赴本县坝上插队落户。 （《大事记》,第 48 页）

8 月 30 日,大阁、凤山两地首批中学生和社会知识青年到森吉图(今外沟门乡)公社插队落户。 （《大事记》,第 48 页）

(1973 年)6 月 14 日,据统计,几年来全县先后动员、接受、安置了天津、北京、承德市和本县知识青年 2 226 名。 （《大事记》,第 50 页）

(1974 年)3 月 20 日,本县 192 名知识青年上山下乡,奔赴坝上和接坝农村。

（《大事记》,第 50 页）

1968 年 9 月到 1970 年底,在知识青年上山下乡的高潮中,全县安置到农村插队落户的知识青年 2 226 名(包括本县和来自北京、天津、承德等地的知识青年)。插队落户的知识青年,与农民一样实行劳动工分制,使一大批青年学生得到暂时安置。此外,在"文化大革命"期间,还在县内农村招收亦工亦农人员 2 000 余名,参加工业和商业企业。1973 年,对上山下乡知识青年,采取统筹安排继续就业措施,到 1980 年已有 700 余名知识青年安排就业。安排的去向是:大、中专学校招生,招工顶替,应征入伍和回城安置工作。

(第十三编第二章《劳动与工资管理》,第 639 页)

《唐山市志》

河北省唐山市地方志编纂委员会编,方志出版社 1999 年

(1964 年)5 月 17 日,唐山市热烈欢送首批到农村安家落户的 102 名知识青年,到 1975 年市区下乡知识青年共 52 840 名。

(《大事记》,第 81 页)

唐山市区人口机械变动的特点是两高一低,一个特殊年。……第二个大迁入时期是 1977—1979 年,3 年迁入 288 944 人,迁出 43 917 人,净增人口 245 027 人,是唐山历史上人口机械增加的高峰。这一时期人口迁入猛增,是为了补充因地震大量人口伤亡而引起的社会劳动力的不足和大批下乡知识青年与落实政策干部职工回城所致。1960—1970 年是人口机械变化低谷时期,除 1967 年以外,其余各年份机械增长均为负数,即迁出多于迁入。……1966 年以后,特别是 1968 年后,大批知识青年上山下乡,干部、教师、医务人员下放农村等,致使市区人口大量减少,人员机械增长处于负数。

(第二编第一章《人口》,第 254 页)

上山下乡知识青年安置

(一)政策规定

1962 年唐山开始动员城镇知识青年"上山下乡",到 1963 年底共有 1 900 人到农村插队劳动,主要以支援农业建设新高潮和到国营农场短期劳动锻炼为目的。1964 年成立市知识青年上山下乡办公室。

1968 年在毛泽东主席"知识青年到农村去,接受贫下中农再教育,很有必要"的号召下,全市动员知识青年上山下乡掀起新的高潮。在满足招工计划的前提下,凡年满 16 周岁的城镇知识青年全部动员下乡。1968 年、1969 年两年中,市区共下乡 29 499 人,占市区两年平均青年人数的 89.20%。

1971 年明确全市知识青年上山下乡的原则是每户有工、有农、有城、有乡:中学毕业生兄弟姐妹有工无农的;一农多工的;本届有两个同期毕业生,一个留城一个下乡。1974 年规

定的留城条件是:独生子女;本人兄弟姐妹有下乡而无上工的或下乡多于上工的;家庭生活特殊困难的;本人身残不适应农业劳动的;多子女户但户主居住城市,身边只有一个非农业人口子女的。1976年唐山发生大地震以后,根据震后的实际情况又扩大了留城面,对因地震家庭人口伤亡较重或失去父母的孤儿都不再动员下乡。

在动员知识青年上山下乡的同时,对下乡后因故需要迁回城市的规定:凡下乡青年本人因病临时丧失劳动力的,有县、社、队三级证明和县以上医院诊断证明的,可回城在家养病,病好后再回原生产队。凡下乡青年家庭主要劳动力因工、因病死亡,家中生活需要长期补助、家有幼小弟妹无人照料或家有重病人无人护理的可准予迁回城市,另行安排工作。

(二)安置形式

从1962年动员安置工作开始至1979年动员安置工作基本结束,全市动员城镇知识青年76 125人上山下乡,其中,插队54 525人,占下乡总数的71.6%;回乡8 600人,占总数的11.3%;组织集体场队8 000人,占总人数的10.5%;参加国营农场及建设兵团5 000人,占总人数的6.6%。

唐山市城镇知识青年上山下乡安置情况表　　　　单位:人

年份 \ 项目	合计	安置形式			
		插队	回乡	集体场队	国营农场及建设兵团
1962年至1965年	5 600	5 000	100		500
1966年至1968年	24 443	18 943	3 500		2 000
1969年至1979年	46 082	30 582	5 000	8 000	2 500
总　　计	76 125	54 525	8 600	8 000	5 000
占总数的%		71.6	11.3	10.5	6.6

注:① 从1983年补办知青手续的135人未统计在此表中。
　　② 截止1978年,天津等地下乡青年到唐山地区插队的累计708人,有的投亲,有的到农场,均未统计在内。

(三)安置经费管理

城镇知识青年下乡,以自力更生、群众互助为主,国家资助为辅。对插队和回乡的知识青年安置费主要用于解决住房、生活补助、小农具购置、旅运费等项开支,均由国家和地方财政拨给。

安置经费的标准:市区按每个下乡人员16元,各县镇按每个下乡人员10元计算,用作解决下乡人员交通费和下乡前的集训等开支;投亲靠友或成户插队的按每人平均150元计算,集体插队的按每人200元计算。各项经费由市财政局和市知青办统一掌握,经费使用按照"勤俭办一切事业"的方针和规定的标准进行管理。到1986年市区知青安置经费共支出1 836.6万元,结存10.3万元。

（四）回城就业与就地落户

全市城镇知识青年下乡后,经过几年的劳动锻炼,按照国家的有关政策规定陆续回城就业。1968—1972年随着国家拨给的农村招工指标,全市从下乡青年中招收3 000人回城就业。1973年后按照"城镇知识青年上山下乡劳动满两年以上,可以推荐上工、参军、升学"的政策精神,全市1973—1977年先后从农村招收下乡知识青年上工的17 342人,占招工总数的22.3%。1978年开始,根据唐山地震后的实际情况,全市对招收下乡知识青年上工的条件又做了适当的放宽,凡下乡劳动时间一年半以上的均可列为招工对象;对招工难度较大的企业放宽为一年以上;对属于退休退职职工子女顶工的不受下乡时间的限制。到1982年底,全市由农村招收下乡知识青年回城就业有18 221人;安排退休退职职工子女顶工有827人;补充矿山井下和野外勘探等单位自然减员的有3 498人;参军、入学、提干和转外市上工的共有839人。总共从农村招收上工的下乡知识青年为43 777人,占下乡青年总数的57.5%。截止到1983年,由于唐山地震家庭人员变化等情况,逐年迁回城市待业的下乡知识青年共有31 435人,占下乡总数的41.3%。对这些迁回城市的下乡青年,根据生产建设的需要,1979年以前随着各厂矿企业招工,补充自然减员,退休、退职子女顶工,优先安置了23 853人。1979年以后,对一些就业条件较差的回城青年,采取考试成绩加分、免予考试、放宽年龄标准或按指标比例分配等灵活措施,又安排了5 493人。但还剩有2 089人,因女性多、年龄大,按当时企业的用工条件而未能得到就业。1983年2月经市政府批准,劳动局采取"合理分担"的措施,在厂办集体企业,区、街企业和劳动服务公司企业中全部予以安置。

1983年全市在农村劳动的下乡知识青年还有1 059人,占下乡总数的1.4%。其中已就地变户的有637人(改为吃商品粮户),扎根农村的有102人(为纯农户),未改变下乡身份的和补办知青手续的有320人。对此,本着"从政治上关心、生活上照顾"的精神,首先对地震震残、截瘫、病残、工伤而丧失劳动能力的下乡知识青年于1984年妥善安置了12人;又于1986年对30名重残下乡青年,按每人1 500元给予一次性补助;对"文化大革命"期间多种原因而失掉下乡手续和未改变下乡身份的320人补办手续后,均予妥善处理;对已经变户的637人,生活确有困难的,分别给予了一次性救济。　　　　（第十二编第三章《劳动》,第2127—2129页）

《唐山市路南区志》

唐山市路南区地方志编纂委员会编纂,海潮出版社2000年

是月(1964年3月),区委成立知识青年上山下乡领导小组,通过各种形式在社会上进行广泛宣传(5月17日首批知识青年到农村安家落户)。　　　　（《大事记》,第34页）

是年(1968年),两批初、高中毕业生响应党的号召"上山下乡",接受贫下中农再教育。

（《大事记》,第37页）

60 年代,区劳动部门重点为企业办理招工、调配手续,并开始进行企业劳动定员定额及工资福利待遇的管理。设专门机构开展知识青年上山下乡的安置工作。1972 年后,实行退休和病故职工自然减员由子女顶替的安置办法,解决了一大批返城知识青年的就业问题。

(第十四编第三章《劳动管理》,第 568 页)

《唐山市路北区志》

唐山市路北区地方志编纂委员会编,中华书局 1999 年

(1975 年)5 月 17 日,唐山市 2 000 名知识青年到农村插队落户,市委、市革委举行欢送仪式。路北区数万工人、干部、街道居民、中小学生在街道两旁热烈欢送。 (《大事记》,第 48 页)

1963—1970 年,人口迁移为减少期。8 年中迁出人口 55 634 人,迁入 28 851 人,迁出比迁入多 26 783 人。人口机械增加为负数。当时,一方面严格控制农村人口流入城市;另一方面压缩城市人口,动员职工及家属返乡务农。尤以 1968—1970 年为最,时值"文化大革命"的高潮期,一些城市人口遭返回乡,大批知识青年上山下乡,干部、教师、医务人员下放农村劳动,致使城市人员减少。

(第三编第一章《人口》,第 119 页)

"文化大革命"开始后,号召知识青年上山下乡,到农村去参加社会主义建设,在广大团员带动下,全区先后有 18 813 名知识青年到农村落户,接受贫下中农的"再教育"。

(第十四编第二章《社会团体》,第 516 页)

1979 年,待业人员达到解放以来的最高峰。全区待业人数达 15 192 人,其原因主要是"文化大革命"期间大批城市青年待业,加之大批上山下乡知识青年返回城市,以及唐山地震中父母双亡的孤儿等急待安置,成为劳动部门的重要课题。当年路北区安置 8 431 人,安置率 55.4%。压力很大。1980 年,区政府成立安置待业青年领导小组,负责路北区待业青年安置工作。

(第十八编第一章《劳动》,第 587 页)

《东矿区志》

东矿区地方办公室编,中国和平出版社 1994 年

(1962 年)3 月 15 日,召开全区回乡知识青年积极分子代表会议,大力宣传和号召知识青年上山下乡,建设社会主义新农村。到 1979 年上山下乡工作停止时,全区下乡青年 26 132 人。

(《大事记》,第 22 页)

(1968年)中学毕业生全部到农村落户,参加农业生产。　　　　　　（《大事记》,第 26 页）

(1974年)4月15日,区成立上山下乡领导小组,各中学成立上山下乡办公室,负责留城和上山下乡工作。全区大规模动员中学生到农村插队落户。　　　　（《大事记》,第 28 页）

第五节　知识青年上山下乡

1963年区人民委员会成立知识青年上山下乡办公室。负责知识青年上山下乡安置管理工作。1964年第一批知识青年输送到滦县、乐亭、昌黎、遵化、迁安、卢龙、本市郊区等地插队落户,参加农业生产。1965年至1966年除继续向以上各地输送外,区内殷各庄公社佃大寨、孟大寨、小寨等村也接收安置一批知识青年。1964年至1966年共有下乡青年1 100人。

1968年因"文化大革命"的干扰,高中、大专院校没有招生,对1966届、1967届、1968届的初、高中毕业生("老三届")全部动员下乡。1969年制定知识青年留城政策后,1969届、1970届初、高中毕业生中的下乡对象,由毕业学校、街道和知青家长的单位共同动员到唐山地区各县及本市郊区集体插队落户,也有部分学生到农村投亲靠友自己联系下乡。1971年主要任务是动员下乡对象支援边疆,去内蒙古建设兵团四师、五师、支边青年达1 200人。其中去内蒙古自治区碱桂地区700人,去锡林浩特地区500人,全系部队编制,集体开荒种地。1968年至1971年是东矿区知识青年上山下乡的高潮阶段,共动员知识青年下乡17 428人。其中插队落户的14 428人(包括到内蒙古支边的1 200人),投亲靠友下乡的3 000人。1973年起,根据当年的初、高中毕业生留城政策,对定向下乡的由区知青办按市分配的对口县直接联系下乡。1974年知识青年下乡工作主要由知青家长所在单位负责。区直及市属以上60多个单位的基层知青办公室,各自负责本系统上山下乡工作。1975年底,唐山市在丰南县柳赞公社沿海地区建立集体农场,为市属副食品基地(养虾、种水稻),同时作为唐山市各区和开滦各矿下乡青年劳动生产基地。1972年至1979年共有下乡青年7 604人,其中先后到唐山附近各县和柳赞农场插队落户的6 404人,投亲靠友下乡的1 200人。

1964年开始至1979年结束,全区知识青年下乡共26 132人。其中,投亲靠友个人联系下乡的4 200人。

下乡青年的安置工作主要有以下几个方面:

1. 集体插队落户的,由知青办负责联系地点、办理户口、粮食关系,并送到各县、公社、大队。

2. 到集体农场的,由区、厂矿知青办负责办理户口、粮食关系,集体送到农场,并由区、矿分别负责管理。

3. 投亲靠友的,由个人联系,区知青办开具证明,青年家长办理户口、粮食关系,送到生产大队。

4. 下乡经费,根据市有关规定,按下乡人数直接拨到各县。经费有:建房费、生活费、用具费(包括农具、炊具、家具)、医疗费、学习材料费等,各县有关部门根据具体情况将经费分配到公社、生产大队。

5. 口粮问题。在未参加生产队收益分配前,根据生产大队规定,由粮食部门供给中上等劳力水平的口粮和一定数量的食油。有了劳动收益后,口粮随生产队分配。

1964—1979 年东矿区知识青年集体插队落户人数统计表

年　份	下乡人数	年　份	下乡人数
1964—1966	1 100	1 974	3 290
1968	3 346	1 975	1 010
1969	7 731	1 976	414
1970	1 924	1 977	699
1971	1 427	1 978	36
1972	254	1 979	19
1973	682	总计	21 932

(第十八编第一章《劳动管理》,第 383—384 页)

1978 年,根据中发(1978)74 号文件精神,停止知识青年上山下乡,并陆续返城。对下乡返城青年和历届留城待业青年统筹安置。1979 年统计,全区共有待业青年 20 452 人。到年底共招正式工 6 425 人,临时工 10 653 人,缓解了区内劳动待业问题。

(第十八编第一章《劳动管理》,第 384 页)

1981 年 5 月撤销劳动科建立东矿区劳动局,知识青年上山下乡办公室并入劳动局。

(第十八编第五章《劳动人事管理机构》,第 405 页)

《开平区志》

唐山市开平区地方志编纂委员会编,天津人民出版社 1998 年

(1964 年)年内,开平区建立城市知识青年上山下乡领导小组,动员开平、马家沟地区城镇知识青年 32 名到农村插队落户。　　　　　　　　　　　　(《大事记》,第 14 页)

1969 年,城市疏散闲散人口和知识青年上山下乡,当年迁入人口 3.08 万人。

(第三篇第一章《人口数量》,第 63 页)

第二节　知青接收安置

1964年4月24日,中共中央批转共青团中央《关于组织城市知识青年参加农村社会主义建设的报告》。区成立城市知识青年上山下山领导小组。当年开平、马路街道办事处,动员32名城镇知识青年报名下了乡。1966年3月,分两批接收唐山市路北区、路南区、东矿区583名知青到本区农村插队落户。1973年,区成立了知识青年上山下乡办公室,专门负责接收和管理知识青年上山下乡工作,并负责办理知识青年返城招工手续。知青返城和招工,分别由市劳动部门和市知青办公室负责审批,区知青办公室按知青下乡年限、平衡招工指标、办理返城招工手续。公社、大队根据知青现实表现,由评选领导小组签署意见,推荐上工或返城。1971—1979年统计,除50余名与农村青年结婚,决心在农村扎根落户外,共有436名下乡知青相继办理了返城手续。有1.12万名下乡知青被厂矿企业招工录用,其中1971年安置知青395名,1976年为2 335名,1977年为2 565名,1978年为5 235名,1979年为634名。与此同时,有436名知青参军或升学。

1978年12月,全国知识青年上山下乡工作会议后,大规模的知识青年上山下乡运动基本结束。　　　　　　　　　　　　　　　　　（第二十一篇第二章《劳动》,第432—433页）

《唐海县志》

唐海县地方志编纂委员会编,天津人民出版社1997年

(1961年)5月,柏各庄农场总场中学动员学生回乡参加农业生产,回乡学生占学生总数的25%。　　　　　　　　　　　　　　　　　　　　　　　　　　（《大事记》,第20页）

同年,柏各庄农场开始接收天津市、唐山市下乡知识青年。　　　（《大事记》,第21页）

(1964年)10月6日—10日,省农垦局在柏各庄农场召开全省农牧林场下乡知识青年代表大会,对柏各庄农场打击侮辱城市下乡知识青年的干部进行处理。

（《大事记》,第22页）

(1968年)9月,534名唐山知识青年来柏各庄农垦区"插队落户"。

（《大事记》,第23页）

(1977年)3月中旬,召开上山下乡知识青年先进个人代表大会。　（《大事记》,第26页）

随着农场不断扩建和各项事业的迅速发展,管理干部和各类技术人员仍显不足,尤其是缺乏强壮劳动力。所以上级有关部门每年都为农场分配及调入部分职工干部,有时则成批招收职工。1961年经唐山市劳动局批准,由该市招收780名社会青年,入场当农工。1962年—1963年又分批接收天津市和唐山市下乡知识青年1 138名。

(第三编第一章《人口渊源及分布》,第85页)

城市知识青年安置

60年代初,农场共接收城市知识青年1 833人,其中天津知识青年395人,唐山知识青年1 438人。以后630多名知识青年因病及其他各种原因陆续调离农场,占知识青年总数的35%。到1963年,农场共有城市知识青年1 185人,其中大学生12人,高中生132人,初中生342人,初中以下的699人。1968年9月,接收唐山知识青年534名,城市知识青年来垦区后,均安排到各农场从事农业生产,以后根据工作需要,部分知识青年调到垦区区直企、事业单位工作。

70年代,大部分城市下乡知识青年陆续回城。继续留在农垦区的知识青年除享受农场职工待遇外,并负责其家属的就业安排。1983年4月,垦区计划委员会下发了《关于录用知青家属的通知》,允许知识青年配偶到农场落户,其中身体健康、能常年参加劳动、年龄不超过35周岁,经审查可以吸收为职工,享受农场职工的待遇。

(第二十三编第一章《劳动人事管理》,第529页)

1964年,第四分场一名职工以知识青年下乡劳动为题材,编写了短篇小说《秧田里的歌声》。

(第二十五编第二章《文学艺术》,第571页)

《唐山城市建设志》

唐山城市建设志编纂委员会编,天津人民出版社1992年

1978年初,唐山市恢复建设前期准备开始进行,为适应即将展开的大规模施工需要,新组建了两个建筑公司,……招收了一大批占地村青壮劳力和下乡知识青年充实到各建筑施工企业。

(第四篇第一章《建筑企业》,第69页)

《秦皇岛市志(第一卷)》

秦皇岛市地方志编纂委员会编纂,天津人民出版社1994年

(1964年4月)4日,秦皇岛市安置城市下乡青年领导小组成立。 (《大事记》,第57页)

(1965 年)5 月 18 日,中共秦皇岛市委发出《关于动员城市知识青年和闲散劳动力下乡上山参加农业生产的指示》,知识青年上山下乡动员工作广泛开展。 (《大事记》,第 58 页)

6 月 17 日,市区第一批共 61 名知识青年响应上山下乡号召,到抚宁县插队落户。7 月 14 日,第二批知青赴抚宁。至 10 月底,市区已有 290 名知识青年到农村插队落户。

(《大事记》,第 58 页)

(1968 年)9 月 21 日,秦皇岛市召开万人大会,欢送 761 名知识青年下乡,接受贫下中农再教育。 (《大事记》,第 60 页)

(1973 年)6 月 17 日,市劳动局、市革委知识青年上山下乡办公室联合发出"不得招用应下乡知识青年做工的通知"。8 月 7 日,《人民日报》发表"进一步做好知识青年上山下乡工作"社论,全市掀起知识青年上山下乡高潮,至 9 月底,已动员 3 批共 2 018 人到农村郊区安家落户。 (《大事记》,第 64 页)

12 月,100 名上山下乡知识青年首批被招工进入港务局工作。 (《大事记》,第 64 页)

《秦皇岛市志(第五卷)》

秦皇岛市地方志编纂委员会编纂,天津人民出版社 1994 年

1981 年 5 月,市知青办与劳动局合并,局内增设培训科、就业科、知青科。1982 年 10 月局机构调整,撤销知青科。 (综合经济管理志第七章《劳动管理》,第 499 页)

市知青办历届负责人

领导机构	名　　称	姓　名	职　务	任职时间
市安置下乡青年领导小组	秦皇岛市安置下乡青年办公室	贾开臣	主任(兼)	1964.7—1967.1
		陈志国	副主任	1964.11—1967.1
市革命委员会生产指挥部		马然珍	主任	1968.3—1970.6
		孙秀生	负责人	1968.3—1970.2
民劳、民政局市三项工作领导小组		李杰	主任(兼)	1970.9—1972.4
		苑长华	副主任(兼)	1970.9—1972.4
		苑长华	主任	1972.2—1973.8
		牛静波	副主任	1972.2—1973.8

续表

领导机构	名　称	姓　名	职　务	任职时间
市知识青年上山下乡工作领导小组	市知识青年上山下乡办公室	张墨林	主　任	1973.8—1974.8
		苑长华	副主任	1973.8—1974.12
		程博远	副主任	1973.9—1979.4
		张宝良	兼主任	1974.8—1981.5
		冯　汉	副主任	1974.8—1981.5

（综合经济管理志第七章《劳动管理》，第 501 页）

1965 年，(昌黎县)建立知识青年下乡办公室。

（综合经济管理志第七章《劳动管理》，第 501 页）

1966—1976 年，市、县区街道工作重点是搞好知识青年上山下乡工作。留城青年和闲散劳力管理，沿用以前的办法进行管理教育和调配。

1979 年，大批知识青年返城，城市待业人员达 30 309 人，占城市人口总数的 10％以上，就业问题成为一时的社会问题。　　（综合经济管理志第七章《劳动管理》，第 502 页）

1980 年，劳动部门介绍就业，实行以考试为主，与统一分配相结合的办法。对下乡青年采取每下乡 1 年加 15 分的照顾办法，在统一分配就业中，对家中有 3 个以上待业子女的，可免试分配 1 名为集体固定工予以照顾。　（综合经济管理志第七章《劳动管理》，第 503 页）

1983 年，社会招工全部考试。下乡青年仍按每下乡 1 年加 15 分，参加统一录取。同年，社会招收固定工 7 137 人。其中全民 5 056 人，集体 2 081 人。1984 年，新招工试行劳动合同制，不再招收固定工。　　　（综合经济管理志第七章《劳动管理》，第 503 页）

1963 年，按劳动部"统筹安排，城乡并举，以下乡上山为主"的就业方针，从此动员大批城市青年上山下乡，成为城市劳动就业的主渠道。

（综合经济管理志第七章《劳动管理》，第 505 页）

1978 年以后，临时工招工来源由农村转招收回城知识青年。为解决 3 万名返城青年就业，清理压缩农村临时工。农村劳力进城做工，贯彻"一律由劳动部门一支笔审批"的决定。凡城市待业青年和多余固定工能从事的工作，不能招用农村工。农村进城的包工建筑、联运、装卸队未经劳动部门批准，有关部门停止供粮和拨款。对近郊菜农暂不作压缩对象等。

1981—1983 年,清理压缩农村临时工 10 435 人,全部由待业青年顶岗。1979—1985 年,待业青年临时安置 18 443 人次。 (综合经济管理志第七章《劳动管理》,第 505 页)

1981 年 10 月,有条件的企业,在知青厂和"五·七"厂的基础上成立了劳动服务公司,使自负盈亏、独立核算的集体企业保留下来,但也有少数被降格、撤掉牌子或予以撤销。

(综合经济管理志第七章《劳动管理》,第 509 页)

1979 年,将安置在山海关林场、海滨林场、北戴河和南大寺园艺场的 416 名知识青年,按集体职工调入建筑总公司 307 名、山海关区 74 名、北戴河区 35 名,解决了建筑和城建系统劳力不足问题。 (综合经济管理志第七章《劳动管理》,第 511 页)

第八节　知识青年上山下乡

一、动 员 安 置

1957 年的知识青年下乡　1957 年 9 月,由中共秦皇岛市委文教部牵头,市教育局主办,团市委配合,组织了当年未升学、就业的初、高中毕业生 50 多名,到慕义寨南大寺参加秋收和体验生活。之后,动员知识青年报名下乡。有 20 多名(少数社会青年)到慕义寨、南大寺、西盐务参加农业生产。翌年城市招工,大部分知识青年进城上工,仅有 4 名女青年与当地农民结婚落户南大寺。

1965 年的知识青年下乡　1964 年,根据中共中央和国务院《关于动员和组织城市知识青年参加农村社会主义建设的决定(草案)》,市区、抚宁和昌黎发动学校和街道等基层组织,对没有升学、就业的初中毕业生和社会青年进行动员。1965 年,有 1 230 名知识青年被批准下乡。1966 年春,全市先后动员 601 名知青下乡,被安置在抚宁、昌黎、乐亭和市郊区。其中有 216 名应战备需要安置在海兴县青先农场。

"文化大革命"期间的知识青年下乡　1968 年,市区 1966、1967 届初、高中生毕业,根据"四个面向"和学生本人及家庭情况,确定 50％留城,50％下乡。经过动员,当年下乡 1 688 名。同年 12 月 22 日,毛泽东主席发出"知识青年到农村去,接受贫下中农再教育"号召,全市迅速掀起了上山下乡热潮。当时,1968 届初、高中毕业生加上 1966、1967 届应下未走的(简称"老三届"),又有 3 332 名知青下乡,这批知识青年大部分安置在抚宁、昌黎、卢龙、滦南、乐亭 5 县,其余安置在郊区。昌黎、抚宁、卢龙、青龙 4 县,除接收安置秦皇岛市区和本县动员下乡知青外,还接收安置了唐山、天津、承德等地下乡知青。昌黎还安置了来自印度尼西亚、缅甸华侨子女到果研所、林场插场。

1970 年,随着城市人口疏散,对"老三届"确定下乡未走的继续动员。1971 年 4 月,为支援边疆建设,经过宣传动员,有 207 名知识青年分 2 批去内蒙古生产建设兵团。随着城市劳动力需求增大,市内的 1969、1970 两届初、高中毕业生留城安排工作。到 1972 年,虽然确定 1971 届初中毕业生 30％下乡,因报名下乡不多,当年没有知识青年下乡。

1973 年 5 月 4 日,中共秦皇岛市委召开知青下乡工作会议,决定掀起动员知青下乡新的高潮,发动学校、街道和家长单位,对 1972 届初、高中毕业生、社会青年和"老三届"、1971届确定下乡而未走的下乡对象进行动员。同年 8 月,中共中央要求城镇中学毕业生的分配以下乡为主。除根据有关规定和国家计划直接升学和不动员下乡的几种人外,其余可以动员下乡。不动员下乡的几种人即病残不能参加农业劳动、独生子女、多子女身边只有一个子女、中国籍的外国人子女。为便于对病残下乡对象的掌握,市知青办制定因病残免下和缓下的具体规定。市革命委员会下达不准擅自录用下乡对象的通知。为搞好宣传,市电台、广播站积极配合,并组织了知青下乡宣传车、先进知青和典型家长巡回报告团、深入进行宣传,形成较强的社会舆论与报名下乡高潮。到翌年 4 月,中共秦皇岛市委召开了 5 次 3—5 万人参加的欢送知青下乡的群众大会。7 月底,报名下乡的全部安置在郊区大田队。

1974 年,开始推广株洲市"厂社挂钩"集体安置下乡青年的经验,根据唐山地区意见和市支农规划,将抚宁、昌黎、卢龙 3 县集体安置下乡知青的社、队,与市内下乡知青家长单位挂钩。抚宁、昌黎、卢龙 3 县还与唐山市一些单位挂钩,青龙县与承德市一些单位挂钩。

1975 年,市区开展了动员知青下乡大会战,各单位积极进行了宣传动员。市知青办、市劳动局、市公安局等部门抽人组成小组,对已上工的"下乡对象"进行了清理,共辞退固定工444 名,临时和零散工 663 名。8 月,中共秦皇岛市委决定对已下乡 1—2 个子女或工资低家庭生活十分困难的,允许其父母要求留下 1 个子女,多子女下乡身边无人,可抽回 1 人照顾。

1976 年,中共秦皇岛市委又 2 次召开知青"下乡对象"扫尾动员工作会议,要求把历届遗留下来的千名"下乡对象"全部动员下去。6 月 20 日,市委通报了山海关食品厂生产科负责人擅自招用 25 名下乡对象做临时工的处理决定。3 月开始,市区报名下乡知青又安置在郊区,其中有 556 名知青,安置在蔡各庄、归提寨、铁庄公社农场和大乐安寨青年创业队,有404 名安置在山海关、北戴河区的林、农、牧场和园艺场插场。

1978 年,根据中央和国务院、河北省知青办调整知青下乡政策精神,昌黎、抚宁、卢龙、青龙 4 县,不再列入上山下乡范围,停止了动员和接收安置工作。市区原定下乡未走的仍继续动员下乡和安置。1978 年初中毕业生,全部留城安排工作。12 月,中央明确提出"有安置条件的城市,也可以不动员下乡"。据此,市区也不再动员知青下乡。

二、管 理 教 育

落实安置政策 知识青年下乡后,由于政策不够落实,相当部分青年劳动"底分"低,同工不同酬,住房、吃粮问题长期得不到解决,有的地方不断发生歧视、打击、迫害下乡知青案件,致使不少知青不安心,尤其一些女知青,长期逗留城市。1970 年 5 月,各级领导加强对下乡知青管理教育工作,逐级组织检查,着手解决他们的住房、口粮、菜地、工分等实际问题。大部分社、队建立了有农村干部、贫下中农和下乡知青参加的"三结合"再教育小组,负责下乡知青的政治、生产、生活方面的管理教育工作。1973 年,各地全面提高了补助标准,对没有住房和生活不能自给的老知青,每人补助 100—200 元。口粮,一般每人每年 255 公斤,报名下乡或已下乡知青补助布票和棉花。为给知青建房,还拨付物资。

选派带队干部 1973 年 11 月,由山海关桥梁厂、山海关铁路地区、港务局、耀华玻璃厂、商业局、交通局等 11 个单位,选派第一批带队干部 11 名,派驻郊区 11 个公社,列席公社党委会,协助公社抓好下乡知青的管理教育工作。随着下乡知青的增多,次年 4 月,又选派了 26 名干部,去郊区较大知青点去带队,和知青同吃、同住、同劳动。为了加强带队干部的管理,制定了《带队干部的选派、管理若干规定》,对带队干部的条件、任务、轮换以及政治、生活待遇做了明确规定。同年 10 月,选派 35 名带队干部,跟随下乡知青到抚宁、昌黎、卢龙 3 县知青点去带队,协助大队抓好下乡知青的管理工作。1975 年又选派了一批干部到 3 个对口县去。1976 年 3 月,对郊区带队干部进行了调整,落实了对口管理。至 1978 年 6 月,市区共选派带队干部 244 名。

加强知青点建设 1975—1978 年,先后举办了 5 期知青骨干和通迅员学习班,有 623 名知青参加了轮训和学习,在学习班上总结、交流、观摩怎样当点长、办食堂、养猪、种菜等加强知青点建设的经验。市知青办还制定了《秦皇岛市下乡知青管理条例(试行稿)》,使知青点建设和管理教育工作逐步走向规范化。为活跃知青文化生活,国家拨款购置和发动社会捐赠电视机、电影机、收音机、缝纫机、图书、文娱用品等,分发各点使用。

"破插案件"及冤、假、错案的处理 歧视、打击、污辱、迫害下乡知青的违法乱纪案件简称"破插案件"。1970 年仅郊区就查处破插案件 8 起。其中奸污女青年 7 起,逼婚、诱婚 1 起。有 3 名被判刑,5 名受批判后开除党籍或撤职。随着下乡人多,管理教育工作跟不上去,破插案件又屡发生。在市、县、区领导和公、检、法配合下,分别进行了处理,打击了破坏知青下乡的各种刑事犯罪活动,保证知青下乡工作的正常进行。

1977 年,组织力量,对郊区下乡知青的冤、假、错案,进行了调查处理,予以平反纠正。对"文化大革命"期间,随父母遣送农村或城户下乡,以及战备疏散的中学毕业或年满 16 周岁的中学在校学生,通过认真审查,承认其为下乡青年的 2 817 名。

三、回 抽 工 作

知青的病、困迁与选调 知识青年下乡后,因病不能参加农业劳动,要求迁回,称"病迁"。家庭发生变化,需要知识青年回城照顾,称"困迁"。1973 年,为堵塞漏洞,加强管理,开始执行病迁必须经过医院复查、困迁进行调查核实,市知识青年办公室集体研究确定,然后报公安局核批。1979 年 2 月,简化了手续,回迁掌握放宽。市区共批准下乡知识青年办理回城的 6 573 人。唐山、天津、承德等市,也从 4 县和郊区回迁了一些知识青年。

1970 年开始,经过劳动锻炼 2 年以上,由贫下中农推荐,每年有一批知青回城上工。同时,还有一些知青被推荐上了大学或参军。

集体回城安置 1979 年 3 月,根据"积极地稳妥地解决好在农村的下乡知青"的指示,中共秦皇岛市委下达《关于下乡知青抽调回城和安置工作的暂行规定》。各单位对本单位职工的下乡子女进行了清查、摸底、造册，报市知青办批准后，分 4 批集体回抽在乡知青 4 726 名，分 4 批集体回抽回城后，仍由家长单位办的集体摊点，边工作边待业。

已婚知青的处理　已婚知青，尤其与当地社员结婚的女知青，长时期多予补助帮其安家，招工招生上很少考虑。1978 年，根据"就业就地安排"的精神，郊区已婚知青随集体回抽安置，各县着手解决她们的问题。抚宁县由于人多（423 名），条件差，采取支持自谋职业、在乡镇企业安置、女知青配偶顶招工、与职工干部结婚的由单位安排和考试择优录用等办法。1980 年底，有 212 名知青视为扎根办法处理。

1983 年，全市尚有已婚知青 237 名。通过核实，又批准了 80 名补办知青手续。经过协商，有 158 人扎根农村，33 人组织集体企业，59 人自谋职业。通过招工和其它途径安排 67 人。1986—1987 年，扎根处理的 181 名，因无固定工资收入，抽回城市安排工作。同时，2 批给已上工的女知青 235 户，男知青 1 803 户，所生子女 4 384 名，办理"农转非"。1985 年 8 月，开始将下乡知青插队参加劳动的时间与参加工作后的时间，合并计算连续工龄。

安置经费的清理及青年点财产移交　1979 年下半年，对市区（4 县已清）1973—1979 年的安置经费和青年点财产进行了清理和移交工作。

全市共拨经费 765 万元，建房 5 577.5 间（缺昌黎县），连同郊区 5 个知青场队的大型农机具等财产一并造册，1981 年移交各社、队。

（综合经济管理志第七章《劳动管理》，第 542—544 页）

《海港区志》

秦皇岛市海港区地方志编纂委员会编，（内部刊行）1990 年

（1965 年）3 月，本区知识青年"上山下乡"开始，前期由街道组织动员，从 1971 年至 1977 年改由企业组织动员。自 1977 年下半年至 1979 年 3 月陆续返城安排了工作。

6 月 17 日，本区第一批知识青年赴抚宁落户。　　　　　　　　　　（《大事记》，第 42 页）

1971 年至 1978 年，工业发展、港口建设，优先解决了知识青年返城安置问题，并安排了大批待业青年。

（第五编第三十三章《劳动人事》，第 719 页）

1965 年，本区首次动员知识青年上山下乡，除病残不能参加劳动的、独生子女、多子女家长身边只留的一个子女外，年满 16 周岁的全部下乡，到 1978 年止，先后 9 批分别安置在近郊和乐亭、抚宁、昌黎、卢龙农村以及内蒙古生产建设兵团。下乡的形式：一是集体插队，国家拨给一定数量的建房费、生产费、书报费、生活费和医药费，建立知青点；二是个人投亲靠友。待遇上同社员一样评工记分。本区 5 个公社先后安置下乡知识青年 1 300 多人。详见附表。

1973 年,为加强对下乡知识青年的管理和教育,开始派带队干部,每个公社 2—3 名,与下乡知识青年同吃、同住、同劳动。1979 和 1980 两年,上山下乡知识青年全部返城就业。

(第五编第三十三章《劳动人事》,第 1719—1720 页)

《山海关志》

秦皇岛市山海关区地方志编纂委员会编纂,天津人民出版社 1994 年

是月(1968 年 12 月),1966—1968 年三届初高中毕业生上山下乡。　《大事记》,第 19 页)

介绍就业　1979 年,大批上山下乡知识青年返城和待业青年不断增多,山海关区劳动服务公司在政府统筹规划下,积极创造条件,实行劳动部门介绍就业,自愿组织起来就业和自谋职业相结合的方针,逐步推行公开招工,择优录取的办法。1980 年劳动就业 2 314 人。其中全民制工人 311 人,集体所有制工人 1 076 人,补充自然减员全民工 883 人,集体工 44 人,就业人数占全区待业青年总数的 23.5%。　(第十二章《经济综合管理》,第 360 页)

《北戴河志》

秦皇岛市北戴河区地方志编纂委员会编纂,天津人民出版社 1994 年

是年(1968 年),12 月开始至 1977 年间,全区共有 720 名初、高中毕业生先后到小薄荷寨、蔡各庄、崔各庄、戴河大队和抚宁县、卢龙县等地农村插队落户。　(《大事记》,第 41 页)

(1979 年)3 月 9 日,将 280 名下乡知识青年,抽调回城。安置到工程处 40 名,城建科 34 名,房产科 33 名,商业 81 名,休疗 64 名,其他六个单位 28 名。　(《大事记》,第 46 页)

低迁入高迁出　1965 年至 1978 年,其间因"文化大革命",生产处于无政府状态,社会经济停滞不前,迁入少,年平均迁入率 21.27‰。因"清队"、知青上山下乡、休疗事业下马等,迁出多,年平均迁出率 23.52‰,人口机械增长率平均为−2.25‰。(第三篇第二章《人口变动》,第 141 页)

下乡　根据城镇知识青年"面向工矿、面向农村、面向基层、面向边疆"的号召,北戴河区于 1965 年秋、1966 年春先后动员城镇社会青年闲散劳动力 50 人到小薄荷寨大队和戴河大队从事农业生产劳动。1968 年 9 月根据"我们也有两只手,不在城里吃闲饭"的号召,组织知识青年和社会闲散劳动力 47 人,分别到卢龙县农村或回原籍参加农业生产。

1968 年 12 月,毛泽东主席发出"知识青年到农村去,接受贫下中农再教育"的号召,知

识青年上山下乡形成高潮。1968 年至 1977 年(除 1969 年、1970 年外)每年组织一批知识青年上山下乡。除符合知识青年家长身边只留一个子女或知识青年因病残者条件外,8 年间先后有 830 多名初、高中毕业生到当地(小薄荷寨、蔡各庄、崔各庄、戴河大队)和抚宁县、卢龙县农村插队落户(少数青年参加内蒙建设兵团)。为加强"青年点"的建设,区财政拨建房费 36 万元。为协助农村干部对知识青年的管理,先后派 45 名干部到"青年点"参与管理与知识青年同吃同住同劳动。

在农村劳动两年以上的知识青年,经过群众讨论,知识青年评议,生产大队审查,推荐招工。1967 年至 1977 年,相继有 420 人招为固定工。根据中发(1978)74 号文件,从 1978 年始停止知识青年上山下乡,上山下乡知识青年返城,安置他们就业。到 1980 年底,陆续安置回城下乡知识青年 410 人。至此,全部下乡知识青年都得到妥善安置。

（第十一篇第七章《劳动管理》,第 403 页）

1968 年,农村小学下放大队以后,在当地任教的外籍教师返回原籍任教,使各小学教师严重缺乏。农村小学开始增设民办班,民办教师则由所在村推荐在乡知识青年充任,城市小学任用待业青年为代课教师以补师资不足。　　　　（第十七篇第二章《教师》,第 511 页）

《迁西县志》

迁西县地方志编纂委员会编,中国科学技术出版社 1991 年

知识青年安置

1968 年,毛泽东主席发布"知识青年到农村去"的指示以后,本县开始动员城镇闲散劳力、无职业的干部职工家属和初中、高中毕业生下乡参加农业建设。当年下乡 48 人,地点是本县东荒峪公社西马庄子大队。1968—1970 年,天津、唐山等市知识青年到迁西下乡插队的共有 2 821 人,分布在全县各公社。1971 年,县成立知识青年上山下乡安置办公室,动员未能升学的初、高中毕业生 659 人下乡插队务农。国家拨专项资金 522 万元,作为知青下乡安置经费,并在罗家屯、平房子、龙塘、西寨、钓水院等村为知青建房 125 间。到 1976 年,不再动员知识青年上山下乡。为知识青年安排工作从 1971 年开始。当年,迁安化肥厂、开滦矿务局等单位从本县下乡知识青年中招收一批工人,开始是优先录取劳动模范和表现好的知青参加工作。后来,改用考试的办法,择优录取。到 1980 年底,陆续回城的青年 3 477 人。其中唐山地震后回城的 892 人,在农村安家落户的 3 人。　　　　（第二十六篇第一章《劳动管理》,第 481 页）

1981 年 6 月,正式建立迁西县劳动局,主要负责劳动调配、工资、安全劳保、知青安置等管理工作。　　　　（第二十六篇第五章《劳动人事管理机构》,第 488 页）

(1969年)年内,全县安置唐山、天津两市集体插队下乡知识青年976人。

(《大事记》,第 795 页)

《迁安县志》

迁安县志编纂委员会编,中国社会出版社1994年

(1968年)12月22日,县革委发出《通知》,要求各级革委会认真落实,做好准备,欢迎城市非劳动者和初、高中、大学毕业生到农村安家落户。从此,大批知识青年上山下乡。

(《大事记》,第 20 页)

《昌黎县志》

昌黎县地方志编纂委员会编,中国国际广播出版社1992年

下乡知识青年安置

从1962年开始,贯彻执行中央"调整、巩固、充实、提高"的方针,控制职工人数的增长。1962—1970年9年间,全民所有制职工始终控制在7 000—8 000人之间,但这时的职工干部子女相继进入就业年龄,城市出现了待业青年。为了解决这一问题,1963年中共中央提出"在十五年内动员城市青年学生上山下乡参加农业生产"的号召。从此,在全国形成了城市知识青年上山下乡的高潮。本县也从1965年开始了知识青年上山下乡工作,是年在农村建了5个青年点,安排下乡知识青年215人,另有176名知识青年插场和投靠亲友。1968年本县又建了11个青年点,安排下乡知识青年244人,另有投亲靠友的333人。此后,每年都动员一批知识青年下乡,最多的年份是1974年,达646人。1965—1977年下乡知识青年达3 353人。

1978年,中共十一届三中全会以后,国家调整了政策,停止城市知识青年上山下乡,并分期分批收回适龄知识青年安排就业。到1979年全县安置为固定工的1 296人,其余有的安置临时工,少数人自谋职业。 （社会编第四十四章《劳动就业》,第 599—600 页）

《卢龙县志》

卢龙县志编纂委员会编纂,天津人民出版社1994年

1980年,从农村招收62人充实职工队伍(其中含上山下乡知青2名),从城镇招收88名职工。 （第六编第一章《人事劳动》,第 329 页）

《滦南县志》

滦南县地方志编纂委员会编,生活·读书·新知三联书店 1997 年

(1973 年)4 月 27 日,据 26 个公社 246 个大队统计,已接收下乡知识青年 2 722 名,投亲还乡知识青年 459 名。 (《大事记》,第 42 页)

7 月 3 日,成立滦南县知识青年上山下乡办公室。 (《大事记》,第 42 页)

1978 年以来,由于落实政策,"文化大革命"中受迫害的干部职工重返工作岗位、"上山下乡"知识青年返城、恢复招生制度后,每年升入大中专院校的人数增加等原因,外迁人数增加。 (第三篇第三章《人口变动》,第 183 页)

1978 年,为安置城市知识青年就业,凡城镇新办集体企业,从投产、经营之月起免征所得税 1 年。1 年以后,仍有困难的,还可以酌情适当照顾。对劳动服务公司或城镇街道为安排知识青年而开办的劳务、修理、服务等集体企业,从经营之日起免征工商税 1 年。以集中安置上山下乡知识青年为主举办的独立核算的集体企业,知识青年人数在 60% 以上的,从 1979 年 1月至 1985 年底止,免征工商税和工商所得税。 (第十一篇第二章《税收》,第 454 页)

"文化大革命"期间,劳动力管理失去控制,城镇知识青年下乡与农业户口进城对流,本县3 500 多名待业人员无处安置。1968 年至 1978 年,本县接收天津、秦皇岛、唐山等城市知识青年 6 323 人下乡劳动。另外,还组织本县知识青年 230 人下乡劳动。与此同时,各工商企业都大量招用农业人口临时工。为了缓解就业矛盾,根据国务院国发(1971)91 号文件精神,先后招转了一批城镇待业人员。到 1974 年,本县有全民固定工 6 190 人,集体所有制职工 2 987 人。

1978 年以后,随着大批知识青年陆续回城,待业青年人数剧增。1980 年,全县有非农业待业青年 723 人。由于贯彻执行了"三结合"就业方针,"在国家统筹规划和指导下,实行劳动部门介绍就业,自愿组织起来就业和自谋职业相结合",打破了国家"统包统配"的就业模式,采取"面向社会,公开招工,通过考试,择优录用"的办法,1980 年至 1987 年,全县城镇待业青年 3 422 人,安置 1 754 人,其中国营和县办集体企业 710 人,临时性用工 1 044 人,使青年待业问题逐步缓解。 (第十七篇第一章《劳动人事管理》,第 577 页)

《玉田县志》

《玉田县志》编纂委员会编,中国大百科全书出版社 1993 年

(1961 年)7 月 8 日,中共玉田县委召开广播大会,号召干部、学生和在乡知识青年学习

雷云海高中毕业后回乡务农的先进事迹。 （《大事记》，第 19 页）

（1962 年）1 月 18 日，中共玉田县委召开回乡知识青年代表会议，473 名代表参加，请邢燕子、雷云海作先进事迹报告。 （《大事记》，第 19 页）

（1973 年）10 月 12 日，中共玉田县委发出《关于开展向知识青年张友春学习的建议》，学习他为抢救两名触电农民而献身的精神。 （《大事记》，第 23 页）

1977—1984 年，上山下乡知识青年陆续回城，改革开放政策逐步深入，外迁人数增多，共迁出 75 375 人，年平均 9 422 人。 （第三编第四章《人口动态》，第 83 页）

第一节　知识青年安置

1968 年 9 月，接收第一批来自唐山市的下乡知识青年 70 名。以后，北京、天津、上海、唐山等市的知识青年陆续来到玉田。到 1978 年，全县累计接收知识青年 5 787 名，大部为集体插队，少数为还乡投亲，分布在全县 40 个公社的 420 个大队。

1974 年 5 月始，县内首批城镇知识青年 43 名，以"集体安家"形式到农村插队落户。到 1978 年，县内共动员 240 名知识青年下乡，大部分为应届初、高中毕业生。

1970 年始，对知识青年进行安置，当时主要途径为大、中专院校招生，应征入伍等。1978 年开始办理知识青年返城手续。据统计，先后有 300 多人参军、上学，32 名女知识青年的爱人顶替上班，20 名立志终身务农就地安置，35 名因病或地震中死亡，其余均办理返城手续。1988 年安置工作结束。

知识青年来县后，每人发放安置费 240 元，其中 140 元为建房费，100 元为生活费和购置生产工具费，1970 年后增至 400 元，为对扎根农村的知识青年予以鼓励，每人发 300 元生活补助费和 1 立方米平价木材指标。1968—1983 年，全县共拨款 240 万元，用于解决知识青年的生活、学习、医疗和就业。 （第二十编第三章《劳动就业》，第 359 页）

1978 年，全县共有待业人员 1 037 名。其中，留城知识青年 202 名，返城知识青年 620 名，城镇户口应届毕业生 190 名，社会闲散劳力 25 名。（第二十编第三章《劳动就业》，第 359 页）

《遵化县志》

遵化县志编纂委员会编，河北人民出版社 1990 年

（1964 年）5 月 10 日，县成立安置办公室，开始安置城市上山下乡知识青年的工作。

（《大事记》，第 24 页）

70 年代后期，大批上山下乡知识青年陆续回城，待业青年的人数急剧增加，到 1980 年，共有非农业的待业青年 4 900 人。政府陆续安置了固定工 2 600 多人、临时工 1 600 多人，青年待业形势趋于缓和。从 1981 年开始，贯彻执行劳动部门介绍就业、自愿组织起来就业和自谋职业相结合的劳动就业方针，就业率达 80％左右。

（第十篇第三章《劳动人事》，第 195—196 页）

第四节　知识青年安置

"文化大革命"前夕，党中央发出知识青年上山下乡的号召。本县于 1964 年 5 月接收唐山上山下乡知识青年 130 多人，安置在建明公社接官厅、西铺、东小寨等 10 个大队和西下营公社西下营大队。是年，县建立知识青年上山下乡办公室，负责接待和管理下乡知识青年。尔后，陆续有唐山、天津、北京的知识青年来本县插队落户。1974 年改为集体插队。在全县 44 个公社中有 42 个公社 428 个生产大队有接收任务。其中西留村、团瓢庄、山里各庄 3 个公社的良种场和西铺、沙石峪、周桥子、大寨、魏家井等生产大队都是较大的知识青年点。截至 1978 年，下乡知识青年共 6 001 人（其中有本县下乡的 595 人）。从 1970 年开始，"知青"陆续返回原籍、参军、升学深造或安排工作。1979 年，县知识青年上山下乡办公室并入劳动局。

知识青年在本县插队落户劳动中曾做出一定成绩，有 56 人被吸收加入中国共产党，1 022 人加入中国共产主义青年团。在全部知识青年中有 3 238 人被招为工人，394 人参军，377 人升学，1 897 人回城，58 人扎根农村落户，35 人死于唐山大地震，有 2 人刑事犯罪受到法办。

（第十篇第三章《劳动人事》，第 201 页）

《抚宁县志》

抚宁县地方志办公室编，河北人民出版社 1990 年

(1973 年)3 月，成立知识青年上山下乡办公室。　　　　　　　　（《大事记》，第 40 页）

知识青年安置

本县自 1964 年起，动员城镇知识青年上山下乡，至 1979 年全县共动员城镇知识青年下乡 411 人，接收北京、天津、唐山、秦皇岛等地下乡知识青年 7 743 人。1972 年，通过企事业单位招工、应征入伍、大中专院校招生、转干等途径，逐步安置下乡知识青年。当时一面安置工作，一面继续动员知识青年上山下乡。截至 1979 年 10 月停止动员城镇知识青年下乡。在农村下乡的知识青年共 8 154 人，通过招工安置 6 687 人，应征入伍 106 人，大中专院校招生 107 人，在农村安家落户 125 人，返回城市待业 1 129 人，至 1985 年底下乡知识青年基本安置完毕。

（经济篇第十章《经济管理》，第 272 页）

《乐亭县志》

乐亭县地方志编纂委员会编，中国大百科全书出版社 1994 年

1964 年县内开始接收下乡知识青年。1964 和 1965 年共安置下乡知青 165 名，其中翔云岛林场 140 名，蔡庄 25 名。此后，全县共接收各地下乡知青 2 400 名。1976 年 10 月后，大批知识青年陆续回城，使待业队伍扩大，经采取多种形式就业和退休顶工制度，逐步稳定了待业队伍。 (第三编第十八章《经济综合管理》，第 380—381 页)

《滦县志》

滦县志编纂委员会编，河北人民出版社 1993 年

(1974 年)1 月 28 日，接收下乡知识青年 2 500 名。 (《大事记》，第 24 页)

从 1964 年开始动员知识青年上山下乡，接受贫下中农再教育。到 1978 年动员 1 917 名城镇知识青年到农村插队落户，同时接收外地来滦县落户的知识青年 8 445 名。1971 年后，通过各种途径，逐年安置下乡知识青年回城。除少数自愿"扎根"农村者外，全部得到妥善安置，"扎根"知识青年每人由国家发给现金 800 元，木料 3 立方米做为安家费用。1984 年知识青年安置工作结束。 (第三编第三十二章《劳动人事》，第 516 页)

《丰南县志》

丰南县志编纂委员会编纂，新华出版社 1990 年

安置下乡知识青年

本县的知识青年下乡，始于 1961 年 6 月。当时尚未形成正式口号，只是随着压缩城镇非农业人口和精减职工进行的。到 1962 年 12 月，全县共压缩城镇非农业人口 8 238 人，其中精简职工 3 828 人，知识青年 2 250 人。其去向为回原籍或集体下放农村。自 1968 年 12 月 21 日，毛泽东主席发布"知识青年到农村去"的指示后，大量动员城镇知识青年下乡，至 1978 年，全县共动员城镇知识青年 570 人，分配到全县农村插队落户。同时，还接收了 7 238 名北京、天津、唐山、秦皇岛等外地下乡青年。县成立了知识青年上山下乡办公室，各公社也相继成立了领导小组，专门负责知识青年上山下乡的组织领导和安置管理工作。按照国家规定，每个知识青年下乡头一年补助 200—300 元，作为建房、用具、生活等费用。到 1978 年共拨款 8.5 万元，全县建知青点 15 个。

从 1971 年起,通过企业单位招工,在中专院校招生、应征入伍、转干等途径逐步安置下乡知识青年。党的十一届三中全会以后,来自外地下乡的知识青年大部分陆续返城,有 560 名知识青年自愿在本县农村扎根的也转为城镇人口。对 72 名不愿转为城镇人口的下乡知识青年,每人由县发给 1 200 元,做为安家费。

对下乡的城镇知识青年,招工优先录用,年龄放宽到 35 岁。至 1985 年,全县下乡知识青年已安排完毕。

(第三编第八章《民政》,第 460 页)

《丰润县志》

丰润县地方志编纂委员会编,中国社会科学出版社 1993 年

(1973 年)4 月 9 日,农林部部长沙风来丰润县,视察下乡知识青年工作。

(《大事记》,第 35 页)

8 月 7 日,丰润县第一批下乡知识青年 112 人,分赴 9 个公社,72 个大队插队落户。

(《大事记》,第 35 页)

文化大革命前夕,党中央发出知识青年上山下乡的号召,为了做好下乡知识青年的安置工作,1964 年起,县建立安置办公室。从 1964 年 5 月至 1979 年,全县共接收从北京、天津、唐山及县内城镇下乡知识青年 10 714 名。这些青年全部安排在农村插队,其中较大的青年点有新庄子公社的前营村、左家坞公社的王务庄村等。1968 年始到 1979 年止,下乡知识青年除少数在农村扎根落户外,大部分已返回原籍参军、升学或安排工作,也有在丰润直接安排工作的。

(第九篇第二章《职工》,第 228 页)

《廊坊市志》

廊坊市志编修委员会编,方志出版社 2001 年

1963 年 10 月 14 日,中共天津地委宣传部发出通知,号召全区青年学习到宝坻县窦家桥大队落户的北京知识青年侯隽立志参加农村社会主义建设的精神。(《大事记》,第 38 页)

1965 年 12 月 26 日,毛泽东主席在中南海接见了天津专区全国著名下乡知识青年邢燕子等人,并共进晚餐。参加接见的有刘少奇、周恩来、朱德等党和国家领导人。

(《大事记》,第 40 页)

1970 年 10 月 30 日,天津地区 103 名下乡知识青年代表出席河北省首届下乡知识青年活学活用毛泽东思想积极分子代表会议。　　　　　　　　　　　　（《大事记》,第 43 页）

1971 年 10 月 20 日,天津地革委下乡知识青年办公室报告,自 1968 年底以来,有30 679名知识青年来天津地区各县安家落户,加上文化大革命前的知识青年数已达 40 729 人。同时,安置城镇居民 26 178 人。这样全区安置城市下乡人员共 66 907 人,分布在 297 个公社,4 131 个大队。　　　　　　　　　　　　　　　　　　　　（《大事记》,第 43 页）

1973 年 3 月 7 日至 13 日,共青团天津地区第一次代表大会召开,工人、贫下中农、解放军、下乡知识青年、红卫兵、学生及商业、文教、卫生等方面的团员代表参加了会议。选举产生了第一届共青团天津地区委员会。　　　　　　　　　　　（《大事记》,第 44 页）

1973 年 11 月 24 日,天津地区召开上山下乡知识青年代表大会,表彰 54 个先进集体、1 290名先进个人。　　　　　　　　　　　　　　　　　（《大事记》,第 44 页）

1974 年 4 月 30 日,安次、固安、永清、文安、大城、霸县共 192 名城镇知识青年到农村插队落户。他们是廊坊地区首批奔赴农村的知识青年。
1974 年 5 月 11 日,三河县首批 79 名知识青年,奔赴农村插队落户。
　　　　　　　　　　　　　　　　　　　　　　　　　（《大事记》,第 45 页）

1975 年 1 月 6 日,廊坊地区上山下乡知识青年代表会议在廊坊开幕,历时 5 天,于 1 月10 日闭幕。　　　　　　　　　　　　　　　　　　（《大事记》,第 45 页）

1975 年 3 月 1 日,三河县 57 名城镇知识青年奔赴农村插队落户。
　　　　　　　　　　　　　　　　　　　　　　　　　（《大事记》,第 45 页）

知识青年上山下乡办公室　　1964 年 10 月,建立天津专区城市知识青年下乡安置办公室。1968 年 3 月,更名为天津地区安置办公室革命领导小组。1969 年 1 月,更名为天津地区革委会知识青年上山下乡办公室。1974 年 1 月,更名为廊坊地区革委会知识青年上山下乡办公室。1978 年 8 月,更名为廊坊地区行署知识青年上山下乡办公室。1981 年 9 月,知识青年上山下乡办公室并入行署劳动局。　　（第三十二编第一章《管理机构》,第 1217 页）

第一节　人　　数

1964 年,天津专区及所属各县相继建立安置城市青年的专门机构,正式开始知识青年接收工作。文化大革命以前的安置工作属于试点性质,下乡知识青年主要分布在宝坻、武清、宁河、蓟县等7个县的26个公社,249个大队,人数达到10 050人。1968年以后,规模和人数剧增。到1973年初达到了41 709人,分布在全区298个公社4 144个大队和12个农、林场。

1974年天津地区改称廊坊地区以后,行政区划变更,部分县划归天津市管辖,使知识青年人数减少,而且由高潮时期的大批安置转为零星安置。到1977年,共有知青27 225人。其中,来自天津、北京等外省市的24 000多人,廊坊地区3 200多人,占总数的12%。

第二节 活 动

1966年,文化大革命以前的知识青年接收,分布不均,人员零散。1968年底,毛泽东主席发表了"知识青年到农村去,接受贫下中农再教育,很有必要"的指示以后,全国立即掀起了知识青年上山下乡的高潮,规模之大、行动之快都是空前的。天津专区主要任务是接收安置天津市下乡知识青年。广大城市知识青年踊跃报名,全区各级党组织、革命委员会和广大农村干部群众,遵照毛泽东主席"各地农村的同志应当欢迎他们去"的指示,从政治、思想、生产、生活等方面做了大量工作,积极、热情、妥善地接收安置下乡知识青年。在这时期,广大知识青年的积极性高,劳动态度好,关心集体,肯于学习,不怕脏,不怕累,涌现出了不少先进典型。知青安置管理由分散发展为集中建点,创造了知青安置工作的经验,天津专区被中央安置办公室确定为全国三个重点地区。邢燕子、侯隽被树为全国下乡知识青年的两面旗帜。1965年12月26日,毛泽东主席接见了参加全国人大的代表邢燕子。广大知识青年在农村大力推广先进经验,传播农业科学知识,丰富农村文化生活,许多知青结婚成家,成为农村中的一支新生力量。1973年,知识青年入党311人,入团3 757人,被选进县级领导班子的6人,公社领导班子的99人,大队领导班子的785人,生产队的1 822人。任赤脚医生506人,民办教师2 076人,农技员986人,保管员489人,饲养员309人,机电员244人,会计936人,从事工副业生产及其他工作3 116人。1970年以后,知识青年离开农村现象逐渐增多。到1973年,离开农村的达9 405人(含1974年划归天津市的5县)。文化大革命以后,断断续续到1978年,不再提倡知识青年下乡,农村知识青年的来源主要是应届初高中毕业生回乡,知识青年上山下乡活动的高潮过去。

第三节 安 置

1980年全区下乡知识青年的安置工作基本结束。到1977年,全区累计接收下乡知识青年27 225人(不包括归属天津市的五县和芦台、汉沽及文安国营农场),其中,24 000余名是津、京等外省市的,廊坊地区下乡的知青只有3 200多人。到1979年7月,通过升学、参军、招工、病困退城、顶替回城及外迁转点等原因,共有23 964人离开农村。留在农村的有3 261人,女知青有2 257人,占69%;已婚知青有2 667人,占81.8%;1972年前下乡的老知青有2 921人,占89.6%。

鉴于全区知青女的多,已婚的多,年龄大的多,外省市的多,绝大多数人生活上都有实际困难的特殊情况,各级组织做了大量细致的工作,到1979年底,全区共安置下乡知识青年2 644人。余下的617人,经过做工作,于1980年大部予以妥善安置,安置总人数达到3 112人。1984年,为转点知青补办了有关手续。至此,这项工作基本完成。

1989年,根据国家有关政策,廊坊市为男知青子女办理了"农转非"手续,解决了778名男知青的1 397名子女户口农转非。1993年为25户45人办理了子女户口农转非,基本解决了知青工作的遗留问题。

1962—1973年全区接收上山下乡知识青年情况统计表

县别	接收人数				离开农村人数						非正常死亡	来源			
	合计	集体插队	插农场	投亲回乡	合计	参军	升学	招工	外转	其它		本省市	北京市	天津市	其它省市
合计	17 730	9 840	2 132	5 758	3 080	458	584	734	777	527	24	317	840	16 510	63
三河	1 530	1 146		384	314	21	34	106	48	105	1	44	262	1 214	10
香河	963	586		377	134	22	28	14	40	30	2		21	942	
大厂	496	236		260	90	15	27	37	5	6	1	55	145	290	6
安次	1 905	1 387	70	448	378	61	69	77	119	52	2	150	74	1 681	
永清	1 415	1 221	80	114	265	35	37	148	24	21	1		28	1 387	
固安	1 072	944		128	231	21	63	65	68	14	4		110	962	
霸县	2 134	1 323		811	385	56	92	62	85	90	3		57	2 051	26
文安	6 253	2 426	1 874	1 953	833	156	149	123	199	206	7	68	143	6 021	21
大城	1 962	571	108	1 283	450	71	85	102	189	3	3			1 962	

(第三十二编第六章《知识青年》,第1247—1249页)

《三河县志》

河北省三河县志编纂委员会编,学苑出版社1988年

(1968年)12月至1969年2月,天津1 300多名知识青年分两批来本县插队落户。分布在蒋福山、段甲岭、灵山、新集、埝头、昝辛屯等8个公社120个大队。加上北京市及其它省市后来到本县投亲靠友和转插的,本县共接收上山下乡知识青年1 948名。到1979年底,上山下乡知识青年全部得到安置,其中因病或家庭困难返城的498名,推荐选调的1 369名,转点的81名。三河县成为全省第一个无知青县。 (《大事记》,第31页)

（1969 年)7 月，本县第一批知识青年 80 人，下放到中赵甫、西达屯、小罗村等"知青点"。至 1977 年底全县共有 403 名知青下放劳动。 （《大事记》，第 31—32 页）

"文化大革命"期间，正常的用工制度被打乱，城镇有 1 500 多名待业人员，其中 403 人被安排下乡劳动。从 1968 年起，本县又接收京津等大城市知识青年 1 948 人，其中天津市 1 400 人，北京市 423 人，其它地区转入 125 人，全部安排到农村劳动。与此同时，各工商企业却大量招用农业人口临时工，形成城镇知识青年上山下乡与农业人口进城就业对流的局面，给就业安置工作造成了困难和被动。

1978 年以后，随着经济体制改革的进行和多种经济成分的发展，扩大了就业门路，本着"在国家统筹规划和指导下，实行劳动部门介绍就业，自愿组织起来就业和自谋职业相结合"的方针，从 1979 年至 1983 年，由县劳动人事部门统一组织，经各工商企业单位全面考核，择优录用招收工人 1 300 多人。1981 年 4 月劳动服务公司建立后，办集体企业 23 个。到 1984 年底，共安排城镇青年 500 多人，委托企业代培 386 人，包括 403 名本县知青在内，本县待业青年全部就业。《中国劳动人事报》为此发了消息和短评。到 1979 年，天津等城市下放本县的知青，有 1 867 人返城，另有 81 人转点，成为全省第一个无下乡知青县。

（第三编第三十七章《人事劳动》，第 492 页）

《香河县志》

香河县地方志编纂委员会编，中国对外翻译出版公司 2001 年

（1962 年)7 月 17 日，县下乡回乡知识青年接待安置办公室建立。到 1974 年，共安置下乡青年 600 多人。 （《大事记》，第 28 页）

（1965 年)5 月 1 至 4 日，下乡知识青年代表会议召开。到会代表 1 005 人，有 34 名代表介绍了学习毛主席著作，扎根农村搞科学试验和移风易俗经验。 （《大事记》，第 29 页）

第九节 知青安置
一、安置

香河县从 1968 年起安置来自北京、天津的下乡知识青年。县将庆功台、八户、前马坊、商汪甸、王止务、前骆驼港等 64 个大队定为上山下乡知识青年安置点。每个知青点安置知识青年 10 人左右。1974 年 6 月，本县 42 名城镇知识青年到前马坊、王指挥庄、商汪甸等大队插队落户。他们集体生活、集体劳动，用自己所学的知识搞科学种田，做出了突出成绩。还有 273 名知识青年分别在所落户大队担任了"五七"农民政治夜校的理论辅导员，成为农

村的主要理论骨干。有的由于表现出色被社员群众推选为生产队长、民兵连长、民办教师等，有的还加入了党的组织。

县委、县政府对知青工作非常重视。1976 年 1 月 6 至 11 日，县组织民政、共青团、妇联等单位的有关人员 115 人，组成 43 个慰问、检查小组，分赴全县各个知青点进行慰问，对他们在农村做出的成绩给予表扬、鼓励，对他们提出的意见和要求及时答复，对知青点存在的困难，协调有关方面尽快帮助解决。在慰问、检查中帮助解决取暖煤 80 吨，布票 1 666.7 米，款 1 100 元。此外，在参军、招工、上学、转干等方面对知识青年均给予优先照顾。

1978 年恢复高考后，不少下乡知识青年考入大、中专院校。后按中央有关政策，知青陆续回城。对极少数由于婚姻等原因一时不能回城的，县政府对其生活、工作、子女转非、就业等都予以妥善解决。

二、机　　构

1969 年 9 月，香河县安置办公室建立，负责安置下乡、回乡知识青年的工作。1973 年撤销安置办公室，建香河县知识青年上山下乡办公室。1980 年 4 月，机构撤销，个别知青的安置等问题由劳动局劳动服务公司负责。　　　　　　（第十九编第一章《民政》，第 471—472 页）

《霸州市志》

《霸州市志》编委会编，中国文史出版社 2006 年

(1971 年)10 月，霸县革命委员会组织 55 人的慰问团，赴各公社慰问下乡知识青年，全县接收安置知识青年 2 017 人。　　　　　　　　　　　　　　　（《大事记》，第 53 页）

1968 年开始接收安置知识青年(简称知青)。1978 年后，对回城知青、城镇非农业待业青年分批安排就业，对退休职工的子女实行"顶替"……1979 年共安置待业人员 1 108 人，其中知识青年 538 人，退伍军人 9 人，待业人员 27 人。

（第十五编第二章《职工劳动管理》，第 619 页）

知识青年下乡

1968—1978 年，在霸县下乡插队的知识青年(简称知青)有 4 064 人，其中天津、北京等外地知青为 3 627 人，霸县内 437 人。随着安置工作的进行，全县先后拨出安置费 2 406 237 元，木材 401 立方米，拖拉机、粉碎机等农机具和少量生活用具，主要用于为知青建房购置家具和部分生活困难补助、医疗补助等。在农村锻炼二年以上，经过群众讨论，知青评议，大队可推荐招工。1978 年以后，对知青进行统筹安排。国家允许知青返城，也可由子女顶替回城。至 1982 年，全县有 1 651 人先后被招为固定工，有 16 人参军、升学。天津、北京等外地

知青 1 387 人返回城市,另有 606 名知青转插至外地。1988 年,解决了原下乡插队男知青子女户口的"农转非"问题。2003 年,为下乡到农村一直未参加工作的 119 名农业知青和 64 名非农业知青办理了养老保险手续,解除了他们的后顾之忧。

(第十五编第二章《职工劳动管理》,第 619—620 页)

《固安县志》

固安县志编纂委员会编,中国人事出版社 1998 年

1968 年冬,对下乡知识青年进行安置工作。主要安置天津市下乡知识青年,当年接收 265 人。

(《大事记》,第 34 页)

安置知识青年

60 年代初,国家号召并组织城市知识青年上山下乡,进行劳动锻炼,减轻城市负担。"文化大革命"开始,更有大批知识青年上山下乡,称"接受贫下中农再教育"。本县接收安置知识青年始于 1968 年,具体工作由县革委群工组承办,1974 年 5 月成立知识青年安置办公室,1968 年、1969 年两年共接收安置知识青年 923 人。集中安置在 12 个公社,98 个生产大队。另外,全县有还乡或投亲靠友知识青年 103 人,他们多数有依靠。截止到 1976 年全县共接收安置知识青年 1 341 人。

为解决知识青年生活困难,国家拨给每人安置费 240—300 元,主要用于购置生产工具、盖宿舍等。从 1968 年至 1979 年上级拨款 46.035 万元。全县为知青建宿舍开支 22 万元,建新房 625 间。

在固安插队或投亲靠友的知识青年,大多数来自北京、天津两市。京津两市在生产、生活等方面给予了大力支援。如生活用品包括缝纫机、收音机、理发工具、乐器等 31 件;生产机械有扬场机、碾米机、粉碎机、柴油机、水泵、电机、拖拉机等,计 150 件,总价值 11 万元。

1974 年开始,按政策规定:知青本人有病或家庭特困,经批准可以返城,可以在知青中征兵、招工、招生等。到 1976 年 6 月,有 761 人通过病退或"两招一征"离开了本县。知识青年上山下乡 1976 年基本停止,截止到 1982 年本县知识青年通过招工,全部做了妥善安置。

(第九编第二章《劳动人事》,第 264 页)

《大厂回族自治县志》

大厂回族自治县地方志编纂委员会编,中国画报出版社 1995 年

同月(1968 年 12 月),接收首批上山下乡知识青年 23 人。

(《大事记》,第 14 页)

（1969年）1月18日，上山下乡知识青年安置办公室成立。至1978年，共接收和安置来自北京、天津等地及县内知识青年1 223人。 （《大事记》，第14页）

管理机构

1955年建县后，劳动管理工作由计委劳动组负责。1981年7月，劳动组从计委划出，与知识青年上山下乡办公室（1969年建）合并，成立劳动科。1984年4月与人事科合并，成立劳动人事局。1985年有工作人员12人。

劳动就业

1958至1965年，国家对城镇非农业人口劳动力统一分配。1966至1976年"文化大革命"期间，在毛泽东主席关于"农村是一个广阔的天地，在那里是可以大有作为的"号召下，广大城市青年开始走上山下乡的道路。1967至1978年，县接收和组织下乡知识青年1 223人。同时，各工商企业开始大量招用农业人口临时工，形成城镇知识青年上山下乡与农业人口进城就业的对流局面，给就业安置工作带来困难。

1983年，县劳动服务公司成立后，采取多渠道的办法，对待业人员进行安置。1985年，劳动人事部门经对待业人员全面考核，择优录用1 933人，就业率在99％以上。同时，1 223名上山下乡知识青年均得到适当安置。其中办理外地知青回城308人，县内安置915人。 （第十一编第二章《劳动管理》，第236页）

《大城县志》

《大城县志》编委会编，华夏出版社1995年

（1969年）1月，县建立"知识青年上山下乡办公室"，先后接收安置下乡知识青年1 400人。 （《大事记》，第41页）

5月10日，召开全县"活学活用毛泽东思想积极分子代表大会"。与会者1 007人，"九大"代表邢燕子（宝坻县人）等3人，到会介绍了"九大盛况"。 （《大事记》，第42页）

（1975年）8月27日，全县建成12个知识青年集体户，共建房253间。 （《大事记》，第45页）

1970至1978年，3 437名知识青年来县插队落户。其中天津市2 423人，北京市334人、外地转入252人，本地知识青年428人。

1983年，县成立劳动服务公司，安置待业青年就业。到1985年底已有1 650名下乡知

识青年得到妥善安置,为 1 787 名外地知识青年办理了回城手续。1988 年全县待业青年 465 人,安置就业 309 人。 （第二十编第五章《劳动管理》,第 588 页）

《文安县志》
文安县地方志编纂委员会编,中国社会出版社 1994 年

(1968 年)年末,京、津二市知识青年于 1968 年开始来本县插队落户,到 1970 年 9 月 5 日,先后接收插队"知青"4 100 名,其中:一批人由本县安排升学就业,大部分于 1979 年至 1981 年办理了返城手续。截至 1984 年知青安置工作全部结束。 （《大事记》,第 26 页）

小务农场场部位于县城西 16 公里处。座落在小务村附近,故名小务农场。1961 年建场,由天津市组织一批知识青年和社会青年到此筹建而成。由天津专署农垦局经管,1969 年隶属文安县管辖,列为县辖乡级单位。 （第二编第一章《农业》,第 156—157 页）

从 1968 年至 1983 年,本县共接收下放知识青年 6 027 人。全县 20 个公社。228 个大队,都安置了知识青年,为知识青年新建房 1 750 间。1978 年,党的十一届三中全会以来,人民政府对解决知识青年、城镇待业青年的就业十分重视。采取了大力发展集体所有制经济和积极扶持城镇个体经济,广开生产就业的门路。1980 年对尚未回城的知识青年 849 名在国营、集体企业中进行了一次性就业安置。1982 年国家实行了由劳动部门就业、自愿组织起来就业和自谋职业相结合的方针。1983 年县成立了劳动服务公司,筹建了面粉厂、印刷厂,承担待业人员的安置任务。1984 年劳动部门对 1979 年底以来安置在农场的知识青年家属 207 人;1963 年至 1964 年进场知青与农村社员结婚的 6 253 人,全部转为正式农工,并对 5 个农场自然减员指标招收农场子女 60 人转为正式农工。1984 年底实行了劳动合同制,从农村、城镇招工,通过考试择优录取。1982 年至 1985 年共安置待业青年与知识青年 1 691 人。 （第三编第十二章《人事劳动》,第 486—487 页）

《永清县志》
永清县志办公室编,河北人民出版社 2000 年

(1973 年)6 月 30 日,永清县知识青年上山下乡办公室成立。自 1968 年冬起,共接收天津等地下乡知识青年 1 372 名,至 1983 年底知识青年上山下乡办公室撤消。

（《大事记》,第 21 页）

第五节　知识青年下乡

遵照毛泽东主席"知识青年到农村去,接受贫下中农再教育,很有必要"的指示,自1968年8月起,一批又一批天津市知识青年来县插队落户。1968—1976年,全县共接收知识青年1 335人,1968年安置在4个公社15个大队,1972年安置在10个公社50个大队,1975年安置在3个公社16个大队;1975年成立知青点10个,由16个公社83个大队1 300名知识青年集中到4个公社12个大队。同时接收黑龙江、新疆、内蒙古来县农村插队知识青年37人。

1975—1978年,有关单位补办下乡知识青年手续者21人,安置在有关公社知识青年点。

从1972年起,分期分批选调下乡知识青年升学、入伍、就业130人,其中升学30人,安置在境内就业的70人。1973年,县知识青年上山下乡办公室成立。1979年批准未婚知识青年返城700人,在永清落户知识青年350人安排了工作,占落户知识青年总数的90%。到1982年落户知识青年全部安排了工作。1983年底,知识青年上山下乡办公室撤销。

下乡知识青年的待遇,根据国家的规定:向所在公社及大队发安置费人均600元,全县计发100万元,插队落户后每人按月发给生活费18元,生产队按月发给粮食人均40斤,一年之后,与当地社员同工同酬。　　　　　　　　　　（第十四编第一章《劳动管理》,第313页）

1968年始,由生产大队选任民办教师,公社备案。是年788名在乡知识青年、复员军人成为教师队伍中的新鲜血液。　　　　　　　　　（第二十编第二章《教师队伍》,第458页）

《保定市志》

河北省保定市地方志编纂委员会编,方志出版社1999年

（1955年11月）6日,保定各界青年600余人集会,欢送河北省第一个青年志愿垦荒队（其中本市青年10人）赴黑龙江萝北县。　　　　（第一卷《总类·大事记》,第一册第71页）

（1964年9月）4日,千余人在大舞台剧场集会,欢送39名知识青年启程赴新疆支援边疆建设。　　　　　　　　　　　　　　　　（第一卷《总类·大事记》,第一册第83页）

（11月）5日,市人委在教工之家礼堂举行欢送知识青年到农村插队落户大会。8日首批知青67人启程赴满城县,各界群众2万人夹道欢送。29日和12月9日第二批、三批共338名知青分赴满城、新城、徐水等县农村落户。　（第一卷《总类·大事记》,第一册第84页）

（1965 年 6 月）1 日，市人委再召开动员会，号召社会知识青年响应毛主席"上山下乡，与工农相结合"的号召。20 日，全市又有 273 名知青落户农村。

（第一卷《总类·大事记》，第一册第 84 页）

（1968 年 12 月）24 日，市革委发出通知，号召知识青年到农村安家落户，走与工农相结合的道路。　　（第一卷《总类·大事记》，第一册第 89 页）

本月（1969 年 9 月），自 8 日以来，保定各中学大批毕业生赴内蒙古生产建设兵团。到年底全市有 4 300 多名初、高中毕业生赴内蒙古生产建设兵团。

（第一卷《总类·大事记》，第一册第 90 页）

（1970 年 6 月）6 日，市革委发出通知，解决 1966 年以前上山下乡的青年倒流问题。要求：凡是"文革"前因病或其它原因正式批准回城者，予以承认，凡"文革"期间自行回城者，一律不承认，要动员其返回原地，坚守岗位，好好劳动。

（第一卷《总类·大事记》，第一册第 92 页）

（1971 年 1 月）19 日，市委常委黄芳率慰问团赴内蒙古生产建设兵团慰问保定支边知识青年。3 月 29 日，代表团返保。4 月中旬，市革委召开支边青年家长和师生代表大会，慰问团汇报了保定支边青年的工作和生活情况。　　（第一卷《总类·大事记》，第一册第 93 页）

（1973 年 1 月）17 日，市委、市革委号召"知识青年到农村去，接受贫下中农的再教育。"部署"上山下乡"活动。　　（第一卷《总类·大事记》，第一册第 96 页）

（1974 年 1 月）8 日，市委、市革委组织 3 万人，欢送 1974 年首批 300 名知识青年上山下乡，到农村插队落户。　　（第一卷《总类·大事记》，第一册第 98 页）

（5 月）10 日，1974 年第二批知识青年 300 多人上山下乡，到农村安家落户。

（第一卷《总类·大事记》，第一册第 98 页）

本年，全市 2 760 多名高、初中毕业生上山下乡到农村插队落户。

（第一卷《总类·大事记》，第一册第 100 页）

（1976 年 1 月）21 日，全市 5 万名群众欢送当年首批 3 000 多名知识青年上山下乡。

（第一卷《总类·大事记》，第一册第 102 页）

（7月）8日，保定市10万人集会，欢送千余名知识青年奔赴农村。地、市领导和驻军首长出席欢送会。

（第一卷《总类·大事记》，第一册第103页）

（1977年3月）12日，数万名群众在裕华路夹道欢送1 800余名知识青年上山下乡。

（第一卷《总类·大事记》，第一册第106页）

3."文化大革命"时期

(1) 1966—1969年，"文革"初期，社会秩序混乱，部分人员被遣送农村，知识青年上山下乡，城市人口发展缓慢，平均年增0.5万人。

……

(3) 1974—1977年，因加强晚婚节育工作，出生人数降低；知青继续上山下乡锻炼，城市人口发展速度不快。

4. 改革时期

(1) 1978—1982年，人口共增7.96万人。由于落实政策，大量知青和遣送农村人员返城；职工家属"农转非"；大批"地区"人员进市；政策规定晚婚年龄提前；20年前生育高峰出生人口已到育龄期，城市人口迅速增加。

……

（第一卷《总类·地理环境·人口》，第一册第216页）

知识青年上山下乡

根据毛泽东关于"知识青年到农村去，接受贫下中农的再教育，很有必要"的指示，从1969年1月开始，保定市掀起了知识青年上山下乡热潮。当年，4 300多名初高中学生赴内蒙古建设兵团，支援边疆建设。市委派出慰问团赴内蒙了解情况，解决问题。1973年全国知识青年上山下乡工作会议后，市委利用各种形式宣传上山下乡的意义，动员176名知青分别到郊区和原籍插队落户。1974年，市委采取系统包单位，单位包职工，街道包家长，学校包学生一包到底的"四包"措施，摸清知青下乡和留城底数。重点抓了各级领导干部的表率和共产党员的先锋模范作用。并一改过去单纯由市里定点派遣的做法，制定了厂、社挂钩，校、社挂钩方案，按系统、单位集体到农村插队落户，全年下乡知青3 846人。1975年，市委突出抓了落实有关政策，建立管理档案，解决知青的生活及住房问题。全年下乡知青2 300名。1976年，市委将知青上山下乡工作重点放在学校，采取学校定向，单位定位，联合办公，统一领导的办法。同时，做好知青和家长的思想工作，各学校普遍开展学农和下乡教育，请"三老"忆"三史"，召开知青报告会、座谈会，使知青上山下乡的工作进一步发展。

1969年至1977年，全市上山下乡知青共18 000人，主要分布在内蒙、保定地区各县和郊区。

（第二卷第三章《建国后重要工作记略》，第一册第269页）

1963 年根据全国劳动就业会议精神,劳动就业方针改为统筹安排,城乡并举,并以下乡生产为主。成立安置城市下乡青年小组,动员知识青年上山下乡参加农业生产。

(第十三卷第七篇第一章《组织机构》,第三册第 750 页)

这一时期("文革"期间),根据中央政策,成立知识青年上山下乡办公室,动员初、高中毕业生"上山下乡"、"接受贫下中农的再教育"。自 1966—1976 年,全市 27 000 多名初、高中毕业生参加农业生产劳动。 (第十三卷第七篇第一章《组织机构》,第三册第 750 页)

1964 年 9 月 14 日,成立安置城市上山下乡领导小组,办事机构设在市劳动局。

(第十三卷第七篇第一章《组织机构》,第三册第 752 页)

1969 年 1 月 15 日,市知识青年上山下乡办公室成立。

(第十三卷第七篇第一章《组织机构》,第三册第 752 页)

1981 年 5 月 6 日,市革命委员会决定,市劳动局与市知识青年上山下乡办公室合并为市劳动局。 (第十三卷第七篇第一章《组织机构》,第三册第 752 页)

1964 年就业重心移向农村。动员知识青年上山下乡,成立安置城市下乡青年领导小组,全年动员 409 名知识青年下乡,完成上级下达任务的 113%。……1965 年 8 月,各区成立劳动力介绍所,负责闲散劳动力的登记、管理和教育工作。全年安置社会闲散劳动力近万人次,其中招收固定工 1 466 人、固定性临时工 1 582 人、临时工 6 652 人次,动员知识青年上山下乡 443 人。 (第十三卷第七篇第二章《劳动就业》,第三册第 755 页)

1975 年,河北省给保定市下达招收全民固定工指标 2 162 名,集体固定工指标 3 473 名,招收对象是符合留城条件的待业青年和上山下乡满两年以上的知青。实际招收 5 622 人,其中留城青年 3 389 人、知青 1 128 人、郊区占地工人 791 名、单位内招 118 人。

(第十三卷第七篇第二章《劳动就业》,第三册第 755 页)

"文革"结束后,劳动就业工作面临巨大困难,既要安置历届初、高中毕业生和社会闲散劳动力,又要妥善解决上山下乡知识青年返城就业问题。尽管 1977 年安置 6 500 余人,但 1978 年初全市仍有待业人员 14 490 人;1978 年,招固定工人 8 295 人,其中国营固定工 1 631 人,使 2 568 名待业青年和 2 256 名下乡知青得到较妥善安置,但仍不能缓解就业难问题,1979 年全市待业人员达 2 585 人。 (第十三卷第七篇第二章《劳动就业》,第三册第 756 页)

1978—1981 年安置各类待业人员 42 000 余人,其中国营和集体单位招工 23 000 人;办理退休、退职职工子女顶替为 7 700 人;厂、区、街办集体企事业单位吸收待业青年 9 000 多人;从事各种工作的合同工 2 000 余人,已安置的待业人员占待安置人员的 84%。对历年上山下乡知青 17 700 人先后进行安置,到 1982 年仅有 400 名因病退、困退回城青年待安置。

(第十三卷第七篇第二章《劳动就业》,第三册第 756 页)

1966—1976 年,劳动计划服从社会就业人数的需要,招工制度变成"统包统配"安排,即对城镇初中、高中毕业生规定上山下乡或留城参加工作。

(第十三卷第七篇第三章《劳动制度》,第三册第 761 页)

第三节　知识青年上山下乡
一、下 乡 政 策

保定市知识青年上山下乡工作,始终贯彻执行中央关于知识青年上山下乡政策。1968 年 12 月 24 日,市革命委员会发出《关于贯彻落实毛主席"知识青年到农村去"的最新指示的通知》,规定:(1)各大中院校(包括中等专业学校)的毕业生,除国家已经安置和明确了分配岗位的以外,其他人都要到农村去接受贫下中农的再教育。(2)凡由农村到市里上学的毕业生,都应回到本社队。(3)现居城市的干部和其他人的子女,凡原籍在农村又有条件回去的,要主动安排自己的子女回原籍去。(4)社会知识青年、久居城市的学生、脱离劳动而又有劳动能力的城市居民,除主动的自找去向者外,可向市革命委员会报名申请,由市革命委员会安排插队或组织垦植。(5)已经上山下乡而又回到城市的知青,都要无条件地返回原工作单位。

1973 年,根据中央及省委的文件精神,市革命委员会制定了《关于知识青年上山下乡初步规划和若干问题的试行办法(草案)》,对知识青年上山下乡工作政策做了较大的修改。自 1973 年沿用到 1980 年,其主要内容是:

(一)知识青年上山下乡的形式:(1)以插队为主,有条件的提倡和鼓励回农村老家落户;集体插队一般不少于 15 人。(2)以上山下乡知识青年为主,由带队干部和部分贫下中农参加,在人民公社里建立集体所有制青年生产队。(3)在土地较多的地方,单独建立以上山下乡知识青年为主、由带队干部和部分贫下中农参加的集体所有制农、林、牧场。(4)到国营农林牧渔场工作。

(二)城市初、高中毕业生的分配。城市初、高中毕业生分配以上山下乡为主,除根据国家计划直接升学、参军和按规定不动员上山下乡者之外,都动员上山下乡。动员知识青年上山下乡的同时,按青年的百分之一抽调工作积极、作风正派、热心做青年工作的干部带队。带队干部参加县、社、队的领导,实行定期轮换制(一般一年一换)。

(三)经费和物资。1.1972 年底以前到郊区插队的知青,凡生活不能自给或住房未解决者,要认真抓紧解决。(1)插队青年正常出勤或因病、伤及其它特殊原因生活不能自给者,每人

243

平均补助一百元,由郊区掌握补助。(2)凡没有建房或房屋质量太差的,争取在1974年春季建好,要建房的每人补助二百元,房屋需修缮的酌情发给补助。结婚住房可采取自筹、群帮、公助的办法解决。2.从1973年起,保定市上山下乡知识青年每人补助五百元,其中:建房费二百元;生活补助费二百元;农具、家具补助费拾伍元;旅运费伍元;其它费用拾伍元。到国营农、牧、渔场者每人补助肆百元。3.知识青年上山下乡之前,生活困难者酌情给予棉花票、布票、生活补助费。棉花票、布票由市解决;补助费由知青家长所在单位从福利费中开支。社会青年由市民政部门解决。4.上山下乡知青建房所需木材、砖瓦、铅丝、圆钉等物资纳入计划,由市解决。

(四)口粮及生活问题。1.知识青年上山下乡头一年或当年秋粮分配前,其口粮由国家供应,每人每月45斤。在供应口粮期间,按当地标准供给食油。2.知青正常出勤所分口粮(包括基本口粮和劳动日补助粮)达不到每月45斤的,由国家统销补足;受灾社队口粮过低的,一般不低于贸易粮36斤。3.上山下乡知识青年经批准到外地探亲和治病所需的全国粮票和地方粮票,当地粮食部门应保证兑换。4.分给知青每人一份和社员同等数量、质量的自留地。5.下乡知青和当地社员实行男女同工同酬,做到分配兑现,不得以任何借口克扣知青工分和应分配的粮、款、实物。6.征得带队干部、知识青年同意,办好下乡知青的集体灶。在一定时期内选派觉悟高的贫下中农指导和帮助知青做饭、养猪、养鸡、种菜,其工分由生产队或大队补贴。7.下乡知识青年的生活用煤和冬季取暖用煤应纳入计划,由煤建部门按实际情况保证供应。

(五)卫生医疗问题。1.办好社队合作医疗。卫生部门要为每个青年点培训赤脚医生和卫生员,组织巡回医疗队不定期给下乡知青检查治病。2.对下乡青年进行卫生教育,安排劳动时考虑其年龄和身体,注意劳逸结合和安全生产。特别要照顾女知青的生理特点,例假期间不安排重活和下水。3.重病、重伤的下乡知青,公社医院治疗不了的,要及时送市医院治疗。

(六)其它问题。1.有关部门要给每个青年点订报纸及《红旗杂志》,知青所在社队要适当安排时间组织知青学习。2.保护知青正当恋爱和婚姻,反对买卖婚姻,严禁逼婚诱婚。3.知青发生工伤事故致残者,应与社员享受同等待遇,特殊困难者由民政部门从社会救济费中补助。4.狠狠打击阶级敌人的破坏活动,对摧残、迫害知识青年的犯罪分子,依法惩办。

二、选调和留城回城原则

知识青年上山下乡运动初期,中央及省对知青选调回城没做明文规定。

随着运动的发展,1973年中央及省原则规定:城市招工时,可以从上山下乡知识青年中招收部分工人。保定市从1974年起,有组织地选调上山下乡知青回城参加工作,并对知青选调作出具体规定,到1980年共选调知青回城8 444名。

1973年全国知识青年上山下乡工作会议上,国务院明确规定了知识青年留城和回城原则:1.年龄不满17周岁的中学毕业生暂缓动员上山下乡;2.患有严重疾病、暂不能参加农业生产劳动的中学毕业生,可缓动员上山下乡;3.下列几种人不能上山下乡:(1)残废和患严重慢性病、久治不愈不能参加农业生产劳动;(2)独生子女;(3)多子女父母身边只有一个子女;(4)中国籍外国人子女;(5)归国华侨学生。4.已下乡知识青年因患严重慢性病久治不愈及伤残不能参加农业生产劳动者,可以回城。

根据国务院、河北省和保定市关于知识青年留城政策,1974 年 8 月 21 日市知识青年上山下乡办公室制定了《关于办理知识青年免、缓下乡手续的初步意见》。

根据国务院的指示和本市具体规定,各系统全部进行摸底,采取了单位、系统和学校结合,单位和街道结合的办法,逐级把关审批,市知青办组成审批小组,对待批人员进行调查核对,核实一个审批一个,以避免出现漏洞。

知识青年回城原则,保定市按国务院精神办理。其具体做法是由知识青年接收单位掌握,市里协助调查,接收单位同意返城,市知青办办理手续。1974—1987 年,保定市接收返城知青共计 9 642 名。 (第十三卷第七篇第三章《劳动制度》,第三册第 763—765 页)

为了解决教师紧缺和质量不高的问题,市政府采取了如下措施:……5.选调一批回乡下乡知识青年进行培训。 (第十四卷第三篇第二章《小学教育》,第四册第 35 页)

"文革"期间,针对教师队伍缺额大,政治业务水平低的问题,1971 年,市教育局采取如下措施:……从回乡或下乡一年以上的知识青年中选调一批,培训后充任教师。

(第十四卷第四篇第一章《普通中学教育》,第四册第 62 页)

1977 年,恢复了全国统一招生制度。1978 年 6 月,教育部就中等专业学校招生工作做出规定,根据此规定,各中等专业学校一般招收应届初中毕业生和具有初中毕业文化程度的工人、农民、上山下乡、回乡知识青年,年龄在 18 岁左右。学习年限:工科 3—4 年,师范、农林、卫生、财经等专业 3 年。也可以招收具有高中毕业文化程度的工人、农民、上山下乡和回乡知识青年,学习年限可以适当缩短。

(第十四卷第四篇第三章《中等专业教育》,第四册第 95 页)

《保定市南市区志》

保定市南市区志编纂委员会编,新华出版社 1990 年

(1965 年)6 月 4 日,中共南市区委、区人委在市教工之家礼堂召开动员知识青年上山下乡大会,1 000 余名知识青年参加大会。会上,有 204 名知识青年当场报名上山下乡。

(《大事记》,第 14 页)

(1973 年)1 月,全市开展知识青年上山下乡活动,大批中学生自愿或被动员到农村"安家落户"。

(《大事记》,第 18 页)

（1977年）3月12日，市数万群众在裕华路夹道欢送1 800余名知识青年上山下乡。

（《大事记》，第19页）

"文革"开始后，大批中学生和闲散人员上山下乡，企、事业招收职工极少。1975年，根据年满17至26岁，有免下证（免上山下乡）的留城青年可以安置的原则，安置固定工140名，占留城青年的87.5%。1978年，城镇知识青年上山下乡停止，加之大批青年返城，区待业人员骤增，到1982年，区待业人员增至7 490余人（1978年为600人），虽经努力，仅安置了1 100余人就业。

（第十八篇第五章《劳动就业》，第219页）

《保定市北市区志》

保定市北市区志编纂委员会编，新华出版社1991年

1978年城镇知识青年停止"上山下乡"，大批下乡青年返城，待业人员猛增。1982年根据上级指示，开始办理城镇"待业人员劳动卡片"，实行有计划的安置工作。

（第六编第四章《劳动就业》，第478页）

第五节　知识青年上山下乡

1958年，开始动员城市知识青年上山下乡。1969年起大量动员城市知识青年上山下乡和支边。1973年3月，北市区知识青年上山下乡办公室正式成立。1973年至1975年下乡插队456人。1978年因病和各种困难回城215名。是年停止上山下乡。

1975年起，北市区开始组织区内中学毕业生定点下乡。下乡知青由区机关干部带队。下乡点是保定郊区，清苑县、满城县。

按照上级指示，从1977年起，安排上山下乡知识青年返城就业。全区下乡知识青年中，除有少数人在农村结婚落户外，至1982年，上山下乡知识青年的安置工作全部完成。

（第六编第四章《劳动就业》，第482页）

《保定市新市区志》

保定市新市区地方志编纂委员会编，（内部刊行）1989年

第五节　知识青年上山下乡

1963年党中央和毛泽东主席向全国城镇知识青年发出"面向工矿、面向农村、面向基层、面向边疆"，后又提出"知识青年到农村去"的号召，上山下乡遍及全国，形成了高潮。全区1964

年至 1976 年除按规定身边留一个子女和因病留城外,先后动员了 217 名知识青年上山下乡,到农村插队落户。1964 年组织知青 18 名,1974 年组织知青 76 名,1975 年组织知青 45 名,1976 年组织知青 78 名,下乡点是保定市郊区、满城县、清苑县、望都县、涿县的部分农村。

从 1977 年开始,招收安排上山下乡知识青年就业。全区除个别知青在农村结婚落户外,到 1980 年,其他均已返城,工作做了适当安排。 (社会卷第十章《劳动工资》,第 333 页)

(1973 年)1 月 17 日,知青"上山下乡"开始。 (附卷第一章《大事记》,第 345 页)

(1976 年)1 月 21 日,我市今年首批 3 000 多名知识青年上山下乡,其中包括新市区七中等校毕业生同赴农业生产第一线。 (附卷第一章《大事记》,第 347 页)

《涞水县志》

涞水县地方志编纂委员会编,北京燕山出版社 2000 年

(1974 年)2 月 21 日,县成立知识青年上山下乡工作领导小组。 (《大事记》,第 32 页)

(1981 年)8 月 17 日,涞水县编制委员会、涞水县民族事务委员会、科学技术协会、供销合作社、房产管理局建立,原水电局改建为水利局和电力局。同时撤销知识青年上山下乡办公室。 (《大事记》,第 36 页)

"文化大革命"期间,由于正常的工作秩序被打乱,城镇待业人员无处安置。1966—1978年,本县共接收京、津、保等大中城市知识青年 419 人,安置到本县农村从事下乡劳动。同时,还组织本县知青 126 名到各知青点从事农业劳动。本县知识青年下乡点有张翠台,辛街、三义村、板城、东龙泉等五个村,下乡知青大多得到妥善安置。在此期间,各工商企业都大量招用农村户口的临时工,造成城镇知识青年上山下乡与农业人口进城就业对流,加之留城待业者逐年增多,给就业安置工作造成重大压力。 (第十五编第一章《劳动人事》,第 389—390 页)

《涿州志》

涿州市地方志编纂委员会编,方志出版社 1997 年

(1973 年)10 月 6 日,涿县县委成立知识青年上山下乡领导小组。(《大事记》,第 32 页)

1969 年,涿县革命委员会成立以后,设立安置办公室,负责知识青年上山下乡与就业安

置工作,劳动工资部分由计划委员会负责。1981 年,计划委员会部分职能机构与知识青年上山下乡办公室合并,同年 3 月成立劳动局,有干部 7 人。

(第二十六篇第一章《劳动管理》,第 545 页)

知青安置

1964 至 1965 年,为缓解城镇人口就业压力,先后组织两批共 200 名知识青年下乡劳动。1966 至 1980 年,共接收北京、天津知识青年 2 134 人;涿县下乡知识青年共 8 批,731 人。与此同时,各工商企业却大量招用农村临时工,形成城乡人口对流局面,给就业安置造成一定困难。

1978 年以来,按照"在国家统筹规划和指导下,实行劳动部门介绍就业、自愿组织起来就业和自谋职业相结合"的三结合就业方针,从 1979 至 1992 年,由市劳动人事部门直接或间接组织,经劳动部门或招工单位考核,择优录用,招收工人 9 203 人。至此,全市及外地来涿知青 3 065 名全部安置就业。

为了适应大量返城知青的安置,1982 年成立劳动就业服务公司,后又相继建立职业介绍、就业训练、待业保险、劳动就业服务企业等劳动就业服务机构,解决了大量返城知青和待业人员的安置问题。

(第二十六篇第一章《劳动管理》,第 546 页)

《定兴县志》

定兴县地方志编纂委员会编,方志出版社 1997 年

(1970 年)5 月 24 日,为了全面落实毛主席知识青年到农村去的指示,县革委发出了《关于召开下乡知识青年积极分子代表会议的通知》。

(《大事记》,第 33 页)

(1974 年)1 月 11 日,县委下发《关于成立知识青年上山下乡领导小组的通知》。

(《大事记》,第 34 页)

"文化大革命"中,正常的用工制度被打乱,企业私招乱雇,大批农村劳力进城做工,城镇知识青年下乡,形成城乡劳动力对流局面。"文化大革命"结束后,待业青年日益增多,下乡知识青年回城,大批退伍军人需要安置,出现了待业青年就业难的问题。

(第十六编第一章《劳动》,第 493 页)

城市知识青年安置

1966—1979 年,全县接收京、津、保等大中城市知识青年 1 777 人(其中集体插队 266 人,还乡 1 511 人);本县知识青年集体插队 112 人,共计 1 889 人。1975 年开始办理知青返城手续。231 人病退回天津,128 人病退回北京,县内外招工 35 人。1978 年知识青年大返

城,绝大多数回到城市。到 1985 年,除 417 人在农村落户外,另有 176 人被招工,12 人参军,27 人升学,其余全部回城。 （第十六编第一章《劳动》,第 493—494 页）

《容城县志》

河北省容城县地方志编纂委员会编,方志出版社 1999 年

本年(1976 年),全县建知青点 8 个:大南头、黑龙口、西牛营、马庄、贾光、东牛北庄、城关农场、朱庄。 （《卷首·大事记》,第 37 页）

1979 年,招收全民所有制固定职工 378 人。招收对象主要是:从农村招收 100 人(其中上山下乡知识青年 21 人),留城知识青年 84 人,复转军人 55 人,统一分配的大、中专毕业生 88 人,落实政策重新安置 51 人。 （政治卷第四章《政务管理》,第 167 页）

《安新县志》

安新县地方志编纂委员会编,新华出版社 2000 年

(1970 年)5 月 31 日,从去年开始共接收安置下乡知识青年 2 669 人。对此,县革委会要求各生产大队做到“政治上有人抓,生产上有人教,生活上有人管。”（《大事记》,第 61 页）

1970 年 2 月,县革委建立知青办公室和生产指挥部,下设综合计划组,劳动工作改由综合计划组管理。同年 10 月,下设计划统计服务站,撤销综合计划组,劳动工作由计划服务站管理。1973 年 12 月,计划服务站改称安新县计划委员会,劳动工作由计划委员会管理。同时知青安置办公室改称“上山下乡知识青年办公室”。其主要职责是具体承办上山下乡知青的接收、安置,并负责落实有关政策和各项福利待遇。1980 年 10 月,成立劳动服务公司,归从计委领导,其职责是组织城镇待业青年培训、就业、开办集体摊点,发展第三产业。1981 年 6 月,建立劳动局。劳动工资工作,上山下乡知青办公室,劳动服务公司划归劳动局管理。

（第十九编第二章《劳动人事》,第 767 页）

知识青年安置

“文化大革命”后期,按照毛泽东主席的指示,城镇知识青年分期分批到农村插队落户。1969 年 8 月,安新县革命委员会设知识青年下乡安置办公室。负责外地知识青年的接收安置。到 1978 年底,先后接收来自北京、天津、沈阳、昆明、兰州、武汉、齐齐哈尔、张家口、保定等 11 个大、中城市知识青年 2 097 人。集体知青安置到比较富裕的水乡王家寨、郭里口等村插队。21 个公社,对下乡知识青年都有妥善安置。1969 年,安新县开始动员本县知识青

年下乡,先后建起了张村、中六、马家寨等知青点,集体插队锻炼,使下乡知青在"政治上有人抓,生产上有人教,生活上有人管"。先后在知识青年中发展了一批党、团员。

从1972年起,通过企业招工、大中专院校招生、应征入伍等途径,对下乡知识青年进行就业安置。到1980年,外地知识青年,除少数落户安新外,绝大部分办"病退"回原城市,县内知识青年,按照上级"妥善安置知识青年"的指示,广开就业门路,基本都得到了妥善安置。

(第十九编第二章《劳动人事》,第768—769页)

《蠡县志》

蠡县地方志编纂委员会编,中华书局1999年

(1956年)9月17日—10月7日,全县100户、500人及100名青年团员自愿报名参加祖国边疆建设,迁往青海省、黑龙江省垦荒。另有100名青年到西北参加兰新铁路建设。

(《大事记》,第28页)

是年(1969年),首批来自北京、天津的知识青年到县内农村插队落户。

(《大事记》,第34页)

(1974年)9月7日,上山下乡知识青年安置办公室改为知识青年上山下乡办公室,至1978年县内有356名知青下乡、接收外地下乡知青332名,共计688名知识青年接受贫下中农再教育。

(《大事记》,第35页)

"文革"期间,正常的用工制度被打乱,1970年后,县直各部门招用大批农村劳力进城务工,共计1 423名。城镇大批待业青年得不到妥善安置,动员其"上山下乡"接受贫下中农再教育。1974—1978年间,全县动员356名知识青年"上山下乡",形成城乡劳力对流。……1979年大批知识青年返城,城镇待业青年过快增长,到年底全县待业人员达770名,其中社来社去的大、中专毕业生89名。

(卷八第一章《劳动》,第311—312页)

1969年始,接收外地上山下乡知识青年(简称知青,下同)系城镇非农业户口的初、高中毕业生,来蠡县农村插队落户,接受贫下中农再教育。这些知青主要来自北京、天津、保定及其它省市。一般多是回乡、投亲、靠友到大队零星插队劳动。蠡县革命委员会成立后,由群众工作组管理知青工作,1973年12月成立上山下乡知识青年安置办公室。1974年动员县内第一批45名知青下乡(以前县内有少数零星下乡知青)。1977年为本县知青下乡高潮阶段,截至1978年,全县共动员下乡知青356名,接收外地下乡知青332名,共计688名。全县共建9个知青

点。其中,刘铭庄、北高晃两个为县建知青点,大百尺、辛兴、小陈等 7 个大队为保定地区建的知青点,9 个知青点共安置知青 333 名。零星插队知青分布在全县 200 多个大队共 355 名。同时,根据上级指示,为照顾家庭困难,每家可留一名子女在身边,全县留城的子女共 163 名。

从 1975 年开始,知青在农村劳动满两年且表现较好的,经县批准可返城就业或升学。1979 年根据上级指示,知青全部返城。1981 年撤销蠡县知青办公室,其遗留问题移交劳动局办理。到 1982 年底除少数自愿留在农村扎根落户者外,其余全部由劳动局安排了工作。

知青下乡期间的待遇:还乡的(原籍是蠡县的)每人发给一次性(下同)安家费 40 元,投亲靠友的 150 元,插队的 240 元。在知青点的每人发给 500 元,特别困难的发给 800—1 000 元,用于建房和生产生活用具的购置,但必须统一使用。1964—1978 年解决知青生产、生活、学习、医疗、就业和其它各种费用共 34.4 万元。时蠡县被河北省、保定地区评为安置上山下乡知识青年先进县。

1983 年,根据上级指示为女知青的子女(男方系农村户籍)199 人由农业户口转为非农业户口,1989 年又根据上级指示为男知青的子女(女方系农村户籍)166 人由农业户口转为非农业户口。 (卷八第一章《劳动》,第 316 页)

《博野县志》

博野县志编纂委员会编,新华出版社 1996 年

(1969 年)9 月 26 日,博野中学 1966—1968 年三届高中毕业生,共 250 人,回乡参加农业生产劳动,接受贫下中农再教育。同年,北京、天津等大中城市的部分知识青年也到本县接受再教育。 (《大事记》,第 16 页)

《定州市志》

定州市地方志编纂委员会编纂,中国城市出版社 1998 年

(1967 年)5 月 25 日,县搬迁安置办公室成立,负责城市上山下乡知识青年和城市遣返还乡人员的安置。 (《大事记》,第 53 页)

(1970 年)6 月 26 日,根据统计,自毛主席发出“知识青年到农村去,接受贫下中农再教育”的号召到目前,已安置外地城镇来定县插队、还乡知识青年 703 名。 (《大事记》,第 54 页)

1968 年 8 月,中央发出知识青年上山下乡的号召。定县成立了知识青年上山下乡安置办公室,动员 100 余名知青下乡。1968 年 1969 年还先后接收两批天津市和全国各地来定县下乡

和回乡知识青年 300 余人。1974—1978 年,定县施行厂、社挂钩,设下乡知青点 24 个,先后动员 600 名城镇知识青年分别到知青点下乡。至此,定县共接收安置知识青年 1 800 余人。

从 1979 年开始,按中央政策对下放农村知青陆续回城安置就业。到 1982 年,通过招工、自谋职业、参军等途径,下乡知青已全部得到安置。（第十四编第四章《劳动管理》,第 531 页）

《阜平县志》

河北省阜平县地方志编纂委员会编,方志出版社 1999 年

1978 年计划工作与劳动管理工作分家,知识青年办公室与劳动管理工作合并成立劳动局。 （第二十二篇第七章《劳动管理》,第 658 页）

文革期间,由于动乱,城镇待业人员无处安置。1970 年至 1978 年,本县有 110 名城镇青年下乡劳动,本县成立知识青年办公室,设主任、副主任各一名,专抓此项工作。1978 年以后,随着经济体制改革和发展,就业门路比前扩大。1981 年 9 月正式成立了"阜平县劳动服务公司",归属劳动人事局管理,职责是:介绍就业,组织起来,统一安置待业青年。1978 年上山下乡知识青年全部得到妥善安排。1989 年初,根据上级有关政策,为知识青年的子女"农转非"39 人。 （第二十二篇第七章《劳动管理》,第 663 页）

《唐县志》

河北省唐县地方志编纂委员会编,河北人民出版社 1999 年

1966 年—1970 年,本县自然增长的城镇劳动力大部分上山下乡,参加农业第一线。少部分就业于供销、粮食、商业等部门。这些部门也招收农村劳动力为临时工。同时本县接受北京天津等城市下乡知识青年 200 余名,分别到农村插队参加农业生产。

……

1971 年,按照上级下达的劳动指标招工,其对象为农村社员、烈军属、荣复军人子弟和复员军人。上山下乡知识青年必须是"下放到农村锻炼二年以上,思想品质好,身体健康,年龄在 16 至 25 岁的未婚男青年"方可招工;女青年以及按政策留在城镇的男青年,一般只准在集体所有制单位就业。 （第四十二编第二章《职工》,第 605—606 页）

1987 年,建立待业青年培训中心,对待业青年有计划地进行就业前培训,当年培训 300 人;委托企业代培 300 人。当年安排城镇待业青年与下乡知识青年 1 012 人。

（第四十二编第二章《职工》,第 606 页）

《涞源县志》

涞源县地方志编纂委员会编，新华出版社1998年

（1968年）冬，毛泽东主席发出"知识青年到农村去（，）接受贫下中农（的）再教育"的指示，全县1966、1967、1968届高中、初中毕业生先后上山下乡，到农村接受贫下中农再教育。

（《大事记》，第48页）

"文化大革命"中，安置城市上山下乡知识青年去农村插队110人。被安置者经劳动锻炼二年后，根据其政治表现陆续被招工录用。1978年后，原插队城市知青按国家政策返城安排工作。 （第四编第八章《人事劳动》，第561页）

《易县志》

易县地方志编纂委员会编，中央编译出版社2000年

同年（1965年），易县开始接收北京、天津、上海、内蒙古等省市上山下乡知识青年到易县插队落户。至1978年，共安置410人。北京156人，天津242人，还有华侨12人（柬埔寨10人，印尼2人）。 （《卷首·大事记》，第35页）

知识青年安置

易县组织城镇知识青年上山下乡，从1974年开始，到1978年停止。接收外地知识青年来易县上山下乡，从1965年开始，到1978年停止，主要安排在南山南、北桥头、麻屋庄、东斗城、解村、龙湾头、北东等村参加农业生产劳动。

易县上山下乡知识青年统计表

年份 地区	65	66	67	68	69	70	71	72	73	74	75	76	77	78	合计
北京		1		1	124	26	11			8	23	28	26	18	266
天津				3	72	40		1	1	27	4	4	10		168
外省	23			1	39	4				10	5	9			91
保定	23											1	1		25
易县										62	108	142	76	40	428

（卷八第二章《职工》，第334页）

1972年，易县第一次对待业青年进行安置，当时全县待业青年57名，当年安置36名为全

民固定工,其余 21 名继续待业。1974 年易县共有待业青年 62 名,全部组织上山下乡。到 1978 年共组织城镇知识青年上山下乡 428 名。到 1978 年知识青年上山下乡停止后,一大批返城知青再加上原有待业青年急需安置就业。1981 年 11 月易县成立劳动服务公司,负责待业青年的安置工作,采取在国家统筹规划下,劳动部门介绍就业、自愿组织起来就业和自谋职业三结合的方针,通过开办集体摊点容纳待业青年,经培训后向社会输送。1981 年公司成立时,先后有 8 个集体摊点开张营业,安置待业青年近百人。　　　　　(卷八第二章《职工》,第 335 页)

《雄县志》

雄县县志编纂委员会编,中国社会科学出版社 1992 年

　　1969 年初至 1975 年底,全县接收北京、天津等地上山下乡知识青年 812 人。有 700 人先后参军、上学、工作调动和返城,现定居本县者 112 人。

(第二卷第五编第三章《流徙》,第 127 页)

　　从 1969 年起,先后接收下乡知识青年 780 人,落实政策后回城的 678 人,安置在县内各行业的 91 人,安置在农村的 11 人。　　(第三卷第十七编第三章《劳动管理》,第 267 页)

《徐水县志》

河北省徐水县地方志编纂委员会编,新华出版社 1998 年

　　七十年代初,近千名城镇知识青年来徐水农村插队落户,后大部返城。

(卷三第三章《人口变动》,第 91 页)

知识青年安置

　　1969 年 1 月 6 日,徐水县革命委员会设知识青年(以下简称知青)下乡安置办公室。1970 年 7 月 11 日,北京、天津、张家口、保定等地 800 余名知青来本县农村安家落户。1970—1971 年,本县接收外地知青及城镇居民家属 1 270 人,其中插队 477 人,还乡 432 人,投亲 361 人,分别安置在县内 166 个大队。1974 年 1 月,接收保定下乡知青 34 人。

　　1975 年 4 月 29 日,本县 43 名知青分别到迁民庄、南徐城大队插队落户。县政府对知青插队落户村统一划拨经费,公社、大队设专人管理。1975 年,下发补助款 21 100 元,主要用于知青住房补助和房屋维修。1976 年,下发知青补助费 21 350 元。

　　同年 11 月 6 日,县政府对知青口粮标准作出明确规定:"一般每人每月 42—45 斤,余粮队超过 45 斤的不下降,缺粮队或自足队分配粮达不到标准的由国家统一拨补。"并要求对知青口粮品种予以调剂。

自 1977 年初,外地知青陆续返城。到 1979 年末,仅有 9 人留在农村,其余全部返城或县内安置就业。1983 年,县成立解决知青遗留问题领导小组,彻底解决下乡知青的遗留问题。

(卷二十第一章《劳动》,第 638 页)

(1970 年)7 月,北京、天津、张家口、保定等城市 800 余名知识青年来徐水农村落户,接受贫下中农再教育。1976 年后陆续回城。　　　　　　(《大事记》,第 841 页)

(1973 年)9 月 17 日,全县 1 200 余名知识青年集会,学习毛泽东主席给李庆霖的信。会后,建立了知识青年上山下乡领导小组。　　　　　　(《大事记》,第 842 页)

(1975 年)4 月 29 日,本县 43 名知识青年分别到八四公社迁民庄、南徐城大队插队落户。

(《大事记》,第 843 页)

《高阳县志》

河北省高阳县地方志编纂委员会编,方志出版社 1999 年

(1972 年)7 月 25 日至 8 月 4 日,县"知青安置办公室"派人先后赴天津、北京等城市,对来本县下乡插队的知识青年进行家访。时,县有各大城市来县插队知青 209 名(不含本籍下乡知青)。　　　　　　(《大事记》,第 53 页)

知识青年安置

1968 年至 1974 年,县内陆续接收北京、天津等城市下乡插队知识青年(以下简称知青)476 人。1975 年,县内投资 2.3 万元分别在石氏、良村、拥城、留祥佐、西河、邢家南 6 村建立知青点,组织知青到农村安家落户。

1978 年,根据国家有关知青安置政策,陆续选调知青回城安置工作。到 1983 年,全县 629 名知青(包括本县知青 153 名),全部安置完毕。其中,安置在本县就业的 259 人,回原城市就业的 370 人。　　　(第十九编第二章《劳动管理》,第 701—702 页)

《安国县志》

河北省安国市地方志编纂委员会编,方志出版社 1996 年

是年(1969 年),首批来自北京、天津的知识青年到县内插队落户。

(《大事记》,第 33 页)

(1973年)7月,陆续接收安置天津、北京等地下乡知识青年700余人,分布在全县20个公社的122个大队。　　　　　　　　　　　　　　　　　　(《大事记》,第34页)

(1979年)3月,开始安排下乡知识青年就业,到年底共安排610多人。

　　　　　　　　　　　　　　　　　　　　　　　　　　(《大事记》,第36页)

1969—1977年,2 810名北京、天津等城市知识青年到境内插队落户。1969—1973年清理阶级队伍运动中,全县接纳遣返原籍人员2 155人。1973年后知识青年陆续回城,迁出774人,余皆婚配就业于境内。　　　　　　　(第三编第三章《人口变动》,第135页)

1969年9月革命委员会成立后,生产指挥处下设计划科,负责工人招收、转正定级和调配工作。同时设知识青年安置办公室。

1975年5月,恢复计划委员会,负责劳动工资工作。1981年劳动局成立,专司劳资工作。1982年,知识青年安置办公室撤销,成立劳动服务公司,负责农村、城镇剩余劳力和待业青年的输出、就业培训,隶属劳动局领导。1987年,劳动服务公司改为事业单位。

　　　　　　　　　　　　　　　　　　　　(第十八编第一章《劳动》,第822页)

"文革"中,正常的用工制度被打乱,一方面动员城镇高、初中毕业生和待业青年"上山下乡",接受贫下中农再教育,一方面从农村招收大批劳力充实工厂、企业,形成城乡劳力对流。1968年至1976年,共接受知识青年1 856人,其中县内中学毕业生1 141人。从天津、北京、保定、石家庄等全国各地疏散、遣送(受株连子女)回乡劳动知青1 215人,从农村招收固定工、临时工2 156人。1978年6月,按照国务院发布《关于工人退休退职的暂行办法》,办理工人退休、退职子女接班顶替,至1990年末,共招收工人退休退职子女接班顶替365人。

1979年,停止知识青年"上山下乡",国家落实知青政策,允许知青返城并安置工作。至1983年,1 349名知青返回原城市,1 101名知青考入大中专院校或参军入伍,剩余360名知青全部招为全民、集体固定工。1989年又对170户知青家属办理"农转非"户口。

　　　　　　　　　　　　　　　　　　　　(第十八编第一章《劳动》,第823页)

《清苑县志》

河北省清苑县地方志编纂委员会编,新华出版社1991年

(1969年)3月,清苑县成立知识青年安置办公室,15日开始接收第一批知识青年1 300

名,以后又陆续接收 5 904 名知识青年,分别安排到全县 39 个人民公社,298 个大队接受"再教育"。 (《大事记》,第 42 页)

知识青年安置 1964 年开始接收回乡知识青年。1969 年 11 月,接收首批天津下乡知识青年 1 340 名。至 1978 年,先后有保定、北京等地的下乡知识青年来县内插队落户,其中天津 2 141 名,北京 481 名,保定 2 731 名,其它省市 1 756 名,县内下乡青年 88 名,共计 7 197 名。为做好知识青年安置工作,设知识青年点 46 个,国家补助建房 961 间。1978 年,知识青年开始办理手续选调回城。到 1979 年底,7 197 名下乡知识青年均安置了工作,绝大多数返回原籍,少数在县内安排了工作。 (第三编第三十六章《劳动管理》,第 509 页)

《望都县志》

河北省望都县地方志编纂委员会编,方志出版社 2000 年

(1969 年)2 月 1 日,知识青年安置办公室成立,接受天津来县插队的知识青年,全年接受知识青年 394 人。 (《大事记》,第 28 页)

1971 年至 1977 年,县内企业共招收全民所有制职工 1 204 人,集体所有制职工 418 人。招工对象主要是经批准留城的非农业中学毕业生;本年度回城的复员退伍军人;城镇非农业人员;符合规定的四大行业职工子女;经过两年以上劳动锻炼的下乡知识青年。

(卷二十一第二章《职工管理》,第 587 页)

第四节 知识青年安置

1969 年县成立知识青年(下简称知青)安置办公室,负责城市下乡知青的接受安置和县内知青下乡动员工作。是年接受来自天津市知青 298 名,来自四川、湖南、广东等地知青 70 名。至 1972 年为知青下乡高潮阶段,县内接受知青 497 名,大部分被安置到农村落户。

1970 年—1972 年下乡知青中有 85 名输送到县内外企事业单位工作,3 名被推荐到大专院校学习,4 名参加了中国人民解放军。1973 年县内开始办理知青返乡手续,知青分批回城。至 1989 年除 10 人在农村落户外,139 人被招工,49 人参军或上大学,其余全部返城。

(卷二十二第三章《安置》,第 603 页)

《曲阳县志》

河北曲阳县志编委会编写,新华出版社 1998 年

1979 年开始安置上山下乡知识青年,同时成立待业青年安置办公室,按照"在国家统筹

规划指导下,实行劳动部门介绍就业、自愿组织起来就业和自谋职业相结合"的方针,1981年底对 820 名上山下乡知识青年全部安置,大部分回原籍安置或由下乡单位负责安置,有 9 名因结婚不宜回原籍安置的由安置办公室投资 3 万元筹建了知识青年商场,就地安排工作。

(卷十四第四章《劳动人事》,第 561 页)

(1965 年)3 月 21—25 日,召开县在乡知识青年代表大会。出席代表 236 人,列席代表(团委、团支部书记)151 人。

(卷十九《大事记》,第 764 页)

是年(1969 年),接待安置部分来自大中城市的上山下乡知识青年。

(卷十九《大事记》,第 767 页)

(1974 年)5 月,增设知识青年上山下乡办公室,城镇户口的高、初中毕业生陆续下乡、回乡插队务农。

(卷十九《大事记》,第 768 页)

《顺平县志》

顺平县地方志编纂委员会编,中华书局 1999 年

是年(1965 年),开始动员知识青年上山下乡,外地知识青年 70 人到山区插队。

(《大事记》,第 26 页)

接收城市知识青年上山下乡始自 1965 年。至 1968 年,全县共接收上山下乡知识青年 572 人。其中接收保定市下乡知识青年 80 人,北京、天津及其它各省市知青 492 人,先后在大悲、柏山、西下叔、吴家庄、霍家关、东庄、大城北、白庙、西腰山、唐行店共建立 11 个知青点。1978 年知青政策调整后,全部知青陆续回城参加了工作。

从 1982 年至 1988 年,顺平县先后安置城镇待业青年 739 人。其中全民企业 325 人,集体企业 326 人,自谋职业 88 人。同时,根据冀政(88)227 号、冀劳人培(88)123 号和冀劳(88)333 号文件规定,对 101 户、192 名知青子女办理了农转非。

(第十编第一章《劳动人事》,第 638 页)

《满城县志》

满城县志编纂委员会编,中国建材工业出版社 1997 年

"文化大革命"中,城镇居民家中的学生毕业后,提倡并组织上山下乡,到农村安家落户。

1979年，全县下乡知识青年2 400名。同时，接受北京等外地知识青年240名，分配在县内4个人民公社的18个大队参加劳动。1979年，改下乡为待业，由劳动部门为其安置工作。鉴于安置任务大，县成立知识青年安置办公室，专门做知青安排工作。1980年底，知识青年或安排在本县，或考入专业学校，或回原在城市安排，此项工作结束。

（卷十一第四十八章《劳动工资管理》，第491页）

《沧州市志》

《沧州市志》编纂委员会编，方志出版社2006年

1981年7月，沧州地区撤销知识青年上山下乡办公室，其工作并入劳动局，但仍保留知青办印章，处理知识青年遗留问题。 （经济监控志第七章《劳动就业管理》，第1719页）

1966年至1976年，地区及所属各市（县）重点是搞好知识青年上山下乡工作，留城青年和闲散劳动力管理，根据河北省劳动局关于《从社会上招用职工审批手续的通知》规定，沧州地区所属企业及驻沧中央和省直属企业、事业单位在劳动计划内需招收工人时，首先在城镇社会待业人员中解决，确需从农村招收时，由企业向劳动部门提出意见，报省劳动局审批招工计划。

1979年，大批知识青年返城，城镇待业人员急速增加，达到24 150人。依靠国家统包统配办法已难以解决待业人员的就业问题。是年下半年开始，贯彻中共中央"三结合"（劳动部门介绍就业、自愿组织起来就业、自谋职业相结合）的就业方针，各市（县）相继成立劳动服务公司，担负介绍就业、输送临时工、组织生产服务、进行职业培训等项任务。在统筹就业安置的同时，还动员社会力量办学，组织待业青年学政治、学技术。对待业青年进行登记、建卡，实行统一管理，做好服务工作。1979年至1983年底，沧州市共安置知青和待业青年9 798人；沧州地区共安置待业青年20 915人，安置下乡知青15 000余人，安置率为70％，社会招工12 000余人，子女顶替170人，顶替计划内和计划外临时工2 000余人。但仍有部分待业青年和下乡知青没有安置，新成长的待业青年以每年6 000人的速度增长。

（经济监控志第七章《劳动就业管理》，第1722页）

第十一节　知识青年上山下乡
一、安　置　机　构

1964年，中共中央、国务院作出《关于动员和组织城市知识青年参加农村社会主义建设的决定（草案）》，按照中央和省的要求，1965年5月，沧州专区成立安置城市下乡青年领导小组，下设安置办公室，设在民政局。"文化大革命"开始后，知青下乡安置机构一度撤销。

1972年6月地区知青下乡安置办公室恢复,由民政局一名副局长负责工作。之后,各市县都相继明确了专管人员。1973年6月安置办公室单独设置,改称为沧州地区革命委员会知识青年上山下乡安置办公室(简称"地区知青办")。1978年更名为沧州地区行政公署知识青年上山下乡安置办公室。1981年,按照省委[1981]37号文件要求,知识青年安置机构与劳动部门按原编制合并,一套人马,两个牌子,承担劳动管理和知青安置两个方面的任务。各市县也相继按这一要求,实现了知青办与劳动局的合并。1983年9月地区机构改革时,撤销了知青办,其知青遗留问题由地区劳动人事局培训就业科办理。年底地、市分设后,知青遗留问题按着其所在区域管辖范围分别由地区劳动人事局、市劳动局承担。

二、动 员 下 乡

(一)1964—1972年

1964年,落实中共中央国务院作出的《关于动员和组织城市知识青年参加农村社会主义建设的决定(草案)》和毛主席发出的:"农村是一个广阔的天地,在那里大有作为"的指示,沧州专区开始动员和组织未升上学的初高中毕业生和其他闲散劳动力到农村参加生产劳动。当时以沧州、泊头、兴济、河间等市(镇)为重点,其中沧州市1965年、1966年分别组织410人和1 000人下乡务农。

1968年12月,毛泽东主席发出:"知识青年到农村去,接受贫下中农的再教育(,)很有必要"的号召后,沧州掀起知识青年上山下乡的热潮。当时以1966届、1967届、1968届(俗称老三届)初高中毕业生作为上山下乡的主要对象,同时动员的对象还包括不够留城条件又无固定职业的历届小学毕业生;年满17周岁,中途离校的学生;有劳动能力的青年和社会闲散劳动力。统一组织的有沧州市1969年动员去黄骅民兵营200人,到南皮县6个公社400人。到1972年4月,除集体安置外已有还乡投亲靠友的知识青年11 746人,其中男5 234人,女6 512人。自1968年至1972年末,全区总共接收21 532名本地和外省市知识青年。此外自1970年起,还接收了自愿到农村落户的城镇居民;下放农村的中小学教师及其子女;精简职工及其子女;战备疏散人员;因政治历史问题遣返回乡人员及其受株连的亲属等各类返乡回乡人员。当时这部分城镇青年并未按上山下乡知识青年对待,但以后补办在农村生产劳动期间工龄、解决户口等问题,按上山下乡知识青年办理。

(二)1973—1975年

1973年12月,中央召开了全国知识青年工作会议,并下发了中发[1973]30号文件,之后,河北省委也下发了冀发[1973]72号文件,按照"两个文件"精神,结合本地的具体情况,沧州地区制定了《知识青年上山下乡若干问题的试行办法》,提出初高中毕业生的分配要纳入国家计划,以上山下乡为主,除按国家计划直接升学、参军和不具备下乡条件的几种人外,凡年满17周岁的都动员下乡。年龄小的以教育部门为主,由劳动、工会、共青团等部门组织进行政治和文化学习,为下乡做好准备。不动员下乡的几种人为:因病残不能参加农业劳动的;独生子女;多子女家庭身边只有一个子女的;中国籍的外国人子女。到1973年末,全区下乡知青有 18 771 人(其中天津知青[主要是红桥区]14 693 人,占 78%)。1974 年 1 月地区两次召开会议具体部署,9 月行文对留城条件进一步作了规定,同时强调:"凡是确定下乡的知青,任何单位不准招用,包括临时工、合同工。下乡的主要形式是插队,有条件的可办知青点,要统一组织,统一安排"。当年盐山县委书记许云华及其爱人、女儿带头报名下乡,受到表彰。同年还在全区掀起学习柴春泽、白启娴的活动。当年河北林业专科学校张忠民、王玉池、王和平、马假妮、郑新秋等 5 名大学毕业生自愿报名到农村当农民,经校党委批准,8 月到吴桥县插队落户。张忠民还将全家带到农村落户,受到地委、地区革命委员会的表彰。

1975 年,沧州地区加大了动员知青下乡的力度。4 月 13 日至 15 日,地区召开专题会议具体部署,4 月 24 日,地直机关召开大会,有 9 位书记常委出席会议,并一一讲话。沧州市委召开了有 10 万人参加的广播大会,展开组织发动,各县也相应作了具体的动员。地委下发《关于进一步做好知识青年上山下乡动员工作的通知》,规定:"凡是应下乡的知识青年,包括不满 17 周岁的中途退学或自动离校的,1974 年 2 月 20 日中央 8 号文件以后招为固定工、合同工、协议工的,坚决辞退"。由于加大了清退力度,当年全区共清退应下乡人员 2 931人,1975 年全年共动员 4 266 名知青下乡,是 1974 年的 4 倍多。到 1975 年底,共接收安置北京、天津等省(市)和本地区下乡知青 36 700 多人。

(三)1976—1977 年

1976 年,知青下乡的形式由个人插队为主转为办知青点安置为主,当年下乡 2 943 人,到知青点 2 558 人,仅有 385 人回原籍。同时加快了知青点的建设,由年初的 142 个发展到200 个,知青点知青达到 7 000 多人。本年全区有知青 22 389 人,招工选调 3 036 人,年末实有下乡知青 19 353 人。

1977 年,知青工作依照冀知青[1977]1 号文件精神,认真做好城镇动员和农村安置工作,当年全区适龄下乡知青 4 057 人,其中按政策留城 1 904 人,应下乡 2 153 人,已下乡1 851人,占 86%。1977 年全区有下乡知青 23 140 人,当年招工选调 610 人,年末尚有22 530人。

(四)1978 年

1978 年,知青下乡明显减少,而返城的相对增加。当年中央召开全国知青工作会议,并下发中发[1978]74 号文件,调整上山下乡政策,改变上山下乡的做法。其指导思想是:"要从有利于解决劳动就业的原则出发,实行城乡统筹,把城乡两个方面安排知识青年的工作逐步统一起来,具体到一个地方要因地制宜,从实际出发,不搞一刀切,能够不下乡的可以不下乡"。根据本地情况,沧州地区决定停止动员组织知识青年上山下乡工作。按照国务院[1977]140 号文件因病困需返市(镇)的改由县市知青办审批,条件相应放宽。当年知青病退返城达 6 251 人。1978 年 10 月 21 日下乡知青有 16 810 人,到 12 月 31 日知青减少到11 386 人,两个月净减少 5 424 人。年末 11 386 名知青中,男 3 733 人,女 7 653 人,已婚3 412人,现有知青中 1972 年以前下乡的仍有 3 863 人。

1968 年以来,共接收安置外省市和本地知青达 38 000 余人,其中外省市 25 000 余人,本区 13 000 余人。本区各年下乡知青见下表。

年　份	1972 年以前	1973 年	1974 年	1975 年	1976 年	1977 年	1978 年
下乡人数	查无资料	323	1 095	4 266	2 943	1 851	查无资料

由于年年组织知识青年上山下乡,同时又有知青被选调回城招工、参军、升学、困退、病退,在乡知青每年都有较大变化,各年在乡知青数见下表。

年　份	1972 年	1973 年	1974 年	1975 年	1976 年	1977 年	1978 年
年末知青人数	21 532	18 771	21 746	18 694	19 353	22 530	11 386

注:1972 年知青数指 1968—1972 年累计数

三、知 青 管 理

知青管理办法随着其下乡形式的不断改变而变化。1973 年以前,知青下乡以个人插队为主,主要是回老家或投亲靠友落户,也有一部分经统一组织安排落户。1974 年开始对下乡知青统一安排、统一组织,并创办知青点、公社知青三场等。当年有 2 943 人下乡,其中到知青点的 2 258 人,占 87%,1975 年起,还实行厂社挂钩的做法。

按照要求大部分社队建立了有村干部、贫下中农和下乡知青参加的"三结合"再教育小组,负责对下乡知青的政治生产生活方面的再教育工作。1976 年,交河县东辛店公社创办了知青农场,取得了一定成效,并在全区知青工作会议上作了典型介绍。此外从一些部门抽调一批干部,列席公社党委会,协助抓下乡知青的管理工作。1975 年 9 月,召开全区知识青年代表大会,通报表彰了先进集体和个人。先进个人黄骅县吕桥公社郑口大队下乡知青王吉成下乡六年来当过饲养员、赤脚医生、拖拉机手、生产队长,干一行爱一行,并劝说母亲妹妹们同到郑口落户,1975 年 3 月被提升为公社革命委员会副主任。1975 年 8 月 12 日至 10 月 27 日,天津市派出以赵士奇为组长的 12 人学访组,到天津知青所在的社队青年点看望、慰问、指导工作(当时在沧天津知青达 14 692 人,占在沧全部知青的 78%)。从 1974 年提出创办知青点到 1978 年全区共建 202 个。下乡知识青年经过劳动锻炼,思想有了很大进步,1972 年以前已有 1 327 名入党入团;1975 年有 266 人入党,5 084 人入团;1977 年有 328 人入党,5 884 人入团。

四、生 活 补 助

1972 年以前,每年下拨几万元救济金,以解决下乡知青的生活困难。1973 年,毛泽东主席给李庆霖的复信下发后,特别是中发[1973]30 号、省委[1973]72 号文件下发后,将解决下乡知青住房、口粮等生活困难问题提到重要日程。当年发放生活补助费 15 万元,布 8 万米,煤 2 870 吨,医疗补助费 3 万元,新建住房 450 间,翻修住房 310 间。1974 年进一步加强这一方面工作,到年末共下拨资金 221 万元,木材 1 110 立方米,粮 48 929 公斤,煤 9 486 吨,柴 228 250 公斤,布 13 万米。重点解决 1972 年以前下乡的 10 206 名知识青年的生活困难,发放救济金 125 万元。1975 年到 1978 年,累计下拨资金 370 万元,木材 1 390 立方米,煤 5 820 吨,布 15 万米等一批财物,解决下乡知青的实际困难。

自知青下乡以来,共拨发经费 920 万元,木材 5 628 立方米和其他大批物资,在一定程度上缓解了下乡知青的生活困难。

五、知青选调及返城安置

从 1970 年起,经过劳动锻炼两年以上的知识青年,由贫下中农推荐,每年都有一批知青回城,同时还有一部分知青被推荐升学、参军。至 1978 年共有 23 400 余人回城或参军、升学,详见下表。

年　　份	选调回城	升学	参军	病迁	困迁
1970—1972 年	2 258	273	235		
1973—1977 年	14 369	2 034	1 338		
1978	2 299	95	533	6 251	
合　　计	18 926	2 402	2 106	6 251	

知识青年下乡后,因病不能参加农业劳动,要求迁回称"病迁";家庭有特殊困难,需要知识青年回城照顾的称"困迁"。1978 年前,为堵塞漏洞,审批相当严格。自 1978 年起,根据省公安厅冀公字[1978]33 号文及省知青办冀革青字[1978]5 号文件精神:"上山下乡知识青年因病残或家中有特殊困难要求返回市(镇)的,经市、县知识青年上山下乡办公室审查同意,准予落户。"知青返城开始松动,其中病迁回京津的 1—10 月就达 2 265 人,全年知青病迁返城 6 251 人。

1978 年,知识青年上山下乡政策调整后,知青工作的重点转移到"帮助他们安排解决有固定收入的工作"上来,知青返城明显加快。10 月底至年底,知青返城 5 424 人。至 1979 年 4 月底,下乡知青尚有 8 571 人,因返城较上年底又减少 2 815 人。1979 年以来,地委、行署多次召开会议,部署知青的就业安置工作,地、市(县)都成立了劳动就业领导小组,由计划、劳动、知青办等部门具体负责,当年全区 20 915 名待业和知识青年中,有 15 000 余人得到安置。1980 年,贯彻中央及省政府文件精神,当年在下乡知青和待业人员中招收全民固定工 3 300 人,集体固定工 3 500 人,同时计划内、外临时工和劳服企业等又安置一批,到 1980 年底下乡知青仅剩 1 085 人(其中 926 人已婚),回城的 1975 年以前的老知青全部得到安置。

六、遗留问题处理

根据中央提出的"一定要本着国家关心、负责到底"的精神和国务院知识青年上山下乡领导小组[1980]国青字第 2 号文件的要求,从 1980 年起,开始处理知青遗留问题,主要有:为自行转点的知青补办了知青手续,全区 600 多人,华北油田有 600 多人。对 1964 年至 1967 年少数组织动员成批下乡知识青年办理了有关知青手续。对农村的结婚知青发放一定数额的安置费,并给其子女办理转非手续。1986 年至 1988 年,依据省劳动人事厅有关文件精神,为原下乡知青插队期间计算工龄办理了手续。

(经济监控志第七章《劳动就业管理》,第 1760—1764 页)

1968 年,沧州地区各级公安机关重点打击了一些利用职权奸污、调戏下乡插队女知识青年和破坏知青插队的违法行为。

(公安司法志第一章《公安》,第 2106 页)

1972 年,沧州地区中级人民法院恢复。自 1975 年至 1979 年共受理第一审刑事案件4 807 件,审结 4 140 件。当时奸污下乡女知识青年案较突出,罪犯多是大队干部,利用培养入党、入团、安排工作之便,利用金钱、物质引诱的手段强行奸污女知识青年。法院对此类案件予以高度重视,进行了认真审慎地审理。1974 年受理 23 件,1975 年受理 41 件,1976 年受理 23 件,1977 年受理 28 件。

(公安司法志第三章《审判》,第 2150 页)

"文化大革命"开始后,教师队伍受到冲击。1968 年,乡村国办教师的任用须经贫下中农管理学校委员会同意。之后,受"左"的思想影响,教育盲目发展,小学附设初中班,公社普及高中,教师数量不足时,就从初高中毕业生和在乡知识青年中补充,造成教师队伍数量猛增而质量下降的状况。

(教育科技文化志第三章《教师队伍》,第 2353 页)

《沧州市教育志》

沧州市教育志编纂委员会编,河北教育出版社 1995 年

"文化大革命"期间,沧州市的教育出现了盲目发展的倾向,各级学校无限膨胀,造成师资严重缺乏,只好采取层层拔高的办法,小学教师教初中,初中教师教高中,或从初、高中毕业生和在乡知识青年中补充小学师资,使教师数量猛增,而教师素质严重下降。至 1975 年,沧州市有教职工 1 196 人。

(第十四章《教师队伍》,第 327 页)

《沧州市机电冶金志》

沧州市机械电子冶金工业局、沧州市机电冶金志编委会编,中国社会出版社 1993 年

1979 年国家有关部门下达文件,决定从 1979 年起不再动员初、高中毕业生上山下乡,同年下半年大批城市下乡知识青年回城。因此,市机电局下属多数企业面临着职工子女就业的问题。根据国务院〔78〕104 号文件精神,各企业均实行退休工人子女顶替和"内招"的办法,使回城待业青年的就业安置问题得到解决。

(第七篇第二章《职工家属》,第 428 页)

《河北省沧县县志》

沧县县志办公室编著,中国和平出版社 1995 年

(1967 年)冬,沧县干部职工子女,遵照毛泽东主席关于知识青年"上山下乡"的号召,首批应届初、高中毕业生去黄骅、南皮下乡。同时接待安置了部分京津"上山下乡"知识青年。

(《大事记》,第 35 页)

(1973 年)9 月 13 日,沧县知识青年上山下乡工作会议召开。自 1968 年以来先后有 2 480 名知识青年到沧县农村插队落户。

(《大事记》,第 37 页)

(1974 年)1 月 27 日,《河北日报》以《敢于同旧传统观念彻底决裂》为题发表了北京知识青年、阎村公社中学女教师白启娴的一封信。主要内容是,批判了看不起农民的旧传统观念。白自愿与阎村乡一农民结婚。2 月 7 日,《人民日报》全文转载。河北省组织了学习白启娴报告团,到各地宣讲。

2 月上旬,县委书记带领 7 名干部进驻阎村公社相国庄大队,组织学习白启娴《敢于同旧传统观念彻底决裂》的文章,开展批林批孔。

(《大事记》,第 38 页)

(1975 年)1 月 13 日至 17 日,白启娴参加中华人民共和国第四届全国人民代表大会第一次会议。

(《大事记》,第 38 页)

"文化大革命"时期,一部分城镇待业青年和一部分初、高中毕业生安排下乡劳动。

(第三编第三十四章《人事　劳动》,第 413 页)

《黄骅县志》

黄骅县地方志办公室编辑,海潮出版社 1990 年

(1968 年)年底,天津、沧州等地的知识青年到黄骅农村插队落户。至翌年 9 月,全县接受知识青年 1 433 名。

(《大事记》,第 25 页)

1974 年,县内共招收全民所有制职工 345 人,集体职工 135 人。招工对象主要是经批准留城的非农业中学毕业生;本年度回城镇的复员退伍军人;城镇非农业人员;符合规定的四大行业职工子女;经过两年以上劳动锻炼的下乡非农业知识青年。

1979 年,县内就业招工实行国家统包统配与公开招考、择优录用并存的政策。本年度

回城镇的复员退伍军人,由国家统一安置就业。部分下乡知识青年和城镇待业青年,实行德、智、体全面考核的办法,由劳动部门组织统一考核,择优录用安置。

(第四编第四十章《劳动人事》,第 372 页)

知识青年安置

1968 年,县接收第一批来自天津市的知识青年(以下简称知青)151 人。其中,集体插队 110 人,投亲回乡(原籍)41 人。1969 年成立知识青年安置办公室,负责城市下乡知青的接收、安置和县内知青的下乡动员工作。至 1971 年为知青下乡高潮阶段,县内共接收知识青年 2 371 人。到 1978 年底,全县共接收来自天津、北京、沧州及东北各地的下乡知青及社会青年 3 722 人,其中,集体插队 3 306 人,投亲回乡 416 人,分布在全县 300 多个大队和县民兵营(今七一砖瓦厂),全县建立知识青年劳动点 10 个。

1969 年元月,县内首批 14 名中学生知识青年下乡。1974 年,全县动员城镇户口(非农业)初、高中毕业生大规模下乡落户,1979 年停止。

1973 年,办理知识青年返城手续。81 名病残和独生子女知识青年返回天津市和其它地方。同时,县内和外地陆续招收下乡满 2 年的知识青年就业转为非农业人口。1978 年,知识青年大批回城。至 1985 年,除 269 人在农村落户外,739 人招工(其中外地招收 315 人),137 人参军和上学,其余全部返回原籍。

知识青年来县后,每人发放安置费 220 元,其中,120 元为建房费,100 元为 6—8 个月的生活费和购置生产用具费。1968—1985 年,为解决知识青年的生活、学习、医疗和就业,全县共拨款 131.7 万元和其他补助费 126.9 万元,用于解决知识青年的生活、学习、医疗及就业。1983 年,全县 269 名在农村落户的知识青年和 123 名女知识青年的子女 556 人(男方是农村户籍),由农业户口转为非农业户口。(第四编第四十章《劳动人事》,第 373—374 页)

《盐山县志》

盐山县地方志编纂委员会,南开大学出版社 1991 年

(1969 年)11 月,接收天津市下乡知识青年 745 名,次年接收 706 名。1977 年至 1981 年陆续返城。

(《大事记》,第 42 页)

知识青年安置

1969 年,县成立安置办公室,接收天津市下乡知识青年 745 人,分别安置在 11 个公社 54 个生产大队,其中插队落户的 673 人,回原籍的 51 人,投亲靠友的 21 人。1970 年,接收天津市红桥区知识青年 700 人,其中 100 人回原籍,余者分别到 12 个公社插队落户。盐山

县城镇知识青年下乡始于 1973 年。同年建立小营、于家庵、韩桥、前王庄四个知识青年安置点。至 1978 年,共动员城镇下乡知识青年 415 人,分布于 22 个公社,141 个大队。并给每人发给一次性生活必需品和安置费。1979 年城镇知识青年下乡工作停止。

1972 年,通过招工,大中专院校招生,应征入伍等途径,开始安排外地下乡知识青年就业。1975 年安置外地知识青年 163 人,其中外地招工 94 人,大专院校招生 11 人,本县招工 32 人,应征入伍 6 人。另有回原动员地安置就业的 72 人。对申请终身务农者,每人补助安家费 130 元,对住房有困难的,补助建房费 800 元。女知识青年终身务农的,允许将一名 15 周岁以下的子女转为非农业户口。1976 年,开始安置本县下乡知识青年就业。条件为下乡年满两年的未婚青年,共安置 129 人。1979 年,放宽安置条件,年龄放宽到 35 岁,取消下乡年限,优先照顾,全年共安置 76 人,其中全民所有制单位 44 人,集体所有制单位 32 人。对无法招工安置的外省、市在本县下乡的知识青年,允许回城待业。1981 年对在农村安家落户的女知识青年的子女,全部转为城镇非农业户口。1983 年全县下乡知识青年基本安置完毕。同年,知识青年上山下乡安置办公室撤销。 （第九篇第七章《劳动管理》,第 523 页）

《吴桥县志》

吴桥县地方志编纂委员会办公室编,中国社会出版社 1992 年

(1971 年)12 月 19 日,县委、县革委以及有关部门,组成 19 人的慰问团,分赴各公社慰问 901 名下乡知识青年。 （《大事记》,第 20 页）

(1972 年)1 月 16 日,县革委召开全县下乡知识青年接受再教育工作经验交流会。

（《大事记》,第 20 页）

(1973 年 8 月)8 日,吴桥县知识青年上山下乡办公室成立。 （《大事记》,第 20 页）

同时(1968 年 11 月),组织知识青年到农村"接受贫下中农再教育"。全县 17 个公社 1 320 个生产大队,接受本县或外地(主要是天津)知识青年 901 人。其中,集体插队的 302 人。

（第三编第五章《党政要务》,第 158 页）

同年(1982 年),知识青年上山下乡办公室与劳动局合并,有工作人员 7 人。

（第三编第八章《劳动人事》,第 175 页）

从 1968 年 7 月开始,全县城镇初、高中毕业生 752 人上山下乡。此后,大批知识青年到

农村插队落户。县内又接受外地知识青年 1 037 人,安置到农村,在 20 个公社建立起 26 个知识青年点。

在经济建设中,一些工商企业大量招用农村劳力充任临时工,造成城镇知识青年上山下乡与农业人口进城就业的对流局面,给就业安置工作带来了困难。

1978 年以后,恢复和发展城乡工商业饮食服务业和多种经营,扩大就业门路。对非农业待业人员实行国家统包统配与公开招考,择优录用并存的政策。自 1979 年到 1983 年,全县共招收职工 933 人。1983 年成立劳动服务公司,组织待业青年进行岗前培训,按照企业需要介绍就业,到 1985 年,发放了待业证为 948 人,就业前技术培训 7 期,共 465 人,共安排城镇青年 274 人,委托企业代培 80 人,经营摊点 3 个,安置青年就业 187 人。在此期间,根据国务院关于落实"知青"政策,在吴桥县下乡的知识青年陆续返回城镇。其中,有 98 人参军,150 人被招工录用。
(第三编第八章《劳动人事》,第 175 页)

《东光县志》

河北省东光县地方志编纂委员会编,方志出版社 1999 年

(1968 年)12 月天津市 825 名知识青年来东光县插队落户。　　　（《大事记》,第 25 页）

(1969 年)2 月东光县 32 名城镇知识青年到农村插队。　　　（《大事记》,第 26 页）

60 年代末至 70 年代初东光县先后安置了上级分配来的上山下乡知识青年 2 103 人,其中大部分来自天津市,少部分来自北京、东北各省(市)及河北省的石家庄市、沧州市等。70 年代末期这批下乡知识青年绝大多数返回原城市。　（第三篇第一章《人口数量》,第 112 页）

知青安置

东光县自 1969 年开始动员城镇知识青年(简称知青)上山下乡。是年全县有 32 名知青首批扎根农村。天津市 825 名知青来东光县插队落户。1970—1972 年又安排 56 名知青插队,其中县外 53 名,县内 3 名。至此全县共安排下乡插队落户知青 913 人,其中集体插队 689 人,分布于 14 个公社 84 个生产大队。1974 年县内又有 59 名知青插队,同时接收外地知青 41 名。是年全县建立 6 个知青创业队和两个知青新村。至 1978 年东光县共接收下乡知青 1 480 人。1973 年 8 月县革委设立县知识青年安置办公室,负责知青安置工作。是年送 59 人到厂矿企业做工、6 人参军、44 人到县财贸部门工作。1976 年天津铁路分局、华北石油会战指挥部、沧州市先后来县招收 137 名政治可靠、身体健康的知青。至 1980 年在县内插队落户的知青,有 27 人参军,26 人入大、中专院校学习,45 人当教师,306 人到县财贸、

卫生、商业、企业等部门工作,531 人被输送到部、省属厂矿企业做工,78 人因病返回原城市。

(第十四篇第八章《劳动工资管理》,第 457 页)

《肃宁县志》

河北省肃宁县地方志编纂委员会编,方志出版社 1999 年

(1957 年)5 月 17 日,共青团县委召开全县学生代表及在乡知识青年积极分子会议,以使毕业生和在乡知识青年正确对待升学和积极参加农村社会主义建设。

(《大事记》,第 33 页)

(1959 年)2 月,原肃宁县属 420 名青年组成志愿垦荒队赴黄骅、大港安家落户。

(《大事记》,第 35 页)

(1973 年)7 月 8 日,肃宁县革命委员会成立知识青年上山下乡办公室。

9 月,全县开展了打击刑事犯罪活动的群众运动,共揪出刑事犯罪分子和迫害上山下乡知识青年的犯罪分子 21 人,刑事嫌疑分子 132 人。

(《大事记》,第 41 页)

(1975 年)5 月,在县城干部、职工子女中开展下乡活动,全县共有 49 名知识青年下乡锻炼,并在寨南、垣城南等村建立了知识青年集体生活点。

(《大事记》,第 42 页)

自 60 年代中期到 1977 年,肃宁接受城市上山下乡知识青年 1 638 人,除少数人在县境安置工作外,其余均于 70 年代末,根据中央有关政策,陆续迁回原城市。

(第三编第二章《人口变动》,第 116 页)

《河间市志》

河间市地方志编纂委员会编,中国三峡出版社 2003 年

同月(1969 年 9 月),天津市部分知识青年下放到果子洼等公社“接受再教育”。

(卷二《大事记》,第 27 页)

(1979 年)2 月 24 日,中共河间县委召开知青工作会议,县委决定:非农业户口的知识青年,不再安排下乡,而是有计划地安排他们在城乡全民或集体企事业单位中工作。

(卷二《大事记》,第 30 页)

1968 年开始,知识青年上山下乡,全县非农业人口待业青年被安排到农村插队落户。同时,接收北京、天津等地知识青年 1 694 人,安排他们到果子洼等公社从事农业生产,"接受再教育"。在此期间,城镇企事业所需劳动力招用农业人口为临时工,形成城镇知识青年上山下乡与农业人口进城就业的非正常对流局面,给就业安置工作造成困难。1976 年开始,对回城知识青年、待业青年分期分批安排就业,对退休职工的子女实行"顶替"。同时,对大、中专毕业生、非农业人口的复员退伍军人,由国家按计划统一安排。 （卷十二第七章《劳动管理》,第 352 页）

《泊头市志》

泊头市地方志编纂委员会编,中国对外翻译出版公司 2000 年

(1970 年)6 月 7 日,自 1969 年至今,交河县共接收全国各地知识青年 1 359 人。

（《大事记》,第 31 页）

(1975 年)4 月 14 日,县人民法院报经河北省高级人民法院批准,分别判处破坏知识青年上山下乡的全占良等 7 名罪犯死刑、无期徒刑和有期徒刑。 （《大事记》,第 32 页）

4 月 6 日,交河县城陈铁阁等 42 名知识青年到东辛店公社集体插队落户。

（《大事记》,第 33 页）

……70 年代有天津、北京等地知识青年响应国家号召上山下乡迁入市境。

（第三编第二章《人口变动》,第 122 页）

1974 年,补充全民和集体单位的自然减员,优先录用因公死亡职工家属,在留城中学生中和其他非农业符合条件的劳动力中招收。对经三年以上劳动锻炼的下乡知识青年,和按政策批准的回城下乡知识青年……优先照顾就业。 （第十四编第二章《劳动》,第 467 页）

1975 年,安置退伍军人 905 人。其中城镇安置 50 人,知青及合同工 116 人,农村安置 706 人,干部 13 人。 （第十四编第三章《民政》,第 486 页）

《青县志》

河北省青县地方志编纂委员会编,方志出版社 1999 年

(1968 年)7 月 12 日,开始接收知识青年上山下乡安置工作,先后有 3 459 名城市知识

青年,在 210 个生产大队安家落户。 (《大事记》,第 30 页)

"文化大革命"期间,审判了一批反革命案件和一些破坏军婚、破坏知识青年插队下放、强奸幼女、纵火、投机倒把、破坏生产、渎职、妨害婚姻、诈骗、贪污盗窃、私宰牲畜等普通刑事案件。 (第三编第九章《法院》,第 519 页)

由 1958 年起,招收工人来源是:非农业待业人员、农业人口的劳动力、复退军人安置、退休及退职职工的子女接班顶替、上山下乡知识青年返城招工、技工学校毕业学生、临时工与合同工转正及计划外用工等。 (第三编第十二章《劳动人事》,第 543 页)

"文化大革命"中,城市知识青年,响应党的号召上山下乡到农村落户。1968 年,先后接收天津市、北京市等外地知识青年 3 549 名,分别在 18 个公社 210 个大队参加劳动,到 1978 年共拨安置费 124.60 万元。是年,又动员本县 142 名城镇非农业知识青年下乡。建知识青年下乡集中点 15 个,分别是:李豹庄、周庄子、下马厂、王胜武屯、小张庄、张广王、大良台、朱吴召、杨庄子、戴庄子、张码头、石泗河、欧辛庄、大牛庄、小牛庄。

知识青年管理安置工作,先后由县革委民政组、计划委员会负责。1973 年,由县知识青年上山下乡办公室负责。1979 年改下乡落户劳动为留城待业,由政府劳动部门负责对其安置工作。1984 年知识青年待业安置工作移交劳动人事局调配股。

下乡知识青年安置工作始于 1971 年。下乡知识青年安置去向有:工商企业招工 702 人、报考大中专院校 135 人、应征入伍 19 人、选调或回原所在城市共 2 669 人,除自愿在农村安家落户的其余全部安排了工作。1979 年县政府委托计划委员会建立劳动服务公司,专门负责待业知识青年安置工作。1984 年后,劳动人事局和劳动服务公司共同管理待业知识青年。实行劳动部门介绍,自愿结合和自谋职业相结合的安置方法,为 4 967 名待业青年办理了待业证,安置就业 3 048 名。期间,劳动服务公司和一些企、事业单位成立待业青年商店、摊点 13 个,安置待业青年 186 人(次)。 (第三编第十二章《劳动人事》,第 544 页)

《海兴县志》

河北省海兴县地方志编纂委员会编,方志出版社 2002 年

(1968 年)12 月,天津等地知识青年到海兴县农村插队落户。至翌年 6 月,全县接受知识青年 2 095 名,1977 年至 1981 年陆续返城。 (《大事记》,第 39 页)

(1974 年)7 月,县首批知识青年到青锋农场插队落户。 (《大事记》,第 41 页)

知识青年安置

1969 年成立知识青年上山下乡安置办公室后到 1977 年共接收下乡、回乡知识青年 2 439 人，他们分别来自北京、天津、沈阳、塘沽、吉林、沧州、兴济、泊镇、河间、哈尔滨、江苏、福建、辽宁等十多个省市，分别安置在苏基、小山、傅赵、辛集、郭桥、朱王、高湾、丁村、赵毛陶、尤庄子、张会亭、杨埕、县农场等公社（场）。1978 年 12 月海兴县城镇知识青年下乡工作停止。

1979 年和 1980 年全民、集体企事业单位招收职工优先招收下乡知识青年，扩大年龄、扩大招收女知青比例，采取特殊办法安排 1972 年以前下乡到老家的老知青，实行文化、年龄、性别、婚龄四不限的原则，因人因地区别情况，逐人做出具体规划。

外地来海兴县下乡回乡知识青年人数统计表

（1969 年—1977 年）

单位:人

年　　度	人　　数	年　　度	人　　数
1969	2 040	1974	35
1970	51	1975	30
1971	3	1976	35
1972	48	1977	46
1973	151	合计	2 439

（第十四编第八章《劳动管理》，第 639 页）

1979 年知识青年停止上山下乡，原来已下乡的逐渐回城安置。

（第十四编第八章《劳动管理》，第 640 页）

《孟村回族自治县志》

孟村回族自治县志编纂委员会编，科学出版社 1993 年

（1969 年）2 月 6 日，本县接受首批天津市知识青年 18 人。　　　　《大事记》，第 24 页）

（1973 年）本县始对下乡知识青年安排就业，至 1979 年，陆续返城 300 余人，600 多人就业。　　　　　　　　　　　　　　　　　　　　　　　　　　（《大事记》，第 26 页）

至 1976 年 10 月，县革命委员会下设办公室、计统科、民政科、知识青年上山下乡安置办公室……

（第五篇第三章《人民政府》，第 206 页）

知识青年安置

　　1969 年,成立"安置办公室"。2 月 6 日,接收首批天津市知识青年 81 人。至 1972 年,共接收城市下乡青年 763 人,分布于全县 108 个村庄,其中插队青年 567 人,余为回原籍参加劳动者。1973 年 7 月,"安置办公室"改称"知识青年上山下乡办公室"。1974 年,"知青办"在宋庄子、田庄、肖庄子和傅林建下乡知识青年安置点,后又增加卜老桥、傅庄、何吕店、自来屯、孟村、东河等处。各知青点有城镇下乡知识青年 30 至 40 人不等。1975 年,本地的知识青年也开始下乡。至 1978 年底,约 100 余人。1979 年,知识青年下乡停止。

(第十四篇第四章《劳动管理》,第 535—536 页)

《南皮县志》

南皮县地方志编纂委员会编,河北人民出版社 1992 年

　　(1969 年 1 月)23 日,成立南皮县革命委员会知识青年分配安置办公室。

(第二编《大事记》,第 45 页)

　　(1970 年)7 月 29 日,李先念副总理来南皮,到十王店大队、灯炮厂、机械厂、叶三拨大队视察。对打井抗旱,平整土地,知识青年上山下乡等工作作了指示。(第二编《大事记》,第 46 页)

　　七十年代,招工对象为知识青年和农村青年社员。1975 年,从农村下乡知识青年中招工 61 人,城镇招工 29 人,临时工(农业户口)11 人。 (第六编第十七章《综合管理》,第 481 页)

　　2. 知识青年安置　　1969 年开始,全县先后接收下乡知识青年 2 085 人。其中外省、市 1 525 人,沧州市 465 人,县籍 95 人。经过安置,动员工作,集体插队 1 630 人,回原籍 323 人,投靠亲友 132 人。插队知青分配安置在全县 17 个公社(凤翔、寨子未安排)。1970 年,全县有知识青年 1 107 人,主要分布在乌马营、董村、莲花池、小集、段六拨、刘八里等 8 个公社,71 个大队。至 1973 年,有 88 人加入共青团,7 人加入中国共产党,198 人担任大队干部、医生、教师、会计等职务。至 1981 年,有 59 人进入各类大、中专学校学习,44 人参加中国人民解放军,165 人安置工作,余皆选调回城。 (第六编第十七章《综合管理》,第 481—482 页)

《任丘市志》

河北省任丘市地方志编纂委员会编,书目文献出版社 1993 年

　　(1968 年)11 月,天津第一批知识青年到本县农村插队落户,至 1973 年 7 月,全县共接收知识青年 1 521 人。 (《大事记》,第 43—44 页)

（1974年）4月10日，县委召开"动员知识青年下乡落户"工作会议。此后，本县知识青年开始下乡。

（《大事记》，第45页）

（1974年）2月3日，县委按照中共中央（1974）1号文件精神，召开了批林批孔广播动员大会。……2月26日，县委在西八方召开了上山下乡知识青年批林批孔现场会。

（第四编第三章《重大运动》，第203页）

1968年后，本县农村共接收北京、天津等城市与本县的城镇知识青年3 106人。1975年后，按照国家规定，对在农村插队落户的知识青年，通过企业招工、大中专学校招生、参军入伍等各种形式进行了安置，也有的回原来城市安排了工作。

（第十二编第四章《劳动管理》，第490—491页）

《献县志》

献县志办公室编著，中国和平出版社1995年

"文革"期间，献县曾接收一批北京、天津等城市下乡、回乡知识青年。至1981年，大多数迁回城市，少数在本县安置了工作。　（第三篇第五章《人口变动》，第81页）

知青安置

1968年，动员城镇知识青年（17—25岁，初中以上文化程度，后扩大范围，包括高小毕业生）上山下乡劳动锻炼。1972年2月，成立县知识青年安置办公室。11月以后，建知识青年劳动点7个。给予下乡知识青年每人安家费400元，住房有困难的，补助建房费400元。另外，还赠送柴油机、电动机等农用机械和医疗、文娱、体育器材以及各种书籍。

1968—1978年，有246名知识青年下乡插队。县内并接收北京、天津、黑龙江等外地下乡知识青年817人。

1971年开始，通过企事业单位招工、补员、大中专院校招生、应征入伍及转干等多种途径，逐步安置下乡知识青年。其中，全县所有制单位招工时，在考分上优先照顾下乡知识青年。

1978年10月后，根据国务院文件精神，对尚在农村的下乡知识青年进行统筹安排。外省、市（县）在献县的下乡知识青年大部分回城。1979年，尚有90名下乡知识青年在献县务农。1988年，为86名下乡知识青年的192名子女办理了城镇户口，到12月底，在献县的下乡知识青年全部得到妥善安置。　（第十八篇第四章《劳动就业》，第444页）

1978年6月颁发国务院关于工人退休、退职后，家庭生活确实困难的或多子女上山下乡、子女就业少的，原则上可以招收其1名符合条件的子女参加工作。

（第十八篇第四章《劳动就业》，第444页）

《衡水市志》

衡水市地方志编纂委员会编,民族出版社1996年

(1971年)11月,全县先后接收插队知识青年575名,还乡知识青年303名。

(《大事记》,第39页)

知识青年安置

自1964年至1978年,衡水共接收本县下乡知识青年920人,接收北京、天津等外地下乡知识青年2 400人。

从1971年起,通过企业招工,大中专院校招生,应征入伍,转干等途径,逐步安置下乡知识青年就业。当时是一面动员下乡,一面安置就业。至1982年全县下乡知识青年基本安置完毕。

(第二十三篇第二章《劳动》,第676页)

1968年,各公社相继建初、高中,师资不足,由小学教师补充;小学教师不足,由民办教师补充,大批回乡知识青年和复员军人加入教师队伍,新毕业的中学生马上从教。

(第二十五篇第七章《教师队伍》,第723页)

《衡水市志》

河北省衡水市地方志编纂委员会编,方志出版社2002年

(1969年)1月22日,建立衡水地区安置办公室。此后几个月陆续安置本区回乡知识青年860多人,北京、天津下乡知识青年4 900多人到各县农村落户。　(《大事记》,第50页)

1968年—1972年,衡水地区接收大批从北京、上海、天津、太原等大城市分配来插队落户的知识青年。至1977年,约有半数的知识青年通过招生、招工、征兵、提干及病退等途径回城。1979年,知识青年上山下乡运动停止,留在衡水地区的知识青年全部安排工作。

(第三编第三章《人口变动》,第209页)

《阜城县志》

阜城县地方志编纂委员会编,中国文联出版公司1998年

(1969年)3月19日,县革委建立知识青年安置办公室,负责接待安置城市下乡知识青年。

是年,共安置来自全国各地(以京、津为主)的知识青年1 400多名。　　　(《大事记》,第38页)

"文化大革命"期间,正常的用工制度被打破,城镇有175名待业人员安排下乡劳动。从1968年起,又接收京津等大城市知识青年1 627人。其中天津市1 360人,北京市95人,其它地区转入172人,全部安排到农村劳动。与此同时,各工商企业大量招收农业户口临时工,形成城镇知识青年上山下乡与农业人口进城就业对流的局面,给就业安置工作造成极大的困难。……1979—1985年,由县劳动部门统一组织,大部分城镇青年得到妥善安置。到1979年底,天津等城市下放到本县的知识青年除部分病退回城外,全部在本县安排了工作。

(第十三编第一章《劳动人事》,第593—594页)

《景县志》

景县地方志编委会,天津人民出版社1991年

是年(1970年),全县共接受安置北京、天津等地知识青年836人,到农村插队落户。

(《大事记》,第51页)

(1974年)4月3日,县委召开欢送景县知识青年下乡参加劳动大会,有28名青年赴县良繁场劳动。　　　(《大事记》,第53页)

接收安置知识青年

1968—1978年,接收上山下乡知识青年1 542人,其中本县籍452人,外地1 090人,外地知青以京津为多,其中天津籍563人,北京籍38人。对这些知青,大多数安排到条件较好的生产队,建起"知青集体户",少数投奔亲友。参加一段劳动后,选调为全民固定工的1 228人,上大、中专学校的38人,参加解放军的5人,病退回城的270人,扎根农村的1人。

(第二十二篇第二章《劳动》,第593页)

《枣强县志》

枣强县地方志编纂委员会编,文化艺术出版社1994年

1979年以后,对符合条件的退伍军人、知识青年、红军老战士的子女、中级职称专业技术人员的子女直接安排就业,其他应招者则需进行德、智、体全面考核,择优录用,1980年和1981年,全县招收新工人520名,其中全民单位227名,集体单位293名,是时已无待业知识青年。

(第十六编第二章《工人》,第612页)

安置知识青年

60 年代初,国家号召并组织城市知识青年上山下乡,进行劳动锻炼,减轻城市负担。"文化大革命"开始,更有大批知识青年上山下乡,称"接受贫下中农再教育"。

1964 年,本县成立接受安置下乡知识青年办公室。至 1975 年,共接受安置 1 638 名,其中包括家庭在北京、天津、上海和山西省、内蒙古或本省外县的 942 名,家庭在本县从城市学校回乡的 401 名,在本县学校毕业的为非农业户口的 295 名。这些人分别被安置到 4 个农场和 42 个村队,称"插队落户",参加劳动,参加"四清"运动或"文化大革命"中的"斗、批、改"。为解决他们的生活困难,国家拨给每人修建住房费 200 元,劳动工具费 45 元,生活费 130 元,学习费 60 元,医疗费 65 元,共 500 元。大营公社十八行生产大队和张米公社石家庄生产大队落户者较多,国家特地支援 55 马力拖拉机各一台。对因生病和其他原因发生特殊困难者,另给以补助。各农场、生产大队都对他们关怀爱护,尤在口粮上给以照顾,许多青年与房东亲如一家,回城后还过从往来。

1974 年开始,按政策规定,城市家庭中的长子或长女,可以留在城市工作,在本县下乡符合该条件者,遂归原所在城市。1975 年接受外地、市知识青年工作停止。在其落户的村队两年以上,经评议可以参加大、中专招生考试,也可以参军或到企业工作。至 1981 年底,全县共 684 名知青全部安排了工作,已生育的子女一并转为城镇户口。其中有 32 名家庭本在城市,自愿留在本县就业。

(第十六编第二章《工人》,第 613 页)

50 年代后期,陆续增加民办教师。到 70 年代后期,已达 2 000 余名。其后陆续有在乡知识青年加入民办教师行列,一部分任职已久的转为国办教师。

(第十九编第一章《教育》,第 689 页)

《深县志》

深州市地方志编纂委员会编,中国对外翻译出版公司 1999 年

知识青年安置

城镇知识青年上山下乡开始于 50 年代农业合作化时期。1968 年,知识青年上山下乡作为一种政治性的教育运动形成高潮。1968 年—1972 年,深县接收从北京、天海、天津、太原等大城市分配来插队落户的知识青年和安排县内知识青年共 1 356 人。至 1972 年底,这些知识青年先后有 9 人参军,85 人被选送到工交、文教、卫生等战线,14 人升学。8 人加入中国共产党,89 人加入中国共产主义青年团,114 人当了生产大队、生产队干部,97 人担任了会计、技术员、机手、教员等,1 人当选为县团委书记。至 1977 年,约有半数的知识青年通过招生、招工、征兵、提干及病退等途径回城。1979 年,知识青年上山下乡工作停止,留在县

内的知识青年全部安排了工作。同时，为扎根农村的女知识青年的子女办理了"农转非"手续。1988年—1989年，为扎根农村的男知识青年的子女办理了"农转非"手续。

（第四编第八章《人事　劳动》，第355—356页）

《安平县志》

安平县地方志编纂委员会编，中国社会出版社1996年

1969年至1977年，实行知识青年"上山下乡"政策，其间，836名城镇非农业初高中毕业生（包括接收京津等城市初、高中毕业生730人）安排在农村参加农业劳动。1974年，县革委成立知识青年安置办公室，负责知识青年的管理和安置工作。到1980年底，836名知识青年全部得到了返城安置。　　　　　（第四编第四十八章《劳动人事》，第400页）

《武强县志》

河北省武强县地方志编纂委员会编，方志出版社1996年

（1968年）12月，按照毛主席关于"知识青年到农村去（,）接受贫下中农再教育"的指示，城市知识青年开始到农村插队落户。为妥善做好知识青年的安置工作，武强县革委成立知识青年安置办公室。　　　　　　　　　　　　　　　（《大事记》，第37页）

（1969年）12月，天津、北京的651名知识青年先后到武强县"插队落户"，分别被安置到比较富裕或土地较多的村庄。　　　　　　　　　　　　（《大事记》，第38页）

"文化大革命"后期，按照毛泽东主席的指示，城镇知识青年分期分批到农村插队落户。1968年12月，县革委成立知识青年安置办公室，负责外地知识青年的接收安置。到1975年底，先后接收外地知识青年1710名（其中北京190名，天津1467名，其它53名），安置到比较富裕或土地较多的村。1976年，改变知识青年分散插队的形式，全县建立5个知识青年活动点，其中县办1个，社办2个，单独核算的2个。知识青年点有房89间，5个图书室。3个点办了农场，2个点办了林场，共经营土地750亩。对知识青年除安置生产外，有关单位在政治上也给予关心，建立学习制度，定期召开会议。先后在知识青年中发展党员17名，团员31名。从1974年开始，县内知识青年到"五·七"农场锻炼。

从1972年起，通过企业招工、大中专院校招生、应征入伍等途径，对下乡知识青年进行就业安置。其中，县内招工安置330名，推荐或考入大中专64人。到1980年，外地知识青年，除少数落户武强外，绝大部分办"病退"回原城市。县内知识青年，按照上级"妥善安置知

识青年"的指示,广开就业门路,基本上都得到了妥善安置。

(第四编第四十二章《劳动》,第 425—426 页)

《武邑县志》

武邑县地方志编纂委员会编,方志出版社 1998 年

是年(1969 年),全县接收插厂的大中专学生 34 人,插队的大中专学生 178 人,天津市初中毕业生和社会青年 500 人,城市还乡居民 261 人,共安置 1 180 人。

(《大事记》,第 24 页)

知识青年安置

人民公社化时期,为减轻城市负担,城镇知识青年(简称知青)开始上山下乡,到农村进行劳动锻炼。1969 年县接收首批知青 323 人,其中河北省 32 人,北京市 53 人,天津市 196 人,其它省市 42 人。至 1978 年,共接收 750 人。知青安排至生产大队,组成知青户,和农民一样,参加劳动记工分。自 1970 年始,遵循边接收边安置原则,通过企业招工、对口就业、保送上大中专院校、参军等渠道,逐步进行安置。1978 年贯彻衡水地区革命委员会颁发的下乡知青病退、困退办法。除部分知青回原籍外,对 620 人就地安置就业,同时为扎根农村的男知青子女办理了"农转非"手续。到 1980 年安置工作全部结束。　(第十六编第一章《劳动人事》,第 569 页)

《故城县志》

故城县地方志编纂委员会编,中国对外翻译出版公司 1998 年

"文化大革命"期间正常用工制度被打乱,城镇出现待业人员,其中一部分被安排下乡劳动。1966 年前县接收外地回乡知识青年(简称知青)7 人。1966 年后接收外省市(主要系京津 2 市)插队和回乡及县内下乡知青,至 1977 年共计接收插队回乡知青 1 472 人。知青来源,北京 145 人、天津 956 人、其他城市 55 人、县内 316 人。

知青待遇,1973 年每人年补助 150 元,与社员同吃、同劳动、同分配。1974 年始建知青点,将大部知青集中居住,时称集体插队。是年共建 4 个知青点,系郑口公社张庄、李庄,杏基公社红旗、贾黄村。随知青增加,至 1976 年又新建 4 个知青点,系袁庄公社袁庄,郑口公社五户,青罕公社南王庄、吴夏庄。1974 年后每人年补助 800 元,其中建房费 200 元,其余为医药费、学习费、生活补助费。1975 年始于知青点增派带队干部,负责教育和管理知青。至 1979 年除大部回城外,其余知青全部安排工作。是年底知青办公室撤。

(第十八编第二章《职工》,第 465 页)

《冀县志》

河北省冀县地方志编纂委员会编，中国科学技术出版社 1993 年

（1969 年）1 月天津等地 900 余名知识青年到冀县安家落户。其中有 550 人集体插队到 14 个公社的 54 个大队。　　　　　　　　　　　　　　　　　　　　（《大事记》，第 32 页）

1971 年初，为加强财贸队伍建设，经县革委批准，以财贸宣传队的名义，经过一个月的培训，吸收了 173 名新职工（成份是转业军人、下乡知识青年和农村青年），充实到了财贸各单位，增添了一批新血液。　　（经济篇供销志第一章《冀县供销合作事业的发展历程》，第 311 页）

1980 年 12 月成立劳动局，负责全县劳动就业、工资、安全生产和劳保福利，同时接管原县上山下乡知青办公室的工作。　　（经济篇经济综合管理志第四章《劳动管理》，第 356 页）

"文化大革命"后期招收了一批工人，并开始安置下乡知识青年，职工人数又有回升。
　　　　　　　　　　　　（经济篇经济综合管理志第四章《劳动管理》，第 358 页）

知识青年安置

知识青年上山下乡工作始于 1964 年，1968 年党中央和毛泽东主席再一次强调"知识青年到农村去"，知识青年上山下乡形成高潮。仅 1969 年 1 月至 1973 年 6 月 30 日，本县就接收天津、北京等地下乡知识青年 915 名，至 1979 年全县共接收"知青"1 000 多人。

从 1970 年起，通过企业单位招工、大中专院校招生，应征入伍等途径逐步安置下乡知青，当时一面安置，一面仍接收外地下乡知青和动员本县知青下乡。因此，至 1978 年尚有大批知青在农村乡下。1978 年下半年，按地区革命委员会制定的《下乡知青病退、困退暂行办法》，有一部分知青符合条件或其它原因返回原籍。对不愿回城的 200 余名知青就地安排了工作。1980 年，对个别没有安置的知青，进行清理扫尾。至此，上山下乡知识青年全部安置完毕，知识青年上山下乡工作也告结束。　　（经济篇经济综合管理志第四章《劳动管理》，第 358 页）

《邯郸市志》

邯郸市地方志编纂委员会编，新华出版社 1992 年

（1964 年）9 月 10 日，邯郸市城市青年知识分子上山下乡领导小组成立。郭庆余任组长。
　　　　　　　　　　　　　　　　　　　　　　（第二编《大事记》，第 57 页）

(1965 年)1 月 13 日,邯郸市动员 530 名知识青年分四批上山下乡。

(第二编《大事记》,第 58 页)

(1969 年)1 月 28 日,邯郸地、市革委召开十万人大会,欢送一千多名知识青年和城镇居民到农村落户。
(第二编《大事记》,第 62 页)

(1974 年)5 月 4 日,中共邯郸市委、市革委会召开 10 万人大会,欢送 2 500 名知识青年上山下乡。
(第二编《大事记》,第 65 页)

(1975 年)1 月 13 日,中共邯郸市委、市革委会组织春节慰问团,分赴邯郸专区 12 个县,慰问下乡知识青年。
(第二编《大事记》,第 65 页)

7 月 29 日,中共邯郸市委、市革委会召开十万人大会,欢送 6 300 名知识青年上山下乡。
(第二编《大事记》,第 66 页)

(1977 年)8 月 14 日,邯郸市十万余人集会,欢送本市 4 500 多名知识青年上山下乡。
(第二编《大事记》,第 68 页)

1964 年,成立邯郸市知识青年上山下乡办公室,归市劳动局代管。

(第二十二编第三章《劳动工资》,第 851 页)

1964 年至 1965 年,根据"城乡并举,统筹安排"的方针,为解决待业人员就业,一方面为轻纺工业等上马招工安排 2 万人。并对部分精减下放回农村的人员进行了复工复职;另一方面,动员了 800 名知识青年上山下乡。从 1968 年始,部分全民所有制单位才开始招工。到 1978 年,全市全民所有制单位共招工 106 090 人。其中:从农村(包括下乡知青)招收 68 502人。
(第二十二编第三章《劳动工资》,第 852 页)

《永年县志》

永年县地方志编纂委员会编,中华书局出版社 2002 年

(1969 年)1 月 17 日,首批城市知识青年 1 210 名,来永年下乡插队。

(《大事记》,第 43 页)

（1975 年 7 月）29 日，邯郸、天津市 770 名知识青年到永年插队。此后，又有知青 1 582 名插队于河北铺等 59 个村。 （《大事记》，第 46 页）

第三节　知识青年安置

"文化大革命"期间，正常的劳动就业和用工制度遭到破坏，城镇非农业劳动力无从安置，且又从北京等各大城市下放大批知识青年到农村插队落户。1969 年 1 月 7 日，永年县共接收城市知识青年 1 210 名。之后几年，相继又有天津、邯郸等地知识青年 770 名和 1 582 名来永年县插队落户，全县先后接收三批，共计 3 562 名。1974 年开始对知识青年实行安置工作，由少到多，直至 1984 年，多渠道共安置知识青年 690 名，主要去向是北京、天津、广州、邯郸等城市，还有一部分应征入伍。 （第十六编第二章《劳动》，第 641 页）

《曲周县志》

河北省曲周县地方志编纂委员会编，新华出版社 1997 年 10 月

是年（1971 年），1970—1971 年两年内，天津、邯郸等地知识青年来县落户的共 567 人，属于集体户口的 449 人，回乡的 114 人，投亲的 4 人。 （《大事记》，第 28 页）

知识青年安置

自 1964 年，开始动员城镇知识青年上山下乡，1969 年形成高潮，至 1978 年共动员城镇知识青年支农支边 789 人，接收北京、天津、石家庄等地的知识青年 2 776 人。1979 年 10 月，县革命委员会（县政府）决定停止动员城镇知识青年上山下乡。

从 1971 年开始，通过企业单位招工、大中专院校招生、应征入伍、转为干部等途径，逐步安置下乡知识青年 492 名。尽管如此，到 1977 年，尚在农村的城镇知识青年仍有 2 284 名。对这些人的安置办法有：

（一）鼓励知识青年立志务农。对申请终身务农的知识青年，每人补助安家费 400 元；住房有困难的，补助建房费 300 元；女知识青年终身务农的，允许一名 15 周岁以下子女转为居民户口。

全民所有制单位招收新工人时，在考分上优先照顾下乡知识青年；集体单位招工时，对本系统内下乡的知识青年包干安置就业；无归属单位的下乡知识青年由劳动部门统招统配，将年龄放宽到 35 岁。

（二）下乡知识青年参军从部队复员退伍后，由劳动部门安置就业。

（三）提倡下乡知识青年自谋职业，对有特长的已婚下乡知识青年，支持他们就近开业，本人户口转为居民户口。

（四）对丧失劳动力的知识青年拨给一次性补助。

（五）对少数犯罪判刑或劳动教养的知识青年，服刑期满后，一般不回农村，由动员地待业安置。

经过上述安置，到1984年对下乡知识青年基本安置完毕。

（第十九编第五章《劳动就业》，第523—524页）

1968年，全县各级各类学校急剧发展，民办教师队伍迅速扩大。一批回乡知识青年和复员军人加入教师队伍。
（第二十一编第三章《教师》，第560页）

《馆陶县志》

馆陶县志编纂委员会编，中华书局1999年

1969年，响应毛主席"知识青年到农村去，接受贫下中农再教育"的号召，县成立了知识青年上山下乡安置办公室，公社也成立了安置小组。共接收大、中专毕业生338名，安排在农村劳动锻炼，随后对这批"知青"进行了安置、就业。

1973年，国民经济调整，城市招工减少，大批知识青年上山下乡。1976年3月在罗庄、东宝村、颜窝头等22个村建立22个知识青年点，共接收了天津、峰峰矿区"知青"521人，县"知青"283人，接受贫下中农再教育进行劳动锻炼。1980—1984年，对全县283名"知青"进行了就业安置。

（第六篇第一章《劳动》，第231页）

"文革"初期学校受到严重冲击，之后又得到发展，民办教师队伍不断扩大，时有回乡知识青年和复员军人加入教师队伍。……

1977年，国家恢复考试制度，馆陶县有相当一部分中师、师范专科及本科毕业生先后补充到教师队伍中来。文教局几次对全县民办教师进行整顿，辞退一部分文化程度低、业务水平差的民办教师。同时，通过考试招聘一批具有高中文化程度的回乡知识青年充实到教师队伍中来，另外，通过补充自然减员、中师培训、专项指标等渠道，将部分工作表现好、教学时间长且教学成绩突出的民办教师转为公办教师，教师队伍的素质和教学质量日趋好转。

（第二十篇第一章《教育》，第667页）

《魏县志》

魏县地方志编纂委员会，方志出版社2003年

（1969年）1月20日，魏县革命委员会知识青年安置办公室成立。（《大事记》，第34页）

(1970年)6月,截至本月25日统计,先后到魏县插队落户的知识青年405名,分布在13个公社83个大队。 （《大事记》,第34页）

《魏县志》

《魏县志》编纂委员会编,中州古籍出版社2010年

第一节 青 年 安 置

1969年1月20日,为响应毛泽东主席"知识青年到农村去,接受贫下中农再教育"的号召,县革委会成立河北省魏县革命委员会安置办公室。1973年9月23日,在原安置办公室的基础上成立"魏县知识青年上山下乡工作领导小组",并下设办公室(以下简称"知青办")。从1969年1月开始到1978年底,魏县共接收下乡知青211名,并按当时政策(下乡满三年)陆续选调回城参加工作。1982年,县知青办并入劳动局,同年开始进行待业青年的登记管理工作。2003年并入就业服务局。后,青年安置转入自由就业。

（第三十二编第四章《就业》,第663页）

《成安县志》

河北省成安县地方志编纂委员会编,新华出版社1996年

(1973年)9月4日,县成立知识青年上山下乡领导小组。 （《大事记》,第29页）

(1975年)9月18日,《光明日报》刊登了成安县加强对上山下乡知识青年工作领导的经验。 （《大事记》,第30页）

(1976年)1月18日,县召开上山下乡知识青年先进集体、先进个人代表大会。 （《大事记》,第30页）

近年规模较大的非正常迁移是发生在"文化大革命"期间的知识青年上山下乡运动。 （卷四第三章《迁移与流动》,第104页）

知识青年下乡简况

50年代,毛泽东主席就发出"知识青年到农村去"的号召。1968年,全国开始了大规模的知识青年上山下乡运动,当年即有知识青年到成安县插队落户。开始,这些知识青年分散在全县各生产大队(村)。1973年加强知识青年工作,县成立了知识青年上山下乡领导小组,下设办公室,将知识青年集中到13个公社、60个条件比较好的生产大队,成立集体户。1968年—1974年7月,成安县先后接收天津、北京、邯郸下乡知识青年1 020名。另外,本县城镇户口的知识青年也下到农村插队落户。后部分知识青年陆续分配了工作。到1978年以后,全部回城。

(卷四第三章《人口迁移与流动》,第105页)

待业青年安置 自1968年起,开始动员城镇知识青年上山下乡,1974年底县内先后接受上海、天津、北京、邯郸等市知青1 020名。1973年9月,县成立知识青年上山下乡办公室,具体管理知青工作。1974年,县委根据上级指示精神,开始对知识青年招工、招生。知青相继进城、进厂和回原籍参加工作。1982年9月,所在成安县知识青年全部安置,同年撤销县知青办。以后工作转为安置本县籍城镇待业青年。

(卷二十四第三章《劳动就业》,第569页)

1964年全县掀起办"耕读小学"热潮,采取就地取材的办法,招收221名回乡知识青年为教师。1965年,全县有教师927名,其中民办教师和耕读教师355名。

(卷二十八第三章《教师队伍》,第660页)

《大名县志》

河北省大名县县志编委会编著,新华出版社1994年

招工就业 1965—1971年,以招收农业人口为主,特别照顾烈军属子女和转业军人,兼招非农业知识青年。1972年后以招收知识青年为主,兼招农业人口。

知识青年安置 1967年县革委政治部群工组负责全县知识青年的安置工作。1974年县成立"知识青年上山下乡办公室",专管知识青年的安置工作。1981年撤销"知识青年上山下乡办公室",知识青年的安置工作,由县劳动局管理。

1964—1978年全县共接收知识青年2 025人,其中:邯郸905人,北京、天津、上海等省市1 045人,本县非农业户口的中学毕业生等75人。先后多数安排在前磨庄、廉山庄、前屯、后屯、迤庄、冯庄、西未庄、毛苏村、杏现、魏县屯、西杨村、张王胜滩、七里店等13个知识青年点劳动。少数回原籍劳动。外地知识青年,一般劳动两年左右时间大部分回原籍。

另外,还有职工退休由子女顶替、劳动输出等就业途径。1978年后对城镇待业青年改革了包分配的招工制度,采取考试招工、自谋职业和兴办集体企业相结合,先培训后分配等办法,扩大就业范围。 (第二编第十五章《经济综合管理》,第347页)

《涉县志》

涉县地方志编纂委员会编,中国对外翻译出版公司 1998 年

(1969 年)1 月 22 日,知识青年上山下乡办公室成立。 （《大事记》,第 27 页）

(1974 年)3 月 30 日,知识青年上山下乡工作领导小组成立。4 月,将地区分给的千余名知识青年安排到中原、会里、赤岸、胡峪、西达、白芟等 18 个大队,接受贫下中农再教育。

（《大事记》,第 29 页）

1969 年,响应毛泽东发出的"知识青年到农村去,接受贫下中农再教育,很有必要"的号召,全县 41 名大、中专毕业生全部安置到农村、工厂,接受贫下中农、工人阶级再教育。为此,县成立了知识青年上山下乡安置办公室,有安置任务的公社也成立了以书记或社长为首,青年、妇女、武装、民政等有关方面人员参加的安置领导小组,负责接收安置和经常性的帮助教育工作。此后,随着生产建设的恢复、发展,城市就业人数增多,下乡人数减少。

1973 年,国民经济实行调整,减少招用工人,上山下乡又成为安置的主要方向,年满 17 周岁的社会青年均为动员对象。次年,来自县内外和驻涉部队、厂矿的知识青年被分别安置在沿清漳河两岸的 25 个大队。对下乡知青每人补助 500 元,用于建房、购买农具和必要的生活用品。各知青点按人均 8 至 10 平方米标准建设知青住房。知青与农村社员一起劳动,参加集体口粮分配。到 1976 年 3 月,全县共设有太平庄、北原、南原、会里、赤岸、胡峪、固新、西辽城、上温、下温、桃城、常乐、东达、西达、河口、大滩、白芟、北郭口等 25 个知青点,共有下乡知青 651 人,其中男 343 人,女 308 人,建成知青住房 491 间。

1978 年,对上山下乡政策进行调整,停止动员知青下乡,插队青年陆续返城安置工作,返城安置按市招市、县招县的原则进行,广开就业门路。招工经知青点贫下中农评议,大队、公社推荐,进行德、智、体考核后安置,到 1980 年,全县大部分下乡知青得到安置,仅有 187 人留在农村。同年,县知青办公室撤销,回城安置工作由劳动部门负责。次年城市知青不再下乡。 （卷二十一第一章《劳动》,第 597、600 页）

《1969—1996 年涉县招转职工、安置统配人员统计表》。（见本书第 287 页表）

《鸡泽县志》

河北省鸡泽县地方志编纂委员会编,方志出版社 2002 年

1968 年,实行知识青年"上山下乡"政策。1969 年 1 月北京、天津 470 名知识青年(其中

（本表收于《涉县志》，上接本书第286页）

1969—1996年涉县招转职工、安置统配人员统计表

单位：人

年度	合计	其中：女工	固定工·全民	固定工·集体	合同制工·全民	合同制工·集体	合同制工·县内	计划内临时工	亦工亦农工	协议工	轮换工	下乡知青按校分配	城镇待业	复退军人	退休退职工子弟	农村剩余劳动力	其它	县内单位	县外单位
1978	482		259	223								195	47	12		228		254	228
1979	740		584	156									230		474		36	409	331
1980	746		513	233									365		381			371	375
……																			
1991	4 600		778		896	1 180	1 578	12		156		50	366		24	4 160		4 151	449
1992	4 283				3 166	732	137	27		221		100	480		43	3 660		3 848	435
1993	1 561				940	190	323			108		80	120		47	1 314		1 297	264
1994	797				723	74						66			12	719		687	110
1995	417				417							142			36	239		383	34
1996	192				130	62						67			15	110		144	48
……																			

（卷二十一第一章《劳动》，第598—599页）

北京市 149 名,天津市 321 名)来鸡泽县插队落户。后邯郸市 382 名知识青年分 3 批来鸡泽县插队落户。本县知识青年 164 人分两批到农村插队。知识青年被分配到东六方、东柳、东申底等"知青点"参加当地农村生产队劳动,实行同工同酬(记工分、麦秋后分配)。1971 年以后外地"知青"陆续回原地分配,本县"知青"陆续分配到企事业单位,1978 年基本分配安置完。

(第二十篇第一章《劳动》,第 427 页)

《邱县志》

河北省邱县地方志编纂委员会编,方志出版社 2001 年 8 月

(1965 年)3 月 1 日至 4 日,召开农业生产先进集体代表大会,参加 358 人,先进代表 132 人,劳模 15 人,知识青年 41 人。……

3 月 31 日,召开在乡知识青年积极分子代表会,号召知识青年下乡务农。

(《大事记》,第 51 页)

(1969 年)2 月 7 日,县成立知识青年安置办公室。至 1970 年底共安置下乡知识青年 583 名,分驻 27 村,其中来自天津、邯郸等地知识青年 389 名。至 1984 年底,大部分回城或参军、上学。

(《大事记》,第 54—55 页)

待业青年安置 自 1969 年底至 1981 年,先后接收安置下乡知识青年 589 人,其中本县城镇知青 194 人;接收北京、天津、秦皇岛、哈尔滨、厦门、邯郸等市插队知青 395 人,分驻 27 村。1974 年,县成立知识青年上山下乡办公室。1979 年开始从知识青年中招工、招生。知识青年相继进城、进厂和回原籍参加工作,至 1984 年基本安置完毕。邱县全民、集体企业共安置知青 199 名,升学参军 9 人,返回原城市 381 名。1979 年后,非农业户口的高、初中毕业生,开始实行"三结合"就业方针:即政府介绍就业、自愿组织起来就业和自谋职业。

(第二十七编第一章《劳动》,第 774 页)

《广平县志》

广平县地方志编纂委员会编,文化艺术出版社 1995 年

(1969 年)1 月 8 日,北京、天津等地 39 名大、中专毕业生来县接受贫下中农"再教育"。

(《大事记》,第 43 页)

1968 年，实行知识青年"上山下乡"政策。1969 年 1 月，北京、天津 540 名知识青年（其中北京市 180 名、天津市 360 名）来广平县插队落户。后邯郸市近 400 名知识青年分 3 批来广平县插队落户。本县"知青"180 人分两批到农村插队。知识青年被分配到大马庄、园艺场、杨宋固、东孟固等"知青"点，参加当地农村生产队劳动，实行同工同酬（记工分、秋麦后分配）。1971 年以后，外地"知青"陆续回原地分配，本县"知青"陆续分配到企事业单位，1978 年基本分配安置完。　　　　　　（第二编第十八章《经济综合管理》，第 379 页）

《肥乡县志》

河北省肥乡县地方志编纂委员会编，方志出版社 2001 年

是年（1969 年），天津、北京、邯郸等地 320 名知识青年到肥乡插队落户。

（《大事记》，第 26 页）

（1975 年）9 月 13 日至 17 日，召开全县上山下乡知识青年代表大会，知青代表、贫下中农代表、社队干部共 280 多人出席会议。　　　　　　（《大事记》，第 27 页）

1968 年开始的非正常迁移，是在知识青年"上山下乡"期间，有多批知识青年迁入本县，1978 年后又陆续迁回原籍。　　　　（第三编第一章《数量　分布　变动》，第 113 页）

知识青年下乡简况

50 年代，毛泽东主席曾发出"知识青年要到农村去"的号召。1968 年，全国开始了大规模的知识青年"上山下乡"运动。1973 年，肥乡县建立了知识青年上山下乡领导小组，下设办公室。从 1968 年至 1974 年，全县先后接收天津、北京以及邯郸等市地下乡知识青年 1 000 余名。初始，将他们分配在全县各生产大队（村），随贫下中农户一起生活、劳动，学习生产技术。1974 年，为便于加强知识青年工作，将他们集中到 19 个公社（乡）的 70 多个条件较好的生产大队，建成"集体户"，共同生活、集体参加生产劳动。此外，肥乡县城镇中非农业人口的知识青年，也下放到农村插队落户。1978 年以后，全县外地下乡的知识青年陆续返回原所在地，肥乡县插队知识青年也陆续分配了工作。

（第三编第一章《数量　分布　变动》，第 114—115 页）

1968 年，城市青年实行"上山下乡"政策。1969 年，天津、北京、邯郸的 320 名知识青年到肥乡插队落户，主要分配在北高、南营、西南庄、孔寨、杜汤堡等村"知青点"，参加当地农村

生产劳动,实行同工同酬。1971年后,外地"知青"相继返回原地,城镇就业压力增大,国家在就业制度方面有些突破,除国家招工就业外,鼓励个体就业。

(第十编第二章《劳动》,第258页)

《临漳县志》
河北省临漳县志编纂委员会编,中华书局1999年

(1969年)1月23日,成立临漳县革命委员会知识青年安置办公室。

(《大事记》,第37页)

自1968年起,全国性地号召知识青年上山下乡,截至1974年底,临漳县先后接受了天津、北京、邯郸等市知识青年1620名。县专门成立知识青年办公室,1974年,根据上级指示精神,开始对知识青年招工、招生,进城进厂或回原籍参加工作。1982年全部安置。

(卷二十二第二章《工人》,第528页)

《磁县志》
河北省磁县地方志编纂委员会编,新华出版社2001年

(1969年)1月21日,磁县革命委员会安置办公室成立。主要任务是做好知识青年上山下乡的安置工作。 (《大事记》,第39页)

12月,753名知识青年响应党的号召,到农村插队劳动。 (《大事记》,第39页)

(1973年)7月27日,县知识青年上山下乡办公室成立。 (《大事记》,第41页)

1964年,成立上山下乡劳动办公室。1965年,成立安置城镇下乡青年领导小组。"文化大革命"中,市民家庭的学生毕业后,即被组织上山下乡,到农村安家落户。1973年,成立知青办公室,城镇知识青年定位、定向下放,"统一规划,城乡配合,厂、社挂钩,集体安置",并派出干部带队,与贫下中农代表一起,帮助下放知识青年解决生产、生活问题和进行思想教育工作。1979年,停止下放城镇知青,对在乡插队的知青进行了统筹安排,通过招工、招生、参军、提干等途径,到1980年全部安置就业。 (第十四编第二章《劳动 人事》,第568页)

《武安县志》

武安市地方志编纂委员会编,中国广播电视出版社1990年

(1972年)10月10日,全县先后安置天津等地知识青年779名。 （卷二《大事记》,第27页）

"文化大革命"中,市民家庭的学生毕业后,即被组织下乡上山,到农村安家落户。截止1979年,本县下乡知识青年1 429名,并接受天津等外地知识青年3 115名,分别在全县23个公社的68个大队参加劳动。1979年后,又改下乡为留城待业,政府劳动部门负责对其安置工作。1979年,全县当年待业青年305名,全部由劳动部门介绍就业。与此同时,县成立"知识青年安置办公室",专门安置前些年上山下乡的城镇知识青年。至1980年底,此项工作结束,知识青年或在本县、或回原所在城市、或进驻武厂矿,全部安排了工作。

（第三章《劳动工资管理》,第521—522页）

《邢台县志》

邢台县志编纂委员会编,新华出版社1993年

(1974年)8月10日,县革委组织家居城镇吃商品粮的年满17周岁初、高中应届和历届毕业生到农村插队落户,"接受贫下中农再教育"。 （《大事记》,第37页）

"文化大革命"期间,正常的用工制度被打乱,城镇待业人员又见增多。大批城市知识青年响应党和国家关于"知识青年到农村去,接受贫下中农再教育"的号召,纷纷走向农业生产第一线。

1968年4月,天津市513名知识青年分别安置我县14个大队落户。之后又有北京、邢台市等外地1 172名知识青年到本县插队落户。与此同时,各工商部门又招用一批农业人口,形成城乡劳力大对流。

1971年,本县开始通过企业招工、大中专招生、应征入伍、转干等途径,对上山下乡知识青年逐步进行了回城安置。到1983年,在本县插队落户的1 685名知识青年,全部安置完毕。

（第三编第三十三章《经济综合管理》,第359页）

《邢台市志》

邢台市地方志编纂委员会编,中国对外翻译出版公司2001年

(1964年)11月27日,邢台市首批125名知识青年上山下乡,到农村安家落户。

（《大事记》,第40页）

《柏乡县志》

河北省柏乡县地方志编纂委员会编,方志出版社 2000 年

(1969 年)1 月 23 日,县知识青年安置办公室成立,开始接受天津等地下乡知识青年。到 1971 年 9 月,共安置下乡知青 161 人。 　　　　　　　　　　　(《大事记》,第 38 页)

六十年代初期,国民经济处于困难时期,有部分村民到外地谋生,多定居东北吉林、辽宁等省,规模较大的人口迁徙主要是七十年代的知识青年上山下乡,约有 720 名知识青年从天津、北京、邢台等城市到柏乡落户参加农业生产劳动,后陆续返回城市,在柏乡定居者寥寥无几。 　　　　　　　　　　　(第三编第一章《人口》,第 160 页)

"文化大革命"期间,城镇待业青年增多,大批城市知识青年响应毛泽东主席关于"知识青年到农村去"的号召,到农村插队落户。柏乡县自 1969—1978 年先后接受下乡知识青年 800 人,后来根据国家政策先后有 26 人就业,5 人升学,7 人参军,其余全部返城。 　　　　　　　　　　　(第十八编第三章《劳动管理》,第 724 页)

《宁晋县志》

河北省宁晋县地方志编纂委员会编,中华书局 2000 年

(1973 年)8 月,复设物资局,增设上山下乡知识青年安置办公室,电讯局改为邮电局。 　　　　　　　　　　　(《大事记》,第 24 页)

1966—1979 年,知识青年"上山下乡"。北京市、天津市、河南省、内蒙古自治区等地迁入知识青年 1 598 名。1980 年后,通过入伍、招工、调动、高考等,回城安置,大部分迁出。 　　　　　　　　　　　(第四编第二章《人口变动》,第 154 页)

1966 年至 1979 年,北京、天津、河南、内蒙、山西、邢台和宁晋县 1 598 名知识青年,先后下乡到司马、高庄、东南汪、西南汪、唐邱一、二、四大队接受贫下中农再教育。其间,有 79 人先后考入大中专学校,109 人参军入伍,1 169 人被招为固定工,其余回城或仍从事农业生产。 　　　　　　　　　　　(第十四编第二章《工人》,第 516 页)

《隆尧县志》

隆尧县地方志编纂委员会编,生活·读书·新知三联书店1998年

(1969年)1月16日,县成立知识青年上山下乡办公室。来自天津、北京等地的1 200名知识青年被安置在40个大队插队落户。 　　　　　　　　　　(《大事记》,第40页)

"文化大革命"开始后,正常的用工制度被打乱,城镇待业人员逐步增多,大批城市知识青年响应党和国家关于"知识青年到农村去,接受贫下中农再教育"的号召,纷纷走向农业生产第一线。1971年开始通过企业招工、大中专招生、应征入伍等途径对上山下乡知识青年逐步进行回城安置。 　　　　　　　　(第二十三编第二章《工人》,第325页)

《临西县志》

河北省临西县地方志编纂委员会编,中国书籍出版社1996年

是年(1968年),上山下乡运动开始,知识青年到农村插队落户,接受贫下中农再教育。本县接收北京、天津知识青年数十名,到本县条件比较好的东留善堌、北杏园等村插队落户。本县数十名知识青年也到农村插队落户。 　　　　　　　(卷二《大事记》,第60页)

"文革"期间,正常的用工制度被打乱,以致城镇待业人员增加。70—80年代,侧重安置下乡知青和城镇待业青年。 　　　　　　　　(卷六第七章《劳动人事》,第557页)

"文革"期间,正常的用工制度被打乱,城镇待业人员增加。1968年9月,本县成立知识青年上山下乡安置办公室。同年,接收来自天津市的第一批知青13名、第二批知青82名,先后共接收天津市知青220名,分配到下堡寺公社南镇、东留善堌等村务农。1973年10月,动员本县城镇知识青年下乡,第一批73名,到1977年,全县共动员知青下乡470名。1979年9月,下乡知青除已回城的外,全部安置就业。1981年,知青办撤销。同年6月,县劳动服务公司建立。 　　　　　　　(卷六第七章《劳动人事》,第557页)

《南宫市志》

河北省南宫市地方志编纂委员会编,河北人民出版社1995年

是年(1969年),第一批下乡知识青年到焦旺村、孟家庄等"知青点"落户。

(《大事记》,第28页)

1966 年后，响应毛泽东同志发表的"五七"指示，大批知识青年上山、下乡。到 1974 年共接收湖南、湖北、天津、北京、上海、四川等全国各地的知识青年 390 人，分布在全县 33 个公社、133 个大队。其中 52 人充实到县、社、队领导班子。1971 年开始大量安排就业，招收新工人，全县共招收工人 1 494 人，其中来自农村的 1 181 人。　　（第二编第十二章《经济综合管理》，第 371 页）

《巨鹿县志》

巨鹿县地方志编纂委员会编，文化艺术出版社 1994 年

（1973 年）10 月 21 日，巨鹿县知识青年安置办公室成立，孟今玉任主任。

（《大事记》，第 36 页）

（1978 年）1 月，邢台市一轻、二轻局 40 名知青来巨鹿县后辛庄公社插队。

（《大事记》，第 39 页）

"文化大革命"10 年间，劳动制度实行"统包统配"，即城镇劳动力统一由国家安排。由于国民经济失调，就业门路越搞越窄，加之每年大批高、初中毕业生走向社会，虽采取知青上山下乡和城镇居民到农村落户等措施，终不能从根本上解决就业问题。尤其当时不少单位私招乱雇，使农村劳动力流向城镇做工，致使城镇待业人员骤增，就业矛盾日益尖锐。1970 年，县城待业劳动力达 338 人（含外地下放来的知识青年）。自 1971 年始，县内外一些厂矿陆续从知识青年中招收工人，只财贸纳新就达 703 人，使就业矛盾逐渐缓和。

（第二篇第十九章《劳动工资》，第 264 页）

第五节　知青上山下乡

巨鹿县的知识青年上山下乡工作，始于 1966 年初到 1975 年，共安置下乡知青 600 人。主要安排到南原庄、小官庄、西辛庄、后辛庄、白寨等 5 个大队。国家先后拨款 66 250 元，为知青建房 154 间。　　（第二篇第十九章《劳动工资》，第 269 页）

1980 年，成立劳动局。1981 年底，随着知青上山下乡工作大为减少，知青安置办公室与劳动局合并。　　（第二篇第十九章《劳动工资》，第 269 页）

1964 年，随着国民经济状况的逐年好转，单转教师又陆续转回吃商品粮。由于同年耕读小学和农业中学的又一次发展，各社队又从在乡知识青年中录用了一批民办教师，到 1966 年，巨鹿县的中小学教师达 1 181 人。其中小学教师 931 人、中学教师 250 人。在

1 181 名教师中,民办教师 361 人,占中小学教师总数的 30.56％。

　　1969 年,根据"侯王建议",巨鹿县把大批教师下放到各社队挣工分,各级各类学校急剧增多,民办教师队伍迅速扩大。当时回乡的初高中毕业生、退伍军人,纷纷加入教师队伍。

(第五篇第一章《教育》,第 413 页)

《任县志》

任县地方志编纂委员会编,中华书局 2000 年

　　(1965 年)9 月 10 日,省长刘子厚、副省长阎达开在永福庄接见天津知识青年。

(《大事记》,第 41 页)

　　"文化大革命"中,县接受天津、北京等地知识青年 627 人。70 年代后期,知识青年大部重返城市。

(第三编第一章《人口变动》,第 140 页)

知青安置

　　从 1965 年起,全国掀起知识青年上山下乡高潮,县政府成立知青办公室,负责知青工作。至 1979 年末,全县共动员 84 名城镇知识青年上山下乡,同时接受天津、邢台等地下乡知青 1 215 人。1979 年 10 月,城镇知识青年下乡工作停止。

　　1972 年,通过企事业单位招工、应征入伍、大中专院校招生等途径,开始安排下乡知识青年就业,其中招工安置 988 人,应征入伍 101 人,大中专院校招生 157 人,返回原城市待业 53 人。至 1980 年底,全县 1 299 名下乡知识青年全部安置完毕,知青办公室同时撤销。

(第十一编第五章《劳动工资管理》,第 414 页)

第五节　接受安置知识青年

　　1965 年 3 月,县首批接受天津市下乡知识青年 145 名。1968—1970 年,先后接受北京、天津、邢台市等地知识青年 482 人。县知识青年上山下乡办公室将知识青年安排在永福庄等社队插队落户,接受贫下中农的再教育。70 年代中后期,大部分知识青年重返城市,有的当兵、升学和调走,留在县内的均招工安排。　　　(第十九编第二章《人事》,第 633 页)

《沙河市志》

河北省沙河市地方志编纂委员会编,生活・读书・新知三联书店 1994 年

　　(1970 年)11 月 5 日—12 日,召开全县农业会议,县、社、队干部和贫下中农宣传队,知

识青年代表共 2 890 多人参加会议。会议号召正确认识形势,进一步提高对"农业学大寨"的认识。 （卷二《大事记》,第 47 页）

1970 年前后,天津等地"知识青年"来沙河下乡,插队劳动,几年间有约两千多名来到沙河,70 年代末陆续回城,但仍有个别成家者留下。 （卷五第一章《人口状况》,第 178 页）

"文革"期间,学生毕业后一律上山下乡。如沙河 1969 年首批接受北京、天津、邢台等地的知识青年 770 名到农村插队落户,此后专门成立知识青年办公室,管理知识青年安置问题。"文革"以后,知识青年陆续返城,新毕业的学生也不再下乡而留城待业,这样形成一时难以安置,出现待业青年。自 1980 年后劳动部门每年都千方百计安置知识青年就业。不仅县里安排,还提倡青年们自谋职业,对知识青年办的企业摊点采取一系列优惠政策。1982 年成立县劳动服务公司,1983 年与知青办公室合并。 （卷十六第六章《劳动人事》,第 489 页）

《临城县志》

临城县志编纂委员会编,团结出版社 1996 年

1963 年至 1965 年分别从工人、营业员、参加生产满三年的知青中提拔吸收干部 26 人。
（第三十六章《人事》,第 588 页）

《内丘县志(夏—2000)》

河北省内丘县地方志编纂委员会编,方志出版社 2006 年

(1969 年)冬,天津、邢台和内丘县部分知识青年,先后到农村插队落户,"接受贫下中农再教育"。 （《大事记》,第 48 页）

是年(1980 年),县知识青年办公室(简称"知青办")撤销。 （《大事记》,第 51 页）

1970—1979 年,天津、邢台以及内丘籍在外地知识青年 2 000 多人先后到内丘插队落户。回乡务农其中来自天津 374 人。1975 年前后,来自天津、邢台和回乡的知识青年陆续回城上学、参军或安置工作,只有少数在内丘安家落户。 （第三编第二章《人口变动》,第 197 页）

1980 年,从农村招收 62 人充实职工队伍(其中含上山下乡知青 2 人)。

（第十六编第二章《劳动》,第 895 页）

城镇知青安置 20 世纪 60 年代初,为响应毛泽东主席"大中城市高中、初中毕业生,上山下乡接受贫下中农再教育,与群众同吃、同住、同劳动"的号召。该县 1968 年始接受北京、天津等地知青。1973 年始县内高中、初中毕业生响应号召到城关、冯村、金店、五郭店等公社下乡。1971 年至 1979 年这些知青陆续得到安置。 (第十六编第二章《劳动》,第 895 页)

内丘县 1971—1979 年城镇知青安置表   单位:人

年份	安置数	男	女	插队	回乡
1971	58	29	29	50	8
1972	27	20	7	23	4
1973	133	112	21	123	10
1974	63	33	30	51	12
1975	158	77	81	125	33
1976	187	94	93	141	46
1977	18	9	9	9	9
1978	210	142	68	147	63
1979	239	125	114	157	82

(第十六编第二章《劳动》,第 896 页)

《新河县志》

河北省新河县地方志编纂委员会编,方志出版社 2000 年

(1973 年)9 月 11—15 日,召开知识青年上山下乡工作会议。 (《大事记》,第 42 页)

1966 年至 1979 年,北京、天津、邢台、新河县 387 名知识青年,先后下乡到东团、西边仙庄、杜兴等大队接受贫下中农再教育。其间,有 31 人先后考入大中专学校,28 人参军入伍,298 名被招为固定工。70 年代初根据招工计划招收了一批亦工亦农、亦商亦农副业工,后改计划外临时工。 (第十六编第二章《人事劳动》,第 442 页)

《清河县志》

清河县志编纂委员会,中国城市出版社 1993 年

(1960 年)10 月 10 日,县委在清河公社菜园大队召开全县青年学习邢燕子、李华林向沙碱地进军现场会。 (《大事记》,第 30 页)

《广宗县志》

广宗县地方志编纂委员会编，方志出版社 1999 年

(1969 年)12 月，天津 114 名知识青年分两批来广宗县集体插队落户。

(《大事记》，第 38 页)

1968 年至 1975 年，先后到广宗县插队落户的知识青年 163 人，其中来自天津 114 人，后陆续回城、上学或就业。(第一编第十三章《人口》，第 139 页)

第五节　接收安置知识青年

1969 年，广宗将首次接收天津、北京下乡知识青年 137 人，和广宗县的 13 名知识青年分别安排在塘疃、赵家寨、件只、李怀 4 个公社、5 个生产大队插队落户，"接受贫、下中农再教育"。

1976 年，将接收邢台知识青年 102 人，和广宗县 31 名知识青年、回乡 21 名知识青年、天津 17 名知识青年、北京 21 名知识青年分别安排在 5 个公社、5 个生产大队插队落户，"接受贫、下中农再教育"。

1977 年，将接收北京知识青年 2 人、邢台 7 人、广宗县 6 人、回乡 32 人、外地转插 11 人，均予以安排。全县 8 个知青点，建房 289 间，共投资 68 万元。

1979 年，全县在乡的知识青年及其子女，全部转为城镇户口，已安排 382 人，占总数的 95%，其中招工安排 291 人、参军 18 人、升学 31 人、其它 42 人。

(第三编第十三章《劳动人事》，第 468—469 页)

《平乡县志》

河北省平乡县地方志编纂委员会编，方志出版社 1999 年

1968 至 1975 年，先后到平乡县插队落户的知识青年 203 人。1975 年后，这批知识青年陆续回城，只有个别人在平乡安家落户。第三编第二章《人口变动》，第 142 页)

知识青年安置

1968 年，城市大、中专学生响应党和国家号召，毕业后一律上山下乡，接受贫下中农再教育。次年，县革委专门成立知识青年下乡安置办公室(简称"知青办")，负责知识青年安置工作，先后共安置知青 148 名。"文化大革命"以后，知识青年陆续返城。

(第十八编第二章《劳动》，第 565 页)

《南和县志》

河北省南和县地方志编纂委员会编,方志出版社1996年

1980年,劳动组与知识青年上山下乡办公室合并成立劳动局。

(第十六编第二章《劳动人事》,第402页)

第六节 接收安置知识青年

1969年县成立知识青年上山下乡办公室,首次接收天津、北京下乡知识青年267人,本县4人。分别安排在贾宋、东韩、河郭、西里、邵屯、阎里、三思7个公社,28个大队,44个生产队插队落户,接受贫、下中农再教育。

1976年接收邢台知识青年162人,本县29人,回乡43人,天津35人,北京44人;分别安排到11个公社,16个生产大队插队落户,接受贫、下中农再教育。

1977年接收北京知青3人,邢台8人,本县7人,回乡10人,外地转插13人,均予以安排。全县13个知青点,建房319间,共投资75万元。

1979年全县在乡的知识青年及其子女,全部转为城镇户口,已安排584人,占总数的94%,其中招工安排479人,当兵39人,升学27人,其它39人。

(第十六编第二章《劳动人事》,第406—407页)

《辛集市志》

河北省辛集市志编纂委员会编,中国书籍出版社1996年

(1968年)12月27日,建立知识青年城镇居民下乡落户安置办公室。后,大批中学毕业生和职工干部家属下放农村参加劳动。从次年开始接待石家庄市、天津市初高中毕业的知识青年到农村插队落户。

(《编首·历史大事记》,第53页)

1968年,由于社社办高中,村村办初中班,教师被迫层层拔高使用,小学教师拔到初中任教,初中教师拔到高中任教,小学教师空缺很多,均由在乡知识青年充任。一时教师数量大增,素质下降。

(第五编第一章《教育》,第725页)

《高碑店市志》

高碑店市志办编,新华出版社1997年

(1965年)从1964年至1965年底,本县先后共接收下乡知识青年134名。

(《大事记》,第36页)

（1978 年）"文革"期间上山下乡知识青年开始回城安排工作。　　（《大事记》，第 40 页）

（1974 年）5 月，为积极响应毛主席关于"知识青年到农村去，接受贫下中农的再教育(，)很有必要"的指示(，)县革委印发宣传提纲，广泛动员城镇知识青年和社会青年上山下乡，走工农结合的道路，到农村安家落户，接受贫下中农的再教育。

（第七编第二章《人民政府》，第 283 页）

1978 年 5 月，开始对过去遭受林彪、"四人帮"迫害受到错误处理的干部群众平反。同时为过去起义人员落实政策。对"文革"期间上山下乡知识青年安排工作。

（第七编第二章《人民政府》，第 284 页）

1966 年前，主要靠补充自然减员，发展集体经济和对企业招工实行控制等措施，比较好地解决待业青年就业问题。"文化大革命"期间，一些新办企业私招乱雇大批农业劳动力，同时大中城市又分配来一批知识青年，给非农业劳动力的安置造成了一定困难。1976 年"文革"结束后，县内待业青年日益增多，出现了就业难的问题。人民政府一方面采取劳动部门介绍就业和自谋职业相结合的政策，另一方面兴办集体企业创造就业条件，妥善安置了大部分待业青年。1977 年后，县内各类企业得到迅速发展，就业人员大幅度增加。1981 年初，县成立了"劳动服务公司"，负责待业青年的统计、登记和安置。

（第九编第三章《劳动管理》，第 322 页）

附：知识青年安置：

1963 年底县建立"知识青年安置办公室"。是年新城县接收首批保定市下乡知识青年 120 人，安置在李中旺、阎家务、温屯、王家营等村。1964 年接收安置知青 679 名。1968 年，接收天津市知识青年 150 人，安置在义和庄、泗庄、张六庄、平景四个乡的 18 个村。1974 年安置本县知识青年 128 人。1978 年全县累计接收安置下乡知识青年 2 684 人，其中外省市知青 2 246 人（北京市知青 778 毛，天津市知青 1 353 人，其它省市知青 115 人），本省知识青年 310 人，县内知识青年 128 人。对知识青年在招工、招生、参军等方面给予优先照顾。1978 年后知识青年开始办理选调回城手续。1979 年县内只剩下知青 397 名，其中有北京市知青 232 人，天津市知青 85 人，其他省市知青 32 人，本省知青 48 人，留下的知青在县内均已得到妥善安置（其中包括在本县农村成家的男女知青）。1983 年给知青子女办理"农转非"180 户，354 人。1989 年给男知青子女办理"农转非"149 户，346 人。

（第九编第三章《劳动管理》，第 323 页）

《峰峰志》

峰峰矿区地方志编纂委员会编，新华出版社1996年

1967年至1976年，10年间，黄沙矿、泉头矿、万年矿等陆续投产，职工队伍再次壮大，先后招收社会青年、职工子弟、复员军人和下乡知青等33849人。

（第九卷第三章《劳动工资》，第486—487页）

1978年以来，（陶瓷行业）主要安置待业人员、下乡知识青年，特别是党的十一届三中全会以后到1989年，安置待业青年6162人。 （第九卷第三章《劳动工资》，第487页）

1970年至1971年根据国家计划，安排城镇复员、退伍军人、应届高中、初中毕业生和下乡两年以上的知识青年就业，采取了"群众推荐、民主评议"的办法招工。

（第九卷第三章《劳动工资》，第488页）

知识青年上山下乡

峰峰矿区知识青年上山下乡始于1964年，到1978年结束，断断续续共有11年时间。在全区11个农村人民公社，都有接收知识青年上山下乡的安置任务，建点64个，安置知识青年6180人；回乡投亲靠友插队的有77个大队（村），986人，下乡人数总计7766人。根据各个时期的历史背景和政策，矿区知识青年下乡大体可分四个阶段。

第一阶段，1964年到1965年。1964年10月，根据省、市召开的知识青年上山下乡工作会议精神，成立了"上山下乡办公室"，归口劳动局领导。为了"加强农业战线，建立社会主义新农村"。是年，知识青年下乡落户150人。两年中，全区共动员510人下乡，其中集体下乡380人，回乡参加农业生产的（插队知青）130人，由于实行自愿下乡的原则，下乡人员一般思想比较稳定。

第二阶段，1968年到1970年。从1966年下半年，学校停课闹革命，大学不招生，工厂不招工，初中、高中毕业的学生大多数滞留在城市没事干，1968年12月22日，《人民日报》社论引用了毛泽东主席的指示"知识青年到农村去，接收贫下中农再教育"。知识青年下乡成为一种政治性的教育运动。除本人确定应征入伍、确有疾病和残疾、家长有疾病不能自理等特殊情况需要留城外，全部动员下乡。这次下乡以回乡为主，共有544名知识青年下乡落户。

第三阶段，1973年到1977年。1973年，成立了知识青年上山下乡领导小组，各级党委和各个部门，把知识青年下乡工作列入日程，在全区普遍推行了厂、社、队挂钩，对口下放，城乡结合，共同管理教育；从知识青年下乡，到知识青年招工、返城、参军、上学形成了一整套管

理制度。在这一时期知识青年下乡 6 112 人,其中回乡的 312 人,以集体下乡为主。

第四阶段,1978 年 10 月,中共中央召开了全国知识青年上山下乡工作会议,调整了政策,采取了积极安置的政策。两年内陆续办理回乡插队知青返城安置,到 1979 年,除年龄偏大,或有病残的 15 名老知青外(按政策已转为非农业人口),知识青年全部返城工作。

(第九卷第三章《劳动工资》,第 490—491 页)

山西省

《山西通志·总述》

山西省史志研究院编,中华书局 1999 年

70 年代前 6 年,尚处于"文化大革命"时期,户籍管理松懈,兼之大量外省、市知识青年来山西插队落户,再加上"三支两军"(支左、支工、支农、军管、军训)人员的随军家属迁入,使省际迁入人口增多。 (第一编第二章《建置沿革和行政区划》,第 64 页)

1978 年底,全省城镇累计失业人员 25 万之多,还有近 10 万插队知青陆续回城,就业问题又成为重要的社会问题。 (第二编第四章《社会》,第 554 页)

《山西通志·农业志》

山西省地方志编纂委员会编,中华书局 1994 年

1964 年,全省国营农场接受安置城市知识青年下放劳动就业,使农场职工大量增加,影响了劳动定额管理和企业经济核算工作的开展,导致劳动生产率下降。

(第四编第四章《农垦企业管理》,第 373 页)

1966 年,北京军区组建华北农垦建设兵团,山西省人民政府于当年 3 月 5 日决定,将山阴农牧场划归农垦建设兵团。1969 年 2 月农垦建设兵团迁走,原一团(现场区范围)筹组山西省"五七"干校,1970 年干校撤走,转交山阴县领导。

(第四编第五章《重点国营农牧场简介》,第 379 页)

1966 年 4 月经省人民政府批准,(红旗牧场)归华北农垦建设兵团,四分场为第六团,一、二、三、五、六分场为第七团。1969 年农垦建设兵团迁走时,移交雁北地区革命委员会管辖,更名为雁北地区红旗牧场。 (第四编第五章《重点国营农牧场简介》,第 380 页)

(1963 年 8 月)31 日,省城集会欢送首批中学毕业生到农牧场安家落户。

(《附录·山西农业大事年表》,第 715 页)

(1964 年)3 月 9 日,中共山西省委、省人大决定成立省安置城市青年下乡领导小组。

(《附录·山西农业大事年表》,第 716 页)

（1965年）1月8—9日，全省上山下乡知识青年和农村复员退伍军人积极分子代表会议在太原召开。大会发出《当社会主义革命派，促农业生产新高潮的倡议书》。

（《附录·山西农业大事年表》，第716页）

（1976年6月）29日—7月8日，中共山西省委召开全省上山下乡知识青年农业学大寨积极分子会议。1190人出席了会议。　　（《附录·山西农业大事年表》，第721页）

《山西通志·煤炭工业志》

山西省地方志编纂委员会编，中华书局1993年

1983年，根据国务院国发〔1983〕第65号文件和劳动人事部劳人薪〔1983〕第365号文件精神，山西统配煤矿进行了职工工资普调工作。这次升级的范围是：1983年9月30日在册职工中1978年底以前参加工作的固定工和计划内长期临时工；1981年文教、卫生系统升级时未包括在内的1978年底前参加工作的职工；上山下乡插队知识青年，1979年1月1日分配到调资单位1983年9月底前已是正式职工的。

（第七编第二章《劳动工资管理》，第408页）

《山西通志·电力工业志》

山西省史志研究院编，中华书局1997年

（1965年）12月26日，芮城县韩家大队韩国胜、刘正民、韩叙生等8名返乡知识青年集资兴办1座25千瓦小水电站，供本村300多户农民生活用电。　　（《附录》，第492页）

《山西通志·冶金工业志》

山西省史志研究院编，中华书局1999年

1972年到1980年期间，山西冶金系统增建和扩建一批部属、省属企业，从省外调配一批人员，并在上山下乡知识青年中招收部分职工，到1980年末冶金系统内职工达到159515人。

（第十编第一章《机构》，第676页）

《山西通志·铁路志》

山西省史志研究院编，中华书局 1997 年

1985 年山西铁路专用线

接轨站	线　名	全长（公里）
……		
太原北	铁路知青线	0.232
……		

（第一编第四章《专用铁路》，第 149 页）

《山西通志·商业志·供销合作社篇》

山西省史志研究院编，中华书局 1998 年

1975 年起，本省供销社根据自然减员的情况，补充了一部分职工，主要是经过批准留在城镇的中学毕业生和经过劳动锻炼的上山下乡知识青年等。

（第四章《综合管理》，第 433 页）

《山西通志·金融志》

山西省地方志编纂委员会编，中华书局 1991 年

1980 年农业银行恢复后，继续办理此项工作。不过这次只监督拨付农业、农垦、畜牧、水利、林业、水产、气象、农机、农科、社队、劳改、知青办等部门及其下属企事业单位的事业费拨款。 （下编第七章《拨款监督与财务管理》，第 327 页）

《山西通志·经济管理志·劳动篇》

山西省史志研究院编，中华书局 1999 年

从 1973 年起，山西省停止从社会上招收新职工，使用临时工也不得突破下达的计划；同时，将安排到农、林、牧、渔场的城镇知识青年也纳入职工人数计划。省劳动部门还规定从严控制其他单位从国营农、林、牧、渔场抽调职工。 （第一章《劳动就业》，第 20 页）

1963 年 11 月,劳动部召开全国劳动工作会议,明确指出:"今后安排城市需要就业的劳动力的方针应当是统筹安排,城乡并举,并以下乡生产为主。"山西省有计划地动员一部分城市闲散劳动力参加农业生产。1963 年到 1965 年,全省共动员 17 824 人下乡插队或到农垦、林业、水产、水土保持专业队等场队就业。期间,全省还接收安置北京、天津知青 2 508 人。

(第一章《劳动就业》,第 38 页)

第四节　城镇知识青年上山下乡
一、动　员　安　置

山西的知青上山下乡,大体可分为四个阶段:

第一阶段(1955—1961 年)。"一五"时期,教育事业发展很快,中、小学毕业生越来越多,城镇就业开始发生困难,农业合作化也迫切需要有文化的青年。按照中央要求,从 1955年开始,山西省动员一部分未能升学的中、小学毕业生回乡参加农业生产。太谷县的吴明亮就是这批人的代表。1956 年 1 月,共青团山西省委响应团中央的号召,作出《关于组织青年垦荒队赴内蒙古开荒的决定》。3 月,从本省人口较多的 5 市(太原、榆次、长治、阳泉、大同)41 个县的八万多名报名青年中挑选了 1 038 名优秀青年组成 5 个自愿垦荒队,由各地团干部带队,到达内蒙古自治区河套行政区的 4 个县、旗和乌兰察布盟的达尔罕茂明安联合旗,开荒、安家立业。这批支边青年,农村知青是主力,如牛来俏、张祥寿等几十名青年农业模范和青年社会主义建设积极分子以及一大批乡干部、农业社主任、生产队长。城市知青占队员总数的 17%。垦荒队不仅得到省委和各级领导的支持,还得到了工矿企业、机关、部队、学校等各界的鼓励和关怀。他们自动捐款 16 万多元,为垦荒队购买了生产资料和生活必需品。1957 年下半年,全国精减机构,大批机关干部和知识分子踊跃上山下乡。本省一些城市应届高、初中毕业生在不能升学、难以就业的情况下,也报名到农村参加农业生产,其中部分知青还在农村结婚安家。著名作家赵树理就把自己高中毕业的女儿送到农村当农民。60 年代初,本省动员上山下乡的对象逐步转向城镇精减的职工及其家属和社会闲散劳动力。随着部分学校停办,一批在校学生被集体安排到国营农、林、牧、渔场劳动,一部分城镇青年随其父母回乡参加农业生产。

第二阶段(1962—1972 年)。动员下乡的重点转向城镇知青,并建立了知青管理机构,接纳安排了大批京、津知青。全省共安置上山下乡知青 95 414 人,其中京、津知青 48 780人,占到 51%(见表 14)。

这一阶段知青上山下乡曾出现两个高潮:一是 1962 年至 1965 年。由于调整国民经济的需要,中共中央决定大量精减职工,减少城市人口,知青上山下乡随之成为城镇就业的一条出路,国家开始有组织有计划地动员城镇知青上山下乡。根据中央《关于动员和组织城市知识青年参加农村社会主义建设的决定(草案)》精神,1964 年 3 月 9 日,山西省安置城市下乡青年领导组成立,随后制定了较为详尽的《安置城市知识青年上山下乡十五年规划》。

表14　山西省知识青年上山下乡情况统计表(1964—1979)

类别\数目\年代	上山下乡情况					安置情况						
	合计	本省下乡	接收外地			插队		分散回乡人数	集体插队		到国营农林牧渔场插队人数	建设兵团
			北京	天津	其他	当年插队人数	当年共有青年点数		当年安置人数	当年共有场队数		
总　计	314 195	263 062	42 339	6 702	2 092	254 075	13 637	12 254	22 340	1 099	23 736	1 790
1966 年前	20 332	17 824	2 401	107		7 122					11 420	1 790
1967												
1968	43 732	6 023	35 675	2 034		43 732						
1969	15 917	11 632	4 166	119		15 917						
1970	11 296	7 018		4 278		11 296						
1971	860	860				860						
1972	3 277	3 277				3 277						
1973	33 535	33 405	1	2	127	33 535						
1974	36 427	35 960	1	31	435	28 726		2 519	3 258		1 924	
1975	45 256	44 680	17	25	534	32 746	3 031	3 664	5 553	180	3 293	
1976	55 946	55 299	43	64	540	43 565	2 803	3 001	5 711	233	3 669	
1977	32 390	32 066	25	30	269	25 967	2 912	2 232	3 213	255	978	
1978	8 908	8 803	10	12	83	5 384	2 740	838	1 449	296	1 237	
1979	6 319	6 215			104	1 948	2 151		3 156	135	1 215	

许多领导干部带头把自己的子女送到农村。刘开基副省长将自己的儿子(腿有残疾)送到农场,这一举动受到了国务院副总理谭震林及中央安置办领导的表扬。原华北局书记李雪峰动员自己女儿放弃升学机会,到山西插队劳动。到 1966 年"文化大革命"前,山西省组织安排了 20 332 名知青上山下乡,其中接受京、津知青 2 058 人。这两万多名知青 56％安置在国营农、林、牧、渔场,34％到农村生产队插队落户,还有近 10％的应届毕业生支边到建设兵团。这个时期知青安置工作在中央的直接部署下进行,比较稳妥。尤其是妥善安置京、津知青的经验为以后大批接纳安排外地知青打下了基础。

1966 年,"文化大革命"开始,省委、省人委、省安置办被夺权,知青上山下乡安置工作中止。

第二个高潮出现在以接收北京、天津知青为主体的 1968 年至 1970 年。1967 年 1 月,北京知青蔡立坚(女)主动到只有几户人家 16 口人的榆次县杜家山落户,1968 年 3 月正式插队。1968年6月,山西省革命委员会发出通知,号召全省知青向蔡立坚学习,走与工农相结合的道路。7月,《人民日报》发表《杜家山上的新社员——记北京知识青年蔡立坚到农村落户》的通讯,12月,毛泽东发出"知识青年到农村接受贫下中农再教育的号召",京、津知青来山西上山下乡形成高潮。从1968年起,山西省先后接收了北京近百所中学初、高中毕业生4万余名和天津十几所中学的毕业生6 000余名以及少量外省知青,安置在全省91个县。从1968年至1972年,全省共安置上山下乡知青75 082名,京、津等外地知青占到62%。这批知青除少数安排到国营农、林、牧、渔场外,多数安置到"三集中一分散"(即在农村生产大队设青年点,集中住宿、集中就餐、集中学习、分散到生产队劳动)知青集体插队点。

这一阶段,由于山西就业压力不大,其产业结构、劳动力的分布等都不足以造成城镇知青非到农村去不可,本省下乡知青的人数仅占下乡知青总数的38%。在接收京、津等地知青的同时,本省城镇老三届毕业生大部分在城镇安排了工作。

第三阶段(1973—1978年底),这是山西省知青上山下乡的高潮阶段。

1973年,为贯彻全国知青工作会议精神,中共山西省委对全省知青上山下乡工作机构、政策等作出了新的规定,并下发《山西省知识青年上山下乡初步规划和若干问题的试行规定(草案)》。从1973年8月起,全省所有城镇全面展开动员知青上山下乡工作,1976年达到高潮,当年动员本省5万余名知青上山下乡。至1978年底,本省上山下乡城镇知青达21万余人,占到历年本省下乡总数的80%。安置形式以集中插队为主(即到三集中一分散的青年点安置),也允许分散插队,投亲靠友和到国营农、林、牧、渔场,有些地、市还试办了独立核算的集体所有制知青场(队)。

第四阶段(1979—1980年),山西省知青上山下乡的收缩阶段。

1978年10月31日至12月10日,国务院召开全国知识青年上山下乡工作会议。会议总结了16年来城镇知识青年上山下乡正反两个方面的经验,确定了在新的历史条件下统筹解决知青问题的方针、政策和措施。主要精神是:①逐步缩小上山下乡的动员范围;②城市积极开辟新的就业、升学领域,为更多的城镇中学生创造就业和升学条件;③今后上山下乡不再搞分散插队;④积极妥善地解决好在乡知青的问题,对1972年以前下乡的,优先安排,两年内基本解决。

同年12月下旬,山西省在太原召开了全省知识青年上山下乡工作会议,贯彻落实全国会议精神,调整了上山下乡政策。1980年后,山西城镇知青已不再上山下乡。

二、安置政策

(一)经费

从1963年开始,在组织知青上山下乡后,国家每年拨给山西省一笔安置经费。插队知青每人补助200元(北方标准),用于路费、房屋修理、生活补助(购买口粮和重点补助衣被)、农具、生活用具费等。单独建立知青场队的,每人增补200元。开支的原则是因地因人制宜,按实际需要,统筹兼顾,不得平均使用。安置经费由中央拨款,专款专用,按人头落实。人口多、劳动力少、下乡后生活困难较多的,按农村社会救济的办法由当地民政部门通过公社生产队给予救济,这个标准一直执行到1973年。

1973年7月全国知青工作会议后,山西省规定:建房费200元(主要用于木材、砖瓦等基本建设材料开支);生活补助费200元(主要用于吃穿用等生活必需品和冬季取暖费用);农具、家具补助费,学习材料费,医疗补助费,上山下乡旅运费和其他费用100元。1978年10月,国家再次提高安置经费标准:到北方各省集体所有制知青场队和知青点的,每人补助600元,到牧区每人补助800元。离家单程超对500公里的知青可享受探亲路费的优惠待遇,在农村结婚安家的下乡知青住房解决不了的,每人补助建房费300元,由知青部门统一掌握使用。据此,山西省也相应提高了标准。

1973年后,国家给山西安置知青拨款总额达1亿多元,另有地方财政拨款1 600多万元(不包括各企、事业单位支援知青点建设的物资和筹款)。

（二）口粮

1963年,山西省下乡知青自带部分粮票,到当年秋粮分配。1970年,根据晋革发〔1970〕189号文件规定,本省下乡知青口粮标准定为每月44斤,在生产队按单身劳动力参加分配后,不足部分由国家给予补足。

1973年后,山西省又规定:①从插队之日起,插队青年的口粮按每月44斤原粮的标准由国家统销供应,一年后参加集体分配。生产队在新粮分配时,要把全年的粮食(包括小麦、秋粮)分给知识青年,抵顶当年征购任务。为了调剂品种,没有征购任务的自给队和缺粮队也应分给知识青年一部分小品种粮,由粮食部门补给所分粮食。在国家供应口粮期间,应按当地标准供给食油。②知识青年参加集体分配后的口粮既要体现按劳分配的原则,又要给以必要的照顾。正常出勤的,如果所分口粮(包括基本口粮和劳动日补贴粮)达不到每月44斤原粮,应由国家统销粮补足;为了鼓励劳动,未经批准长期回流城市的知青,出勤不足100天的,其口粮按社员标准分配。

（三）卫生医疗

①办好合作医疗,为每个知青点培养赤脚医生和卫生员。县、社医院定期给知青检查治疗。省、地、市上山下乡的巡回医疗队,重点给知青看病。②对下乡知青进行卫生教育,照顾女青年特点,例假期间不安排重活和下水作业。③重病、重伤的下乡知青,经县级领导机关批准,持县医院的转诊证明可到本省城市医院就医。知青探亲期间可持探亲证明到所在城市医院治病。

（四）带队干部

从1973年开始,山西省有计划有组织地选派干部到社队为知青带队。1974年11月,省革委政治部干部办公室、省财政局、省粮食局、省革委知青办联合下发《关于选派上山下乡知识青年带队干部问题的通知》,对选派带队干部的比例、程序、条件、基本任务、待遇等作了规定。此后,每年派出带队干部带领知青并协助社、队做好知青工作。这些带队干部离开家庭和舒适的工作环境,一头扎到艰苦的农村,长期与知青、农民生活在一起,甘做上山下乡的铺路石。平陆县毛家山天津知青带队教师郝广杰,榆次县杜家山带队干部冯勇和陵川县西坡大队带队干部王玉珍等就是这方面的先进代表。

（五）其他

①分给插队青年和社员同等数量、质量的自留地。②下乡知青要和当地社员同工同酬。实行男女同工同酬,做到分配兑现,不得以任何借口克扣其劳动工分和应分配的粮款。③下乡知青建房所需木材等物资当地确实解决不了的,纳入国家计划,保证供应,不得挪用。从1963年开始,每年按当年下乡知青每人0.2立方米下拨,1973年增加为每人0.5立方米。④按照国家计划在下乡知青中招工、招生、征兵时,应在党组织领导下,经知青小组评议,征求带队干部和贫下中农意见,经公社审查,由县革委批准。任何单位不得擅自到社队抽调下乡知青。⑤已下乡的独生子女或多子女父母身边无人照顾的知青,按照国家招工规定给予照顾。⑥对知青加强安全教育,因公伤亡的与社员享受同等待遇,特殊困难的由民政部门从社会救济费中适当补助。严重病残失去劳动力的知青,父母或直系亲属要求将其迁回照料的,经安置地区和动员地区双方协商批准,可迁回城镇落户。

三、返 城 安 排

1970年6月,中共中央提出高等学校招生废除考试制度,实行群众推荐、领导批准和学校复审相结合的办法招收工农兵学员。这为知青回城开辟了途径。山西省从1970年起,开始有计划地选调插队知青回城安排工作。

1971年2月,全国计划会议确定招收固定工对象包括经过两年以上劳动锻炼经贫下中农推荐的上山下乡知青。从此,下乡两年以上的知青成为招工对象。到1972年底,山西省共选调43 576人回城。其中招工38 116人,升学3 162人,参军1 631人,选拔为国家干部的667人。这一阶段回城安排工作的下乡知青占到同期下乡知青人数的58%。

1973年至1978年,在动员知青下乡的同时,山西省通过招工、招生、征兵等途径先后选调回城的知青达181 450人,占到同期下乡人数的86%。

1979年,根据中共中央关于"插队知青中确有实际困难不易解决的,要在城乡全民和集体所有制企事业中,逐步安排他们从事有固定工资收入的工作"和"招收下乡知识青年的指标要专项下达"的精神,山西省加快了招收下乡知青回城的步伐。当年,安置回城工作的知青就有6万余人,超过以往任何一年。

1980年知青停止上山下乡后,除按政策安排知青返城和就业外,尚有大量遗留问题需要处理。如知青场队的整顿和归属,知青经费和物资清理、处置,插队知青的工龄计算,病残知青和在乡已婚知青安置及子女回城上学问题,知青中的冤假错案平反等。这些问题情况复杂,政策性强,解决起来难度较大。中共山西省委、省人民政府及有关方面从实际出发,妥善解决和处理了这些问题。

因公致残问题。1979 年 5 月,山西省民政厅、山西省知青办转发民政部办公厅《关于下乡知识青年因公致残完全丧失劳动能力的由民政部门发给生活费、护理费的批复》。1980 年 4 月,山西省民政厅、省财政厅、省知青办联合下发《关于下乡知识青年因公致残回城安置问题的处理意见》,规定:①下乡知青因公致残完全丧失劳动能力的,由民政部门按照职工全残后的最低标准,每人每月发给 35 元生活费;生活不能自理需要人扶持的,根据各地生活条件,每月按 20 至 30 元标准发给护理费。医疗费在指定医院按公费医疗规定,凭单据由民政部门在城市社会救济费内报销。②因公致残完全丧失劳动能力需享受生活费,要从严掌握,参照一等革命残废军人评残护理条件规定,按标准执行。③明确审批手续。④下乡知青因公致残不能从事农业劳动的,由安置地区和动员城市协商,可以在当地也可以回动员城市,由父母所在单位或由民政部门和街道、社队认真负责,因人制宜安排力所能及的工作。⑤下乡知青被派出做临时工或民工期间发生病残伤亡,根据中发〔1978〕74 号文件中"全部费用,由用工单位按国家和地方有关部门规定办理"。

知青子女问题。1979 年 9 月,山西省公安局、省粮食局、省劳动局、省知青办联合下发《关于已婚下乡知识青年离开农村后其子女户口问题的通知》,规定:①下乡知青与下乡知青结婚的,因安排工作或其他原因双方均调离农村的,其子女可随同迁入市镇转吃商品粮。只有女方离开的,子女可随母迁返;只有男方离开的,子女户口不迁。②下乡知青与非农业人口结婚,因安排工作或其他原因离开农村的女知青,其子女可随同迁入市镇转吃商品粮。③下乡知青与农村社员结婚的,必须坚持就近就地安排的原则。调离农村的男知青,只许带一个子女迁入市镇转吃商品粮。

工龄计算问题。1985 年 6 月,国务院批准《关于解决原下乡知识青年插队期间工龄计算问题的通知》,通知规定:①凡在"文化大革命"期间由国家统一组织下乡插队的知识青年,在他们到城镇参加工作后,其在农村参加劳动的时间可以与参加工作后的时间合并计算为连续工龄。他们参加工作的时间从下乡插队之日算起,返城后等待分配工作的时间不计算工龄。②已安排工作的原下乡插队知青按此通知精神计算工龄之后,对于他们与工龄有关的工资福利待遇等问题,过去的不再找老账;今后按新计算的工龄对待,与同工龄的职工一视同仁。③在 1962 年至"文化大革命"开始前由国家统一组织下乡插队的知青,他们回到城镇参加工作后,在工龄计算上可以依照上述办法办理。山西省依据上述规定,在工作中认真贯彻执行。

京、津知青问题。1985 年 4 月,曾在本省插队已在当地(主要是临汾、忻州、长治、运城)参加工作的原北京知青要求回京工作。这一情况引起中共中央、中共北京市委、北京市政府和中共山西省委、省政府的高度重视。山西提出的解决办法是:①知青两地分居,子女户口随母亲;②已婚知青家属在城镇的,单位要解决住房;③充分肯定知识青年在山西农村和各条战线作出的贡献,大胆提拔、使用表现好的知青;④生活上确有特殊困难的知青,由省、地与京、津联系返回。同时,山西省积极与北京有关方面联系,解决京、津知青的子女入户、本人正常调动、两地分居等问题。此后,1985年、1986年连续两年山西省在评模名额中特意增加了15名原京、津在山西插队的知青名额。临钢塔儿山矿的北京知青卢振喜还被评为特级劳模。武正国代表省委慰问了100多户知青家庭,帮助解决实际困难。

其他问题。1980年5月,山西省人民政府办公厅转发国务院知青办关于一些地区调整知青政策的情况简报:①下乡不转户粮关系。②就地就近安排的插队知青转为城镇户口。③灵活使用知青经费。④到知青场队的下乡知青计算工龄。⑤在招工考核中适当照顾下乡知青。 (第一章《劳动就业》,第44—51页)

1968年12月,中央再次实行知识青年上山下乡的政策,本省大量青年上山下乡使城市劳动力不足,形成城乡劳动力大对流,致使1970年到1972年职工人数宏观失控。山西省从1971年恢复招工,招收对象为经过劳动锻炼二年以上的插队知青和按政策留城的城镇高、初中毕业生。 (第二章《劳动制度》,第62页)

"文化大革命"期间,全省仍然执行统包统配的招工办法。招工对象:一、退伍军人;二、家居城镇的应届高、初中毕业生;三、经过劳动锻炼两年以上下乡知青和批准留城的青年;四、矿山井下和繁重体力劳动等工种,城镇青年招收不足时,允许从农村招收一部分。招工办法:对于国家规定的统配人员由当地劳动部门统一介绍分配;招收上山下乡插队青年,由贫下中农推荐;留城青年和社会闲散劳动力由街道推荐,劳动部门办理招工手续。……1980年,根据中共中央做好城镇劳动就业工作的要求,山西省制定了《山西省招工考核试行办法》,改变层层推荐的做法,实行公开招工、德智体全面考核、择优录用的办法,劳动者在一定条件下实行双向选择。同时规定,在招工中要合理确定男女比例,凡适合女青年的工作岗位应尽可能招收女性。对补充自然减员的子女和矿山井下等四个行业的新招工人,暂不进行文化考核,但确定工种时,由单位进行考核。招工考核对象主要是按政策规定批准留城的、上山下乡插队两年以上的和按政策规定插队回城的知识青年。 (第二章《劳动制度》,第63页)

1965年,市(大同市)劳动局改为大同市劳动委员会,编制为44人。内设办公室、劳动保护科、劳力介绍所、工资科、上山下乡知识青年安置办公室。 (第八章《管理机构》,第252页)

1981年,市知青办与市劳动局合并,并成大同市劳动就业领导组。

(第八章《管理机构》,第252页)

1981 年,阳泉市知识青年上山下乡办公室与市劳动局合并。

(第八章《管理机构》,第 254 页)

1981 年,市(长治市)知识青年上山下乡办公室与市劳动局合并。

(第八章《管理机构》,第 255 页)

附:山西省知青办机构

1962 年以前,动员安置知青上山下乡,基本上由各级共青团组织承办,政府没有设专门机构管理这一工作。

1962 年,中共山西省委决定由王大任书记、刘开基副省长负责此项工作,并从有关厅局抽调 5 人组成临时办公室,处理日常工作。1964 年 3 月,中共山西省委、省人民委员会下发(64)88 号联合通知,正式成立山西省安置城市下乡青年办公室。领导小组由省人民委员会、省委宣传部、团省委、省妇联、省计委、省劳动局、省教育厅、省农业厅、省林业厅 9 个部门的负责人组成。刘开基副省长任组长兼办公室主任。省编委(64)59 号文定编为 9 人(后调整为 8 人)。1964 年 7 月 14 日正式办公。1996 年"文化大革命"开始后,省安置办被"夺权",机构瘫痪。1967 年 3 月,此项工作划归省农林水利委员会管理。1969 年《七·二三》布告后,本省上山下乡工作转归省革委政工组管理,日常工作由组织办公室群团组承办。

1973 年 6 月,按照中共中央(73)21 号文件精神,山西省委决定成立中共山西省委知青领导组和知识青年上山下乡办公室。同年 6 月 18 日,中共山西省委下发晋发(73)82 号通知,决定领导组由省计委、省农委、省教育厅、省公安厅、省粮食厅、省财政厅和团省委、省妇联等部门负责人组成。省委常委、省革委副主任王庭栋任组长,刘开基任副组长,李荣槐任办公室主任。同年,市、县、区都相继成立了知青上山下乡工作领导组和办事机构,并有一名书记分管此项工作。同年 8 月全国知青工作会议后,中共山西省委书记韩英任组长,增补王银娥为副组长,1976 年 6 月又增补李荣槐为副组长。随着形势的发展,1978 年 10 月,中共山西省委再次对知青领导组进行调整,增加省委办公厅、省军区等 10 个单位负责人参加。中共山西省委书记赵雨亭任领导组组长,任映仑、籍步庭、田礼太、袁美莲、申显云、李荣槐为副组长。1980 年 9 月,省知青办(当时定编为 25 人)和省劳动局合并,对外仍保留知青办名称,知青办主任李荣槐同时任省劳动局副局长,到 1983 年 5 月机构改革为止。

各级知青办公室作为办事机构,具体负责管理知识青年的规划、动员、安置、经费、回城等项工作,贯彻有关政策,落实有关问题,使全省比较稳定地渡过了"上山下乡"这一特殊时期。

(第八章《管理机构》,第 269—270 页)

本年(1963 年)秋,山西省安置北京首批来晋知青 1 500 人到曲沃等县,其中有 500 人到了隰县和大宁水土保持队。同时,安置天津知青近千人,到临猗等县。本省知青只是在几个

大中城市动员，主要是到国营林、牧场插场。 （《附录·大事年表》，第 286—287 页）

同月（1967 年 3 月），省安置办公室被"夺权"，机构处于瘫痪。此项工作归省农林水利委员会管理。随着上山下乡高潮在 1968 年底掀起，省知青上山下乡工作又转归省革命委员会政工组负责，日常具体工作由组织办公室群团组分工负责。

（《附录·大事年表》，第 288 页）

（1968 年）7 月 4 日，《人民日报》全文转载《红晋中》报"杜家山的新社员"长篇通讯，并加了编者按，表彰北京来山西榆次杜家山插队女青年蔡立坚。（《附录·大事年表》，第 288 页）

（1969 年）2 月，山西省陆续安置北京市知青 31 750 人，天津市知青 1 650 人。

（《附录·大事年表》，第 289 页）

（1970 年）1 月，从本月起，山西省开始有计划地选调插队知识青年（在农村插队满二年的）回城工作。 （《附录·大事年表》，第 289 页）

（1972 年）6 月 3 日至 10 日，全省下乡知青工作座谈会召开，会议产生了《山西上山下乡知青工作座谈会议纪要》。 （《附录·大事年表》，第 290 页）

17 日至 26 日，山西省上山下乡工作会议在太原召开，传达贯彻全国知青工作会议精神和毛主席关于"统筹解决"的指示，对省知青领导组作了调整。省委书记韩英任组长，常委刘开基、王银娥任副组长。会议制定了《山西省知识青年上山下乡初步规划和若干问题的试行规定（草案）》。会后，知识青年上山下乡动员工作在全省全面展开。

（《附录·大事年表》，第 290 页）

（1974 年）8 月至 10 月，本省有关地、市、县知青办负责人 39 人赴北京慰问，对长期逗留北京的插队青年进行家访。先后访问 765 户，召开座谈会 81 次，有 1 119 人参加。对久住北京的 1 320 人（占当时应在晋的三分之一）的情况基本澄清，并和北京市共同商讨了解决困难的具体办法。 （《附录·大事年表》，第 290—291 页）

（1975 年）1 月 9 日至 2 月 3 日，地市和部分县以及一些大厂矿知青办负责人共 42 人，由省知青办主任李荣槐带队赴湖南株洲和辽宁海城参观学习 25 天，根据株洲"厂社挂钩、集体安置"的经验，修订了全省计划，并在蒲县由省委书记韩英主持召开分管领导参加的知青工作现场会，作了贯彻。 （《附录·大事年表》，第 291 页）

7月,山西省知识青年上山下乡先进事迹展览开展,突出展示了20多位知识青年集体和个人的先进事迹,有上山下乡带头人、北京知青蔡立坚,有领导干部子女渠向东以及为农村献身的北京知青赵凤琴等。《山西日报》为此于8.11发表"广阔天地新苗苗——山西知青展览巡礼"的通讯。

(《附录·大事年表》,第291页)

(1976年)5月29日至6月8日,全省上山下乡知识青年农业学大寨积极分子代表会议召开。出席会议的代表1200名,其中:知青先进集体和个人代表750人,基层党组织、贫下中农、带队干部、知青家长、先进代表250人,各级知青工作领导200人。在会议推动下,当年全省上山下乡青年共5.5万人,为全省下乡人数最多的一年。

(《附录·大事年表》,第291—292页)

(1977年)8月,按照中央精神,全省组织十多个知青调查组,对知青问题进行大调查。于11月初综合各地关于知识青年上山下乡问题的调查情况,上报中央。

(《附录·大事年表》,第292页)

(1978年)3月,山西省从省、地、市、县共抽调815名干部,用一个月时间对全省117个县(区)的1115知青点进行了调查,并写出《关于知识青年上山下乡若干问题的综合调查报告》,上报国务院知青工作领导组。 (《附录·大事年表》,第293页)

同月(10月),省委对省知青领导小组的负责人进行了调整,由省委书记赵雨亭任组长,任映伦、籍步庭、田礼太、袁美莲、申显云、李荣槐为副组长,领导小组也扩大为18个部、委、厅、局。

(《附录·大事年表》,第293页)

(1979年)1月4日,全省知青工作会议结束。这次会议从1978年12月23日开始,跨年度召开,由省委常委、知青工作领导组组长赵雨亭主持。各地、市、县分管领导、知青办主任、劳动局长和省直属部、委、厅(局)、大型厂矿分管知青工作的负责人,共480人出席。会议集中学习中发〔1978〕74号文件,传达贯彻全国知青工作会议精神:调整上山下乡政策,逐步缩小动员范围;改变安置办法,不再搞分散插队;在城市广开就业部门,放宽回城限制。省委第一书记王谦、第二书记罗贵波、常委卜虹云出席会议。 (《附录·大事年表》,第294页)

5月,插队知青洪毓安、乔晋湘、银宏、夏志刚、范强等联名向国务院副总理兼国务院知青领导组组长王任重写信,表示继续留在农村,想在省五七干校的基础上试办农工商联合企业。王将此信批给省委书记王谦,省委领导在8月16日专门听取了知青们的陈述,并经省革委讨论同意,将省五七干校(地处交城县,包括土地两千亩)移交给知青试办知青农工商综

317

合场,作为安置分散插队知青和省直机关知青的基地。经过筹备,该场于 12 月正式开办,先后安置 600 多人,曾被评为省先进单位,出席 1983 年 8 月召开的全国就业先进表彰会。

(《附录·大事年表》,第 294 页)

8 月 21 日至 23 日,省委常委、副省长武光汤,省委常委、秘书长韩洪宾主持召开全省安置城镇待业人员工作汇报会。会议研究城镇待业人员的安置工作,讨论制定了安置知青粮食补差、税收减免、提取管理费、领取营业执照、资金和设备、工资和劳保福利待遇等有关政策。会议还议定各级知青机构一律不动,今后任务主要放在安置城镇青年方面。

(《附录·大事年表》,第 294—295 页)

12 月 28 日,山西省榆次经纬纺机厂青年农场受到国务院嘉奖,为全国知青场队获此殊荣的三个单位之一。

截至年底,山西省先后累计接纳上山下乡知青 314 195 人(其中安置北京、天津等外省市知青 51 133 人)。

(《附录·大事年表》,第 295 页)

(1985 年)3 月,已在山西分配工作的原北京部分知青回京上访,要求返京。他们在北京市政府门前静坐数日,最多的一天达 300 多人。

(《附录·大事年表》,第 301 页)

《山西通志·党派群团志》

山西省史志研究院编,中华书局 2000 年

知识青年上山下乡运动

1968 年 12 月 22 日《人民日报》报道甘肃省会宁县部分城镇居民到农村安家落户,并在编者按中引述了毛泽东的指示:"知识青年到农村去,接受贫下中农的再教育,很有必要。要说服城里干部和其他人,把自己初中、高中、大学毕业的子女,送到乡下去,来一个动员。各地农村的同志应当欢迎他们去。"从此,知识青年上山下乡在全国展开。

中共山西省委动员山西广大青年响应毛泽东"知识青年到农村去"的号召,到 1969 年,全省有 6 万余名知识青年上山下乡插场插队。"文化大革命"期间,中共山西省委连续几年共动员安排本省和外省、市知识青年 28 万人上山下乡。

中共十一届三中全会以后,中共中央发布了关于继续做好上山下乡知识青年工作的指示。中共山西省委根据中央指示,开始着手解决上山下乡知识青年回城、就业和生活等问题。1979 年 1 月初,省委常委开会讨论研究了上山下乡知识青年工作。1 月 9 日,省委转发省知识青年上山下乡工作组《关于贯彻全国知识青年上山下乡工作会议精神,继续做好知青

工作方案》。《方案》下发后,经各级党委和政府认真贯彻,上山下乡知识青年的回城、就业、生活等问题逐步得到解决。   (第一编第二章《中共山西地方组织的主要活动》,第 91 页)

《山西通志·政务志·政府篇》
山西省史志研究院编,中华书局 1999 年

本年(1977 年),省革委系统共有机构 50 个,其中一级局 37 个,二级局 13 个。其中有些机构虽有编制,但未单列;有的一个机构,两块牌子。共有编制 4 332 人,行政 3 334 人,事业企业 998 人,具体情况如下:

……知识青年上山下乡办公室,20 人……   (第三编第一章《行政机构》,第 347 页)

1978 年,省革委系统共有机构 55 个,其中一级局机构 44 个,二级局机构 11 个。

……知识青年上山下乡办公室,25 人……   (第三编第一章《行政机构》,第 348 页)

在解决京、津知青的上访中,山西组织了"好儿女志在四方汇报团"到北京、天津讲演,在本省部分地市巡回讲演,并制定政策,注重解决实际问题,给京、津知青家属 3 127 人解决了"农转非"问题,为 878 人解决了夫妻两地生活的困难,给 754 人调整了工作,给 724 人安排了住房。   (第三编第七章《信访》,第 617 页)

(1975 年)4 月 3 日,省革命委员会知识青年上山下乡办公室、团省委、省文化局联合举办"山西省知识青年上山下乡事迹展览"。   (《附录·大事年表》,第 662 页)

(1980 年)9 月 9 日,省知识青年领导组及其办公室并入省劳动局。对外仍保留领导组办公室名称。   (《附录·大事年表》,第 665 页)

《山西通志·政法志·审判篇》
山西省史志研究院编,中华书局 1998 年

对一些未婚青年在恋爱中发生的不正当两性关系以"奸污迫害女知识青年"或"强奸"论罪科刑。例如,长子县商业局食品公司职工张建新,于 1971 年 7 月与插队的一个天津女知识青年相识,在自由恋爱过程中,互通情书,并多次发生两性关系。在女知青家属提出控告后,长子县人民法院于 1974 年 9 月以"奸污迫害女知识青年罪"判处张建新徒刑 10 年。朔县福善庄公社安子大队社员郭开有于 1968 年 12 月与插队的一个北京女知识青年自由恋

爱。1969年4月，双方自愿订了婚，并于同年7月20日进行结婚登记。婚后，女方嫌生活不好，回京探亲。双方在1969年订婚后至结婚前的3个多月期间中，曾发生过两性关系。1970年6月，朔县军管组对郭进行刑讯逼供，并以所谓"诱骗"、"强奸"、"逼婚"、"虐待"等事实，判处郭开有无期徒刑。此案经复查查明原判事实纯属虚构。

（第三章《刑事审判》，第128页）

《山西通志·教育志》

山西省史志研究院编，中华书局1999年

中共山西省委在批转省委文教部贯彻执行《国务院批转教育部〈关于加强中小学教师队伍管理工作的意见〉的具体实施办法》中对民办教师的选拔管理提出了如下意见：民办教师要选拔政治思想好、作风正派、热爱党的教育事业、实际具有高中文化程度和一定的工作能力、身体健康的回乡、插队知识青年及复退军人担任。选用时应坚持本人自愿报名与学校、社队推荐相结合，对自愿报名者，社队不应阻拦。 （第十五章《教师》，第858页）

《山西通志·新闻出版志·广播电视篇》

山西省史志研究院编，中华书局1998年

60年代以来，陆续调入山西台任播音员的有20余人，大部分来自北京插队知识青年，少数是县和部队、工厂的播音员。 （第一章《无线电广播》，第25页）

《山西通志·大事记》

山西省史志研究院编，中华书局1999年

（1960年12月）2日，《山西日报》报道：山西青年标兵赵世爱、杨春生等12人响应河北省青年标兵邢燕子向全国青年发出的竞赛倡议书，在全省发起比志气、比干劲、比革新、比学习、比贡献为主要内容的五比竞赛运动。 （第433页）

（1963年8月）31日，省城集会欢送首批中学毕业生到农牧场安家落户。 （第449页）

（1965年1月）8日，全省上山下乡知识青年和农村复员退伍军人积极分子代表会议在太原召开，参加会议的代表共1 140余名。省委书记处书记王大任作《知识青年要吃大苦、耐大劳,沿着革命化、劳动化的道路前进》的报告,省委第一书记陶鲁笳、团省委副书记李林广、副省长刘开基均到会讲话。会议向全省知识青年和青年复员退伍军人发出《当社会主义革命派,促农业生产新高潮的倡议书》。会议于 19 日结束。 （第 459 页）

（1966 年 2 月）26 日,省人民委员会批转省安置城市下乡青年领导小组关于《山西省1966 年城市下乡青年安置计划》,决定本年全省动员 4 800 名城市知识青年下乡插队,安置外省 2 100 名知识青年到农村插队。 （第 464 页）

（1968 年）在毛泽东主席关于"知识青年到农村去"的号召下,大批城镇知识青年插队落户。其中在山西插队的本省知青 6 023 人,北京知青 35 676 人,天津知青 2 034 人。

（第 483 页）

（1969 年）全省有 6 万余名知识青年上山下乡插场插队。 （第 487 页）

（1970 年 6 月）14 日,全省首届上山下乡知识青年学习毛泽东思想积极分子代表大会于7 日在太原召开,历时 8 天,参加会议的代表 4 000 多人。 （第 489 页）

（1972 年 9 月）14 日,太原市本年首批 800 余名知识青年到农村插队。 （第 499 页）

（1973 年 8 月）17 日,省委召开全省知识青年上山下乡工作会议。会议通过《山西省知识青年上山下乡初步规划和若干问题的试行办法》（草案）。 （第 503 页）

（12 月）22 日,《山西日报》报道:几年来,先后有 8 万多名北京、天津和本省的知识青年到本省农村插队落户。 （第 504 页）

（1974 年 5 月）3 日,《山西日报》报道:1 月至 4 月,全省各地已有 11 000 多名应届中学毕业生到农村插队。 （第 505 页）

（1975 年 10 月）23 日,《山西日报》报道:1975 年元月至 10 月,全省 3 万多名知识青年到农村插队落户。 （第 511 页）

（1976 年 5 月）29 日,省委召开全省上山下乡知识青年农业学大寨积极分子会议,1 190人出席会议。会议于 6 月 8 日结束。 （第 514 页）

《太原市志(第五册)》

安捷主编,山西古籍出版社 2007 年

1966 年—1976 年,按太原市规定,新成长起来的高、初中毕业生,除一户留城一名青年外,其余都要上山下乡,城市劳动工作的重点是做好知识青年上山下乡工作,同时根据生产需要统一组织安置留城青年和闲散劳动力。

1979 年—1980 年,大批知识青年由农村返城,城市待业人员达 10 万余人,待业率达 12%。

(卷二十五第三章《劳动》,第 714 页)

知青安置

1963 年 11 月,市人委成立太原市知识青年上山下乡办公室。同年,动员城市待业青年到国营农林牧副渔插场(开始时按招工办法),先后动员 2 861 人到忻定农牧场、朔县马场、伍兴湖渔场等地插场。1964 年后,开始动员知识青年到农村人民公社生产大队插队,至 1970 年共动员 4 066 名知识青年上山下乡插队落户。1970 年下半年,由太原警备区负责,在南城、北城、河西 3 城区组织待业青年 8 000 余人,成立了 3 个铁路建设兵团,开赴繁峙、代县一带,参加北京—原平(即京原线)山西段的铁路建设。该兵团组织形式军事化,实行供给制,统一着装。1971 年,动员了 60 人上山下乡。1972 年,动员了 1 950 人上山下乡。同年,铁路建设兵团战士全部返城参加工作。1973 年,知识青年上山下乡进入高潮,全年动员 1.23 万人上山下乡。1974 年—1977 年,动员知识青年 5.65 万人上山下乡,其中 1976 年达到 2.32 万人。

1978 年,国家对知识青年的安置作了调整,由上山下乡为主,转变为"四个面向",即进学校、上山下乡、支援边疆、城市安排。特别提出,城市应该开辟新的领域和新的就业渠道;逐步缩小上山下乡范围,有安置条件的城市,不搞上山下乡,即使上山下乡,也不再到农村社队搞分散插队,可以搞集中的知青插队;对已下乡的知识青年,要以"国家关心、负责到底"的精神,切实做好安置工作。据统计,至 1979 年 6 月,全市先后动员 8 万余名知识青年上山下乡,其间因招工、招生、征兵和其他特殊原因批准回城的有 6.10 万余人。1980 年 8 月,国家规定将在此之前已下乡尚未安排工作的知识青年的户、粮关系,除了自愿留在农村的外,全部迁回城市。到 1980 年底,太原市通过大办集体经济、创办劳动服务公司等途径,将知识青年全部妥善安置。

(卷二十五第三章《劳动》第 715—716 页)

《太原市小店区志》

小店区志编纂委员会编,山西人民出版社 2009 年

(1970 年)12 月,太原市 487 名知识青年先后到南郊区 13 个公社的 64 个大队插队落户。

(第一编《大事记》,第 20 页)

(1980 年)1 月,南郊区的插队知识青年,从 1968 年至 1980 年累计达 2 204 人,国家拨知青经费 1 000 万元。

(第一编《大事记》,第 22 页)

《古交志》

古交市地方志办公室编,山西人民出版社 1996 年

1969 年始,国家号召知识青年上山下乡,至 1980 年累计有 2 035 名知识青年(大部分来自太原),来本区插队落户,至 1983 年因招工、参军、升学而迁出。

(卷三第二章《人口变动》,第 81 页)

1969 年下半年,知识青年开始来本区插队落户,区知识青年上山下乡办公室负责安置工作。至 1980 年,共接收插队知识青年 2 310 人。除本区的 275 人和从外地转插本区的 134 人外,其余均来自太原城区。1978 年 10 月,根据中共中央(1978)74 号文件转发的《国务院关于知识青年上山下乡若干问题的试行规定》,对插队知识青年进行了统筹安排。至 1983 年 5 月,招工 1 727 人,其中区内招工 346 人;大专院校和中等专业学校录取 176 人;参加中国人民解放军 153 人;返原籍 197 人,其中回古交镇 8 人;转插外地 35 人;其他 22 人。至此,知识青年上山下乡工作基本结束。

(卷十第七章《劳动人事》,第 336 页)

(1969 年)11 月 4 日,太原市的知识青年开始来本区农村插队落户。

(《大事记》,第 661 页)

《太原市南城区志》

太原市南城区志编纂委员会编,红旗出版社 2000 年

1969 年 9 月以后,陆续成立 8 个街道公社革命委员会。当时在"左"倾路线影响下,街道工作主要以"阶级斗争为纲",抓清理阶级队伍,"评法批儒",学唱"样板戏",动员知识青年上山下乡等政治运动代替了居民工作。

(第二编《街道》,第 16 页)

1966 年,动员知识青年"上山下乡"支援农村,致全区总人口出现负增长。

(第三编第一章《规模 变动》,第 53 页)

1963 年,中共中央向全国知识青年发出"面向工矿、面向农村、面向基层、面向边疆"的号召。1964 年,党中央和国务院作出动员城市知识青年参加农村社会主义建设的决定。

1965 年,区成立知识青年上山下乡安置办公室,动员 400 名知识青年插场插队,其中,插队 170 名(榆次 50 名,阳曲 20 名,郊区 100 名),插场 230 名(农牧场 20 名,果树场 10 名,太原良种场 6 名,郊区良种场 5 名,省农科院 8 名,东留果树场 10 名,太原林场 171 名)。1965 年,太原市安置办公室又下达动员安置 420 名城市知识青年插队插场计划,实际完成了动员安置 168 名的任务。"文化大革命"开始后,知识青年上山下乡工作一度处于停顿状态。1968 年 10 月后继续动员知识青年上山下乡,有近万名城镇知识青年上山下乡"接受贫下中农的再教育"。1980 年 5 月太原市公安局、劳动局、粮食局、知识青年上山下乡办公室联合发出关于解决 1976 年底以前下乡青年户粮问题的联合通知后,上山下乡知识青年全部返城,工作得到妥善安置。

(第十三编第三章《劳动管理》,第 552 页)

(1965 年)8 月 26 日至 28 日,召开南城区第五届人民代表大会第四次会议。大会号召全区人民充分认识上山下乡工作的重大意义,教育下一代,服从国家需要,上山下乡参加农村建设。

(《大事记》,第 892 页)

(1969 年)11 月 25 日,太原市革命委员会在五一广场召开欢送 1 040 名知识青年上山下乡奔赴农村插队,接受贫下中农再教育大会。全市有 16 万人参加了欢送大会。

(《大事记》,第 895 页)

《太原市北城区志》

太原市杏花岭区地方志编纂委员会编,中华书局 2002 年

1973 年知识青年上山下乡,北城区人口再一次出现负增长,减少 451 人。

(第二编第二章《人口变动》,第 88 页)

1970 年为解决插队返城知识青年和城市待业青年的就业问题,由政府组织驻地大型企业划拨资金、场地和设备等生产资料,并由企业抽调一部分管理人员和技术人员,组织待业青年从事为本单位生产服务的集体企业,与当时的街道"五七"工厂结合,逐渐组成街道劳动服务公司,当年发展到 75 个,年产值 300.24 万元,职工 1 万余人。

(第四编第二章《区属工业》,第 224 页)

中共十一届三中全会后,落实政策人员和大批知识青年返城,北城区大力发展第三产业。

(第十二编第二章《劳动》,第 452 页)

知识青年上山下乡 1955 年起,国家提倡城市知识青年上山下乡,但未提具体要求。1963 年开始,市政府对这项工作采取有计划、有组织的动员和安排,到 1966 年全区累计有 1 278 名应届高、初中毕业生到农村落户。1968 年 12 月 22 日毛泽东主席发出"知识青年到农村去,接受贫下中农的再教育,很有必要"的指示。1969 年 5 月政府对知识青年插队落户制定了政策规定。1969 年至 1972 年全区插队落户的知识青年总数为 1 800 余人。1972 年区革委会成立知识青年上山下乡办公室,专门负责此项工作。1973 年市政府将知识青年插队落户作为就业分配任务,规定从 1973 年起到农村的知识青年每人补助 500 元;到国营林场、农场插队的每人补助 400 元。从此,知青上山下乡人数每年保持在 5 000—7 000 人左右。到 1976 年全区上山下乡知识青年达到 12 378 人。1978 年全区知识青年上山下乡、插队落户累计达到 41 240 人。

北城区部分年份知识青年上山下乡统计表　　　　　　单位:人

项目 \ 年度	1963	1964	1966	1970	1971	1972	1973	1974	1975	1976	1977	1978	合计
小计	28	267	983	726	62	1 060	7 028	6 683	5 600	12 378	5 569	856	41 240
插场	28	53	626	2	—	—	241	438	249	1 065	294	—	2 996
插队	—	214	357	724	62	1 060	6 787	6 245	5 351	11 313	5 275	856	38 244

1979 年起,知识青年上山下乡工作停止,政府陆续对上山下乡知识青年进行安置。1982 年根据政策规定,除极少数在农村安家落户外,绝大多数已返城安置工作。翌年,撤销知识青年上山下乡办公室,遗留工作移交区劳动局。知识青年的插队年限,就业后折工龄计算。

(第十二编第二章《劳动》,第 453—454 页)

《太原市河西区志》

太原市万柏林区地方志编纂委员会编,中华书局 2006 年

1969 年—1979 年国家号召知识青年上山下乡,河西区有 11 514 人分别陆续安置到清徐、阳曲等郊县插队落户。

(第二编第二章《人口变动》,第 58 页)

知识青年上山下乡

1949 年后,城市人口逐年增加,为缓和城市就业问题,城市高中、初中毕业的知识青年可以到农村插队落户,但未提具体要求。

1963 年党中央和毛泽东主席向全国城镇青年发出"面向工矿、面向农村、面向基层、面向边疆"的号召。太原市政府开始采取有计划、有组织的动员和安排,到 1964 年河西区动员

首批城市知识青年共 147 人下乡插队,参加社会主义新农村建设。其中到晋祠王郭生产大队插队 25 人,南城角插队 31 人,大宁县插队 35 人,岢岚县插队 25 人,山阴县马场插队 15 人,五台县林场插队 10 人,河阳林场插队 6 人。1965 年河西区政府成立河西区安置城市下乡青年办公室,又动员了 125 名知识青年分别到太原林场、太原果树场、山西省农科院试验场、太原农牧场、太原良种场插场插队从事农业劳动。另外,有 70 人分别到晋源、南城角、晋祠王郭生产大队插队。

1968 年 12 月,毛泽东主席提出"知识青年到农村去,接受贫下中农的再教育,很有必要"的指示。河西区从 1970 年—1979 年,除符合规定身边留一个子女或因病残留城 13 352 人外,先后动员了 11 614 名知识青年上山下乡。其中 1970 年上山下乡插队 12 人,1971 年 146 人,1972 年 612 人,1973 年 1 561 人,1974 年 1 629 人,1975 年 2 234 人,1976 年 3 689 人,1977 年 1 413 人,1978 年 193 人,1979 年 75 人。将他们分别安置到清除县、阳曲县、古交区、娄烦县和南郊区、北郊区 100 多个点上插队落户。1978 年开始,城市招工主要招收上山下乡知识青年。

1979 年知识青年上山下乡工作停止,政府陆续对上山下乡知识青年在城乡广开门路安置,除在国营农、林、牧场安置 72 名插场青年外,主要靠驻区各厂矿、街道办事处兴办小集体企业安排。1979 年全区共审批厂办厂管小集体 47 个,安置了插队和待业青年 6 449 人,街道办街道管的小集体 32 个,安置了插队返城知青 425 人。1980 年上山下乡知识青年全部返城,他们的工作都得到适当安排。从 1980 年以后,城市青年就地安置就业,不再下乡插队落户。

(第十三编第三章《劳动》,第 329—330 页)

1966 年河西区举办了"劳动后备力量讲习所",进行上山下乡教育,通过培训教育动员 165 名知识青年上山下乡插场、插队。"文化大革命"开始后,知识青年上山下乡培训工作一度处于停顿状态。

(第十三编第三章《劳动》,第 333 页)

《太原市南郊区志》

太原市南郊区志编纂委员会编,生活·读书·新知三联书店 1994 年

(1970 年)12 月,太原市知识青年 487 名,先后到 13 个公社的 64 个大队插队落户。

(卷一《大事记》,第 35 页)

(1980 年)11 月,本区的插队知识青年,从 1968 年至今累计已达 22 042 人,国家拨知青经费 1 000 万元。

(卷一《大事记》,第 40 页)

"文化大革命"期间,就业门路越来越窄,待业劳力越来越多,城镇待业青年开始到农村插队落户,称"知识青年上山下乡"。1970—1980 年,共接收外地知识青年 1 820 人来本区插队落

户。在此期间,通过全民所有制、集体所有制单位招工及参军、升学等渠道,陆续安置了一大批知识青年。1982 年按国家政策办理回城,未得到安置的插队知识青年回城待业。本区待业青年尚有 2 590 人。

1970—1980 年知识青年上山下乡统计表

年度	人数	年度	人数	年度	人数	年度	人数
1970	132	1973	989	1976	8 825	1979	152
1971	65	1974	1 854	1977	2 989	1980	61
1972	125	1975	2 043	1978	785		

1980 年,区待业青年安置工作领导组成立,统筹负责待业安置。除对遗留的插队知识青年回城就业及长期在农村安家落户的已婚知识青年全部转为市民并安置外,对少数丧失劳动力或犯有过失、劳动教养过的知识青年也做了妥善安置。

(卷十七第一章《劳动》,第 530—531 页)

《太原市北郊区志》

太原市尖草坪区委史志馆编,中华书局 2006 年

(1968 年)10 月,城市知识青年在区域内农村下乡插队劳动。　　(《大事记》,第 27 页)

知识青年安置　1970 年,区"五七"办公室成立,管理上山下乡插队落户的干部和知青。70 年代,全区每年至少有 2 000 余名知青插队落户,1976 年达 5 454 名,1980 年计 18 978 名。插队落户者大多来自市第十三中学、第十四中学、第十五中学的毕业生,市十三冶金公司、新华、兴安、西山矿务局、重机和市铁路轨枕厂等单位的职工子女及北京、天津、黑龙江、内蒙、云南等地的知识青年。主要在全区各个自然村(队)及区办良种场、果树场、新华农场等落户接受劳动锻炼。

在此十年中,区劳动局通过全民所有制单位和集体所有制单位招工,参军以及升学等渠道陆续安置插队知青。到 1980 年底,除少数在农村已婚安家、丧失劳动能力和劳动教养过的知青转为市民户口并作安置外,多数知青回城就业。1981 年,知青上山下乡插队落户终止。

(第十七编第二章《劳动》,第 600 页)

《太原教育志》

《太原教育志》编纂委员会编,山西人民出版社 1996 年

在各类企事业单位大量精简调整的形势下,城市大批初高中毕业生无法安排,按照中央

规定,组织他们离开城市上山下乡插场插队。由于几年来广泛组织学生勤工俭学,参加工农业生产劳动,培养了劳动观点,养成了劳动习惯。同劳动人民有了一定的感情,所以在动员组织青年上山下乡工作中进展顺利,到1963年共有2 000余名城市知识青年响应党的号召,到农村插场插队。　　　　　　　　　　　　　　　　（第十二章《勤工俭学》,第252页）

　　1963年至1965年期间,动员城市不能升学的中小学毕业生下乡插场插队,进行劳动锻炼,形成热潮。对家在农村的中小学毕业生,教育他们安心从事生产劳动并积极参加农村业余学校学习。

　　"文化大革命"初期,学校停止招生。1970年对城区中学毕业生统一安排到工厂就业,1973年以后,动员不能升学的中学毕业生下乡接受贫下中农再教育,插队劳动锻炼。

　　粉碎"四人帮"后,工厂恢复正常生产,开始大量招工,执行"三结合"的就业方针,城区中小学毕业生经过考试被工厂录用,插队知识青年绝大部分回城就业,有的参加街道和本单位的就业培训班后陆续安排就业。　　　　　　　　　　（第十三章《教师与学生》,第286页）

　　本年(1968年),全市城镇知识青年上山下乡,插队落户。　　　　（《大事记》,第440页）

　　(1969年)12月,全市大批知识青年和学生上山下乡,插场插队。（《大事记》,第440页）

　　(1971年)2月9日,市革委决定,选调250名高中插队知识青年,充实农村各县区教师队伍。　　　　　　　　　　　　　　　　　　　　　　　　（《大事记》,第441页）

　　(1973年)10月29日,市革委发出通知,要求全面开展农民业余教育,尽快完成扫盲任务,搞好上山下乡和回乡知识青年的业余学习。　　　　　　　（《大事记》,第441页）

《阳曲县志》

阳曲县志编纂委员会编,山西古籍出版社1999年

　　1972年,知识青年上山下乡,有1 345名知青到县内落户,后陆续招工离境。
　　　　　　　　　　　　　　　　　　　　（第三编第一章《人口规模》,第107页）

　　1972年之后,形成以城镇待业青年和插队知青为主的统包统配就业制度,除职工退休可顶替一名子女,或矿山井下等特殊工种外,不允许从农村招工。70年代末期,通过劳动部门介绍,自愿组织,全县成立起22个青年集体企业,安置待业青年125人。1981年,阳曲县插队知青1 345人全部安置完毕,其中县内安置28人。　　（第十一编第二章《劳动管理》,第358页）

《清徐县志》

清徐县地方志编纂委员会编,山西古籍出版社 1999 年

70 年代,由于大批城市知识青年下乡插队,安排知识青年返城就业就成为劳动部门的主要任务之一。从 1970 年到 1983 年的 14 年内,县招工就业共计 14 814 人,其中,为太原市属厂矿企业等单位招工 11 253 人,为本县厂矿企业招工 3 561 人。劳动力来源:插队知识青年 12 403 人,复员转业军人 273 人,留城知识青年 362 人,农村劳动力 835 人,多年在各厂矿企业单位的合同工、临时工转为正式工者 941 人。在这 14 年内招工较多的年份是:1975 年 2 581 人,1976 年 3 413 人,1978 年 1 665 人,1979 年 2 195 人,1980 年 1 558 人。

(卷十六第二章《劳动》,第 533 页)

知青安置

1949 年后,城镇人口逐年增加,为缓和城市就业问题,城镇高、初中毕业的知识青年到农村插队落户,从 60 年代后期就开始了,但人数不多,大多为太原市的青年,本县插队的很少。1970 年政府加强了城市知识青年到农村插队落户工作,县成立了知识青年插队落户办公室,专管此项工作。从 60 年代末到 1972 年底,全县有插队青年 1 899 人,其中,由太原市来的 1 785 人,由其它城市来的 83 人,本县青年插队的仅 31 人。1973 年起,插队落户的知识青年猛增,当年到本县农村插队落户的知识青年就达到 4 740 人,为城市知识青年插队最多的一年。截至 1980 年,历年在本县农村插队落户的知识青年共计 15 934 人,其中,太原市来的 14 782 人,其它城市来的 481 人,本县城镇青年插队的 671 人。1980 年以后城市青年就地安排就业,不再下乡插队落户。

为解决知识青年初到农村在生活和生产上遇到的困难,政府拨专门经费给予补助,其中包括房屋修建费、生产工具和生活用具购置费以及第一年的生活补助费。从 1973 年开始到 1983 年 11 年内,共拨知青经费 5 999 101 元,人均 376.5 元。

城镇知识青年在农村插队劳动二三年后,即可通过各种渠道返回城市就业或升学,插队和回城交叉进行,有来有去。1983 年统计,全县插队知识青年返回城市的共计 15 886 人,其中,招工就业的 12 403 人,考入大学、中专或技工学校学习的 782 人,参军的 738 人,通过其它渠道返回城市就业或自谋职业者 1 963 人,留在农村长期落户的仅有 5 人。

(卷十六第二章《劳动》,第 534 页)

《娄烦县志》

山西省娄烦县地方志编纂委员会编,中华书局 1999 年

1969 年始,北京,太原等地有 987 名知识青年来境内插队落户,1983 年以后,知识青年

及其家属先后陆续迁出。

（第三编第一章《人口》，第 152 页）

　　1971 年 5 月建县后，机构设置增加，人员编制相应增多，原有职工远远不能满足需要。于是在全县范围内录用干部，招收工人，其对象包括上山下乡知识青年、在乡知识青年、复员退伍军人。

（第十七编第二章《劳动人事》，第 482 页）

　　本县需要安置的就业人员有三类，一类是上山下乡知识青年及城镇待业青年，一类是复员、转业、退伍军人，一类是大、中专院校毕业生。

　　从 1969 年开始至 1978 年底，娄烦境内共接收上山下乡知识青年 987 人，其中女性 396 人。这些青年来自北京、四川、河南及省城太原和本县城镇，其中以省城太原居多。他们是响应毛泽东主席关于"知识青年到农村去，接受贫下中农的再教育，很有必要"的号召，离开城市来到娄烦插队落户的。年龄在 17—24 岁之间，文化程度为初中毕业和高中毕业，初中毕业生占绝大部分。这些青年在娄烦农村插队劳动的期限一般为 3 年，期间在农村劳动中，与贫下中农同吃、同住、同劳动，为改变娄烦山区贫穷落后的面貌做出了贡献。有的被招聘为教师、干部，有的在本地结婚生子，成为本县的一名劳动成员，至今仍留在娄烦山区。他们插队落户的生产队一般来说当时条件都比较好，当地党组织和群众对他们关心爱护，很多知识青年在插队期间都能受到教育，得到锻炼，为他们以后的工作和学习打下了坚实的基础。到 1980 年，这些青年都得到了安置，有 95％回城或留城，3％被招工、招干，2％考入大专院校或参军。

（第十七编第二章《劳动人事》，第 483 页）

　　1971 年建县前，境内干部总数 378 人。建县后，干部需求量大增，除从外地调入部分外，大部分干部来自本县。其来源是在乡知识青年、上山下乡知识青年、复员、转业、退伍军人、大专院校毕业生。

（第十七编第二章《劳动人事》，第 483—484 页）

《大同市志》

大同市地方志编纂委员会编，中华书局 2000 年

第三章　知识青年上山下乡

　　1961 年 8 月 28 日，大同市精简办公室主持举办的第一期支援农业会计、统计训练班（学员来自市、区属中学应届毕业生）结业，共 123 人，分配到郊区农村担任会计、统计和记工员。稍后，全市又有 104 名（中学毕业生 58 人，技校毕业生 46 人）城镇知识青年被安置到国家农、牧场参加劳动，两批共 227 人。1964—1965 年，全市共有 538 名知青被安置到市奶牛

厂、金沙滩农牧厂等 12 个单位安家落户;安置到周士庄公社西羊坊等 55 个生产队集体插队的共 1 511 人;安置到市属社队办集体企业的共 484 人。

1968—1969 年底,全市安置到农村插队落户的城镇知青共 10 016 人。其中,安置到阳高、天镇等雁北 10 个县的共 6 287 人;安置到古城区、口泉区、城区农村生产队的共 1 758 人;安置到外地的 1 886 人;成户插队的共 28 户 85 人。

1961—1981 年的 20 年中,全市共有 48 482 名(不含外地转来的)城镇知识青年到农村(场)安家落户。其中,1972 年以前 10 701 人,1973—1981 年 37 781 人。

1982 年初,除 2 名知青自愿务农、不愿返城以及转到外地的外,全市所有插队知识青年回城安排工作。至此大同市上山下乡知识青年安置办公室撤销,历时 20 余年的知识青年上山下乡工作结束。

《大同市知识青年上山下乡情况一览表》。(见本书第 332 页表)

(《劳动人事》第二篇第三章《知识青年上山下乡》,第 1781—1782 页)

(1964 年)3 月 27 日,市委、市人委发出《关于动员和组织知识青年参加农村社会主义建设的通知》,市成立安置办公室和领导小组。于 8 月初 60 名知青首批到农村插队。9 月 9 日又有 135 名知青下乡插队。 (《大事记》,第 2052 页)

(1966 年)4 月 8 日,中共大同市委"关于 1966 年动员城市青年和社会闲散劳动力下乡上山工作"称,1965 年动员下乡上山青年 1 710 名,1966 年动员安置任务 900 名,本市安置200 人,其余由雁北和军垦农场安置,凡 16—45 岁身强力壮,能参加体力劳动的男子无业人员和未升学的应届毕业生、退伍兵均为动员对象。 (《大事记》,第 2054 页)

(1968 年 9 月)全市知识青年上山下乡工作进入"高潮",到 1969 年 1 月底,此工作基本结束,全市 1966、1967、1968 三届高、初中毕业生和社会青年 10 916 人中,除工业、财贸战线安置 2 900 人外,其余全部到农村安家落户。 (《大事记》,第 2058 页)

(1973 年)10 月,大同市委、市革委组织第一批上山下乡知识青年带队干部 200 余名,分赴南郊区、新荣区各社队担任带队工作。 (《大事记》,第 2062 页)

12 月 22 日,本市又有 3 000 名知识青年到农村插队落户。后连续三次动员知青上山下乡。 (《大事记》,第 2062 页)

(1980 年)11 月 10 日,大同市委召开会议,欢迎本市最后一批知识青年带队干部归来。从 1973 年起,本市抽调 8 批计 5 000 名带队干部下乡带队。 (《大事记》,第 2069 页)

（本表上接本书第 311 页）

大同市知识青年上山下乡情况一览表

单位：人

年度	年末人数			在乡人数 本年安置人数			转入插队			小计			离乡人数 离开农村人数			其中						转外地的人数			小计			年底在乡插队人数		
	人数	男	女	人数	男	女	人数	男	女	人数	男	女	人数	男	女	招工	升学	参军	退城	死亡	其他	人数	男	女	人数	男	女	人数	男	女
1972年前	10 701	5 931	4 770							10 701	5 931	4 770	9 950	5 760	4 190										9 950	5 760	4 190	751	171	580
1973	751	171	580	6 274	3 808	2 466	109	57	52	7 134	4 036	3 098	413	210	203	250	147		9		7	5	3	2	418	213	205	6 716	3 823	2 893
1974	6 716	3 823	2 893	3 866	1 806	2 060	35	14	21	10 617	5 643	4 974	838	433	405	716	42	33	42	3	2				838	433	405	9 779	5 210	4 569
1975	9 779	5 210	4 569	8 675	3 088	5 587				18 454	8 298	10 156	2 631	1 488	1 143	2 150	429	35		8	9	166	91	75	2 797	1 579	1 218	15 675	6 719	8 938
1976	15 657	6 179	8 938	9 219	5 468	3 751	179	75	104	25 055	12 262	12 793	7 619	3 699	3 900	7 272	25	263	50	9		23	9	14	7 642	3 708	3 934	17 413	8 554	8 859
1977	17 413	8 554	8 859	4 659	2 855	1 804	125	57	68	22 197	11 466	10 731	6 169	2 751	3 418	6 062	18	28	35	10	16	55	30	25	6 224	2 781	3 443	15 973	8 685	7 288
1978	15 973	8 685	7 288	3 079	1 982	1 097	194	87	107	19 246	10 754	8 492	4 891	3 777	1 114	4 013	530	253	78	11	6	104	56	48	4 995	3 833	1 162	14 215	6 921	7 330
1979	14 251	6 921	7 330	321	153	168	29	10	19	14 572	7 074	7 498	10 244	4 569	5 675	9 876	158	153		8	49				10 244	4 569	5 675	4 328	2 505	1 823
1980	4 328	2 505	1 823	1 269	872	397				5 626	3 387	2 339	3 972	2 183	1 789	3 705	247		16		4	15	8	7	3 987	2 191	1 796	1 639	1 196	443
1981	1 639	1 196	443	419	108	311				2 058	1 384	754	1 969	1 266	703	1 418	51	500							1 969	1 266	703	89	38	51
1982													89	38	51	89														

《大同矿务局志》

《大同矿务局志》编纂委员会编,山西人民出版社 1996 年

1972—1975 年,固定职工从农村招收 1.09 万名(包括上山下乡知识青年),从城镇招收 9 750 名,安置复员、转业、退役军人 189 名,分配大学、中专、技校学生 322 名,外单位调入 1.03 万名……

1976—1980 年,固定职工从城镇招收 7 790 名,从农村招收 1.64 万名(包括上山下乡知识青年),安置复员、转业、退役军人 478 名,分配大学、中专、技校学生 1 585 名,临时工转为固定工 478 名,由外单位调入 1.36 万名,其他来源 274 名。　　　(第二篇第一章《队伍》,第 29 页)

"六五"期间,集体企业对招转的插队青年进行了定级和升级,调整了大集体职工工资,并对商业人员进行了靠级。1982 年,集体企业根据晋劳字(1979)第 192 号文件《关于下乡知识青年招工后工资待遇问题的通知》,对 1979 年 9 月—1980 年 12 月 31 日招收的 6 897 名大集体职工进行了定级。　　　(第八篇第二章《集体经济》,第 304 页)

《大同市南郊区志》

《大同市南郊区志》编纂委员会编,中华书局 2001 年

是年(1968 年),本区接收各地知识青年插队落户 570 余人。　　　(《大事记》,第 34 页)

(1975 年)8 月,成立知识青年良种场(现南郊区中心实验站)。　　　(《大事记》,第 36 页)

(1977 年)9 月 20 日,中共中央副主席叶剑英,在省委第一书记王谦的陪同下,参观了云冈石窟,并视察了云冈公社知青创业队。　　　(《大事记》,第 37 页)

(1979 年)4 月 27 日,云冈知青创业队插队青年李世杰和赵家小村公社墙框堡大队妇代会主任禾玉莲被全国妇联命名为全国"三八红旗手"。　　　(《大事记》,第 37 页)

《大同市矿区志》

大同市矿区志编纂委员会编,山西古籍出版社 2005 年

知青商店

70 年代末,在城镇待业知识青年渐多、就业难的情况下,为安置待业青年就业,解决商、

饮、服务网点之不足,本区陆续在新平旺、口泉地区及口泉、云冈两条沟峪内的大同矿务局各大煤矿居民区片办起大集体性质的知青商店和知青饮食业。所需资金由组建单位自筹或银行贷款解决。知青商店国家给予倾斜优惠政策,开业 3 年内,银行贷款不计利息,经营收入免税。在本区办起的知青商店多为综合柜组,主要零售烟酒、副食和居民生活日用百货。饮食服务业主要以家常便饭为主,并有花样不多的炒菜。1977 年全区有知青商饮业、服务业网点 12 个,从业人员 80 人。1984 年发展到 27 个网点,从业人员 607 人。80 年代中期后,随着改革开放的深入,个体、私营商饮业的兴起并蓬勃发展,集体知青商业受到很大的冲击。1988 年,知青商业网点减少到 17 个,从业人员减少到 282 人。到 1997 年,知青集体商业网点基本消失。

(第八编第一章《商业体制》,第 267 页)

为解决(城镇青年就业难)这一矛盾,从 1968 年起,贯彻中央政策,遵照毛泽东主席关于"知识青年到农村去,接受贫下中农再教育"的号召,实行城镇知识青年"上山下乡",插队到农业生产第一线"接受再教育"的劳动锻炼。从 1970 年起,按照国家关于城镇知识青年就业安置政策,开始逐年落实"上山下乡"经劳动锻炼的知识青年,离乡返城镇的安置就业工作。"插队"知青中,有录用为国家干部的,有升学的,有参军的,有招为固定工的。到 1982 年初,绝大部分"插队"知青返回城镇,得到妥善安置。

1978 年 10 月,知识青年"上山下乡"政策停止执行,城镇知识青年除部分考试升学外,对待业者由劳动部门直接安排工作。
(第十二编第二章《劳动》,第 389 页)

新中国建立后,随着经济的发展,国家机关、行政事业单位人员逐年增加,工商企业数量逐渐增多,生产规模逐步扩大,国家采取招工的形式,使职工队伍逐渐壮大。国家招工来源的渠道主要有:……

(三)上山下乡知识青年返城安置,安置上山下乡知识青年返城到全民或集体企业就业始于 1970 年,止于 1982 年初……
(第十二编第二章《劳动》,第 389 页)

(1968 年)9 月,知识青年上山下乡"插队"工作进入高潮。全区 1966—1968 年三届高、初中毕业生和社会待业青年除工业、财贸系统安置外,其余全部到农村"插队"落户。

(《大事记》,第 721 页)

(1973 年)9 月 11 日,大同市矿区知识青年上山下乡领导组成立。　(《大事记》,第 723 页)

《大同县志》

大同县史志研究室编,方志出版社 2005 年

1971 年后,由于中等教育事业发展比例失调,结构不合理,造成了师资严重不足,"文化

大革命"期间分配的大专毕业生寥寥无几,中学师资来源全靠层层抽调,全县社办高中教师一半以上从初中抽调,初中教师又都是抽调原来的小学教师造成小学师资严重不足,因而只好从回乡知识青年中大量吸收民办教师。　　　　　　(第十六编第五章《教育管理》,第 432 页)

(1964 年)4 月,大同县成立安置和接收知识青年上山下乡领导小组。

(《大事记》,第 674 页)

(1973 年)9 月 6 日至 11 日,大同县召开知识青年工作会议。是年,先后在大同县插队的知识青年有 1 317 名。　　　　　　　　　　　　　　　(《大事记》,第 677 页)

《阳泉市志》

阳泉市地方志编纂委员会编,当代中国出版社 1998 年

(1964 年)9 月 26 日,阳泉市首批知识青年赴寿阳县南寺庄、草沟两村插队落户。

(《大事记》,第 45 页)

(1968 年)12 月 29 日,全市 410 名城市知识青年奔赴市郊农村插队落户。

(《大事记》,第 48 页)

从 1972 年开始,采用"群众推荐,民主评议,领导同意,劳动部门审批"的办法,在下乡知识青年及留城青年中进行有计划地招工。至 1980 年底,先后有 4 186 名下乡知识青年和1 079名留城青年被招工录用。　　　　　(第十三卷第八章《劳动管理》,第 805 页)

阳泉解放后,师资来源主要有如下几条渠道:……二是依靠社会招聘,其中有未升学的高、初中毕业生(50 年代还招收过高小毕业生)、下乡插队的知识青年和社会闲散知识分子;……　　　　　　　　　　　　　　　(第十九卷第一章《教育》,第 1123 页)

《阳泉发电厂志(1938—1990)》

《阳泉发电厂志》编纂委员会编,中国电力出版社 1996 年

1978 年 10 月,全国知青上山下乡工作会议结束后,国务院于 12 月在知青上山下乡若干问题的试行规定中指出:"调整政策,对知青要集中安置,不再分散插队。"在此之前,从1973 年 11 月起至 1977 年间,电厂曾有五批计 59 名知青先后到市郊王家庄村插队落户,

"接受贫下中农的再教育"。1978年5月,插队知青统一由市政府召回安置就业。其中,30名知青(职工子女)回厂安置。 （第六篇第一章《组织形式》,第171页）

《阳泉市城区志》

阳泉市城区地方志编纂委员会编,山西古籍出版社1997年

1973年至1977年间,知识青年上山下乡迁往乡村的4 597人,占全部非农业人口迁出的65%。 （第二编第一章《人口变化》,第23页）

1975年始,"上山下乡"知青陆续回城,使城市待业人员逐年增多。针对此种情况,本区采取多渠道的方法予以安排就业。一方面,向市属各企业输送待业人员介绍就业;另一方面,在区直各企业中,通过扩大生产规模和组建新企业吸收待业人员就业。在1975年至1979年的5年间,共安置城镇集体所有制工人1 181人。1980年8月,中共中央、国务院召开全国就业会议,制定了"在全国统筹规划和指导下,实行部门介绍就业、自愿组织起来就业和自谋职业的三结合就业"方针。为此,本区成立了劳动服务公司,组建了各种知青企业。各街道办事处也纷纷发展各种小型企业,把大批回城青年和城镇待业人员介绍到这些知青和街办企业中工作,从而有效地缓解了城区就业的紧张局面。 （第八编第七章《劳动管理》,第199页）

《阳泉市郊区志》

阳泉市郊区地方志编纂委员会编,中华书局1999年

(1968年)12月29日,全市410名知识青年到境内插队落户。 （《大事记》,第28页）

(1970年)年内共有1 205名知识青年在本区7个公社37个大队插队落户。 （《大事记》,第29页）

上山下乡

1969年,本区农村接受知识青年集体插队总人数为650人,分布在9个人民公社的20个生产大队。即:上章召、下章召、东南昪、大洼、南杨家庄、北杨家庄、神峪、牛家峪、矾窖、上千亩坪、下烟、辛庄、南垴、火石岩、南沟、驼岭头、下白泉、上白泉、东落菇堰、韩庄。至1978年底,知青点增加到119个,有来自北京、天津、内蒙古及本市、本区的知识青年共7 100人。1976年6月,本区设立上山下乡知识青年办公室,负责办理知青回城安置工作,至1980年

结束。主要安置去向为招工 6 745 人,招生、入伍、转干等 355 人。1979 年,根据中央和省的有关政策规定,不再动员城镇知识青年上山下乡。　　　（第十五编第二章《劳动》,第 479 页）

《阳泉市矿区志》

阳泉市矿区地方志编纂委员会编,中华书局 1999 年

对城镇初、高中毕业生实行四个面向:即学校深造,上山下乡,支援边疆或留城工作。对国营企业事业单位,按国家批准的增人计划及原定人数内补充自然减员的需要,招收具备条件的待业人员参加工作,并适当扩大女职工比例。1972 年以后,调整了知识青年上山下乡政策,以安置返城就业为主,至 1980 年底,安置 3 600 名知青就业。其时,集体所有制经济,服务性行业大力发展,各级劳动服务公司相继建立,劳动就业渠道拓宽。1979 年区内集体小型企业建有 125 个,服务业 190 个,就业人员 13 892 人。全国劳动就业会议后,在国家统筹规划指导下,实行劳动部门介绍就业、自谋职业和自愿组织生产三结合就业方针。矿区政府先后设立有关经济部门和劳动服务公司,指导和调控街道办工业生产规划、技术改造、上新项目等有计划发展生产。这一时期城镇就业的观念和渠道也有了改变,支持、兴办自负盈亏厂、店和发展街道办集体企业,鼓励扶持城镇个体经济。安置对象以城乡知青,国营、集体企业的职工子女,街道办事处就业人员为主。　　（第十二编第三章《劳动》,第 370—371 页）

《长治市志》

长治市地方志编纂委员会编纂,海潮出版社 1995 年

(1965 年)8 月 20、21 日,专区、市安置办公室在火星机械工业学校、长治一中分别举行大会,欢送第 1 批(57 名)下乡插队知识青年。　　　　　（《大事记》,第 920 页）

(1973 年)9 月 28 日,市委、市革委在市体育场召开有 6 000 余人参加的大会,欢送 1973 年首批(412 人)知识青年到农村插队落户。　　　　（《大事记》,第 923 页）

《长治市城区志》

长治市城区志编委会编,陕西人民出版社 1999 年

1978 年 9 月,成立城区计划委员会劳动科。1981 年 5 月,劳动科扩编为城区劳动局,开

始独立办公。1985年1月区劳动局与知青办公室合署办公,仍挂两块牌子。

(第七编第十二章《劳动管理》,第268页)

历年培训安置知青及其他就业人员表

年度＼项目	培训人数		安置就业人数
	人数	其中知青人数	
1985	173	93	102
1986	351	72	72
1987	104	80	286
1988	147	130	127
1989	102	102	105
1990	73	73	131
1991	74	74	210
1992	114	114	114
1993	214	214	88
1994	111	87	87
1995	400	400	346
1996	83	83	83

(第七编第十二章《劳动管理》,第269页)

(1977年)3月15日,中共城区区委发出通知,动员境内规定范围内知识青年"上山下乡"劳动锻炼。　　　　　　　　　　　　　　　　　　(《大事记》,第486页)

《长治县志》

长治县志编纂委员会编,中华书局2003年

同月(1969年2月),天津、北京等城市知识青年到本县南呈、林移、小宋、北坡等村插队落户,接受贫下中农再教育。　　　　　　　　　　　　　(《大事记》,第40页)

(1977年)3月25日,本县知识青年上山下乡欢送大会在县招待所新礼堂召开,有上千名历届初高中毕业生赴农村插队落户。　　　　　　　(《大事记》,第41—42页)

本县就业培训,最早开始于20世纪80年代初,当时为安置返城知识青年和城镇待业青

年,举办了各种培训班,培训结业后,劳动部门安排就业。培训内容包括会计、电工、机械、识图等,培训形式为劳动部门直接培训、企业定向培训等。

(第十三编第五章《劳动管理》,第 425 页)

《天镇县志》

山西省天镇县县志办公室编,山西教育出版社 1997 年

1968 年始有北京市知青 501 人,大同市知青 248 人,及本县非农户知识青年共 2 371 人,分别到 14 个公社 75 个大队插队落户。在安排插队落户的同时,每年安置一部分人员升学、参军、就业。1969 年安置工人 11 人,参军 3 人。1970 年安置就业、参军 59 人。1971 年安置工人 247 人,参军 12 人。1972 年安置工人 283 人,升学 36 人。1974 年就业 108 人,升学 40 人。1975 年安置 167 人。1976 年就业 205 人,参军 3 人,升学 7 人。1977 年就业 191 人,升学 15 人。1978 年 10 月起,按国务院规定,城镇知青不再上山下乡。1980 年底,除 113 人因病或困难等特殊原因提前返城,144 人迁往外地外,全部迁离农村,予以安置。

(第十三编第一章《人事》,第 678—679 页)

是月(1964 年 8 月),本县首次召开全县回乡知识青年代表会议。

(《大事记》,第 1068 页)

是月(1968 年 10 月)初到 11 月底,北京、大同 276 名和本县 129 名知识青年分别到马家皂、南河堡、东沙河等公社安家落户,插队劳动。

(《大事记》,第 1071 页)

(1969 年)1 月 10 日,全县第二批共 539 名插队知识青年,分别到 14 个公社 68 个大队插队落户。

(《大事记》,第 1072 页)

是月(3 月)31 日,召开全县插队知识青年活学活用毛泽东思想积极分子代表大会。

(《大事记》,第 1072 页)

《灵丘县志》

灵丘县志编纂委员会编,山西古籍出版社 2000 年

1972 年本县成立"知识青年上山下乡办公室",负责动员安置本县的知识青年到农村插队落户劳动就业。到 1979 年先后安置知识青年 370 名,给每个知青每年投资 500 元,先后

拨款 20 万元。本县第一年设置大北地、大涧两个点,安置知青 30 名。每个点盖集体宿舍 10 间,在生产队参加劳动。以后又定了燕家湾、高家庄、大作、作新、西福田、刘庄、西庄等 7 个点,先后建了集体宿舍,生产队供给口粮,与社员同工同酬。1978 年 10 月,国务院规定县以下城镇知识青年不再列入上山下乡范围,到 1980 年底,原插队知青全部离开农村。

(第十九编第二章《劳动人事》,第 495 页)

(1957 年)春季,全县有 44 名青年参加青年垦荒队,赴内蒙狼山县垦荒,家属 221 人随迁。

(第二十九编《大事记》,第 823 页)

(1972 年)7 月,县成立"知识青年上山下乡办公室",负责动员安置本县的知识青年到农村插队落户。

(第二十九编《大事记》,第 829 页)

《怀仁县志》

怀仁县志编纂委员会编,中国工人出版社 1992 年

(1968 年)10 月,本县接收来自北京、大同及本县城镇知识青年 1 500 名,分别安置在鹅毛口、赵麻寨等 49 个大队插队落户。

(《大事记》,第 17 页)

知青就业 1965 年,本县首次安置城镇知识青年 84 人到农村插队落户。次年,有 17 名知青插队。1968 年接收北京、大同插队知识青年 1 352 人,本县城镇高、初中毕业生 425 人亦到农村插队落户。1972 年到农村插队落户的知青 12 人。1973 年至 1978 年,本县有 996 名城镇知识青年先后到农村插队落户。1965 年至 1978 年,共有 2 874 名知识青年在本县农村插队落户。从 1970 年起,对插队知识青年分批安置就业,到 1972 年 10 月,插青参加工作 597 人,参军 46 人,升学 101 人,转插外地 392 人,返原籍 35 人,死亡等 3 人,共有 1 177 名插青离村。此后,逐年占用部分招工指标,安置插青就业,到 1980 年,全部安排就业。

1975 年至 1981 年,陆续安置 125 名知识青年到金沙滩农牧场、雁北林科所等单位插场就业。

1979 年,县成立了创业队,小峪煤矿成立了知青农林场,安置 158 名知青插场(队)就业。

近年来,随着城镇人口的急剧增长,待业知青逐渐增多。1980 年起,县政府除引导待业青年自谋职业外,组建知青网点安置就业。1981 年组建了知青门市部、知青饭店等 17 个城镇新集体企业,安置了 191 名待业青年就业。1982 年,全县有待业青年 1 182 人,除劳动部门介绍就业 306 人外,城镇 36 个新集体企业安置 251 人就业,有 1 人自谋职业。到 1985

年,本县城镇新集体企业发展到 71 个,陆续安置 1 298 名待业青年就业,自谋职业的个体劳动者 3 859 人。 （第三编第六章《民政》,第 339—340 页）

《山阴县志》

山西省山阴县地方志编纂委员会编,中国华侨出版社 1999 年

1969 年 2 月,北京的 481 名知青到山阴城、合盛堡、薛圐圙、下喇叭、玉井等公社的 23 个大队插队落户。 （第三编第二章《人口变动》,第 80 页）

50 年代初从朔县师范分配第一批毕业生开始,以后每年有一批简师、速师、初师、中师、高师毕业生充实教师队伍。因师资不足,又从回乡知识青年中选聘民办或代课教师,经过几年教学实践、择优录用为公办教师。 （第十三编第四章《教学管理》,第 290 页）

1957—1978 年,全县招工 4 132 人,对象为农村青年、城镇上山下乡知青、复转军人等。

（第十九编第二章《人事》,第 396 页）

(1969 年)2 月 10 日,北京 481 名知青来县插队落户。 （《大事记》,第 622 页）

(1970 年)7 月,召开全县上山下乡知识青年活学活用毛泽东思想积极分子代表大会,出席代表 380 余人。 （《大事记》,第 622 页）

(1988 年)5 月 10 日,刘源(刘少奇之子)等原插队知青集资 20 余万元,为第二故乡白坊村建希望学校(1992 年落成剪彩)。王光美题写"雁杰希望小学"校名。

（《大事记》,第 626 页）

《平鲁县志》

平鲁县志编纂委员会编,山西人民出版社 1992 年

知青安置

1968 年开始,县组织城镇知识青年到农村安家落户,劳动就业。到 1977 年先后有 496 名高、初中毕业生,到前沙城、上水泊、中钟牌、担子山、八十道洼、泉子坡、上窑、西石湖等生产大队插队落户。政府为他们提供了劳动工具、建筑材料、学习书籍、生活用品、文娱器材等,并派有经验的农民帮助他们管理生产与生活。

1978 年改插队为插场,到 1978 年共有 100 名知识青年到县国营林场和矿柱林场插场就业,其中国营林场 63 人,矿柱林场 37 人。

1978 年,国务院规定县以下的知识青年不再列入上山下乡的范围,原插队的青年,到 1979 年全部返城,除 56 人自谋职业外,其余都分配了工作,得到安置。其中到国营或集体企事业单位就业的 403 人,升学 37 人。插场青年在一年后,也全部招为国家正式职工。

1980 年,贯彻执行了"在国家的统筹规划和指导下,实行劳动部门介绍就业与自愿组织就业结合"的方针,由县劳动服务公司(原称知青安置办公室)组织,单位配合,广开就业门路,到 1985 年城镇待业青年全部安置就业。1980 年到 1985 年共安置待业青年 1 436 人,其中安置在国营厂矿、企事业等单位的 481 人,集体单位的 244 人,升学的 56 人,参军的 39 人,自行组织从事商业、服务业的 616 人。　　　　　　(卷十第三章《劳动人事》,第 242 页)

(1968 年)11 月,县根据毛泽东主席发表的"知识青年到农村去"的号召,开始将城镇知青安排到农村插队。全县先后有 557 名知青到担子山、钟牌等生产队插队劳动。

(卷二十《大事记》,第 495 页)

《右玉县志》

《右玉县志》编纂委员会编,中华书局 1999 年

(1968 年)10 月 3 日,右玉县首批 144 名城镇知识青年下乡接受贫下中农再教育。11 月初,大同矿务局一中 300 多名知识青年来本县插队落户。　　　　　(《大事记》,第 63 页)

(1973 年)6 月 25 日至 29 日,县委召开五届四次全委(扩大)会议。会议传达了中共中央关于召开"十大"和做好插队青年工作的指示。　　　　　　　(《大事记》,第 68 页)

知青就业　　1965 年 8 月,大同市知识青年 300 人到本县水保队插队劳动。1968 年 10 月,本县首次安置城镇知识青年 144 人到农村插队安家落户。11 月,大同矿务局一中学生 300 人到农村插队。其后,从 1970 年到 1978 年,先后又有 466 名高、初中毕业生到农村插队。知青插队点有高墙框、赵官屯、黄土坡、宛家庄、马莲滩、蔡家屯、双扣子、油坊村、杨千河、海子湾、黑洲湾、北草场、消息屯、马官屯、汉泥沟、董半川、小马营等生产大队。国家对知识青年到农村插队落户给予了必要补助,各有关生产大队也给予了大力支持,经过多方努力,较好地解决了他们的住房、生活、学习、医疗、娱乐等方面的问题使他们能够安心接受劳动锻炼。

1976 到 1978 年,又有 62 名知识青年到县国营林场插场就业。

1969 年开始,本县插队知识青年,陆续离开农村。1978 年,国务院规定县以下的知识青年不再列入上山下乡的范围,县委对原插队青年进行了重新安置。到 1979 年底,安排工作340 人,返回原籍 35 人,参军 27 人,推荐和考入各类学校的 56 人。此后,逐年占用部分招工指标,安置插队知识青年就业,到 1981 年底,全县插队知识青年全部安排完毕。是年安排99 人,同时,插场青年在几年中也逐渐全部招为国家正式职工。

(卷十一第五章《劳动 人事》,第 507 页)

1964 年,全面贯彻落实了党中央和毛主席关于培养无产阶级革命接班人的重要指示,在深入宣传,打通思想,提高认识的基础上,全县从上到下层层制定了培养接班人的近期规划和长远规划。并经过全面考察,严格选拔,当年提拔副局长级干部 45 名,平均年龄 21.5岁。此外,还从农村在乡知识青年中吸收借干 77 名,补贴制干部 26 名,分别充实到"四清"工作队和公社领导班子中。
(卷十一第五章《劳动 人事》,第 509—510 页)

《阳高县志》

郭海主编,中国工人出版社 1993 年

(1968 年)冬,先后有北京市 600 多名、大同市 925 名知识青年分赴阳高各地插队落户。
(《大事记》,第 32 页)

知青安置 1964 年 3 月,本县成立"安置城镇知识青年下乡领导小组",动员和组织城内初中以上毕业的青年下农村插队劳动。当年共动员 120 人,到南徐 80 名,到康窑 40 名。1966 年夏"文化大革命"开始。这批知青有的回乡自寻出路,有的出嫁,未作统一安置。

1968 年底,遵照毛泽东关于"知识青年到农村去"的号召,全国开展"上山下乡"活动。本县于 12 月接受北京知青 640 名,大同铁中知青 925 名,连同本县动员上山下乡的共 2 120人。北京知青分布在许家园、杨家堡、柳林、平山、管家堡、七墩、罗文皂、太平堡、谢庄、下富寨、潘寺、北徐屯、纪家庄、马庄、姚庄、谢家屯、新孙仁堡、守口堡、燕家堡、高山屯、大白登、小白登、周官屯、四百户、后营、上吾其、下吾其、西中殿、贾峰、东中殿、王官屯、范窑、重兴镇、高墙框、随士营、金庄、滴滴水、桥头、官庄、东阁老山、西阁老山等 41 个大队。大同铁中知青全县南北均有,加上本县知青,共有 200 多个知青点。各地对他们的吃住予以妥善安置,并有专门的领导小组经常进行教育引导,派专人组织知青学习和劳动。

知识青年下乡的实践远违背号召的初衷,在农村并未受到大的教育。相反,给知青本身、给生产队集体、群众、国家均造成不良影响和后果。有的因此而堕落,有的葬送青春。1977 年6 月 19 日中午,在孙家港插队的二青年到水库游泳,同时溺水,当村人发现后,已经死亡。

知识青年插队后,从 1970 年就开始自寻门路回城,1973 年县革委成立知识青年上山下乡办公室,在领导小组的领导下负责知青管理和回城安置。北京知青和大同知青到 1976 年大部分回城安置适当工作,少数女知青和当地农民结婚,只好留下。以后,本县为女方及其家属转非农业户口,并安排适当工作。

因就业机会少,到 1980 年,还有本县知青点 157 个,直至农村实行责任制时,才全部安置完毕。

(《劳动、人事、民政·劳动就业》,第 556 页)

《广灵县志》
山西省广灵县县志编纂委员会编,人民出版社 1993 年

(1968 年)10 月,大同市知识青年 33 人来本县插队,分别安排在张庄、莎泉,庄头 3 个大队。

(《大事记》,第 21 页)

12 月 21 日,成立安置办公室,负责知识青年的管理教育工作。 (《大事记》,第 21 页)

知青商业
从 1981 年起,为安排城镇待业青年,各单位相继开设一批集体性质的商业网点,初由县知识青年上山下乡办公室管理,1982 年,归劳动服务公司管理。资金由组建单位自筹、劳动服务公司拨款和银行贷款解决。开业 3 年内,贷款不计利息、免税。1985 年,有网点 42 个,知青 222 人。至 1990 年底网点基本消失,人员绝大部分正式就业。

(商业篇第一章《网点》,第 271—272 页)

《浑源县志》
山西省浑源县县志编纂委员会编,方志出版社 1999 年

1974 年 6 月,侦破并逮捕了强奸女插队青年案犯靖伟。

(卷十六第二章《公安》,第 428 页)

1970 年,县军管小组审判重大刑事案犯 5 名,其中……4 月 8 日,判处强奸插队女青年犯薛日亮(龙洼大队社员)死刑;…… (卷十六第四章《审判》,第 446 页)

1975 年时,劳力就业人数又恢复到 1960 年时的水平。与此同时,随着军转干部的增多、插队青年的返城和城镇待业青年的增加,劳力就业安置问题日趋紧张。为此,县人民政

府责成劳动主管部门采取多种措施,拓宽就业门路,妥善安置了军转干部和插队返城知识青年,使他(她)们积极投身到本县的经济建设第一线之中。对于城镇待业青年的就业问题,1980年以后,本县根据"在国家统筹规划和指导下,实行劳动部门介绍就业,自愿组织起来就业和自谋职业相结合"的精神,待业青年由劳动服务公司(原县知识青年安置办公室)登记组织,各有关用人单位积极配合,为他们广开就业门路,最高潮时的八十年代末至九十年代初,本县劳动服务集体企业发展至100多家,年均安置待业人员800余名。

(卷十八第二章《劳动》,第 511 页)

(1964 年)7 月 21 日,山西《火花》杂志刊载文章,介绍浑源县荞麦川公社山阴山大队回乡知识青年刘品扎根山区、建设山区的事迹。

8 月 20 日,《山西日报》发表《誓叫穷山变新颜》文章,详细介绍刘品的先进事迹。随即,中共雁北地委、中共浑源县委分别发出《通知》,号召全区、全县广大青年学习刘品扎根山区建设山区的革命精神,上山、下乡建设社会主义新农村。

(《大事记》,第 968 页)

(1965 年)4 月,全县再度掀起学习刘品的高潮。

(《大事记》,第 968 页)

(1968 年)11 月底,北京、大同的城市知识青年 400 多名,响应毛主席的号召,到本县农村插队劳动,接受贫下中农的再教育。

(《大事记》,第 970 页)

1969 年 1 月,县落实毛主席有关知识青年插队问题的指示,认真解决插队知识青年的生产、生活等问题。

(《大事记》,第 970 页)

(1972 年)7 月,县革委发出《关于初、高中毕业生下乡插队落户动员工作的通知》。规定城镇初中、高中毕业生除已升学的外,其余全部动员到农村插队落户,并把前两届毕业生中的社会青年一起动员插队落户。

(《大事记》,第 971 页)

《应县志》

应县志编纂委员会编,山西人民出版社 1992 年

从 1968 年开始,劳动就业的一项主要任务是安置城市知识青年就业。是年,全国各地动员知识青年到农村插队落户,应县成立了知识青年安置办公室,后称知识青年上山下乡办公室,负责动员并安置知识青年上山下乡插队落户。安置形式大体有五:一、建立知青点(最多时曾设点 31 个);二是插到农、林、牧场安家落户;三是零散插队,或投亲靠友,或回老家下

户;四是城户插队,即市民户全家转农户插队;五是办知青厂。从 1966 年到 1980 年,15 年共安插外地和本地知识青年 1 454 人。

国家对知识青年到农村落户给予必要的补助,各社队也给以大力支持。1968 年到 1980 年,国家拨给应县知识青年的安置费共 59 万多元,分配木料 110 多方,全县各社队也支援了大量的劳力和建筑材料,为插队插厂知识青年修建房屋 4 340 多平方米。国家还送给他们许多农用机械,为他们购置了不少的学习、生活以及医疗用具、文体器材。

从 1969 年开始,插队知识青年陆续离开农村,1978 年 10 月,国务院规定:县以下城镇的知识青年不再列入上山下乡范围,县委即对原插队知识青年重新进行了安置,到 1980 年底,全部迁离农村,分配了工作。其中,转为国家干部和固定工的有 907 人;参加中国人民解放军的有 71 人;考入各类学校的有 123 人;迁往外地的 318 人。还有个别自谋职业的。

1980 年以后,根据"在国家统筹规划和指导下,实行劳动部门介绍就业,自愿组织起来就业和自谋职业相结合"的精神,知识青年由劳动服务公司(原县知识青年办公室)登记组织,各有关用人单位积极配合,为他们广开了就业门路。到 1984 年底,全县知识青年参加集体企业的有 130 人,搞个体工商户的 15 人,做临时工的 170 人,待业的尚有 408 人。1985 年,安排待业青年 45 人。　　　　　　　　　　(卷十二第五章《劳动人事》,第 393—394 页)

(1964 年)4 月 3 日,县委、县人委根据地委"关于动员和组织城市知识青年参加农村社会主义建设的通知"的精神,成立了安置城市知识青年下乡领导组。　(《大事记》,第 736 页)

《朔县志》

朔县志编纂委员会编,山西古籍出版社 1999 年

(1964 年)3 月,以县劳动局为主,组成知识青年上山下乡办公室,进行宣传动员知识青年到农村劳动锻炼,全县开始有两批知识青年插队落户。

(二十一《限外辑要·大事记》,第 549 页)

(1968 年)10 月,从北京、太原、大同等城市来朔县插队落户的知青 1 059 名,本县城镇知识青年有 921 人。从 1972 年到 1980 年,陆续对插队知识青年进行安置工作。

(二十一《限外辑要·大事记》,第 551 页)

是年(1972 年),废除升学考试,实行推荐选拔制度。朔县 51 名经过二年劳动锻炼的知识青年被推荐选拔入大专院校。　　　(二十一《限外辑要·大事记》,第 552 页)

（1976年）9月，学习"朝农经验"，在一无教师、二无设备的条件下"先上马、后备鞍"，于马邑滩开办朔县农业大学。从回乡初、高中青年中招生200名，设农林、水利、机电、畜牧4个专业。学生进校后，自己动手修建了校舍和教室，上课时间不到三分之一，1978年毕业后全部实行社来社去。　　　　　　　　　（二十一《限外辑要·大事记》，第552—553页）

（1980年）12月，从1964年开始到1978年末，朔县组织动员本县城镇知识青年2 402名，接收安置大同市知青421名，北京市知青632名，共计3 455名（其中女1 495名），分别在全县16个公社、56个大队插队落户，劳动锻炼。自1971年陆续通过招工、升学、参军和病困、退转迁等途径，到1980年全部离开农村。　　（二十一《限外辑要·大事记》，第554页）

《左云县志》

左云县志编纂委员会编，中华书局1999年

到（1968年）11月底，左云先后接收大同矿二中、大青窑中学、北京女三中、十三中等学校知识青年901名，在农村插队落户，接受贫下中农的再教育。同时，成立知青办公室，负责知青的管理和教育工作。　　　　　　　　　　　　　　　　　（《大事记》，第29页）

1968年起，实行城镇知识青年"上山下乡"，到农业生产第一线去，接受再教育的劳动锻炼。1969年县革委成立安置城镇知识青年下乡领导组，后改称知识青年安置办公室，至1976年先后有1 955名非农业户口的知识青年分期分批安置于农村（其中大同矿二中303名，北京市女三中等校560名，本县1 058名）。这批劳动就业安置的对象，于1970年按照国家关于知识青年安置政策，先后录用为国家干部30名，升学248名，参军86名，招为固定工1 559名，98.2%的知识青年得到安置。

1978年10月，知识青年上山下乡政策停止执行，城镇知识青年除部分考试升学外，对待业者由劳动部门直接安排工作。　　　　　　　（第十六编第二章《劳动》，第643页）

《左云县志（1991—2003）》

左云县地方志编纂委员会编，方志出版社2005年

（1968年）11月底，大同矿二中、大青窑中学、北京女三中、北京十三中、北京三十七中和北京华嘉中学880名知识青年到左云县插队落户。　　　　　　（《大事记》，第9页）

《忻州地区志》

《忻州地区志》编纂委员会编，山西古籍出版社1999年

知识青年上山下乡，是60年代、70年代，城乡并举的就业方针。忻县地区从1964年至1982年共接待安置知识青年13 485人，其中北京市8 500人，太原市500人，本区4 485人。1978年中共十一届三中全会后，陆续安排回城工作，至1983年底全部安排完毕。

(第十一编第九章《劳动管理》，第581—582页)

《忻县志》

山西省忻州市地方志编纂委员会编，中国科学技术出版社1993年

(1963年)8月17日，首批17名城镇知识青年，下乡插队落户，参加农业生产。

(《大事记》，第35页)

(1968年)9月16日，北京中学毕业生首批700名来忻插队。同时，本县66、67两届中学毕业生中的165名城市知识青年，亦到农村集体插队落户，参加农业生产。

(《大事记》，第38页)

(1974年)12月17日，北京市知识青年慰问团首次来忻，对1968年以来来忻插队落户的2 341名北京知识青年进行慰问。 (《大事记》，第40页)

"文化大革命"期间，知识青年开始插队下乡。1968年12月—1979年底，共下放知青4 613人(其中有忻县到农村插队落户的2 148人)，其中支边31人。1970年10月起，对下放知青与城镇待业青年分批安置就业，到1979年底全部安排完毕，其中有病退回城229人，困难回城97人，死亡5人。 (第十四编第六章《劳动人事》，第408页)

《代县志》

代县地方志编纂委员会编，书目文献出版社1988年

(1968年)11月，来自北京、天津、太原及本县知识青年先后到农村插队，1972年至1979年底陆续安排就业。 (第一卷《大事记》，第25页)

《五台县志》

五台县志编纂委员会编,山西人民出版社1988年

是年(1966年),太原市城区知识青年五百三十余人下放到五台山林场落户。

(第七编《大事记》,第711页)

是年(1968年),北京市知识青年四百二十人来本县农村插队落户。

(第七编《大事记》,第712页)

《静乐县志》

静乐县志编纂委员会编,红旗出版社2000年

本年(1968年),北京及本县大批知识青年先后到农村插队劳动,接受贫下中农再教育。

(《大事记》,第32页)

(1974年)3月3日,欢送城镇知识青年上山下乡大会在县城礼堂召开;38名知识青年分赴段家寨、黑汉沟等地插队。

(《大事记》,第34页)

最早安排待业青年的机构是县知识青年办公室(简称知青办),1968年成立,至1972年11月该单位共接收北京插队知识青年193人,本县插队知识青年215人,全部分布在汾河沿岸村庄,主要有西河沟、上店、神峪沟、王村、木瓜山、段家寨等地。经一段时期的劳动锻炼后,陆续以招工形式在本县工业厂矿、商业企业予以就业安置。其中193名北京知青至1981年,有8人参军,13人升学,16人病转,17人转外地工作,1人病亡,其余138人均在本县办招工手续。1982年,县知青办撤销,业务归县劳动局。

(卷十一第九章《劳动管理》,第329页)

《保德县志》

保德县志编纂办公室编,山西人民出版社1990年

从1968年开始,城镇知识青年到农村插队,安家落户。到1977年,改插队为插场。从1978年起,对知识青年和城镇待业青年分批安置就业,到1985年共安置1 270人。

年份 \ 项目	待业青年数	安置就业数	其　中					
			国营职工	集体职工	个体户	参军	上学	自谋职业
1978		55	54			1		
1979		121	97	24				
1980	210	133						
1981	218	117						
1982	407	199						
1983	473	173	37	5	31	6	20	74
1984	539	314	32	107	20	19	5	131
1985	395	158	46	82	7	17	6	

（卷十五第五章《劳动人事》，第 246—247 页）

《河曲县志》

河曲县志编纂委员会编，山西人民出版社 1989 年

（1968 年）11 月 6 日，321 名北京知识青年到河曲插队落户。　（《大事记》，第 29 页）

《神池县志》

神池县志编纂委员会编，中华书局 1999 年

1968 年，百余名北京知识青年响应中共中央主席毛泽东"知识青年到农村去，接受贫下中农再教育"号召，来本县插队落户，从 1968 年到 1978 年，本县籍 435 名城镇户口初、高中毕业的待业青年到农村插队。　（卷十一第二章《劳资管理》，第 224 页）

（1968 年）12 月，北京知识青年来本县东湖、虎鼻、太平庄等村插队落户，"接受贫下中农再教育"。至 1970 年 5 月，先后来县插队知青共 105 人。　（《大事记》，第 572 页）

《原平县志》

原平县志编纂委员会编，中国科学技术出版社 1991 年

北京知识青年在原平插队落户

1968 年 9 月 14 日，毛泽东号召"知识青年到农村去，接受贫下中农的再教育"。同年 10

月至 1970 年初,北京知识青年 2 448 人,先后分四批到原平县插队。原平县知识青年安置办公室及时地将他们分别安置在阎庄、王家庄、原平、解村、西镇、大林、崞阳、大营、大芳、薛孤等 10 个公社的 79 个大队安家落户。1973 年至 1980 年 7 月,本县知识青年 2 000 余人也分期分批地安置到农村插队落户。这些知识青年在农村同广大干部和群众一起,同吃、同住、同劳动,在艰苦的条件下,经受了考验和锻炼。不少知识青年曾经担任了大小队干部,有的当了赤脚医生和民办教师,有的被选拔为县、社干部。还有 75 名北京知识青年与本县青年结婚成家。

1972 年,根据上级指示,逐步安排知识青年就业,到 1979 年底,除因疾病和家庭困难先后转回北京 300 余人外,所有在原平插队的北京知识青年已全部安排了工作。本县知识青年经过插队劳动锻炼的也大部分得到安置就业。

(第二十七编第七章《"文化大革命"时期》,第 627 页)

(1964 年)8 月 31 日,中国共产主义青年团原平县委召开回乡知识青年代表会议,到会代表 700 人。

(《大事记》,第 679 页)

《繁峙县志》

繁峙县地方志编纂委员会编,今日中国出版社 1995 年

(1968 年)12 月,396 名北京知识青年到繁峙插队落户。　　(第一卷《大事记》,第 31 页)

《定襄县志》

定襄县志编纂委员会编,中国青年出版社 1993 年

(1968 年)11 月 11 日,北京知识青年 350 人来本县农村插队落户。数日后,又来 439 人。

(《大事记》,第 25 页)

知识青年安置

1968 年,本县城镇知识青年开始上山下乡插队落户。1969 年,接收北京等城市插队知识青年 841 人,安排在 10 个公社 40 个生产大队落户(其中季庄公社在邱村成立插队知识青年集体创业队),参加农业生产劳动。自 1971 年始,对插队知识青年进行招工安置,是年安置 254 人。到 1983 年,共安置外地插队知识青年和本县待业青年 1 316 人。此后 2 年又安置待业青年 891 人,外地插队知识青年全部给予安置。　　(卷十四第二章《工人》,第 363 页)

《岢岚县志》

岢岚县志修订编纂委员会编，山西古籍出版社1999年

1966年4月，本县开始组织动员39名初中、高中毕业的城镇知识青年，分别到宋家沟、田家湾、寺沟会等大队插队劳动锻炼。自此始，至1979年全县共有8批385名知识青年下乡务农。在县知青领导小组的统筹安排下，大体分为3种安置形式：①是到林场插场。从1976年到1978年，先后有76名知青分别插入水门、羊圈沟、三井等林场。②是建立知青点。1975年在胡家滩建立城关公社"五·七"农场知青创业队。先后共有147人到此点参加集体劳动。③是分散插队，分别在城关、店坪、宋家寨、焦山等社队建立了知青点。有相当一部分知青到这些社队插队落户。国家和社队对知识青年做了必要的扶助，拨发知青安置费，购置建筑材料、各种农用机械、文体器械等设备。

历年来，县委、县知青办及有关劳动人事部门对知青安置工作十分重视。对于各种招工指标均优先安置知青。从1970年起，就分期分批从各种渠道对知青进行安排。截至1984年使各点的知青得到全部安置。其中选拔为国家干部的占0.3％，录取大中专和技工学校的占3.1％，参加中国人民解放军的占10.9％，统筹安排在全民所有制单位的占81％，安排在集体所有制单位的占4.7％。

（第十六篇第一章《劳动就业》，第381页）

《五寨县志》

山西省五寨县志编纂办公室编，人民日报出版社1992年

(1968年)3月16日，欢送首批知识青年上山下乡插队劳动。

（卷二十六《大事记》，第491页）

《偏关县志》

山西省偏关县志编纂委员会编，山西经济出版社1994年

(1968年)12月，北京二百余名知识青年上山下乡，来我县安家落户，县上成立了知识青年安置办公室。随后，城内近百名知识青年亦上山下乡，接受贫下中农再教育，到农村安家落户。

（卷一《大事记》，第32页）

是年(1979年)，下放农村的知识青年全部安排工作。

（卷一《大事记》，第38页）

1968 年至 1970 年，1973 年至 1978 年，城镇初高中毕业生等待业青年一般要经过至少二年以上的上山下乡劳动锻炼，才能逐步安排就业。　（卷十六第八章《劳动》，第 485 页）

1983 年，原"知识青年上山下乡安置办公室"改建为"劳动服务公司"，隶劳动局专门负责城市待业青年的培训工作。执行"先培训、后就业"的方针。先后分期分批地培训了待业青年。培训的内容是劳动保护、安全生产、机电、财会等，然后根据国家指标安排就业。

（卷十六第八章《劳动》，第 486 页）

第二节　知青安置

1968 年 12 月，北京东城区初高中毕业的 208 名知识青年上山下乡，来到县内农村插队落户。安置到营盘梁、深埚、窑头、表干坡、杨家岭、陈家营、杨家营、黄家营、老营、水泉、杨家尚峪、百草坪、曹家村、楼沟、柏家咀等生产大队插队落户。时称"知识青年上山下乡，到农村接受贫下中农的再教育很有必要。"随之，1968 至 1970 年县城的一批知识青年亦被安排到农村插队落户。1973 年至 1978 年又连续六年安置县城初高中毕业生上山下乡。前后安置县内知青 385 名。安置的方式是：一是农村落户从事农业生产；二是林场落户插场。在县内 15 个公社、柏杨岭、史家畔林场建立了 38 个知青点。专门设立了"知识青年上山下乡安置办公室"，县财政先后拨给知青安置经费 10 万余元购置了大量的木材及其它安家所需物品。从 1979 年始，停止知青上山下乡，到 1980 年底，所有下乡插队落户的知青全部迁离农村，对他们进行了就业安置。前期，对上山下乡二年以上的知青逐渐安置，对北京和本地知青的安置方式有：一是转为国家正式干部在当地或外地有关部门工作；二是推荐或高考大专院校；三是参加中国人民解放军；四是招收到本地或外地企业当工人；五是北京知青迁往外地或返回原籍安排工作。截至 1985 年底，原北京知青仅有 36 人在本县工作。本县知青全部安排参加工作。

（卷十六第八章《劳动》，第 486—487 页）

《宁武县志》

《宁武县志》编纂委员会编，红旗出版社 2001 年

(1968 年)12 月下旬，北京市知识青年百余名始来宁武插队。　（《大事记》，第 24 页）

《晋中地区志》

晋中地区志编纂委员会办公室编，山西人民出版社 1993 年

同年(1963 年)，榆次县开始动员城镇初中毕业生到农村插队落户。1964 年，专、县两级

成立知青办,下乡插队劳动的城镇知青人数增多,并逐渐形成了一种制度。

(第十编第七章《劳动工资》,第 443 页)

　　1979 年,大批插队知青返城,地、县两级政府和劳动部门给予重点安置。1980 年,全区贯彻"在国家统筹规划和指导下,实行劳动部门介绍就业,自愿组织起来就业和自谋职业相结合"的方针,安置待业人员 2.23 万人,占全区待业人员总数的 83%。1981 年,全区各机关、学校、厂矿、企事业单位都组织成立知青商店、服务社、修配厂、综合厂、知青场(队)、农工商联合企业等生产型、经营型、服务型经济实体,安置待业青年 5 000 余人,占到全年就业人数 1.57 万人的 34%。(第十编第七章《劳动工资》,第 443 页)

　　同年(1964 年),响应毛泽东主席关于"上山下乡"的号召,全区有 2 000 多名城市知识青年到基层插队或插场。

(第二十编《大事记》,第 873 页)

《晋中市志》

晋中市志编纂委员会编,中华书局 2010 年

　　1981 年 9 月,行署知识青年上山下乡办公室与行署劳动局合并,保留知识青年上山下乡办公室牌子,劳动局增设城镇劳力就业科(对外称劳动服务公司)、培训科。1983 年 12 月底,撤销知识青年上山下乡办公室。(卷三十二第三章《劳动和社会保障》,第 1652 页)

　　1973 年,全区各级再次精减从农村招收的固定工和临时工,同时动员大批城镇知识青年上山下乡到农村插队落户,"三突破"问题有所缓解。

　　1978 年 12 月中共十一届三中全会以后,国家重新调整劳动就业政策,大批上山下乡知识青年逐步返城,全区就业重点是安置返城的知识青年。

(卷三十二第三章《劳动和社会保障》,第 1655 页)

　　1981 年 10 月,中共中央、国务院作出《关于广开门路,搞活经济,解决城镇就业问题的若干决定》,山西省政府制定出台一系列鼓励集体、个体经济发展、促进就业安置的政策。同年,全区部分机关、学校、厂矿、企事业单位相继成立知青商店、服务社、修配厂、综合厂、知青场(队)、农工商联合企业等生产型、经营型、服务型经济实体,安置待业青年 5 000 余人。

(卷三十二第三章《劳动和社会保障》,第 1656 页)

知识青年上山下乡

1955年,山西省动员部分未能升学的中、小学毕业生回乡参加农业生产。同年,太谷县知青吴明亮率先成为全省响应回乡参加农业生产的代表。1956年1月,中国新民主主义青年团山西省委作出《关于组织青年垦荒队赴内蒙古开荒的决定》。3月,青年团榆次地委组织青年报名参加垦荒队,赴内蒙古自治区参加垦荒。

20世纪60年代初,随着精简职工、压缩城镇人口工作的开展,动员知识青年上山下乡的范围有所扩大,除城市知识青年外,逐步发展到城镇精减职工及其家属和社会闲散劳动力。1964年4月,晋中专署安置城市下乡青年办公室成立。各县市陆续成立相应机构,具体承办城镇知识青年下乡安置工作。6月,晋中开展第一批知识青年集体插队试点,榆次和寿阳被定为试点县市。9月,动员和安置工作在全区全面铺开。同年,全区动员安置知识青年、退伍军人、闲散劳动力及其家属到农村生产队或农、林、牧、渔场插队插场1 689人,其中榆次接收安置太原市下乡知识青年100人,寿阳县接收安置阳泉市知识青年175人。按政策规定,为下乡知识青年每人补助经费200元(北方标准),棉花2斤,棉布10尺,木材0.2立方米,用于修建房屋,购买小农具、灶具、旅运费和生活困难补助。1965年2月,山西省安置工作会议召开,要求继续组织和动员城镇知识青年上山下乡。1966年"文化大革命"开始,知识青年上山下乡工作受到影响。同年底,北京市长辛店铁路中学学生蔡立坚徒步到榆次县只有5户人家的杜家山落户。1968年3月,蔡立坚正式到杜家山插队,成为第一位到晋中插队的北京知识青年。随后,又有北京、太原、榆次的19名知识青年相继到杜家山插队。6月,山西省革命委员会发出通知,号召全省知识青年向蔡立坚学习,走与工农相结合的道路。晋中《红太阳报》报道了蔡立坚的先进事迹。7月4日,《人民日报》全文转载《杜家山上的新社员——记北京知识青年蔡立坚到农村落户》的报道,并加注编者按。12月,毛泽东主席发出"知识青年到农村去,接受贫下中农的再教育,很有必要"的号召。晋中开始大量接收安置北京、天津插队知识青年,其中接收安置北京知识青年1 451人(包括先期到杜家山的19人),分别安置到昔阳、榆次、太谷、祁县、介休5县28个公社79个大队;天津知识青年516人,分别安置到和顺、左权、昔阳和寿阳4县7个公社12个大队。此后,北京和天津又有不少分散知识青年到晋中各县插队落户。至1969年底,全区动员安置本地和外地知识青年共3 365人,其中北京、天津、太原、阳泉等外地知识青年占三分之二。这些知识青年除少数安排在国营农、林、牧、渔场外,大部分安置到集中住宿、集中就餐、集中学习、分散劳动"三集中一分散"的生产大队。

1970年,中共中央规定:"凡知识青年插队时间满两年以上者,可参加国家的招干、招工、应征参军和升学考试。"知识青年经过所在大队推荐,插队锻炼两年以上的可回城参加工作。1972年7月,晋中地区知识青年上山下乡工作领导组成立,负责落实党的有关政策,解决插队知识青年的实际问题。至年底,全区(含平定、盂县)插队知识青年中,通过招工、参军、升学等途径离开农村的共有2 897人。其中,招工2 655人,参军119人,升学108人,提干15人。1973年7月,晋中地区知识青年上山下乡工作领导组重新调整,下设知识青年上山下乡办公室,负责上山下乡知识青年的日常管理工作。9月,中共晋中地委召开全区知识青年工作会议,决定增派带队干部,明确知识青年留城和插队的对象,提高下乡知识青年补助待遇。知识青年补助由200元增加到500元。10月,知识青年补助增加到600元,木材供应由0.2立方米增加到0.5立方米,口粮增加到22公斤,还有拖拉机、水泵、玻璃等农业机械和建材物资不断供应插队知识青年。10月14日,榆次市举行3万人集会,欢送首批知识青年下乡插队,各级领导纷纷带头送子女下乡。全区121个县市常委以上领导干部的子女,符合上山下乡条件的91人,全部送到农村插队落户。同年,全区下乡人数达到2 646人。1974年7月,中共晋中地委召开全区上山下乡知识青年代表会议,表彰知识青年集体113个,管理教育先进社队56个,先进插队知识青年380人,带队干部49人。此后,晋中的安置动员人数逐年增长。1975年安置3 726人。1976年,全区下乡人数最多,共安置下乡知识青年4 867人。

1978年10月31日—12月10日,国务院召开全国知识青年上山下乡工作会议,确定在新的历史条件下统筹解决知识青年问题的方针、政策和措施。决定逐步缩小上山下乡的动员范围,在城市开辟新的就业门路,妥善解决下乡知识青年的安置问题。至1979年,全区10年中到农村插队的知识青年共有2.36万人。除历年安置返城外,全区仍有1972年以前插队老知青126人,1973至1976年插队知青1 945人,1977以后插队知青6 769人。同年,全区加快对返城下乡知识青年的安置工作,决定对1977年以后的插队知识青年实行全部返城安置。对老知青按照"负责到底"的精神,采取多种方法给予照顾安置。同时,清理知识青年所建房屋6.10万平方米和其他财产,妥善处理插队知识青年死亡28人(其中非正常死亡20人)、案件72起。同年5月,地委、行署秘书处分设,知识青年上山下乡办公室归口行署秘书处。1980年7月,晋中地区城镇待业青年安置工作领导组成立,下设城镇待业青年安置工作办公室,与知识青年上山下乡办公室合署办公。之后,晋中地区不再动员城市知识青年上山下乡。1981年8月18日,晋中地区劳动就业领导组成立,同时,撤销知识青年上山下乡领导组和城镇待业青年安置工作领导组。9月10日,知识青年上山下乡办公室与行署劳动局合并,归口计委,保留知识青年上山下乡办公室牌子,人员不再增加,处理遗留工作,后自然消失。同年,行署劳动局增设城镇劳力就业科(对外称劳动服务公司),城镇待业青年安置工作办公室撤销。11月,太谷、祁县、榆次县知识青年上山下乡办公室与劳动局合并,其他县市两机构也陆续合并,知识青年上山下乡及安置工作基本结束。

(卷三十二第三章《劳动和社会保障》,第1657—1658页)

《榆次市志》

榆次市地方志编纂委员会编,中华书局1996年

(1964年)9月,本县540名在城知识青年到鸣谦、小南庄、大伽南、北合流等23村插队,

太原百名知识青年到永康、马村、大张义村插队。　　　　　　（《大事记》,第37页）

(1968年)3月,北京第一批知识青年蔡立坚等到杜家山插队。　（《大事记》,第39页）

(1969年)9月,170多名北京学生到黄彩、石圪塔两个公社属村插队。

　　　　　　　　　　　　　　　　　　　　　　　（《大事记》,第39页）

本年(1982年),"文革"中在本市(县)插队知识青年返城安置工作全部完成,除部分外地知识青年回原籍就业外,其余6 824人,由本市(县)予以安置。　　（《大事记》,第44页）

1978年后,迁出有京、津等地插队知识青年返回原籍。

　　　　　　　　　　　　　　　　　　（卷三第一章《人口纵览》,第132页）

50年代,人民政府采取了"统筹安排,城乡并举",并以上山下乡为主的就业办法,缓解了待业人员就业的困难。"文化大革命"开始后,境内就业工作陷入停滞状况,待业人员急剧增多。从1968年起,先后共接收外省市插队知识青年1 769人,其中北京896人,天津44人,其它省市829人,本省本市(县)9 283人。从1974年起,陆续回城市安置就业,至1979年,除外省市回原籍就业外,本市共安置6 824人,至1982年,插队知识青年全部安置完毕。

　　　　　　　　　　　　　　　　　　（卷十七第六章《劳动管理》,第665页）

《盂县志》

盂县史志编纂委员会编,方志出版社1995年

(1973年)7月25日,知识青年上山下乡领导组成立,组长段怀义,下设办公室。

　　　　　　　　　　　　　　　　　　　　　　　（《大事记》,第37页）

1976年后,新增职工大部分来自城镇中学毕业生和插队2年以上的知识青年。

　　　　　　　　　　　　　　　　　　（第十五编第二章《劳动》,第474页）

知青安置　1980年,为解决城市待业青年就业问题和对闲散于农村的高中、初中毕业生的安置,县成立劳动服务公司,专门安排待业青年,一是由本县工业、手工业、商业、供销、粮食等部门,以农民合同制或计划内、外临时工办理安置;二是根据上级劳动部门调拨计划

向外地输送;三是由劳动服务公司组织知青部、服务部、修理部等工业、手工业、商业等服务门市部,安置城镇待业青年。1980 至 1990 年总共安置城镇及农村待业青年 4 604 人,其中:农民合同制工人 565 人,计划内临时工 928 人,计划外临时工 978 人,城镇待业青年 2 079 人。

(第十五编第二章《劳动》,第 474—475 页)

《昔阳县志》

昔阳县志编纂委员会编,中华书局 1999 年

(1968 年 12 月)19 日,首都 270 名知识青年来昔阳插队落户,晚上在县城礼堂举行欢迎晚会。

(《大事记》,第 49 页)

1967 年后城市遣返,知识青年上山下乡,农村动员大部妇女参加劳动,总劳力数突破 7 万人。

(第四编第二章《种植业》,第 171 页)

知青安置

"文化大革命"时期大批毕业和辍学的城市中学生被动员到农村插队落户。1974 年昔阳县革命委员会成立知识青年上山下乡办公室(以后改为待业知识青年安置办公室),专门负责安置插队落户的城市知青,先后将来自北京、天津、杭州、太原、榆次、阳泉等数十个城市的 458 名知识青年安插到南横山、东丰稔、西平原、斗背、安丰、胡丰、上讲堂、巴州、赵家庄、西寨、武家庄、寺上、漳漕、皋落南庄、赵庄、阎庄、刀把口、北峁、王秦宫、洪水、台上、界都农场和知青原籍参加劳动。从 1979 年开始,大部分插队知识青年陆续返回原籍城市。

1979 年昔阳籍的大批插队知识青年返回县城,劳动就业压力加大。1980 年 8 月全国劳动就业会议提出由劳动部门介绍就业、自愿组织起来就业、自谋职业三种就业方式。县劳动部门和城镇待业青年安置办公室共同努力,先后开办知青商店、农工商联合企业等经济实体14 个,安置知青 85 人;自愿组织起来就业的 203 人;自谋职业的 68 人;经劳动部门介绍就业的 1 084 人。至 1986 年,安置就业的知青占待业知青总数 1 556 人的 87%。1987 年以后,一些企事业单位创建各种经营型、服务型、生产型的经济实体 67 个,安置本单位待业知青 364 人。至 1990 年,经劳动部门介绍就业的 1 088 人,自愿组织就业的 200 人,自谋职业的 143 人,占待业青年总数的 90%。同时由于农民进城经商的竞争,市容整顿,设施拆除及大部分知青进入国营、集体企业就业,知青经济实体减少为 23 个,从业人员下降为 175 人。

(第十三编第三章《劳动管理》,第 506—507 页)

《左权县志》

左权县志编纂委员会编，高等教育出版社 1999 年

知青安置　1968 年毛泽东主席发出"知识青年到农村去，接受贫下中农再教育，很有必要"号召后，城市初、高中毕业的知识青年（简称知青）纷纷报名上山下乡，到农村插队劳动。1970 年 45 名天津市知青和 7 名北京市知青先后到后山、上武、丈八、梁峧、全寺沟等生产大队插队落户。同时，县革命委员会设置知识青年上山下乡办公室，负责知识青年上山下乡的动员、组织、教育、管理及就业安置工作。1971—1978 年，全县累计动员 381 名城镇待业知青到农村插队劳动，绝大部分在上武、下丰堠等生产大队及县农场（上交漳）、县牧场（小岭底）、太行森林局营盘林场参加劳动，只有 31 人回原籍插队。插队知青经过几年的劳动锻炼之后，除一人触电身亡、一人犯罪被判刑（均为天津知青），少数因病退回原籍外，其余均陆续通过招工、招生、参军等途径，先后妥善安置了工作。1979 年停止动员城市知识青年上山下乡。1981 年县知青办并入劳动局。1984 年县劳动局成立左权县劳动服务公司，负责全县城市待业知识青年的登记、培训和就业安置工作。至 1990 年底，开辟知青网点 15 个，兴办知青集体企业 12 个，连同招工、招干、升学、参军等共安置城镇待业知青 1 939 人。

（第十四编第二章《劳动》，第 322 页）

1968 年大量发展初中，对小学教师拔高使用，中小学民办教师增至 275 人。1972 年、1976 年将 141 名民办教师和插队知识青年分两批转为公办教师。

（第十七编第四章《教师队伍》，第 398 页）

《太谷县志》

太谷县志编纂委员会编，山西人民出版社 1993 年

"文化大革命"期间，招工偏重阶级出身，考试制度废止。到 1976 年，先后从插队知识青年中招工 1 719 人。　　　　　　　　（第三编第五章《就业安置》，第 388 页）

安置插队知识青年

1964 年，太谷始有知识青年到农村插队落户，地点在牛许大队。1968 年 12 月，北京清华附中等校的学生 350 余人到县内冀村、杏林、西吾、段村、东里、范坪、北六门、井神、壁崖、杨庄、石亩、大峪坪等 12 个大队插队落户。1970 年秋，太谷中学 8 个初中班的学生到农村插队落户。直到 1977 年，不断有高、初中毕业生插队落户于农村。

1978 年，最后一批知识青年共 6 人，到县内插队。至此累计接收插队知识青年 3 402

人。1981年,绝大部分人通过招工、升学、参军等途径离开农村。是年底,留在乡村继续插队的只有6人。

知识青年插队统计表

年　份	插　队　人　数				离　队　人　数							年末在乡人数
	小计	插队	转入	补办	小计	招工	升学	参军	转出	返城及其它	死亡	
1972年10月前	1 421	1 182	239		1 044	886	25	24	80	24	5	377
1972年11、12月	176	174	2		135	124		1	8	2		418
1973年	302	290	12		86	50	20	1	8	7		634
1974年	506	475	18	13	156	105	21	7		23		984
1975年	658	637	14	7	288	243	10	3	9	22	1	1 354
1976年	461	416	45		448	311	12	83	28	14		1 367
1977年	252	222	14	16	132	76		19	20	13	2	1 487
1978年	52	6	13	33	505	218	124	114	25	22	2	1 034
1979年	38		9	29	385	191	51	31	18	93	1	687
1980年	4		4		663	625	10	3		25		28
1981年8月					22	3			1	18		6

（第三编第五章《就业安置》,第390—391页）

(1968年)12月,北京清华附中等校350名学生到县内各公社插队。

（《大事记》,第753页）

《平遥县志》

平遥县地方志编纂委员会编,中华书局1999年

(1977年)7月7日,高中毕业生及在乡知识青年共8 177人,参加"文革"后第一次全国高校统考。653人(大专77人、中专422人、技校154人)被录取。 　　（《大事记》,第53页）

1965年始,安置办法改为:家在城镇的安置工作,原在厂矿企业的复工复职。1973年复工15人,安置农村属孤儿、插队知青、爱人为国家正式人员的退伍军人3名。1977年,复工11人。1981年,复工9人,安置插队知青退伍军人59人。

（第十五编第一章《民政》,第535页）

《灵石县志》

山西省灵石县志编纂委员会编，中国社会出版社 1992 年

1964 年起，城镇知识青年到农村插场、插队，进行劳动锻炼。1972 年开始安置知识青年就业。至 1985 年共安置 3 500 人就业。　　　　（第十二编第一章《劳动人事》，第 407 页）

知青安置　　1964 年，本县首批城镇知识青年 161 人（其中女青年 61 人），响应国家号召，分别到双池公社的苇沟大队、讲里大队、梁家沟大队、西庄大队、官桑圆大队和城关公社的水头大队、曹家庄生产队插队劳动。1964 年至 1978 年先后有 2 187 名知识青年采取集体与分散插队、插场的形式，到 152 个知青点劳动锻炼，其中，本省知青 2 002 人，天津知青 86 人，北京知青 9 人，其它省市知青 50 人，转插知青 40 人。

1978 年 10 月，国务院规定县以下城镇知识青年不再列入上山下乡范围，并对过去下乡插队的知青先后进行了安置，至 1981 年安置完毕，其中招工 1 723 人，升学 70 人，参军 99 人，转插外地 156 人，其它形式安置 139 人。

1981 年，中共中央和国务院发出《关于广开门路，搞活经济，解决城镇就业问题的若干决定》后，县成立了劳动服务公司，开办劳务市场，统筹安排城镇待业青年。至目前，全县建立各级各类劳动服务公司 32 个，新集体企业 76 个，服务网点 226 个，安置从业人员 4 894 人。

（第十二编第一章《劳动人事》，第 407—408 页）

本年（1964 年），首批知识青年 161 人（其中女 61 人）分别到双池、城关公社插队劳动。至 1978 年 10 月对在本县插队的知青进行安置，截至 1981 年安置完毕。

（《大事记》，第 731 页）

《寿阳县志》

寿阳县志编纂委员会编，山西人民出版社 1989 年

（1964 年）九月，阳泉市第一批知识青年分别到草沟、南寺庄大队插队。

（卷十第一篇《大事》，第 785 页）

（1971 年）二月十一日，县革委召开插队干部、插队知识青年"学习毛主席著作讲用会"。

（卷十第一篇《大事》，第 788 页）

《平定县志》

平定县志编纂委员会编,社会科学文献出版社1992年

本年(1964年),县部分城镇知识青年赴农村插队。东峪、宁艾、庙堰、北庄头、万子足、上盘石、王家庄等大队设集体插队点,此项工作一直延续到1979年。至1981年知青回城安置工作基本结束。

(《卷首·大事记》,第30页)

1956年,响应党中央支援边疆生产建设的号召,回乡高小毕业生杜秀桐、张寿祥等25名青年赴内蒙古垦荒。

(卷十四第二章《赈灾支边》,第397页)

上山下乡

1964年,本县首次动员城镇知识青年和闲散劳力58人(其中女21人)上山下乡。首批知青点为东峪、岳家庄、北庄头和万子足。1965年,城镇知识青年76人组成青年队分赴药岭寺林场和冶西林场,对两个县属林场的初期建设起了积极作用。1969年至1973年,知青点增加了15个,分别为红土凹、甘井、桃叶坡、马家坡、中庄、后峪、测石、庙眼、上盘石、桥头、东郊、宁艾、上马郡头、王家庄、三星村。1964年至1979年,本县农村接受知识青年集体插队总人数计1256人,其中包括北京、天津等外地知识青年70名。也有零星在原籍和转插等情况。1979年,根据中央和省的有关政策规定,停止动员城镇知识青年上山下乡。从1969年开始对下乡知识青年进行安置,到1981年,安置工作基本结束,计安置976人。主要安置途径有招工、招生、应征入伍、转干等,其中招工859人,升学63人,参军51人,其它3人。

(卷十四第六章《劳动就业》,第403页)

《和顺县志》

和顺县志编纂委员会编,海潮出版社1993年

(1970年)6月,天津市35名上山下乡知识青年,分别到任元汉、泊里、七里滩大队插队。

(《大事记》,第27页)

80年代,县城手工业系统及乡镇企业在城镇增设前店后厂的产品展销门市部及联营商店,乡镇企、事业单位兴办"知青"联营店铺等商业服务网点。

1978年后,按照革命化、年轻化、知识化、专业化的标准选配干部。据县委组织部及人事局1979—1985年的干部年报统计:6年共配备新干部1133人。其中,接收大、中专院校毕业生245人,安置军队转业干部23人,落实政策复职25人,安置城镇待业知青51人,农村知青188人。

(第十五编第二章《人事》,第378页)

《榆社县志》

榆社县志编纂委员会编,山西古籍出版社1999年

本年(1964年),县上山下乡办公室成立。   (《大事记》,第25页)

本年(1974年),首批城镇知识青年到大寨大队插队落户。   (《大事记》,第29页)

    1964年,成立县知识青年上山下乡办公室,开始在全县范围内有计划、有组织地动员城镇知识青年以及闲散居民等下乡劳动。当年,10名知识青年响应国家号召,到本县大寨大队插队劳动。1973—1978年,共有213名知识青年先后在2个林场、1个良种场和21个大队插队劳动。安置形式有3种,即带指标分配于王景林场、石源林场、常银良种场;先后建立红崖头、和平、乔家沟、大寨、高崖底、郜村6个知青点,带插队安置费集体安置;分散插队或回原籍落户。1978年10月,根据国务院规定,县以下城镇知识青年不再列入上山下乡范围,县主管部门对原下乡知识青年开始统筹安置就业。到1982年,全县插队青年全部迁离农村,迁回城镇安置就业,共安置就业217人(集体企业112人,个体2人,临时工94人,固定工6人,参军3人),占应安置人数77%,待业66人。1983年7月,撤销县知识青年上山下乡办公室,成立县劳动服务公司,贯彻执行在国家统筹规划和指导下实行劳动部门介绍就业、自愿组织起来就业和自谋职业相结合的政策。(第十一编第七章《劳动人事》,第350页)

《祁县志》

祁县地方志编纂委员会编,中华书局1999年

知青商店

    70年代后期,下乡知识青年返城,县城待业青年数量剧增。根据国家"自愿组织起来,自找就业门路"的政策,新的集体商业——知青商店在县内兴起。1979年9月,在县劳动服务公司支持下,县粮食局首家开办知青综合服务商店,安置本局家属中的待业青年就业。11月,县劳动服务公司和县联社共同筹资兴办的县联社知青商店开业,主要经营百货、纺织、服装、鞋帽等。1982年,县联社成立知青商店第二门市部。1983年,县联社两个知青门市部销售额达32.6万元,盈利1.07万元。1985年,县内有知青商店105个,职工646名,营业额1 071.6万元,实现利润67.2万元。1990年,县内知青商店减少到37个,职工162人,营业额804.92万元,实现利润3.12万元。1993年,县内有知青商店32个,职工895人,营业额843.5万元,盈利10.48万元。   (第九编第二章《国合商业》,第315页)

1963 年始行非农业户口子女顶替补充自然减员。1974 年无子女顶替的减员指标从非农业人口中的插队青年中招收。 （第十一编第五章《劳动管理》，第 423 页）

知青安置 1964 年 9 月，县内第一批城市上山下乡知识青年（简称知青）到白圭、阎漫等大队集体落户。1968 年 12 月，北京 262 名知识青年到西高堡、北左、夏家堡、白圭、南团柏、阎漫、下古县、梁村等大队插队落户。1969 年 1 月，本县 240 名知识青年分别到西关、固邑、城赵、九汲等大队插队落户。1970—1979 年，每年都有知识青年到农村插队落户。到 1979 年为止，全县共有插队知识青年 1 753 人。1969 年开始陆续安置下乡知识青年回城工作，1985 年安置工作结束。 （第十一编第五章《劳动管理》，第 424 页）

(1964 年)8 月 23 日，首批插队、插场城市知识青年 57 名分赴各生产队和农场。

（《大事记》，第 31 页）

(1968 年)12 月 7 日，首批 200 余名北京知青来祁县，分赴东观公社、贾令公社、古县公社的 8 个生产大队插队。 （《大事记》，第 934 页）

本年(1980 年)，城镇原上山下乡的知识青年继续返城得到就业安置。

（《大事记》，第 939 页）

《介休市志》

山西省介休市志编纂委员会编，海潮出版社 1996 年

插队知青安置

1964 年，介休首批动员城市知识青年上山下乡，到农村插队落户。第一批知识青年分赴大甫村、郭壁村、上曹麻村、龙头村、渠池村、侯堡村，共计 220 人。1965 年，又动员一批知青下乡，新增设南庄村、师屯南等村为知青点。1966 年"文化大革命"前，介休动员 30 名知青到大同、后转到内蒙古军垦兵团插队。

1968 年 12 月，北京籍 230 多名中学生响应"知识青年到农村去"的号召，分配到介休"安家落户"。介休新开设知青点有霍村、北辛武村、张原村、南贾村、孙村、上岭后村、强南村、孔家堡村、化家窑村。1969 年 12 月，又有太原市 8 名知青到大靳村插队。之后，省内、外和本县城镇知青到农村插队落户每年形成惯例。其中有一些为分散回乡落户的本籍知青，1964 年，介休知青插队工作由劳动局附设安置办承办。1969 年后由县革委政工组分管。1973 年，介休成立"知识青年上山下乡办公室"，全县集体知青点发展到 38 个。70 年代中

期,执行插队劳动满二年以上,经生产队推荐可以重新分配工作政策,介休插队青年开始通过招工、入学、参军等途径返回城市。

1976—1980 年插队知青变动情况

项目 年份	上年结转人数	当年新插人数	本年转入人数	当年离队人数	当年转出人数
1976	1 005	486	16	432	13
1977	1 062	444	16	69	7
1978	1 446	129	12	241	9
1979	1 337		7	551	6
1980	787		4	652	2

中共十一届三中全会后,城镇知青不再到农村插队,未离开农村的插队青年绝大多数通过各种渠道陆续返城。当地政府对 1972 年前已婚知青也作了妥善安置。到 1982 年,介休插队青年基本安置完毕。

(第十三编第五章《劳动》,第 390 页)

(1964 年)8 月 25 日,介休首批城市知识青年到侯堡、龙头大队插队落户,共 45 人。

(《大事记》,第 777 页)

(1968 年)12 月,北京、天津等地 230 余名知识青年到介休农村插队落户。

(《大事记》,第 779 页)

《襄垣县志》

山西省襄垣县志编纂委员会编,海潮出版社 1998 年

(1969 年)1 月 5 日,北京 768 名知识青年在本县 15 个公社 31 个大队安家落户。

(《大事记》,第 27 页)

(1970 年)5 月 8 日,天津市 161 名知识青年来襄垣农村插队落户。

(《大事记》,第 28 页)

1966—1971 年,京、津插队学生,中央和省、地干部来境内插队劳动,本县在外工作人员被夺权、审查,随同家属返乡"劳动改造",共迁入 4 795 人。

(第三编第一章《人口演变》,第 144 页)

《黎城县志》

黎城县志编纂委员会编,中华书局1994年

(1974年)8月14—21日,县委组成4个知青工作检查组,对分布在15个公社48个生产队的129名上山下乡知识青年逐社逐队进行检查,帮助其排忧解难。

(《大事记》,第25页)

1966—1976年的"文化大革命"期间,北京、天津等地的知识青年上山下乡来黎插队,而本县的企事业单位又从农村招收了大量的临时工。1970年起,对待业青年实行"统包统配",进行安置,1972年后,每年都招收部分上山下乡知识青年参加工作。

(卷十六第四章《劳动管理》,第313页)

待业青年安置

1982年,县劳动服务公司成立后,统筹劳动就业,输送和管理临时用工,开展就业前技术培训,解决劳动就业问题。先后兴办了知青商店、知青工厂,帮助城镇待业青年就业。1985—1990年,共安置待业青年1 546人。　　　　(卷二十第一章《民政》,第402页)

《壶关县志》

山西省壶关县志编纂委员会编,海潮出版社1999年

知青商店

70—80年代,为安排待业青年,县劳动局、商业局、县联社等相继开设有知青商店,后逐步并入国营商业或企事业商业。　　　　(第十一编第一章《经营体制》,第311页)

(1983年)协助统计局在农村回乡知青中经过文化考试,择优招聘了20名合同制统计员。

(第十七编第一章《人事》,第492—493页)

《高平县志》

《高平县志》编委会编,中国地图出版社1992年

从60年代起,出现劳力过剩,非农业户中的知识青年需要等待就业。1964—1966年,有40名知青分别到米山、牛山插队。1969—1980年,接收天津、北京等地上山下乡知青513

名,本县插队知青 714 名。共安置就业 993 人,(包括县外知青返回)。1981—1983 年有待业青年 706 名,平均每年有 235 人待业;共安置待业青年 548 名,占待业人数的 77.6%。1984 年,各单位和各系统开办 47 个知青企业,解决了 216 名待业青年的就业问题,还安置待业人员 571 名,占待业人数的 75%。　　　　（第十八编第五章《劳动人事》,第 450 页）

（1973 年）5 月,成立知识青年上山下乡办公室。安排北京、天津和本县知青插队。

（《大事记》,第 705 页）

（1981 年 8 月）知识青年上山下乡办公室撤销。　　　　（《大事记》,第 708 页）

《高平市志》

《高平市志》编纂委员会编,中华书局 2009 年

（1965 年）7 月 12 日,高平县委决定在农村基层干部和在乡知识青年及优秀积极分子中选拔 90 名借调干部,参加农村"四清"工作队。　　　（卷一上篇《大事编年》,第 78 页）

（1973 年）7 月 15 日,高平县知识青年上山下乡工作领导小组成立,下设办公室,具体负责对上山下乡知青的管理和教育。　　　（卷一上篇《大事编年》,第 87 页）

（1974 年）9 月 20 日,县委对全县上山下乡知识青年的管理和教育工作进行了全面认真的检查,并将检查情况专门向地委作了报告。　　　（卷一上篇《大事编年》,第 88 页）

《阳城县志》

山西省阳城县志编纂委员会编,海潮出版社 1994 年

知识青年安置

1964 年 9 月 4 日,全县第一批知青 14 人到本县良种场插场。同年 9 月 14 日,又有 13 和 25 人分别到沁县林场和沁源岭上畜牧场插场。

1966 年,有羊泉公社北宜固大队、芹池公社西河大队、芹池公社阳陵大队等三个知识青年集体插队点,分别安置 16、15 和 22 人。后又有汉上、陕庄、宜壁、游仙、张庄(寺头公社)、苏村、天掌、南次营、固隆、尹庄、下交、通义、台头、西冶、石苑、章训、大安头、人参垴等大队和横河、西冶林场等 20 个插队点。

1970—1978 年,共有 843 个知青先后被安排到上述插队点安家,也有一些本县籍知青

回原籍插队。

1966 年，国家下拨全县扶持知青生产费 795 元，生活补贴费 795 元，共 1 590 元。此后多次下拨经费和木材，还投资赠送知青拖拉机、收割机、面粉机、电动机、文体器材以及政治和科学文化书籍。社队对知青在各方面进行了帮助，全县共为知青下乡建筑房屋 361 间。

从 1974 年起，每年都有知青被招收为新工人或推荐升学。1978 年，国务院规定县以下城镇知识青年不再列入上山下乡范围后，县内对插队知青进行了安排。至 1981 年底，全部调离农村，安置工作。1985 年，有县级知青劳动服务公司 1 个，基层劳动服务公司 5 个，知青网点 28 个。是年，有待业青年 616 人，安置 436 人。 （《政治·劳动》，第 291—292 页）

(1968 年)11 月，天津市知识青年到章训、高宓等村插队落户。（《大事年表》，第 620 页）

《长子县志》
山西省长子县志编纂委员会编，海潮出版社 1998 年

(1970 年)5 月 2 日，天津市 145 名知识青年到本县插队落户。 （《大事记》，第 30 页）

(1973 年)7 月 20 日，县召开上山下乡知识青年代表会议。

8 月，成立长子县知识青年上山下乡领导小组。 （《大事记》，第 31 页）

(1974 年)5 月，县委组成 3 个知青工作检查组，对各知青点进行检查，帮助排忧解难。

（《大事记》，第 31 页）

60 年代(人口数)每年约有 2 000 至 5 000 人变动，其中，外地知青插队落户本县较多。70 年代每年约 4 000 人左右变动，其中回城知青变动较大。

（卷三第一章《总量 变动》，第 125 页）

《沁源县志》
山西省沁源县志编纂委员会编，海潮出版社 1996 年

1971—1973 年，搞"城乡劳动力换班"，全县有 572 名城镇知识青年往农村插队落户，同时，又招收 612 名农村劳动力补充全民所有制工商企业，形成城乡劳动力倒流。

（卷十九第二章《劳动》，第 340 页）

知识青年安置

自 1964 年起,中共中央号召知识青年上山下乡。1969 年,本县开始有北京、太原等大中城市零星知识青年落户。1971 年,219 名天津市知识青年来沁,被安排到城关、郭道两个公社 16 个大队插队落户。

1979 年 10 月,停止动员知识青年上山下乡。至此,本县有 318 名城市知识青年插队落户。

从 1973 年起,通过企业单位招工、大中院校招生、应征入伍、转干等途径逐步安置下乡知识青年。全民所有制单位招工时,优先考虑知识青年,由劳动部门统招统配,各种条件适当放宽;对外省、市在本县的知识青年,原则上回原地安置,对自愿留沁的,由知识青年择优选择就业单位,劳动部门给予办理一应手续;女知识青年的农民配偶可顶替招工。

到 1984 年,全县下乡知识青年基本安置完毕,其中安置天津知识青年 72 名,占年底留沁知识青年总数的 82%。
(卷十九第二章《劳动》,第 341 页)

(1974 年)4 月 9 日,"山西省沁源县革命委员会知识青年上山下乡办公室"成立。
(《大事记》,第 702 页)

《潞城市志》

山西省潞城市志编纂委员会编,中华书局 1999 年

(1969 年)9 月 1 日,全县下乡知识青年活学活用毛泽东思想积极分子代表大会在侯家庄村大庙召开。
(《大事记》,第 45 页)

是年,北京知识青年第一批 300 余人到本县侯家庄、翟店、祥井、沟东、五里坡、台东等村插队。
(《大事记》,第 45 页)

是年(1970 年),天津知识青年第一批 200 余人到境内农村插队。(《大事记》,第 46 页)

1982 年 9 月 3 日,为安置返城知识青年和城镇待业青年,缓解就业压力,成立了县劳动服务公司。
(卷十二第五章《劳动管理》,第 532 页)

《武乡县志》

武乡县县志编纂委员会办公室编,山西人民出版社 1986 年

(1969 年 10 月)北京七百六十五名知识青年来武乡插队,安家落户。
(第九编第四章《社会主义革命和社会主义建设时期》,第 842 页)

（1970 年 10 月）天津一百九十五名知识青年来武乡插队落户。

（第九编第四章《社会主义革命和社会主义建设时期》，第 842 页）

《平顺县志》

山西省平顺县志编纂委员会编，海潮出版社 1997 年

"文化大革命"期间，知识青年上山下乡，县内接受天津、北京及其它城市插队知青 300 余人。1968—1978 年，在本县插队的知青 1 986 人。从 1978 年起，根据国家有关政策，对插队知青分批安置就业。到 1982 年，通过回城安置、就地安置、外地招工等方式，插队知青全部安置完毕。

（经济第十一章《经济管理》，第 190—191 页）

《陵川县志》

陵川县志编纂委员会编，人民日报出版社 1999 年

（1970 年）5 月初，天津 171 名知识青年来本县"插队落户"。　　（《大事记》，第 15 页）

（1973 年）4 月，本县 30 名知识青年首批到西坡村、后山村"插队落户"。

（《大事记》，第 16 页）

1983—1989 年，先后从农村和城镇劳动二年以上的知青中，经过自愿报名，基层推荐，文化考试，体格检查，审查考核，招聘乡（镇）统计员 18 名、财税员 39 名、妇干 18 名、团干 14 名、武装干事 15 名、农技员 16 名及其它合同制干部 86 名。

（第十三编第四章《大事》，第 382 页）

《晋城市志》

晋城市地方志编纂委员会编，中华书局 1999 年

（1970 年）4 月 25 日，天津市 183 名知识青年，来沁水插队落户。

5 月初，天津 171 名知识青年到陵川县插队落户。（第一卷上篇《大事编年》，第 128 页）

（1973 年）5 月，各县成立知识青年上山下乡办公室。安排北京、天津和本地知青插队。

（第一卷上篇《大事编年》，第 130 页）

《晋城县志》

晋城县志编纂委员会编，山西古籍出版社 1999 年

知青安置

1964 年 11 月，全县第一批知识青年 151 名到高都公社秦庄大队、泊村大队、巴公公社渠头大队、西板桥大队、三家店大队，北义城公社南义城大队、东莒大队集体插队。1965—1966 年，全县又有 78 名知识青年到上述社队插队。1970 年后，知识青年插队点又增加了铺头公社的李家鄂、郭壁，鲁村公社的鲁村、西黄石，北义城公社的北义城、西村、张庄，高都公社的东山底，水东公社的水西、水北、关院、后掌洼、磨山底、青山街，晋庙铺公社的草底铺、范谷坨，巴公公社的东四义，陈沟公社的南连氏、北连氏、南掩，西上庄公社的东掩，周村公社的苇町、下町，川底公社的和村、下六、小南村，南村公社的西峪村等。

1970—1977 年，共有 2 473 名知识青年到上述 34 个插队点安家。其中 1970 年插队知青人数最少，为 45 名（有天津知青 35 人）；1975 年人数最多，为 802 名。此外，还有一些回原籍插队的知识青年若干名。

从 1973 年起，每年都有部分知青被招收为工人或推荐升学。1978 年，国务院规定县以下城镇知识青年不再列入上山下乡范围后，县里对知识青年进行了安排，至 1978 年底，知青全部返城，安置了工作。　　　　　　　　　　（卷十五《劳动人事·劳动管理》，第 435—436 页）

《沁水县志》

沁水县志编纂办公室编，山西人民出版社 1987 年

(1976 年)新增职工大部分来自城镇中学毕业生和插队二年以上的知识青年。

（第十三编第一章《劳动制度》，第 320 页）

第二节　知 青 安 置

1966 年，本县第一批知识青年分别到端氏公社的苏庄大队，郑庄公社的东大、南大大队，潘庄公社的武安大队"插队"劳动。

1970 年 5 月 30 日，天津市塘沽区 183 名知青来沁水县"插队"。

1975 年至 1977 年三年中，本县有 91 名知青到中条林局"插场"。

1978 年 10 月，国务院规定县以下城镇知青不再列入上山下乡范围，并对全县下乡"插队"知青先后进行了安置。安置为固定工的 377 人，参军的 16 人，升大专院校的 26 人，因病退回原籍的 23 人。至 1979 年，全县"插队"的 442 名知青全部安置完毕。

1981 年,中共中央和国务院发出《关于广开门路,搞活经济,解决城镇就业问题的若干决定》后,县成立了"劳动服务公司",因地制宜采取组织和自谋职业等形式,广开就业门路。

1985 年底,全县共有知青 407 人,其中安置固定工的 84 人,设知青网点 28 个,从业知青 75 人。自谋职业 4 人,劳动服务公司商场安排 24 人,招干 24 人,介绍到企业部门合同工 44 人,临时工 100 人。参军 7 人,升学 21 人,除外迁 9 人外,共安排 383 人,占知青总数的 96.3%。

(第十三编第一章《劳动制度》,第 320 页)

(1970 年)4 月 25 日,天津市塘沽、大沽、东沽、文革、邓善、新港等中学 183 名知识青年,来沁水农村"插队落户"。

(第二十一编《大事记》,第 620 页)

《屯留县志》

屯留县志编纂委员会编,陕西人民出版社 1995 年

1968 年底,第一批北京知识青年 710 人分别到本县 13 个乡镇(公社)26 个村(大队)插队劳动。

1970 年 5 月天津 132 名知识青年来本县插队劳动。同年,有外省 48 名知青来本县插队劳动。

1973 年至 1978 年的 6 年中,本县共有 209 名知青插队插场劳动。其中到太岳林局插场 37 人,到嶷神岭插场 41 人。1975 年长钢 116 人、铁三局 162 人,1977 年又有 21 人来本县插队劳动。

历年来本县插队的知青除一部分返回原籍外,通过招工、招生、入伍、转干等渠道,到 1978 年年底大部分都得到安置,其中招为固定职工 429 人,参军入伍 26 人,进入大中专院校学习 260 人,因病返回原籍 171 人,转迁外地 153 人,其余知青在后几年陆续得到安置。为解决回城知青的就业安置,本县曾设立过"知识青年工作办公室"。

(第二十编第一章《劳动就业》,第 338—339 页)

(1973 年 7 月)25 日,县委召开全县上山下乡知识青年代表会议。8 月 2 日,成立屯留县上山下乡知青领导小组。

(《大事记》,第 578 页)

(1974 年)7 月 17 日—21 日,县委在西贾公社牛角川大队召开了上山下乡知识青年管理教育工作现场会。

(《大事记》,第 578 页)

(1981 年)11 月 10 日,屯留县知青办和劳动局合并,并成立劳动服务公司。

(《大事记》,第 582 页)

《沁县志》

山西省沁县志编纂委员会编,中华书局1999年

本月(1969年12月),北京476名知识青年来到沁县插队落户。 (《大事记》,第28页)

(1970年)5月,天津260名知识青年来到沁县插队落户。 (《大事记》,第28页)

1976年底,全县全民所有制职工又猛增至6 971名,比1965年的3 394名增加3 577名,增长率为105.4%。这次新增职工主要来自城镇中学毕业及插队2年以上知青。

(卷十二第三章《劳动管理》,第302页)

知青安置

1968年成立知识青年安置办公室。1969年1月,北京师大附中、外语附中、十五中、四十三中等学校的第一批知识青年478名到沁,分别分配到段柳公社长盛大队、城关公社刘家庄等大队插队。1970年4月,天津三中、五中、四十九中、向东等学校知青194名插队沁县。1973年底至1978年,本县399名高中毕业男女青年,分别在迎春公社丈河上、北漳等大队和杨安公社稍沟岭、铧尖等大队插队,还有21名知青到县林场插队参加劳动。1977年,铁三局一处转本县新店公社插队落户182名。1978年,按国务院规定,县以下城镇知青不列入上山下乡范围,开始对全县下乡插队知青进行安置,当年安置固定工228人,参军22人,升入大专院校36人,因病退回原籍19人。1978年,北京、天津插队知青开始陆续返城。1979年,全县插队的399名知青全部安置完毕。 (卷十二第三章《劳动管理》,第302页)

(60年代)为补充教师员额,县政府决定从在乡知识青年(包括京津等地插队知青)和复转军人中一次招收民办教师400名。 (卷二十第五章《教师》,第504页)

《运城地区志》

山西省运城地区地方志编纂委员会,海潮出版社1999年

(1968年)冬,大批北京、天津高、初中毕业生来本区各县插队。 (《大事记》,第63页)

1964年,开始动员城镇待业青年到农村落户,当时动员的有运城、新绛两县,至1965年,共动员了262人到农场、林场落户,参加劳动。1973年全区普遍动员城镇待业青年上山下乡,同时还接受了太原市来本区插队待业青年10 000多名。从1970年起,按照有关政策

规定,在上山下乡青年中进行招工、招生、参军等安置工作。至1980年底,全区共在上山下乡青年中招工16150人,招生2903人,招干122人,参军873人。

中共十一届三中全会以后,国家对城镇待业人员的就业,实行"三结合"的就业方针,即在国家统筹规划和指导下,劳动部门介绍就业、自愿组织起来就业和自谋职业相结合的方针。本区于1980年将各县(市)上山下乡尚未安置的340名城镇青年的户口、粮食关系陆续由农村转回城市,全部予以安置。至1982年,全区共兴办城镇新集体企业491个,安置待业青年4414人;个体企业102家,安置待业青年131人;国家招工安置待业青年5807人。

(卷二十六第三章《劳动就业》,第866页)

知识青年上山下乡

本区知识青年上山下乡始于1964年。当年新绛县动员47个城市户口的初、高中毕业生到本县店头公社林场插队劳动。1965年运城、新绛两县又动员215名知青到农村人民公社的林场、农场安家落户。

1968年"文化大革命"运动中,本区先后接收外地知青16106名,其中北京市11994名,天津市2256名,其它省市1315名,本省541名,分别到13个县的162个公社639个生产大队插队锻炼,接受贫下中农再教育。1970年运城地区成立了知青办公室,先后接收了25499名知青。至1979年,全区累计接收知青41641名。期间本区各县均成立了知识青年上山下乡办公室,凡有接收知青任务的公社、生产大队,均配有一名副书记或副主任负责此项工作。按照国家规定,每接收一名知青,由财政拨给安置费用500元,全区用此项资金为知青建筑住房3046间,合60920平方米。在各知青点和知青农场,都配备有思想品德好、生产技术全面的老农负责帮教,带领知识青年在艰苦环境中参加劳动锻炼,增长才干。经过几年培养教育,在上山下乡的知识青年中涌现出大批先进集体和模范个人,有246人加入了中国共产党,5706人加入了共产主义青年团,122人被选为县处级领导干部,400多人担任了人民公社干部,2500多人担任了生产队干部,2600多人成为农村学校教师,400多人成为农村的"赤脚医生"。在平陆县晴岚公社毛家山大队插队的天津市湾兜中学首批知青艰苦奋斗,立志改变山区面貌,受到中共中央和国务院的表彰。

1970年,国家规定"凡知识青年插队时间满2年以上者,可参加国家的招干、招工、报名应征和升学考试"。1971—1980年,全区在插队知青中招干122名,招工16150名,有837名知青报名应征入伍,2903名知青参加各类学校招生考试被录取。另有895名知青因病或其它原因转回城市,1305名知青转移到别的地区安置。中共十一届三中全会以后,本区逐步缩小知识青年上山下乡的范围,建立集体所有制的知青工厂、商店、农副业生产基地等,通过多种渠道安排了3501名知青就业。1981年10月,运城地区知识青年上山下乡办公室撤销,工作人员合并于地区劳动局城镇劳力就业科。1982年全区又发展各类以安置城镇知青就业为主的集体所有制企业 491 个,安排了 5 708 名知识青年就业。

(卷二十六第三章《劳动就业》,第 867—868 页)

《运城地区简志》

山西省运城地区地方志编纂委员会办公室编,(内部刊行)1986 年

第二节　劳 动 就 业

1960 年本区开始动员城镇待业青年到农村去落户。当时动员的有运城、新绛两县,到 1965 年共动员了 262 人,分到 7 个大队,4 个农、林场参加劳动。

1968 年,本区先后接受北京、天津和其它省市来本区上山下乡插队的城镇知识青年 16 142 人,其中北京 11 994 人,天津 2 256 人,其他省市 1 351 人,本省 541 人。分布在全区 13 个县、162 个公社、639 个大队。

1973 年,本区开始全面动员城镇知识青年上山下乡。从 1973 年到 1980 年,全区共动员了 16 160 名城镇知识青年到农村去。1974 年,还接受了太原市来本区插队的 10 000 名知识青年。

从 1970 年起,按照国家政策规定,在上山下乡知识青年中进行招工、招生、参军的安置工作。据统计,到 1980 年底,全区从上山下乡青年中招工 16 150 人,招生 2 903 人,招干 122 人,参军 873 人。同时,还有 895 名下乡知青,因病和生活困难,也分期分批地由农村转回城市。

党的十一届三中全会后,中央对城镇待业人员就业政策进行了调整,规定:"在国家统筹规划和指导下,实行劳动部门就业,自愿组织起来就业和自谋职业相结合的方针"。在新的就业方针的指引下,本区于 1980 年,将各县上山下乡尚未安置的 340 名城镇下乡知青的粮食、户口关系,陆续由农村转回城市,全部予以安置。当年开始,以安置城镇青年为主的城镇新集体经济和个体经济迅速发展起来,成为安置城镇青年的一条主要渠道。1980 年至 1982 年,全区兴办各种城镇新集体经济 491 个,安置了 4 414 人,个体经济 102 户,安置了 131 人。国家招工安置知青 5 807 人。

(第十三章《劳动工资》,第 60 页)

1971 年 7 月 20 日,北京插队知识青年杨学昌,在郭村抢救落水儿童牺牲。县委追认杨学昌为中共党员,省委授予"革命烈士"称号。　(《万荣县》第十五章(《大事记》,第 296 页))

(1968 年)10 月,北京中学生 700 余人到垣曲插队落户,"接受贫下中农再教育"。

(《垣曲县》第十五章(《大事记》,第 599 页))

《运城市志》

运城市地方志编纂委员会编，生活·读书·新知三联书店1994年

1965年设立知识青年安置办公室，专管知青的安置工作，1978年撤销。1980年，成立运城县劳动服务公司，专管待业青年的安置工作。 （卷十八第二章《劳动》，第390页）

《闻喜县志》

《闻喜县志》编纂委员会编，中国地图出版社1993年

"文化大革命"开始后，1967年2月县委被夺权，3月建立核心小组，下设核心小组办公室及组织干部、宣传教育、群众团体3个办公室；1970年改为办事组、政工组、生产组、保卫组。办事组下设秘书、行政、民政3个办公室；政工组下设组织干部、宣传、文教、知青安置、群众团体等办公室，生产组下设综合、计建、财贸、工交、农林水利、卫生、商业、粮食、科技等办公室。 （卷十七第一章《中国共产党》，第258页）

第四节 知 青 安 置

插队 1968年底成立闻喜县革命委员会知识青年安置办公室，负责知识青年安置工作。1970年并入县革委政工组办公室，1972年2月末更名为知识青年上山下乡办公室。1981年初与劳动局合署，5月更名县劳动服务公司。1968—1978年底，本县共接收知识青年2 316人，其中北京知青1 053人，天津知青52人，本县与驻闻单位知青1 025人，另有分散插队和回乡落户知青186人。对外地来的知识青年分别安排于本县17个公社79个大队、2个农场、1个林场。国家给每个知青拨插队安置费500元；为知青建房412间，兴建集体食堂76个。1979年插队工作终止。京津知青在本县插队期间有48人加入了中国共产党，471人加入共产主义青年团，94人出席了省、地积极分子代表大会，37人与当地农民结婚。

安置 1971年始，给插队知青安置工作，至1980年底招工招干1 581人，升学参军278人，外地知青安置无遗。从1981年起，坚持全民所有制企业招收职工的原则，发展知青企业，拓宽就业渠道。至1985年，共发展知青企业65个，培训待业青年1 238人，安置就业2 618人。其中属国营和集体单位的1 365人，知青企业412人。1984年始，县劳动局担负技工学校招生任务。每年向各类技术学校输送学生20—50人不等。1986年由运城行署轻纺局与县轻纺局合作在本县冷泉村（原驻军营房）创办运城地区技工学校，设医护班、玻璃班、造纸班。生源主要是本县待业知识青年。1990年，城镇共有待业人员1 447人，实际安排1 258人。其中全民所有制单位招工173人，集体所有制单位招工316人，劳动服务系统

就业 463 人,临时安置 186 人,从事个体工商业者 83 人,组织起来就业者 37 人。安置人数占下达指标人数的 124.1%。

附:

集体插队知青点及人数

西颜 26、栗村 27、关村 27、东颜 12、阳隅 18、大张 27、昊吕 26、回坑 28、苏店 26、北张 27、沟渠头 25、沟东 27、沟西 21、卫家庄 28、宋店 15、庄儿头 15、宋店 15、西宋 43、林场 22、姚村 23、桃园 12、王家房 25、仪张 74、乔庄 55、下阳 20、李家庄 27、河底 32、苏村 33、南阳 20、南关 29、小泽 27、大泽 27、裴社 60、南郭 24、上王 23、后宫 31、柏底 23、阳庄 35、上偏桥 16、前偏桥 12、新阳庄 14、刘古庄 9、后交 48、横榆 34、刘家庄 51、北白石 22、南白石 21、马鞍桥 21、茨庙 18、界元 23、仓底 16、营里 17、东姚 43、上镇 24、官庄 31、中庄 39、侯村 20、寺底 27、西刘家 35、蔡薛 23、东峪 26、农场 41、七里坡 20、堆后 18、张樊 14、下寨 52、支村 25、古赵 22、行村 24、阜底 17、农场 28、金家庄 38、邱家庄 28、西官庄 47、东官庄 18、南宋 18、下邱坟 32、赵家岭 18、上邵王 20。共驻 17 个公社、79 个大队、2 130 名知青,其中男性 1 001 人,女性 1 129 人;北京、天津 1 105 人(女 606 人),本县知青 1 025 人(女 523 人)。分散插队知青 186 人除外。

(卷二十一第一章《劳动》,第 315 页)

是年(1968 年),有 1 000 多名北京知识青年(高初中毕业生)到闻喜农村插队落户。

(《大事记》,第 559 页)

(1973 年)11 月 6 日,本县 170 名知识青年下乡插队。　　　　(《大事记》,第 560 页)

《垣曲县志》

垣曲县志编纂委员会编,山西人民出版社 1993 年

1968 年,响应毛泽东主席"知识青年到农村去"的号召,组织本县城镇青年上山下乡,承担北京等地插队知青来垣安家落户任务。当年接收安置知青 635 人。后陆续接收外地零插知青 28 人。至 1978 年底,全县接收下乡知青 1 881 人(其中本县知青 1 218 人,外地 663 人),分别将其分配在 12 个公社 29 个大队参加劳动。知青插队时,国家给每人发安家费 600 元,并供应一定数量的农具、木材指标以及部分生活、学习用品。其间,外地知青通过各种渠道先后离垣,县内插队知青也陆续回城安置工作,至 1980 年底,插队知青回城安置工作基本结束。1981 年,成立垣曲县劳动服务公司,负责待业青年的培训、组织生产经营及介绍就业等。是年,改革"统包统配"的劳动用工制度,实行劳动部门招工、自愿组织和自谋职业相结合的安置方针。一些单位为待业知青办起了商店、维修、服务等集体企业,国家给予减免税收等优惠政策。1979—

1990年,全县累计安置待业青年12 034人,其中,63个知青企业安排1 420人,劳动部门招工5 949人,从事临时性工作的4 865人。 (卷二十四第一章《劳动》,第461页)

《芮城县志》

芮城县志编纂委员会编,三秦出版社1994年

第二节 就 业 安 置

1968年,知识青年开始上山下乡,接受贫下中农再教育,学校毕业的学生、属农村的,返乡参加生产劳动,属城镇(市)的,有组织地分配到农村去插队落户。

本县1968年设立知识青年安置办公室,接收北京、天津等外地知青1 049人,全部分配到各个自然村。1973年,全县设立8个知青插队点:大王五七农场,南磹石门青年队,西陌白马岭、东垆东吕青年队、城关庙底、南磹路村、县良种场、苗圃。同年更改机构名称为上山下乡办公室。1979年插队终止,并更名为待业知青办公室。1982年,此机构并入劳动局,改称知识青年劳动服务公司。

1971年开始有计划地对插队知识青年进行安置,规定:凡已插队的知青可用招工、升学、参军、招干或临时介绍单位就业。截至1990年底,全县待业知青全部安置就业。

知识青年安置表

年 份	本年待业人数	插队人数	招工人数	升学人数	参军人数	临时就业人数	本年实有待业人数
1968		104					104
1973		17					17
1974		49					49
1975		106	120	21			247
1976		63	61	8	1		133
1977		107	25	7	1		140
1978		124	31	45	11		211
1979	117		142	21			280
1980	139		119	8	3		269
1981	162		43	16	8	45	274
1982	165		46	15	15	250	491
1983	151		46	18	9	78	302
1984	157		74	10	27	338	606

年　份	本年待业人数	插队人数	招工人数	升学人数	参军人数	临时就业人数	本年实有待业人数
1985	193		236	19	31	298	777
1986	224		69	18	37	264	612
1987	305		257	5	42	47	656
1988	45		345	18		281	689
1990	101		429	21	27	114	692

注：1968年插队人数为外地知青，其余均为本县知青。

（第二十三卷第二章《劳动》，第631页）

《临猗县志》

临猗县志编纂委员会编，海潮出版社1993年

迁入　中华人民共和国成立以来，迁入本县的人口主要集中于三个高峰期：一是1951、1953、1955年，三年中共迁入15 670人；二是1961—1962年，共迁入12 795人；三是1968—1969年，共迁入人口13 347人。迁入的主要原因有三：一是全国解放后，在外经商、当兵人口大量返家务农；二是1960年后压缩、精简部分干部职工支援农业第一线；三是知识青年上山下乡到农村插队落户。　　　（下编人口志第三章《人口变迁》，第166页）

1971年调资改制以后，根据国家、省、地有关劳动就业规定，招工来源，只限于城镇非农业户口及城镇插队知识青年（满2年以上），基本上不从农村招工。

（下编政治志第九章《劳动》，第411页）

1968年，为接收安置插队知识青年，本县成立知识青年安置办公室。1973年，更名为知识青年上山下乡办公室。1978年10月，国务院规定县以下城镇知青不再列入上山下乡范围后，对自愿下乡的知青进行统筹安排，以后城镇高中毕业生改为城镇待业青年。根据工作需要，1983年6月，将知青上山下乡办公室并入劳动局，成立劳动服务公司。

1965年至1978年，本县先后接收安置插队知识青年2 705人。其中来自北京的1 775人，天津446人，太钢24人，盐化局36人，零插134人，本县40人。这些插队生分布在全县19个公社、87个大队。从性别上分：男1 311人，女1 394人。从文化程度上分：高中466人，初中2 277人，初小12人。从年龄结构上看：20岁以下1 949人，21岁至25岁640人，26岁以上16人。从出身看：工人1 171人，干部142人，职员622人，市民185人，资本家

186 人，小业主 193 人，地富 92 人，其他 114 人。

插队知青在接受贫下中农再教育过程中，有 87 人入党，715 人入团，1 人被选为团县委委员，27 人担任公社干部，196 人担任大队、生产队干部，166 人担任民办教师，还有 29 人成为赤脚医生。共有 444 人出席过省、地、县、社各级积极分子代表大会。

插队生安置与迁移情况：在农村接受锻炼期间，先后应征入伍的 164 人，升学深造 296 人，提干 124 人，招工 1 067 人，迁往"三线"276 人，回原籍 243 人，符合返城条件、因病因困难迁回京、津两市的 415 人，其他原因回原籍的 120 人。截至 1990 年底，有 54 名京、津插队生已在本县工作落户。

当时插队，分为设立知青点、兴办知青农场、分散插队或回原籍落户三种形式。在有知青的公社和大队，均配备 1 名副书记或副主任负责知青工作，解决知青生活及劳动中的困难，以及对其进行政治思想教育工作。1977 年，太钢、盐化局知青来县后，为了加强管理教育，各级政府还委派了 25 名干部与他们同吃、同住、同劳动。

（下编政治志第九章《劳动》，第 414 页）

（1973 年）11 月 30 日，欢送上山下乡知识青年奔赴各劳动点。　　《大事记》，第 797 页）

（1974 年）11 月 27 日，北京市委慰问团来临猗慰问插队知识青年。

（《大事记》，第 797 页）

《新绛县志》

新绛县地方志编纂委员会编，陕西人民出版社 1997 年

知青安置

1964 年 8 月成立新绛县城镇下乡青年办公室，开始动员城镇知识青年上山下乡，当年有 48 名城镇知识青年下乡。1968 年开始接受北京、上海、天津等外地和返乡插队知识青年。到 1978 年，全县共有插队知识青年 1 131 人。其中北京插队知识青年 685 人，分布在城关镇的侯庄、南社乡的南平原、富有庄、韩家庄、长庆庄、义泉，泽掌镇的乔沟头、光村，横桥乡的郭家庄、刘家庄等 26 个村庄。

1971 年起，通过企业单位招工、大中专院校招生、应征入伍、招干等途径，逐步安置下乡知识青年就业。1979 年县革命委员会决定停止动员城镇知识青年上山下乡，并安置知识青年就业 444 名。1981 年安置 352 人。至 1984 年全县下乡知识青年基本安置完毕。

（卷二十二第一章《劳动》，第 420 页）

1965年,全县教师人数发展到1 180人。但由于教育事业进一步发展,学生增加,公办教师不敷使用,故从乡村中选用了一批初、高中毕业的返乡知识青年,充任本村学校的教师,由生产队记工分,名曰民办教师。 （第二十四卷第五章《教师》,第461页）

（1968年）12月23日,北京481名知识青年来本县插队落户,县城群众敲锣打鼓热烈欢迎。24日,分别到10个公社23个大队落户。 （《大事记》,第783页）

《河津县志》

河津县志编纂委员会编,山西人民出版社1989年

1968年至1977年,从插队知识青年中招收工人和干部979人。

（卷二二第七章《劳动人事》,第341页）

1968年12月至1972年12月,本县共接收北京、天津插队知识青年947人,返乡知识青年78人,共1 025人。1973年至1977年有十二冶职工子弟347人,本县城镇高中毕业生295人亦到农村插队落户。从1973年起,对插队知识青年分批安置就业,北京、天津知青至1981年除病退20人,转插外地132人,返原籍207人外,其余全部安排就业;十二冶及本地知青至1985年已安排就业的621人。 （卷二二第七章《劳动人事》,第341—342页）

（1968年）11月16日至23日,县革委会召开"农业学大寨"誓师大会,参加会议的有县、社、大队和生产队的负责人以及天津插队知识青年1 800余人。 （《大事记》,第573页）

《夏县志》

夏县地方志编纂委员会编,人民出版社1998年

第三节 知 青 安 置

1968年,本县接收来自北京、天津、太原、垣曲、十二冶等地插队知识青年2 261名。安排2 165名分别到15个公社、74个点插队。其余96名分配到良种场、驴种场、蚕场、林场。在蚕场、林场插队的知青2年后转为固定工。1978年,在农村插队的589名知青中,安置了122名。其中招工103名,入伍参军12名,升学7名。1980年,根据国家规定,在本县插队的2 000余名知青全部予以安置。1981年本地知青303人,其中升学152人,入伍5人,招工41人,有待业青年105人。1982年有本地知青379人,其中升学171人,入伍7人,招工

52 人,有待业青年 149 人。1988 年全县 83 名待业青年经参加考试后被厂矿单位招工。1989 年全县共有本地知青 245 人,其中升学 145 人,招工 56 人,有待业青年 44 人。1990 年本地知青共有 23 人被招工。

夏县知青插队情况表

年　度	人　数		来　　源	其　中					
	总数	女		入党	入团	入伍	升学	回原籍	转为固定工
1968.12	950	445	北京	15	65	30	60	75	285
1968.12	250	143	天津	3	31	5	15	82	148
1975—1976	82	49	太原		23	7	6	67	2
1975—1976	492	292	垣曲十二冶	5	61	73	13	3	403
1968—1977	75	45	外地回县插队和转来插队	7	21	5	7		63
1973—1978	316	166	本县	3	85	97	26		193
1974—1976	96	32	本县	9	43	7	8		81

(卷二十第一章《劳动》,第 337—338 页)

(1974 年)7—8 月,太原市 900 名知青到本县插队,另有本县知青 20 名插队。

(《大事记》,第 654 页)

《绛县志》

绛县志编纂委员会编,陕西人民出版社 1997 年 11 月

(1968 年)12 月 6 日,北京市 300 余名初、高中学生来绛县插队落户,接受贫下中农再教育。1970 年后,陆续返回北京。　　　　　　　　　　　(《大事记》,第 22 页)

1968 年,接受北京知识青年 1 072 人来县农村插队。1973—1977 年,相继安置各中央驻绛厂矿和本县知识青年 375 人到农村插队。从 1973 年起,对插队青年分期分批安排就业,除 185 人因病返城,193 人转插外地,63 人参军外,其余 1 006 人,全部安排到本县或外地厂矿企业就业。　　　　　　　　　(卷二十第二章《劳动人事》,第 566 页)

《平陆县志》

平陆县志编纂委员会编,中国地图出版社 1992 年

1969 年全国掀起知识青年到农村插队高潮,北京、天津和本省知识青年不断来平陆插

队落户,仅天津知识青年就先后五批来平陆。据 1972 年统计,全县有知识青年 634 名,分布在 5 个公社 37 个大队,79 个生产队。1971 年开始对知识青年进行安置。当年有 7 名当赤脚医生,27 名担任民办教师,15 名被招录为青年妇女干部。1972 年有 5 名参军,89 名当工人,6 名升中专,43 名升大学,74 名迁往外地。1975 年安置了 33 名知识青年,其中上大学 5 名,中专 3 名,参军 3 名,调干 2 名,当工人 14 名,因病返城 6 名。1976 年从农村招收固定工 28 名。1979 年安置 61 名就业,至年底所有知识青年全部安置完毕,当年还将 64 名城镇待业青年也安置了工作。

(卷二十三第二章《劳动》,第 408 页)

(1969 年)2 月 12 日,天津市湾兜中学知青长征队来平陆毛家山插队落户。

(《大事记》,第 714 页)

《平陆县志》

平陆县志编纂委员会办公室编,方志出版社 2010 年

忆毛家山知识青年

王楚京

1969 年春,平陆县晴岚公社槐坪大队毛家山生产队来了一批天津知识青年。在那个轰轰烈烈的非常年代里,知识青年怀着对党和毛泽东主席纯真的感情,以建设社会主义新农村的满腔热情,战天斗地,艰苦创业,干出许多动人的业绩。当时,他们的事迹轰动全国,被诸多新闻媒体广为宣传;如今,他们的事迹仍在当地群众中流传着。

(一)

1968 年 12 月 21 日,毛泽东主席发出了"知识青年到农村去,接受贫下中农的再教育,很有必要"的号召。随即,全国各地迅速开始组织初、高中毕业的青年学生上山下乡。天津市南开区湾兜中学学生朱金毅、孙双喜等发出倡议,徒步长征上山下乡。很快,一支由 30 名学生和 1 名青年教师参加的知识青年上山下乡"长征队"成立。30 名学生中,男 20 名,女 10 名,年龄最小的仅 15 岁。应平陆赴天津接受知识青年代表的要求,他们决定到平陆县的毛家山安家落户。

"长征队"选择 12 月 26 日启程。这天,天津市南开区为他们举行了隆重的命名授旗仪式。10 多万群众夹道欢送,区党委书记、老红军马连理走在"长征队"前头,一直把他们送出天津市。

"长征队"到达的第一站是首都北京。在那里,他们从中南海取到珍贵的水、土和葵花种

子,计划带到毛家山。当时,心情激动的知识青年写了这样一首诗:"中南海的水呀甜如蜜,中南海的土呀香无比,中南海的种子最有生命力,知识青年的颗颗红心永远向着毛主席。"随后,继续前进。在石家庄市国际共产主义战士白求恩陵墓前,他们听了白求恩事迹的介绍;在太行山区,他们参观了大寨,见到了陈永贵,听梁便良介绍了大寨人战天斗地的英雄事迹;在吕梁山区的文水县,他们为"生的伟大、死的光荣"的刘胡兰烈士举行了扫墓活动。

一路上,"长征队"三进工厂,六宿军营。在工厂,他们听老工人讲阶级苦、民族恨;在军营,他们听解放军首长讲老红军、老八路的光荣传统。时值冬季,沿途常常风卷沙扬,大雪封山,知识青年翻山越岭,硬是凭着集体英雄主义精神,在广大群众的关怀支持下,克服重重困难,历时51天,行程1 000余公里,于1969年2月14日(农历腊月二十八)胜利到达平陆县毛家山。

知识青年的到来,受到县城干部群众和毛家山人民的热情欢迎。当时的平陆县革命委员会,为他们举行了隆重的欢迎大会,毛家山群众敲锣打鼓把他们迎上山庄。

(二)

毛家山位于平陆县城东北20余公里,是中条山南坡的一个小山村。全村32户,150口人,900多亩耕地,散布在七沟八坡三道梁上。当地流传着这样的民谣:"风大沟深料角多,出门不下就爬坡,十年九旱地瘠薄,亩产只有一百多。"改变条件,驱穷致富,是毛家山群众的迫切要求,也是知识青年面临的重要任务。"长征队"曾在访问大寨时就立过誓言:"访大寨,学大寨,大寨精神接过来,中条山上建大寨。"上了毛家山后,他们和干部、老农一起实地调查,很快就制定出毛家山十年建设规划。按照规划,他们和群众一道迅速打响了改天换地的战斗。

他们的第一仗是整修土地。在党支部支持下,他们和社员们一起上阵,劈崖担土,打塄平地,一块一块地连片治理。经过几个冬春的治理,建设水平梯田70亩、"三保田"200余亩,大大提高了抵御自然灾害的能力。

接着,他们开修通山公路。毛家山沟深坡陡,除盘绕山梁的羊肠小道外,没有一条通车大路。为了能把拖拉机、汽车请上山来,知识青年和社员一起动手劈山开路。不会测量,边干边学;没有炸药,自己土法熬制。打眼放炮比较危险,他们抢着去干。经过20多个昼夜的艰苦奋战,削平了4个小山丘,动土3万余立方米,开出了一条5公里长的简易公路,汽车、拖拉机第一次开上了毛家山。

水利是农业的命脉。毛家山历来就是一个干山坡,不要说用水浇地了,就是人畜吃水也要从几十米深的沟里担。1971年春天,知识青年和社员一起打响了引水上山的战斗。这个引水工程,要在村北边的沟里建设一个小水库,把涧水拦蓄起来,然后在黑牛岭凿穿一条367米的石洞,再开2 400米的盘山渠道,才能把泉水引进毛家山。在工程建设中,数黑牛岭的石洞最艰难了。整架山就是一块石头,十分坚硬,镢锨无用,只得一锤一锤地打眼,一炮一炮地爆破。知识青年抢锤打钎搞爆破,不怕苦,不怕累。有时放炮之后,洞里烟雾还未散去,性急的小伙子们就抢着冲进去拉石清碴,有的人甚至被烟雾呛得晕过去。他们的精神感动了中条山有色金属公司的工人老大哥。工人们伸出友谊之手,送来了技术人员和空压机等。经过两个冬春的战斗,山洞凿成了,渠道挖通了,清清泉水第一次灌溉了毛家山的庄稼。

毛家山地处偏远,用电问题迟迟得不到解决。为了使毛家山尽快通电,平陆县和天津市有关单位资助了部分款项和物资。在架电的日子里,知识青年们别提多高兴啦,他们和工人们一道竖电杆,架电线,在山梁上上下下,在沟壑里进进出出。很快就架起了跨越3道山梁、横穿4条沟壑的7.5公里高压线路。第一次引电上山,使毛家山户户亮起了电灯,响起了广播喇叭声,并使磨面、粉碎、脱粒、轧花等实现机械化和半机械化,大大解放了农业劳动力。

怎样提高粮食产量,是知识青年们来到毛家山后日夜思考的一个课题。他们一方面从报刊上学习有关技术,一方面就近学习种田新技术。他们步行百余公里,在张村公社郭家山学习玉米坑种法,在窑头村学习棉花和小麦栽培技术,又引进"跃进五号"、"向阳一号"等小麦良种,使粮食产量不断提高。1970年,他们搞了16亩坑种玉米试验,亩产由原来的150多公斤提高到280多公斤。到1971年,玉米坑种就在毛家山全面推广了。

天津市委和平陆县委对毛家山的知识青年十分重视和关怀。平陆县委派出具有丰富农村工作经验的中层领导干部常住毛家山,帮助他们解决生产和生活中的各种困难。天津市委和平陆县委共同努力,给毛家山送去"铁牛55"拖拉机、东方红推土机、北京130汽车、小型车床等。各方面的支援和鼓励,使毛家山的生产和生活条件发生很大变化,粮食产量连年增长。到1971年底,全队总产量就达到9.2万公斤,比1968年的4.6万公斤增长了一倍,人均产量第一次突破千斤大关。毛家山群众的生活有了很大的提高,村容村貌发生了可喜的变化。

(三)

在同人民群众改造山河的共同战斗中,知识青年受到了锻炼和教育,学到了各种技能和本领,有的成了拖拉机手,有的成了赤脚医生,有的当了牛倌,有的成了电工、修理工,还有的当了生产队长、村干部。可以说,毛家山的每一个知识青年,都有一段生动的故事,都为毛家山做出了一份可贵的贡献。

青年教师郝广杰,三上毛家山,扎根山区干革命的事迹非常感人。郝广杰是河北唐山人,家庭出身贫苦。父亲十来岁就被逼给地主扛活,后来流落朝鲜当了苦工;母亲在他不到4岁的时候,就被病魔夺去了生命。解放后,他一家才过上好日子。郝广杰大学毕业后,被分配到湾兜中学当教师。1968年12月,他正准备和未婚妻结婚的时候,学校领导派他护送"长征队"和知识青年一起第一次上了毛家山。在长征途中,在毛家山的共同生活中,他觉得只有热情、缺乏社会锻炼的青年,非常需要教师的管理和教育。因此,他萌发了留在毛家山长期扎根的念头。这时,学校催他回去参加整党。回到天津后,郝广杰向领导汇报了毛家山的情况,竭力争取领导批准自己到毛家山安家落户,但领导只批准他"暂去"一年,户口和党组织关系没有让他带走。1969年8月8日,他第二次上了毛家山。当他再次返回天津时,又亲自到知青办申请,最终被批准到毛家山安家落户。为此,郝广杰经过了激烈的思想斗争,付出了婚姻破裂的代价。他眼睛视力不好,家庭条件也差点,因此谈过几次对象都没有成功。最后,谈了一个女教师,说好1968年底结婚,可到结婚时郝广杰却上山了。未婚妻几次催他回天津结婚,他都因工作离不开推掉了。最后,未婚妻听说他要在毛家山干一辈子,就和他"各走其路"了。郝广杰义无反顾,带着户口和党组织关系,第三次上了毛家山。从此,他就全身心投入到建设毛家山的战斗。在修路、引水、架电等工程中,数他操的心最多。1972年,他同当地一位女教师恋爱结婚,先后生下两个孩子,女孩取名爱山,男孩取名建山。年轻的郝广杰有文化,善思考,能吃苦,很快就赢得干部群众的信任。1970年,他被选为村党支部书记。1974年,他被任命为中共运城地委委员、平陆县委副书记。1975年,他当选为第四届全国人民代表大会代表。

　　知识青年李玉亮当牛倌的事,曾被人们传为佳话。李玉亮看到牛力气挺大,农民犁地、磨面、打场等都离不开牛;又听说牛是集体的半份家当,感到牛对发展生产太重要了。几经要求,他被批准当上了饲养员,从此,他把铺盖搬进牛圈,白天晚上陪伴着牛。赶牛上山时,牛吃草,他割草,每天背回一大捆草,以备雨天给牛吃。母牛生了小牛犊,他怕小牛冷,就把它抱到炕上用被子盖起来,还用奶瓶一口一口给小牛喂米汤。在他的精心喂养下,小牛苗壮成长,大牛膘肥体壮。群众夸他说:"玉亮可真把牛当成宝贝啦。"

　　知识青年在毛家山栽植"扎根园"的故事,也十分感人。知识青年到毛家山到底能停多长时间,谁的心里也没有底。当地农民为了使他们能在农村多留一段时间,曾给知识青年每人做了一双棉布鞋、一件粗布衣,起名"扎根鞋"、"劳动衫"。知识青年穿上"扎根鞋"、"劳动衫",激动不已,热泪盈眶,表示要一辈子扎根毛家山,建设新农村。1970年,知识青年张振忠被选送参加中国人民解放军。在欢送小张入伍的大会上,他满怀激情地说:"毛家山的贫下中农培育我健康成长,今天又送我参加解放军,毛家山就是我的家,我将来服役期满还要回到毛家山来。"他把自己的行李留在毛家山,还把队里分配给他的80元劳动报酬也交给了生产队,说是支援山区建设。队干部接过张振忠的钱,专门做了研究,认为这是小张的劳动所得,队里不能白占,等他回来后一定还给他。为了表彰和纪念知识青年扎根农村的心情,决定先买成500棵苹果树,栽到后山坡上作纪念。知识青年一听,人人拍手叫好,后来就把这个苹果园取名为"扎根园"。

　　知识青年中彻底的"扎根"派,宋春元算一个。宋春元是工人家庭出身,从小对劳动人民就有深厚的感情。他长得膀阔腰圆,身体魁梧,能吃苦,爱劳动,干啥活都很卖力气,样样事情都干在前面,因而深受群众和知识青年的喜爱。到毛家山的第二年,他当了民兵排长和村里的民兵连长。入党后,他又当上了生产队长。他和毛家山女青年毛海菊,在共同的劳动工作中建立了深厚的感情,1974年在大家的关怀帮助下,两人欢欢喜喜办了婚事。从此,宋春元更加安心在毛家山,无论是选调进工厂或是推荐上大学,他从不报名,他说:"我哪儿也不去,一定要用智慧和汗水把毛家山变个样!"非常遗憾的是,后来宋春元得下脑肿瘤,平陆和天津有关领导组织尽力抢救,但最终宋春元还是英年早逝。根据生前的要求,他的遗体被埋葬在毛家山。

（四）

毛家山的知识青年,受到各级领导的密切关注。《人民日报》、《光明日报》、《山西日报》、《天津日报》、中央人民广播电台、山西人民广播电台、《华北民兵》、《中国建设》等电台、报纸、杂志,都对他们的事迹作了大量的宣传报道。他们的代表曾出席过山西省学习毛主席著作积极分子代表大会,知青队长朱金毅还应邀到北京参加国庆二十周年庆祝活动,受到毛泽东主席等党和国家领导人的接见。

天津方面,认为教师和当地群众结合起来管理教育知识青年,不失为一种好形式。因此又连续给毛家山派来插队知识青年。到 1976 年底,连同第一批"长征队",天津市先后给毛家山派出 5 批 106 人插队知识青年。青年们都在毛家山经受了锻炼和考验,给毛家山的新农村建设做出过贡献。

从 1970 年开始,毛家山的知识青年就通过参军、上大学、进工厂、选干部、病退、困退等渠道,陆续离开毛家山。1976 年以后,拨乱反正,恢复了党的实事求是思想路线,人们冷静思考,对知识青年上山下乡的认识发生根本性的变化。毛家山的知识青年也纷纷下山了。带队教师郝广杰,带着一家人回到天津,当上农学院的副院长。"长征队"队长朱金毅,曾担任过共青团平陆县委副书记,后来去了河北省邯郸市工作。李玉亮大学毕业后,在天津某医药研究所就职。大多数知识青年都回了天津,从事各种工作。留在当地的仅有两位,一位是孙树青,一位是陈胜利。孙树青是第五批到毛家山插队的。小伙子精明强干,英俊潇洒,学习勤奋,富有才华,1980 年初被调到平陆县委宣传部任副部长,后历任曹川镇党委书记、平陆县人民政府副县长、运城地区钻石公司总经理等职。陈胜利是第一批插队的青年,后调茅津航运站、三门峡黄河公路大桥山西管理处工作,憨厚朴实,工作扎实,年年都被评为先进工作者。

三十余年过去,弹指一挥间。随着时间的推移,毛家山知识青年的故事在人们的记忆中慢慢淡漠,但是毛家山的群众永远不会忘记他们。曾在这里洒下汗水、付出艰辛的知识青年们,也时常惦记着毛家山。知识青年在毛家山战天斗地的感人事迹,将永远载入平陆的史册!

（原载 1998 年 9 月《平陆文史资料》总第 32 期,略有删改）

（卷二十一第一章《艺文》,第 596—600 页）

《永济县志》

永济县志编纂委员会编纂,山西人民出版社 1991 年

1977 年,全县需安排的城镇社会劳动力总数 1 849 人,其中有上年度未安排的待业人员 940 人,本年度高中毕业生 859 人,本年度按政策回城的知识青年 50 人。全年共安排了 1 050 人,其中:安排到全民所有制和县以上集体单位的 130 人,安排到街道办的事业单位 110

人,继续在农村插队的 810 人。年末全县城镇尚有待业人员 799 人。

(卷二十一第一章《劳动管理》,第 325 页)

1958—1965 年,从复员军人和在农村参加劳动满三年的知识青年中吸收录用干部 13 人,复员军人和工人转干 7 人,接收大中专毕业生 357 人。

(卷二十一第二章《人事管理》,第 328 页)

(1968 年)12 月 22 日,在毛主席"知识青年到农村去"的号召下,北京知识青年 800 余人,来本县插队,分别安排到三娄寺、栲栳、开张、张营等公社的部分村落户。

(《大事记》,第 611 页)

《万荣县志》

山西省万荣县志编纂委员会编,海潮出版社 1995 年

(1968 年)12 月,897 名北京知识青年到本县 11 个公社 52 个大队插队落户、劳动锻炼。

(《大事记》,第 887 页)

(1971 年)7 月 20 日,北京插队知识青年杨学昌,在王亚公社郭村为抢救落水牧羊人马麦忙而献身。中共万荣县委根据他生前夙愿,追认他为中国共产党正式党员,并作出"向杨学昌同志学习"的决议。后省革委批准授予杨学昌"革命烈士"称号。(《大事记》,第 889 页)

《稷山县志》

稷山县县志编纂委员会编,新华出版社 1994 年

全县人口一次迁入最多者,为 1968 年北京市崇文区 935 名知识青年来稷插队落户。

(第三卷第三章《人口变动》,第 53 页)

插队 1968 年本县革命委员会设立知识青年办公室(简称安置办),专事知识青年插队、管理和安置工作。1970 年安置办并入稷山县革命委员会政工组办公室,1972 年更名为知识青年上山下乡办公室(简称知青办)。1983 年与劳动局合署办公,1984 年更名为县劳动服务公司。1968—1977 年共接收北京、天津、太原等地知识青年 1 082 人,插队到城关、清河、太阳、修善、化峪、路村、西社、杨赵 8 个公社 32 个大队。国家给每个知青拨插队安置费 500 元,兴建集体食堂 32 个。县、社、队三级知青管理部门对知青进行政治思想教育、劳动

知识教育,并组织其参加农业生产和科学技术实践。先后有 15 名知青加入中国共产党,75 名加入中国共产主义青年团,55 名知青担任生产队长以上干部。

知识青年安置 1972 年开始给插队知青安置工作,至 1979 年全部安置完毕,其中招工 806 人,参军 23 人,提干 29 人,升学 36 人,返回原籍 88 人。

(第二十一卷第一章《劳动》,第 377 页)

(1968 年)12 月,北京崇文区的 935 名知识青年,来到稷山的城关、杨赵、西社、清河、太阳、修善等 8 个公社的 32 个大队插队落户。 (《大事记》,第 701 页)

《临汾市志》

山西省临汾市志编纂委员会编,海潮出版社 2002 年

(1964 年)5 月 10 日,县委在大礼堂召开大会,欢送首批城镇知识青年到农村插队落户。

(《大事记》,第 47 页)

(1968 年)12 月,首都知识青年 600 余人来临汾县农村插队锻炼;县成立知识青年安置办公室办理安置工作。1970 年后陆续转入城市机关、企业就业,至 1976 年基本就业完毕。

(《大事记》,第 48 页)

"文化大革命"中实行计划、招收、调配三统一用工制,实行统筹安排,城乡并举,以上山下乡知识青年为主的就业安置。 (第十五编第四章《劳动管理》,第 874 页)

知识青年插队安置 1964 年,中共中央、国务院发出知识青年上山下乡指示。全县首批动员城市知识青年(简称知青)150 余人到上阳、西河堤、贾得、贺家庄等地插队。1965 年,以街道办事处为单位又动员第二批知青插队。1966 年,停止动员工作。1968 年,毛泽东主席发出"知识青年到农村去,接受贫下中农再教育很有必要"的号召。县革命委员会成立知识青年安置办公室,开始接收北京知识青年 1 300 余人到农村插队落户。1973 年,根据中央通知精神动员当地大批知识青年上山下乡,知识青年安置办公室更名为知识青年上山下乡办公室。按照政策规定,知识青年除独生子女、多子女身边留一个,病残、归侨学生、中国籍的外国人子女不动员插队,发给留城证外,其他人都动员上山下乡插队,经过劳动锻炼才能招工、招生、参军。1973—1979 年,共动员城镇知青 6 700 余人插场、插队。为加强对知青管理,在农村实行厂社挂钩办法,全市共选知青点 68 个,农、林、牧、渔、场 9 个,共下拨知青经费 315 万元,建房 1 363 间。知青集中安置,集中生活,集中学习,分到生产队劳动,评工记分,各点都配有国家干部带队,大点2—3人,中小点1—2人。1978年,中央调整对知识青年政策,下乡范围缩小。1980年,停止上山下乡,开始清理知青插队财产,作价转卖给当地社队。同时,根据国民经济发展需要,采取城乡并举、广开门路、统筹安置办法,安排插队知青回城工作。通过招工、升学、参军、病退、困难退、父母退休顶替、乡镇企业安置等途径,到1993年底,将7 000余名知青全部安排完毕。对女知青和农村男青年结婚所生子女户口、粮食关系及男方工作安排等均给予合理解决。对参加工作的知识青年,按规定从插队之日起计算工龄。 (第十五编第四章《劳动管理》,第875页)

《侯马市志》

侯马市志编纂委员会编,长城出版社2005年

(1964年)10月,北京知识青年先后到境内插队落户。 (《大事记》,第16页)

1962年5月,市劳动局与市民政局合并为民政科。同年11月民政科改称市民政局,负责办理劳动就业管理工作。1963年5月,隶属曲沃县劳动局,负责劳动计划、工资、知识青年安置和劳保福利等。 (第十六编第十章《劳动管理》,第541页)

《汾西县志》

山西省汾西县地方志编纂委员会编,方志出版社1997年

(1975年)3月,清华大学毕业生、原马沟北京插队知识青年史素珍,放弃在大城市工作的优越条件到马沟村落户当农民。 (《大事记》,第29页)

1968年12月,北京663名知识青年到本县插队。到1991年,绝大多数北京插队知识青年因升学、招工、参军、病退等原因迁出,全县北京知识青年仅剩4人。

(第三编第三章《人口变动》,第149页)

知识青年安置

1964年10月,霍县矿务局等地48名知识青年来本县水土保持专业队安家落户。1968年12月,北京市663名知识青年来本县山云、圪台头、张泉、申村、芝麻圪岭、堡后、后义、府底、店头、师家沟、薛家庄、神符、马沟、对竹、王家庄、康和、西河、堡落、暖泉头、它支、下庄、独堆、洪原等23个知青点插队落户。1973年11月,本县21名知识青年到洪原插队落户。1975年6月,23个知青点裁并为店头、马沟、下庄、洪原4个,北京插队知识青年除招工、参

军、升学、迁转外地外尚留 150 余名。1983 年北京知识青年全部安置完毕。1968 年 11 月成立安置办公室,1975 年改称知青办公室。1984 年 4 月撤销。截至 1991 年末,北京知识青年在本县安置者有 4 人。 （第十一编第二章《劳动管理》,第 316 页）

《安泽县志》

安泽县志编纂委员会编,山西人民出版社 1997 年

1971 年与古县分治,财贸系统缺员较多,县革命委员会下发(71)175 号文,招收农村成分好有文化的青年 158 名,北京插队知青 59 名充实。 （卷十四第二章《劳动》,第 296 页）

1964 年,设立城市青年安置领导组,分配 24 名青年插场劳动,唐城羊场 21 名,府城林场 3 名。

1966 年,中条山有色金属公司知识青年 63 名,分到羊场、林场插场劳动。

政策规定:知青需劳动锻炼二年方可安置就业。本县 24 名知青予以安置。

1968 年 10 月,成立知识青年安置办公室。12 月,接受北京知青 359 名,分配到府城、冀氏、马壁三公社插队劳动。后 109 名回北京,237 名分配工作。

1973 年,安置办公室改称上山下乡办公室。知识青年仍实行先插队(场)劳动,再行分配办法。七年间共安置 249 名青年从业。

1984 年,贯彻国务院"放宽政策,广开就业门路,在国家统筹规划下,实行劳动部门介绍就业,自愿组织起来就业和自谋职业相结合的方针"。……同年设立劳动服务公司,对待业青年进行文化考核和职业培训,协助开发就业门路,办经济实体 7 个,安置知青 43 人。

（卷十四第二章《劳动》,第 297 页）

《古县志》

古县志编纂委员会编,陕西人民出版社 2001 年

第二节 知 青 安 置

1971 年,县革命委员会政工组办公室,负责对上山下乡知识青年的安置、管理工作,1973 年 6 月 28 日,县成立知识青年上山下乡工作领导组。领导组由毛庭瑶、李冬梅、袁续厚、景宝德、李洪茂、卫洪智、朱根成、刘崇祥、郭长林 9 人组成,下设办公室,加强对知识青年的领导管理和生产生活安排。

1968 年 12 月,县内接受北京知青 414 人,其中男 196 人,女 218 人,分别插队到 6 个公

社,26 个大队,26 个插队点。

1971 年,北京来县插队知识青年中,提干、参军、升学的 111 人,因病返京和转地插队的 76 人,农村留有 227 人。1974 年调查,北京来县插队知青中,参加县内招工分配工作的 43 人,提拔为各级干部的 9 人,参军 9 人,外地招工录用 30 人,因病返京 21 人,从事三线工作 15 人,转外地插队 90 人,升学 39 人。迄 1974 年底,在县人数为 172 人,分布情况为:石必 45 人,旧县 51 人,郭店 5 人,永乐 36 人,茶坊 8 人,店上 27 人。到 1975 年 8 月,北京知青在县人数降为 49 人,在村的总共 20 人。1978 年,在县的北京知青全部到县农场"915"工地集中参加劳动。80 年代后,在县的北京知青全部成家就业。

1973 年,县内城镇户口的 9 名知青,首批插队到农村。翌年,插队 24 人,回乡 6 人。1975 年,插队 31 人,回乡 1 人。1976 年 2 月,县内适龄知识青年 26 人集体插队到县营农场"915"工地,有 3 人安置到老牛沟林场。从 1973 年到 1978 年间,县内共有 151 名知识青年插队,参加农业生产劳动锻炼,随后又陆续返城就业安置。

(第十二编第三章《劳动管理》,第 306 页)

《翼城县志》

山西省翼城县志编纂委员会编,海潮出版社 1997 年

60 年代末至 70 年代,一批知识青年和城镇居民上山下乡插队落户。70 年代末和 80 年代初,上山下乡的知青和居民返城就业,一批国家机关、企事业人员家属办理"农转非",部分农业人口迁出农村。

(第三卷第三章《变动》,第 84 页)

知青安置

1968 年末,本县接受北京、天津插队知识青年 995 人,分别安置到王庄、北撖、辛安、隆化、南唐、中卫、城关、武池、里寨 10 个公社的 41 个大队插队劳动。同时,来自首都的北京大学、中国人民大学、中央财经学院、北京商学院、北京政法学院、北京经济学院、林学院等高等院校的 20 余名大学生来到翼城,组成"向阳队",安置到本县小河口水库劳动锻炼。1970 年秋"向阳队"队员参加翼城、洪洞、临汾、安泽等县的"一打三反"运动。随后正式安置分配到上述数县参加工作。在北京、天津插队知识青年中,一些先进积极分子相继入团、入党、参加大队领导班子,担任民办教师、赤脚医生等。根据上级规定,从 1972 年起开始给北京、天津插队青年安置工作,除因病、因困难返回原籍 50 人,推荐上大学、中专的知青外,到 1978 年底,北京、天津 995 名知识青年全部给予安置。1985 年按照国务院规定,给同当地青年结婚的 27 名京、津插队知识青年的配偶转为城市人口,并于同年底先后安置工作。

1973 年,县知识青年安置办公室分别在冶南、河沄、上白马、南撖建立四个知青农场,不

久河沄、上白马、南撒三个知青点停办。至 1983 年，全县共有 760 名知青下乡插队，1984 年底本县定点下乡的知青全部得到安置。　　（第十七卷第七章《劳动管理》，第 278—279 页）

1982 年，本县成立翼城县劳动服务公司，与知识青年上山下乡安置办公室合署办公，一套人马，两个牌子。1984 年 4 月县政府精简机构时，知识青年上山下乡安置办公室与劳动局合并，劳动服务公司独立办公，下设就业培训股、企业管理股、财务统计股、待业青年管理股、劳务市场管理股、就业培训中心和冶南知识青年农场。　　（第十七卷第七章《劳动管理》，第 280 页）

《翼城县志》

赵宝金主编，山西人民出版社 2007 年

1968 年，北京、天津插队知识青年 995 人，首都高等院校大学生 20 人，缅甸归国华侨学生 53 人，相继迁入。　　（第三编第一章《人口规模》，第 105 页）

插队知青安置

1968 年，响应毛泽东关于"知识青年要到农村去"的号召，城市高初中学生分批上山下乡到农村插队。翼城县接受北京、天津插队知识青年 995 人，分别安置在王庄、辛安、北撒、隆化、南唐、中卫、城关、武池、南梁、里砦 10 个公社 41 个大队插队劳动。县革委成立知青办公室，管理有关事宜。通过劳动锻炼，插队知青中有部分人相继入团入党，参加大队领导班子、担任民办教师、赤脚医生等。1970 年起，开始从插队知青中招干、招兵、招工，分配安置工作，有 50 人因病或家庭困难返回京、津，部分被推荐上大学或中专。到 1978 年底，京、津 995 名知识青年全部给予安置，多数返回京、津，少数就地分配工作，有部分安置在临汾、太原等地。原在南卫大队插队的北京女知青杨慧锦后任山西大学党委书记，在牢寨大队的北京女知青李秀英后任山西省工商管理局副局长，在北冶大队的北京女知青郝焕玲后任临汾市委统战部副部长，在天马大队的女知青赵秉珠后任山西省妇联宣传部部长。他们中的多数人，与翼城的乡亲们一直保持着联系。1985 年，按照国务院规定，将在当地结婚安家的 27 名京津插队知识青年的配偶转为城市户口，并于同年底先后安置工作。　　（第二十七编第一章《就业安置》，第 819—820 页）

本县知青安置

1973 年 11 月，县知青安置办公室先后于城关公社冶南大队、南唐公社河沄大队、南梁公社上白马大队和北撒公社南撒大队建立知识青年生产队，接收安置驻翼国家兵总 5401 厂（山西春雷铜材厂）、5439 厂（山西锻造厂）和本县城镇知识青年。冶南和河沄两个知青队由工厂和本县选派干部轮换带队。不久河沄、上白马、南撒三个知青队停办，冶南知青队改为县知青农场。至 1983 年，共接收知青 760 人。1984 年底，定点下乡的知青全部安置就业。

（第二十七编第一章《就业安置》，第 820 页）

《曲沃县志》

曲沃县志编纂委员会编辑，海潮出版社1991年

第二节　知青安置

　　1964年10月至1968年10月，北京知识青年（简称知青）先后3批来县内插队落户。1964年10月19日，第一批50余人，到白店、林城（现均属侯马市）插队；1965年8月，第二批495人；1968年10月，第三批180人，计725人，在县内9个公社45个大队插队。至1985年，除外地招工、升学、参军及因病返回北京外，全县尚有安置在各单位工作的知青224人，其中北京籍的223人，天津籍的1人，男95人，女129人；分布在商业系统104人，经委系统49人，教育系统23人，乡镇党政机关5人，县级党政机关43人。

（第一三编第三章《劳动管理》，第244页）

　　同月（1964年4月），县内和省建一公司及红卫厂74名知识青年到下坞、北白集村插队。

（《大事记》，第518页）

《吉县志》

吉县志编纂委员会编，中国科学技术出版社1992年

　　"文化大革命"时期，根据当时形势，国家规定就业对象一为安置退伍军人；二是家居城镇的应届高、初中毕业生；三是经过劳动锻炼两年以上的下乡知识青年；四是经过批准的留城待业青年；五是井下和繁重体力劳动工，在城镇招工对象不敷使用时，经省劳动部门批准，允许从农村招收一部分农业人口充任。1975年，全民所有制职工2 430人，比1949年增加8.14倍；集体所有制职工558人，较1957年增加0.70倍。这一时期，先后7批接收城镇插队知识青年877名，至1974年除迁出293人外，先后安排到机关、企事业中463名，占应安置人数的79.28％。

（第四编第三章《综合管理》，第106页）

　　1970年，中小学下放到公社和生产大队管理，从插队知识青年中吸收一批教师。

（第二十编第五章《教师》，第409页）

　　（1968年）10月8日，北京知识青年533人到本县农村插队落户。　　（《大事记》，第535页）

　　（1975年）5月10日，中共吉县县委发出向北京插队青年赵凤琴学习的决定，并授予赵凤琴优秀共产党员称号。

（《大事记》，第537页）

《大宁县志》

大宁县志编纂委员会编纂，海潮出版社 1990 年

安置

　　1965 年，县上成立水土保持专业队（简称水保队），分设于峪里沟和大冯村后，隶属于县水利局。水保队接收安置知识青年 150 人，其中有北京知识青年 100 人，太原知识青年 35 人，本县知识青年 15 人。1968 年先后两次接受 606 名北京知识青年来本县插队落户，分别在 8 个公社 24 个生产大队设点，采取集中食宿，集体劳动的办法安置。1971 年成立知识青年上山下乡办公室，专门负责知识青年安置工作。1973 年以后，随着本县知识青年的逐渐增多，相继在李家垛、良种场、五七干校、苗圃、太德、南堡等地设立"知青点"，8 年间共安置本县知识青年 314 人。为便于管理，在李家垛、太德、南堡 3 个点配备专职带队干部，全部集体食宿，统一管理；在良种场、五七干校和苗圃插场、插校的知识青年由其所在场、校领导代管。在组织知识青年上山下乡的同时，根据经济建设的需要，逐步对插场、插队的知识青年进行安置。1972 年，选拔一大批知识青年充实工交财贸队伍。以后，县劳动局根据每年的招工指标，由知识青年所在单位推荐，优先安排就业。到 1984 年，所有插队知识青年除 5 人死亡外，全部安排就业。其中有 28 人参军，879 人招收到全民所有制单位，48 人吸收为国家干部，87 人考入各类大中专院校，8 人担任教师，15 人转调外地。　　（第十二编第二章《劳动管理》，第 280—281 页）

　　(1965 年)6 月 1 日，35 名太原市知识青年来大宁水土保持专业队插队锻炼。

（《大事记》，第 559 页）

　　6 月 15 日，100 名北京市知识青年来大宁水土保持专业队插队锻炼。（《大事记》，第 559 页）

　　(1968 年)12 月 28 日，北京市 606 名知识青年来大宁插队锻炼。（《大事记》，第 562 页）

　　(1970 年)10 月 25 日，水土保持专业队解散。146 名知识青年分别到 10 个公社 35 个大队插队落户。　　（《大事记》，第 563 页）

　　(1973 年)11 月 7 日，本县 23 名知识青年赴徐家垛公社李家垛村插队。

（《大事记》，第 564 页）

《永和县志》

永和县志征编领导组编纂，学苑出版社 1999 年

　　1966 年临汾籍知青 60 余人迁来本县插队落户。（第三编第一章《人口规模》，第 95 页）

1966 年成立永和县水土保持专业队(简称水保队),接收安置临汾插队知识青年 40 余人。1975 年 3 月,县革委设知识青年上山下乡办公室,专事知识青年安置工作。1973—1977 年,全县城镇知识青年 148 人分 3 批到农村插队。县财政先后拨出 10.8 万元,给桑壁、官庄、索驼等 6 个知青点修建宿舍、办公室 27 孔(间);县委、县政府派干部带队,管理插队知青的生产、生活和思想工作。至 1981 年底,本县插队知识青年 148 人均已妥善安置。其中 7 人参军,12 人考入大专、中专学校,129 人通过招工考试相继安排到临汾钢铁企业公司、洪洞焦化厂和本县商业、供销、粮食、金融、工业等企事业单位就业。

(第十二编第二章《劳动管理》,第 337 页)

70 年代,分 3 批吸收农村补贴制干部 53 人到各公社工作,后转为正式干部。此间,地委先后派 30 余名干部来永和支援山区建设;本县抽调 412 名教师充实干部队伍,将 107 名以工代干人员转为干部,从城镇插队知识青年中吸收录用干部 122 人。

(第十五编第二章《人事》,第 432 页)

《洪洞县志》

洪洞县志编纂委员会编,山西春秋电子音像出版社 2005 年

1970—1973 年,实行"城乡劳动力换班"(退休顶替),城镇知识青年到农村插队落户。同时,又招收农村劳动力补充全民所有制工商企业,形成城乡劳动力倒流。

(卷十六第七章《劳动管理》,第 686 页)

知青安置

自 1964 年起,中共中央号召知识青年上山下乡。县设立"安置城市下乡青年办公室",1973 年 11 月改称知识青年上山下乡办公室。

1965—1971 年县域有北京、天津、外省等大中城市知识青年 178 名(其中:男 79 人,女 99 人,分布在 22 个公社,99 个大队)。

1971 年至 1976 年,县接受安置知识青年 1 419 人,分布在河西、城关、赵城、南垣 4 个片,21 个"知青点",107 个大队(其中北京 23 人,天津 10 人,外省 203 人,本省 1 183 人)。

从 1972 年开始,对插队(场)2 年以上的上山下乡知识青年实行招工、升学、参军安置,由劳动部门统招统配,各种条件适当放宽。对外省、市知识青年原则上回原地安置,对自愿留洪的,由知识青年优先选择就业单位,劳动部门给予办理一应手续。

1972—1976 年向临铁、临钢、临纺、省地质、省电建、霍县发电厂、山焦、山维及县营各

厂、矿等单位推荐招工安置 518 人,升学深造 14 人,参军服役 8 人,转外地 28 人,提干 6 人,病退 2 人,计 576 人。

1977 年招工 197 人,升学 16 人,应征参军 16 人,回乡 327 人,转民办教师 38 人,知青点有 12 个。1979 年 10 月停止动员知识青年上山下乡。到 1984 年,下乡知识青年基本安置完毕。 （卷十六第七章《劳动管理》,第 687—688 页）

1950 年,开始办理复员安置工作。对复员、退伍、转业军人的安置,本着"妥善安置、各得其所"的宗旨和"从哪里来到哪里去"的原则,做到合理安置。依照政策规定:三等以上的革命残废军人,荣立三等以上军功的人员有 8 年以上军龄,以及原属商品粮户口或下放农村的知识青年入伍的退伍军人给予安置工作。 （卷二十第二章《民政》,第 839 页）

《浮山县志》

浮山县志编纂委员会编,中华书局 2002 年

1968 年 12 月,北京 745 名知识青年到本县插队落户。1978 年后,除升学、招工、参军等 96 人外,其余知识青年均陆续迁出本县,返回原籍。 （第三编第三章《人口变动》,第 61—62 页）

知识青年安置

1968 年 12 月底,北京市 745 名知识青年来本县插队落户,1969 年初,全部安置到 17 个公社的 69 个大队。1970 年本县 108 名知识青年到农村参加"一打三反"运动。1971 年 7 月郭店、店上公社和北朝公社部分村划归古县后,有 104 名知识青年归属古县管理。1972 年 9 月成立知识青年安置办公室。1976 年将北京及本县 22 名知识青年组成知青队安置在响水河林场进行锻炼。到 1989 年底,除因病、因困难返回原籍的 84 人,推荐上大、中专学校、参军的 96 人,吸收为国家干部的 10 人外,剩余 451 人全部安排工作。

本县知识青年安置始于 1973 年 11 月,到 1979 年底,先后有 161 名知识青年分六批安置到县农场和蛟头河、朱村等大队插队。到 1982 年底,有 7 人升入大、中专学校,5 人参军,149 人招为工人。 （第十四编第一章《劳动》,第 298 页）

从 1955 年到 1989 年除接收分配大中专毕业生 942 人外,吸收录用干部 1 255 人,招聘干部 73 人。其中,面向社会公开录用干部 146 人,从机关事业单位干部岗位工人中直接录用〈以工代干转干〉517 人,农民补贴制干部转干 150 人,接受安置军转干部 54 人,从复退军人中吸收干部 31 人,插队知识青年转为干部 18 人,民办教师转公办教师 278 人,赤脚医生（乡村卫生员）转正 2 人,从"四清"借干中录用 15 人,公开录用税务助征员 26 人,"五警"（法

警、刑警、民警、交警、武警)改为干部 18 人,招聘乡镇统计干部 15 人,招聘乡镇财政员 19 人,企事业单位取得中专以上文凭的工人聘干 9 人,聘用为乡镇农业技术员 15 人,为教育系统招聘大专以上文化程度的公办教师 15 人。　　　　(第十四编第二章《人事》,第 303 页)

《襄汾县志》

襄汾县志编纂委员会编,天津古籍出版社 1991 年

　　1964 年中共中央、国务院发出知识青年(简称知青)上山下乡指示,到 1966 年底,本县共安置下乡插队知青 321 人。1968 年,北京、天津及本县知青共 1 871 人到农村插队落户"接受贫下中农再教育"。县成立知青安置办公室,并在农村选择 37 个"知青点",拨款18.75万元,建房 363 间,采取集中安置,集中劳动,集中学习的方法,各点配有国家干部领导。1975 年后,开始安排插队知青回城工作,到 1980 年共安排 515 人,1983 年底安排完毕。

　　　　　　　　　　　　　　　　　(第十一编第五章《劳动管理》,第 323 页)

　　(1968 年)12 月,首都 618 名知识青年到本县 31 个大队插队锻炼。

　　　　　　　　　　　　　　　　　　　　　　　　　(《大事记》,第 642 页)

《乡宁县志》

乡宁县志编纂委员会编,新华出版社 1992 年

　　知青安置　　1968—1978 年先后安置北京插队知识青年 200 人,本县插队青年 498 人,共 698 人。就业到林场、农牧场、煤矿、发电厂、水泥厂、化肥厂和商业、供销、金融等企事业单位。1979—1990 年发展第二、第三产业,开辟多渠道就业门路,安置城镇待业青年 2 700人,其中县劳动服务公司与各企事业单位办的劳动服务公司就业安置 500 多人。

　　　　　　　　　　　　　　　　　(卷十二第六章《劳动管理》,第 359 页)

　　60 年代至 90 年代从北京插队青年中吸收干部 39 人;从公社补贴制干部中转正 101 人;从城镇青年中招收干部 32 人;四清借调干部安置 94 人;接收大中专学生分配 543 人,其中大专128 人,中专 415 人;以工代干转干 470 人;安置军转干部 78 人;民办教师转公办 525 人;工商、税务、银行系统招干 43 人;招聘合同制科技干部 86 人。　　(卷十九第一章《干部队伍》,第 507 页)

　　(1968 年)12 月,200 多名北京知识青年到本县插队落户,劳动锻炼,接受贫下中农再教育。　　　　　　　　　　　　　　　　　　　　　　　　(《大事记》,第 756 页)

《蒲县志》

蒲县县志编纂委员会编,中国科学技术出版社 1992 年

1969 年 12 月 8 日,808 名北京知识青年在本县安家落户。

(第三编第二章《人口构成》,第 85 页)

知识青年安置 1966 年 8 月,运城等地 33 名知识青年在山中水保队安家落户。1969 年 12 月至 1970 年,本县共接收插队青年 1 154 人,其中,北京插队青年 808 人,本县插队青年 346 人。1970 年 6 月,县成立上山下乡知识青年安置办公室。1973 年起,对插队青年分批进行安置就业。至 1980 年,全县 808 名北京插队青年全部被安置完毕,其中,安置为固定工 410 人,升大专院校 37 人,转调外地 210 人,参军 27 人,病退 124 人,并安置本县插队青年 346 人。1981 年,县成立劳动服务公司,积极介绍、安排城镇待业青年就业。1982 年,安排城镇待业青年 88 人。1985 年,安排待业青年 240 人,占待业青年总数 82.3%。

(第五编第五章《经济行政管理》,第 166 页)

(1971 年)7 月 23 日,公峪公社北辛庄北京插队知识青年郑秀珍为保护集体财产光荣献身,年仅 20 岁。

(《大事记》,第 626 页)

《隰县志》

隰县地方志编纂委员会编,方志出版社 2007 年

1973 年 11 月,本县赴农村插队知青首批 43 人,1980 年底全部就业。

(第十一编第二章《劳动管理》,第 375 页)

1965—1970 年调出干部 256 人,自然减员 105 人,新吸收 126 人,仍不敷用,1971 年又从工人、插队青年和返乡知青、农村干部中吸收 150 人。 (第十四编第五章《人事》,第 465 页)

(1965 年)6 月 24 日,北京上山下乡知识青年 300 人到县、受到县委、政府和县城各界群众热烈欢迎。

(《大事记》,第 753 页)

(1966 年)1 月 11 日,以阎继武为团长、汪通祺为副团长的中共北京市委和市人委慰问上山下乡知识青年代表团,到隰县慰问北京知青。

(《大事记》,第 754 页)

(1973 年)11 月 22 日,城镇集会欢送本县首批知识青年 43 人赴农村"接受贫下中农再教育"。

(《大事记》,第 758 页)

本年(1975年),对北京知青予以安置,在汽配厂、车辆社、砖厂等企业当工人。

(《大事记》,第759页)

本年(1979年)至1983年,北京知青陆续返京,只剩14户。　　(《大事记》,第761页)

《吕梁地区志》

吕梁地区地方志编纂委员会编,山西人民出版社1989年

是年(1973年),全区680名知识青年上山下乡。　　(《大事记》,第694页)

(1975年)7月7日,召开全区知识青年上山下乡工作会议。　　(《大事记》,第695页)

(1977年)8月中旬,召开全区上山下乡知识青年积极分子代表大会。(《大事记》,第698页)

《离石县志》

主编李文凡,山西人民出版社1996年

从1953年开始到1990年的40年里,干部队伍逐年增多,主要来自5个方面:

……

从优秀的回乡知识青年和工人、农民中吸收录用的人员354人(含聘任制干部23人)。

……

(卷十六第二章《人事》,第477页)

插队插场

1964年6月,山西省有关厅局"关于动员城镇青年插队插场的通知"发布之后,县成立"安置下乡青年办公室",号召城镇青年到农村去。同年离石县第一批插队青年到吴城公社落户。1970年14名天津知识青年到阳城公社永红大队落户。

1973年开展大规模的知识青年上山下乡运动。其插场插队的对象是:年龄在17—25周年的城镇知识青年;其中病残不能参加农业生产劳动者、独生子女、多子女身边只留一个的、中国籍的外国子女、归桥学生可以免插,留城待分配。为解决插场插队青年的住房、生活、劳动工具等问题,上级下拨集体插场插队每人每年210元,分散插队每人每年80元的补助经费,同时每人每年发给棉花一斤半,棉布7市尺。

1964—1979年,全县先后建起了知青集体插队插场点12个,分散插队点13个(其中回老家插队的7个),分散在全县11个公社,21个大队,共接收插场插队青年524名,上级共

拨补助经费 37 万元。

1980 年起,不再动员知识青年上山下乡,并按照政策精神,插队插场青年陆续回城予以安置。到 1981 年底全县插场插队青年除犯错误的一人和死亡两人外,招工 459 名,招生 23 名,参军 27 名,因病或困难不能参加工作回家的 7 名,转回大城市的 5 名。

(卷十二第六章《劳动管理》,第 385 页)

是年(1964 年),城市知识青年上山下乡,插队插场。　　(卷二十五《大事记》,第 754 页)

是年(1965 年),柳林、离石两地城镇青年 40 人在方山赤红大队建立插队青年生产队。

(卷二十五《大事记》,第 754 页)

(1970 年)7 月 10 日,一批城镇青年到农村插队落户。　　(卷二十五《大事记》第 756 页)

《兴县志》

兴县志编纂委员会编,中国大百科全书出版社 1993 年

(1969 年)12 月,600 多名北京知识青年来县插队落户,接受贫下中农再教育。

(《大事记》,第 24 页)

"文化大革命"期间,大批知识青年上山下乡,到农村插队落户。1968—1978 年,全县共有知识青年 1 225 人插队,其中 1975 年被分别安置于古交林场 20 人、关帝山林场 50 人、本县交楼申林场 30 人。1980—1988 年,广开门路,实行多渠道就业,发展集体经济和个体经济,9 年间共有 2 314 人相继安置就业。随着安置任务的增大,劳动计划安排的难度相应增加,于是从介绍型就业转变为分配型就业,县计委根据上级下达的招工计划,向全民所有制单位和集体所有制单位分配落实,70 年代插队的知识青年作为重点招工对象。此外,还有学校招生、参军、招干等渠道,每年都有知识青年回城。到 80 年代初,插队知识青年全部安排完毕。

(第十一编第五章《劳动工资管理》,第 265 页)

《方山县志》

方山县地方志编纂委员会编,山西人民出版社 1993 年

知识青年安置

1964 年,国务院下达了《关于动员和组织城市知识青年参加农村社会主义建设的决

401

定》,在本县境内插队青年 16 名。至 1974 年,外来插队落户知识青年共 128 名。

1973 年始,本县首批 27 名知识青年在店坪公社高家沟大队集体插队落户。随后,每年按政策规定动员适龄青年上山下乡。直至 1980 年,共动员 206 名。

1981 年,城镇知青停止上山下乡。全县插队青年先后分两个阶段进行安置,1981 年 9 月前通过招工渠道安置在全民、集体单位的平均每年 70 至 80 人左右,基本做到全员安置,全员就业。1981 年贯彻"劳动部门介绍就业,组织起来就业和自谋职业三结合的就业"方针,全县以系统包干,组织知识青年兴办集体企业,扩大就业面,就业门路逐步由国家统筹安排转到组织新集体企业安置和自谋职业的轨道上来。至 1985 年底,通过各种渠道安置知识青年 694 人,新建集体企业 24 个。1985 年知识青年企业总产值 115 万元,完成利税 6.5 万元,职工月平均收入 42 元。 (卷一六第二章《人事 劳务》,第 330 页)

《岚县志》

岚县志编纂委员会编,中国科学技术出版社 1991 年

本年(1968 年),有 312 名北京知识青年来岚县插队落户,73 名岚县知识青年上山下乡。 (第一编《大事记》,第 28 页)

建国以来的人口迁移主要是干部调动、大中专学生的升学与分配,外地知识青年插队落户和婚嫁等。 (第四编第二章《人口迁移》,第 146 页)

"文化大革命"期间,知识青年大批下放农村。1968 年 10 月至 1978 年底,下放到本县的知识青年共 610 名,其中本县知识青年 290 名,北京市知识青年 310 名,其它省市知识青年 10 名。从 1978 年起,对下放知识青年与城镇待业青年分批安置就业。至 1981 年止,插队青年中除升学 32 人、参军 45 人、转出 20 人、因病和其它原因退回原籍 26 人外,其余 487 名全部安排就业。 (第十四编第二章《劳动》,第 394—395 页)

《交城县志》

交城县志编写委员会编,山西古籍出版社 1994 年

(1970 年)5 月 7 日,天津知识青年 114 名插队落户于本县永田公社马家坪等村。 (《卷首·大事记》,第 30—31 页)

9 月,太原市知识青年 160 名,插队落户于会立、中庄两公社各村。 (《卷首·大事记》,第 31 页)

(1973 年)本县首批知识青年 70 人分赴瓦窑、广兴、阳渠村插队落户。

（《卷首·大事记》,第 32 页）

(1974 年)9 月,太原市知识青年 182 人在段村、义望、城关插队落户。

（《卷首·大事记》,第 32 页）

(1975 年)3 月,本县知识青年 130 人,太原市知识青年 120 人,分别插队落户于广兴、瓦窑、阳渠、郑村、覃村、夏家营等村。 （《卷首·大事记》,第 32 页）

(1976 年)5 月,太原市知识青年 40 人,插队落户于磁窑村;本县知识青年 100 人,插队落户于广兴、阳渠、瓦窑村。 （《卷首·大事记》,第 32 页）

(1977 年)10 月,太原市知识青年 40 人,插队落户于王明寨村;本县知识青年 100 人,插队落户于广兴、阳渠、瓦窑等村。 （《卷首·大事记》,第 33 页）

(1978 年)3 月 15 日,本县知识青年 80 人,分别落户于青沿、石壁林场、苗圃站、打井队。
（《卷首·大事记》,第 34 页）

知青安排

1968 年 12 月,响应毛泽东主席"知识青年到农村去"的号召,本县 16 个初中毕业生到三角唠喃插队劳动。到 1980 年,先后在本县 13 个公社 89 个生产队上山下乡插队劳动的知识青年共 1 158 人,其中北京 12 人,天津 175 人及其他外省人 67 人,太原 247 人,本县 657 人。1978 年 10 月,对插队知识青年先后安排,其中招工 963 人,参军的 23 人,转插到外县的 93 人,因病回原籍的 9 人。1980 年知识青年不再上山下乡插队落户,待业青年安排在段村公社农场,省知青农工商综合工厂和各工商企业。1981 年 7 月,县成立劳动服务公司,培训待业青年 34 人,安排知识青年就业 318 人。1982 年—1985 年,共培训待业知青 1 097 人,安排就业 1 567 人。 （卷十四第二章《劳动工资管理》,第 490 页）

《文水县志》

山西省文水县志编纂委员会编,山西人民出版社 1994 年

1951—1956 年,本县吸收录用干部 349 人。其中乡村干部 83 人,在乡有一定文化知识的人员 64 人,分配中专毕业生 18 人,转业军人 50 人,工人转干 30 人,教员转干 30 人,知识

青年 64 人,其他 10 人。1960—1963 年,录用干部 111 人,其中农村干部 4 人,中专分配 33 人,转业军人 38 人,工人转干 25 人,教员转干 6 人,其他转干 5 人。1964 年,从农村干部和知识青年中借调干部 261 人,后转为国家干部和工人。(第十九编第二章《人事》,第 525 页)

1976—1980 年,招收固定工 3 713 人,其中为外地招工 1 324 人,亦工亦农合同工 465 人,安置复退军人 42 人,退休职工子女顶替 398 人,安置知识青年 157 人,自然减员招工 1 611人,其中为外地招工 960 人。1981—1984 年,各类招工累计 2 325 人。招收固定工 828 人(含外地招工 156 人),自然减员招工 670 人(含外地招工 202 人)。安置复退军人 61 人,知识青年 254 人。退休职工子女顶替 455 人(含外地的 294 人)。合同工 57 人。

(第十九编第二章《人事》,第 526 页)

是年(1964 年),本县组织首批知识青年 24 名到马村大队集体插队落户。

(《大事记》,第 899 页)

(1973 年)7 月 22 日,县知识青年上山下乡领导组成立,动员知识青年到农村去锻炼。

(《大事记》,第 902 页)

(1981 年)10 月,为解决待业青年的就业问题,本县开始创办"知青商店"。

(《大事记》,第 905 页)

《汾阳县志》

山西省汾阳县志编纂委员会编,海潮出版社 1998 年

1964 年 8 月,县设立"安置城市下乡青年办公室"(1973 年改称知识青年上山下乡办公室),组织城镇待业青年上山下乡,插队插场。同年,第一批城镇青年 123 人到农村落户。1964—1980 年,全县有 5 人以上"知青点"46 个,接收安置知识青年 3 255 人。其中,北京、天津、太原等外地知青 852 人。1971 年,开始对插队(场)二年以上上山下乡知识青年实行招工、升学、参军安置。1971—1982 年,招工安置 2 431 人,升学深造 244 人,参军服役 200 人,转出 208 人,因病退 104 人,其它安置 48 人(包括死亡 10 人)。1983 年对尚未安置的 20 名知青,按政策规定全部安置,每人发给安置费 1 000 元,将户口由农村转回城镇。

(卷二十第三章《劳动管理》,第 53 页)

同月(1964 年 8 月),县"安置城市下乡青年办公室"成立。年底,第一批 123 名青年到农村插队落户。

(《大事记》,第 1081 页)

《孝义县志》

孝义县地方志编纂委员会主编，海潮出版社 1992 年

知青安置

1964 年 9 月县内第一批城市上山下乡知识青年 50 人（俗称插队知青下同）在仁顺、临水、角盘等三个生产大队，集体落户。

1968 年 12 月，北京、天津和太原等外地知识青年和本县城镇知识青年陆续到本县农村插队落户，参加农业生产劳动。集体分布在 14 个公社 29 个大队和 6 个农场；分散插队以投亲靠友或回原籍的形式分布于 15 个公社。

1969 年插队知识青年开始陆续返回城市招工、入学、参军。截至 1985 年，全县 2 091 名插队青年基本得到安置。历年上山下乡知识青年人数及城市安置统计见表 21-10。

表 21-10

地点 \ 项目	历年下乡总人数	其中								
		1972年前	1972 年	1973 年	1974 年	1975 年	1976 年	1977 年	1978 年	1979 年
北　京	234	8	224				1	1		
天　津	30	3	26					1		
外　省	113	13	71		9	11	7	1	1	
太　原	40				40					
本　地	1 714	104	143	179	212	537	253	242	20	24
合　计	2 131	128	464	179	261	548	261	245	21	24

续表

地点 \ 项目	历年发展		历年下乡减少人数	其中						
	党员	团员		招工	升学	参军	转迁	病退	死亡	其它
北　京	1	41	234	199	15	4		15	1	
天　津		5	30	2	2			3		
外　省		23	113	65	7	5	28	7	1	
太　原	1		40							40
本　地	9	365	1 714	1 258	96	79	259	18	1	3
合　计	11	434	2 131	1 524	120	88	287	43	3	43

1978 年汾西矿务局水峪矿兴办知青农场、知青服务网点,安置本单位待业青年,在县内走出一条由单位自行安置本单位待业青年的路子。到 1980 年,县内各单位共兴办知青修配、加工、商业等企业 43 个,安置待业青年 700 余人。1982 年 10 月,县劳动局成立劳动服务公司,对全县知青企业和城镇待业青年统筹管理,新增知青企业 102 个,累计安置待业青年 1 224 人,创产值 2 358.47 万元,上缴利税 29.59 万元。

(卷二十一第四章《劳动管理》,第 455—456 页)

同年(1968 年 12 月)开始,城镇知识青年到农村插队落户,接受贫下中农再教育,先后有来自北京、天津、太原等城市的知识青年 417 名,分布在 14 个人民公社的 29 个生产大队。从 1980 年始,均作了妥善安置。

(卷三十六《大事记》,第 888 页)

《孝义林业志》

孝义市林业局编,中国地图出版社 1992 年

(1968 年)11 月,贾家庄大队党支部书记马克维将本村 4 000 株 3 年生核桃苗木亲自送到榆次杜家山,支援插队知识青年发展生产。

(《大事记》,第 8 页)

《交口县志》

山西省交口县地方志编纂委员会编,中华书局 2002 年

1971 年 5 月,交口县建立后,县革命委员会在业务组内设立计划、统计、劳动办公室,具体负责全县的劳动工资管理工作。1973 年成立知识青年上山下乡办公室,负责知识青年上山下乡和待业青年安置工作。1975 年改称为交口县革命委员会劳动局。1982 年县知识青年上山下乡办公室改为县劳动服务公司,内设安置股、培训股、企业管理股、财务股和办公室。

(卷十七第二章《劳动人事》,第 413 页)

1980 年县以下城镇知识青年停止上山下乡,对过去插队的知识青年,进行了妥善安置。1971 年交口县建立时,接收已插队在本县知识青年 27 人。至 1980 年,累计插队的知识青年 879 人(内有北京知青 29 人、天津知青 3 人)。除参军 27 人、升学 6 人、转走 4 人、病退 3 人、死亡 1 人外,其余 838 人全部就地招工安置。　　(卷十七第二章《劳动人事》,第 413—414 页)

是年(1964 年),一批外地知识青年来到双池、回龙插队,下放锻炼。

(《大事记》,第 675 页)

（1975 年）7 月 10—17 日，县上山下乡知识青年代表会议在县城召开。

（《大事记》，第 678 页）

《石楼县志》

石楼县志编纂委员会编，山西人民出版社 1994 年

70 年代，待业青年的安置开始出现困难。据 1970—1977 年的统计，累计待业青年 343 人，其中留城 120 人，到农村插队劳动锻炼 223 人。全县先后建立插队点五个：君庄大队插队青年 61 人、下田庄大队 54 人、留村大队 27 人、塔子上大队、林场苗圃 28 人、零星插队 26 人。插队青年经过二年的劳动锻炼，根据劳动表现和考核成绩，分别安置到国防工厂 15 人；地区水泥厂、招待所、隰县电厂、省 725 印刷厂共 16 人；县级机关 101 人；县水泥厂、农机修配厂、五金厂、陶瓷厂、水电厂 146 人。　　　（第十三编第三章《劳动就业》，第 315 页）

（1973 年）10 月，首批知识青年到龙交公社君庄大队插队。　　（《大事记》，第 560 页）

《临县志》

临县志编纂委员会编，海潮出版社 1994 年

1980 年开始，县城共组建知青商店 24 个，就业知识青年 120 人。1985 年后，知青商店大部转为新的集体企业。　　　　　　　　（第十编第一章《商业体制》，第 328 页）

插队知识青年安置　　1969 年，北京、天津、太原的 21 名知识青年来本县插队落户，其中 17 名天津青年安置到程家塔村，3 名北京青年和 1 名太原青年单独安置在三交等地。1973 年，本县青年开始插队落户，到 1979 年先后有 787 人到农村插队落户，其中 5 人以上集体插队网点分设在全县 10 个公社 16 个大队、1 个知青农场，共 541 人，其余 246 人属于单独插队。从 1979 年开始，对插队青年分两批进行招工、转户安置。1980 年，知识青年不再实行上山下乡。到 1981 年底，全县 808 名插队知青（包括北京、天津、太原知青），有 23 人升学，43 人参军，21 人病退，2 人死亡，1 人调走，其余 718 人全部作了招工安置。

（第十五编第三章《劳动工资》，第 496—497 页）

内蒙古自治区

《内蒙古自治区志·大事记》

内蒙古自治区地方志编纂委员会办公室编,内蒙古人民出版社1997年

(1964年)4月2日,自治区安置城市下乡青年领导小组成立,王再天任组长,刘吟庆等3人任副组长。 (第585页)

8月15日,自治区回乡下乡知识青年代表会议在呼和浩特召开。会议通过《给全区农村牧区知识青年的一封信》。 (第588页)

9月7日,自治区党委决定,从农村、牧区借调1万名知识青年和复员军人,充实农村、牧区社会主义教育运动工作队。 (第588页)

(1965年)7月4日—8月17日,北京市首批知识青年在巴彦淖尔盟的临河县、杭锦后旗等地插队落户。 (第595页)

7月29日—8月4日,天津市首批知识青年1200多人在巴彦淖尔盟五原县插队落户。 (第595页)

1967年冬—1968年春,自治区安置北京市上山下乡的初、高中毕业生4000名,其中农场1100名,插队2900名。 (第608页)

(1968年)10月24日,南京市1000多名知识青年到伊克昭盟鄂托克旗、乌审旗等地插队落户。 (第610页)

(1969年)3月1日,自治区革命委员会作出《关于城镇知识青年等下乡人员的经费、物资使用标准、办法、原则及管理渠道的规定》,其中安置经费标准规定为:单身到农村的人均250元;牧区为400元。 (第612页)

(1973年)9月18日,自治区党委通知,插队知识青年口粮,第一年由国家供应,标准为每人每月22.5公斤成品粮。由生产队分配口粮时,其基本口粮余粮队不得低于275公斤原粮,自给队和缺粮队不得低于250公斤原粮,留粮不足部分,由国家给予补助。到牧区插队的知识青年,从事放牧劳动的,每月16公斤成品粮;从事草原建设、饲料基地劳动的每月22.5公斤成品粮,由国家供应。 (第624页)

(1976年)5月4日,自治区知识青年共产主义大学在乌兰察布盟凉城县岱海湖畔的盐

碱滩上举行隆重开学典礼。自治区领导尤太忠、吴涛到会表示祝贺。　　　　（第 632 页）

（1979 年)10 月 24 日,呼和浩特 700 多名应届毕业生继续走上山下乡的道路,赴农村牧区参加锻炼。　　　　（第 656 页）

（1980 年)自治区各级党组织在抓紧安排在乡知识青年的同时,继续组织一部分城镇知识青年上山下乡。从 1981 年起,自治区各地区不再搞中学毕业生评议定向,不再动员知识青年上山下乡。　　　　（第 675 页）

（1982 年)1 月 4 日,由自治区劳动局编制的《全区"六五"期间城镇待业青年就业规划》印发,计划从 1982—1985 年间,每年安置 15 万人,将历年积累的城镇待业青年基本安置完毕,使全区劳动就业工作纳入正常轨道。　　　　（第 688 页）

《内蒙古自治区志·农业志》

《内蒙古自治区志·农业志》编委会编,内蒙古人民出版社 2000 年

"文化大革命"时期（1966 年至 1976 年）

这个时期由于受"左"的错误思想影响,在指导方针上片面强调粮食单位面积产量"上纲要"、"跨黄河"、"过长江",许多人民公社暗地里开垦了不少荒地,作为"上纲要"、"跨黄河"、"过长江"的帮忙田;另一方面这个时期城市里的大批知识青年上山下乡或组织生产建设兵团,为了解决这些知青的口粮问题,开垦了不少荒地。这一时期在牧区还提出牧民"不吃亏心粮",强调有些牧区实行粮食自给,强迫牧民开垦牧场种田产粮。这一时期盲目开垦的土地,至少在 100 万公顷左右。　　　　（第三篇第二章《屯垦沿革》,第 161 页）

《内蒙古自治区志·人事志》

自治区人事厅编,内蒙古教育出版社 1999 年

1978—1986 年自治区录用干部情况统计表①

年　度	合　计	从知青中录用	其　他
1978	5 981	918	2 291
1979	23 283	1 908	4 298

（第三章《录用干部》,第 57 页）

----

① 本表内容为节选。——编者注

1965 年 11 月 1 日—1971 年 12 月 31 日自治区纯增加干部情况表　　　单位：人

层次 \ 项目	合计	从工人中吸收	从农民中吸收	接收军队转业干部	从复原退伍军人中吸收	从知识青年中吸收	接收的大中专分配的毕业生	由集体所有制单位转来	社会上吸收
总　计	18 757	1 594	338	474	2 264	1 453	8 202	169	4 257
％	100	8.5	1.8	2.5	12.5	7.8	43.3	0.9	22.7
自治区单位	4 994	1 223	—	116	378	632	2 298	40	307
％	26.5								
盟市单位	3 871	285	10	97	809	366	1 527	81	696
％	20.7								
旗县（区）单位	5 841	73	85	143	796	207	2 970	30	1 537
％	31.2								
人民公社单位	4 051	13	243	118	281	254	1 407	18	1 717
％	21.6								

（第四章《干部队伍》，第 87 页）

1983—1988 年自治区政府系统干部纯增加来源情况表①　　　单位：人

年　度	增加干部合计	从工人中提拔	从农民中吸收	从上山下乡知识青年中吸收	接收军队转业干部	其他增加
1983 年	47 643	27 790	63	城镇 865	577	889
1984 年	64 434	47 155	1 218	315	600	1 033
1985 年	33 663	14 281	1 610	1 970	588	941
1986 年	22 518	1 860	619	844	1 114	1 482
1987 年	38 764	10 628	4 210	3 313	2 039	1 321
1988 年	38 064	14 644	887	城镇 1 804	1 070	2 143

（第四章《干部队伍》，第 91 页）

《内蒙古自治区志·劳动志》

《内蒙古自治区志·劳动志》编纂委员会编，内蒙古教育出版社 2003 年

　　（1964 年）4 月 2 日，内蒙古自治区安置城市下乡青年领导小组成立，自治区人民委员会副主席王再天任组长，其办公室设于自治区农牧林水办公室。当年，全区已有下乡知识青年 5 214 人。

（《大事记》，第 24 页）

---

① 本表内容为节选。——编者注

（1965 年）7 月 4 日—8 月 17 日，北京市 1 100 多名首批赴内蒙古自治区知识青年到巴彦淖尔盟临河县、杭锦后旗等地下乡插队落户。

7 月 29 日—8 月 4 日，天津市 1 200 多名首批赴内蒙古自治区知识青年到巴彦淖尔盟五原县农村插队落户。　　　　　　　　　　　　　　　　　（《大事记》，第 25 页）

（1968 年）4 月 1—14 日，内蒙古自治区城镇知识青年上山下乡工作会议召开。会议研究了迎接城镇知识青年上山下乡新高潮事宜。　　　　　（《大事记》，第 28 页）

11—12 月，天津市革命委员会组织慰问团到内蒙古自治区慰问天津上山下乡知识青年。慰问团走访了 5 个盟、22 个旗（县）、236 个公社，对 2 万多名知识青年进行了慰问。

12 月 22 日，《人民日报》发表毛泽东主席的指示："知识青年到农村去，接受贫下中农的再教育，很有必要。要说服城里的干部和其他人，把自己初中、高中、大学毕业的子女，送到乡下去，来一个动员。各地农村的同志应当欢迎他们去。"此后，内蒙古自治区出现城镇知识青年上山下乡新高潮。

1968 年，自治区动员下乡知识青年 40 957 人，接收北京、天津、江苏省的知识青年 43 586 人。　　　　　　　　　　　　　　　　　　　（《大事记》，第 28 页）

（1969 年）1 月 24 日，中共中央批准成立中国人民解放军北京军区内蒙古生产建设兵团。5 月 7 日，建设兵团正式成立，接受和安置城镇高、初中毕业生。

3 月 1 日，自治区革命委员会作出《关于城镇知识青年等下乡人员的经费、物资使用标准、办法、原则及管理渠道的规定》。　　　　　　　　　（《大事记》，第 28 页）

1969 年，自治区动员下乡知识青年 54 951 人，接收北京、天津、保定、上海、江苏省、浙江省知识青年 68 879 人。　　　　　　　　　　　　（《大事记》，第 27—28 页）

（1973 年）3 月，自治区革命委员会知识青年上山下乡办公室成立，建制为厅局级，许维俊任主任。　　　　　　　　　　　　　　　　　　　（《大事记》，第 29 页）

（1974 年）7 月 27 日，内蒙古自治区党委召开全区知识青年上山下乡有线广播动员大会。会议要求各级党委进一步加强领导，做好知识青年上山下乡工作。

（《大事记》，第 29 页）

（1975 年）4 月，自治区革命委员会下达 1975 年劳动工资计划。计划规定，没有劳动指标，不得在国营农、林、牧、渔场安置城镇知识青年。城镇集体所有制单位招工，主要安排按规定留在城镇的符合条件的知识青年;全民所有制单位招工,主要招收经过两年以上劳动锻炼、并符合其他条件的上山下乡知识青年。 （《大事记》,第 29—30 页）

8月6日,自治区革命委员会就做好下半年招工工作发出通知,指出,企业招收工人,主要对象是上山下乡 2 年以上的知识青年。招工工作,要坚持基层推荐领导机关批准的方法。上山下乡知识青年要由所在社、队的知识青年和贫下中农(牧)讨论推荐,经公社审核,报旗县以上劳动部门批准;留城知识青年由街道居民委员会讨论推荐,经办事处或区以上劳动部门审核,报旗县以上劳动部门批准。通知还指出,一般企业招工时,招收女青年的比例不得少于 50%。

9月2—8日,自治区举行上山下乡知识青年先进集体和积极分子代表大会。自治区党委书记、革命委员会主任尤太忠到会讲话。

10月22日,国务院、中央军委批准撤销内蒙古生产建设兵团,改为自治区革命委员会农牧场管理局。内蒙古生产建设兵团于 1969—1975 年共安置自治区内的知识青年 18 872人,区外的 78 793 人。

12月25日,自治区革命委员会发出通知重申,没有劳动指标,任何单位、任何个人都无权擅自决定招收工人。在生产建设兵团改制移交中,不许把农业团战士任意调往工业团。通知要求,纠正在招工工作中干部"走后门"安插子女等不正之风。 （《大事记》,第 30 页）

(1976 年)7 月 12 日,自治区革命委员会就 1976 年招工工作通知各地:全民所有制企业、事业单位可以招收按政策规定留城的中学毕业生和经过二年以上劳动锻炼的上山下乡知识青年,招工要坚持基层推荐、领导机关批准的办法。 （《大事记》,第 30 页）

(1977 年)2 月 8 日,国务院批准内蒙古原生产建设兵团战士由供给制改行工资制。

（《大事记》,第 30 页）

(1978 年)12 月 7 日,中共中央提出"有安置条件的城市,也可以不动员知识青年上山下乡。" （《大事记》,第 31 页）

(1979 年)7 月 27 日,自治区革命委员会批转劳动局《关于当前劳动力统筹安排的意见》。《意见》就当时自治区待业人员就业问题突出、安置任务艰巨提出的解决办法有:对城镇知识青年,继续坚持"四个面向"(面向农村,面向工厂、面向边疆、面向基层)的安置原则;清理压缩计划外用工,严格控制使用农村劳动力;慎重妥善地处理已经离开城镇的人员在城镇复职复工问题。 （《大事记》,第 32 页）

(1980 年)7 月 2 日,自治区财政局发出《关于为城市上山下乡知识青年举办的知识青年场队及生产基地在城镇办企业免税问题的通知》。 （《大事记》,第 33 页）

11 月 15 日,自治区人民政府发出《解放思想、放宽政策、进一步做好劳动就业工作》、《关于城镇劳动服务公司的试行办法(草案)》《关于恢复和发展城乡集体所有制工商企业和个体经营的试行办法》等文件。文件指出,当前要做好劳动工作,必须解放思想、放宽政策,在国家统筹规划和指导下,实行劳动部门介绍就业、自愿组织起来就业和自谋职业相结合的方法。城镇知识青年可以不上山下乡,城镇安排不了的,动员和鼓励他们到知青场(厂)、队和农工商联合企业就业。

（《大事记》,第 33 页）

(1981 年)1 月 10 日,自治区人民政府批转劳动局、知识青年上山下乡办公室报告,要求各地、各单位在 1981 年年底前把在乡插队知识青年全部安置在城镇企事业单位就业。

（《大事记》,第 33 页）

2 月 20 日,自治区劳动局、知识青年上山下乡安置办公室联合发文规定,企业招收上山下乡知识青年,要放宽年龄,婚否不限,并不进行考试。已婚知识青年被招工后,其未成年子女可以相随迁移户口,已婚并愿留场就业的知识青年,连同其配偶可以转为集体所有制工人。未婚知识青年,可以根据需要调入城镇集体企业。自愿组织起来就业,自谋职业和留在农村牧区长期务农(牧)的知识青年,可根据需要和困难大小,在经费上给予适当帮助。

（《大事记》,第 34 页）

4 月 1 日,自治区劳动局作出规定:1972 年以前下乡的知识青年在城镇企业安排后,其熟练期可按 3 个月掌握,期满即定为二级工。

（《大事记》,第 34 页）

10 月 1 日,自治区人民政府知识青年工作办公室与自治区劳动局合署办公,统一领导,对外挂两块牌子。

（《大事记》,第 34 页）

(1976 年)经批准从社会上招收人员时,可招收按改革规定留城的中学生和经过 2 年以上劳动锻炼的上山下乡知识青年,但招收上山下乡知识青年的比例要大于留城青年。关于跨省区调动职工,要按规定划拨职工人数和工资指标,自治区内职工调动,也要办理人数和工资指标划拨手续。

（第二章《劳动力管理》,第 102 页）

1975 年 4 月 24 日,自治区革命委员会计划委员会发布《关于补充自然减员的暂行规定》指出,凡属当年发生的自然减员,在不超过当年的劳动计划情况下,减一个补一个。企、事业单位补充自然减员来源,除原规定外,包括通过知识青年上山下乡办公室批准留城和上山下乡劳动锻炼符合招工条件的知识青年。对被批准留、返城符合招工条件的退休职工子女,优先招收 1 人;无留、返城子女的,招收上山下乡两年以上的子女;对既有上山下乡子女、又有留返城子女的,任选 1 人;职工退休后回农村的,照顾招收居住农村的 1 名子女;职工退休后无子女补充的空额减员,逐级上报自治区劳动局统一招收。凡属当年因工死亡的职工,补充 1 名直系亲属参加工作。

自治区革命委员会在《关于做好 1976 年招工工作的通知》中规定:当年招工工作要坚持基层推荐、领导机关批准的办法;招工中以一定比例招收少数民族青年和女青年;矿山井下、野外勘探、森林采伐等行业,按中共中央有关规定执行。1978 年 7 月,自治区革命委员会发出《关于做好 1978 年招工工作的通知》,规定 1978 年招工来源,主要招收按政策规定留城的中学毕业生和经过 2 年以上劳动锻炼的上山下乡知识青年,按 6∶4 的比例(留城的中学毕业生占 60％,上山下乡 2 年以上知识青年占 40％)。在招收 2 年以上的上山下乡知识青年时,对多子女下乡,就业人口少,家庭生活确有困难的;上山下乡多年,生活尚不能自给和一些其他特殊情况的青年,给予优先照顾。　　　　　(第二章《劳动力管理》,第 121—122 页)

1975 年 4 月,自治区革命委员会印发的《关于下达 1975 年劳动工资计划的通知》规定:生产建设兵团和国营农林牧渔场职工自然减员,统一由本场从本场符合上山下乡条件的子女中补充,但不得分到全民所有制企业。4 月 24 日,自治区革命委员会《关于补充自然减员暂行规定》中规定:自然减员指国家正式职工因退休、退职、死亡、参军、不带工资升学、自动离职、开除、法办离开职工队伍的空缺。凡当年的自然减员不超过劳动计划的减一补一,退休的退一补一。自然减员指标的使用,自治区直属单位由其主管部门提取 15％;自治区提取 15％;盟市单位,由盟市提取 30％,其余由单位使用。矿山井下、野外勘探、森林采伐和盐业生产单位还按原来规定办理。其余企事业单位,招用批准留城和上山下乡符合招工条件的知识青年;职工退休退职时照顾吸收 1 名直系亲属参加工作,当年因工死亡职工补充 1 名直系亲属参加工作。补员的填写《补充自然减员审批表》,按程序进行审批。　　　　(第二章《劳动力管理》,第 123 页)

第三节　城镇知识青年上山下乡
一、机　　构

1964 年,为贯彻中共中央《动员组织知识青年参加农村社会主义建设的决定》,内蒙古自治区党委决定,成立内蒙古自治区安置城市下乡青年领导小组,其办公室设在自治区农牧林水办公室。1967 年 11 月,自治区革命委员会成立后,设内蒙古自治区革命委员会城镇知识青年下乡上山办公室,1968 年 6 月 8 日,改名为内蒙古自治区革命委员会生产建设委员会城镇知识青年下乡上山办公室。同年 8 月,又改为内蒙古自治区革命委员会政治部下乡上山办公室。1973 年 3 月,在自治区革命委员会政治部下乡上山办公室基础上成立厅局级的内蒙古自治区知识青年上山下乡办公室。1980 年 7 月,随着自治区革命委员会改为自治区人民政府,该办公室改为内蒙古自治区人民政府知识青年工作办公室。1981 年 10 月 1 日,根据内蒙古自治区党委决定,该办公室与自治区劳动局合署办公,实行统一领导,挂两块牌子。1983 年 6 月,随着自治区劳动人事厅的成立,自治区劳动局和自治区人民政府知识青年工作办公室同时撤销。内蒙古自治区知识青年上山下乡办公室于 1973 年 3 月成立后,其内设处室先后有过秘书处、政治处、动员处、安置处、宣教处、计财处、信访处、厂队处、经营处、就业处、业务处等。这些处室有的是 1 个处 2 个名称,有的处数次更改名称。1981 年 10 月,与自治区劳动局合署办公时,其内设处室有秘书处、业务处、计财处、宣教处等,编制 35 人,实有 30 人。

二、动 员

1957 年 4 月 28 日,呼和浩特市第一中学初中 60 班应届毕业生 24 名学生给自治区人民委员会主席乌兰夫写信,要求到农村垦荒,为发展农业出力。5 月 16 日,乌兰夫回信,对他们的愿望表示热情的支持和赞扬。1962 年,全区开始精简职工,压缩城镇人口,一些城镇中小学毕业生和待业青年随父母成户下乡。1957—1963 年,城镇知识青年上山下乡是在各级共青团组织的倡导下,由应届初高中毕业生自愿发起的,人数很少。

1964 年,中共中央做出《动员组织知识青年参加农村社会主义建设的决定》,内蒙古自治区党委和人民委员会召开了知识青年上山下乡工作会议,成立了内蒙古自治区安置城市下乡青年领导小组,并下设办公室,各盟市和接收安置知识青年任务的旗县也先后成立了安置下乡知识青年办公室(简称安办)。自治区会副主席王再天(后改为沈新发)任领导小组组长,盟市和旗县都有一名党政领导任领导小组组长。从此,动员工作开始有计划、有组织地进行。当年共动员知识青年上山下乡 5 214 人。1965 年,根据国家安置计划,动员知识青年下乡 6 480 人,超计划完成任务。

1966 年,按照国家要求,自治区对动员城镇知识青年下乡插队劳动制定了安置计划,动员对象包括知识青年、退伍兵、闲散劳动力等。计划分配见表 3-11。

表 3-11 1966 年内蒙古自治区动员城镇知识青年下乡计划　　　　　单位:人

项 目＼地 区	合计	呼伦贝尔盟	哲里木盟	昭乌达盟	锡林郭勒盟	乌兰察布盟	伊克昭盟	巴彦淖尔盟	呼和浩特市	包头市	自治区直属
合　计	9 300	1 150	550	650	330	900	300	4 050	400	600	250
去农村牧区　小　计	7 450	950	500	600	280	750	250	3 400	200	400	—
去农村牧区　农村单身插队	5 130	530	260	310	60	520	120	2 870	80	380	
去农村牧区　农村成户插队	1 270	250	120	150	—	230	60	370	70	20	
去农村牧区　农村新建队	360	120	50	100	40			50			
去农村牧区　牧区单身插队	350	30	50	20	100		50	100	—		
去农村牧区　牧区成户插队	160	20	20	20	80		20		—		
去农村牧区　牧区新建队	180	—						60			
包尔套勒盖生产建设兵团	600	—						600			
劳动大学	250										250
回乡安置	1 000	200	50	50	50	150	50	50	200	200	—

1966年,"文化大革命"开始后,有人说知识青年下乡是"修正主义黑线",使大批已经下乡的知识青年回城造反,并逗留城市。1967年10月8日,中共中央、国务院、中央军委、中央文革小组联合发出紧急通知,认为"知识青年上山下乡是毛主席革命路线",要求上山下乡知识青年必须坚持在农村抓革命、促生产,回城的知识青年又陆续返乡。

1968年12月22日,毛泽东主席发出指示:"知识青年到农村去,接受贫下中农的再教育,很有必要。要说服城里干部和其他人,把自己初中、高中、大学毕业的子女送到乡下去,来一个动员。各地农村的同志应当欢迎他们去"。知识青年上山下乡形成高潮。1968年和1969年分别动员知识青年下乡40 957人和54 951人。下乡的全部是应届和"老三届"(应于1966年、1967年、1968年毕业)初高中毕业生。"文化大革命"期间,城镇知识青年上山下乡接受贫下中农再教育,形成政治运动。许多地区把上山下乡作为政治任务,对历届留在城里的初高中毕业生采取"一刀切"的办法,强行组织上山下乡。这种不考虑个人和家庭实际条件的作法,违背了许多群众的心愿,使动员工作越来越难做。

1973年起,国家强调按政策动员知识青年上山下乡,相继作出一些相应的规定。内蒙古自治区党委也对城镇中学毕业生的就业原则,有了灵活性,规定五种人不动员下乡,即:病残不能参加农业劳动的;独生子女;多子女家庭中只有一个子女在家的;中国籍的外国人子女;华侨学生。对于矿山井下、野外勘探、森林采伐等行业职工子女,可以"顶替"(父母退休,子女上岗)。1978年12月12日,中共中央转发《全国知识青年上山下乡工作会议纪要》和国务院《关于知识青年上山下乡若干问题的试行规定》指示,对城市中学毕业生的安排,实行"四个面向"的原则。同时,还规定矿山、林区、分布在农村的有条件的企事业单位、小城镇和一般县城非农业户口的中学毕业生,不再列入上山下乡范围,由本地区或系统自行安排;有安置条件的城市,也可以不动员知识青年下乡;部队干部和职工子女,城镇中学毕业后,部队有条件的自行安置,自行安置有困难的,由地区统筹安排。家庭确有困难的城镇知识青年也被列为留城的对象。1979年4月28日,内蒙古自治区党委转发《全区知识青年上山下乡工作会议纪要》指出,呼和浩特、包头、乌海(不包括矿务局所属单位)和集宁、临河、锡林浩特等市旗,几年内还要动员一些知识青年下乡。需要动员上山下乡的城镇按照"四个面向"原则,除上述中央规定的几种人不进行动员外,对于下过乡又经过招工、招生、参军返回城市的知识青年,可不按政策允许留在父母身边的子女对待;同父异母、同母异父的可以各留一个子女。不满17周岁的初、高中毕业生暂不动员上山下乡,也不办留城手续,组织他们学习。1980年后,全区动员城镇知识青年上山下乡工作,不再进行。1957—1979年,全区总共动员知识青年下乡317 823人。其中呼和浩特市31 940人,包头市47 684人,乌海市10 485人,昭乌达盟40 053人,哲里木盟31 155人,呼伦贝尔盟85 951人,锡林郭勒盟15 192人,伊克昭盟8 510人,乌兰察布盟34 574人,巴彦淖尔盟7 636人,阿拉善盟4 643人。

三、安 置

知识青年上山下乡的安置形式可分为两大类,即插队与插场。插队是把知识青年安置在农村牧区生产队;插场是把知识青年安置在国营或集体所有制农、林、牧、渔场和水土保持专业队以及生产建设兵团。1978年后,采取的发展集体所有制知识青年场队,集中安置知识青年也属插场。

1964年,中共中央安置办公室下达年度安置下乡知识青年计划,有组织地安置5 214人,其中插队的占总数的68%,插场的占32%。1965年,根据中共中央的部署,开始成批接收安置区外城市下乡知识青年。当年中共中央安置办公室下达安置计划8 290人,实际完成10 401人,完成安置任务的125.5%。其中北京市知识青年1 192人,天津市及河北省一些城市知识青年1 272人。京津地区下乡知识青年途经集宁、呼和浩特、包头市时,当地党委和人民委员会都在火车站组织大会迎送。分管知识青年上山下乡工作的自治区副主席沈新发亲往呼和浩特火车站迎送知识青年。

1968和1969年是自治区安置下乡知识青年最多的两年,也是接收区外城市下乡知识青年最多的两年。两年分别安置下乡知识青年84 543人和123 830人,其中区外知识青年43 586人和68 879人。两年安置人数占安置总人数的40.5%,区外知识青年占区外知识青年总人数的63%。安置地区已扩展到全区各旗县和城市的郊区。1968年,内蒙古自治区接收安置上山下乡知识青年人数见表3-12。1969年,内蒙古自治区接收安置上山下乡知识青年人数见表3-13。

表3-12 1968年内蒙古自治区接收安置上山下乡知识青年人数表 单位:人

安置地区 \ 来自地区	总人数	区内知识青年				区外知识青年			
		小计	各盟	呼和浩特市	包头市	小计	北京市	天津市	江苏省
合　计	84 543	40 957	30 464	3 833	6 660	43 586	14 452	27 974	1 160
呼伦贝尔盟	26 293	14 844	14 844	—	—	11 449	4 577	6 872	—
哲里木盟	13 521	1 636	1 636	—	—	11 885	4 713	7 172	—
昭乌达盟	4 754	3 159	3 159	—	—	1 595	1 117	478	—
锡林郭勒盟	5 296	2 274	1 780	494	—	3 022	3 012	—	10
乌兰察布盟	18 566	6 151	6 151	—	—	12 415	—	12 415	—
伊克昭盟	2 100	950	950	—	—	1 150	—	—	1150
巴彦淖尔盟	8 582	6 649	1 944	968	3 737	1 933	896	1 037	—
呼和浩特市	1 691	1 691	—	1 691	—	—	—	—	—
包头市	2 312	2 312	—	—	2 312	—	—	—	—
建设兵团	1 428	1 291	—	680	611	137	137	—	—

表 3-13　1969 年内蒙古自治区接收安置上山下乡知识青年人数表　　　　单位：人

安置地区　＼　来自地区	总人数	本(各)盟市	呼和浩特市	包头市	北京市	天津市	保定市	上海市	江苏省	浙江省
合　计	123 830	43 685	4 554	6 712	36 153	21 339	4 254	2 461	5	4 667
呼伦贝尔盟	22 902	14 933	—	—	750	5 860	—	98	—	1 261
哲里木盟	9 245	3 438	—	—	212	4 942	—	9	—	644
昭乌达盟	3 661	1 907	—	—	3	1 162	—	584	5	—
锡林郭勒盟	1 278	765	35	—	478	—	—	—	—	—
乌兰察布盟	14 685	6 986	—	—	6 112	—	—	1 587	—	—
伊克昭盟	739	738	—	—	—	—	—	1	—	—
巴彦淖尔盟	7 822	2 263	14	1 101	115	4 329	—	—	—	—
呼和浩特市	5 565	5 565	—	—	—	—	—	—	—	—
包头市	7 090	7 090	—	—	—	—	—	—	—	—
建设兵团	50 843	—	4 505	5 611	28 483	5 046	4 254	182	—	2 762

1972 年 1 月 14 日，自治区革命委员会政治部根据中共中央文件精神要求，各盟城镇知识青年，在本盟范围内，就近安排。呼、包二市的知识青年除在市郊安排外，其余由自治区统一安排。1978 年，中共中央调整城市中学毕业生的安置政策之后，全区下乡知识青年安置人数逐年减少。1979 年，呼和浩特市部分应届初高中毕业生集体安置在内蒙古自治区知识青年共产主义大学综合基地，成为最后一批上山下乡城镇知识青年。1980 年，城镇知识青年上山下乡安置工作结束。1979 年，内蒙古自治区安置上山下乡知识青年情况见表 3-14。

1957—1979 年，内蒙古自治区共动员接收安置上山下乡知识青年 416 445 人，见表 3-15。

表 3-14　1979 年内蒙古自治区安置上山下乡知识青年情况　　　　单位：人

来源与形式　＼　安置地区		合计	呼伦贝尔盟	哲里木盟	昭乌达盟	锡林郭勒盟	乌兰察布盟	伊克昭盟	巴彦淖尔盟	呼和浩特市	包头市	乌海市	阿拉善盟	知青共大
合　计		13 023	5 374	2 208	587	118	164	4	—	1 728	2 537	223	—	80
知识青年来源	外省市区	4	—	—	—	4	—	—	—	—	—	—	—	—
	呼和浩特市	1 949	—	—	—	1	140	—	—	1 728	—	—	—	80
	包头市	2 537	—	—	—	—	—	—	—	—	2 537	—	—	—
	其他盟市	8 533	5 374	2 208	587	113	24	4	—	—	—	223	—	—
安置形式	集体所有制农村	10 038	5 158	1 050	39	—	41	—	—	1 017	2 510	223	—	—
	集体所有制牧区	209	177	14	—	17	—	1	—	—	—	—	—	—
	农副业基地	294	34	176	58	5	—	—	—	18	3	—	—	—

安置地区 来源与形式		合计	呼伦贝尔盟	哲里木盟	昭乌达盟	锡林郭勒盟	乌兰察布盟	伊克昭盟	巴彦淖尔盟	呼和浩特市	包头市	乌海市	阿拉善盟	知青共大
安置形式	农工商联合企业	6	—	—	6	—	—	—	—	—	—	—	—	—
	农村集体插队	1 474	—	968	319	—	—	3	—	160	24	—	—	—
	牧区集体插队	27	—	—	27	—	—	—	—	—	—	—	—	—
	回农村分散插队	22	—	—	4	2	3	—	—	13	—	—	—	—
	回牧区分散插队	17	—	—	17	—	—	—	—	—	—	—	—	—
	造林治沙建设队	679	—	—	—	—	120	—	—	479	—	—	—	80
	国营农牧渔场	257	5	—	134	77	—	—	—	41	—	—	—	—

表 3-15　1979 年底前内蒙古自治区历年接受安置知识青年人数　　　　　　单位:人

来源地区 安置地区	总计	北京	天津	上海	其他省区	呼和浩特市	包头市	其他盟市
合　计	416 445	25 040	50 080	2 273	21 229	31 940	47 684	238 199
呼伦贝尔盟	107 634	4 723	14 831	101	2 028	—	—	85 951
哲里木盟	51 462	4 879	14 733	9	680	5	—	31 156
昭乌达盟	61 052	1 116	2 724	603	16 556	—	—	40 053
锡林郭勒盟	19 900	3 561	13	5	205	891	33	15 192
乌兰察布盟	59 576	7 116	9 804	1 393	164	3 759	2 766	34 574
伊克昭盟	6 473	10	4	4	1 147	60	33	5 215
巴彦淖尔盟	26 211	2 335	6 806	4	86	1 777	7 636	7 567
呼和浩特市	27 403	1 120	125	131	122	25 158	33	714
包头市	41 070	180	811	23	91	178	37 117	2 670
乌海市	10 564	—	—	—	2	32	66	10 464
阿拉善盟	5 020	—	229	—	148	—	—	4 643
知青共大	80	—	—	—	—	80	—	—

生产建设兵团　1964 年,自治区即开始在磴口县哈腾套海公社保尔套勒盖地区筹建生产建设兵团,安置城镇知识青年。至 1966 年"文化大革命"开始,生产建设兵团仍处于筹建阶段。1968 年 9 月,内蒙古自治区党委和人民委员会各机关被撤销后,编余的干部和职工以生产建设兵团的名义,分别被送往保尔套勒盖和伊克昭盟杭锦旗的巴拉亥等沿河地区参加生产劳动。1969 年 1 月 24 日,毛泽东主席批准,生产建设兵团,位于保尔套勒盖的雁北地区的华北生产建设兵团和总后勤部军马场合编为北京军区内蒙古生产建设兵团。1969年 5 月,在呼和浩特市举行成立大会,开始编为一、二、三、六 4 个师、24 个团、246 个连队,接

纳6万5千多城镇知识青年。一师驻巴彦高勒,二师驻包头,三师驻临河,六师驻锡林郭勒盟东乌珠穆沁旗,后又成立四师驻乌海市,五师驻西乌珠穆沁旗。除农牧场外,生产建设兵团还建有呼和浩特纤维厂,乌拉山发电厂和化肥厂及锡林郭勒盟碱厂等直属厂矿。人员最多时达到19万。1972年12月,经国务院和中央军委同意改为内蒙古生产建设兵团,不冠北京军区字样,归自治区党委和革命委员会领导。1975年9月,撤销生产建设兵团,撤出军队干部。生产建设兵团的农牧业团和工厂等企业移交自治区各有关委、厅、局。移交后的农牧业团改称为国营农牧场。内蒙古生产建设兵团先后安置知识青年97 665人,见表3-16。

表3-16　1969—1975年内蒙古生产建设兵团安置知识青年数　　　　单位:人

	合　计	巴彦淖尔盟	锡林郭勒盟	伊克昭盟	乌兰察布盟	包头市	呼和浩特市	乌海市
合计	78 793	57 850	10 212	4 150	230	2 430	1 962	1 959
北京市	26 944	23 507	793	950	62	1 050	363	219
天津市	14 933	8 930	3 759	1 100	18	1 060	42	24
上海市	5 577	4 565	—	50	—	50	130	782
浙江省	9 216	7 269	—	1 300	50	70	427	100
河北省	6 665	2 327	3 660	400	—	—	—	278
山东省	5 606	5 400	—	50	—	—	—	156
其他省区	9 852	5 852	2 000	300	100	200	1 000	400

注:表内数字未含自治区知识青年去生产建设兵团的18 872人。

知青共大　1965年,为开拓城镇知识青年安置渠道,内蒙古自治区党委和人民委员会决定,由自治区农牧林水办公室(后改为农牧业委员会)在呼和浩特市郊区坝口子村筹建内蒙古共产主义劳动大学。在筹建中,"文化大革命"开始,工作中断。

1976年5月,自治区革命委员会决定在乌兰察布盟凉城(县)岱海知识青年农场的基础上组建内蒙古自治区知识青年共产主义大学(简称"知青共大"),这是一所"社来社去","半工半读",从上山下乡知识青年中培养农村、牧区专业技术人才和知识青年场队基层领导的学校。学校在1976年和1978年期间,开设农学、农机、医学、兽医、理论等5个专业,学制为一年,共举办两期,毕业学生270名,另举办数理化、理论短训班5期,培训学员655人。1979年,内蒙古自治区党委决定,知青共大招生和学员分配都列入国家计划,主要举办技工班和农工商联合企业班。当年,自治区计划委员会批准知青共大技工班招收学员600人。由于学校正从凉城向呼和浩特郊区毫沁营搬迁,实际招生200名,其中无线电专业班100人,农机修理专业班100人。1980年,招生103人,其中:无线电专业班60人,农机修理专业班43人。另为内蒙古电视大学招收30人。1981年,招生163人,其中:无线电专业班103人,会计与数理化两个班共60人。同年79届200名学员毕业,由自治区劳动局统一分配工作。学校从1976—1981年共培养学员10 421人。此外,学校还创办各种农工商经济实体,计有:岱海知识青年农场,白塔知识青年综合场(厂),新城知识青年服务楼与商业点等。共有教职工 106 人,"大集体"职工、农工、知识青年等 306 人。国家投入资金 163.6 万元,借用知识青年生产扶持资金 224 万元,房屋建筑面积 1.5 万平方米(不含服务楼和商业点)有大小汽车及拖拉机 29 辆(台),机床 5 台,制砖制瓦机 5 台,机井 8 眼,可耕地 2 000 亩,芦苇地 1.3 万亩,果园地 100 亩,牛 15 头,马 6 匹,猪 80 口,羊 130 只,共有固定资产 510 万元。1980 年,所属生产单位的总值为 38.5 万元,1981 年 10 月,随着自治区知识青年工作办公室与自治区劳动局的合并,内蒙古自治区知青共大归由自治区劳动局管理。1983 年,自治区机构改革时,学校撤销,其技工教学业务交给自治区劳动人事厅属技工学校,经济实体交给自治区劳动人事厅经济中心。岱海知识青年农场,在学校往呼和浩特市郊区搬迁时,已下放给凉城县经办。

四、返　城

下乡知识青年返城形式有两种,一种是"病困退",另一种是招工、上学、参军。"病困退"是指下乡知识青年本人因患病、伤残不能参加农村牧区劳动或下乡知识青年家长患病、伤残需要下乡知识青年本人回家照顾的,按政策规定办理返回原动员城市落户手续。内蒙古自治区安置领导小组办公室于 1967 年 6 月 28 日下发《关于处理下乡知识青年需要返城落户的暂行办法(草案)》,对"病困退"做出具体规定。即:凡因严重疾病、伤残等原因,经旗县以上医院诊断证明,已不适应参加农村劳动,在短期内又不能恢复健康者;家长患病、伤残,家庭生活极端困难,非本人返城照顾不可者。要求返城落户,可由本人申请,经下乡知识青年民主评议,贫下中农同意,社队签注具体意见,旗县安置办公室审核批准,办理迁户手续。截止到 1979 年底,全区"病困退"的下乡知识青年人数累计达到 43 876 人。

招工、上学、参军是下乡知识青年返城的主要形式。1972 年 8 月 26 日,内蒙古自治区党委批转自治区革命委员会政治部《关于进一步贯彻中共中央文件,做好下乡知识青年工作的意见》,提出招收一些下乡锻炼两年以上的知识青年,开始建立按政策规定从下乡知识青年中招工的制度,使招工成为下乡知识青年返城的主要渠道。1978 年 12 月 28 日,中共中央转发《全国知识青年上山下乡工作会议纪要》和《国务院关于知识青年上山下乡若干问题的试行规定》,提出对城镇知识青年"统筹兼顾,全面安排"的方针。为此,内蒙古自治区党委召开全区知识青年上山下乡工作会议,并转发内蒙古自治区党委知识青年领导小组《全区知识青年上山下乡工作会议纪要》,制定了统筹解决全区知识青年问题的政策措施,规定在国家计划从社会上招工时,对留城知识青年和下乡知识青年实行统筹安排。(1)规定招工时招收下乡知识青年数不得低于招工总数的二分之一,按先下乡先招工的原则,由旗县知识青年办公室推荐,劳动部门录取。1972 年以前下乡的老知识青年,作为必保招工对象。(2)在公社以上机关工作的知识青年,按干部管理的权限考核,定职定级。担任代课教员、代销员及各类技术工作的知识青年,占各类专项指标优先转正。(3)招工走不了的知识青年,就近安排在国营农、牧、林、渔场或集体企业,转为城镇户口。(4)已安排在社队企业、知识青年场队和其他集体企业的，收入稳定在一级工以上者，作为一次性就业，办理招工手续改供商品粮，不再重新安排。(5)安排下乡知识青年三分之一以上的社队企业，可从知识青年经费中适当给予扶持，也可划拨一些闲置的知识青年房屋和物资或变价处理给社队企业使用。安排在乡知识青年占职工总数的50％以上的可享受"三不"政策，即不缴税、不上交利润、不担负农产品统购派购任务。1982年，自治区劳动局和知青办联合发文，对上山下乡知识青年招工放宽年龄，婚否不限，不进行考试；未成年子女可以随迁户口；有条件的知青队可以转为集体所有制企业；原留场的已婚知识青年，可同配偶一起转归集体所有制工人；留场未婚知识青年，可根据需要调入城镇集体企业；工龄从下乡之日起计算；知识青年自谋职业或留农村牧区务农牧业者，给予一次性补助，办理脱钩手续；因为致残丧失劳动能力者，移交民政部门。截止到1979年底，全区从下乡知识青年中招工、转干累计达到232 811人。

除从下乡知识青年中招工、转干外，上学、参军也成为下乡知识青年返城的渠道。随着大中专院校招收工农兵学员、恢复高考制度，在乡知识青年上学人数逐年增多。地方大力发展技工学校、职业学校、电视大学等教育事业，进一步扩大在乡知识青年上学人数。1978年，恢复高考制度后，各级知识青年办公室积极开办在乡知识青年脱产高考补习班，增强在乡知识青年高考竞争能力，扩大上学比例。高考补习班的经费以知识青年培训费名义支付。截止到1979年，全区下乡知识青年累计上学38 197人，参军13 459人。

通过实行"病困退"、招工、招生、征兵等措施，1981年，全区下乡知识青年除个别志愿留在农村、牧区的以外，全部返城。1979年和1980年，是下乡知识青年返城的高峰时期。1978年底，全区在乡知识青年有141 736人（不包括建设兵团），到1979年底，只有66 619人，当年离开农村牧区的知识青年达75 117人。到1980年底，在乡知识青年只剩20 000人，当年离开农村牧区55 117人。1979年底前，自治区历年上山下乡知识青年累计变动情况见表3-17。

表3-17　1979年底前内蒙古自治区历年上山下乡知识青年累计变动情况表　　单位：人

项目 地区	合计	招工 转干	招生	参军	迁往其 他地区	由其他 地区 迁入	病退及 返城	死亡	其中： 非正常 死亡	1979年 底在乡 人数
合　计	349 826	232 811	38 197	13 459	27 953	7 264	43 876	794	361	66 619
呼伦贝尔盟	75 680	34 661	10 898	4 011	5 767	346	20 507	182	85	31 954
哲里木盟	46 805	34 358	6 231	2 162	1 191	898	3 521	60	30	4 656
昭乌达盟	55 944	47 499	2 227	1 612	4 365	1 355	1 497	99	63	5 108
锡林郭勒盟	15 864	8 720	3 150	679	1 915	823	2 112	111	26	4 036
乌兰察布盟	52 380	29 104	6 122	2 053	7 712	1 026	8 307	108	53	7 196
伊克昭盟	5 647	3 361	712	498	381	84	758	21	6	825
巴彦淖尔盟	24 089	13 626	2 434	436	3 833	560	4 237	83	30	2 122

项目 地区	合计	招工转干	招生	参军	迁往其他地区	由其他地区迁入	病退及返城	死亡	其中：非正常死亡	1979年底在乡人数
呼和浩特市	23 987	18 737	3 013	614	1 321	1 077	1 334	45	28	3 416
包头市	37 931	33 325	2 161	774	1 104	974	1 478	63	32	3 139
乌海市	7 198	6 162	443	415	277	211	95	17	5	3 367
阿拉善盟	4 289	3 253	715	199	87	—	30	5	3	731
知青共大	12	5	1	6	—	—	—	—	—	68

1985年11月20日，自治区劳动人事厅根据国家劳动人事部文件精神，对下乡知识青年插队期间工龄计算问题作出规定：凡在"文化大革命"期间由组织批准"投亲靠友"、"自选下乡地点"插队并经当地旗县以上知青办批准注册的原下乡知识青年（包括经组织批准转点或由兵团转到农村插队的原兵团战士）到城镇参加工作以后，其在农村参加劳动的时间，可以与参加工作后的工作时间合并计算为连续工龄；落实政策人员非农业户口的子女，"文化大革命"中随父母被撵到农村牧区（或农牧场）参加劳动，他们初中毕业或年满16周岁后在农村参加劳动的时间，可以与参加工作后的工作时间合并计算为连续工龄；知识青年下乡插队（场）期间进入普通高等院校和中等专业学校、技工学校学习，比照在职职工在校学习期间工龄计算的有关规定办理；知识青年回城后参加集体所有制单位工作期间进入普通高等院校和中等专业学校、技工学校学习的，学习期间不计算工龄；知识青年插队（场）期间计算工龄问题需填写"知识青年下乡参加劳动时间计算工龄审核表"，由旗县以上劳动人事部门审核批准，涉及工资福利等待遇以前的不再追补，即不再找老账；1962年至"文化大革命"开始前，由国家统一组织下乡插队的知识青年到城镇参加工作以后，在工龄计算上可以仿照此原则办理。

五、安 置 经 费

知识青年上山下乡经费，列入国家财政预算，每年按下乡人数划拨。1973年，各地按照毛泽东主席对福建省一位下乡知识青年家长来信的批示，提高了安置经费标准。内蒙古自治区属边远省区，地区跨度大，又有农牧之别，安置经费标准较之国家统一标准稍有提高。具体标准见表3-18、表3-19。

表3-18　内蒙古自治区知识青年上山下乡经费标准比较表　　　　　　单位：元

项目 年度	集体插队		成户插队		单独建队		插场	返乡或投亲靠友
	农村	牧区	农村	牧区	农村	牧区		
1972年前	250	400	150	230	400	400	400	50
1973年后	500	800	250	—	500	—	400	50

表 3-19　1966 年内蒙古自治区安置知青经费分配情况　　　　　　单位:千元

项目＼地区		合计	呼伦贝尔盟	哲里木盟	昭乌达盟	锡林郭勒盟	乌兰察布盟	伊克昭盟	巴彦淖尔盟	呼和浩特市	包头市	自治区直属
合　计		2 264.0	249.7	129.5	156.4	139.5	172.0	65.5	922.5	72.3	124.0	100
拨给人民公社安置经费	小　计	1 867.3	239.7	127.0	152.6	137.0	164.5	63.0	835	50.5	98.0	—
	在农村单身插队	1 287.8	137.8	65.0	77.5	15.0	130.0	30.0	717.5	20.0	95.0	—
	在农村成户插队	190.5	37.5	18.0	22.5	—	34.5	9.0	55.5	10.5	3.0	—
	在农村新建队	144.0	48.0	20.0	40.0	16.0	—	—	—	20.0	—	—
	在牧区单身插队	133.0	11.4	19.0	7.6	38.0	—	19.0	38.0	—	—	—
	在牧区成户插队	40.0	5.0	5.0	5.0	20.0	—	5.0	—	—	—	—
	在牧区新建队	72.0	—	—	—	48.0	—	—	24.0	—	—	—
跨盟市下乡青年旅费		29.1	—	—	1.3	—	—	—	—	11.8	16.0	—
天津下乡青年旅运费		34.0	—	—	—	—	—	—	34.0	—	—	—
天津下乡青年冬装补助		51.0	—	—	—	—	—	—	51.0	—	—	—
包尔套勒盖生产建设兵团		—	—	—	—	—	—	—	—	—	—	—
劳动大学		100.0	—	—	—	—	—	—	—	—	—	100.0
回乡安置补助费		50.0	10.0	2.5	2.5	2.5	7.5	2.5	2.5	10.0	10.0	—

注:尚余 132.6 千元未分配。

1972 年前,知识青年到内蒙古生产建设兵团每人安置费为 500 元,到呼伦贝尔盟插队为 260 元,跨大区安置加补助运费 40 元。呼、包二市为跨市安置的知识青年拨发补助运费:呼和浩特市到巴彦淖尔盟 25 元,到锡林郭勒盟 35 元;包头市到巴彦淖尔盟 20 元,到锡林郭勒盟 35 元。北京、天津、上海、江苏、浙江等省市知识青年到内蒙古自治区安置,每人加发寒衣费 30 元。1973 年后,兵团标准和国营农牧场标准相同,到呼伦贝尔盟执行农村或牧区统一标准。运费改为:跨大区安置补助 70 元,跨省区者补助 50 元。冬装费提高为 40 元。在人头费标准内,动员城市可提取 20 元用于动员工作。

1979 年,经费标准又作调整:到单位办的农副业基地和"五七"干校,标准等同于国营农牧场,每人 400 元;到集体所有制的知识青年场、队和知识青年点,统一为农村每人 600 元,牧区每人 800 元。冬装费仍为 40 元,车船费由动员地区按实数另列报销。下乡青年转点不另拨安置费,原发的生活费未用完部分准予带走。另规定下乡地区距动员城市单程超过500 公里的知识青年,未婚的每 2 年补助 1 次探亲路费,已婚的补助 3 次探亲路费。下乡生活不能自给的,每人补 100 元生活费;没建房的每人补助 200 元,由已拨付经费中调剂解决,不足部分再由国家财政增拨。在农村结婚安家的知识青年,其住房先从知识青年空房中解决,解决不了的,每人补助建房费 300 元。1968—1979 年,国家有关部门共拨给内蒙古自治区安置经费 2.21 亿元。1979 年底,尚结余 287.5 万元。知识青年下乡建房所需钢材、水泥、玻璃、小五金以及烧砖瓦用煤等物资,分别纳入国家和地方计划,保证供应。建房木材,每人按 0.3 立方米供应。棉布、棉花定量供应,下乡知识青年在定量外另给予补助。区内下乡知识青年每人补助布票 21 尺、棉花票 7 斤;区外下乡知识青年每人补助布票 60 尺,棉花票 11 斤。下乡知识青年的口粮,第一年从返销粮中供应,月定量成品粮 45 斤,第二年由所在生产队供应,在有余粮的生产队不得少于年 550 斤;自给和缺粮队不得低于 500 斤;不足部分从国家统购粮中补助。到牧区的下乡知识青年,从事放牧劳动的,每月定量供应成品粮 32 斤,从事草原建设、饲料基地劳动者,每月成品粮 45 斤,均由国家供应。从事林、牧、副业生产和种植经济作物的知识青年场队,口粮不能自给的,由国家给予补助。插队知识青年的医疗卫生,原则上靠参加当地合作医疗解决。有严重疾病,当地合作医疗负担不了的,从知识青年的安置费中酌情补助。长期不能治愈,不能从事农业劳动的,经动员市知识青年部门同意,可以病退回城,治愈后由劳动部门和街道负责安排适当工作。下乡知识青年因公负伤,医疗费和治疗期间的生活费,由所在单位负担,确有困难的,从知识青年安置费中适当补助。因公致残,不能从事农业劳动的,由安置地区和动员地区协商,安排力所能及的工作;完全丧失劳动能力的,经旗县以上革命委员会批准,由民政部门按全残职工每月发给 35 元生活费,生活不能自理的,另发护理费,在指定医疗单位治疗,医疗费用实报实销。知识青年死亡的丧葬费,每人不超过 150 元,因公死亡的,由所在单位开支;因病死亡的,从知识青年安置经费中开支;其他原因死亡的视其情况,区别处理。

1979 年 2 月 16 日,中华人民共和国财政部《关于为城市上山下乡知识青年办的知青场队及生产基地免税问题的通知》中规定:为了集中安置城市上山下乡知识青年而在农村专门为知识青年举办的独立核算的集体所有制场队,不分原有和新办,一律自 1979 年 1 月份起至 1985 年底止,对其生产经营的各项应税产品和业务收入免予交纳工商税,对其所得的利润免予交纳工商所得税。

1979 年 12 月 29 日,中国人民银行《关于城镇知识青年集体企业贷款利率的通知》中规定:对 1979 年以后,为安置城镇知识青年而组织的集体企业的贷款一律按月息 3 厘 6 毫计收,在开办的两年之内给予优惠,2 年以后仍按城镇集体企业贷款利率对待。

1980 年 1 月 15 日,中国人民银行内蒙古自治区分行规定:自治区原按 4 厘 2 毫计算的利息不退还,但从 1980 年起优惠利率可延期两年。

1980 年 6 月 17 日,自治区革命委员会财政局转发财政部《对安置待业知识青年的城镇集体企业进一步减免税的通知》中规定,1979 年为安置待业知识青年新办的应免税务的集体企业可再继续免征工商税和工商所得税 2 年。

1980 年 7 月 2 日,自治区革命委员会财政局《关于为城市上山下乡青年举办的知青场队及生产基地在城镇办企业免税问题的通知》中规定:凡县以上知青办批准、财税部门认可必须在农村、牧区的场队统一核算、统一盈亏的企业才能在 1985 年底以前免征工商税和工商所得税。1981 年 2 月 20 日,自治区劳动局、自治区人民政府知识青年工作办公室联合发的《关于安置插队知青有关具体政策问题的通知》中明确,对于安置在乡知识青年占职工10%以上的企业,可从知青经费中拨给或供给一部分资金,以扶持其发展。

(第三章《就业安置》,第 158—173 页)

1979 年,全区需要安排的城镇劳动力有 55.4 万人(每年新增劳动力平均为 16 万人),而当年全民所有制单位安置就业的岗位仅有 4 万多个。年初,内蒙古自治区党委召开劳动就业工作会议,下达了当年安置 9 万城镇待业青年(人员)和下乡知识青年就业计划。7 月,自治区召开的劳动就业经验交流会上,把安置就业计划调整为 20 万人。到 12 月 15 日,全区共安置 21.2 万人就业。其中,全民招工 2.47 万人,集体单位安置 11.82 万人,自然减员安置 1.9 万人,劳动服务公司组织临时性工作 3.8 万人,大中专、技校招生和服兵役 1.2 万人。

(第三章《就业安置》,第 174 页)

1983 年,自治区劳动人事厅为宣传城镇待业青年就业,落实中央关于国营、集体、个体"三结合"的就业方针,鼓励待业青年自谋职业,走个体经营的道路,与内蒙古电视台联合录制《小土屋里的开拓者》、《我和未来的姐夫》、《银壳怀表》等电视剧。利用电视剧宣传就业方针在全国尚属创新。电视剧在内蒙古电视台播出后,受到广大群众特别是青年的欢迎。1979—1985 年,全区共安置 152 万城镇待业青年(人员)就业(其中包括从事临时性工作的有 29 万人)。下乡知识青年安置工作,除个别志愿扎根农村牧区的下乡知青外,其他下乡知青全部得到了安置。年末城镇待业人数从 1979 年的 42.9 万人下降到 1985 年的 13.97 万人。城镇待业率从 1979 年的 15.01% 下降到 1985 年的 3.97%。 (第三章《就业安置》,第 174 页)

1979—1981 年,各级劳动部门和知青办共同负有就业安置职能,其中,劳动部门负责下达全区招工计划及办理招工手续;知青办负责按政策招收下乡知青和留城知青。

1982—1983 年,自治区劳动局与自治区知青办合署办公期间,劳动行政部门增设了就业处,负责全区就业安置工作的组织实施。各盟市、旗县劳动行政部门也相应设置了就业科、股,负责实施各自区域内的就业安置工作。 (第三章《就业安置》,第 177—178 页)

1980 年 11 月,自治区人民政府印发了全区劳动就业工作会议议定的《解放思想,放宽政策,进一步做好劳动就业工作》的文件和《关于恢复和发展城乡集体所有制工商企业和个体经营的试行办法》、《关于城镇劳动服务公司的试行办法(草案)》。文件提出解决就业问题的规定、办法和途径。即:……(4)发展以知青为主的集体所有制场队和农工商联合企业。……(8)组织知青参加农村特区建设,如举办"草原牧区建设队"、"治沙造林队"等,种树种草。还可以到农村牧区从事商业、修理等各种服务活动。……

(第三章《就业安置》,第 179 页)

中共十一届三中全会以后,内蒙古地区技工学校教育得以快速发展。1979年4月18日,国家劳动总局发文指出:技工学校的招生对象是城镇户口的应届高、初中毕业生;具有同等文化程度的城镇待业青年和上山下乡知识青年。年龄在十五至二十二周岁,未婚。……

1979年6月22—30日,经自治区革命委员会批准全区技工学校招生工作会议在呼和浩特召开。这是"文化大革命"后第一次同类会议。会议确定,1979年全区技工学校招生工作,以盟市为单位统一进行。在盟行政公署和市革命委员会统一领导下,由劳动局、教育局、知识青年上山下乡办公室和学校主管部门等共同组成招生机构,负责技工学校招生工作。

(第六章《技术工人培训和鉴定》,第321页)

1979年,国务院将1969年被划到区外的呼伦贝尔盟、哲里木盟和昭乌达盟等地重新划归自治区管辖,使全区技工学校达到51所,进行招生的技校达到41所。当年招生7 552人,其中,男生4 227人,女生3 245人;从报考大学和中专落选的考生中录取4 263人,自行组织考试录取3 205人;应届初高中毕业生4 904人;按政策允许留在城镇的待业青年1 314人。上山下乡知识青年1 140人,其他113人,汉族6 867人,少数民族605人,其中蒙古族298人。

(第六章《技术工人培训和鉴定》,第322页)

1980年5月25日,自治区劳动局重申执行国家劳动总局1979年有关技工学校招生规定,并将招生考试科目定为政治、语文、数学、物理、化学。考试科目可以合并,但试卷不得少于3张。1980年,内蒙古地区技工学校招生由盟市组织进行,办法有三种:一是由劳动部门单独组织招生;二是劳动部门单独组织内招,与教育部门合作组织社招;三是劳动部门与教育部门合作组织招生。同年,国家给自治区下达的技工学校招生计划为8 698人,实际录取8 944人,超过计划2.8%。其中男生5 437人,女生3 507人。从报技校的考生中录取6 267人,从报大中专院校落选考生中录取2 677人;应届毕业生6 138人,城镇待业青年2 538人,上山下乡知识青年438人;汉族7 830人,少数民族1 114人,其中蒙古族699人。

(第六章《技术工人培训和鉴定》,第322页)

1980年全区技工学校新生类别情况表

单位:人

项目 地区	新生类别情况						其　中			华侨港澳台湾省籍青年
	内招人数	社招人数	应届毕业生	城镇待业青年	上山下乡青年	其他	少数民族			
							合计	蒙古族	其他少数民族	
合　计	6 451	2 493	6 138	2 358	438	10	1 114	699	414	1
呼伦贝尔盟	1 523	461	1 607	312	64	1	476	380	95	1
哲里木盟	185	186	293	75	3	—	54	41	13	—

项目 地区	新生类别情况						其中			华侨港澳台湾省籍青年
	内招人数	社招人数	应届毕业生	城镇待业青年	上山下乡青年	其他	少数民族			
							合计	蒙古族	其他少数民族	
昭乌达盟	554	194	200	363	185	—	68	24	44	—
锡林郭勒盟	90	105	158	30	7		45	35	10	—
乌兰察布盟	62	203	206	53	6		4	2	2	—
伊克昭盟	110	270	260	107	13		58	46	12	—
巴彦淖尔盟	708	177	694	189	2		81	42	39	—
阿拉善盟	100	15	101	13	1		11	4	7	—
呼和浩特市	870	283	657	394	102	—	120	54	66	—
包头市	1 500	516	1 309	696	11		151	47	104	—
乌海市	749	83	653	126	44	9	46	24	22	—

注:兴安盟于 1980 年 10 月 1 日从呼伦贝尔盟划出,单独成盟,但在当年技校招生时还未正式接交。盟内只有一所技校,招生数字包括在呼伦贝尔盟内。

(第六章《技术工人培训和鉴定》,第 323 页)

1981 年全区技工学校考生和新生统计表

单位:人

项目		人数	
		考生	新生
合计		52 489	9 742
性别	男	24 118	5 552
	女	28 371	4 190
类别	城镇应届高中毕业生	7 049	2 203
	城镇应届初中毕业生	19 479	3 006
	城镇待业青年	24 380	3 860
	上山下乡知识青年	546	362
	其他	1 035	311
招收方式	社招	—	3 437
	内招	—	6 305
少数民族		4 869	1 551

注:"其他"是指矿山井下、森林采伐、野外勘探、盐业生产和少数民族中符合报考条件的非城镇户口青年。

(第六章《技术工人培训和鉴定》,第 326 页)

《内蒙古自治区志·政府志》

内蒙古自治区人民政府《政府志》办公室编,方志出版社2001年

(1969年)3月1日,自治区革命委员会作出《关于城镇知识青年等下乡人员的经费、物资使用标准、办法、原则及管理渠道的规定》。

(《大事记》,第59页)

1979年5月,经中共中央、国务院批准,呼伦贝尔盟重新划归内蒙古自治区。此时,呼伦贝尔盟革命委员会下设办公室、……知识青年上山下乡安置办公室、接待处、房产管理处、司法处等工作部门。

(第一篇第六章《中华人民共和国中央人民政府成立后地方人民政府》,第208—209页)

1979年5月,经中共中央、国务院批准,哲里木盟重新划归内蒙古自治区管辖。此时,哲里木盟革命委员会下设……知识青年上山下乡办公室、人民防空办公室、外贸局、农牧场管理局、供销社、经济委员会等工作部门。

(第一篇第六章《中华人民共和国中央人民政府成立后地方人民政府》,第209页)

1979年5月,经中共中央、国务院批准,昭乌达盟重新划归内蒙古自治区管辖。此时,昭乌达盟革命委员会下设办公室、计划委员会、经济委员会、农牧办公室、……知识青年上山下乡办公室等工作部门。

(第一篇第六章《中华人民共和国中央人民政府成立后地方人民政府》,第209—210页)

1971—1978年6月,锡林郭勒盟革命委员会下设有办公室、人事局、劳动局、民政局、外事办公室、巡视室、档案局、知识青年上山下乡办公室……等工作部门。

(第一篇第六章《中华人民共和国中央人民政府成立后地方人民政府》,第210页)

1975年8月,经中共中央、国务院批准,原属巴彦淖尔盟管辖的乌达市和伊克昭盟管辖的海勃湾市合并,成立乌海市(地级)。1976年1月10日,召开成立大会,乌海市正式成立。同时成立市革命委员会,与中共乌海市委员会合署办公。下设……知识青年上山下乡办公室、粮食局、工商局、统计局、供电局、工业局、轻工业局、工交办公室等工作部门。

(第一篇第六章《中央人民共和国中央人民政府成立后地方人民政府》,第212页)

1980年,自治区人民政府工作部门有……知识青年上山下乡安置办公室、财政贸易办公室、文教体育卫生办公室、外事办公室、进出口办公室、计划生育办公室、人民政府参事室、文史馆。

1980年1月5日,自治区革命委员会劳动局更名为自治区劳动局,自治区革命委员会人事局更名为自治区人事局。1983年6月,劳动局、知识青年上山下乡办公室、人事局合并,组建内蒙古自治区劳动人事厅,保留机构编制委员会名义,编制委员会办公室设在劳动人事厅。

（第一篇第六章《中华人民共和国中央人民政府成立后地方人民政府》,第213—214页）

1979年7月,哲里木盟革命委员会改称哲里木盟行政公署,为内蒙古自治区革命委员会(1979年12月,改称内蒙古自治区人民政府)派出机构。至1999年7月,先后设有……知识青年上山下乡工作办公室(1981年并入劳动局)、地震局、乡镇企业局、经济技术协作办公室、农牧场管理局、供销社、土地管理局、监察局、经济体制改革委员会等工作部门。

（第一篇第六章《中华人民共和国中央人民政府成立后地方人民政府》,第219—220页）

(1968年)4月1—14日,内蒙古自治区城镇知识青年上山下乡工作会议在呼和浩特召开。

（第四篇第五章《中华人民共和国中央人民政府成立后历届人民政府》,第509页）

(1969年)2月25日—3月1日,内蒙古自治区革命委员会在呼和浩特召开全区知识青年上山下乡工作会议。出席会议的有各盟、市革命委员会和上山下乡工作部门的负责人。会议总结了学习、宣传、贯彻、落实、捍卫毛主席"知识青年到农村去,接受贫下中农的再教育"等一系列最新指示的经验。

（第四篇第五章《中华人民共和国中央人民政府成立后历届人民政府》,第510页）

至1983年上半年,盟行政公署所设工作部门有……知识青年上山下乡安置办公室、文化局、广播局、教育局、职工教育办公室、托幼办公室、卫生局、爱国卫生运动委员会、地方病防治办公室、计划生育办公室、体育运动委员会……　　（第七篇第一章《盟行政公署》,第941页）

1969年12月19日,实行军事管制后,(巴彦淖尔盟)革命委员会下设政治部、生产建设指挥部、人民保卫部和办公室。生产建设指挥部设农牧、工交、财贸、水电、文卫、交通、邮电、农机、民政、计划等组及知识青年上山下乡安置办公室、科学技术办公室等机构。

……

1972年起,巴彦淖尔盟革命委员会陆续下设知识青年上山下乡安置办公室、劳动局、民政局、体育运动委员会……等工作部门。　　（第七篇第一章《盟行政公署》,第965页）

1966年5月,"文化大革命"开始,哲里木盟人民委员会机构瘫痪,1968年1月,哲里木盟革命委员会成立,先后设有办公室、……知识青年上山下乡办公室、人民防空办公室、外贸局、农牧场管理局、供销社、经济委员会等机构和部门。（第七篇第二章《市人民政府》,第1041页）

1973—1976 年，鄂温克族自治旗撤销人民保卫部、政治部、生产建设指挥部，恢复原人民委员会各工作部门，并相继增设劳动科、知识青年上山下乡安置办公室、农牧业机械科、战备办公室、广播事业科、水利科、基本建设科、翻译科、司法科、档案科、信访科、电业科、社队企业管理科、外贸科、体育运动委员会、计划生育办公室、计量管理科。1977 年，农机科改为农机局。

……1983 年，撤销知识青年上山下乡安置办公室，业务归劳动局。

（第七篇第三章《少数民族自治旗人民政府》，第 1061—1062 页）

《内蒙古自治区志·商业志》

《内蒙古自治区志·商业志》编纂委员会编，内蒙古人民出版社 1998 年

1966 年以后，增加了城市知识青年上山下乡、城镇居民职工及家属下乡插队落户补助用布等。

（第一章《行业》，第 89 页）

1960—1963 年，全区商业职工队伍经过全面清理整顿，职工素质有所提高。但在"文化大革命"后期和在 80 年代初期，安置了一批上山下乡知识青年和城镇待业青年，并吸收了一批离退休人员顶替的子女，新职工增多，大多不熟悉业务。

（第三章《管理》，第 327 页）

《内蒙古自治区志·公安志》

内蒙古自治区公安厅编，中国人民公安大学出版社 2008 年

（1970 年）1 月 13 日，内蒙古自治区公安机关军事管制委员会向自治区革委会报告《当前我区户口工作中存在的主要问题和今后意见》。对城镇户口要严格控制，各城镇公安军管会要全面清查一次户口底簿，对于重返城镇的知青一律不予落户。要加强经常性的户口管理工作，坚决刹住乱批乱走后门的无政府主义的歪风。

（《大事记》，第 143 页）

（1972 年）5 月 5 日，锡林郭勒盟西乌珠穆沁旗发生草原火灾，500 多人参加扑火，但由于组织不当，烧死生产建设兵团战士 73 人[①]，烧伤 100 多人。

（《大事记》，第 145 页）

（1986 年 5 月）29 日，内蒙古自治区公安厅、劳动人事厅发出《关于认真做好城镇下乡知青返城后在农村的配偶子女落城镇户口问题的通知》。

（《大事记》，第 183 页）

---

① 应为 69 人。——编者注

1965 年 1 月 1 日，内蒙古自治区公安厅针对执行户口迁移政策中出现的种种问题，向内蒙古自治区人民委员会提交了《关于处理户口迁移问题的报告》。……为了正确地处理户口迁移，有效地控制城镇人口的增长，限制盲目迁移，保障正当合理的迁移，提出以下意见：

……

⑤ 精简下放农村的职工及其家属和下放农村的知识青年，已将户口迁走。没有安置落实，又返回城市或经多次动员坚决不走，除个别人下放农村确有实际困难的，应由人事或安置部门出具证明，可准予落户外，属于思想认识问题的，应坚决动员其返回。

（第六章《户政和人口》，第 897—898 页）

1986 年 5 月 29 日，内蒙古自治区公安厅和劳动人事厅下达了《关于认真做好原城镇下乡知青返城后在农村的配偶及子女落城镇户口问题的通知》。《通知》指出：凡 1966 年以来由城镇动员下乡，并经旗县以上知青备案，享受下乡知青待遇，现已返回城镇工作的，其在农村、牧区的配偶及 15 周岁以下的子女和 18 周岁以下在校学习的子女，可落城镇户口。原返乡知青不在此列。这次落户审批工作本着先区外、后区内的原则，首先解决京、津、沪等外省区在我区下乡的原知青在农村的配偶及子女落城镇户口问题；区内原下乡知青家属落城镇户口因数量大，为减轻国家财政压力，分两步进行，即 1975 年底以前下乡的，在 1987 年内办理完，1976 年元月 1 日以后下乡的，在 1988 年内办理完。之后，内蒙古自治区公安厅和内蒙古劳动服务事业管理局，于 1986 年 10 月对知青配偶和子女落户问题作出补充通知，对 1965 年底以前的城镇下乡知青，符合上述通知规定的，其配偶及子女可落为城镇户口。

（第六章《户政和人口》，第 903 页）

《内蒙古自治区志·妇联志》

陈羽主编，内蒙古人民出版社 2008 年

（1960 年）10 月 11 日，自治区妇联发出《关于号召全区妇女学习万锦云的通知》。万锦云是支边知识青年，1955 年高小毕业后到巴彦淖尔盟农村插队落户，多次被评为劳动模范和妇女标兵。

（《大事记》，第 38 页）

1964 年，城镇各级妇联参加了城镇知识青年上山下乡工作，向知识青年讲解知识青年上山下乡的道理，在知识青年家长、市民、职工家属中广泛宣传、造声势，形成舆论。各盟市、旗县妇联协助做好农村的安置接待工作，向村干部、女社员宣传知识青年参加农村、牧区社会主义建设的意义，要求他们主动团结，积极帮助，热情关怀知识青年。

（第三篇第五章《投身社会主义建设》，第 287 页）

《内蒙古文化大革命通志》

邢野、宿梓枢主编，中国科学教育文化国际交流促进会出版社2005年

（1964年）1月5日，内蒙古自治区直属机关和9个盟市共抽调1.76万多名机关干部，分赴各盟市参加第一批777个生产大队的农村社会主义教育运动。……9月7日，内蒙古党委决定，从农村、牧区借调1万名知识青年和复员军人组成专业工作队，参加农村、牧区社会主义教育运动。 （卷一《文化大革命前》，第47页）

4月2日，内蒙古自治区安置城市下乡青年领导小组成立，王再天任组长。同年5月23日—31日，内蒙古自治区安置城市下乡青年工作会议在呼和浩特召开。会议学习中共中央、国务院《关于动员和组织城市知识青年参加农村社会主义建设的决定（草案）》，讨论贯彻安置工作的方针、政策和步骤，落实当年的安置计划。内蒙古党委书记处书记王再天在会上作重要指示。9月29日，内蒙古党委、人委批转自治区安置城市下乡青年领导小组《关于当前全区安置工作情况的报告》，针对各地安置工作进度缓慢的情况，要求各级党委、人委有一名负责同志亲自抓这项工作，组织力量，把安置工作做好。并明确今后城市在社会上招收人员，首先考虑吸收那些在农村牧区经过一两年锻炼的知识青年。 （卷一《文化大革命前》，第52页）

（1965年）12月，据统计，从1964年开始到1965年底，昭乌达盟敖汉旗安置新惠镇上山下乡插队劳动的知识青年288人。 （卷一《文化大革命前》，第70页）

（1966年）2月，中共中央华北局和内蒙古党委指示，由内蒙古军区负责组建中国人民解放军内蒙古生产建设兵团，以内蒙古军区副司令员刘华香为组长组成领导小组，负责筹建工作，兵团战士主要由知识青年组成。后因文化大革命开始，筹建工作暂停。 （卷一《文化大革命前》，第74页）

6月，文化大革命开始后，内蒙古自治区并各盟市旗县的党政机构先后陷入瘫痪状态，知识青年上山下乡工作出现无人管理的混乱局面。 （卷二《文化大革命中》，第93页）

9月初，内蒙古自治区各盟市旗县大、中学生开始大串联，许多已经去农村、牧区插队落户的知识青年及社会青年也加入串联的行列。 （卷二《文化大革命中》，第115页）

12月27日，内蒙古自治区安置城市下乡青年办公室反映，在各盟市旗县插队劳动的知青

相继收到各地由上山下乡知青成立的革命造反总部或战斗队发来的传单,号召"砸烂各级安置办公室"。一些赴京的知青来信或电告在家的知青去北京造中央安办的反。内蒙古自治区各盟市赴京的知青日益增多,杭锦后旗小召乡150名知青中已去100多人,临河县永胜大队除留1人看家外,已全部赴京。全区赴京者达数百人。　　　　　　(卷二《文化大革命中》,第131—132页)

是年,中央安置城市下乡青年领导小组公布:全国计划安置知青和城镇闲散人员67.46万人,其中下乡知青60.61万人、回乡知青6.85万人。中央要求内蒙古自治区安置天津市知识青年2 000人,拨给安置专项经费226.40万元。

是年,在文化大革命前上山下乡插队落户的知识青年大批返回城镇,以批判反革命修正主义路线为由造反,认为知青上山下乡是执行修正主义反革命路线。知青返城风波及全国。自1962年—1965年已在内蒙古自治区插队落户的大部分知青,也借大串联的机会返回城市,但因城市户口实行严格管理制度,迫使回城热逐步降温。　　　　(卷二《文化大革命中》,第134页)

是年,内蒙古自治区各盟市旗县家住农村牧区,在城镇就读的初高中学生并小学高年级学生,在没有任何人组织和动员的情况下,陆续开始离校,回到农村、牧区务农、放牧。至1968年底,凡是1966、1967、1968年"老三届"初高中毕业生和部分小学毕业生,特别是寄宿(住校)的农村学生,已全部离校回村。据统计,有10万多人。

(卷二《文化大革命中》,第134—135页)

(1967年)1月11日,中共中央发布《关于反对经济主义的通知》,要求各地各部门要立即制止在文化大革命中大闹经济主义的倾向。《通知》第三条指出:前几年下放农村已经参加农业生产的群众,上山下乡的知青,应当安心参加农业生产。安置工作中的问题,应由各级党委负责逐步加以解决。　　　　　　　(卷二《文化大革命中》,第137—138页)

2月11日,《人民日报》在《抓革命、促生产,打响春耕生产第一炮》的社论中说:上山下乡的知青,近几年来,他们中间的大多数人在和贫下中农结合上,在建设社会主义新农村方面,做出很大成绩。《社论》号召尚逗留在城市的上山下乡知青,把自己上访的意见留下来,立即返回本地,和当地革命群众一起闹革命,积极参加备耕和春耕生产工作,夺取革命和生产双胜利。　　　　　　　　　　　　　　　　　　(卷二《文化大革命中》,第147页)

2月17日,中共中央、国务院发布《关于处理下乡、上山知识青年外出串联、请愿、上访的通知》。《通知》要求知青执行《反对经济主义的通知》第三条。《通知》还说,文化大革命已经进入无产阶级革命派大联合大夺权的新阶段,号召一部分仍在外地串联、请愿、上访的下乡上山知识青年,响应伟大领袖毛主席"抓革命,促生产"的号召,返回本单位参加夺权斗争和农业生产。并规定:1.凡尚在外地进行串联、请愿、上访的下乡上山知识青年、支边青年、农场职工,所有人员应立即返回本单位参加文化大革命,并搞好生产。所设联络站,一律撤销。2.有些下乡上山知识青年,受资产阶级反动路线和反革命经济主义的影响,做出一些损害国家和人民利益的事,只要他们回到本单位认真检查,改正错误,可不再追究。3.在外出串联、请愿、上访的下乡上山知识青年、支边青年、农场职工中,有少数行踪诡秘,不报真实姓名和工作单位,到处招摇撞骗,扰乱社会治安,破坏国家财产的坏分子,要彻底查清,依法惩办。4.对于安置工作中的问题,应按中共中央《关于反对经济主义的通知》第三条:"前几年下放农村业已参加农业生产的群众,下乡上山的知识青年,应当安心参加农业生产,参加农村的无产阶级文化大革命。安置工作中的问题,应由各级党委负责逐步加以解决。"5.前几年精简下放、现居城镇的人员安置问题,也应按上述第四条的精神执行,不得回原工、交企业和事业单位强求复工。3 天以后的《人民日报》"革命造反派战地"专栏整版刊登下乡知青造反组织写的几篇号召回农村闹革命的文章,并加编者按说:煽动上山下乡的知识青年大批离开生产岗位,涌到城市,这是资产阶级反动路线新反扑的又一种形式。这一阴谋诡计已经被彻底揭穿,许多受蒙蔽的知识青年坚决表示:立即打回农村去,就地闹革命。革命造反派应当热烈欢迎和坚决支持他们的这一革命行动。 (卷二《文化大革命中》,第 150 页)

2 月 27 日,国务院发布《关于支援内地、边疆建设的职工和上山下乡的知青返回原单位的路费问题给上海市革委会后勤组的复电》。《复电》指出:职工返回原单位的路费,原则上应当自理。确实有困难的,可以由接待单位代购直达车船票,所需费用,由原单位归还。上山下乡的知青,返回原单位的路费,自己能够解决的,尽量自己解决。确实有困难的,也可以由接待单位代购直达车船票。所需费用,如果本人归还有困难,可由所在地人民公社管理委员会开具证明,由接待单位报销。 (卷二《文化大革命中》,第 151 页)

5 月至 7 月,全国约 40 万下乡插队知青涌入北京市和各省市区省会都市,要求中央和各级解决具体问题,存在和暴露出来的问题以湖南省为例是:1.全省近 5 年有 6 万多城市青年下乡,其中出身剥削阶级家庭的占 70%。2.插队青年中 70% 的人反映生活达不到自给。3.70% 的下乡青年长期逗留在城市,要吃住,要看病,要户口,要安排工作。4.留在农村的下乡青年也大都不安心,有 60%—70% 的人不参加劳动。5.有些贫下中农急得骂娘,"你们吃饭不做事,接什么班?不劳动,只能接地主的班!""你们的老子过去吃剥削饭,现在又要我们养活你们,我们不干。"有些社队要把下乡青年退回城市。6.报刊宣传不力,社会舆论不支持。7.各级安置工作干部、城市区街干部经常被围攻、挨打骂。8.各级有关部门谁也不管,衣、食、住、行,婚嫁病死,样样都找安置办公室。9.中央《通知》规定安置工作中的问题,应由各级党委负责逐步加以解决。而当时许多地区三结合还没搞好,无人发号施令。许多领导干部束手无策,互相推诿。 (卷二《文化大革命中》,第 164—165 页)

6月28日,内蒙古安置领导小组办公室发布《关于处理下乡知识青年要求返城落户的暂行办法(草案)》。《办法》指出:目前,有部分下乡知识青年要求返城落户。我们认为,大多数人是属于思想认识问题。为此,城区各级安置部门应高举毛泽东思想伟大红旗,活学活用毛主席著作,突出无产阶级政治,进行深入细致的思想工作,动员他们打回老家去,就地闹革命,积极参加农村牧区的文化大革命运动,认真贯彻和执行中共中央《关于处理内蒙问题的决定》,彻底粉碎内蒙古地区的资本主义反革命复辟逆流和阶级敌人的任何新反扑,把无产阶级文化大革命进行到底。同时,根据抓革命、促生产的方针,努力搞好农牧业生产,夺取革命和生产的双胜利。对于下乡知识青年中存在的一些实际问题,根据中共中央、国务院对上山下乡知识青年的有关规定精神,提出如下几点处理意见:1.凡因严重疾病、伤残等原因,经旗县以上医院诊断证明,已不适合参加农牧业生产劳动,在短期内不能恢复健康者;因年小体弱多病(16周岁以下,患慢性病短期难愈),一二年内生活不能自给者;因家长患病、残伤,家庭生活极端困难,非本人返城照顾不可者;要求返城落户,可由本人申请,经下乡知识青年民主评议,贫下中农同意,社队签注具体意见,由旗县安办审查批准,办理迁户手续。如系跨盟市安置的下乡知识青年,旗县安办批准后,还应经动员城市安办同意,报盟安办备案,在动员城市安办未同意以前,旗县安办不能擅自给办理手续。如系跨省、市、自治区安置的下乡知识青年,还需经盟安办批准,报内蒙安办备案。2.在文化大革命期间,对不应动员下乡的对象,在原单位受资产阶级反动路线迫害,被迫离厂离校下乡的革命工人和革命学生,需要平反。经原单位、原学校同意复工复学,可以回到原单位或原学校。3.下乡知识青年要求返回原籍农村、牧区参加生产者,或因家长调往农村、牧区参加生产要求随从者,可作正常户口转移处理。4.凡因同城市人口结婚要求回城市者,应依公安部门处理城市职工家属要求从农村迁往城市的原则来处理。5.下乡知识青年患有一般疾病,尚能坚持劳动者,均不得迁回城市,旗、县安置部门要向社队建议安排适当农活,或依其本人具体情况安排适当工作,予以照顾。6.对于寻找借口,无理取闹,要求返回城市的下乡知识青年,安置部门必须坚持原则,掌握政策,耐心地做好说服教育工作,坚决顶住回流。处理下乡知识青年返城落户,是一项十分细致的工作。同时,目前部分下乡知识青年的思想波动较大,更需严肃认真对待,本着严、紧、少的原则,安置、动员部门双方协商一致,逐步处理,避免发生互相推脱、互相许愿等现象。

(卷二《文化大革命中》,第167—169页)

7月9日,《人民日报》发表《坚持知识青年上山下乡的正确方向》社论。《社论》强调毛泽东1955年提出的"大有作为"号召,从发挥"三大革命"作用,在农村造反,培训接班人等方面肯定知青上山下乡的意义。7月10日,《内蒙古日报》全文转载这篇《社论》。

(卷二《文化大革命中》,第170页)

7月28日,内蒙古自治区下乡青年安置办公室发布《通知》,要求各市旗县安办立即组织下乡青年小组和所在社队学习《人民日报》7月9日《坚持知识青年上山下乡的正确方向》的社论。并指出该《社论》是"指导当前下乡知青积极参加无产阶级文化大革命运动,抓革命、促生产的一篇极为重要的社论"。

(卷二《文化大革命中》,第 171 页)

10 月 8 日,中共中央、国务院、中央军委、中央文革小组向各地革委会、军管会、各军区、各革命群众组织下达《关于下乡上山的知识青年和其他人员必须坚持在农村抓革命促生产的紧急通知》(《一〇·八紧急通知》),要求在全国城乡广泛张贴。

10 月 9 日,北京市 10 名中学生曲折、郭兆英、王紫萍、王静植、宁华、余昆、郑晓东、胡志坚、高峰、鞠颂东志愿到锡林郭勒盟西乌珠穆沁旗白音宝力格人民公社插队,受到北京市革委会及中央有关部门与领导的重视与支持,北京市劳动局有关人员及学生家长上千人在天安门前的金水桥为他们送行。锡林郭勒盟及西乌珠穆沁旗两级革委会有关领导前往迎接。此后,曲折等 10 名学生的行动成为文化大革命中知识青年上山下乡到农村、牧区插队落户的学习榜样和宣传典型。11 日,《人民日报》就北京市 10 名中学生到锡林郭勒盟插队一事进行报道,题目是《遵照伟大领袖毛主席的教导走同工农群众相结合的道路,北京一些革命小将自愿到内蒙古当普通社员》。此外,中央人民广播电台、《北京日报》也做专门报道。《北京日报》还发表短评,号召全市知青向他们学习。20 日,《内蒙古日报》载,北京市曲折等 10 名知青赴锡林郭勒草原落户的革命小将到达西乌珠穆沁旗白音宝力格人民公社,受到广大贫苦牧民和已在这个苏木落户的内蒙古自治区革命知识青年的热情接待和欢迎。

(卷二《文化大革命中》,第 178 页)

11 月 14 日,内蒙古革委会发布关于认真贯彻中共中央、国务院、中央军委、中央文革小组《关于下乡上山的知识青年和其他人员必须坚持在农村抓革命促生产的紧急通知》的通知。

11 月 14 日,内蒙古革委会通知:各盟市以及有安置下乡上山插队知青的旗县,都要设置知青下乡上山工作机构。翌年 3 月,内蒙古革委会城镇知青办再次通知:各盟市旗县要抽调解放军和忠于毛主席革命路线的革命干部,充实、加强下乡上山工作部门。原有不称职的安办干部,要有计划地调整、更新。革委会应有一名党的核心小组成员分管此项工作。有安置任务的乡、大队和生产队,可试建由革命领导干部、贫下中农、下乡青年三结合的领导小组。把工作落实到社队,依靠贫下中农、基层干部做好工作,并帮助知青自己管理自己。

11 月 16 日,北京市 336 名高中和初中学生,自愿到锡林郭勒草原安家落户,19 日抵达。锡林郭勒盟革委会主任高万宝扎布等党、政、军领导出行 10 公里外迎接。

(卷二《文化大革命中》,第 182—183 页)

11 月 19 日,北京市第九中学、石景山中学、首钢技校、城子中学、北大附中和北京女八中的一批高中和初中学生,赴巴彦淖尔盟乌拉特前旗长胜人民公社插队落户,路经呼和浩特市受到当地群众热烈迎送。雷代夫代表内蒙古革委会接见并和他们进行座谈。

11月20日,高万宝扎布向北京市知识青年介绍锡林郭勒盟的情况,并转达内蒙古革委会《给到锡林郭勒盟安家落户的首都知识青年的慰问信》,还请不久前在草原安家落户的北京知青代表曲折介绍他们来草原落户的情况。晚,锡林郭勒盟革委会为北京市知青组织全盟有线广播欢迎会。22日,《内蒙古日报》刊登内蒙古革委会《给到锡林郭勒盟安家落户的首都知识青年的慰问信》,并发表社论《热烈欢迎,衷心支持》。

（卷二《文化大革命中》,第183页）

11月,北京市女三中学生到锡林郭勒盟西乌珠穆沁旗牧区插包,贫苦牧民老远就骑着马来迎接他们,每人手里高举着一本红彤彤的《毛主席语录》,边跑边喊"毛主席万岁",这些女知青也激动得高呼"毛主席万岁"、"毛主席万万岁"。 （卷二《文化大革命中》,第184页）

是年,从上海、北京、天津市等地来内蒙古插队落户的知青,出身于地主、富农、资本家、商人或有海外关系、政治问题家庭的子女占有一定比例。这些中学毕业生的父母大多在历次政治运动中受到冲击,他们的子女甚至痛恨自己的家庭,有的还宣布同家庭脱离关系。"不要歧视非劳动人民家庭出身的青年"在有些地区只是一句空话。凡要求入团、入党者,都要表明自己的阶级立场或要求同家庭划清界限,因而造成他们强烈的家庭负罪感。在极"左"思潮和血统论的影响下,出身不好的中学生大批被阻隔在大学门外,即使在农村牧区,能够被委以重任者也无几。

（卷二《文化大革命中》,第189页）

(1968年)1月18日,中共中央、国务院、中央军委、中央文革小组发布《关于进一步打击反革命经济主义和投机倒把的通知》。要求已经上山下乡的知识青年不要回城市要求落户。国务院还将此项工作列入斗批改的一项重要任务。 （卷二《文化大革命中》,第192页）

3月4日,内蒙古革委会发布《给全区贫下中农、社队干部的一封信》。信中强调:知青到农村牧区接受贫下中农(牧)"再教育",是巩固无产阶级文化大革命的胜利成果,巩固无产阶级专政、防止资本主义复辟、以及逐步消灭"三大差别"的重大举措,要求和希望贫下中农(牧)进一步在生产和政治方面关心知青的成长。 （卷二《文化大革命中》,第198页）

3月4日,《内蒙古日报》报道1967年10月首批来内蒙古自治区落户的北京市知识青年曲折等人的先进事迹,题为《和工农群众相结合,做一辈子毛主席的好牧民——记在锡林郭勒盟西乌珠穆沁旗白音宝力格人民公社落户的10名北京市红卫兵小将》。

（卷二《文化大革命中》,第199页）

3月5日至10日，内蒙古革委会召开学习毛泽东思想先进集体、先进个人表彰大会。北京市首批下牧区的知青胡志坚，第二批下牧区的知青史芳芳、吴小明，呼和浩特市首批下牧区插包的知青刘成法作为先进集体代表出席学代会。期间，全国劳模宝日勒岱与老牧民和新牧民（知青）代表进行座谈。

（卷二《文化大革命中》，第 199 页）

3月15日，内蒙古革委会就知识青年上山下乡问题发布《重要通告》。《通告》指出：1.对破坏知识青年上山下乡的坏分子，要发动群众揭露、批判和斗争。2.倒流回城镇的知识青年，应立即返回农村参加劳动。3.要求公安部门对文化大革命以来迁回城镇的下乡知青户口做一次重新审查，凡是不符合规定的，一律无效。4.知识青年的亲属要鼓励自己的子女尽快返回生产岗位，参加劳动。5.对歧视、排挤、打击知识青年现象要坚决斗争；对于少数做过一些错事的知识青年，只要他们认识错误、改正错误，可以不再追究；对于混入知识青年队伍中的坏分子、坏头头和地、富、反、坏、右分子，要依法惩办。6.对于有关违背中央知识青年上山下乡政策和本《通告》的单位和个人，要积极揭发、出面干涉。

（卷二《文化大革命中》，第 200 页）

4月1日至14日内蒙古革委会召开城镇知青上山下乡工作会议。出席会议的有各盟市、重点旗县革委会和知青代表108人。会议期间，内蒙古革委会负责人高锦明、内蒙古军区副司令员刘彬等讲话。内蒙古革委会党的核心小组成员权星垣和到会的干部、下乡青年座谈。会议议程主要是学习毛主席最新指示及关于知识分子与工农群众相结合的教导，开展大批判，交流经验，研究今后的工作任务。 （卷二《文化大革命中》，第205—206 页）

6月10日至14日，呼和浩特市高、初中毕业生政治思想工作会议在市革委会礼堂召开。1966年—1967年两届高、初中毕业生及家长代表、校革委会负责人、军训团解放军、下乡知青及其家长代表出席会议。会议期间，与会代表分别介绍上山下乡知青的先进经验，交流动员毕业生上山下乡政治思想工作的心得。 （卷二《文化大革命中》，第216 页）

7月1日，首批天津知识青年到呼伦贝尔盟布特哈旗农村安家落户。8月、9月至翌年5月，先后有万余名北京、天津、上海等地知识青年，到该盟农村、牧区、国营农牧场安家落户。至1975年，全盟共有上山下乡知识青年10万多名。

（卷二《文化大革命中》，第219—220 页）

7月5日，呼和浩特市革委会制定《关于做好动员返回逗留在城市的下乡上山知青重返农村牧区的意见》。针对知青下乡上山工作中出现的一些问题，要求各区革委会、市公安局军管会及各派出所、群众专政、各代会、各群众组织必须做到：1.要抽调专人设置安置机构，以抓好逗留在城市的下乡上山知青的政治思想动员工作,使其迅速回农村、牧区,参加农村牧区的三大革命运动。2.对于逗留城市的下乡上山知青提出返乡,要对其在政治、生产、生活上的一些具体问题适当解决,必要时可事先派做安置工作的干部到安置地区接洽送回。3.根据中央对"以非法手段强行在城市落下户口的,一律无效"的规定,各区应配合派出所做好说服工作,动员其返回农村、牧区。 　　　　　　(卷二《文化大革命中》,第220页)

　　7月9日,内蒙古革委会生产建设委员会对有关知识青年下乡上山问题的请示批复指出:1.家居农村、牧区的中学毕业生,包括出身于剥削阶级家庭的,仍按内蒙古革委会生产建设委员会〔1967〕蒙革生字第13号文件给宁城县革委会的复信:"家居农村、牧区的毕业生,则仍应按返乡对待,国家不予安置"的规定执行。不予安置经费。但是他们回乡参加农村、牧区的社会主义革命和社会主义建设,同样是响应毛主席的伟大号召,是走与工农群众相结合的道路,和家居城镇的知识青年下乡上山同样是光荣的,应当予以鼓励和支持。2.家居城镇的知识青年本人要求到农村、牧区投亲靠友的(包括返回原籍)要积极支持,经索取当地同意落户证明后,可按投亲靠友安置。3.要全面贯彻有成分论,不唯成分论,重在政治表现的阶级政策。农村、牧区对于出身于剥削阶级家庭的下乡知识青年,应热情地欢迎他们为建设社会主义新农村、新牧区服务,对他们要加强政治思想教育、加强团结,帮助他们改造思想,不要歧视他们。 　　　　　(卷二《文化大革命中》,第220—221页)

　　7月16日至17日,继呼三司两批支牧知识青年到牧区插包劳动之后,呼和浩特市又有1 147名高、初中毕业生,响应毛泽东主席的号召,分赴巴彦淖尔盟、呼和浩特市郊区插队落户,或返回家乡参加农业生产劳动。 　　　　　　(卷二《文化大革命中》,第221页)

　　7月28日至30日,内蒙古革委会在丰镇县召开全区中学毕业生暨知识青年上山下乡现场会议。各盟市旗县革委会有关人员、中学、工代会、红代会等负责人109人参加。会议要求全区各地学习丰镇县革命小将和革命群众坚决贯彻毛泽东主席关于教育革命的最新指示:人人动手做好毕业生分配和知识青年上山下乡工作,迅速掀起一个教育革命和知识青年下乡上山新高潮。《内蒙古日报》就此发表社论《领导要抓好抓实知识青年下乡上山工作——学习丰镇经验,推广丰镇经验》。 　　　　　(卷二《文化大革命中》,第223页)

　　7月,呼伦贝尔盟城镇知识青年陆续奔赴农村、牧区和国营农牧场插队。

　　　　　　　　　　　　　　　　　　　(卷二《文化大革命中》,第223页)

　　8月7日,周恩来总理勉励侄女周秉建到锡林郭勒盟阿巴嘎旗插包落户,并嘱咐她要注意民族政策,过好劳动关、生活关。 　　　　　　(卷二《文化大革命中》,第225页)

8月11日,北京市592名知识青年到锡林郭勒盟阿巴嘎旗插队落户。

8月12日,呼和浩特市革委会、驻呼部队联合支左办公室和呼三司在呼铁一中联合召开呼和浩特市中学毕业生下乡上山工作现场会议。会议落实毛泽东最新指示,推广丰镇现场会经验,总结交流呼和浩特市前一阶段工作,进一步掀起呼和浩特市知识青年下乡上山高潮。呼和浩特市第一、第三、第五中学等18个单位,共2 300人参加大会。

(卷二《文化大革命中》,第225页)

8月15日,呼伦贝尔盟突泉县639名初、高中毕业生分赴各人民公社插队落户,接受贫下中农再教育,走与工农相结合道路。

8月15日,呼伦贝尔盟乌尔其汉林业局1966届和1967届中学毕业生80余人,下乡到莫力达瓦达斡尔族自治旗插队落户。 (卷二《文化大革命中》,第225页)

8月16日,赤峰、天津市第一批知识青年到昭乌达盟巴林左旗插队落户(到1973年,全旗共接收北京、天津、上海、赤峰等地1 256名知识青年,建立236个青年点。)

8月18日,纪念毛泽东主席首次检阅红卫兵二周年,《人民日报》发表社论《坚定地走上同工农兵相结合的道路》。《社论》要求红卫兵更坚决地响应毛主席的伟大号召:"坚定地走与工农兵相结合的道路"。此时,内蒙古自治区各大中专院校和中学的1968届毕业生开始分配,多数被分到农村、牧区或农场当农民、牧民。

8月18日,呼和浩特市10万军民举行庆祝大会,热烈欢庆毛主席首次检阅红卫兵二周年,热情欢送响应毛主席伟大号召,走同工农兵相结合道路的下乡上山知识青年。同日,包头市10万军民举行大会,纪念毛主席首次接见红卫兵二周年,欢送包头市首批上山下乡知识青年。大会上,两市革委会代表均向下乡上山知识青年赠送毛主席红宝书和毛主席像章。

(卷二《文化大革命中》,第226页)

8月20日,南京市第九中学林联勤等12名同学受北京市知青李萍萍到内蒙古自治区牧区插队落户事迹的鼓舞,写出《坚决要求到内蒙古安家落户的决心书》,并于当天下午用邮寄方式将《决心书》分别寄往内蒙古革委会、苏尼特左旗、苏尼特右旗、阿拉善右旗、乌审旗、鄂托克旗革委会。8月23日,在南京市五台山体育场召开万人大会之际,南京市第九中学学生吴大同、黎亚明将《决心书》送呈江苏省革委会主任许世友将军。24日19时,南京市革委会主任彭勃在市革委会西楼会议室接见来自南京市第九中学、第二女子中学、南京师范大学附属中学要求到内蒙古插队落户的部分同学,要求大家做好到最艰苦地方去的思想准备并成立联络小组,负责办理有关事宜。27日,南京市第九中学同学接到鄂托克旗革委会的回电,该旗革委会表示热烈欢迎革命青年到边疆来插队落户。29日,又接到乌审旗革委会欢迎知青的电报。

(卷二《文化大革命中》,第226—227页)

8月24日,北京市通县三中学生王佐清、石僧杰、温富海、李荣海、宋玉林步行450公里到乌兰察布盟凉城县,要求在凉城县插队落户。28日,《乌兰察布日报》发表题为《紧跟毛主席就是胜利——向王佐清等5位革命小将学习》的社论。俟后,这批知青被安排在全国劳动模范郭老虎所在的金星大队。 (卷二《文化大革命中》,第227页)

8月下旬,在毛泽东"知识青年到农村去,接受贫下中农的再教育,很有必要"的指示下,农村户口的学生首先返乡,继而城镇户口的学生下乡,接着上海、北京、天津等城市的知识青年来乌兰察布盟托克托县插队落户。从1968年秋至1979年秋的10余年间,先后有上述城市2052名知识青年到该县农村插队劳动。

8月末,天津、北京市和哲里木盟开鲁县知识青年到农村插队落户,县革委会在县电影院召开大会欢迎欢送。

8月,经北京军区、内蒙古革委会、山西省革委会等单位研究协商,为解决安置知青上山下乡问题,决定撤销原华北农垦兵团,组建中国人民解放军北京军区内蒙古生产建设兵团,并组成以内蒙古革委会主任滕海清为首的兵团筹备组。此前,1966年2月中共中央华北局和内蒙古党委曾指示内蒙古军区负责组建中国人民解放军内蒙古生产建设兵团。

8月,内蒙古自治区城镇知识青年上山下乡办公室印发第十期《简报》报道:学丰镇、赶丰镇,城镇知识青年下乡上山掀起新高潮,全区已有1.6万名知识青年奔赴农牧业第一线,受到贫下中农、贫下中牧的热烈欢迎。出发前,他们都手捧红色宝书,站在毛泽东画像前宣誓:无限忠于毛主席,无限忠于毛泽东思想,无限忠于毛主席的无产阶级革命路线,立志到农村、牧区安家落户,在农村、牧区当一辈子农牧民,干一辈子革命。 (卷二《文化大革命中》,第228—229页)

8月,包头市知青办参加在乌兰察布盟丰镇县举办的现场会之后,于同月召开有各旗县区及驻市大型企事业单位负责人参加的中学毕业生政治工作会议,大抓知识青年下乡上山工作,市革委会要求工人阶级、革命领导干部以身作则,动员子女下乡上山。老工人李本元决定把他的3个孩子(应届毕业生)全部送到农村。至8月底除已有1400多名知青分赴巴彦淖尔盟、乌兰察布盟的农村、牧区外,1966、1967两届毕业生中有90%报名,要求到农村、牧区插队落户。 (卷二《文化大革命中》,第229页)

8月,昭乌达盟巴林左旗初中、高中毕业生下乡插队,农村学生一律回乡务农。三宣队(工宣队、贫宣队、军宣队)进驻城镇中小学和各人民公社中学。

8月,北京、上海、天津等地2933名知识青年,陆续到达昭乌达盟宁城县农村安家落户,接受贫下中农再教育。 (卷二《文化大革命中》,第229页)

8月,伊克昭盟首批知识青年上山下乡。 (卷二《文化大革命中》,第230页)

8月至9月,哲里木盟通辽市109名知识青年下乡到扎鲁特旗前进人民公社插队落户。

（卷二《文化大革命中》,第230页）

9月8日至10月10日,呼伦贝尔盟扎赉特旗接收天津市上山下乡知识青年2 300人。

（卷二《文化大革命中》,第231页）

9月14日,哲里木盟知青办发出《关于接收安置和动员城镇知识青年下乡上山工作情况和今后意见的报告》。《报告》说:到本年8月底,全盟共接收外地知青7批6 911人,其中北京市知青3 052人(完成预定计划的76.3％),天津市知青3 859人(完成64.3％)。动员本盟城镇知青243人(完成计划的18.6％)。知识青年已全部被安置到66个人民公社、340个生产大队、594个生产小队。盟知青办还组织上山下乡知青举办学习班,总结并提出"三心"(安心在农村呆一辈子、专心活学活用毛主席著作、虚心向贫下中农学习),"三自觉"(学习自觉、言行自觉、斗私自觉),"三不倒"(困难大吓不倒、任务重压不倒、时间紧挤不倒),"三头"(在地头、炕头、街头宣传毛泽东思想),当好三队(宣传队、工作队、生产队),做好"三员"(贫下中农的勤务员、毛泽东思想宣传员、毛主席革命路线战斗员)等有关经验。

9月14日,北京市首批上山下乡知识青年1 100人到达昭乌达盟赤峰市。赤峰地区军民集会欢迎。 （卷二《文化大革命中》,第231—232页）

9月20日,呼伦贝尔盟突泉县接收1 378名北京市知识青年,到农村插队落户。

（卷二《文化大革命中》,第232页）

9月,呼伦贝尔盟海拉尔市第一批家住哈克地区铁路职工子女(知青)8人,下乡到父母所在地生产队务农,为哈克乡知青下乡之始。 （卷二《文化大革命中》,第235页）

9月,首批来昭乌达盟喀喇沁旗上山下乡知识青年到达锦山镇。

（卷二《文化大革命中》,第235页）

9月,首批天津、北京市知识青年到昭乌达盟敖汉旗插队落户,该旗当年共接收688人。

（卷二《文化大革命中》,第235页）

10月11日,呼和浩特市革委会发出慰问下乡上山知青的通知。指定由工代会、红代会(呼三司)、中国人民解放军呼和浩特地区联合支左办公室、各区、校革委会、工宣队、市毕业生分配招生办公室、各区安办、家长代表和卫生工作人员组成呼和浩特市革委会慰问下乡上山知青代表团。以登门拜访、看望、座谈等集中和分散相结合的方式,慰问呼和浩特市自

1964年以来动员安置在锡林郭勒盟、乌兰察布盟、巴彦淖尔盟与呼和浩特市郊区等盟市旗县区的插队知青6 000多人。

（卷二《文化大革命中》，第237页）

10月15日，自中共中央、国务院提出"四个面向"的分配原则之后，据16个省、市、自治区不完全统计，已有7.1万名家居城镇的初、高中毕业生上山下乡。声势最大、进度最快的是辽宁、黑龙江、内蒙古、江西、河南等省、区。有21个省、市、内蒙古革委会向国务院提出动员安置初、高中毕业生上山下乡计划，计划年内和第二年春季以前安置208.3万人。当年下乡199.68万人，国家财政拨款3.5亿元。

（卷二《文化大革命中》，第238页）

10月，呼伦贝尔盟鄂温克族自治旗安置上山下乡知识青年818人，其中天津市知识青年295人。翌年安置819人，其中天津市知识青年695人。

（卷二《文化大革命中》，第240页）

12月11日，呼伦贝尔盟农牧场管理局革委会经管字102号《关于明年接收支农青年的代电》，同意大杨树地区五场接收2 000名支农青年。由建场指挥部安排。

（卷二《文化大革命中》，第246页）

12月15日，中共中央、国务院、中央文革小组在有关教改问题的批示中，要求大、中、小学校继续将教育革命作为学校工作的中心，复课闹革命，搞好革命的大批判，搞好革命的大联合和革命的三结合，搞好本单位的斗、批、改。进入1968年，解决中学毕业生分配的问题已经刻不容缓，积压在校的毕业生除1966、1967两届，又加上1968届的598万人，三届毕业生（即"老三届"）共达1 000万人。

（卷二《文化大革命中》，第246—247页）

12月22日，《人民日报》以《我们也有两只手，不在城里吃闲饭》为题，介绍甘肃省会宁县部分城镇居民到农村插队落户的经验。这个县688户城镇居民中有191户，995人，分别插到13个人民公社的生产队安家落户。《人民日报》在《编者按语》中转引毛泽东的最新指示："知识青年到农村去，接受贫下中农的再教育，很有必要。要说服城里干部和其他人，把自己初中、高中、大学毕业的子女，送到乡下去，来一个动员。各地农村都应当欢迎他们去。"最新指示发表后，呼和浩特市等大中城市连夜组织队伍上街游行，高喊口号："毛主席挥手我前进，插队落户干革命。"

（卷二《文化大革命中》，第247页）

12月，……赤峰市各中等学校及京津等城市1966年、1967年、1968年应届毕业生分批到昭乌达盟赤峰县农村插队。

（卷二《文化大革命中》，第249页）

12月,来自上海、天津、呼和浩特、包头、集宁市以及清水河县内的1 144名知青先后到清水河县杨家窑、小庙子等12个人民公社插队落户。 （卷二《文化大革命中》,第250页）

是年,6月以后,内蒙古农村、牧区爆发挖黑线、揭批新内人党以及划阶级、斗牧主的群众性运动。大批插队、插包知青不明真相,裹进运动,不少人直接参加专案组并成为农村、牧区搞扩大化骨干,动手打人,或对新内人党分子施以刑法。后来,许多知青在挖肃运动中逐渐省悟,有的知青能够自觉进行不同程度抵制。 （卷二《文化大革命中》,第250页）

是年,呼伦贝尔盟阿里河林业局1966届、1967届初中毕业生124名下乡,接受贫下中农再教育。成立知识青年安置办公室和六十农场。 （卷二《文化大革命中》,第252页）

是年,昭乌达盟赤峰市各小学成立红小兵组织,取代少先队;中学红卫兵代替共青团组织,初中毕业生全部上山下乡。 （卷二《文化大革命中》,第252页）

是年,伊克昭盟三宣队开始分批进驻学校,建立三结合领导班子或革委会,清理阶级队伍,实行斗批改。号召知识青年上山下乡,接受贫下中农再教育。

（卷二《文化大革命中》,第252页）

是年,中国人民解放军内蒙古生产建设兵团在伊克昭盟杭锦旗独贵特拉、吉日嘎朗图、巴拉亥人民公社分别组建二十、二十三、二十五团。各团均为部队建制,战士来源除内蒙古外,还有北京、天津、上海及青岛、绍兴等地知识青年。 （卷二《文化大革命中》,第252页）

(1969年)1月18日,内蒙古革委会政治部发出《关于组织全区1968年初、高中毕业生下乡上山的通知》。《通知》指出:伟大领袖毛主席最近又一次重复"知识青年到农村去,接受贫下中农的再教育,很有必要"的最新指示,这是巩固无产阶级专政,防止资本主义复辟,建设社会主义的伟大纲领;是实现知识青年思想革命化,培养无产阶级革命事业接班人的根本途径;是缩小城乡差别,建设社会主义新农村,过渡到共产主义的英明指针。

（卷二《文化大革命中》,第255页）

1月22日,内蒙古革委会发布《关于知识青年下乡上山安置工作汇报提纲》。《提纲》称:我区各级知识青年下乡上山安置机构需要整顿和加强,内蒙古革委会知识青年下乡上山办公室应在政治部直接领导下工作,并应有一名革委会常委或委员任办公室主任直接领导,并派解放军和工人参加领导,以迎接知识青年下乡上山的新高潮,各盟市、旗县(市)也应有一个相应的办事机构。人民公社、生产大队是具体执行再教育基层场所,所以应有一个由贫下中农或贫下中牧代表、领导干部及知识青年代表组成的三结合、再教育管理领导小组。《提纲》还指出全区动员下乡上山对象、安置经费标准和有关待遇。

（卷二《文化大革命中》，第 256 页）

1月，昭乌达盟赤峰地区城市知识青年开始分批到农村牧区插队劳动，接受贫下中农再教育。
（卷二《文化大革命中》，第 258 页）

1月至2月，春节期间，为减轻春运交通压力，中央号召下乡插队知青在农村牧区过一个革命化的春节。1.号召各地贫下中农、安置办召开毛泽东思想讲用会和批判刘少奇大会，再给知青上一堂生动的阶级斗争和两条路线斗争的教育课。2.帮助知青办一期学习班，总结接受再教育的心得体会，狠批刘少奇的一系列谬论。3.同贫下中农一起排练春节宣传毛泽东思想的文艺节目。4.年三十晚上和贫下中农一起吃一顿忆苦饭，请老贫农讲旧社会的苦难。5.向知青家长发慰问信，同贫下中农一起大演、大唱、大力宣传毛泽东思想，一起学习元旦《社论》。首倡不回城过春节的山西省定襄县 25 名北京市知青作好过革命化春节的准备，开展政治学习，访贫问苦，忆苦思甜，吃用稗子草籽做的忆苦饭，宣传最新指示，召开讲用会，发出倡议，号召各地知青春节不回城，和贫下中农一起战斗。落户锡林郭勒盟锡林浩特镇白音宝力格苏木的 30 名北京市知青还提出几条具体措施：1.春节不回北京，同蒙古族牧民一道，进一步掀起活学活用毛主席著作新高潮。2.春节期间开展访贫问苦活动。3.积极参加革命大批判和清理阶级队伍工作，把隐藏在牧区的叛徒、特务和一切反革命分子挖出来。4.积极参加牧区生产斗争。5.组织毛泽东思想宣传队，春节期间开展破四旧、立四新活动。1月 25 日《人民日报》对此事予以专题报道。　（卷二《文化大革命中》，第 258 页）

2月5日，国务院发出通知，批准 25 个省、自治区和煤炭、水电、石油、冶金、化工等 23 个中央部门的新增工人指标，总数 75 万人。人员的来源是：首先安排家居城市的复员退伍军人；不足时，可以从精简机构、下放能够做体力劳动的人员中和高中、初中毕业生，经过群众推选，吸收一部分人。自此，内蒙古自治区各盟市旗县上山下乡、插队、插场、插包不到 1 年或 1 年多的知识青年，开始被选调回城、进厂。　（卷二《文化大革命中》，第 259 页）

2月 25 日至 3月 1 日，内蒙古革委会组织召开下乡上山工作会议。各盟市革委会和下乡上山工作部门负责人、内蒙古生产建设兵团、丰镇县革委会代表及自治区有关单位负责人共 45 人出席会议。会议学习毛泽东主席有关知青下乡上山的一系列最高指示、1969 年两报一刊元旦《社论》，交流落实最高指示有关"知识青年到农村去"的经验，传达中央跨省安置下乡青年协作会议精神，落实 1969 年工作任务。内蒙古革委会主任滕海清接见与会代表，并对下乡上山工作做指示。　（卷二《文化大革命中》，第 261 页）

3月1日,内蒙古革委会主任滕海清接见全区知识青年下乡上山工作会议全体代表讲话时说:"从内蒙来讲,应当有人来才对。内蒙这么大,有140多万平方公里,有好几个河北、山西省大,而只有1 300多万人口,内蒙古养活三四千万人不成问题,我们的土地面积很大,河套土地最好,每人平均7亩地,河南每人只有1亩地,河北还少,浙江只有几分地。内蒙古这样多的地,长不长粮食? 我看还是长粮食的,条件虽然差些,但人多经过加工还是可以改造的。内蒙古可以容纳很多人,东北三省九·一八前才3 000万人口,现在多;新疆比我们还大,只有800万人口,土地很多,养活1亿人口不成问题。我们人口很少,条件很好嘛! 今年接收任务大的,第一是黑龙江,我们是第二。内蒙古文化大革命前,每年平均进来15万人,多数是盲目流入的,其中也有贫下中农,是少数;现在进来的是有文化的人,人的质量不同。新疆现在实际上是'上海的新疆',上海去的男女青年很多,搞得很好。"他接着说:"城市人口下放到农村要有些办法,如呼和浩特市3个市区、1个郊区,现在把它改一下,把郊区取消划给3个市区,来一个'四马分尸'。使每个区有城市也有乡村,这样就能把人放下去,否则市区和郊区打交道就较困难,这样工厂办学农村办学就解决,包头市也可把城区和郊区结合,把郊区划一块给他,这样种菜和市民吃菜等都可解决。大城市如北京、天津、上海这样做有困难,小城市很有条件这样做。本年要收一些工人,工业人口来源现在还不能马上从下乡青年中抽,这样会引起他们的思想波动,还是要从城市中毕业的大、中学生中抽一部分,将来过若干年后大专学校招生可招一些好的,现在大学采取斗批散的办法,明年就可走完,中学照常招生,大学也可能在农村办,将来再招就是贫下中农、工人和下乡比较好的知识青年。现在发现青年下去不久就到公社大队当会计等,如没有人也可以利用,但是否可以采取轮换,不要长期脱离劳动。现在下乡青年参加社队革委会领导班子暂时不要考虑,但可以很好使用他们,让他们当辅导员、当民兵,来改变我们的边防(当然要够民兵条件),包头一机、二机厂在达尔罕茂明安联合旗满达庙的青年,当一线的民兵,建立政治边防。发展党员要在劳动一年以后,有些表现好的,把社会关系搞清楚,可以发展一些。"

(卷二《文化大革命中》,第262—263页)

3月7日,内蒙古革委会批转政治部《关于撤销内蒙古共产主义劳动大学建制和学生安置问题的报告》。内蒙古共产主义劳动大学(共大)是1966年结合动员城市知青下乡上山试办的城来社去半工半读的劳动大学。翌年,〔1966〕国农办字123号批转《安置工作座谈会纪要》中,重申这类学校毕业的学生应坚持社来社去。据此精神,1966年3月蒙发〔1966〕65号《对创办共产主义劳动大学问题的批示》规定该校办学方针任务是:城来社去,社来社去。为慎重处理共大问题,内蒙古革委会政治部请示国务院有关部门。按批复确定:凡按上述文件精神办起来的学校,应该撤销;学生按城来社去、社来社去处理。

(卷二《文化大革命中》,第263页)

3月15日至19日,包头市革委会召开全市知识青年、闲散劳动力下乡上山工作会议。各区革委会、安办、三代会、三宣队、三工委、建设兵团、街道代表等220人与会。会议决定动员全市13 000人下乡上山,其中安置到乌兰察布盟5 000人、巴彦淖尔盟5 000人、伊克昭盟1 000人、郊区2 000人,赴兵团5 000人,招工3 020人。会议决定凡是下乡到农村参加劳动者,除按国家有关规定发给安置费外,每人赠送《毛主席语录》1本、老五篇1本、毛主席像章2枚(7周岁以下儿童只赠给像章)。 (卷二《文化大革命中》,第264页)

3月17日,呼和浩特市革委会发布《关于动员组织知识青年、长期脱离劳动的城镇居民下乡上山的工作意见》。《意见》指出:1.本年全市动员组织知识青年、长期脱离劳动的城镇居民12 000人。分期分批到农村安家落户,参加农业生产劳动,接受贫下中农(牧)再教育。各区革委会负责社会知识青年,长期脱离劳动的城镇居民;各校革委会负责1968届毕业生;机关、厂矿、企事业革委会负责职工、干部家属的动员组织安置工作。要更高地举起毛泽东思想伟大红旗,用毛泽东思想统帅一切,突出无产阶级政治,狠抓两个阶级、两条道路、两条路线斗争这个纲,把下乡上山工作当作一项长期的政治任务,纳入重要议事日程,要抓紧,管好,负责到底。按照呼革〔1968〕578号文件规定建立革命化的密切联系群众的精干办事机构,要明确革委会常委或副主任主管,并经常进行工作,抓到底。2.1968届初、高中毕业生(包括民办中学)按照"四个面向"分配的方针一律由学校进行分配。已参加"四个面向"分配的1966、1967届尚未下乡上山的毕业生主要是下乡上山,部分人可参加内蒙古生产建设兵团。由各区革委会负责组织动员。凡未通过学校和招生办公室分配,私自找到工作的这两届毕业生,一律无效。由所在部门负责动员他们下乡上山。 (卷二《文化大革命中》,第265页)

3月25日,昭乌达盟革委会主持召开赤峰地区军民大会,欢迎首批上海知识青年来昭乌达盟农村牧区安家落户。 (卷二《文化大革命中》,第266页)

3月,内蒙古革委会为尽快安置数以几万计的插队知识青年,决定把建于1948年的哲里木盟农牧场的犯人转押异地改造,遣散就业人员,并将就业场(厂)交地方。其劳动力主要从盟内各旗县贫下中农中招收并安置各大中城市的上山下乡知青和复员退伍军人。4月,哲里木盟革委会决定:由哲里木盟安置胜利农场300人,哲南农场110人,建华砖瓦厂298人。胜利农场劳力不足由科尔左翼后旗负责解决。其他农牧场(厂)的劳力由各接收单位自行安排。 (卷二《文化大革命中》,第266页)

4月11日,哲里木盟开鲁县良种场与反帝农场合并,改称五七国营农场,此后,原农工等就业人员被遣散,一批贫下中农、知识青年、复转军人陆续补充进场。 (卷二《文化大革命中》,第268页)

4 月 24 日,呼伦贝尔盟满洲里市 98 名下乡知识青年被分配到特尼河牧场。

4 月 26 日,呼伦贝尔盟大杨树建场指挥部接收满洲里市、扎赉诺尔矿区上山下乡知识青年 780 人,男女各半。

(卷二《文化大革命中》,第 269 页)

5 月 4 日,据统计,自 1968 年 12 月 22 日毛泽东发表知识青年上山下乡的指示后,北京、上海、天津、沈阳、哈尔滨、南京、郑州、南昌、长春、杭州、合肥、西安、长沙、武汉、广州、成都等大中城市,到内蒙古自治区等边疆省区的农村、牧区、场站插队落户的知识青年超过文化大革命前 10 年下乡知识青年总数的几倍、几十倍。全国在近半年内,共有数百万名初高中、大学毕业生奔赴内地和边疆的广大农村。

5 月 5 日,呼和浩特市革委会召开 5 万多群众大会,欢送本市 2 400 名知青上山下乡。内蒙古自治区和呼和浩特市两级革委会负责人出席大会。市革委会向知青赠送《毛主席语录》和毛主席像章。6 日,这批知青到达巴彦淖尔盟安家落户。

5 月 7 日,中国人民解放军北京军区内蒙古生产建设兵团在呼和浩特市举行成立大会。北京军区和内蒙古自治区党、政、军领导与会。将原中国人民解放军华北建设兵团职工、干部 3 000 多人(包括 300 多名现役军人)并入兵团。同年秋,通过接收北京、天津、上海、浙江、河北、山东等省市以及呼和浩特、包头、巴彦淖尔、乌兰察布等盟市的知青而迅速壮大。兵团编制为 6 个师、41 个团(其中 6 个工业团,以后又发展到 45 个团场)。其驻地第一、二、三师在巴彦淖尔盟。第四、五、六师在锡林郭勒盟,其中第四师接管锡林郭勒盟种畜场、毛登牧场,编成三十一、三十二两个团,师部设在锡林浩特镇;第五师接管高力罕牧场、哈日根台人民公社、白音花人民公社、罕乌拉人民公社、宝日格斯台牧场,编成四十一、四十二、四十三、四十四、四十五 5 个团,师部设在西乌珠穆沁旗;第六师接管哈拉图农牧场、贺斯格乌拉牧场、满都宝力格牧场、宝格达山林场,编成五十一、五十二、五十三、五十四、五十五团,师部设在乌拉盖牧场。时隔不久又撤销四师,所辖的三十一、三十二团归属第五师。1971 年 5 月,兵团发展到 14.5 万人,其中现役军人 5 600 人,职工 10.1 万人,家属 3.8 万人。知识青年 7.6 万人,占职工总数的 75%。这一比例,在诸兵团中是最高的。至 1975 年,内蒙古生产建设兵团人数增至 18 万人,其中知青总数近 10 万人。

(卷二《文化大革命中》,第 270—271 页)

5 月 10 日,呼伦贝尔盟扎赉特旗小神山地区发生火灾,阿尔本格勒人民公社乌兰拉布台大队第 6 小队在扑火中牺牲 18 人(其中社员 12 人,知识青年 6 人),重伤 2 人。

5 月上旬,在锡林郭勒盟西乌珠穆沁旗吉林郭勒人民公社插队的呼和浩特市知青与吉林郭勒、白音高勒、白音胡硕等人民公社的牧民群众以及旗直属单位部分干部,冲击旗群众专政,解救出被打成新内人党而长期被羁押的旗公、检、法干警。

(卷二《文化大革命中》,第 271 页)

5月17日,天津市35名下乡知识青年分配到呼伦贝尔盟特尼河牧场。

(卷二《文化大革命中》,第271页)

6月5日,呼伦贝尔盟就开展知青上山下乡工作问题发出《关于提高警惕,严防造谣破坏的通报》,要求各级革委会、安置部门、广大知青、革命家长、广大贫下中农、贫下中牧,以及各行各业都要高举毛泽东思想伟大红旗,突出无产阶级政治,提高革命警惕性,严防阶级敌人趁机造谣破坏,切莫上当;要说服教育已下乡知青很好地接受贫下中农再教育,在农村干一辈子革命;说服教育已返回城市的知青马上回到乡下去,克服困难,团结一致,共同努力,以实际行动保卫毛主席的无产阶级革命路线。
(卷二《文化大革命中》,第275页)

6月,从北京、天津、青岛、余姚、保定、呼和浩特、包头等市到巴彦淖尔盟乌梁素海渔场插场知青有3 000多人。
(卷二《文化大革命中》,第277页)

7月12日,呼伦贝尔盟革委会政治部发出《紧急电报》。《电报》称:最近有些知识青年因在清理阶级队伍中,执行滕海清违犯政策的错误。这个责任主要由上面负责。请各旗县市革委会,要做好思想政治工作,本着矛盾不上交,就地解决的原则,劝说青年减少上访并按内蒙古革委会《关于立即加强各级革委会机关和领导班子的紧急通知》的指示要求,迅速动员返回原地,要求各旗县革委会,一定要做好贫下中农的工作,按有关规定执行。对知识青年在政治上、生产上、生活上一定要很好安排。达到消除隔阂,扭转对立情绪,团结起来,共同对敌的目的。下乡知识青年也要很好吸取教训,总结经验,接受贫下中农再教育。

(卷二《文化大革命中》,第278页)

9月19日,《内蒙古日报》以《在同工农相结合的大路上阔步前进》为题,记述乌兰察布盟武川县中后河人民公社东后河生产队安家落户的归侨知识青年和其他下乡知识青年一样,正在贫下中农再教育下苗壮成长。广大贫下中农一致选举他们出席县、盟学代会,并被报选为盟出席内蒙古自治区学代会先进集体代表。　　(卷二《文化大革命中》,第282页)

9月,北京、天津、上海、大连等城市知识青年下放辽宁省昭乌达盟克什克腾旗。至1977年全旗共接收上述城市知识青年3 128人。　　(卷二《文化大革命中》,第284页)

10月21日,巴彦淖尔盟革委会发出《关于高举毛泽东思想伟大红旗,狠抓革命、猛促生产、夺取畜牧业生产更大胜利的通知》。《通知》要求旗、县、市、盟直各单位、各厂矿和学校立即掀起一个抓革命、促生产的新高潮。通过深入开展活学活用毛泽东思想的群众运动,办好各种类型的毛泽东思想学习班,端正思想认识,认真搞好斗、批、改。要严格区分两类不同性质的矛盾,扩大教育面,缩小打击面,分化瓦解、打击一小撮阶级敌人;深入开展农业学大寨运动,旗县、人民公社都要建立自己的学大寨样板;正确处理农牧林三结合关系,依靠贫下中农(牧),发挥知青作用,夺取 1969 年农牧业的丰收。　　(卷二《文化大革命中》,第 285 页)

10 月,首批天津市上山下乡知识青年到达辽宁省昭乌达盟喀喇沁旗。

(卷二《文化大革命中》,第 286 页)

11 月至 12 月,包头市革委会组成 70 人慰问团,赴郊区、武川县、达尔罕茂明安联合旗、乌拉特中后联合旗、杭锦后旗、临河县、五原县、乌拉特前旗及内蒙古生产建设兵团驻区团队,慰问由包头市安置在当地的上山下乡知识青年。　　(卷二《文化大革命中》,第 288 页)

12 月,内蒙古生产建设兵团实行供给制。内蒙古革委会党的核心小组指示:"兵团接收的城市知识青年实行三年供给制,以后按照国家规定改为工资制",并确定供给标准略低于解放军陆军战士现行的供给标准。全兵团平均每人每月供给标准 29 元,加医药卫生、福利、烤火费等共 33 元。除实行供给制的知识青年外,复员战士和其他职工实行等级工资制,共 2.57 万人,占兵团职工总数的 25.4%。　　(卷二《文化大革命中》,第 291 页)

是年,内蒙古地区知青上山下乡运动再掀新高潮。同时,各级知青办根据国家有关政策开始实施知青可以病留、残留、选留、选送等方案,许多家长借此机会千方百计设法挽留子女留城待分配,有编造假病历者、有"走后门"跑关系者、有花钱疏通关系者等。自治区内来自北京、天津、上海和呼和浩特市 4 个地区的知青,有的在农村当干部、会计,有的加入中国共产党;也有结伙打群架者,或常年滞留城里,不回农村。

是年,内蒙古自治区盟市级专业文艺团体普遍开展学演八大样板戏。因样板戏需用管弦乐队伴奏,因此在校学生中凡是具备一定水平的小提琴、小号、黑管等西洋管弦乐器演奏者,或擅长舞蹈、京剧者,可被文艺团体录用,许多有艺术特长的"可教子女"也纷纷走此路,以求避免上山下乡插队劳动。

是年,北京市共动员到内蒙古自治区、黑龙江、山西、陕西、河北、吉林、云南等省区的知识青年为 15.76 万人。高峰时,一个月内即开出 70 多趟专列火车,运送 8.5 万名知青,平均每天开出 3 列。　　(卷二《文化大革命中》,第 292—293 页)

(1970 年)2 月 22 日,《人民日报》发表内蒙古生产建设兵团某部二连党支部的文章《我们是怎样帮助知识青年改造世界观的》。文章提倡知识青年在接受贫下中农再教育时,要"革自己的命,狠斗灵魂深处苦字、死字一闪念"。　　(卷二《文化大革命中》,第 299 页)

3 月，内蒙古大兴安岭林业管理局各局、厂兴办五七战校，承担林业系统职工子女知青"就近上山"安置任务，共安置 1966、1967、1968 三届初、高中毕业生 9 700 人。

（卷二《文化大革命中》，第 301 页）

6 月 3 日，天津女知识青年张勇为抢救生产队的落水绵羊而牺牲。新巴尔虎右旗革委会党的核心小组追认张勇为中国共产党员，黑龙江省革委会授予张勇革命烈士称号。

（卷二《文化大革命中》，第 304 页）

6 月 18 日，内蒙古生产建设兵团第十九团一连侯××因有"污蔑无产阶级司令部的反动言论"被揪斗，侯××忍受不住刑罚而跳井自杀，被定为"畏罪自杀"。

6 月 20 日，内蒙古革委会制订《关于 1970 年我区安置知识青年及其他下乡人员的初步计划》。《计划》称：几年来自治区共接收区内外下乡人员 20 多万人。其中 1970 年安排 9 万人。计：内蒙古生产建设兵团接收 3 万人（其中北京市知识青年 1.8 万人，天津市知识青年 9 000 人，内蒙古自治区知识青年 3 000 人），锡林郭勒盟、乌兰察布盟、伊克昭盟、巴彦淖尔盟接收 6 万人。还强调：由于自治区地处反修前哨，下乡人员的政治条件应从严掌握。1.能够活学活用毛泽东思想，要求进步。2.本人历史、社会关系清楚。3.身体健康，没有严重的慢性病，能够参加体力劳动。

6 月 23 日，内蒙古革委会根据中央安办关于接收地区与动员地区协商确定任务的指示精神，经与北京市、天津市协商，提出 1970 年接收区内外下乡人员意见，确定本年各地安置下乡人员为 13.35 万人，其中知青 6.8 万人，城市居民 6.55 万人。

（卷二《文化大革命中》，第 305 页）

6 月 26 日，《锡林郭勒日报》载，到锡林郭勒盟插队的北京、天津、呼和浩特等城市知青达到 9 000 多名。
（卷二《文化大革命中》，第 305—306 页）

7 月 1 日，内蒙古生产建设兵团乌拉山化肥厂掀起抢建工程大会战。内蒙古第二建筑工程公司、内蒙古安装公司、内蒙古机械化公司、呼和浩特市政公司、化工部第十化建公司等单位前往参建。时兵团有来自北京、上海、天津、浙江和青岛、保定、呼和浩特、包头等省市的知识青年 2 500 多人。化肥厂为兵团直属团建制，设政治委员、团长、副政委、副团长、参谋长、政治处主任、后勤处处长、副参谋长等。机构有司令部、政治处、后勤处，设有 11 个直属连、1 个机修连、卫生队、军人服务社、副业队、学校、托儿所等。基层建制为连、排、班，完全实行军事化，过军营生活。
（卷二《文化大革命中》，第 306 页）

7 月 6 日，内蒙古生产建设兵团第十三团六连一名女战士因父亲是天主教徒，有"反动

455

言论";姐姐被打成五一六分子,被判刑 10 年。她因此受株连,绝望中服毒自杀。她的尸体是在荒野的防空洞里找到的。

(卷二《文化大革命中》,第 307 页)

7 月 29 日,伊克昭盟首期赤脚医生训练班开学。来自农牧区的 100 多名赤脚医生(在实行合作医疗制度的社队中,多数从知青中培养乡村医生)参加学习。

(卷二《文化大革命中》,第 308 页)

7 月至 9 月,天津市革委会派出由 60 人组成的慰问团,抵内蒙古自治区、黑龙江省慰问天津市籍上山下乡插队落户的知青。　(卷二《文化大革命中》,第 308 页)

8 月 23 日,内蒙古自治区召开活学活用毛泽东思想积极分子代表大会,出席会议的有知青代表与兵团战士代表。　(卷二《文化大革命中》,第 309 页)

9 月 3 日,呼伦贝尔盟乌尔其汉林业局组建革命现代京剧样板戏演出团体,抽调 28 名职工和知识青年,排演革命现代京剧《沙家浜》。　(卷二《文化大革命中》,第 310 页)

9 月中旬,浙江省革委会派出由 25 人组成的知青慰问团,到内蒙古自治区农村牧区,分别慰问插队落户的浙江省籍知青。　(卷二《文化大革命中》,第 310 页)

10 月 30 日,大兴安岭林业管理局革委会党的核心小组作出《关于在林区开展学习知识青年张勇英雄事迹的决定》。

10 月,中共中央批转北京大学、清华大学《关于招生(试点)的请示报告》,供各地区参考。《报告》认为,经过 3 年来的文化大革命,两校已具备招生条件。为此,计划于本年下半年开始招生,具体意见如下:……4.学生条件:政治思想好、身体健康、具有 3 年以上实践经验、年龄在 20 岁左右、有相当于初中以上文化程度的工人、贫下中农、解放军战士和青年干部。有丰富实践经验的工人、贫下中农,不受年龄和文化程度的限制。还要注意招收上山下乡和回乡知识青年。……　(卷二《文化大革命中》,第 312 页)

12 月,内蒙古生产建设兵团第十三团第九连造纸厂一名女战士的父亲在文化大革命中被定为坚持反动立场地主兼资本家,姐姐被打成五一六分子。这名女战士为表现自己,偷偷将造纸厂浆池的塞子拔掉,然后奋勇堵塞,受到连队领导表扬。在一打三反的强大攻势下,这名女战士如实交待事情的原委后被隔离审查,并定之为"反革命事件"。12 月 28 日,她摆脱看守的监视卧轨自杀,留下一封信,声明"我不是反革命"。

(卷二《文化大革命中》,第 315 页)

是年,吉林省上山下乡知识青年办公室、长春电影制片厂联合到吉林省白城地区突泉县拍摄北京市知识青年在突泉县学田人民公社平安大队设计建成平安扬水站和刘长友办合作医疗为社员治疗疾病场面,收入《广阔天地大有作为》新闻纪录片内。

(卷二《文化大革命中》,第 316 页)

是年,据《北京市劳动志》统计,北京市 1965 年—1970 年安排在内蒙古自治区的知识青年计 41 500 人。其中 1965 年为 1 192 人、1966 年 900 人、1968 年 10 808 人、1969 年 23 607 人、1970 年 4 993 人。

是年,上海市革委会派出由 22 人组成的学访团(学习访问团),赴内蒙古自治区、黑龙江省慰问上海籍知青,历时 11 个月。

(卷二《文化大革命中》,第 317 页)

(1971 年)1 月 5 日,《内蒙古日报》刊登知识青年来信并加《编者按》,倡议在农村、牧区插队落户的广大知识青年,坚守战斗岗位和贫下中农、贫下中牧一起过一个革命化、战斗化的春节,为争取来年农牧业生产更大丰收贡献力量。

(卷二《文化大革命中》,第 318 页)

1 月 13 日,在锡林郭勒盟阿巴嘎旗查干淖尔人民公社乌日根大队插队的北京女知青汪恬在挖灌溉渠时,渠陂倒塌被压身亡。夏,在其牺牲地建纪念碑。

1 月 30 日,《人民日报》刊登在河南省延津县小店人民公社樊庄大队第五生产队下乡知识青年的一封来信,题为《为革命大力提倡晚婚》。信中将一些插队知识青年中早婚现象说成是一股妖风,是阶级斗争没有结束的表现。号召广大知识青年带头移风易俗,为革命坚持实行晚婚。

(卷二《文化大革命中》,第 318 页)

2 月 20 日,伊克昭盟乌审旗军管组派人到乌兰陶勒盖人民公社查偷听敌台案,并将在鄂尔多斯高原南京市知青中传唱的由任毅作词的《知青之歌》定为反动歌曲。

2 月,全国计划工作会议提出,1971 年计划招收固定工的来源是:1.退伍军人。2.根据四个面向的政策,从家居城镇的应届初、高中毕业生中招收一部分。3.经验丰富、劳动锻炼 2 年以上的上山下乡知青,由贫下中农推荐招收一部分。4.矿山、森林工业、地质勘探单位符合条件的职工子女,本系统可招收。5.从农村招工要严格控制,必须从农村招一部分工人时,要经省、市、内蒙古革委会审批。内蒙古自治区各地部分知青按此精神先后被招工返城。

(卷二《文化大革命中》,第 320 页)

3 月 28 日,呼和浩特市各族各界 12 万群众在新华广场欢送 5 000 名知青上山下乡插队落户。内蒙古自治区和呼和浩特市革委会负责人出席会议并讲话。市革委会向全体知青赠送《毛泽东选集》和毛主席像章。

(卷二《文化大革命中》,第 321 页)

4月15日,内蒙古生产建设兵团五十七团三连女战士柏永华、单美英为保护麦场、牧场,在哲里木盟扎鲁特旗北部扑灭草原大火时牺牲,内蒙古生产建设兵团为她们追记一等功,并授予革命烈士称号。
（卷二《文化大革命中》,第323页）

6月2日,包钢革委会、军管组召开知识青年上山下乡动员安置会议。各二级厂在军代表的领导下,大部分已办起有知青家长参加的毛泽东思想学习班。
（卷二《文化大革命》,第326页）

6月,昭乌达盟赤峰市革委会建立上山下乡疏散人口办公室。
（卷二《文化大革命中》,第327页）

7月6日,经中共呼和浩特市委常委会研究,同意中共呼和浩特市郊区委从经过文化大革命锻炼的、路线觉悟高的、具有培养前途的优秀知青中选拔一批干部苗子,充实到人民公社革委会机关工作的意向。
（卷二《文化大革命中》,第328页）

7月24日,国务院发布《关于全国知识青年上山下乡工作会议的报告》。《报告》指出:要坚决刹住走后门不正之风。毛主席批准的中共中央〔1972〕19号、40号、44号文件中有关制止和纠正走后门的各项规定,必须告诉广大群众都知道,发动群众监督执行。领导干部走后门的,要主动检查,坚决纠正。今后要严格制度,违反的,不但要把他们的子女退回去,并且要给予纪律处分。发动广大群众,对破坏知青上山下乡的犯罪活动作坚决斗争。对于以法西斯手段残酷迫害知青和强奸女知青的犯罪分子,要按其罪行依法惩办。犯罪分子为掩盖罪行对受害人进行威胁、对检举人进行报复的,要从严惩处。对于罪大恶极,不杀不足以平民愤的,要举行公判,坚决杀掉。杀人要严格控制,不可多杀。坦白认罪好的,可以从宽处理。要保护受害人的名誉和安全,要保护知青之间正当恋爱和婚姻,严禁逼婚。要严格区分和正确处理两类不同性质矛盾,要警惕阶级敌人扰乱我们的阵线。　（卷二《文化大革命中》,第329页）

8月,呼伦贝尔盟喜桂图旗革委会从首批上山下乡知识青年中推荐11人上大学。
（卷二《文化大革命中》,第331页）

10月18日,天津市8所高等院校文化大革命以来第一次招生工作结束,共招收来自河北、天津、内蒙古、黑龙江、吉林等省市自治区的2800多名工农兵学员入学。招生采取"自愿报名,群众推荐,领导批准,学校复审"的原则,把有实践经验的工农兵和在农村劳动锻炼2年以上的知识青年招收入校。凡是被选调入学时敢于自愿报名的知青,多数是出身贫下中农、工人阶级家庭以及父母是领导干部的子女,可教子女多数被排除在外。

(卷二《文化大革命中》,第 333 页)

12 月 22 日,内蒙古革委会政治部《上山下乡知识青年工作座谈会简报》第 2 期载:中共中央〔1970〕26 号文件下达后,乌兰察布盟革委会召开 3 次公审大会,对 18 名破坏上山下乡的犯罪分子判刑,其中两个罪大恶极分子判处死刑。乌兰察布盟丰镇市、兴和县、四子王旗,包头市达尔罕茂明安联合旗也严惩 19 名破坏下乡的犯罪分子。另载中共乌兰察布盟委第一书记周依冰率干部到集宁市蹲点,抓知识青年下乡动员工作,先后到 7 所中学做说服动员工作,几年来应下未下的老三届和 1970 届毕业生共 3 000 多名知青,基本全被说服动员下乡。

(卷二《文化大革命中》,第 337 页)

12 月 24 日,内蒙古革委会政治部《下乡上山知识青年工作座谈会简报》第 7 期载:南京市知识青年张晓芳在伊克昭盟鄂托克旗新召人民公社八一大队担任党支部书记,经一年多辛勤劳动,带领全队社员由过去吃国家返销粮到基本实现粮食自给。

(卷二《文化大革命中》,第 337 页)

是年,呼和浩特市对下乡知青中的违法犯罪者进行再教育,其中被批判教育 10 人,抓进民兵营教育 13 人,被公安机关拘禁 3 人,尚未查清处理 6 人。

(卷二《文化大革命中》,第 338 页)

是年,据统计,内蒙古自治区 1964 年—1971 年共安置知青 179 893 人(农村、牧区 80 500 人、兵团 99 393 人)。其中:有知青小组 733 个,先进知青 3 339 人,加入中国共产党 347 人,加入共青团 2 389 人,担任毛泽东思想宣传员 7 141 人,担任民办教师 1 095 人,担任赤脚医生 1 125 人,担任生产队科学实验员 2 008 人,担任拖拉机手、会计、保管等 1 501 人。各盟市旗县知青陆续选调各个企业部门参加工作或选送大专院校学习的 17 373 人。

(卷二《文化大革命中》,第 339 页)

是年,至年末,内蒙古自治区知青中存在的问题主要是:1.有的农村较贫穷,知青劳动一年仍挣不回自己的口粮。2.木材缺乏,有的知青无住处,到处打游击。3.有的知青点因缺粮,引起回流。全区知青借欠口粮约 100 万公斤以上。4.有的知青因患病致残,成为小五保户,无治疗经费。5.有的老知青年龄到 28 岁以上,婚姻问题得不到解决或结婚后无房住。6.女知青被强奸、逼婚、诱婚现象屡有发生,打击、处理不力。关于招工问题,"走后门"现象严重。有的知青小组,把骨干抽走,剩下的知青不安心劳动。有的地方把知青中的典型人物抽走,有的招工单位政审太严(对受聘人员的政治审查),片面强调知青出身、历史,有的招工单位要男不要女,有的招工单位乘机把自己(或亲友)的子女抽走,有的把刚下乡3个月—5个月的知青抽走。

是年,北京市革委会下乡知青工作学习团走访吉林省哲里木盟下乡知青点时了解到:科尔沁左翼中旗西伯花人民公社的大队干部,当得知北京市知青来到时便奔走相告说:毛主席给我们送大姑娘来啦,他老人家知道我们这个地方缺姑娘的苦处,没有毛主席送来的大姑娘,我们就结不了婚。在这种思想驱使下,到该旗某人民公社插队的集体户9名北京市女知青,在队长诱逼下,2年内就有8名结婚出户。奈曼旗某女知青因拒婚被逼得没饭吃,一度跑回家,归队后照样不给口粮,最后只好与人同居。开鲁县某大队党支部书记利用职权诱逼3名女知青在当地结婚,其中一名给自己做儿媳妇。 (卷二《文化大革命中》,第340页)

(1972年)1月3日,呼和浩特市革委会制定方案,以贯彻内蒙古革委会《关于中等专业学校招生工作的通知》。该《方案》除规定招收学生的对象、条件、待遇外,强调在招生工作中"对回乡和下乡知青、区内区外在我市落户的知识青年要一律对待"。内蒙古财贸学校、内蒙古交通学校春季招生开始,属全区中等专业学校首次招生。

(卷二《文化大革命中》,第341页)

1月8日至10日,根据呼和浩特市革委会《关于慰问知识青年、六·二六战士通知》精神,市革委会三部一室、有关局、各旗县区革委会、市安办负责人和工人、贫下中农、知青家长代表、医务工作者及有关工作人员共100人组成慰问团,由市革委会副主任董毅民任团长。慰问团分成6个分团赴土默特左旗、托克托县、郊区36个人民公社90多个大队展开慰问活动。 (卷二《文化大革命中》,第341页)

3月8日,《内蒙古日报》报道:北京、天津、河北等13个省市的40所高校在内蒙古自治区招生。招生对象主要是应届高中毕业生和下乡知青。 (卷二《文化大革命中》,第345页)

3月,呼伦贝尔盟巴彦农场上山下乡知识青年代表在大兴安岭地区上山下乡知识青年政治工作会议上做典型发言。 (卷二《文化大革命中》,第345页)

5月5日,锡林郭勒盟西乌珠穆沁旗宝日格斯台牧场发生特大火灾,内蒙古生产建设兵团五师四十三团四连的战士参加扑火战斗。因火势特大,领导指挥无方,战士们扑火无经验,致使北京、呼和浩特、唐山、赤峰、集宁、锡林浩特等地的兵团知青杜恒昌等69人在扑火中牺牲,其中女知青25人。69人中年龄最大的24岁、最小的15岁。另有100多人负伤,其中多数人造成终身残疾。 (卷二《文化大革命中》,第347页)

6月,据吉林省统计,自1970年6月至1972年6月,共发现破坏知青上山下乡案件2 080起,处理1 839起,依法判处死刑22人,有期徒刑508人。(时科尔沁右翼中旗、突泉县及哲里木盟划归吉林省管辖。)

(卷二《文化大革命中》,第349页)

7月,呼伦贝尔盟卫生学校在扎兰屯市开学,并招收来自全盟农村、牧区经过3年以上劳动锻炼的知识青年。这是盟卫生学校1966年以来的首次招生。

(卷二《文化大革命中》,第350页)

11月2日,《内蒙古日报》发表由伊克昭盟乌审旗革委会撰写的题为《认真落实"可以教育好的子女"的政策》的文章。文章说:该旗从1968年以来先后安置南京市及本旗等地知识青年272名,其中有部分知识青年属"可以教育好的子女"。旗革委会注意充分调动他们的积极性,使他们成为三大革命斗争中一支朝气蓬勃的力量,有的被共青团吸纳为团员。旗革委会组织他们学习毛主席关于要注意成分,但不唯成分论,重在政治表现的无产阶级政策的文章,帮助他们放下思想包袱,增强信心,不断前进。积极引导他们认真看书学习,不断提高改造世界观的自觉性。经常请老贫农(牧)忆苦思甜,上好阶级教育课。树立先进典型,进行正面教育。

(卷二《文化大革命中》,第354—355页)

11月21日,中共呼伦贝尔盟大杨树区第一次代表大会召开,会期8天,出席代表250人。其中:东方红农场12人,甘河农场13人,巴彦农场19人,达拉滨农场16人,欧肯河农场16人,青年农场9人,宜里农场6人。先后有7个农场的代表在大会上发言。12月13日,大兴安岭地区革委会党的核心小组批准成立中共大杨树区委员会,成员26人。

11月24日,《内蒙古日报》刊登乌兰察布盟兴和县安置办公室、兴和县革委会报道组的文章《知识青年在"三大革命"运动中茁壮成长》。文章说:几年来中共兴和县委加强对知识青年再教育工作的领导,全县下乡知识青年中有106人加入中国共产党和共青团,34人被选进各级领导班子,406人担任政治夜校辅导员、会计、赤脚医生和农业科学实验员等工作,并选送492名知识青年到新的工作和学习岗位。 (卷二《文化大革命中》,第355页)

11月29日至12月3日,巴彦淖尔盟首届上山下乡知青代表大会在临河县召开,出席代表159人。会议对几年来知青工作作总结。巴彦淖尔盟先后安置北京、天津、呼和浩特、包头等省市和巴彦淖尔盟上山下乡知青近2万人。涌现出先进知青小组160个,先进个人1 160人;有163人加入中国共产党,1 258人加入共青团;有871人进入自治区、盟、旗县、社队各级领导班子;3 000多人担任民办小学教师、民兵干部、赤脚医生、农机手、科学实验员;7 000多人被贫下中农推荐到工矿企业工作或上大学,92人参军。

(卷二《文化大革命中》,第356页)

11月,呼伦贝尔盟乌尔其汉林业局创建五七知青综合厂。

(卷二《文化大革命中》,第356页)

12月13日,《内蒙古日报》刊登呼和浩特市革委会写作组撰写的《为革命培育良种》一文。文中记述土默特左旗哈素人民公社后善岱大队知识青年小组积极推广和培育良种,使良种场的杂交玉米亩产达到520公斤,马铃薯亩产达到4 000公斤。他们培育的31种良种,普遍比本地品种增产一倍到数倍。现在,后善岱大队有一半以上的土地采用他们自己培育出来的各种良种,普遍获得好收成。

12月13日,《内蒙古日报》刊登锡林郭勒盟阿巴嘎旗革委会报道组的文章《把青春献给草原——记阿巴嘎旗查干诺人民公社乌日根大队知识青年小组艰苦奋斗建设草原的事迹》。该知青小组系由1968年8月下乡的20名北京市知识青年组成,他们中年龄最大的22岁,最小的15岁。1970年12月他们开工引水上山梁,苦战6个月,建成乌日根大队的第一处人工饲草基地。
(卷二《文化大革命中》,第356—357页)

12月29日,在伊克昭盟鄂托克旗插队落户的南京市知识青年贾余庆,因家庭出身问题,多次招工均未被推荐,自引雷管爆炸身亡,时年25岁。

(卷二《文化大革命中》,第357页)

12月,经伊克昭盟鄂托克旗文教局考试录用一批南京市知青任中学教师,分别被安排到鄂托克旗一中、四中、五中。(1973年春季开学时,这批教师被辞退。同年10月,经鄂托克旗革委会办公会议通过,下达《关于恢复胡景南等21位教师工作的通知》,始复职,但此时其中许多知青已改行或迁回南京市。)　　(卷二《文化大革命中》,第357页)

是年,呼伦贝尔盟布特哈旗雅尔根楚人民公社天津市知识青年小组,通过自力更生,到1973年元月,全组实现1人1口猪、1只羊、4只鸡,粮食全部自给。但知识青年对于自己的生活缺乏信心,没有长远安排,他们的盈余部分也多在年底回城探亲时一次性花费净尽。多数知识青年回家探亲仍要坐蹭车或爬车。　　(卷二《文化大革命中》,第357—358页)

(1973年)1月,据不完全统计,内蒙古生产建设兵团自1970年1月起,共发生各类事故、事件928起,死126人、伤756人。其中如:1970年1月5日,十一团三连战士焦××因对领导处理其打架事不满,自杀;3月28日,十六团一连战士安××因"散布不满言论"挨整后,自杀;5月29日,二十四团一连战士鲁××因悲观失望自杀;7月6日,十三团六连战士杨××因未评上"五好战士"自杀;12月18日,十三团造纸厂战士赵××因"破坏生产"被看押,自杀。1971年6月15日,三团七连女战士张××被辱后受到讽刺挖苦,自杀;7月13日,四十三团九连战士安××被关押毒打后伤重不治而死;8月14日,十九团四连战士马××被怀疑偷5元钱,自杀;8月21日,二团一连战士王×因与班长吵架受屈,自杀;8月23日,十四团十二连战士党×因"破坏机器"被看押,自杀;9月16日,工程团二营六连战士李××因被怀疑有偷摸行为,自杀;10月13日,兵团司令部战士刘×因"散布不满言论"被拘留,自杀;10月26日,三团六连战士董××被收入"反违法乱纪学习班"后自杀;11月16日,化肥厂六连战士林××因盗窃问题自杀;11月21日,五十三团三连战士魏××被怀疑偷钱,自杀;12月20日,二十四团一连战士王××死于步枪走火。1972年6月10日,二十三团六连战士马××因与男友关系破裂自杀;6月23日,四十三团三连战士白××因向一女战士求爱被拒绝,自杀;7月7日,第一师二团八连女战士丛××到附近水池挑水,滑入池内溺水身亡;7月15日,第五师四十二团四连战士李××等要求搭乘马车未准,纠集几名战士对马车主进行报复,打伤群众6人(2人重伤);7月16日,第三师二十三团五连女战士王××,独自外出,翌日在水渠内发现其尸体;7月17日,第三师二十一团工副业连女战士张××,不能正确对待婚姻问题,喝敌敌畏自杀身亡;7月17日,二十三团五连战士王××涉嫌偷收音机,自杀;二十一团工副连战士张××因谈恋爱未成自杀;10月11日,三十五团二连战士苏××与本班战士争吵后自杀;7月26日,第一师一团九连战士金××等在千里山矿九连驻地动枪、动刀打群架,伤4人(2人重伤入院);8月2日夜间,第二师十九团战士曹××和十一团五连战士张××等9人,在乌拉特前旗大街上打群架,打死1人;8月7日,兵直化肥厂机修连李××卸车时,因没有组织好,被水泥电杆从汽车上滚压下去,抢救无效死亡;8月29日,第四师三十四团二连46名战士同乘一船到黄河中小岛上打草,因组织不严,干部不负责任,船小人多,超出载重量,造成翻船,致使9名战士落水死亡(男2人,女7人);8月31日,第三师二十二团六连副连长任××的两岁男孩失踪,翌日在距他家100米处水渠内发现尸体;8月31日,第三师二十六团机务连拖拉机驾驶员丁×,私自到乌加河游泳摸鱼,溺水身亡。1973年1月17日,八团十连战士崔××被怀疑偷走本班另一名战士的毛线后被逼供,自杀,等等。
(卷二《文化大革命中》,第360—361页)

5月,根据国务院总理周恩来的指示,由农林部负责抽调中央党、政、军各部门得力干部70多人,组成13个调查组,分赴内蒙古、辽宁、吉林、黑龙江、河北、山西、湖北、湖南、陕西、云南、福建、安徽等省调查了解知青上山下乡情况,为召开全国知青工作会议作准备。5月30日,国务院知识青年上山下乡工作学习调查组在调查工作基础上,起草《关于当前知识青年下乡工作中几个问题的解决意见(征求地方意见草稿)》,上报国务院。《意见》概括全国知识青年上山下乡运动的主要情况:文化大革命以来,全国有758万名城镇知识青年上山下乡,连同文化大革命前下乡的,共861万人。除近几年参军、进工厂、升学、双招一考离开农村的知青外,现在农村尚有595万人,其中插队的400万人,在兵团、农场的195万人。据不完全统计,已有4.7万多人加入中国共产党,68万多人加入共青团,22.8万多人被选进各级领导班子,还有更多的青年担任农业技术员、拖拉机手、赤脚医生、民办教师、会计等职务。《意见》还指出存在的4种主要问题,并提出7条解决意见。6月上旬,调查组回京参加汇报会,研究分析各地情况,提出解决问题的意见和方案。 （卷二《文化大革命中》,第366页）

6月22日至8月7日,文化大革命以来第一次全国知识青年上山下乡会议在北京开幕,会议历时47天。出席会议的有28个省、市、自治区(西藏自治区除外)、11个大军区、5大生产建设兵团(新疆、云南、黑龙江、广东、内蒙古)和中央19个部门(包括各报刊出版单位)的有关干部共123人。会议由华国锋副总理主持。这次会议是在中央21号文件传达毛泽东给李庆霖的复信后,经中央政治局决定由国务院召开的。会议代国务院起草给中共中央的报告,即《关于全国知识青年上山下乡工作会议的报告》和它的两个附件《关于知识青年上山下乡若干问题的试行规定》、《1973年到1980年知识青年上山下乡初步规划》。会后,对于会议制订的一系列新政策,内蒙古自治区开始自上而下全面落实。

（卷二《文化大革命中》,第367页）

7月19日,《辽宁日报》以《一份发人深省的答卷》为题,刊登兴城县白塔人民公社生产队长张铁生(知识青年)的一封信。《红旗》杂志和《教育革命通讯》发表评论,认为搞文化考核是"旧高考制度的复辟,是对教育革命的反动",张铁生被捧成"反潮流的英雄"。同年8月10日《人民日报》全文转载,接着又发表赞扬张铁生"反潮流精神"的文章。这股潮流在内蒙古自治区知青中造成影响,震动很大。尤以呼伦贝尔盟、哲里木盟和昭乌达盟为最。

（卷二《文化大革命中》,第369页）

8月2日,吉林省上山下乡知识青年工作现场会在突泉县召开。

（卷二《文化大革命中》,第369页）

8月7日,《呼和浩特日报》全文转载本年7月19日《辽宁日报》刊登的《一份发人深省的答卷》及《编者按》,印发下乡知识青年张铁生的一封信。使处于文化大革命极"左"思潮影响下的教育战线更加混乱。 （卷二《文化大革命中》,第369页）

8月18日,包钢成立上山下乡领导小组。陶力任组长。

（卷二《文化大革命中》,第370页）

8月23日至9月12日,内蒙古自治区知识青年上山下乡工作会议在呼和浩特召开。参加会议的有各盟市、旗县负责人,内蒙古军区、呼和浩特市军分区及所属部队负责人,内蒙古生产建设兵团负责人,内蒙古自治区有关部门负责人以及知青、社队干部、知青家长代表共 240 人。会议以批林整风为纲,以毛泽东给李庆霖的复信和有关教导为指针,传达贯彻中央〔1973〕21 号、30 号文件和全国知青上山下乡工作会议精神,检查总结全区知青上山下乡工作,研究制定统筹解决方案。内蒙古党委书记吴涛等有关领导与会并讲话。

(卷二《文化大革命中》,第 370 页)

8 月,国务院和中央军委联合发出 104 号文件,将黑龙江生产建设兵团两名军队干部奸污女知识青年被判处死刑的案件通报全国县、团级以上党、政、军各部门。《通报》说,当前摧残迫害上山下乡知识青年是两个阶级、两条路线、两种思想激烈斗争的反映,奸污迫害捆绑吊打的案件在其他地方也有发生,有的相当严重。《通报》要求各级党委全面地严格检查这类案件,依法惩办以法西斯手段残酷迫害知识青年和强奸女知识青年的犯罪分子,坚决杀掉其中罪大恶极、民愤极大者,并大张旗鼓地宣判,以达到杀一儆百的目的。各省、市、自治区相继严厉惩办,并公判处理一批迫害下乡知识青年的罪犯。

(卷二《文化大革命中》,第 371 页)

9 月 3 日,据乌兰察布盟、巴彦淖尔盟不完全统计,自 1969 年迄今,共发生拷打批斗知识青年事件 26 起,迫害 29 人。其他各盟市、内蒙古生产建设兵团发生奸污女知青的案件 417 起(其中生产建设兵团占 247 起)。 (卷二《文化大革命中》,第 371 页)

9 月,自 1969 年迄今,在内蒙古自治区各盟市、旗县插队落户的知青共发生各类事件、事故 990 起,造成 144 人死亡,801 人受伤。 (卷二《文化大革命中》,第 372 页)

10 月 29 日,锡林郭勒盟苏尼特右旗成立知识青年上山下乡领导小组。

(卷二《文化大革命中》,第 372 页)

11 月 16 日,甘肃省阿拉善右旗首批知识青年开始下乡,截至 1976 年 12 月,全旗共有下乡知识青年 327 名。 (卷二《文化大革命中》,第 373 页)

12 月 31 日,呼伦贝尔盟特尼河牧场经过整建党发展中共新党员 61 名、新团员 152 名,建立场党委和 21 个党支部,场团委和 22 个团支部。知识青年中有 4 人选进场队领导班子,有 43 人担任民兵班排长,有 6 人担任生产队会计,有 40 人担任教师或赤脚医生,有 9 人入党、96 人入团、12 人参军、16 人进入大中专院校学习。 (卷二《文化大革命中》,第 376 页)

12 月,全国各省、市、自治区开始对知青经费进行第一次大规模清理。清理工作的进度不一,除少数省份在 1974 年基本结束外,大部省、区至 1975 年陆续完成。清理过程中发现大量问题。其中辽宁省在提交的《关于全省安置经费清理情况和处理意见的报告》中反映：1968年—1972年，全省共安置下乡知青794 378人，城市闲散居民282 845人，插队干部家属151 508人，国家共支付安置费22 011万元。清理后发现，全省有817万元(占5年总支出的3.7％)安置费被侵占、挪用、贪污、私分。其中知青经费479万元，闲散居民经费135万元，插队干部家属经费203万元。这些经费被农村社队侵占、挪用807万元，被社员打入分配的4.7万元，被个人贪污的5.3万元。

　　是年，内蒙古自治区农村、牧区插队知青和兵团战士开展批林批孔运动。王洪文、江青等借批林批孔运动反对周恩来的纠"左"工作。同年11期《红旗》杂志刊登严志的文章《做知识青年上山下乡的促进派》，要求知青批林批孔。1974年1月18日，在王洪文、江青的指示下，中共中央将北京大学、清华大学大批判组汇编的《林彪与孔孟之道》一书转发全党，批林批孔运动在全国开展起来，各地知青机构也发动知青投入其中，并印发有关材料。1974年2期《红旗》杂志发表洪群的文章《铁证如山》，称刘少奇的"读书做官论"和林彪的"变相劳改论"都是孔子"学而优则仕"的翻版。2月20日《人民日报》的一篇文章说，批林批孔要坚持上山下乡等社会主义新生事物。各地纷纷培养知青理论队伍，农村、牧区、兵团、厂场的知青几乎全部投入运动中。有的盟市还举办学习班，培训理论队伍，印发学习材料，在报刊上发表文章。　　　　　　　　　　　　　　　　　（卷二《文化大革命中》，第376—377页）

　　(1974年)1月5日，《人民日报》在《敢于同旧传统观念决裂的好青年》的标题下，发表知识青年柴春泽致父亲的一封回信和调查附记。柴春泽是昭乌达盟红代会副主任。1971年到翁牛特旗玉田皋大队插队，在农村加入中国共产党，并担任大队党支部副书记、人民公社党委副书记。1972年8月，其父给他写信，要求不要错过招工机会。9月2日，他在回信中谢绝其父的心意，表示要在农村安家落户。当时玉田皋人民公社是辽宁省知青先进典型人民公社，柴春泽的言行被传递到省革委会、知青办，继而被传送到中央某领导手中，旋即被当作典型在全国传播。《人民日报·编者按》说：柴春泽的信"代表我们革命小将在思想领域向老将的挑战：看谁敢于同旧的传统观念实行最彻底的决裂"。此后，各地组织下乡青年学习柴春泽的信，并掀起一个宣传"在农村扎根"，"与旧的传统观念实行最彻底的决裂"的热潮。《呼和浩特日报》全文转载。　　　　　　　　　　　　　　　　　（卷二《文化大革命中》，第379页）

　　2月9日，哲里木盟知青办传达吉林省批转的1974年2月7日上午国务院知青办来电。电文说：江青1月28日看《人民日报》关于河南省郏县广阔天地大有作为人民公社部分知识青年批林批孔座谈会纪要报道稿，亲自给该人民公社下乡知识青年们写一封信，并专程派浩亮和新华社一位记者于当天乘直升飞机送给知识青年们。江青在信中说：广阔天地大有作为下乡知识青年们：为使你们早日得到阅读材料，更为使你们知道毛主席、党中央对你们坚持乡村的伟大胜利，在批林批孔运动中，也会得到更大的胜利！送上《林彪孔孟之道》及其附件各 200 份,《批林批孔汇编》一、二各 200 份,《鲁迅批判孔孟之道的言论摘录》200 份,《五·四运动以来,反动派地主资产阶级学者尊孔复古言论辑录》200 份。其他材料,中央将来会发给你们。要重新学习毛主席以下著作:1.毛主席《我的一点意见》、《毛主席致江青的信》。2.《毛主席在外地巡视期间同沿途各地负责人的谈话》。3.十大和九大政治报告和修改党章的报告、新党章。这些文件,你们还有,如果没有,请河南省委帮助你们解决。致无产阶级革命的敬礼! 盟党委意见:1.马上要向省党委汇报,引起重视,要立即抓点,把在贯彻中情况向省汇报。2.不要翻印。3.抓点时可以带下去进行宣传。此后,这封信经过国务院知青办的渠道迅速传达给全国各地的知识青年。　　　(卷二《文化大革命中》,第382—383页)

3 月 28 日,《内蒙古日报》载,参加内蒙古自治区举办的上山下乡知识青年批林批孔骨干学习班的部分知青代表,用自己在农村牧区的亲身经历,联系全区阶级斗争和路线斗争实际,狠批林彪及其死党贩卖孔孟之道、妄图复辟资本主义的罪行,决心和广大贫下中农牧一起,把批林批孔斗争进行到底。乌兰察布盟和林格尔县巧什营人民公社天津市知青、乌兰察布盟丰镇县大庄科人民公社上海市知青、乌兰察布盟商都县屯垦队人民公社北京市知青、锡林郭勒盟阿巴嘎旗博古达乌拉苏木北京市知青代表分别在会上发言。

(卷二《文化大革命中》,第 387 页)

3 月,伊克昭盟准格尔旗、达拉特旗举办知青批林批孔骨干学习班,共培训知青理论辅导员 129 名。他们与贫下中农(牧)相结合,学习宣传批林批孔文件,口诛笔伐,开展革命大批判。

(卷二《文化大革命中》,第 389 页)

4 月 15 日,内蒙古团委向全区各级团组织发出《关于纪念五四青年节五十五周年的通知》。号召广大团员青年要坚持毛主席指引的青年运动方向,深入批判林彪及其死党所散布的下乡镀金、变相劳改等谬论,坚持上山下乡,走与工农相结合的道路。

(卷二《文化大革命中》,第 389 页)

5 月 8 日,呼伦贝尔盟海拉尔市 58 名下乡知识青年到特尼河牧场插场。

(卷二《文化大革命中》,第 390 页)

5 月,在批林批孔运动中,中共呼和浩特市郊区保合少人民公社脑包大队党支部注意发挥知识青年特长,吸收他们做批林批孔学习辅导员和业余宣传员,搞村史和家史调查,在一些不识字、不能参加学习的贫下中农家里,宣传中央文件精神。同时,组织知识青年和贫下中农一道参加批判会,利用广播、墙报、黑板报等宣传阵地深入开展革命大批判。黄合少人民公社格此老大队党支部,为提高知青对批林批孔运动重要意义的认识,组织知青到贫下中农中,进行社会调查,一起忆村史、忆家史、忆本队两个阶级两条路线斗争史,用新、旧社会对比,狠批林彪、孔老二妄图克己复礼,复辟资本主义的罪行。　　(卷二《文化大革命中》,第 391 页)

6月1日,呼伦贝尔盟莫尔道嘎林业局成立知识青年上山下乡领导小组及办公室。

(卷二《文化大革命中》,第 391 页)

7月25日,内蒙古自治区、各盟市、旗县各级党、政、军干部和知青代表、知青家长代表共 739 人组成检查团,分赴全区 43 个旗县、512 个人民公社和农林牧渔场的 2 095 个生产大队、4 504 个知青点,同 2.97 万多名知青见面,贯彻落实毛泽东关于知识青年上山下乡工作统筹解决的重要指示和中央〔1973〕21、30 号文件精神。上海市、天津市学访团也参加这次检查。全部检查工作至同年 10 月 15 日结束。　　(卷二《文化大革命中》,第 394 页)

7月27日,内蒙古党委召开全区知青上山下乡动员工作有线广播大会。内蒙古党委有关负责人、自治区知青领导小组成员和中共呼和浩特市委各书记出席会议。内蒙古党委常委、革委会副主任沈新发在会上作动员报告,题目是:《加强党的领导,放手发动群众,以批林批孔为动力,迅速掀起知青上山下乡的新高潮》。有线广播大会开至旗县所在地。各盟市旗县党委按照内蒙古党委统一要求,组织机关、学校、街道和厂矿企事业单位干部以及应届毕业生准时收听。会后各地掀起报名上山下乡热潮。　　(卷二《文化大革命中》,第 394 页)

8月16日,沈阳市 333 名知识青年到昭乌达盟上山下乡,昭乌达盟和赤峰市、赤峰县党、政、军领导人和赤峰地区各族群众到车站欢迎。

8月18日,抚顺市 200 余名知识青年到昭乌达盟上山下乡,昭乌达盟党、政、军领导人及赤峰地区群众集会欢迎。　　(卷二《文化大革命中》,第 395 页)

8月,旅大市中学应届毕业女生王冬梅等 119 名知识青年到昭乌达盟赤峰地区插队落户,4 万余人集会欢迎。12 日,中共昭乌达盟委、昭乌达盟革委会召开全盟到昭乌达盟上山下乡有线广播大会,欢迎王冬梅等知识青年。　　(卷二《文化大革命中》,第 395 页)

9月4日,鞍山市知识青年加入昭乌达盟创业队到达赤峰地区,受到当地群众和盟市县及驻军领导人欢迎。

9月14日至10月28日,昭乌达盟赤峰市先后有 1 830 名知识青年赴农村牧区插队落户,盟市党政领导组织各界职工干部停工停产集会迎送。(卷二《文化大革命中》,第 396 页)

9月27日,内蒙古革委会组织知青工作检查团对全区知识青年工作进行全面检查。检查团共 75 人分 6 个分团,其中:呼和浩特市检查分团由团长刘凤山等 12 人组成。包头市分团由团长苏良等 12 人组成。锡林郭勒盟分团由团长那顺乌力吉等 14 人组成。乌兰察布盟分团由团长谢新民等 15 人组成。伊克昭盟分团由团长苏布德达来等 10 人组成。巴彦淖尔盟分团由团长石翠荣等 12 人组成。

(卷二《文化大革命中》,第 396 页)

10 月 28 日,昭乌达盟和赤峰市 840 名知识青年奔赴农村、牧区,赤峰市区 3 万余群众集会欢送。

(卷二《文化大革命中》,第 397 页)

11 月 21 日,内蒙古革委会知青领导小组召开会议。会议认为,在批林批孔运动推动下,全区知识青年上山下乡动员工作形势很好。全区到 10 月底,已下乡 1.6 万多人,完成动员任务的 30%,超过去年全区下乡总数的 1 倍。各盟市完成动员任务情况是:伊克昭盟 2 798 人,完成任务的 79.4%;锡林郭勒盟 2 406 人,完成任务的 60%;乌兰察布盟 4 769 人,完成任务的 58.2%;呼和浩特市 2 860 人,完成任务的 24.8%;巴彦淖尔盟 860 人,完成任务的 17.2%;包头市 1 649 人,完成任务的 8.4%。另据国务院知青办电话指示:"不能把今年的动员任务放在明年。要继续抓一下这项工作。"会上,由知青办汇报全区知青工作检查团提出的急待解决的几个问题和意见:1.全区目前还有 8 000 名知青没有住房。其原因主要是没有木料,外省平均每个知青 0.50 立方米,全区去年平均每个知青 0.27 立方米,本年平均每人 0.17 立方米,建议拨给一部分木材指标解决知青住房问题。2.在乡知识青年还有 50%左右生活不能自给。会议决定,关于知青建房木料、支农投资、农机指标等问题,由知青办写个报告,请计委和有关部门统筹解决。

(卷二《文化大革命中》,第 398 页)

12 月 29 日,《内蒙古日报》头版刊登内蒙古党委、革委会《给上山下乡知识青年的慰问信》。信中对来自北京、天津、上海、南京市及本区数十万知识青年在农村、牧区所取得的成绩给予肯定和支持。株洲经验推广后,各地知青部门纷纷发出通知,要求广大知青学习报刊上发表的《调查报告》。尤其是中小城市及工矿企业单位,争相学习株洲经验。各盟市革委会知青办要求各地采取上山下乡知青按系统、按单位与区、社对口安置的办法,建立知青点,有条件的要积极举办集体所有制青年场队,结合当地情况全面规划,由点到面,积极推广。一些地方总结出学习推广的经验,如四对口:知青对口下,带队干部对口派,管理、教育对口抓,支援农业对口帮。三带:大厂带小厂,全民带集体,厂矿带机关、学校、街道。三集中,一分散:知青吃、住、劳动集中,分散到各生产队参加分配。三到队:户口、分配和劳动到队。上述做法都是为改变单身插队状况,方便对知青的管理,有利于解决知青困难。由于知青就近下乡,集体生活,使得家长能够放心;厂社挂钩,使知青队能够借工厂、机关提供的物资力量和方便之处,发展自己的经济;同单位子女在一起,也有利于知青招工。

(卷二《文化大革命中》,第 399—400 页)

12月,北京市对在内蒙古自治区和其他省区插队落户的北京市籍知青因家庭有困难要求回城的,做出两项规定:一是凡有 2 个子女在外地上山下乡,家庭有特殊困难的,不论有无其他子女在本市工作,可以有 1 人回京落户。二是有 3 个子女在外地上山下乡,可有 1 人回京落户。4 个以上在外地上山下乡的,可有 2 人回京落户。

(卷二《文化大革命中》,第 400 页)

是年,呼和浩特市红旗区增设知识青年上山下乡安置办公室。

(卷二《文化大革命中》,第 401 页)

是年,伊克昭盟 957 名工农兵进入大中专院校学习;1 327 名城镇知识青年到农村牧区落户。

(卷二《文化大革命中》,第 402 页)

是年,根据内蒙古党委〔1973〕50 号文件精神,中共乌拉特前旗委组织知识青年工作组,深入到 6 个人民公社、12 个知识青年小组进行检查指导。国家拨款 6 万元、粮 1.5 万斤,为在乡知青解决实际困难,并派出回访组专程到天津回访知识青年家长,对 48 名患病知青发放补助款 3 000 余元。

(卷二《文化大革命中》,第 402—403 页)

(1975 年)3 月,据统计,在先后参加内蒙古生产建设兵团的 10 万知青中,迄今已有 6 524 人加入中国共产党,40 439 人加入共青团,1 262 人被提拔为国家干部,7 808 人被选送到大中专院校学习。

(卷二《文化大革命中》,第 407 页)

4 月,呼伦贝尔盟各中小学开始搞教师对流,即各校派一批教师到农村生产队参加劳动,接受贫下中农再教育;生产大队派贫下中农或下乡知识青年到学校当教师。

(卷二《文化大革命中》,第 409 页)

5 月 28 日,包钢党委决定成立知识青年上山下乡领导小组,陶力任组长。领导小组下设秘书组、宣传组、安置组、政策纪律监察组。

(卷二《文化大革命中》,第 410 页)

6 月 2 日,中共锡林郭勒盟委在锡林浩特召开全盟知识青年工作会议。

(卷二《文化大革命中》,第 410 页)

7 月 2 日,中共锡林郭勒盟委做出全盟开展"三清"(清户口、外流人员、应下乡而未下的知识青年)工作的决定。

(卷二《文化大革命中》,第 411 页)

7 月 17 日，中共阿荣旗委知青办向旗党委呈报《关于剥削阶级家庭出身的革命干部、革命军人、革命职工的子女家庭出身问题的请示报告》。《报告》说：几年来，剥削阶级家庭出身的革命干部、革命军人、革命职工的子女的家庭出身的确定问题，下乡知识青年和在校学生反映很普遍、很突出。这个问题解决不好，势必影响下乡知识青年扎根农村和在校学生的思想情绪。因此，应按中发〔1972〕45 号文件精神执行。即：剥削阶级家庭出身的革命干部、革命军人、革命职工的子女，凡是随其父母生活长大的，他们的家庭出身应按其父母的革命职业来定。凡是符合上述规定的，由本人所在单位党组织审核，报县、团或相当县、团一级的政治机关批准，对过去档案中填写的家庭出身，可予以更正。需要更改户口上的家庭出身时，可由批准单位出具证明，由公安部门予以更改。 （卷二《文化大革命中》，第 411—412 页）

7 月 19 日，内蒙古革委会以内电传发〔1975〕75 号发出传真《电报》。《电报》指出：在目前进行的招工、招生工作中，有些地区发生一些混乱现象，主要是不考虑农、牧业战线的需要，违背内蒙古党委的规定，拔尖子、拔坚持乡村的带头人；有的假冒知识青年；有的刚下乡劳动不够 2 年就弄虚作假招走；还有的违背中央〔1973〕30 号文件和内蒙古党委〔1973〕50 号文件规定，不通过知青办，不要档案，私自招收在乡知识青年。海勃湾市有的招工单位不通过知青办，也不通过农场领导，私自开着汽车到青年农场拉上知识青年就走，影响很坏。目前很多知识青年都不辞而别，出勤率仅 20%，使几个青年农场都处于瘫痪状态。为此重申，中央〔1973〕30 号和内蒙古党委〔1973〕50 号文件《关于任何单位不得擅自到社队抽调下乡青年》的规定。

7 月 23 日，内蒙古自治区知青办发出《关于转发自治区革委会内电传发〔1975〕75 号传真电报的通知》指出：在本年的招工、招生工作中，对符合招工、招生条件的以下几种在乡知识青年要优先推荐：1.符合留城条件而下乡的知识青年，现在要求回城的。2.多子女下乡，城里还没有安排一个子女的。3.家庭和本人有实际困难的。 （卷二《文化大革命中》，第 412 页）

7 月 25 日，昭乌达盟赤峰市 3 000 余名应届高中毕业生上山下乡，盟市党、政、军领导和赤峰地区 5 万余人集会欢送。 （卷二《文化大革命中》，第 413 页）

7 月 28 日，旅大市 590 名中学毕业生和 31 名带队干部来昭乌达盟上山下乡，赤峰市群众和党、政、军领导人集会欢迎。 （卷二《文化大革命中》，第 413 页）

7 月 30 日，中共呼伦贝尔盟委、盟知青办召开全盟上山下乡知识青年学习无产阶级专政理论经验交流有线广播大会。大会希望全盟上山下乡知识青年做限制资产阶级法权、巩固无产阶级专政的促进派，不断提高对学习无产阶级专政理论重大意义的认识，在搞清楚上下苦功夫。要搞清社会主义社会在哪些方面跟旧社会没有多少差别；搞清什么是资产阶级法权,应该怎样加以限制;搞清小生产的特点,小生产为什么能自发地产生资本主义;搞清知识青年上山下乡跟缩小三大差别、限制资产阶级法权、巩固无产阶级专政的关系。在学习内容上、时间上、联系什么、解决什么问题上都有个规划和安排,要抓好先进典型,总结推广经验,进一步巩固和扩大知识青年理论队伍,充分发挥他们的作用,把学习运动不断引向深入。进一步促进安定团结,发展大好形势,为巩固无产阶级专政而奋斗。

(卷二《文化大革命中》,第413页)

8月8日,呼伦贝尔盟海拉尔市3500多名高、初中毕业生到农村牧区上山下乡(6月12日首批152人)。这是海拉尔市在近几年动员知识青年上山下乡工作中,规模最大、人数最多、行动最快一次。此后,满洲里市930多名、喜桂图旗2070名、布特哈旗730多名(6月已有400多名知识青年上山下乡)、阿荣旗136名应届毕业生也先后到农村牧区上山下乡。

(卷二《文化大革命中》,第414页)

9月1日至8日,内蒙古自治区上山下乡知青先进集体、先进个人代表大会在呼和浩特市召开。下乡、回乡知青代表、贫下中农(牧)代表、知青家长代表和部分旗县社队代表共750多人参加会议。呼和浩特市5万多群众夹道欢迎出席大会代表。会议宣读内蒙古党委、革委会《关于表彰内蒙古自治区上山下乡知识青年先进集体、先进个人标兵的决定》。授予4个先进场、队、组,20个先进个人和6个先进旗县、社队以标兵称号。一致通过《内蒙古自治区上山下乡知识青年先代会倡议书》。自治区党、政、军负责人尤太忠、吴涛、沈新发等与会,沈新发致开幕词。内蒙古党委第一书记尤太忠在会议报告中说:自1968年至本年,内蒙古自治区(不含东4盟、西3旗)共接收来自北京、天津、上海、浙江、山东、山西、河北、江苏等省市的上山下乡知青10.32万人,安置全区上山下乡插队知青12.49万人,共计22.80万人(含兵团)。除参军、招工、升学、选拔为国家干部以及转迁的之外,至本年尚有15.24万名知青在农村、牧区、兵团坚持锻炼。(如加上划出的东3盟、西3旗的知识青年,约有30万人。)

(卷二《文化大革命中》,第415页)

9月20日,昭乌达盟《情况反映》第十七期载,盟知青办会同财政局等部门对各旗县用于知青的安置经费进行检查后发现:1.挪用侵占知青安置经费。有的用安置经费做招待费,严重影响知识青年的安置工作。昭乌达盟城郊人民公社光明大队春节值班购鞭炮、扑克,招待检查工作人员购买酒、香烟、茶叶等,共花款163.28元。红卫人民公社前进大队,召开家长座谈会,欢迎知青、带队干部购买猪肉、羊肉、香烟、酒、茶叶、糖、水果等共支出666.93元;光明大队、东郊大队支出电影费214.67元。敖汉旗下洼人民公社高力板大队用319.03元购买烟、酒、茶。赤峰市新山人民公社新风大队4个小队有知青,其中3个小队占用安置经费,第十小队以给知青买口粮、工具为名支1300多元。生产队买瓦和马;第十一小队占用600

多元;第九小队占用 200 多元。红卫人民公社东风大队挪用安置费 2.49 万元购买拖拉机、拖车、变压器等设备。敖汉旗双井人民公社六节地大队挪用安置费 830 元做大队开支;下洼大队医疗站购买药品挪用 500 元。岗岗营子人民公社挪用乌兰勿苏大队安置费 1 200 元为该大队还债。下洼人民公社高力板大队挪用安置费 3 822.11 元维修拖拉机。2.不合理的开支。敖汉旗小河沿人民公社白庙子大队支出安置费 1 481.46 元做知青点建房的土工、木工、大队水利工程的开支;该大队知青点用 260 元的安置费购买一头驴;万增号大队支出安置费 2 438.64 元购买车马的生产开支。岗岗营子人民公社支出安置费 132 元做人民公社调用干部生活补助费;木头营子大队知青点支出安置费 900 元为生产队购买畜草。双庙人民公社五十家子单独核算,知青点支出安置费 4 941.61 元购买车、牛、驴、羊、打井、种子、饲料等项开支。赤峰市五家人民公社五家大队盖知青点宿舍和大队拖拉机房屋同时施工,木料混用,大队的房舍质量好,而知青点的房屋质量次造价高,每间宿舍造价 918 元,实际上大队挤占青年的建房费,更为严重的是该大队知青住房还在知青下乡经费中开支房租费 200 多元。平庄人民公社新房身大队在该大队建房中挤占安置费 8 501.66 元,其中人工、车工开支 4 958.54 元;大队铁匠炉、学校用的木材和瓦从安置费开支 3 543.12 元。3.个人贪占。敖汉旗下洼人民公社高力板大队知青点带班人肖荣占用安置费 354.20 元。乌兰召人民公社七道弯子大队知青点原带班人迟海云占用 153 元。　　(卷二《文化大革命中》,第 416—417 页)

9 月,内蒙古生产建设兵团撤销锡林郭勒盟第五师、第六师建制,恢复农管局。

(卷二《文化大革命中》,第 418 页)

11 月 1 日,乌梁素海渔场撤销生产建设兵团建制,改名为巴彦淖尔盟国营乌梁素海农场,下设 8 个生产分场。　　(卷二《文化大革命中》,第 419 页)

12 月 23 日至 30 日,内蒙古自治区知青领导小组召开全区 1975 年知青上山下乡工作总结和 1976 年工作意见座谈会。会议对 1975 年的工作进行全面总结,并就如何进一步搞好 1976 年知青上山下乡工作,积极推进厂社挂钩,调动城乡两个积极性以及抽调知青带队干部,加强知青思想教育等方面的问题进行研讨。　　(卷二《文化大革命中》,第 422 页)

是年,在内蒙古自治区插队落户的知青与兵团战士开展批邓、反击右倾翻案风运动。1974 年周恩来病重住院,邓小平复出。1975 年全国四届人大以后,邓小平主持中央日常工作,并代周恩来主持国务院工作,为消除文化大革命动乱,整顿全国各行各业的工作发表一系列重要讲话。胡耀邦根据邓小平意见起草的《论全党全国各项工作的总纲》成为四人帮攻击的对象。1975 年 11 月—1976 年 10 月,许多下乡知青参与反击右倾翻案风运动,有的知青后来因此而受到审查。1976 年五四青年节,《人民日报》头版头条发表谭闻的文章《走同工农结合的道路,做反修防修的先锋》,称《青年运动的方向》是批邓、反击右倾翻案风的锐利武器;千百万红卫兵小将是同走资派斗争的先锋,是批林批孔的勇猛善战的闯将。文章说:文化大革命以来 1 200 万知青上山下乡,是一次浩浩荡荡的反修防修的大进军等。

(卷二《文化大革命中》,第 423 页)

是年,9 月,内蒙古生产建设兵团第六师农牧业生产创历史最高纪录,牲畜头数为 49.97 万头(只),其中大畜 7.60 万头,小畜 42.38 万只。农业播种面积 2.93 万公顷。10 月 12 日,内蒙古生产建设兵团第六师召开撤销兵团成立国营农牧场交接工作会议。12 月 1 日,内蒙古生产建设兵团第六师停止对外办公,建立内蒙古自治区农牧场管理局乌拉盖分局。

(卷二《文化大革命中》,第 423 页)

是年,抚顺市下乡知识青年 550 人到昭乌达盟宁城县插队落户。

(卷二《文化大革命中》,第 425 页)

(1976 年)2 月 18 日至 21 日,共青团呼伦贝尔盟特尼河牧场召开第五次全委扩大会议,场团委委员、各单位团支部书记 22 人与会。会议学习毛泽东两首诗词和牙克石农场 5 名知识青年舍身抢救国家财产先进事迹。 (卷二《文化大革命》,第 428 页)

3 月,下放到昭乌达盟克什克腾旗的大连市知识青年王冬梅、王银钢被树为全省知青典型。 (卷二《文化大革命中》,第 430 页)

6 月,中共巴林左旗委组织选拔部分下乡、回乡知识青年到人民公社、大队和部分部、委、办局任职。 (卷二《文化大革命中》,第 436 页)

7 月 6 日,呼伦贝尔盟特尼河牧场知青办公室成立。

7 月 6 日至 10 日,中国人民解放军北京军区包头驻军、包头军分区、原内蒙古生产建设兵团、包头市(区、人民公社)三级革委会、三代会代表、革命教师、红卫兵、下乡知青的家长等 100 多人组成北京军区慰问上山下乡知识青年代表第二分团,对原内蒙古生产建设兵团十三团、十八团和包头市郊区插队知青进行慰问。慰问团分 5 个组,先后走访知青所在地的 14 个人民公社、490 个生产队。

7 月 7 日,昭乌达盟知青柴春泽的事迹在全国报道后,武汉市知青张静就有关怎样把共产主义远大目标与实际行动结合起来;怎样对待学习;怎样磨炼自己,刻苦改造世界观;怎样树立扎根思想;怎样把自己培养成革命事业接班人;什么是农村阶级斗争六个问题向柴春泽请教。柴先后复信 7 封。该 7 封信先后在《辽宁日报》、《湖北日报》、《广西日报》上发表。同年 7 月 17 日，为配合当时的批邓、反击右倾翻案风运动，国务院知青办把柴春泽给张静的 7 封信印发给全国各省市自治区知青办，要求各地结合实际情况学习讨论，引导广大知识青年坚持走与工农相结合的道路，为巩固无产阶级专政、限制资产阶级法权、缩小三大差别贡献自己的力量。

（卷二《文化大革命中》，第 437 页）

8 月 11 日，昭乌达盟巴林左旗接收沈阳市知识青年 1 500 人，新建青年点 36 处。

（卷二《文化大革命中》，第 438 页）

8 月 18 日，中共巴林左旗委作出《关于向抢救人民生命财产而英勇牺牲的优秀共产党员、模范共青团员药苗苗、邵力学习的决定》（药、邵系沈阳市知青，在哈拉哈达抢险时被洪水淹死）。

（卷二《文化大革命中》，第 438—439 页）

8 月 20 日，巴彦淖尔盟知识青年共产主义劳动大学正式成立，在杭锦后旗黄河人民公社举行 1 200 人参加的开学典礼。

（卷二《文化大革命中》，第 439 页）

9 月 9 日，毛泽东逝世。内蒙古自治区知识青年和全区、全国各族人民，在各地举行、参加各种悼念活动，沉痛悼念毛泽东主席。军队进入一级战备，农村、街道办事处对四类分子集中严管。各机关单位组织不同形式的悼念活动。

（卷二《文化大革命中》，第 439 页）

10 月 10 日，呼伦贝尔盟伊敏河矿区安置鄂温克族自治旗下乡知识青年 178 名；鸡西矿务局确定赴伊敏河人员 98 名。

（卷三《文化大革命后》，第 477 页）

10 月，在内蒙古自治区插队劳动的各地知青与全区各族人民一道参加集会、游行，欢庆中共中央粉碎四人帮的胜利。文化大革命以粉碎四人帮反党集团为标志而宣告结束。

（卷三《文化大革命后》，第 450 页）

12 月 10 日至 28 日，中共中央在北京召开第二次全国农业学大寨会议。25 日，中共中央主席华国锋在讲话中指出：要保卫和发展无产阶级文化大革命的胜利成果，继续搞好教育革命、文艺革命、卫生革命、科技战线的革命和知识青年上山下乡的工作，扶植社会主义的新生事物，限制资产阶级法权，真正把巩固无产阶级专政的任务落实到基层。28 日，华国锋、叶剑英等党和国家领导人接见出席会议的全体知识青年代表。1977 年 1 月 1 日，各省、市、自治区出席第二次全国农业学大寨会议的 208 名知识青年代表给华国锋和中共中央发出《致敬信》，表示"一定要坚持走知识青年与工农相结合的金光大道"。

（卷三《文化大革命后》，第 453 页）

是年,呼伦贝尔盟海拉尔市哈克乡下乡知青开始返城。

(卷三《文化大革命后》,第 456 页)

(1977 年)1 月 18 日,昭乌达盟敖汉旗农业学大寨暨劳模大会在新惠镇召开。全旗四级干部、农业学大寨先进集体代表、劳动模范、上山下乡知识青年代表、旗直属机关、企事业单位负责人 4 562 人参加会议。　　　　　　　　　(卷三《文化大革命后》,第 458 页)

5 月 11 日,呼伦贝尔盟巴彦农场七队三用堂起火。又遇 7 级西南大风,将三用堂和一栋家属房烧毁,共计建筑面积 534 平方米,参加扑火的哈尔滨下乡知识青年姜忠杰被烧落的房梁砸在大火中,重伤死亡。天津下乡知识青年王国志被烧成重伤,经多方医治无效,于 5 月 13 日死亡。此次大火死亡 2 人,烧成重伤 7 人。　　(卷三《文化大革命后》,第 465 页)

7 月 15 日,包钢召开知识青年上山下乡动员大会。包钢党委书记周德泰在会上作动员报告。　　　　　　　　　　　　　　　　(卷三《文化大革命后》,第 467 页)

9 月,全国教育战线恢复高考入学制度,插队、兵团、返乡知青及应届高中毕业生纷纷应试,其中以插队知青和兵团知青被录取率最高。昭乌达盟敖汉旗被大中专院校录取 206 名,其中大专 65 名。　　　　　　　　　　　　　(卷三《文化大革命后》,第 470 页)

10 月 12 日,国务院批转教育部《关于 1977 年高等学校招生工作的意见》。《意见》规定:凡是工人、农民、上山下乡和回乡的知识青年、复员军人、干部(年龄可放宽到 30 周岁)和应届毕业生,只要符合条件都可报考。从应届高中毕业生中招收的人数约占招生总数的 20%—30%。考生应具有高中毕业或相当于高中毕业的文化水平。本年,全国有 570 万青年报考。招生办法采取自愿报名,统一考试,地市初选,学校录取,省、市、自治区批准。政审主要看本人表现。为此,经 1977 年高考,文化基础较好的知青被大批录取到高等院校深造。

(卷三《文化大革命后》,第 470 页)

是年,呼和浩特市郊区从 1973 年至本年发生知青案件 24 起。其中政治迫害案件 1 起,自杀案件 3 起,女知青被奸污案件 20 起。毫沁营大队 103 名知青中,发生女知青被奸污案 7 起,怀孕生孩子的有 3 起,其中郊区革委会常委、某生产队革委会副主任奸污女知青 2 人。从 1970 年至本年,土默特左旗发生知青案件 20 起,其中女知青被奸污案件 17 起,被杀害案件 1 起(前述本年 11 月 28 日事件),知青财物被盗窃案件 2 起。

是年,包头市发生知青案件 67 起,其中女知青被强奸案 4 起,知青被杀害案 3 起,被盗窃案 49 起,其他案件 11 起。1968 年—1977 年,包头市固阳县共接收上山下乡插队落户知青 1.19 万人,其中本县 3 397 人,北京、包头市等地 8 462 人。分别安置在 17 个人民公社、722 个知青点。本年该县总人口为 21.02 万人、5.28 万户,平均每 17.72 人、每 4.46 户中就有 1 名插队知青。

(卷三《文化大革命后》,第 473 页)

(1978 年)1 月 15 日,内蒙古党委知识青年上山下乡领导小组发布《关于 1978 年全区知青工作的要点》。《要点》要求充分调动知青中的一切积极因素,巩固和发展知青上山下乡运动的胜利成果;组织知青在农业学大寨运动中为农牧业大干快上、科学种田、实现农牧业机械化发挥大有作为的作用,把知青培养成建设社会主义现代化强国的生力军,把知青场、队办成农业学大寨的先进单位,办成亦农亦工亦学亦兵的大学校。《要点》还说:四人帮为推行反革命政治纲领,另搞一套,极力篡改知青上山下乡的方向。他们给下乡知青写黑信、送材料,炮制向"拔根复辟"的罪魁祸首猛烈开火的《公开信》,驱使李庆霖招摇撞骗,培植张铁生等黑典型,鼓吹头上长角、身上长刺,闹而优则仕,妄图诱骗下乡知识青年充当他们篡党夺权的工具。要抓住这个要害,坚持用毛泽东思想培育无产阶级革命事业接班人;揭批他们诬蔑工农,反对工农的罪行,坚持知识青年走与工农相结合的道路;揭批他们反对知青学大寨、反对又红又专的罪行,坚持把知青培养成建设社会主义现代化强国的生力军;揭批他们大搞形而上学,把知青上山下乡同按党的政策招工、招生、征兵对立起来的罪行,坚持党的统筹兼顾、全面安排的方针。

(卷三《文化大革命后》,第 475 页)

3 月 14 日,中共喀喇沁旗委组成调查组,对知识青年上山下乡安置问题进行调查。

(卷三《文化大革命后》,第 477 页)

9 月 22 日,内蒙古自治区查处迫害、摧残上山下乡知青案件工作会议在呼和浩特召开。与会代表指出:四人帮破坏毛主席革命路线,极力否定知青上山下乡正确方向。他们给知青写黑信,造黑材料;炮制向拔根复辟的罪魁祸首猛烈开火的《公开信》;鼓吹头上长角、身上长刺,闹而优则仕。一小撮阶级敌人和蜕化变质分子利用职权,利用我们工作上的漏洞,从政治上、经济上破坏知青工作,自 1973 年到本年 6 月份据不完全统计,全区共发生迫害、摧残上山下乡知青案件 713 起。其中,对知青打击报复的 27 起,对女知青进行逼婚、诱奸的 193 起,强奸的 115 起,杀害知青的 14 起,盗窃知青财物的 212 起,其他 152 起。犯罪分子手段恶劣,情节严重。有的进行打击、诬蔑,破坏知青上山下乡运动,有的利用职权胁迫,有的以入党、入团或三招引诱,有的利用知青的弱点拉拢腐蚀,有的利用知青的困难乘人之危。这些案件的发生,后果严重,影响极坏,严重地破坏毛泽东主席的革命路线,严重损害知青的身心健康和生命财产安全,造成一些知青不安心,家长不放心。代表明确提出:至今还有 237 起案件尚未处理,甚至有的干部对犯罪分子进行包庇。因此必须认真查处,严厉打击。

(卷三《文化大革命后》,第 494 页)

是年,呼和浩特市土默特左旗全面落实政策。……1978 年 4 月以后,经过逐步落实党的各项政策,因清队而遭返、下放的干部,有的回原单位工作,有的另行分配工作,有的办理离退休手续,故世的则恢复名誉。对其子女,18 岁以下的全部随父母迁回,由农村户口转为市镇户口;18 岁以上的,仍留原地或调往他处,按下乡知识青年对待,招工时优先录用。……

(卷三《文化大革命后》,第 502—503 页)

(1979 年)1 月 19 日,内蒙古自治区知青办向内蒙古革委会上报《关于我区下乡知识青年受灾情况和解决意见的报告》。《报告》统计:全区共有严重受灾的下乡知青 2 万多人。其中:乌兰察布盟 1.1 万人,呼和浩特市 2 000 人,包头市 3 000 人。这些知青由于在灾区插队劳动,一年只能分得口粮 50 公斤左右,工分值都在 2 角左右。因分红少或不分红,返销粮买不回来,无法维持生活。如,土默特右旗海子人民公社知青杨×× ,因无钱买口粮,回家向父母要钱,受到母亲的批评,后到包头市八一公园服毒自杀。内蒙古自治区知青办要求内蒙古革委会拨款 30 万元,解决灾区知青的生活问题。

1 月 20 日,中共呼伦贝尔盟委、盟革委会给全盟上山下乡知识青年发出《慰问信》。

(卷三《文化大革命后》,第 506—507 页)

5 月至 8 月,锡林郭勒盟阿巴嘎旗将 1979 年以前下乡的 618 名知青安排到各人民公社和旗直属各行政事业单位、企业及学校工作。　　(卷三《文化大革命后》,第 515 页)

8 月 3 日,内蒙古自治区知青办分别在巴彦淖尔盟临河、乌兰察布盟集宁召开全区知青安置工作现场会,肯定并推广临河县、集宁市在实行创办农、工、商联合企业安置知识青年的方法与经验:1.因地制宜,大胆创新,多种经营,向农、工、商的方向发展。他们办起的工业、商业、服务业、加工修理、建筑、运输的多种行业。农忙务农,农闲搞工,以工促农,以工养农,把城乡两方面的门路结合起来,把动员与安置就业联系起来,这样就把知青工作做活。这种经营方向,使知识青年经济上有保证。临河县办的厂子,知青平均每月收入 40 元左右,多的70 元—80 元,少的 30 多元,新进厂的徒工也高于国营企业。集宁市知青点大部分知青纯收入 200 多元,有的实行计件工资,一月可收入 70 多元,减轻家长负担,也减轻社队负担,知青思想稳定,生产积极性很高。2.自力更生、艰苦创业。临河县和集宁市在创办知青厂、队过程中,始终坚持勤俭办企业的方针,白手起家,因陋就简,投资少,见效快。临河县本年 2 月决定建知青综合厂后,四五个月的时间就发展到 140 人的规模,生产出电焊条、打云炮、烟幕弹、花炮等产品,能大修汽车、变压器、电动机,还开设理发馆和照相馆。纯利润达 7 000 多元。3.办场目的明确。一是为安排城市下乡知青,特别是已婚老知青,临河县办的知青综合厂共有 140 人,其中下乡知青有 115 人,占 82%。1972 年前下乡的占 66%。外地的占40%。二是面向市场,为解决人民生活和生产急需,产品面向群众,如办理发馆,开展流动照相,造小型鼓风机,手摇粉碎猪饲料机都是很好的。既能保证收入又能活跃市场;4.要选派事业心强的带队干部到知青点上做管理教育工作。(卷三《文化大革命后》,第520—521页)

8月20日,内蒙古教育局、知青办发布《关于优先招收担任代课教员的下乡知识青年问题的通知》。《通知》说:内蒙古党委党发〔1979〕46号文件指出,对担任代课教员、代销员和各类技术工作的知识青年,应占用教育、供销等系统的专项招工指标,优先予以招收。通知如下:1.现在担任代课教员的下乡知识青年,绝大多数是老三届的初、高中毕业生和已婚知识青年。他们既有一定的文化知识,又安心于基层,比较适合担任基层教育工作。同时,妥善安排这些人,既能体现党对下乡知识青年的关怀,又能减少大中城市安置的压力。因此,在招收教员时,对担任代课教师的上山下乡知识青年,经过考试,在同等条件下要优先录取。2.由于因指标限制,不能解决,可继续让他们担任代课教员。不能无故辞退,今后需要教员时,也要优先安排上山下乡知识青年。　　　　　　　　　　(卷三《文化大革命后》,第521页)

10月10日,昭乌达盟赤峰县革委会决定:自本年起,城镇知识青年全部留城安置。

(卷三《文化大革命后》,第522页)

是年,据调查,内蒙古自治区从下乡知青中招工情况是五多五少。即:集体招的多,全民招的少;晚下走的多,早下走的少;男知青招的多,女知青招的少;本地走的多,外地走的少;个别点走的多,正式推荐走的少。群众反映国营指标领导干部占的多,社队企业当地干部的亲属多,集体招工要本单位的多,而老知青大部分都是没办法的,所以走的少。

(卷三《文化大革命后》,第526页)

(1980年)3月25日,呼伦贝尔盟鄂温克族自治旗革委会一行3人到伊敏河矿区商定该旗伊敏小煤矿移交、知青安置和旗新建公路增加投资等问题。

(卷三《文化大革命后》,第530页)

11月1日,经内蒙古人民政府批准,内蒙古自治区从即日起不再动员上山下乡。从此,历时25年的知识青年上山下乡运动宣告结束。已下乡的知青和由于种种原因仍留在农村牧区的老知青,特别是已婚知青的问题,拟逐步落实解决。

(卷三《文化大革命后》,第533页)

11月15日,内蒙古人民政府印发有关全区劳动就业工作会议议定的会议纪要《解放思想,放宽政策,进一步做好劳动就业工作》。《纪要》指出:1.当前,做好劳动就业工作,必须解放思想,放宽政策,广开门路,在国家统筹规划和指导下,实行劳动部门介绍就业、自愿组织起来就业和自谋职业相结合的方针。今后城镇知识青年工作应纳入劳动就业的轨道,改变过去知识青年分散插队的做法,取消留城政策,从 1980 年 11 月 1 日起,不再发《留城证》。城镇知识青年,凡能参加各类职业技术学习、应招就业、自愿组织就业和自谋出路的,都可以不上山下乡。城镇安排不了的,动员和鼓励他们到知青场(厂)、队和农工商联合企业。今明两年,全区预计新增劳动力 32 万人,加上 1979 年底以前积存下来的城镇待业青年 22.6 万人,共有 54.6 万人,这是我们当前急需安置的重点。1980 年自治区已经下达的 16 万人的安置任务必须努力完成;1981 年全区计划再安排 14 万人,两年内,全区全民企业最多只能安排几万人,大部分城镇待业青年的安置,主要依靠发展集体经济和个体营业来解决。目前,除城镇待业青年外,我区尚有 6 万多下乡知青,要在一二年内统筹安排好。1972 年以前下乡的老知青和分散插队以及已留城的青年,招工时应按年限优先给予照顾。现在已经下乡的知识青年,如确有困难的,经知青部门批准,可以回城。2.结合我区的实际,发展集体和个体经济,解决就业的办法和途径主要有以下几个方面:(1)发挥各自优势,联合兴办企业。(2)大力发展各种类型的合作经济。(3)鼓励和扶持个体经济的发展。(4)发展以知青为主的集体所有制场(厂)队和农工商联合企业。(5)改革用工制度和工时制度。(6)积极发展各种形式的职业技术教育。(7)组建劳动服务公司。(8)组织待业青年,参加农村、牧区建设。(9)积极扶持社队企业,实行就近就地安置。(10)建设和发展卫星城镇。

(卷三《文化大革命后》,第 534—535 页)

(1981 年)2 月 20 日,内蒙古劳动局、知青办发布《关于安置插队知青有关具体政策问题的通知》。《通知》指出:1.对在乡知青的安排,要按照内蒙古人民政府〔1981〕11 号文件和自治区劳动局〔1981〕劳字第 5 号通知精神。招工时,对他们年龄放宽,婚否不限,不进行考试。已婚知青招工后,未成年子女可以随迁。2.为减少城市压力,使更多的知青能留在知青场(队)就业,各地可以按照 74 号文件规定,将一部分有条件的知青场(队)转为集体所有制企业,愿意留场就业的已婚知青,连同其配偶,可以办理集体招工手续,转为集体所有制工人。未婚知青留场就业的,还可以根据需要调入城镇集体企业。3.为鼓励各系统和单位办集体企业安置在乡知青,对于安置在乡知青占 10% 以上的企业,可以从知青经费中拨给或供给一部分资金,以扶持其发展。4.鼓励下乡知青自愿组织起来就业,自谋职业和留在农村、牧区长期务农。对于这些人,可根据需要和困难大小,从知青经费中给予适当补助,帮助他们发展生产和解决生活中存在的困难。但必须本人申请,旗县以上知青部门批准,办理脱钩手续,今后不再按下乡知青对待。5.因公致残丧失劳动能力的下乡知青,按 74 号文件规定交民政部门安排。其余病残知青,视其病残程度,安排力所能及的工作。

(卷三《文化大革命后》,第 537—538 页)

5 月,《内蒙古知青工作基本情况的汇报》载:内蒙古自治区从 1968 年以来,共接收区内外知青 41.65 万人,不包括原内蒙古生产建设兵团。其中北京市 2.50 万人、天津市 5.01 万人、上海市 2 273 人、其他省区 2.12 万人,内蒙古自治区 31.78 万人。至 1978 年底,已有 27.47 万人通过招工、招生、参军、病退离开农村牧区,尚有在乡知青 14.17 万人,其中有 1972 年以前下乡老知青 1.43 万人。到 1980 年底,全区还有在乡知青 4.24 万人,其中北京市 668 人、天津市 1 143 人、上海市 60 人,1972 年以前下乡老知青 2 891 人。到本年 5 月,全区有在乡知青 2.95 万人,其中分散插队 7 000 人,在知青场(队)2.25 万人;结婚的 6 469 人,病残丧失劳动能力的 159 人。历年来,中央拨给内蒙古自治区知青安置费共计 18 749.5 万元(不包括原内蒙古生产建设兵团),建房 79 916 间。　　　　　(卷三《文化大革命中》,第 540 页)

〔三　心〕指知识青年要"安心在农村呆一辈子,专心活学活用毛主席著作,虚心向贫下中农学习"。　　　　　　　　　　　　　　　　　　　　(《附录》,第 547 页)

〔三　员〕指知识青年要"做好贫下中农的勤务员、毛泽东思想宣传员、毛主席革命路线战斗员"。

〔三　招〕指国家企事业单位和学校在有知青的农村、牧区、厂场、兵团中的招工、招生、征兵工作。　　　　　　　　　　　　　　　　　　　　　(《附录》,第 547 页)

〔三　清〕清户口、清外流人员、清应下乡而未下乡的知识青年。　　(《附录》,第 547 页)

〔工农兵大学生〕1969 年开始教育制度改革,各大中专院校不再从应届毕业生中招生,改由从农村、牧区、厂场、兵团的知识青年中招收,采取本人报名、知青小组评议、贫下中农(牧)或工人(厂场、兵团领导)推荐的方法。学生入学前不参加考试,入学后,根据各人申报的学历情况,分班补习文化课。　　　　　　　　　　　　　　　　(《附录》,第 550 页)

〔下放知识青年〕在历次、历届政治运动中,由于父母被精简、下放或其他原因,其子女或为应届初、高中毕业生或在校生随同父母到农村牧区居住,并在农村牧区参加生产劳动。

(《附录》,第 550 页)

〔四　场〕农场、牧场、林场、渔场。　　　　　　　　　　　　　(《附录》,第 550 页)

〔可教子女〕或称"可以教育好的子女"。一指文化大革命中父母(直系亲属)蒙受不白之冤,因种种原因被定有罪名而受到株连的知识青年。一指被判刑的知识青年本人和家庭为"黑五类"的子女。　　　　　　　　　　　　　　　　　　　(《附录》,第 552 页)

〔**老三届**〕指 1966、1967、1968 年的初中、高中毕业生。 （《附录》，第 552 页）

〔**再教育**〕学生从学校毕业后，要到工人、农民中进行劳动锻炼，接受工人、农民的“再教育”。 （《附录》，第 552 页）

〔**兵　团**〕即生产建设兵团，如内蒙古生产建设兵团，全称为“中国人民解放军北京军区内蒙古生产建设兵团”。 （《附录》，第 553 页）

〔**拔　根**〕将上山下乡知青点的知识青年全部招聘完。 （《附录》，第 554 页）

〔**知青办**〕各级专门负责管理上山下乡插队落户的知识青年的办事机构。（各地称谓大同小异，内蒙古自治区先后称为：内蒙古自治区安置城市下乡青年办公室、内蒙古自治区城市知识青年下乡上山办公室、内蒙古革命委员会城镇知识青年上山下乡办公室，简称“自治区知青办”。有的盟市、旗县称五七办、安置办、安办。） （《附录》，第 554 页）

〔**新三届**〕指 1969、1970、1971 年的初中、高中毕业生。 （《附录》，第 555 页）

《呼和浩特市志》

呼和浩特市地方志编修办公室编，内蒙古人民出版社 1999 年

(1969 年)5 月 5 日，市革委会及 5 000 多群众集会，热烈欢送 2 400 名知识青年上山下乡。自治区和呼市两级革委会有关负责人出席了大会。 （《大事记》，第 97—98 页）

(1970 年)4 月 13 日，市革委会发出《关于组织动员 1 000 名知识青年参加中国人民解放军北京军区内蒙古生产建设兵团的决定》，并于 5 月 30 日召开欢送大会。

（《大事记》，第 98 页）

1968—1973 年，由于市区知识青年上山下乡，人口机械增长减少，然而内蒙古生产建设兵团司令部在呼市设置，同时又在市郊建立兵团所属的工厂，人口机械增长率又有所上升。

（卷三第一章《历代人口》，第 231 页）

“文化大革命”时期，据不完全统计，军管会、呼和浩特市法院先后审结刑事案 511 件。其中，由于出现了知识青年上山下乡而产生了“破坏知识青年上山下乡案”、“奸污知识青年

482

案"。杀人、抢劫、强奸、重大盗窃、拐卖妇女儿童等重大案件也时有发生,呼和浩特市人民法院对这些罪犯给予了严厉的惩办。

(卷九第一章《法院》,第 529 页)

1979 年,安置工作逐渐恢复。同年,国务院、中央军委发布了《关于做好部队退伍义务兵伤病残战士安置工作的通知》,将"文化大革命"期间滞留部队的一大批伤病残战士退到地方。全市共接收复退军人 362 名,其中城镇入伍的 201 名,农村入伍的 161 名(包括下乡知识青年和兵团战士参军的)。按照有关政策规定,安置到城镇机关、企事业单位工作的 286名,动员回乡参加生产劳动的 74 人。为调动这些复退军人进行社会主义建设的积极性,中共呼和浩特市委和市警备区联合召开全区表彰复退军人先进标兵代表会议,给 14 名标兵发了奖。

(卷十第一章《民政》,第 588 页)

1966 年,"文化大革命"开始后,原来升学、招工、上山下乡、支援边疆等统筹安排措施,受到了破坏。1967—1976 年,全市上山下乡的知识青年共有 41 054 人。同时,又盲目地从农村大量招工,造成了全市的职工人数、工资总额、商品粮销售计划的三个"突破"和挖了粮食库存的严重局面。据 1976 年底统计,全市需要安置的共 38 792 人,其中按政策留城和下乡返城的知识青年有 17 800 人,历年下乡仍在农村、牧区的知识青年有 12 292 人,其他待业人员有 8 700 人。

1976 年以后,呼市的劳动就业面临的主要任务是:除尽可能多安置新增的社会闲散劳动力外,还要妥善解决"文化大革命"期间的遗留问题。1977 年,呼市将原生产建设兵团战士 643 人定为牧业工人。1977—1978 年,呼市安置待业人员 30 403 人,其中留城青年15 080 人,下乡知识青年 3 404 人。

1979 年 6 月,召开了全市劳动就业工作会议。自此,开始把安置就业工作纳入调整国民经济的一项重要内容来抓。据年底统计,通过兴办大集体企业、发展区街工业和商业服务事业等渠道,全年共安置 35 031 人,其中全民所有制单位 10 239 人,集体所有制单位 24 792人。1980 年,根据"国家关心、负责到底"的精神,市人民政府决定对下乡知识青年在年内分期分批全部安置完。市劳动局、知识青年上山下乡办公室、计划委员会组成联合工作组,到巴盟、乌盟、锡盟和土默特左旗、托克托县、郊区等地了解情况,使全市 232 名 1972 年以前下乡的知识青年全部安排了工作。接着,呼市又对 1978 年以前下乡的知识青年分别予以了妥善安排,其中在土默特左旗、托克托县、郊区下乡的知识青年招工安排 1 244 人。

(卷十一第一章《劳动管理》,第 619 页)

调整知识青年上山下乡政策。根据中央提出的对下乡知识青年应本着"国家关心负责到底"的精神,采取多种途径进行安置:对未婚知青和双知青结婚的,主要是通过招工陆续回城安排;与职工结婚的知青,原则上由职工所在地进行安排;与农民结婚的知青,按照就地就

483

近的原则,区别情况,妥善安排。据此,呼市使其余的 1 688 名下乡知识青年在 1980、1981 两年内全部予以妥善安置。 （卷十一第一章《劳动管理》,第 621 页）

知青电大班:市知识青年上山下乡办公室招收的知识青年广播电视大学班(以下简称知青电大班),1980 年 8 月由自治区和知识青年上山下乡办公室拨款 20 000 元筹办起来的。首届知青电大班共招收两个班 60 名学生(其中入学未报到的 2 名),跟班旁听生 3 名。根据上级文件规定,该届学制为 3 年,毕业后发给毕业证书,按大学专科待遇,由自治区统一分配,不合格者不分配,专业上分电子、机械两个班,其中男生 30 名,女生 28 名;共青团员 44 名;蒙古族 8 名,满族 3 名,汉族 47 名;年龄在 17—22 周岁;大多数为应届高中毕业生,招收的学生都是从同年高等院校招生中"拣漏"的。整个教学工作和学籍管理,都是按自治区电视大学的规定和要求进行的,除电视授课外,还聘请了较好的面授教师。经过 3 年学习,除 2 名退学、1 名除名外,其余 55 名均毕业并在呼市分配了工作,其中大多数到了工厂企业,后因经济来源断绝等原因,知青电大班停办。 （卷十一第一章《劳动管理》,第 669—670 页）

《呼和浩特通志》

内蒙古兴安岭实业股份有限公司、内蒙古通志馆编,内蒙古人民出版社 2003 年

(1957 年)5 月 16 日,自治区党委第一书记乌兰夫写信支持、赞扬呼和浩特市第一中学应届毕业生张云庭等 24 位同学参加农业生产的行动。 （第 221 页）

(1963 年)6 月 29 日,中央安置工作领导小组召开 6 个大区城市精简职工和青年学生安置工作领导小组会议。安置在主要方向是插入人民公社生产队,其次是插入国营农、牧、林、渔场,再其次才是建立新的国营农、牧、林、渔场。7 月 27 日,本市第一批上山下乡应届高、初中毕业生(31 名)赴农村、牧区、林区、安家落户。 （第 255 页）

(1964 年)5 月 18 日,呼和浩特市下乡知识青年安置办公室成立,系市人委直属单位。

（第 258 页）

6 月 8 日,新城区人民委员会成立安置城市下乡知识青年办公室。至年底,动员 4 批 112 名知识青年到农村安家落户。(1965 年,撤销安置办公室,业务归属民劳科。)

（第 258 页）

8 月 15 日,本市下乡知识青年 158 人前往巴彦淖尔盟五原县和乌拉特中后联合旗安家

落户。市委有关领导和群众 8 000 人到车站送行。 （第 258 页）

8 月,集宁市等地区下乡知识青年 92 人首批来武川县插队落户。 （第 258 页）

10 月 1 日,和林格尔县首批知识青年 17 人到本县西窑子村插队落户。 （第 259 页）

是年(1965 年),武川县可可以力更镇 134 名知识青年下乡插队落户。 （第 262 页）

(1968 年)4 月 1 日至 14 日,内蒙古城镇知识青年上山下乡工作会议在呼召开。研究即将到来的知识青年上山下乡高潮问题。 （第 277 页）

8 月 28 日,市革委会、内蒙古军区驻呼部队联合支左办公室和"呼三司"在呼铁一中联合召开本市中学毕业生下乡上山工作现场会议。市一中、三中、五中等 18 个单位 2.3 万人参加大会。 （第 278 页）

9 月 28 日,市革委会批转市招生办关于毕业生分配及知识青年上山下乡工作的《请示报告》。 （第 279 页）

9 月,和林格尔县成立上山下乡安置办公室,后改为知识青年上山下乡办公室。当年安置天津、上海、呼和浩特市和本县知识青年 2 000 余人。 （第 279 页）

9 月,武川县革委会成立上山下乡安置办公室,后改为知识青年上山下乡办公室,当年安置北京、天津、呼和浩特、包头市等地的知识青年 3 183 人下乡插队。 （第 279 页）

12 月,来自上海、天津、包头、呼和浩特、集宁市以及清水河县内的 1 144 名知识青年先后到清水河县境 12 个人民公社插队落户。 （第 281 页）

是年,本市普通中学的教师分人把关,深入到学生家动员 1966、1967、1968 届在校初高中学生上山下乡插队劳动。 （第 281 页）

(1969 年)5 月 5 日,下午,呼和浩特地区 5 万群众欢送 2 400 名知识青年上山下乡。自治区和市两级革委会有关领导出席大会,向知识青年赠送《毛主席语录》和毛主席像章。(从 6 日起,这批知识青年先后抵巴彦淖尔盟安家落户。) （第 283 页）

是年,呼和浩特地区各专业文艺团体恢复工作,学演革命样板戏《红灯记》等。因革命样板戏需用管弦乐队伴奏,学生中兴起学习小提琴、小号、黑管等西洋管弦乐器的热潮,或学唱京剧。若被文艺团体录用,可免去上山下乡插队劳动。

是年,本市知识青年上山下乡运动掀起新高潮。 （第285页）

是年,土默特左旗在动员知识青年上山下乡的过程中,按政策规定,知识青年的家长身边可以留1名子女。至1975年,全旗为1 600余名知识青年办理留城手续,并发给《留城证》,不再动员他们上山下乡。

是年,武川县陆续接收和安置京、津、呼、包和集宁等地区1 000余名知识青年插队落户。

（第285页）

（1970年）1月28日,市革委会发出《关于劳动力和人事调动问题意见》。《意见》指出:……知识青年要求回城落户者一律不予解决。 （第286页）

4月13日,根据自治区革委会政治部通知,中国人民解放军北京军区内蒙古生产建设兵团在呼和浩特市接兵(知识青年)1 000名。市革委会下发《关于组织动员1 000名知识青年参加内蒙古生产建设兵团的决定》,并对具体任务进行布置。在市体育场东灯光球场召开全市"欢送1970年首批知识青年参加生产建设兵团"大会。 （第286页）

9月26日,东风区街道待业青年响应党中央上山下乡号召,有70人到农村安家落户,360人到生产建设兵团。 （第287页）

是年,因历届初中毕业生全部上山下乡插队落户,致使高中班学生无生源,市属20所中学有8个高中班。 （第288页）

（1971年）3月28日,本市各族各界12万群众在新华广场欢送5 000名知识青年上山下乡插队落户。自治区和市革委会有关负责人出席会议并讲话。市革委会向全体知识青年赠送《毛泽东选集》和毛主席像章。 （第289页）

是年,本市部分上山下乡知识青年被陆续选调(送)到各个企业部门工作,或送大专院校学习。各中学的初、高中毕业生仍在贯彻"上山下乡接受贫下中农再教育"方针。

（第291页）

是年,武川县19名下乡、返乡知识青年经推荐选拔,上大学。1970—1971年,该县又有

1 500 余名上山下乡知识青年被招工,进入包头二冶、内蒙古二机厂、市钢铁厂等工厂。

(第 291—292 页)

(1973 年)3 月 10 日至 14 日,市革委会召开全市上山下乡知识青年代表会,会期 5 天,代表 305 人。

(第 296 页)

7 月 16 日,市委成立知识青年上山下乡领导小组,组长云志安。

(第 296 页)

8 月 7 日,《呼和浩特日报》全文转载本年 7 月 19 日《辽宁日报》刊登的《一份发人深省的答卷》及编者按,印发下乡知识青年张铁生的一封信。使处于"文化大革命"极"左"思潮影响下的教育战线更加混乱。

(第 296 页)

9 月 6 日,市委召开全市知识青年工作会议。传达贯彻中央[1973]21 号、30 号文件以及中共中央和内蒙古自治区知识青年工作会议精神,讨论部署本市知识青年上山下乡动员安置工作。

(第 296 页)

9 月 26 日,本市召开 300 余人参加的全市知识青年上山下乡动员大会。并通过有线广播向全市播放大会实况。

(第 297 页)

10 月 20 日,呼和浩特地区 10 万各族各界群众在新华广场欢送 1 100 余名知识青年上山下乡插队落户。

(第 297 页)

11 月 10 日,呼和浩特地区各族各界 10 万余人在新华广场欢送本年第二批知识青年 1 000 余人上山下乡。

12 月 1 日,呼和浩特地区 5 万群众聚集在各主要街道,欢送本年第三批 500 余名知识青年上山下乡安家落户

(第 297 页)

12 月 22 日,自 1968 年迄今,本市有 2.5 万名知识青年上山下乡插队落户。其中,有 44 人加入中国共产党,1 268 人加入共青团,260 人被结合到各级领导班子中。

(第 297 页)

(1974 年)8 月 27 日,本市在新华广场召开万人大会,欢送 1974 年首批知识青年 1 905 人上山下乡插队落户。

(第 301 页)

(1975 年)2 月 23 日,呼和浩特市上山下乡知识青年代表大会闭幕,540 余人出席会议,

86 个先进集体受表彰奖励。 （第 302—303 页）

7 月 10 日，本市 10 万群众在新华广场集会，欢送 1975 年首批 1 400 余名知识青年上山下乡插队落户。 （第 304 页）

8 月 5 日，本市各族各界群众 15 万人在新华广场集会，欢送第二批 3 000 余名知识青年上山下乡插队落户。会后，知识青年分乘 300 余辆汽车在市内游行。 （第 304 页）

9 月 1 日，内蒙古自治区上山下乡知识青年先进集体、先进个人代表大会在本市召开，750 名代表参加会议。本市 5 万余群众夹道欢迎与会代表。 （第 304 页）

10 月 16 日至 18 日，呼和浩特市上山下乡知识青年安置工作汇报会召开。与会人员汇报呼和浩特地区上山下乡知识青年的安置工作，研究引导上山下乡知识青年参加农业学大寨运动问题和做好上山下乡知识青年的安置、教育工作问题。 （第 305 页）

12 月，内蒙古医院与武川县革委会联合在东土城人民公社创办赤脚医生大学，招收武川县学员 50 名，学制 2 年，内有北京、呼和浩特等城市到武川插队落户的知识青年。

（第 305 页）

(1976 年)4 月 23 日，市委、市革委会召开授予烈士赵冬冬"优秀知识青年"称号大会。市委书记苏和在会上宣读市委、市革委会的决定。 （第 307 页）

7 月 26 日，本市 15 万军民夹道欢送上山下乡的知识青年队伍。300 辆汽车载着 4 000 余名知识青年在市内游行后奔赴农村。市革委会负责人出席大会并讲话。 （第 308 页）

12 月 22 日，据统计，8 年来，本市上山下乡知识青年有 520 人参加各级领导班子，176 人加入中国共产党，4 100 余人加入共青团。 （第 311 页）

(1977 年)7 月 22 日，本市各族各界 15 万群众在新华广场欢送 4 000 余名知识青年上山下乡插队落户。市革委会有关负责人出席大会并讲话。 （第 314 页）

8 月 15 日，市委召开全市知识青年上山下乡动员工作会议。会议部署全市知识青年上山下乡工作，听取各单位关于知识青年上山下乡评议定向、动员工作情况及完成动员任务的措施。市委第一书记郝秀山出席会议并作总结报告。 （第 315 页）

是年(1978 年),据统计,土默特左旗接收并安置 7 300 余名知识青年(其中北京市 1 070 名、天津市 105 名、上海市 210 名,呼和浩特市 4 000 余名、本旗 1 900 余名)分布在 18 个人民公社的 100 余个生产大队参加农业劳动,平均每个人民公社接纳 400 余人,每个大队接纳 70 余人。至 1981 年,除个别因病不能工作的以外,通过招工、升学、参军等渠道,均回城参加工作。 (第 325 页)

(1979 年)7 月 11 日,市委召开市知识青年上山下乡工作会议,传达自治区知识青年工作会议精神,研究继续动员知识青年上山下乡和做好安置工作的问题。

7 月 14 日,市委决定成立呼和浩特市知识青年领导小组,苏林任组长。 (第 328 页)

(1980 年)1 月 30 日,市委发出《关于转发市委知青领导小组〈全市知识青年上山下乡工作会议纪要〉的通知》。《通知》对知青工作如何以"四化"建设为中心,搞好知青场、队的建设和加强党对知青工作的领导问题提出要求。 (第 333 页)

是年,市属各区并土、托、和、武、清先后撤销知识青年安置办公室,知青工作由劳动科代管。 (第 336 页)

是年,据统计,1968 年迄今,在土默特左旗上山下乡插队劳动的知识青年中,有 110 余人入党,2 000 余人入团。先后有 250 余人被选进各级领导班子,有担任科学种田技术员、民办教师、赤脚医生者。到 1980 年,全旗先后选派 91 名带队干部,同知识青年同吃同住同劳动。 (第 337 页)

(1981 年)4 月 17 日,本市召开待业青年自谋职业座谈会。 (第 338 页)

《玉泉区志》

《玉泉区志》编纂委员会编,内蒙古人民出版社 1993 年

本区人口的机械变动,迁入主要为干部职工调动、复员转业(均含家属随迁)、招工(含征用厂地之"带地工")、招兵、招生、知青返城、自由流入、区划变更、解除劳教、劳改释放;迁出为知青下乡、精简下放、被逮捕、出国和城市改造等原因致使部分职工居民外迁等等。 (第三编第一章《人口变化》,第 69 页)

1973 年起先后恢复了工业科、建设科、卫生科、民劳科、文教科、爱委会,增设了财税局、商业局、知识青年安置办公室(简称"安办")。 (第十三编第三章《人民政府》,第 278 页)

第三节　知识青年安置工作

1966年9月14日毛泽东同志发出"知识青年到农村去,接受贫下中农再教育"的指示,动员老三届(即66届、67届、68届)初、高中毕业生上山下乡,大批知识青年奔赴生产建设兵团和到土左旗、托县、郊区社队插队落户。

1973年6月区委成立知识青年上山下乡领导小组,下设办公室,负责区属单位干部职工及纯居民子女的动员安置工作。

1974—1979年全区共动员知识青年3 049人上山下乡,其中安置到生产建设兵团243人,农村(包括农场、林场)插队落户2 806人。

按照中央和内蒙古自治区党委党发(1973)50号文件,关于对病残、独生子女、多子女身边只留一个、中国籍外国人子女不动员下乡;父母双亡、生活困难的暂缓动员的规定,符合条件者经群众评议,居民委员会、办事处审核,区知青领导小组批准留城或缓下。病残留城和暂缓动员对象不发留城证,不准招工、招生、招兵。1976—1978年全区共办理留城5 230人。

按照政策规定,知识青年下乡后因病或有特殊困难,经批准可以返回城市。1970—1979年共办理病、困返城1 334人。

下乡知识青年及其家庭有困难的,给予经济补助,1975年补助237人次,计款5 905元。

对主动送子女务农的家长和在上山下乡工作中做出成绩的单位及个人进行表彰奖励。对少数干扰和阻碍知识青年上山下乡的人进行批评教育。个别行为恶劣的给予严肃处理,并强制其子女迁户下乡。

第四节　待业青年安置

"文革"期间生产建设遭到严重破坏,国民经济停滞不前,闲散劳动力增多。为保证上山下乡工作顺利进行,凡初高中毕业生和26周岁以下青年不予分配工作。此后1970、1976年按政策规定先后办理了一大批知识青年返城、留城,有4 000多名青年待业。

针对上述情况,区政府、劳动部门放手发动群众,广开门路,千方百计予以安置。

一、设立就业网点

1978年国务院提出了"劳动部门介绍就业、自愿组织起来就业和自谋职业相结合"的就业方针,1980年区成立劳动服务公司,各街道办事处成立劳动服务站,采取职工单位包子女、街道包纯居民、组织生产服务网点和自找门路等多层次多渠道解决青年就业问题。至1985年底,全区共设商业饮食业网点47个,安置待业青年1 500多名。

二、退 休 顶 替

根据国务院(79)104号文件规定,从1981年实行老工人退休补员(退休可顶替1名子女)制度,共补员安排130名(全民7名、集体工人123名)。

……

(第十七编第一章《劳动》,第326—327页)

《新城区志》

呼和浩特市新城区地方志编纂办公室编,(内部刊行)1992 年

是年(1965 年),撤销区人民委员会安置办公室,业务归属民劳科。

(《大事记》,第 28 页)

1980 年,根据政策结束知青下乡流向,改为城市就业。并对 1978 年前下乡的知青尽量安排就业,当年全区安排就业 720 人。 （第七编第四章《劳动》,第 580 页）

《呼和浩特市·新城区志》

张祥主编,远方出版社 2006 年

(1963 年)7 月 27 日,第一批上山下乡应届高、初中毕业生奔赴农村、牧区插队劳动。

(《大事记》,第 70 页)

(1964 年)6 月 8 日,新城区人民委员会成立《安置城市下乡青年办公室》。至年底,先后动员 4 批 112 名知识青年到农村安家落户。 （《大事记》,第 71 页)

(1970 年)9 月 26 日,街道待业青年响应党中央上山下乡号召,全区有 70 多人到农村安家落户,还有 360 人到了生产建设兵团。 （《大事记》,第 77 页)

(1973 年)8 月 7 日,《呼和浩特晚报》全文转载了 7 月 19 日《辽宁日报》刊登的《一份发人深省的答卷》及编者按,并全文印发了下乡知识青年张铁生的一封信(后人称张铁生"白卷先生")。使处于文化大革命极左思潮影响的教育界更加混乱。 （《大事记》,第 79 页)

(1980 年)撤销区知识青年安置办公室,知青工作由劳动科代管。(《大事记》,第 85 页)

1966 年,"文化大革命"开始,劳动管理工作受到冲击,劳动就业停止。1970 年开始有所恢复,但仅限于解决退转军人和"知青"就业以及季节性的临时就业。

1972 年,社会劳动进入全面整顿,开始社会招工、临时工转正、留城知识青年安置。

1976 年后,就业对象主要安置下乡和留城待业青年,分配去向多以集体企业为主。

中共十一届三中全会以后,劳动就业问题提到各级领导的重要议事日程。1979 年,国务院下达 51 号文件,要求"从实际出发、因地制宜、广开门路、大办生产生活服务网点,解决

知青就业问题"。同年下半年,成立新城区劳动科及劳动服务公司,管理辖区知识青年劳动就业工作。至年底,通过各种渠道安置就业 3 240 人。

(第八篇第一章《劳动》,第 773—774 页)

第二节　知识青年上山下乡

1964 年,中共呼和浩特市委、市人民政府下达《关于知识青年上山下乡的通知》。同年 6 月,新城区成立知识青年上山下乡领导小组,下设办公室(简称"知青办"),开始对知识青年宣传、动员,组织知识青年上山下乡,并对 16—28 周岁的社会青年进行摸底调查,先后共动员 112 名知青下了乡。1966 年,"文化大革命"运动开始,知青上山下乡工作停止。

1968 年,毛泽东主席发出"知识青年到农村去,接受贫下中农的再教育"、"农村是个广阔天地,青年在那里可以大有作为"的指示,知识青年上山下乡运动掀起高潮。1969 年,动员范围由社会青年发展到在校毕业生,除身体残缺者外,一律动员下乡插队落户。1970 年,下乡落户 70 人,赴建设兵团的 360 人。1971 年,上级提出下乡"一片红"口号,当年下乡落户 862 人,赴建设兵团的 206 人。1972—1975 年,共下乡落户 474 人。1976 年呈下降趋势。1978 年,下乡 1 人。1980 年,国家取消了知识青年上山下乡政策,随之,新城区"知青办"撤销。

1972 年,开始办理知识青年招工、招生及下乡知青回城工作。至 1980 年,共有 1 558 名知识青年回城,并安排了工作。

1968—1980 年新城区下乡知识青年回城统计表

年度	一九六八	一九六九	一九七〇	一九七一	一九七二	一九七三	一九七四	一九七五	一九七六	一九七七	一九七八	一九七九	一九八〇	合计
人数	2	6	20	53	214	221	39	286	109	158	148	182	120	1 558

(第八篇第一章《劳动》,第 776—777 页)

《回民区志》

呼和浩特市回民区地方志编纂办公室编,(内部刊行)1996 年

是年(1974 年),红旗区增设知识青年上山下乡安置办公室。　　(《大事记》,第 22 页)

1960 年至 1978 年区民劳机构先后数次分合,直到 1979 年 6 月成立回民区劳动生产服务合作联社和劳动服务公司,取代了原劳动科的任务,负责安排待业青年和闲散劳动力的工

作。1981 年 4 月区劳动科、劳动服务公司、知识青年上山下乡办公室和劳动生产服务合作联社等 4 个机构合署办公，1982 年 4 月区劳动科恢复建制。

（第七编第四章《劳动》，第 444 页）

1978 年 12 月由市劳动局下达的招工指标，先后招收安置 264 名知青就业。其中全民固定工 174 名，集体工 90 名。

1979 年，着重解决安置了 1971 年至 1973 年上山下乡知识青年中的回城青年和 1975 年以前的留城青年，全年共招收安置 501 人，其中全民固定工 116 名，集体工 385 名。

据回民区统计局统计资料 1980 年至 1990 年，全区不包括自谋职业者，10 年内共安置劳动就业 6 191 人。

（第七编第四章《劳动》，第 445 页）

第四节　知识青年上山下乡

1964 年 3 月，回民区成立知青上山下乡安置办公室，开始对知识青年上山下乡的宣传、动员和组织工作。同年 9 月回民区第一批高、初中毕业生分赴五原、临河、中后联合旗等地农村插队落户。

1971 年，全区有 137 名知识青年，赴生产建设兵团的 49 名，呼市郊区和其它农村的 88 名。

1972 年，有 762 名知识青年分赴生产建设兵团和农村插队落户。

自 1971 年至 1978 年全区共有 2 294 名知识青年先后奔赴土左旗、托县、呼市郊区和其它旗县农村、牧区及生产建设兵团插队落户。为了尊重回族知青上山下乡的生活问题，区知青办还在土左旗毕克齐公社的水磨、杨家堡，苏盖营大队和托县古城公社的白家营大队建立了挂钩点，为 133 名回族知青设立了回民灶。在执行知识青年上山下乡政策方面，对独生子女户，生活特困户和残疾青年都办理了留城证明，对上山下乡的知识青年，因家庭生活困难和因病需要返城的都按政策及时办理了回城手续，对回城知青在招工，考学等方面都给予了优先照顾。

1981 年区知青办撤销。

（第七编第四章《劳动》，第 446—447 页）

《呼和浩特市郊区志》

《呼和浩特市郊区志》编纂委员会编，内蒙古人民出版社 1996 年

1964—1980 年，城镇知识青年（主要是在此期间的初、高中毕业生）到呼市郊区 13 个公社、94 个生产大队插队落户。截止 1969 年 9 月，到呼市郊区插队落户的知识青年累计有 15 522 名。其中大部分陆续通过招工、推荐上学（1977 年恢复考试制度以后即考试上学）、因

病等途径返回城里。到 1970 年 8 月,还有 1 371 名知识青年在郊区落户。1979 年新到呼市郊区插队落户的知识青年有 643 名,1980 年又有 300 名知识青年下到呼市郊区。他们当中来自北京、天津、上海等自治区以外地区的有 84 名,其余大部分是呼市的初、高中毕业生。到 1981 年,全部回城镇或安排了工作。 (《大事记》,第 45 页)

(1981 年)元月 27 日,区长办公会议决定:

……

(五)同意知青办和劳动局合并,合并以后一套人员、两个牌子。

(《大事记》,第 45—46 页)

第三节　知识青年就业

一、知识青年上山下乡

1964 年,知识青年开始上山下乡。1968 年,毛泽东发出"知识青年到农村去,接受贫下中农的再教育,很有必要"的号召。根据这一号召,凡是城镇户口、年满 14 周岁的初、高中毕业生和社会待业青年,均为上山下乡对象。为做好知识青年上山下乡的动员与安置工作,1968 年,郊区成立知识青年上山下乡办公室,简称"知青办"。到 1979 年先后有 15 522 名知识青年到郊区插队落户。其中北京、天津、上海等地知识青年 84 人,呼和浩特地区的知识青年 15 438 人。这些知识青年分别在全区 13 个公社、94 个生产大队参加农业劳动。知识青年参加农业劳动和当地社员同工同酬。他们的口粮待遇,第一年由国家供给,从第二年开始,按当地社员口粮标准从生产大队分得。

根据国家规定,知识青年安置费以下乡人数计算。1972 年以前,每人 250 元;从 1973 年开始,每人 500 元。安置费包括建房费、生活费、农具费、书报费、医药费、取暖费等。下拨各公社由公社掌握,专款专用。国家共给郊区下拨安置费 553 万元,建住房 4 000 间。

截止 1981 年,通过招生、招工、招干、参军等渠道,这些下乡知青全都安置了工作,他们的户口全部迁回城镇。

二、劳动服务公司

1979 年,郊区撤销"知青办"。1981 年成立"劳动服务公司"。

劳动服务公司是为解决本区待业青年就业的一种社会劳动组织形式。其任务是:对待业青年进行摸底、登记;解决上山下乡知识青年的遗留问题;安排社会待业青年及就业前的培训工作。到 1985 年底,劳动服务公司办起以安置待业青年为主的郊区一食堂、二食堂、土产门市部、理发部、木器厂、工程队、招待所,共安置待业青年 250 人。1985 年,全区共有待业青年 803 人,1985 年本年安置 156 人,还有待业青年 647 人。

(第三编第七章《人事劳动》,第 587—588 页)

《土默特志（下卷）》

土默特左旗《土默特志》编纂委员会编，内蒙古人民出版社1987年

1978年4月以后，经过逐步落实党的各项政策，因"清队"而遣返、下放的干部，……对其子女，18岁以下的全部随父母迁回，由农村户口转为市镇户口；18岁以上的，仍留原地或调往他地，按下乡知识青年对待，招工时优先录用。　　　　（第五章《政治志》，第234页）

第六节　知识青年上山下乡

1968年，毛泽东同志发出"知识青年到农村去，接受贫下中农再教育"的号召。根据这一号召，我旗成立了知识青年上山下乡办公室。到1978年，共有7 300多名知识青年（其中北京1 070名、天津105名、上海210名、呼和浩特市4 000多名、本旗1 900多名）先后到我旗插队落户。这些知识青年分布在18个公社100多个生产大队参加农业劳动，平均每个公社接纳400多人，每个大队接纳70多人。截止1981年，除个别因病不能工作的以外，通过招工、升学、参军等渠道，均回城参加了工作。知识青年上山下乡的主要工作内容为：

一、动　员　工　作

凡是城镇户口，年满14周岁的初、高中毕业生和社会待业青年，均属上山下乡动员对象。在动员知识青年上山下乡过程中，大力宣传毛泽东同志"农村是一个广阔的天地，在那里是可以大有作为的"号召，在做好动员对象工作的同时，还给家长做工作，让他们做"教子务农、送子下乡"的促进派，并把这一工作制度化。凡属动员对象，基本都被"动员"下去。我旗知识青年上山下乡，以集体插队为主，也有个别知识青年或自找社队或投亲靠友。知识青年上山下乡时，有关部门通常举行欢送大会，然后再用汽车把他们送到各自的生产大队。

二、安　置　工　作

根据毛泽东同志"各地农村的同志，应当欢迎他们去"的号召，我旗各公社和生产大队负责下乡知识青年的生产和生活等具体安置工作。知识青年参加劳动，和社员同工同酬。他们的口粮第一年由国家供应，从第二年开始，按社员标准由生产队供给。

当时，知识青年上山下乡后，提倡树立扎根农村干革命的思想，并批判"下乡镀金论"、"变相劳改论"的观点。党团组织积极培养他们入党入团。到1980年，在全旗的下乡知识青年中有110多人入党，2 000多人入团。从知识青年下乡到抽调回城工作之间，先后有250多人被选进各级领导班子，还有的担任了科学种田技术员、民办教师、赤脚医生等。

为了加强知识青年的管理，有的单位还派了带队干部带领知识青年一同上山下乡。到1980年，全旗先后下去91名带队干部，同知识青年同吃同住同劳动。

三、经　　费

根据国家规定，知识青年安置经费按下乡人数计算。1962年前，每人250元，1963年以

后,每人 500 元(其中包括建房补助费、生活费、工具费、书报费、医药费),由公社掌握,专款专用。历年来,国家共拨给我旗知青安置经费 393.9 万元,建起知识青年住房 1 500 多间。

四、留城工作

在动员知识青年上山下乡的过程中,政策规定,知识青年的家长身边可以留一个子女。据此,我旗为 1 600 多名知识青年办理了留城手续,并发给留城证,不再动员他们上山下乡。

(第八章《计划劳动志》,第 300—301 页)

劳动服务公司

劳动服务公司是为解决劳动就业而发展起来的一种社会劳动组织形式。主要工作为进行待业青年的登记摸底;解决上山下乡知识青年的遗留问题;创造条件,安排社会待业人员就业和对待业人员进行就业前的培训等。我旗 1980 年撤销了旗知识青年上山下乡办公室,1981 年成立了旗劳动服务公司。从 1981 年到 1982 年,通过劳动服务公司的渠道,安置了 743 名待业青年就业。同时,旗劳动服务公司还创办了以待业青年为主的知青饭店、供销经理部、水暖安装队、兵州亥上十里坡的知青农场、二十家子知青农场等集体企业,有效地解决了部分待业青年的就业问题。在积极安排待业青年就业的同时,旗劳动服务公司还举办了就业前的技术培训班,到 1982 年,共培训待业青年 100 多人,为这部分青年以后就业创造了条件。

(第八章《计划劳动志》,第 303 页)

影响人口职业构成的主要因素有:

……

第二,知识青年插队落户及就业。从 1968 年 8 月起,先后有北京、上海、天津、呼和浩特市及本旗的知识青年到农村插队落户。截至 1978 年,总数为 7 300 人,其中,呼和浩特市知识青年 4 000 人,北京知识青年 1 070 人,天津知识青年 105 人,上海知识青年 210 人。外省市知识青年来我旗农村插队落户止于 1969 年,而呼和浩特市等地的知识青年来我旗农村插队落户一直到 1979 年方告停止。这些知识青年,从 1971 年起到 1981 年,通过招生、招工、参军,或病退,先后都离开了农村。少数知识青年虽在当地结婚成家,也全都安排了工作。

……

(第二十四章《人口志》,第 842 页)

(1965 年)开始动员、安置城镇知识青年上山下乡。　　　　　(《大事记》,第 928 页)

(1968 年)9 月 9 日,北京、天津来我区下乡知识青年 844 人,在我旗插队 516 人。旗革委会主持召开了欢迎大会。　　　　　(《大事记》,第 930 页)

(1975 年)12 月 8 日,旗委发出《向舍己救人的下乡知识青年赵东东同志学习》的号召。

同时，追认赵东东为烈士、中共党员。 （《大事记》，第934—935页）

《托克托县志》

《托克托县志》编委会编，内蒙古人民出版社2003年

（1968年）秋，上海市静安区60名知识青年到乃只盖公社一间房、三间房大队和五申公社的左家营大队插队落户。 （《大事记》，第71页）

（1982年）8月，知识青年安置工作结束，县人民政府撤销知青办公室。

（《大事记》，第76页）

中华人民共和国成立后，托克托县人口的机械增长明显低于自然增长，许多年份出现负增长，主要原因是每年升入大中专院校、参军入伍、知青回城而迁走的人数较多。机械增长较多的年份是70年代初至80年代初，知青下乡插队、大中专院校毕业生分配、复转退伍军人安置等原因，使这一时期人口机械增长率上升。1976年，迁入5 544人，迁出2 341人，迁入比迁出多3 203人；1990—2000年，由于结婚、升学、调动、参军、打工等原因，外流人口有6个年度多于迁入人口。 （第二编第一章《人口》，第153页）

1968年，宣传毛泽东主席关于"知识青年到农村去，接受贫下中农的再教育，很有必要"的指示，全县共有432名知识青年到农村安家落户。 （第三编第一章《中国共产党》，第209页）

附　知识青年上山下乡

1955年，毛泽东主席发出号召："一切可以到农村去工作的知识分子，应当高兴地到那里去。农村是一个广阔的天地，在那里是可以大有作为的。"1968年，毛泽东主席根据当时革命建设的实际情况，又发出了"知识青年到农村去，接受贫下中农的再教育，很有必要"的指示。广大知识青年热烈响应，掀起了轰轰烈烈的上山下乡高潮。

托克托县知识青年上山下乡始于1964年秋。初为农业户学生回乡，继而为城镇户口学生下乡。1968年，知识青年上山下乡办公室成立，负责知识青年安置工作。这一年，上海市静安区60多名知识青年，被安排到五申公社左家营村、乃只盖公社三间房和一间房村安家落户；天津市、黑龙江省、呼和浩特市等省市的知识青年，分别插队到大北窑、东云寿、韭菜滩、忽拉格气等村和城关镇南街。1979年，包括县城的下乡知识青年在内，先后有2 052名知识青年插队农村。上山下乡知识青年，把文化科学知识带到农村，在农村经受了锻炼，增长了才干，也作出了贡献。他们努力学习马列主义、毛泽东思想，在实践斗争中，涌现出不少

先进模范人物,有的加入了中共,有的被选进各级领导班子。上海知识青年张钰,于 1975—1979 年任中共托克托县委副书记。

1978 年,按照中共中央关于"城乡广开门路,妥善安排知识青年"的精神,插队知识青年逐渐离开农村,有的升了学,有的参了军,有的走上了工作岗位,有的留在当地安家。1976—1979 年,全县用于安置知识青年的费用达 70 万元。

(第八编第二章《人口》,第 400—401 页)

70 年代初,兴建了一些国营工厂,如农机修造厂、糖厂、印刷厂、半导体器件厂;这些工厂按计划从下乡知识青年、复员退伍军人、中专毕业生中招收职工。1976 年末,全民所有制职工总数为 4 720 名。

(第八编第三章《劳动》,第 401 页)

中共十一届三中全会后,各行各业和劳动部门按照招收、自然组合、自谋职业三结合的方针安排职工,职工队伍逐年扩大。1980—1985 年,通过落实政策、退休补员、安排复转军人和下乡知识青年、社会招工等渠道,招收集体工 489 人,国营工 2 810 人,分配到机关、企事业单位工作。……

县劳动就业部门为安置待业青年做了大量工作。1981 年,知识青年上山下乡办公室改名为劳动服务事业管理局。

(第八编第三章《劳动》,第 409 页)

1949—2000 年托克托县财政支出表　　　　　　　　　　　　　单位:万元

年度	项目	总支出	其中										上解款
			基建	挖潜	流动资金	工交	农牧林水	城镇维修	知青	文卫科研	社会救济	行政管理	其他	
						……|							
恢复时期	1963	159.4	—	—	—	1.7	40.2	—	0.8	48	22.7	35.6	10.4	—
	1964	170	—	—	—	0.2	53.9	—	0.47	53	15.9	37	9.2	—
	1965	168.6	—	—	—	3.1	34.7	0.82	0.32	56.9	23.4	40.1	9.5	—
	合计	478	—	—	—	5	128.8	0.82	1.86	157.9	62	112.7	20.1	—
第三个五年计划时期	1966	187	—	—	—	0.4	59.7	—	0.2	60.3	19.2	40.8	6.4	—
	1967	185.4	—	—	—	0.1	61.8	2.5	0.013	67	17.7	33.9	2.4	—
	1968	138.7	—	—	—	3.1	21.8	—	3.2	57.6	12.9	37.9	2.2	—
	1969	184.1	—	—	7.5	3.1	49.4	—	4.4	65.4	11	40.7	2.6	—
	1970	222.1	3.7	2.8	23	0.3	56.8	—	6.6	73.3	9.4	44.1	2.1	—
	合计	917.3	3.7	2.8	30.5	7	242.5	2.5	14.4	323.6	70.2	197.4	15.7	—

年度	项目	总支出	其中											上解款
			基建	挖潜	流动资金	工交	农牧林水	城镇维修	知青	文卫科研	社会救济	行政管理	其他	
第四个五年计划时期	1971	297	67.7	4	1	0.2	69.2	—	0.4	92.7	7.8	52	2	—
	1972	294.5	11	4.7	7	0.2	85.3	—	2	112	15.4	55.1	1.8	—
	1973	452.3	29.3	8.8	15	0.05	190.3	—	3.7	129	22.3	50.7	3.2	31.6
	1974	446.6	27.8	17	48	0.03	163.2	—	13.5	142.8	28.1	57.1	6.8	43.3
	1975	556.5	20.5	23	14.9	4	229.6	5.4	29.8	138.5	16.1	68.7	6	50.6
	合计	2 046.9	156.3	57.5	85.9	4.48	737.6	5.4	49.4	615	89.7	283.6	19.8	125.5
第五个五年计划时期	1976	619.3	2	23.6	47	1.3	238.6	4.5	24.2	146.4	48.3	70	13.4	11.2
	1977	605.7	4	32	13.5	1.7	239.6	—	19.6	162.1	30.7	82.7	19.8	11.2
	1978	783.1	29.4	53.7	25.2	2.3	329.3	5	3.3	190.1	45.7	78.1	21	37.1
	1979	849.3	21.2	21.3	5	2.4	408	10.4	10.8	190.1	71.1	91	17.9	3.9
	1980	822.7	17.9	9.1	—	1.7	379.8	7	7.4	203.7	41.1	117.5	37.7	—
	合计	3 680.1	74.5	139.7	90.7	9.4	1 595.3	27	65.3	892.4	236.9	439.3	109.6	63.4
第六个五年计划时期	1981	732.3	4	5	—	1.7	277.5	3	7.1	238.4	42.5	125.4	27.7	153.6
	1982	813.6	14.1	8.8	5	2.3	250.5	7	8.8	286.2	44.1	138.8	46.2	153.6
	1983	989	5	13	—	3	320.9	12.3	8.7	343.4	47.6	176.5	58.6	158
	1984	1 317	—	63.5	—	8.3	339.3	14.6	7.5	415.3	49.7	254.1	164.4	159.6
	1985	1 370.3	50	39.4	—	5.5	349.1	35.9	5	439.5	59	179.5	207.4	11.4
	合计	5 222.2	73.1	129.7	5	20.8	1 537.6	72.8	37.1	1 723.3	242.9	874.3	477.9	636.2
第七个五年计划时期	1986	1 924.1	8.7	34.1	—	10.8	392.9	265.8	4.3	591.9	79.3	209.6	326.7	10.4
	1987	2 020.8	—	52.3	—	10.7	496.9	672.2	5	627.2	81.2	242.2	191.2	50.8
	1988	2 051.5	—	93.2	—	15.7	632	59	2.5	717.4	85.7	289.1	156.9	53.8
	1989	2 244.8	—	56	—	27	563.3	71.2	6.6	881.9	70.6	312.7	155.5	56.4
	1990	2 526.8	36.6	93.5	—	15.2	726.7	45.1	2.8	883.6	70.1	390.9	261.4	49.3
	合计	10 768	45.3	329.1	—	79.4	2 812.7	1 138.3	21.2	3 702	386.9	1 444.5	1 191.7	220.7
第八个五年计划时期	1991	2 783.7	12.5	130.8	—	31.4	684.5	131.1	—	977.3	78.1	425.6	312.4	104.7
	1992	3 553	14	206	—	30	926	—	2	1 082	109	697	489	126
	1993	4 414	4	320	—	44	880	90	—	1 397	104	843	727	226
	1994	4 755		278	—	37	936	95	5	1 819	100	992	498	—
	1995	5 821	48	522	—	48	908	99		2 097	126	1 202	879	127
	合计	21 326.7	78.5	1 456.8	—	190.4	4 334.5	415.1	—	7 372.3	517.1	4 159.6	2 797.4	583.7

年度	项目	总支出	其中											上解款
			基建	挖潜	流动资金	工交	农牧林水	城镇维修	知青	文卫科研	社会救济	行政管理	其他	
第九个五年计划时期	1996	6 351	70	422	—	55	855	79	5	2 197	94	1 393	1 186	71
	1997	7 667	239	417	—	62	1 787	119	—	2 412	79	1 643	909	95
	1998	10 591	248	926	—	64	3 011	204		2 887	159	1 815	1 281	167
	1999	9 272	537	253	—	89	1 795	358		2 937	221	2 064	1 036	258
	2000	11 820	1 898	165	—	82	2 164	472	—	3 382	285	2 648	724	248
	合计	45 701	2 992	2 183	—	352	9 612	1 634	5	13 815	838	9 563	5 126	839

（第十九编第一章《财政》，第 954—956 页）

（1968 年）8 月下旬，在毛泽东主席"知识青年到农村去，接受贫下中农的再教育，很有必要"的指示下，农村户口的学生首先返乡，继而城镇户口的学生下乡，接着上海、北京、天津等城市的知识青年来插队落户。从 1968 年秋至 1979 年秋的 10 余年间，先后有 2 052 名知识青年到农村插队劳动。　　（第二十二编第四章《1950—2000 年重大政务纪事》，第 1089 页）

《包头市志（卷四）》

包头市地方志编纂委员会编，远方出版社 2001 年

1975—1977 年来信来访 1.45 万件（次），反映的突出问题……三是上山下乡知识青年的生活，生产，婚姻问题。　　　（卷四第三十篇第二章《包头市人民政府》，第 262 页）

《昆都仑区志》

昆都仑区地方志史编修委员会办公室编，内蒙古人民出版社 2006 年

（1964 年）4 月，昆都仑区开展绿化活动和动员知识青年下乡运动。

（《大事记》，第 48 页）

（1974 年）6 月 29 日，昆都仑区知识青年上山下乡领导小组成立。（《大事记》，第 54 页）

"文化大革命"开始后，部分企业瘫痪，生产停滞，为配合知识青年上山下乡工作，昆都仑区劳动力调配工作基本冻结。　　　（第十四篇第二章《劳动行政管理》，第 600 页）

第五节　知识青年上山下乡

昆都仑区知识青年上山下乡工作始于 1968 年。为了积极配合知识青年上山下乡工作，昆都仑区专门成立了知识青年上山下乡安置委员会，下设办公室。当年，昆都仑区有 159 名知识青年和社会青年到农村插队。

1973 年 8 月，中共昆都仑区委员会决定成立知识青年上山下乡领导小组，下设知识青年上山下乡办公室，具体负责区属有关单位职工和居住在昆都仑区无业子女的动员安置工作，1973—1975 年，昆都仑区共有 242 名知识青年在包头市郊区和所属旗县以及巴彦淖尔盟、乌兰察布盟等地区的农村、牧区插队。1973 年 8 月后，昆都仑区知识青年上山下乡办公室先后给符合"多子女选留"、"身边有一个"、"独生子女"、"父母双亡"、"身体残疾"和"因病缓下"等条件的 144 名知青发了留城证。同时，动员 342 名知识青年上山下乡，重点安置到包头市郊区、石拐矿区、土默特右旗、固阳县以及伊克昭盟、巴彦淖尔盟、乌兰察布盟等地安家落户，为妥善安置上山下乡的知识青年，昆都仑区革命委员会发给每人安置费 500 元，由下乡知识青年所在的社队统一掌握使用。

"文化大革命"结束后，根据中共中央关于"调整知识青年政策，逐步缩小下乡范围，今后不再插队下乡落户"的精神，自 1979 年以后，不再动员知识青年上山下乡，对已经下乡的知识青年陆续选调到城市就业。1982 年，昆都仑区知识青年上山下乡办公室撤销。截至 1986 年，由昆都仑区动员下乡的知识青年已全部抽调回城。

（第十四篇第二章《劳动行政管理》，第 604—605 页）

《包头市青山区志》

《包头市青山区志》编纂委员会编，内蒙古人民出版社 2007 年

1964 年，青山区民政劳动局动员知识青年上山下乡，前后 10 批，共下乡 111 人。

（《大事记》，第 93 页）

（1968 年）7 月，青山区 700 多名知识青年上山下乡。 （《大事记》，第 95 页）

（1971 年）5 月，青山区大批知识青年奔赴农村，接受贫下中农的再教育。

（《大事记》，第 97 页）

1978 年，出现下乡知识青年返城高潮，社会就业问题十分突出，大量返城知青需要安置。1978 年 9 月，青山区劳动服务公司成立，归属区劳动局领导，组建为大集体性质的独立

核算企业。以组织知青为主的贸易公司解决了大批知青就业问题。

(第十五编第三章《劳动就业管理》，第857页)

1964年，国民经济形势好转，不少下马单位恢复生产，一部分人员重新就业。同年，青山区开展知识青年上山下乡工作，设立知识青年上山下乡安置委员会，具体工作由民政劳动局经办。截至1965年6月16日，下乡知识青年共计16人（其中男12人，女14人），先后分3批下乡插队，完成计划任务的53.33%。1968年之后，知青下乡工作划归中共青山区委专管。1972年，青山区设立知青办。1975—1976年，青山区连续2年被评为包头市上山下乡先进单位。根据中共中央关于"调整知识青年政策，逐步缩小下乡范围，今后不再插队下乡落户"的精神，1978年，青山区停止知识青年上山下乡工作。1979年，陆续抽调下乡知识青年回城安置工作，回城青年全部安排在大集体，下乡期间计算工龄，共计安排区属职工子弟约500余人。1980年底，知青办撤销。（第十五编第三章《劳动就业管理》，第858—859页）

《东河区志》

东河区志编委会编，中国档案出版社2007年

(1964年)11月30日，自4月成立知识青年上山下乡安置委员会以后，东河区共有201名社会青年上山下乡，参加农村社会主义建设。
(《大事记》，第123页)

(1971年)4月18日，中共东河区委决定，在全区范围内立即掀起动员知识青年上山下乡高潮。至1975年3月，共有1542名知识青年奔赴农业第一线，接受贫下中农再教育。
(《大事记》，第128页)

1968年，裁民政劳动局建置，于东河区革委会生建部内设劳动办公室、安置办公室。劳动办公室负责全区企事业单位职工的工资管理、劳动保护、劳动保险和减员补员等项工作，安置办公室专门负责知识青年上山下乡的安置工作。
(第十六编第一章《劳动就业管理》，第959页)

"文化大革命"中，企业瘫痪，生产停滞，劳动力调配基本冻结。为严格控制下乡对象，对26周岁以下青年不予分配工作，致使大批青年失业。

……1979年全区招收集体固定工人2156人，其中下乡知识青年829人，留城青年619人，成年708人。协助驻区单位招收集体固定工7279人，全民工人230人。1980年，优先安排困难户子女和因病残退回城的知识青年33名，并为公卫站招收工人20名。
(第十六编第一章《劳动就业管理》，第960—961页)

第三节　知识青年上山下乡

东河区知识青年上山下乡工作始于 1964 年。同年 4 月,成立知识青年上山下乡安置委员会,下设安置办公室。经过声势浩大的宣传,特别是通过下乡青年标兵樊七杰、吴英、李德、闻万鹏、尚秀娥的现身说法,全区有 634 名知识青年和社会人员到农村安家落户。

1966 年 9 月 14 日,毛泽东发出"知识青年到农村去,接受贫下中农的再教育"的指示,将持续几年的下乡工作推向高潮,动员老三届(即六六届、六七届、六八届)初、高中毕业生上山下乡,一大批知识青年奔赴内蒙古生产建设兵团和巴彦淖尔盟(今巴彦淖尔市)的临河、五原、杭棉后旗社队落户。

1973 年 8 月,中共东河区委成立知识青年上山下乡领导小组,下设知识青年上山下乡办公室(以下简称知青办),具体负责区属各单位职工及居住在东河区的无工作单位居民子女的动员安置工作。

1973 年以后,东河区知青办先后给具备"多子女选留"、"身边只有一个"、"独生子女"、"父母双亡"、"身体残废"和"中国籍外国人"等条件的 9 524 名知识青年发了留城证,同时动员 4 224 名知识青年上山下乡。东河区上山下乡青年的安置点是固阳县的九份子、坝梁、公益民、西斗铺公社,亦有至土默特右旗、郊区(今九原区)以及临河、五原、杭锦后旗、达茂旗等地安家落户的。为妥善安置上山下乡青年,区人民政府发给每人安置费 500 元,由知青所在社队统一掌握使用。

"文化大革命"结束以后,根据中共中央关于"调整知青政策,逐步缩小上山下乡范围,今后不再插队落户"的精神,自 1979 年以后,不再动员青年上山下乡,对已经下乡的陆续选调回城就业。截止 1980 年底,由东河区动员下乡的知识青年已经全部抽回,东河区知青办亦于 1982 年撤销。

（第十六编第一章《劳动就业管理》,第 962—963 页）

《包头市郊区志》

《包头市郊区志》编纂委员会编,内蒙古人民出版社 1999 年

是年(1973 年),包头市大批知识青年下放到各公社插队落户。郊区和各公社都成立了知识青年办公室。

（《大事记》,第 7 页）

知识青年口粮供应

插队知识青年口粮,头一年由国家在统销粮中供应,标准为每人每月 22.5 公斤成品粮,粮食品种和食油定量与城镇人口相同。国家供应期满一年,尚未接到新粮分配,继续供应到新粮分配时为止。第二年新粮下来,由生产队分配口粮,其基本口粮(不包括自留地粮):余粮队不得低于 275 公斤原粮,自给队和缺粮队不得低于 250 公斤原粮,不足部分由国家统销粮中给予补助。

到牧区插队的知识青年,从事放牧劳动的口粮标准为每月 16 公斤成品粮;从事草原建设,饲料基地劳动的口粮标准为每月 22.5 公斤成品粮,由国家供应。

(第十二章《商业》,第 166 页)

1963—1990 年郊区财政支出表

单位:万元

| 年份 | 总计 | 经济建设费 | 其中 | | | 社会教育费 | 其中 | | 行政管理费 | 安置费 | 上解支出 | 其它支出 | 预算外支出 |
			工业支出	农业支出	公共事业支出		文教卫生支出	社会福利支出					
1963	143.1	63.7	—	63.7	—	44	39.4	4.6	26.6	2.3	—	3.5	3
1966	335.1	163.1	1.4	161.9	—	77.9	72	5.9	49.5	3.3	—	34.4	6.7
1973	570.8	252.7	55	187.7	10	184.1	170.1	14	91.9	28.8	—	5.9	7.4
1976	596.1	181.7	15	165.4	1.3	194.3	175.7	18.6	94.4	89.7	—	25.7	10.3
1978	806.2	238.3	9.5	207.3	21.5	258.7	232.7	26	92.6	61.4	59.4	70.3	25.5
1980	935.8	363.8	33.1	322.3	8.4	330.3	289.5	40.8	141.3	16	—	42.7	41.7
1983	1 237.5	540.8	122.3	313.8	104.7	395.1	342.9	52.2	167	1.8	36.7	64.4	31.7
1986	2 133.3	966	186.7	481.4	297.9	754.8	643.1	111.7	312.9	3.5	37.5	58.6	—
1988	2 081	556	132	332	92	893	865	28	213	—	178	89	152
1990	3 034	1 188	280	782	126	1 196	1 170	26	329	—	86	73	170

(第十三章《财政　政务　金融》,第 176 页)

1966—1976 年十年中,郊区工人队伍虽有扩大,但城镇待业人员增加更多,主要是"文化大革命"中未上山下乡留城的知识青年。同时全区农村接收了大批包头市的上山下乡知识青年及部分外省市上山下乡知识青年。从 1978 年,郊区开始安置解决待业人员就业和上山下乡返城知识青年就业,主要办法是全区企业不断招工以及筹建新企业予以安置。这样,全区职工人数每年增加,工人队伍迅速膨胀。　(第二十一章《劳动　人事》,第 249 页)

就业

1967 年以前,郊区基本无待业人员。从 1967 年起,待业人员逐年增加,待业人员中主要是未上山下乡留城的初中、高中毕业生。1978 年郊区开始解决城镇待业人员就业和安置上山下乡知识青年就业。主要办法是全民所有制和集体所有制单位招工,补充减员和职工退休、退职由子女顶替接班;另外,成立劳动服务公司,大力兴办集体企业予以安置。

1978—1990 年的 13 年中,郊区累计安置城镇待业人员和上山下乡知识青年 6 895 人就业,其中全民所有制单位安置就业 1 572 人,集体所有制单位安置就业 5 323 人。

1978—1990 年已就业人员中,通过招工安置的计 5 845 人,通过补充减员和职工退休、

504

退职由子女顶替接班安置的 1 050 人。

至 1990 年郊区城镇待业人员就业和上山下乡知识青年就业基本圆满解决。

（第二十一章《劳动　人事》，第 249—250 页）

《白云鄂博矿区志》

《白云鄂博矿区志》编纂委员会编，远方出版社 1998 年

（1964 年）6 月 8 日，矿区成立安置知识青年上山下乡领导小组。到年末，先后动员 8 批 51 名知识青年和社会青年到农村插队落户。　　　　　　　　　　（《大事记》，第 11 页）

（1973 年）9 月 25 日，矿区在国营蔬菜农场安置七二届初中毕业生和社会待业青年约 200 人。　　　　　　　　　　　　　　　　　　　　　　　　（《大事记》，第 14 页）

1963 年，境内出现第一批初中毕业生，劳动部门安置就业 8 名。1964 年 12 月，境内初中毕业生和社会青年 51 人到临河、五原县、杭金后旗、乌拉特前旗等地农村插队落户。

1968 年，矿区革委会专门设立由劳动部门、工宣队和学校革委会联合组成的"知识青年上山下乡办公室"。10 月，130 名初中毕业生下乡到达茂旗满都拉公社牧区和西河、乌兰忽洞公社农村插队落户。1969 年秋，矿区 120 多名 68 届初中毕业生除少数留城和被固阳白云石矿招工外，大部分到巴盟生产建设兵团和包头市郊区农村插队。

1970 年 6 月，矿区上山下乡办公室从 69 届 200 余名初中毕业生中挑选 20 名到锡盟生产建设兵团。1970 年、1971 年，矿区将 69 届的近 200 余名毕业生和 70 届 240 名毕业生全部留城安置工作。

1972 年，矿区先后在矿区农场、铁矿农场建立知青点。初、高中毕业生除极少数留城外，绝大部分到区、矿农场插队。截止到 1979 年，矿区知识青年下乡总数达 1 141 人。

1980 年，矿区不再动员知识青年上山下乡，并开始安置留城和返城知识青年就业。当年，矿区劳动局建立青年面食馆，1982 年扩建成劳动服务公司商店。1984 年后，相继兴建地毯厂和青年采矿队等劳动服务企业。以后，逐年安排待业青年就业，同时也有部分待业青年在改革开放中自谋职业，成为商贸服务个体经营者。

（第六篇第七章《民政　人事　劳动》，第 297—298 页）

《土默特右旗志》

《土默特右旗志》编纂委员会编，内蒙古人民出版社 1994 年

是年（1964 年），动员 98 名首批城镇知识青年下乡插队落户。　　（《大事记》，第 54 页）

（1968年）9月9日，首批北京、上海下乡知识青年190名来吴坝、大城西、沟门、美岱召、苏波盖、党三尧、发彦申等公社插队落户。　　　　　　　　　　（《大事记》，第56—57页）

（1971年）5月19日，召开全旗上山下乡知识青年活学活用毛泽东思想讲用会。

（《大事记》，第58页）

1949年到1990年，本旗人口机械变动较为频繁，其主要原因是：

……60年代后期到70年代初期，知识青年到本地插队落户，后又陆续回城参加工作，婚入婚出和跟随父母，女子迁入迁出等。　　　　（第二编第十二章《人口》，第200页）

《1949—1990年财政支出情况表》。（见本书第507—508页表）

知识青年上山下乡

1964年，本旗开始动员城镇知识青年上山下乡，至1968年，共安置本旗知识青年400名。

1968年，成立土右旗知识青年上山下乡办公室。大量动员城镇知识青年到农村去，接受贫下中农再教育。至1980年，全旗共安排9 447名知识青年（其中北京168名，上海22名，天津496名，呼和浩特市32名，包头市6 625名，本旗2 104名）插队落户。

一、安 置 工 作

从1971年起，通过企业招工、大、中专院校招生、应征入伍等途径，逐步安置下乡知识青年。

招　工　全民所有制单位招收工人时，经考试、政审，优先照顾下乡知识青年。集体单位招工时，对本系统的下乡知识青年包干安置就业，由归属单位和劳动部门统招统配，年龄可适当放宽。1971年至1978年，共安置国营工2 762名；1979年至1980年，共安置集体工5 138名；自动补员350名。其间，为照顾1972年以前下乡的知识青年，经考试择优录取48名，安置为国营工。

定向分配　1972年起，下乡知识青年实行定向分配。根据本人表现、家庭生活特殊困难、下乡子女多和独生子女的家庭等情况，从1971年毕业的初、高中下乡知识青年中评选出82名，定向安置为国营工。

插　场　1976年，本着安置系统子女为主的原则，共安置319名知识青年为农工，其中九峰山林场54名，黄河林场55名，改碱站12名，果园48名，苗圃14名，良种场33名，内蒙农牧干校果园103名。

留　城　在动员知识青年上山下乡过程中，凡符合有关政策规定的知识青年，家长身边可留1名子女。1975年至1978年，共有2 058名知识青年办理留城手续，其中残疾人留城66名。

（本表上接本书第 506 页）

単位：万元

1949—1990 年财政支出情况表

年度	总支出	基建	%	挖潜	%	流动资金	%	工交	%	农牧林水	%	城维	%	知青	%	文卫科研	%	社救	%	行政	%	其它	%	附：上解款
1966	785.7							9.80	1.20	369.6	47.0					175.1	22.0	56.1	7.10	96.6	12.3	78.5	10	104.6
1967	419.5							7.8	1.90	106.1	25.2					176.3	42.0	17.3	4.10	80.6	19.2	31.4	7.5	96.6
1968	329.6			1.50	0.50	1.00	0.30			45.8	13.9					150.3	45.6	15.1	4.60	88.5	26.9	27.4	8.3	76.3
1969	243.9							2.70	1.10	32.5	13.3					77.4	31.7	13.8	5.70	47.6	19.5	69.9	28.7	2.70
1970	215.3					6.00	2.80	2.70	1.30	36.9	17.1			2.40	1.10	86.5	40.2	13.9	6.50	56.0	26.0	10.9	5.1	46.5
第三个五年计划时期 合计	1994			1.50	0.10	7.00	0.40	23.0	1.20	590.9	29.6			2.40	0.10	665.6	33.4	116.2	5.80	369.3	18.5	218.1	10.9	326.7
1971	319	24.7	7.70			14.2	4.00	0.90	0.30	51.9	16.3			8.40	2.60	118.9	37.0	12.4	3.90	71.1	22.2	16.5	5.2	
1972	336.5									73.6	22.0			2.00	0.60	158.6	47.0	9.70	2.80	72.0	21.3	20.6	6.2	
1973	634.5					59.0	9.30	14.4	2.30	261.3	41.0			10.8	1.70	167.5	26.0	18.6	3.00	94.6	15.0	8.30	1.3	
1974	582.7	6.00	1.00			3.00	0.50	0.80	0.10	242.1	41.5			32.3	5.50	172.8	30.0	25.9	4.40	81.0	14.0	13.6	2.3	
1975	913.7	15.5	1.70			28.7	3.10			310.2	34.0	6.20	0.70	217.8	24.0	201.6	22.0	22.7	2.50	94.1	10.3	16.1	1.7	
第四个五年计划时期 合计	2786.4	46.2	1.60			104.9	3.80	16.1	0.50	939.1	33.7	6.20	0.20	271.3	9.70	819.4	29.0	89.3	3.20	412.8	14.8	75.1	2.6	

其　中

……

续表

年度 / 项目	总支出	基建	%	挖潜	%	流动资金	%	工交	%	农牧林水	%	城建	%	知青	%	文卫科研	%	社救	%	行政	%	其它	%	附:上解款
1976	806.9					40.0	5.00	15.5	1.90	272.1	33.7	5.10	0.60	49.3	6.10	205.7	25.0	48.6	6.00	111.8	13.8	58.8	7.3	24.60
1977	878.0			64.0	7.30	57.6	6.50	4.50	0.50	262.5	30.0	6.50	0.70	81.9	9.30	213.8	24.0	67.3	8.70	105.8	12.0	14.1	1.6	20.7
1978	851.3			10.0	1.20	37.2	4.30	4.70	0.50	296.6	35.0	7.20	0.80	3.50	0.40	286.9	33.0	70.0	8.20	115.1	13.5	20.1	2.4	16.4
1979	1015.6			32.0	3.20	4.00	0.40	2.00	0.20	438.4	43.0	21.3	2.00	0.50	0.05	291.2	28.0	66.2	6.50	127.6	12.5	32.4	3.2	14.1
1980	1022.2			29.0	2.80	14.0	1.40	2.00	0.20	377.3	37.0	17.6	1.70			325.7	32.0	81.9	8.100	143	14.0	34.7	3.1	
合计	4574			135	3.00	152.8	3.30	28.7	0.60	1646.9	36.0	57.7	1.30	135.2	2.90	1323.3	29.0	334	7.30	603.3	13.1	157.1	3.4	75.5
……																								
1986	1969.3	20.0	1.00	12.5	0.60			6.20	0.30	531.1	27.0	35.5	1.80	8.70	0.40	678.4	34.4	151.5	7.70	306.8	15.8	218.6	11	30.7
1987	2241.3	43.0	1.90	15.5	0.70			5.20	0.20	551.9	24.6	154.2	6.90	6.00	0.02	727.6	32.5	121.6	5.40	299.7	13.3	316.6	14.3	30.9
1988	2516.4	51.5	2.00	78.4	3.10			4.60	0.20	697.9	27.8	87.0	3.50	10.8	0.40	854	33.9	142.6	5.70	340.2	17.1	243.4	6.3	115.5
1989	2702.6	8.00	0.30	10.6	0.40			12.4	0.50	928.8	34.4	48.0	2.80	5.00	0.20	897.9	33.2	172.7	6.40	339.2	14.8	193	7.0	36.9
1990	3277.6	33.0	1.00	153.3	4.70			10.8	0.30	104.12	31.8	76.9	2.30			1080.9	33.0	133.6	4.10	541.3	16.5	206.6	6.3	83.9
合计	12707.2	155.5	1.20	270.3	2.10			45.2	0.40	3750.9	29.5	428.6	3.40	30.5	0.20	4238.8	33.4	722	5.70	1887.2	15.6	1178.2	8.6	297.9

（第十编第三十三章《财政》，第 547—549 页）

转　迁　转迁是本旗知识青年要求到外旗（县）或者外地知青要求来本旗落户，经双方上山下乡知识青年办公室发函联系妥后，办理转迁手续。1968 年至 1980 年，本旗共迁出 378 人，迁入 216 人。

招生　参军　1973 年到 1980 年，全国大、中专院校录取本旗知识青年 514 名；参军 153 名。

病退　困退　已经下乡但又因病或家庭特殊困难，无法在农村继续劳动的知识青年，共迁回城镇 331 人。

二、经　费

本旗 1972 年以前安置知识青年经费开支是：接收区内的每人 234 元；接收区外的每人 293 元。1973 年后，改为下乡知识青年每人 500 元（包括建房补助费、生活费、工具费、书报、医药费），截至 1980 年，国家共下拨知识青年安置经费 402 万元，木材 2 337 立方米，建房 2 532 间。

（第十六编第五十二章《劳动人事》，第 755—756 页）

中共十一届三中全会以后，土默特右旗人民法院处理了大量案件，并根据上级指示精神，本着实事求是，有错必纠的方针，组织专人复查了“文化大革命”中所判处的案件和涉及起义投诚人员被判刑的案件。共处理申诉案件 195 件，复查各类案件 400 余件，复查审结 178 件，其中改判纠正 55 件，部分改判 3 件。改判案件占复查案件总数的 7％。对改判后的案件，又会同有关部门做了大量的善后工作。

改判案件中，……因与女知识青年通奸而以破坏知识青年上山下乡运动判刑的杜天善、王正元、平润师均改判无罪。

（第十七编第五十六章《审判》，第 773—774 页）

《固阳县志》

《固阳县志》编纂委员会编，内蒙古人民出版社 1999 年

（1964 年）8 月 27 日，固阳县首批 30 名知识青年上山下乡插队落户。

（《大事记》，第 30 页）

（1968 年）秋，又有固阳县籍 153 名初高中毕业生，下乡插队落户。这批知青，多数到银号公社境内的银号、天义公、碾房等十几个水利条件较好的村落插队落户。从 1969 年以后，每年秋季都有一批县内外的知青下乡落户。到 1977 年，下乡知青总人数为 11 859 名，分布于全县 722 个村落。

（《大事记》，第 31 页）

固阳县 1949—1990 年财政支出情况一览表①

单位：万元

年度	当年支出合计	基本建设支出 金额	%	企业挖潜改造 金额	%	农林水利事业费 金额	%	支援农村生产支出 金额	%	城市维护费 金额	%	城镇人口下乡（就业经费） 金额	%	文、科、卫事业费 金额	%	其他部门事业费 金额	%	抚恤和社救 金额	%	行政管理费类 金额	%	其他支出 金额	%
												……											
1964 年	176.3			0.6	0.3	35.4	20.1	8.5	4.8			2.8	1.6	57.4	32.6			11.6	6.6	51.8	29.4	8.2	4.6
1965 年	227.2			5.3	2.3	40.4	17.8					3.6	1.6	75.3	33.1			52.3	14.2	60.2	26.5	10.2	4.5
1966 年	282.5			8.7	3	51.4	18.2	1.5	0.5			1.4	0.5	77.6	27.5			75	26.6	60.1	21.3	6.7	2.4
1967 年	360.7			5.9	1.6	39	10.8	14.5	4			0.04	0.01	86.7	24			156.5	43.4	51.2	14.2	7.8	2.2
1968 年	208.6			1	0.5	27	13	10.1	4.9			2.8	1.4	73	35			39.4	18.9	49.4	23.7		
1969 年	275.2			4.5	1.6	42.5	15.4	12.7	4.6			15.2	5.5	78.9	28.7	0.2	0.1	53.6	19.5	57.1	20.7	10.5	3.6
1970 年	220.6			1	0.5	39.3	17.8	9	4			4.6	2.1	85.5	38.8	0.2	0.1	10.2	4.6	61.6	27.9	9.3	4.2
1971 年	432.7	104.8	24.2	38.5	8.9	65.2	15.1					4.6	1.1	112.00	26			5.7	1.3	90.9	21	9.8	2.3
1972 年	442.2	76.4	17.3	29.98	6.8	73.6	16.7					1.4	3.0	146.6	33.2			12.1	2.7	88.8	20.1	13.2	3
1973 年	605.7			6.98	1.2	210.4	34.8	29.3	4.8			9.3	1.5	164.4	27.2			23.1	3.8	89.7	14.8	27.3	4.5
1974 年	584.4			51.1	8.7	157.5	27	30.5	5.2	4.2	0.7	21.4	3.7	171.3	29.3			35.8	6.1	95.9	16.4	16.7	2.9
1975 年	808.4			10.9	1.3	227.3	28.1	43.5	5.4	4.9	0.6	199.5	24.7	197.5	24.4	0.7	0.1	15.1	1.9	99.9	12.4	9.1	1.1
1976 年	838.2			33	4	182.6	22	64.6	8	6.6	0.8	192.3	23	209.3	25	2	0.2	26	3	109.5	13	8.4	1
1977 年	815			27.3	3.4	244.7	30	31	3.8	7.8	1	84.9	10.4	216.8	26.6			27.3	3.4	99.1	12.2	67.4	8.3

① 本表原分作"1949—1971 年"、"1972—1990 年"两个表，今合并。——编者注

其中主要项目的支出金额及所占比重

年度	当年支出合计	基本建设支出		企业挖潜改造		农林水利事业费		支援农村生产支出		城市维护费		城镇人口下乡(就业)经费		文,科,卫事业费		其他部门事业费		抚恤和社救		行政管理费类		其他支出	
		金额	%	金额	%	金额	%	金额	%	金额	%	金额	%	金额	%	金额	%	金额	%	金额	%	金额	%
1978年	810.3	6	0.7	21.6	2.7	262.2	32.4	20.5	2.5	5.3	0.7	19.2	2.4	289	35.7	3	0.4	24.2	3	112.4	13.9	39.1	4.8
1979年	878			0.2	0.02	324.7	37	28.3	3.2	16	1.8	0.3	0.03	276.2	31.5	2.5	0.3	68.1	7.8	118.7	13.5	42.99	4.9
1980年	975.2	23.4	2.9			252.6	25.9	67.4	6.9	13	1.3	11	1.1	320.3	32.8	2.3	0.2	97.4	10	130.2	13.3	52.8	5.4
1981年	980	20	2	15.8	1.6	214.5	21.9	36.8	3.8	10	1	1.5	0.2	309.6	31.6	2.3	0.2	95.7	9.8	114.5	11.7	144.6	14.7
1982年	929.3	15	1.6	13.5	1.5	152.6	16.4	31.7	3.4	11.5	1.2			368.4	39.6	7.5	0.8	64.7	7	127.4	13.7	134.6	14.5
1983年	1 000.7			14.3	1.4	82.4	8.2	97.1	9.7	67.2	6.7			410.1	41	17.9	1.8	98.5	9.8	178.5	17.8	43.6	4.4
1984年	1 235.2	44.6	3.6	27	2.2	103.6	8.4	106.1	8.6	39.2	3.2	0.4	0.03	450.3	36.5	38.9	3.1	72.6	5.9	213.5	17.3	132.4	10.7
1985年	1 289.5	13.7	1.1	8.2	0.6	94.7	7.3	39.5	7.3	43.3	3.4			501.6	38.9	69.4	5.4	76.5	5.9	194.2	15.1	130.8	10.1
1986年	1 763.9	73.8		14.7		116.6	6.6			36.3		6		629.6	35.7	57.2		97		260.5		212.1	
1987年	1 742.8			27		122.2	7	226.9	13	38.7		10		632.5	36.3	110.6		163.7		266.6		95.6	
1988年	2 020.0	15		24.3		136	6.7	249.4	12.3	68.3		7		728.6	36.1	84.3		145.8		280.6		13.7	
1989年	2 293.6	49.9	2.2	94.5	4.1	143.7	6.3	310.6	13.5	105.2	4.6	7	0.3	778.2	34	92.2	4	118.4	5.2	316.5	13.8	31.7	1.4
1990年	2 733	50	1.8	90	3	180	6	389	15	130	6	7		886	34	130	5	120		426		160	17

(第三篇第十二章《财税》,第316—317页)

511

第八节　知识青年上山下乡

1964年本县首批30名城镇户籍初、高中毕业生上山下乡,赴农村插队落户。1968年底,毛泽东主席发出"知识青年到农村去,接受贫下中农的再教育"的指示,年满16周岁初、高中毕业生和社会待业青年,均属上山下乡对象,本县又有153名知青奔赴农村。1969年成立固阳县知识青年安置办,1974年更名为固阳县知青办,并成立中共固阳县知青领导小组,各公社随之也成立知青安置领导小组。1968年至1973年知识青年上山下乡达到高潮,除本县3 397名外,还接收外地知青8 462名,到1977年底插队下乡知青总计有11 859名,分布在17个人民公社,722个知青点。

从1970年起,根据上级指示精神,通过在知识青年中招工、招生、征兵等途径,逐步安置下乡知识青年。截止1980年,将9 855名知识青年安置就业。

1986年根据上级落实知青政策精神,为131户知青配偶落户。

(第四编第七章《劳动人事》,第428页)

《乌海市志》

《乌海市志》编纂委员会编,内蒙古人民出版社1996年

(1969年)9月27日,由内蒙古生产建设兵团投资兴建的海勃湾玻璃厂开始建设。兵团一师抽调现役军人、复员战士和来自京、津、沪、浙、冀16个省市的知识青年陆续进厂,到1970年7月达540人。由何信民、王修文具体负责筹建工作。

10月,内蒙古生产建设兵团四师从杭锦旗巴拉贡23团调两个连到老石旦和海勃湾,在此基础上组建24团,共2 700人,团长邹积升、政委戴荣照。在黄河东岸从事农业生产。

(《大事记》,第37页)

(1970年)3月1日,国营乌达蔬菜农场根据内蒙古生产建设兵团和内蒙古革委会的决定划归生产建设兵团,组建为第一师第八团,来自京、津、沪、浙、苏、冀、鲁等省市及包头2 100名知识青年陆续到达乌达开荒种地,从事农业生产。　　(《大事记》,第38页)

是月(1975年1月),根据国务院、中央军委关于改变生产建设兵团体制决定,内蒙古生产建设兵团四师(原一师)八团仍改为国营乌达蔬菜农场。　　(《大事记》,第40页)

6月21日,内蒙古生产建设兵团四师二十四团战士张家才,为保护羊群被黄河漩涡卷进激流献出生命。　　(《大事记》,第40页)

1969 年 10 月和 1970 年 3 月，内蒙古生产建设兵团先后成立四师二十四团和一师八团，5 000 多名兵团战士在黄河两岸的海勃湾、老石旦、乌达滩兴修水利，开荒种地。

（第七篇第一章《农业开发建设》，第 185 页）

知识青年安置

1968—1980 年，响应中共中央"知识青年上山下乡"的号召，动员城镇历届初、高中毕业生去农村插队落户。1968、1969 年海勃湾市、乌达市两批 450 人，分别被安置到巴盟、伊盟。1974 年开始就地安置下乡知青，乌海地区共建起知青点 42 个。到 1980 年全市安置上山下乡插队落户知识青年共 10 332 人。1980 年后不再安置知识青年上山下乡。1975 年、1982 年，通过选干、招工、招生、参军等渠道，逐年安置下乡知识青年回城工作。到 1982 年，上山下乡知识青年全部得到妥善安置。　　　　（第十五篇第二章《劳动》，第 676—677 页）

《海勃湾区志》

海勃湾区地方志编纂委员会编，内蒙古人民出版社 1999 年

同年（1968 年），海勃湾市召开欢送知识青年上山下乡大会，市领导和有关负责人出席大会并讲话。　　　　　　　　　　　　　　　　　　　　（《大事记》，第 27 页）

（1969 年）9 月 27 日，由内蒙古生产建设兵团投资兴建的海勃湾玻璃厂开始建设，由何信民、王修文具体负责筹建工作。

10 月，内蒙古生产建设兵团第四师二十四团在海勃湾市黄河沿岸垦荒种植。

同月，内蒙古生产建设兵团四师从杭锦旗巴拉贡 23 团调两个连到老石旦和海勃湾，在此基础上组建 24 团，共 2 700 人，团长邹积升、政委戴荣照，在黄河东岸从事农业生产。

（《大事记》，第 27 页）

（1976 年）5 月 19 日，在上山下乡知识青年中发放留城证。　　　（《大事记》，第 30 页）

（1979 年）3 月 5 日，海勃湾办事处知青办转发内蒙古知青领导小组《关于动员停留城市的知识青年返回生产岗位的通知》。　　　　　　　　　　（《大事记》，第 31 页）

上山下乡知识青年安置

1968—1979 年，响应中央"知识青年上山下乡"的号召，动员城镇历届初高中毕业生去农村。1968 年、1969 年，海勃湾有两批 225 人被安置到伊盟插队落户。1974 年开始就地安

置下乡知青,海勃湾地区共建知青点 9 个。截至 1980 年,区内安置上山下乡插队入户知识青年共 1 021 人。1980 年开始不再安排知识青年上山下乡。1975—1980 年通过选干、招工、招生等渠道,逐年开始安置下乡知识青年回城工作。到 1982 年,上山下乡知识青年全部得到妥善安置。

(第十六编第一章《劳动》第 399—400 页)

《乌达区志》

乌达区地方志编纂委员会编,内蒙古人民出版社 2001 年

是月(1964 年 6 月),乌达市人民委员会成立知识青年下乡委员会,第一次号召知识青年"上山下乡"。

(《大事记》,第 32 页)

是年(1968 年),乌达革命委员会首次欢送知识青年上山下乡。　(《大事记》,第 35 页)

(1969 年)2 月,驻巴彦淖尔盟临河县狼山地区的建设兵团知识青年调入国营乌达蔬菜农场。

(《大事记》,第 35 页)

(1970 年)1 月 1 日,国营乌达蔬菜农场划归中国人民解放军北京军区内蒙古生产建设兵团,编为一师八团,1973 年改为四师八团,1975 年移交地方,复称国营乌达蔬菜农场。

(《大事记》,第 36 页)

是月(5 月),北京市、上海市、天津市知识青年陆续抵乌达,编入一师八团参加农业生产。

(《大事记》,第 36 页)

(1978 年)国营乌达蔬菜农场原兵团近 2 000 名知识青年开始陆续返回城市。

(《大事记》,第 40 页)

国营乌达蔬菜农场是驻区的乌海市农委直属农业企业,于 1959 年 5 月在乌达矿区蔬菜大队的基础上组建。1970 年 3 月,国营乌达蔬菜农场划归内蒙古生产建设兵团一师八团(1973 年改为四师八团)。1975 年 10 月,撤销兵团建制,恢复国营乌达蔬菜农场名称,划归乌达市领导。

(第五编第一章《农业开发建设》,第 173 页)

知识青年安置

1968—1980 年,乌达地方政府响应中共中央"知识青年上山下乡"的号召,动员城镇历

届初、高中毕业生去农村插队落户。1974 年开始就地安置下乡知青,乌达地区共建知青点 5 个。1980 年后不再安置知识青年上山下乡,到 1982 年,上山下乡知识青年通过选干、招工、招生、参军等渠道,全部得到妥善安置。　　　　　（第十五篇第二章《劳动》,第 423 页）

《海南区志》

《海南区志》编委会编,内蒙古人民出版社 2004 年

1975 年,内蒙古生产建设兵团第 4 师 24 团撤销原建制,改称海勃湾市八一农场,移交海勃湾市。　　　　　　　　　　　　　　　　　　　　　　　（《大事记》,第 45 页）

知识青年安置

1968—1979 年,海南地区各单位响应中共中央关于"知识青年上山下乡"的号召,动员城镇历届初、高中毕业生去农村插队落户。1968 年、1969 年,包括今海南地区在内的海勃湾市有两批 225 人被安置到伊克昭盟各旗。1974 年,开始就地安置上山下乡知识青年,海南地区共建知青点 9 个。截至 1979 年,海南区内共安置上山下乡插队落户知识青年 5 000 余人。1980 年后,不再安置知识青年上山下乡。到 1982 年,上山下乡知识青年通过选干、招工、招生、参军等多种渠道,全部回城并得到妥善安置。（第十四篇第一章《劳动》,第 547 页）

《乌兰察布盟志》

乌兰察布盟地方志编纂委员会编,内蒙古文化出版社 2004 年

(1964 年)9 月 2 日,集宁首批 42 名知识青年到四子王旗农村集体插队落户。

（《大事记》,第 91 页）

(1968 年)8 月,北京、天津、上海、呼和浩特和当地知识青年,陆续到乌盟农村、牧区插队落户。盟和旗县市均设立"知识青年上山下乡办公室"(截至 1979 年,全盟共有下乡知识青年 59 213 名)。

（《大事记》,第 94 页）

(1976 年)5 月 4 日,自治区第一所知识青年"共产主义大学"在乌盟凉城县诞生,并在凉城县岱海知识青年农场举行开学典礼和庆祝大会。首批学员 12 名,学制暂定 1 年。自治区领导尤太忠、吴涛到会祝贺。共产主义大学是为自治区上山下乡知识青年举办的社来社去半工半读的新型大学。

（《大事记》,第 98 页）

（1977 年）年底，全国恢复高考制度。乌盟参加大专考试的考生 22 211 名，录取 826 人；参加中专考试的考生 36 462 人，录取 2 076 人。 　　　　　　　　　　（《大事记》，第 100 页）

"文化大革命"期间，劳动用工制度遭到了破坏。至 1974 年为满足国民经济恢复和发展的需要，增补自然减员、招用临时工等工作又重新开展起来。当时劳动局制定了明确的招工范围和条件：（一）烈士子女和因公死亡或致残者的子女；（二）二等以上残废军人子女；（三）"文化大革命"扩大化致死或致残者子女；（四）个别生活困难的孤儿寡母家庭子女（第 4 种情况优先照顾已经上山下乡或到兵团的）。另外，符合上述范围但属于以下情况之一的不予安排：（一）在校生；（二）1974 年下半年以来的退学学生；（三）已婚者；（四）1972 年以来经组织批准并出具证明已照顾安排过的。 　　　　（第九编第四章《劳动管理》，第 637 页）

"虎山春"上海知青生活摄影展

1996 年元宵节，乌盟文联及乌盟摄影家协会举办乌盟影协副主席方忠达反映上海知青生活的摄影展在集宁街心公园展出，展出作品 30 余幅。

（第三十九编第七章《展览》，第 1809 页）

《集宁市志》

《集宁市志》编纂委员会办公室编，内蒙古文化出版社 2006 年

（1968 年）7 月 10 日，乌盟、集宁市革委会联合发文，号召知识青年上山下乡，走与工农相结合的道路。组织学校、机关、街道、铁路、驻军进行大规模的动员，掀起上山下乡热潮。

7 月 27 日，集宁市首批 400 名知识青年在一片锣鼓声中上山下乡，接受贫下中农（牧）再教育。分乘 20 余辆"解放牌"大卡车奔赴农村。

8 月 28 日，第二批知识青年下乡插队。盟市举行了隆重的欢送大会和欢送仪式，下乡青年集中从集宁一中出发到人民剧场门前，受到夹道欢送。 　　　（《大事记》，第 45—46 页）

（1969 年）1 月 13 日，集宁市上山下乡知识青年欢送大会召开。14 日上午，在剧场门前举行欢送仪式。 　　　　　　　　　　　　　　　（《大事记》，第 46 页）

4 月 16 日，1 300 余名天津知识青年来乌盟插队。乌盟、集宁市革委会举行隆重的欢迎仪式，并在剧场门前召开了欢迎大会。各单位、学校组织了夹道欢迎，后分送各有关旗县。（到 1969 年底，全市先后有 4 000 余名 1966—1968 届初、高中毕业生下乡或去建设兵团）

（《大事记》，第 46—47 页）

同年(1970年),继续开展上山下乡工作。下乡对象是1969、1970届初、高中毕业生。

(《大事记》,第48页)

(1971年)9月,集宁市部分下乡知青经推荐开始招工回城。随后大批知青进入工厂、企业工作。

(《大事记》,第49页)

(1974年)8月,集宁师范开始招收工农兵学员。部分年龄较大的知青经推荐入学。

(《大事记》,第50页)

(1975年)7月25日,中共集宁市委系统总结全市知青动员情况,并作出安排(全市自1968年以来先后下乡知青达10 069名,发放留城证1 801人)。 (《大事记》,第50页)

1973—1986年,全市共受理人民群众来信来访3 627件(次),主要落实60年代末、70年代初下乡的城市知识青年返城政策,"扩大化"期间致死、致残人的生活待遇、子女安排问题,以及1958年私有房屋改造问题等等。 (第十八编第三章《人民政府》,第757页)

1977—1984年,进入就业任务的高峰期。1966年前,城镇新成长的劳动力就业问题已经出现,由于"文化大革命"的混乱局面,大量的待业青年得不到安置。到了粉碎"四人帮"后,就业问题凸显。全市面临的就业压力主要有几种情况:一是初高中毕业生;二是社会青年;三是回城、返城下乡知识青年;四是社会闲散劳动力。这四种人约15 000多人。

针对全市就业压力大、安置难的问题,集宁市人民政府及各部门采取了有力措施:国营、集体企业挖源就业;退休人员子女顶替;自然减员增补;兴办各种集体经济,扩大就业面。其中实施国营企业、学校、街道、劳动服务公司等自办集体企业的安置就业方式形成。1979—1981年,安置待业青年及其它就业人员14 500人,缓解了全市的就业压力。

(第十八编第二章《劳动管理》,第909页)

知识青年安置

1964年起,按照中共中央精神,动员城镇知识青年上山下乡。全市大批初、高中毕业生和待业青年到农村牧区插队落户,1968年至1975年达到高潮。截止到1980年,全市累计动员上山下乡知识青年11 000人。插队落户地点主要分布在四子王旗、达茂旗、察右中旗、化德县、商都县、兴和县、卓资县、凉城县、武川县、清水河县、察右前旗、西苏旗、市郊以及内蒙古生产建设兵团。此后不再组织知识青年上山下乡。

在组织知青上山下乡同时,为开辟回城返城青年的安置途径,集宁市成立了知识青年安置办公室。1976年,组织参观学习团赴湖北省大冶县参观学习,后兴办知青厂(点)15个。为推广这一经验,自治区革命委员会上山下乡办公室在集宁市召开了全区现场经验交流会。

随后,用知青经费 68 万元在市内繁华地段兴建了 3 100 平方米的三层营业大楼,安置下乡知青 500 多人。从 1972 年起,下乡知识青年通过国营、集体企业招工、大中专院校招生、参军入伍、转干等途径分别由各地逐步吸纳回城,到 1982 年,全市共安置回城下乡知识青年 8 200 余人。

(第十八编第二章《劳动管理》,第 910 页)

单美英 (1952—1971)女,汉族,原集宁市铁二中初中毕业生。

1970 年 6 月 9 日,她积极响应国家上山下乡的号召,来到了内蒙古生产建设兵团六师某部,当了一名兵团战士。1971 年 4 月 15 日,正值春播之际,单美英与战友们正在麦田地里播种,草原上突然着起了大火,火借风力,风乘火势,立即向麦田方向肆虐而来。单美英只要后退几步,就可以跳进深翻过而没胡柘草的土地,躲到安全地带避开烈火,但她不顾个人安危,为挽救田头一大堆麦包,在与烈火搏斗中壮烈牺牲,年仅 19 岁。

单美英牺牲后,被追授为革命烈士,她的事迹先后被《人民日报》、《解放军日报》、《北京日报》报道,她本人被《人民日报》称作“草原女英雄”,她的事迹至今被编入蒙古语课本。

(《人物·人物传略》,第 1163 页)

《二连浩特市志》

二连浩特市地方志编纂委员会编,内蒙古文化出版社 2003 年

(1970 年)3 月,全市各族各界群众齐集车站,隆重欢送到察右后旗的二连浩特市首批上山下乡知识青年 30 余名。9 月、12 月,第二批、第三批出发。 (《大事记》,第 30 页)

(1971 年)8 月 3 日,赛乌苏农场接收二连浩特市首批上山下乡知识青年 38 人。

(《大事记》,第 31 页)

(1973 年)8 月 29 日,成立知识青年上山下乡领导小组。 (《大事记》,第 32 页)

从 1970 年开始,动员知识青年上山下乡,被安置到外地的有百余人,其后陆续返回。

(第三篇第一章《人口》,第 111 页)

《兴和县志》

兴和县志编纂委员会编,内蒙古文化出版社 2004 年

(1968 年)9 月,兴和中学首批学生 116 人,分赴曹四夭、大库联 2 乡插队落户。到 1977

年,全县共有城镇初高中毕业生1 324人"上山下乡"。期间,到兴和县插队落户的上海、天津等大城市的知识青年共有527人。

(《大事记》,第43页)

11月22日,兴和县革命委员会召开上山下乡知青学习毛主席著作先进集体和积极分子代表会议。

(《大事记》,第44页)

1982年9月5日,兴和县知识青年上山下乡办公室与劳动局合并,人员合署办公。

(《大事记》,第52页)

一、知青安置

1964年,兴和县成立知识青年安置办公室,当年动员安置12名知识青年下乡。1968年6月,知识青年安置办公室改为知识青年上山下乡办公室,开始大规模动员知识青年下乡。到1973年,先后接收安置了县境内初、高中毕业生和自治区内外知识青年6 824人,其中安置上海知青286人,天津知青773人,呼和浩特和集宁市等地知青273人。下乡知识青年被分别安置在境内的20个公社121个大队、236个生产队。1971年4月—9月,内蒙古自治区30家大中型企业来兴和从知识青年中招收国家固定工人872人。到1984年底,知识青年安置工作基本结束,个别与当地农民结婚定居的知识青年仍留在农村,并得到适当的安置。1985年后,知识青年办公室主要解决知青安置中的遗留问题。

二、待业安置

1978年,知识青年上山下乡工作停止,城镇待业青年增多。县境内劳动就业的重点是安置待业青年。兴和县委、县人民政府从稳定大局出发,采取全民、集体所有制单位招工、老职工退休子女接班,各行业自办家属五七厂、知青厂等小集体企业和劳动服务公司,鼓励待业青年自谋职业等措施,10年内共安置待业青年4 078人。1981年7月,县劳动服务公司成立,对城镇待业人员进行登记,发放待业证、失业证、求职证。……

(第二十一编第二章《劳动管理》,第749页)

《清水河县志》

《清水河县志》编纂委员会编,内蒙古文化出版社2001年

(1968年)12月,来自上海、天津、包头、呼和浩特、集宁以及县内的1 144名知识青年先后到县境12个公社插队落户。

(《大事记》,第59页)

新中国成立后,县内人口的机械变动,除国家干部职工因工作需要正常调动而外,主要

有以下方面的变动情况：

……

二是从 60 年代起，北京、天津、乌兰察布盟及呼市等地的知识青年到县内插队落户。

三是 70 年代初，下乡知识青年开始选调出县，人口迁出较多。

…… （第九编第一章《人口民族》，第 773 页）

"文化大革命"期间，中共中央发出知识青年上山下乡的号召，全县安排知识青年到农村插队落户，少数符合条件留城待业青年，都给予统一就业安排。

1971 年起，县内一些国家、集体企业陆续招工，从下乡的知识青年中选拔招收。以后，下乡知识青年陆续回城就业。

1977 年 9 月，全县下达《关于迅速清退下乡插队不满两年的知青临时工、合同工返回农村的通知》，在此范围内的知青临时工，合同工全部返回农村。同年冬，全县按照乌兰察布盟革命委员会文件精神，分 3 批为县集体企业招收固定工 199 名。此后，一些待业青年以工代干进入行政事业单位以及粮食、物资、供销等系统。根据政策规定，1 名离、退休人员可以让其 1 名家属就业。随之一些补员职工进入行政事业单位，一部分补员职工后转为干部。粮食、物资、供销、商业等单位职工逐渐增多，人浮于事现象产生。 （第九编第二章《劳动人事》，第 789 页）

《武川县志》

《武川县志》编纂委员会编，内蒙古人民出版社 1988 年。

（1964 年）秋，集宁等地下乡知识青年 92 人首批来县插队落户。 （《大事记》，第 26 页）

（1965 年）本县 134 名知识青年下乡插队落户。 （《大事记》，第 26 页）

（1968 年）后半年，镇内已毕业的中学生，原系农村户口的回乡生产，原系城镇户口的下乡插队，名曰"接受贫下中农再教育"。 （《大事记》，第 28 页）

9 月，县革委会成立上山下乡安置办公室，后改为知识青年上山下乡办公室，当年安置北京、天津、呼和浩特、包头等地的知识青年 3 183 人下乡插队。 （《大事记》，第 28 页）

（1969 年）继续接收和安置京、津、呼、包和集宁等地 1 000 多名知识青年插队落户。

（《大事记》，第 29 页）

（1971 年）全县有 19 名下乡、返乡知识青年经推荐选拔，上了大学。 （《大事记》，第 30 页）

1 500 多名上山下乡知识青年被招工,进入包头二冶、内蒙二机厂、呼钢等工矿企业。

(《大事记》,第 30 页)

(1973 年)7 月,大中专院校招生,县内组织文化课考试,全县设考场 5 个。

(《大事记》,第 30 页)

解放 30 多年来,本县人口的机械变动,除国家干部职工因工作需要正常调动而外,主要还有如下 6 个方面的变动情况:

······

三是从 1968 年 8 月起,北京、天津、包头及呼和浩特等地的知识青年到本地插队落户。

四是 70 年代初,下乡知识青年开始选调出县;本县男性青年农民从四川、甘肃、青海、陕西等地找回对象,女方有的还带来父母及其他亲属。 (第九编第一章《人口》,第 607 页)

第三节 劳 动 就 业

1950 至 1957 年,本县劳动就业人数甚少。1958 年随大办工业,地方国营企业吸收一批农民和城镇居民就业。1960 年后,先后精减部分职工和干部。1964 至 1965 年,县精简安置委员会组织本县 134 名知识青年上山下乡。1968 至 1978 年间,成立武川县上山下乡安置办公室(后称知识青年上山下乡办公室),共接收北京、天津、呼和浩特、包头、集宁和本县下乡知识青年 7 503 名(包括 1964 至 1965 年 134 名),其中本县知识青年 1 412 名。1970 年开始安置下乡知识青年,1971 至 1972 年国家企事业单位大批招工,到 1984 年,下乡知识青年已全部安排就业。其中,升学 787 名,参军 152 名,病困退回 1 684 名,迁出 1 125 名,法办 14 名,死亡 15 名,外地招工 2 857 名,本县招工安置 869 名。

待业青年在本县劳动就业情况表
单位:人

年　份	安置人数	其　　　中		
		农村招工	城镇招工	安置下乡知识青年
1950—1957	27	19	8	—
1958—1962	615	578	37	—
1963—1965	244	122	122	—
1971—1975	583	149	342	92
1976	245	18	77	150
1977	94	23	50	21
1978	109	64	26	19
1979	204	63	87	54
1980	616	95	191	330
1981	597	97	297	203

年　份	安置人数	其　中		
		农村招工	城镇招工	安置下乡知识青年
1982	149	48	101	—
1983	525	165	360	—
1984	195	76	119	—
1985	65	—	65	—
1986	151	—	151	—

　　1980年，为安置日益增多的城镇待业青年，县劳动人事局成立了劳动服务公司。1986年底，劳动服务公司改为劳动服务事业管理局。

（第九编第四章《劳动人事》，第630—631页）

《卓资县志》

《卓资县志》编委会编，内蒙古人民出版社2003年

　　(1968年)8月，北京、天津、上海、呼和浩特及当地知识青年上山下乡插队落户，名曰"接受贫下中农再教育"，县成立"知识青年上山下乡办公室"。　　　　（《大事记》，第26页）

　　1958年随着大办工业，一部分农村劳动力和城镇青年被招收到工矿企业和其它行业，此后，主要安置对象为城镇待业青年及部分青壮年劳动力。

　　1964年，动员96名知识青年首批下乡务农。1968年，县革命委员会设立了上山下乡知识青年安置办公室，以下简称"安办"，开始接收上海、北京、天津、呼和浩特、包头等地知识青年下乡插队。截止1978年，全县下乡插队的知识青年共计1 255名，外地的有500多名。

　　1978年10月国务院规定县以下城镇知识青年不再列入上山下乡范围，并于1985年底将下乡知青全部迁离农村，进行了统筹安排，据统计，1979—1985年从城镇青年中共安排固定工1 496人。

　　从1980年8月份开始，贯彻执行"在国家统筹规划和指导下，实行劳动部门介绍就业，自愿组织起来就业和自谋职业相结合"的"三结合"就业方针。"安办"更名为劳动服务公司。根据上级批示和县政府(84)第128号文件精神，由县劳动服务公司组织提倡，各单位积极配合，广开就业门路，本着系统包单位，单位包子女，街道包居民的原则，相继成立了一批由县劳动服务公司统一管理、引导的集体所有制性质单位，经营餐饮、副食、百货、加工、旅社等多种业务，通过这些"大集体"安置了许多待业青年就业。

（第二十六编第四章《社会保障》，第764页）

《察哈尔右翼后旗志》

察哈尔右翼后旗志编纂委员会编，内蒙古文化出版社 2007 年

（1964 年）8 月 14 日，"察右后旗安置城市知识青年下乡领导小组"成立。旗委副书记杨勤宝任组长，人委副旗长赵勤邦任副组长，下设办公室，配备专职干部 2 名。

（《大事记》，第 49 页）

10 月 5 日，察右后旗首批 37 名知识青年到韩勿拉公社后坊子大队插队落户。每人安置经费 200 元。

（《大事记》，第 49 页）

11 月 2 日，察右后旗接收安置集宁知识青年 30 人到韩勿拉公社白音堂、福虎堂两个大队落户。每人安置经费 215 元。

（《大事记》，第 49 页）

（1968 年）8 月 20 日，旗革命委员会在土牧尔台镇举行知识青年上山下乡有线广播誓师大会。参加大会有 2 000 余人。"文化大革命"中，首批城镇知识青年分赴乌兰哈达、白音察干、锡勒 3 个人民公社的牧业队安家落户。

（《大事记》，第 53 页）

（1971 年）5 月，旗革命委员会知识青年安置办公室陆续从上山下乡劳动锻炼 2 年以上的知识青年中招工、招干、征兵和推荐到区内外大中专院校读书。

（《大事记》，第 56 页）

（1973 年）6 月 5 日，旗革命委员会抽组 12 名机关干部组成知识青年慰问调查组。开始对全旗各公社接收安置的知识青年进行慰问，对知识青年工作和生活存在的问题进行全面调查。

（《大事记》，第 57 页）

10 月 28 日，乌兰察布盟中级人民法院在白音察干镇召开有线广播公判大会，奸污白音察干公社西坡牧业队集宁市女知识青年的徐发明被判处死刑，剥夺政治权利终身。

（《大事记》，第 57 页）

（1974 年）12 月 25 日，全旗首次上山下乡知识青年先进代表大会在白音察干镇召开。出席会议代表 178 名，其中知识青年代表 110 名。大会表彰先进集体 23 个，先进个人 87 名，会议向全旗知识青年发出倡议书。

（《大事记》，第 58 页）

（1977 年）12 月 31 日，知识青年上山下乡运动结束。从 1964 年开始到运动结束，全旗

累计接收安置旗内外知识青年2 728名,其中男1 569名,占总数的57.5%,女1 159名,占42.5%;旗内知识青年1 358名,占总数的49.8%,旗外知识青年1 370名,占50.2%。

(《大事记》,第59页)

(1983年)5月24日,撤销旗知识青年安置办公室,其人员编制、业务、财产等移交劳动服务公司,隶属劳动局领导。

(《大事记》,第65页)

10月28日,察右后旗最后75名下乡知识青年的户口、粮食关系迁回城镇,并全部做了妥善安置。至此,全旗上山下乡知识青年全部安置完毕。 (《大事记》,第66页)

1968年12月22日,毛泽东主席发表"知识青年到农村去,接受贫下中农的再教育,很有必要"的号召,全旗广大团员青年积极响应。到1977年底,全旗1 358名城镇知识青年到农村牧区安家落户。 (第二十编第二章《群众团体》,第810页)

1973年11月28日,与乌兰察布盟中级人民法院召开有线广播公判大会,公判了一批奸污下乡女知识青年、破坏知识青年插队下乡以及行凶杀人、贪污盗窃、强奸等罪犯,奸污致死女知识青年的徐发明被判处死刑。 (第二十二编第三章《审判》,第883页)

《察右中旗志》

察右中旗志编纂委员会编著,内蒙古人民出版社1999年

(1964年)12月10日,察右中旗知识青年36人和集宁知识青年27人分别下乡到广昌隆公社和巴音公社插队落户,这是察右中旗接收的首批知识青年。 (《大事记》,第53页)

(1968年)9月,察右中旗第一次接收北京市、天津市下乡知识青年1 169人。

(《大事记》,第57页)

11月25日,召开全旗上山下乡知识青年学用毛泽东思想先进集体和积极分子代表大会。

(《大事记》,第57页)

(1970年)接收北京、天津、集宁和察右中旗知识青年1 917人。 (《大事记》,第59页)

1949—1996年,累计预算内总支出(决算数)43 784.8万元,其中,基建支出958.1万元,

企业挖革改支出 678.3 万元,简易建筑支出 123.8 万元,流动资金支出 296.6 万元,科技三项费用支出 136.1 万元,支援农村生产支出 3 251.7 万元,农牧林水支出 5 641.1 万元,工业交通商业支出 434.1 万元,城镇维护费 402.3 万元,文教卫生事业费支出 13 936.6 万元(内有教育事业费 7 056.2 万元),科学事业费支出 23 万元,其他部门事业费支出 1 232.3 万元,抚恤社救费支出 2 596 万元,行政管理费支出 9 299.9 万元,公检法支出 1 068.5 万元,支援不发达地区支出 654.3 万元,价格补贴支出 771.9 万元,城镇青年就业费支出 211.9 万元,其它支出 1 042.8 万元,专款支出 536.5 万元,农业综合开发支出(1996 年)489 万元。

(第十五编第一章《财政》,第 542 页)

知识青年安置

1964—1979 年,察右中旗共接收上山下乡知识青年 3 740 人,其中北京 1 042 人、天津 590 人、集宁 474 人、旗内 1 137 人、区内外其它地区 497 人。分别安置全旗各人民公社所属生产大队和生产队之中。插队知识青年,口粮当年按城供补贴,第二年吃农供粮,留粮标准 275 公斤。为使知识青年扎根农村牧区,增长才干,旗委、政府抽组带队干部 16 人,分布在 13 个生产大队专搞知识青年管理工作。根据实际情况,1974 年先后办起三道沟公社高山、义发泉公社、得胜公社西壕堑 3 个知识青年林场,广益隆公社和米粮局公社 2 个知识青年农场以及库伦苏木畜群点。其他公社也有成立小型知识青年农林场、队的。从 1970 年以后,大部分知识青年陆续离开农村牧区,有的考入了大中专院校,有的提升到公社工作,有的参军入伍,多数招工安置为全民、集体固定工,因病、困退回城镇者也安置了适当工作。截至 1983 年底,全旗累计安置 3 710 名知识青年。1984 年,根据盟计委乌计综字〈1983〉第 57 号文件"关于撤销盟、市、旗县知青办的通知"精神,遗留工作移交劳动服务公司后,对尚未安置的在乡 28 名知识青年,分别安置为合同制工人和二轻集体工人。

根据国家规定,知识青年享受经费标准,在牧区插队的每人 380 元,在农区插队的每人 250 元。具体开支项目,建房费、生活费、工具费、书报费、医药费,专款专用,分拨到公社统一管理使用。历年累计共支知识青年费 162.7 万元。

根据有关政策规定,在动员知识青年上山下乡工作中,对多子女下乡的家庭,父母身边可留一个子女,办理留城手续,发放留城证。全旗共发留城证 516 人,这些知识青年,先后也都安置就业。

(第二十二编第二章《优抚安置》,第 724 页)

1984 年 6 月撤销劳动局、人事局、编制委员会以及知识青年上山下乡安置办公室,成立劳动人事局。

(第二十三编第一章《机构设置》,第 747 页)

1971、1975、1976、1978 年四年从工人、农民、复员军人和知识青年中录用干部180 人。

(第二十三编第三章《人事管理》,第 755 页)

《察哈尔右翼前旗志》

察哈尔右翼前旗志编纂委员会编,内蒙古文化出版社 2006 年

(1968 年)3 月,察右前旗知识青年上山下乡安置办公室成立。　　(《大事记》,第 47 页)

8 月,天津、上海及当地共 958 名知识青年,陆续到察右前旗农村插队落户。

(《大事记》,第 47 页)

(1969 年)9 月,全旗有 1 102 名天津、上海及当地知识青年到农村安家落户。

(《大事记》,第 48 页)

知识青年上山下乡:1964—1975 年,迁入察右前旗插队知青 3 526 人,其中区外迁入 1 837 人(天津 1 402 人,上海 435 人),区内迁入 1 689 人。　　(第三编第一章《人口状况》,第 188 页)

1975 年 6 月 28 日—7 月 2 日,中共共青团察右前旗委员会召开第七次代表大会,出席会议代表 380 名,其中女代表 167 名、少数民族代表 15 名、党员代表 5 名、知识青年代表 45 名、红卫兵干部 17 名、红卫兵辅导员代表 18 名。

在中共十一届三中全会精神鼓舞下,全党工作重点发生转移,全国出现了安定团结的大好形势,1979 年 4 月 19—23 日,第八次团代会召开。会议听取了中共察右前旗旗委宣传部、旗妇联和旗革委会知青办、旗公安局作的《关于实现"四个现代化"》、《正确对待恋爱、婚姻、家庭问题》以及《知识青年工作》、《加强法制教育》等有关报告。

(第十九编第二章《群众团体与社会团体》,第 860 页)

"文化大革命"开始后,教师结构发生异常变化。外调、改行、被迫回家的现象十分普遍。加之中学盲目发展,教师短缺,只有从小学教师和"老三届"中学生中选任,小学教师空缺由大量的社办教师与代课教师补充,同时将大部分下乡知青推上教学岗位。1971 年,全旗共有教师 2 810 名。其中社办和代课教师 1 931 名,占 68.7%。经过"加强小学、调整初中、压缩高中、兴办职中"的治理整顿,消除了"文化大革命"期间的浮肿现象,经考试考核辞退了部分社办、代课教师。　　(第二十五编第五章《教师队伍》,第 1077 页)

《达尔罕茂明安联合旗志》

《达尔罕茂明安联合旗志》编纂委员会编,内蒙古人民出版社 1994 年

(1968 年)8 月,迎接首批北京、天津等地知识青年来本旗插队落户。(《大事记》,第 43 页)

(1973 年)8 月 20 日,知识青年上山下乡领导小组成立,下设知青办。(《大事记》,第 44 页)

解放 40 年来,本旗人口的机械变动,除国家干部职工因工作需要正常调动外,主要有以下五个方面的变动情况:

……

2. 从 1968 年 8 月起,北京、天津、呼和浩特、包头、集宁等城市的知识青年到本旗插队落户。

……

4. 70 年代初,下乡知识青年开始选调、升学出旗。(第三篇第一章《人口》,第 151—152 页)

1969 年,满都拉公社安家落户的女知识青年李铁梅、刘淑英为保护羊群与暴风雪搏斗受到各级政府的表彰,1970 年,李铁梅出席了中共内蒙古第五次党员代表大会,刘淑英出席了北京军区双代会。

(第十三篇第二章《群众团体》,第 515 页)

第四节 劳 动 就 业

1950—1957 年劳动就业人数甚少。1958 年随大办工业,农村及外地流入就业人数猛增。1960 年开始精减部分职工,至 1964 年共精减职工 674 名,同时接收安置城市精减下放人员 153 名(其中知识青年 95 名)。1968—1978 年间,本旗成立知识青年上山下乡安置办公室,共接收北京、天津、长沙、呼市、包头、集宁和本旗下乡知识青年 3 993 名。1970 年开始安置知识青年就业,1971—1972 年,国家企事业单位大批招工。至 1984 年,下乡知识青年全部安排就业。1984 年之后为安置日益增多的城镇待业青年,成立劳动服务公司。1987 年,劳动服务公司改为劳动服务事业管理局,隶属劳动人事局,专事就业与培训。

1968—1978 年知识青年下乡情况统计表

年 份	年末实有知识青年		本旗知识青年		外地知识青年	
	合计	其中当年下乡	合计	其中当年下乡	合计	其中当年下乡
1968	1 539	1 539	46	46	1 493	1 493
1969	1 839	300	113	67	1 726	233
1970	1 926	87	200	87	1 726	—
1971	644	15	49	15	595	—
1972	461	110	78	29	383	81
1973	600	92	170	92	430	—
1974	751	393	358	244	393	149
1975	1 228	696	418	117	810	579
1976	1 360	336	596	254	764	82
1977	1 701	341	868	272	833	69
1978	1 785	84	950	82	835	2

(第十五篇第二章《劳动人事》,第 550 页)

1978 年针对知识青年户口问题规定，因病返、困退城市者公安局不签发准迁证，由知青办发通知书为落户凭证。 （第十六篇第二章《治安》，第 559 页）

《四子王旗志》

四子王旗地方志编纂委员会编，内蒙古文化出版社 2005 年

(1964 年)9 月 2 日，集宁市首批 42 名知识青年到四子王旗农村集体插队落户。

（《大事记》，第 39 页）

(1968 年)8 月，首批北京、天津、上海等地知识青年到四子王旗农村牧区插队落户。

（《大事记》，第 41 页）

(1973 年)8 月，旗革委会成立知识青年上山下乡领导小组。 （《大事记》，第 43 页）

1968—1978 年四子王旗知识青年上山下乡统计表

单位：人

年　份	年末实有数		旗知青数		外旗知青数	
	合　计	当年下乡数	合　计	当年下乡数	合　计	当年下乡数
1968	2 383	2 224	179	91	2 204	2 133
1969	3 769	1 386	266	87	3 503	1 299
1970	3 395	91	262	86	3 133	5
1971	2 827	58	297	55	2 530	3
1972	2 077	77	448	69	1 629	8
1973	1 667	307	391	80	1 276	227
1974	1 701	308	542	304	1 159	4
1975	1 645	408	317	226	1 328	182
1976	1 912	630	587	120	1 325	510
1977	2 205	14	702	3	1 503	11
1978	1 714	6	603	3	1 101	3

（第十四编第三章《劳动人事》，第 552 页）

中华人民共和国成立之后，四子王旗干部来源大致有 4 个方面：……四是从下乡知青和留城青年中选拔转为国家干部。 （第十四编第三章《劳动人事》，第 525 页）

1971 年后，教育开始逐步恢复发展，一大批上山下乡知识青年和返乡知识青年充实到教师队伍。 （第十八编第二章《教育》，第 599 页）

《商都县志》

商都县志编纂委员会办公室编，内蒙古文化出版社 2007 年

（1965 年）第一批外地 14 名知识青年到商都县插队落户。　　　　　（《大事记》，第 44 页）

知识青年上山下乡

从 1965 年第一批外地 14 名知识青年到商都插队落户到 1978 年（除 1966、1967 年两年外），14 年间先后到商都插队的知青有 12 批 5 624 人。他们的到来，导致全县人口有所增加。　　　　　（第三编第一章《人口》，第 168 页）

1950—1990 年商都县财政支出统计表　　　　单位：万元

年度	科技三项	流动资金	支援农村费	工交商费	城镇就业费	文教卫生费	抚恤社会救济	行政管理	其它支出	合计	净结余	上解支出
……												
"三五"时期 1966			57.8			143		75.8	3	289.6	38.7	25.8
1967			50.9			201.8		60.6	6	319.3	41.3	21.9
1968			31.2			145.4		65.6	6.8	249	76.1	
1969	0.3	2.8	27.2	6.3	31.9	113.8		89.2	4.2	322.3	79.2	6.2
1970	1.7	11	49.9		2.8	113.6		68.6	6.4	422.6	134	
小计	2	13.8	217.2	6.3	34.7	717.6	215	359.3	36.4	1 502.8	360.3	53.9

年度	基建支出	企业挖改	科技三项	流动资金	支援农村费	农林牧水费	工交商费	城市维护费	城镇就业费	文教卫生费	科学事业费	其它部门费
"四五"时期 1971	58.6		4.1	10	66.1		4.6	1.6	6.8	159		
1972	11.8		0.9		123.4		55		10.1	182		
1973			3.3	20	268.5			1	10.5	192		
1974		9	35.8	32	230.8				17.1	212.9		
1975								1.3		57.8		
小计	70.2	22	56.3	88.9	1 008.8		11.4	2.6	13.7	947.2		
"五五"时期 1976		23	15	26	264.8		3.5		5.8	219.5		
1977		21.8	16.6	24	294.2		2.1	0.5	3.3	231.8		
1978		37.2	15.1	17	288.3		2	5	2.6	287.7		
1979		22.5	8.4	11	337.8		2	7.8	2.7	310.3		
1980			4.7		309.4	2.3		9	38.1	307.2		
小计		104.5	59.8	78	1 494.5	2.3	9.6	22.3	5.1	1 350.7		

年度＼金额＼项目	基建支出	企业挖改	科技三项	流动资金	支援农村费	农林牧水费	工交商费	城市维护费	城镇就业费	文教卫生费	科学事业费	其它部门费
"六五"时期 1981		4	2	2		251.5	2.1	19.8	5.6	308.9		
1982			2	15		181.1	2.3	27.8	14.9	352.8		6.6
1983		9			102.6	94.6	2.3	47.6	13.6	378.7		11.7
1984	47.5	56.8			153.8	106.8	0.3	44.5	4.5	425.9		15.6
1985	51.5	7.2			59	93.8	2.9	24.9	43.9	464.8		34.5
小计	99	77	4	17	325.2	727.3	45.9	164.6		1 931.1		68.4
"七五"时期 1986	16.4	3			216.7	107.2	3.6	48.3	8	521.1		25.3
1987	30	21.9			187.6	122.3	3.5	41.1	3.1	532.6	1.5	36.9
1988	15	27.7			239.3	140.9	20.9	28.1	5	696.7	16.7	34.7
1989	50	9	3.7		242	117.7	33.1	17.4	5	670.9	16.5	50.7
1990		35.3	11.3		277.1	122.6	4.1	36	4	775.4	19.5	60.5
小计	111.4	96.9	15		1 162.7	610.7	65.2	170	25.1	329.7	54.2	127.1

（第十五编第一章《财政》，第608—609页）

知识青年安置

1968年8月，设置了商都县知识青年上山下乡安置办公室，开始动员首批知识青年上山下乡，全县共有1 569名知识青年到22个公社插队落户，其中：区内1 153人，区外416人。1974年，全县共有上山下乡知识青年1 186名，其中：北京99名，天津75名，区内255名，本县757名。当时通过民办教师、亦农亦商、赤脚医生等各种渠道安置614名。1968—1978年，全县累计接收来自天津、北京等地的知识青年533人，县城知识青年3 198人。下乡插队2—3年后，大部分人员通过招工、招生、参军等渠道进行安置。到1986年底，共安置知识青年3 702人，回城未安置79人。经过劳动部门多次招考，到1990年底，全县的知识青年全部安置。

1987年，根据有关指示，为全县区内、区外知识青年的配偶和子女户口在农村的166户、417人全部转为城镇户口。 （第二十三编第一章《劳动管理》，第885页）

1972年"建干"，从农村、基层选拔了一批公社党委正副书记、革委会正副主任共34人，其中：已脱产的12人。从人员成份看，贫下中农干部22人，知识青年干部12人。

（第二十三编第二章《人事管理》，第896页）

《丰镇市志》

丰镇市志编纂委员会编，内蒙古文化出版社 2005 年

（1964 年）8 月，全县首批 20 多名知识青年上山下乡、插队落户。（《大事记》，第 41 页）

（1968 年）7 月—9 月，县革委会动员组织知识青年分批上山下乡，插队落户。7 月第一批下乡 127 人，8 月初第二批下乡 165 人，8 月 20 日第三批下乡 209 人，9 月第四批下乡 114 人。

（《大事记》，第 43 页）

11 月，北京 2 010 名知识青年分批来到丰镇县，安置在全县各公社生产队。

（《大事记》，第 43 页）

（1969 年）3 月，上海 204 名知识青年到丰镇县对九沟、浑源窑、大庄科等公社插队落户。

（《大事记》，第 44 页）

1971—1979 年财政支出明细表　　　　　　　单位：万元

数量　类别　　年度	……	1976	1977	1978	1979
总支出	……	749.8	808.4	1 005.3	947.2
经济建设	……	/	/	/	/
社会文教费	……	236.4	259.2	288.4	367.0
行政管理费	……	106.6	121.8	119.8	153.7
其它	……	5.5	13.4	39.1	28.8
上解	……	/	63.2	3.3	9.2
本年结余	……	−12.1	83.7	94.6	76.3
增拨流动资金	……	16.1	45.6	58.0	6.0
人防费	……	/	/	/	/
干部下放劳动费	……	/	/	/	/
县办"五小"工业技改费	……	17.5	40.8	16.0	17.0
水产	……	/	/	/	/
水文	……	/	/	/	/
科技三项费用	……	/	/	/	1.1
支援农业	……	314.8	251.9	300.3	327.9
工交商业事业费	……	0.8	2.5	2.8	2.6
基本建设	……	17.0	17.0	15.0	/

数量　　　年度　类别	……	1976	1977	1978	1979
新产品试制费	……	2.5	1.9	1.3	/
城市维护费	……	0.7	17.5	36.3	37.2
城市人口下乡安置费	……	2.5	10.8	4.3	3.9
企业挖潜改造费	……	/	26.0	120.3	/
商业简易建筑费	……	/	/	3.6	2.0

1980—1985 年财政支出明细表　　　　　　　　　　　　单位:万元

数量　　　年度　类别	1980	1981	1982	1983	1984	1985
总计	885.7	825.3	993.3	1 097.5	1 404.7	1 630.7
基本建设	5.5	/	/	9.0	11.0	20.0
企业挖潜改造	/	/	/	73.0	52.7	5.0
简易建筑费	2.0	/	/	/	5.0	27.5
科技三项费	/	0.9	3.4	4.9	31.3	33.8
农林水部门事业费	264.3	178.8	183.8	98.8	121.1	101.6
支援农业生产	/	/	/	92.7	177.8	149.2
工业交通等事业费	2.4	2.4	3.2	3.6	4.2	43.4
商业部门事业费	/	/	/	3.7	/	3.0
城市维护费	40.2	26.0	57.0	77.1	82.3	143.2
城镇青年就业费	/	/	7.2	11.3	35.0	0.6
文、科、卫事业费	297.2	290.3	371.7	393.3	446.0	527.9
其它部门事业费	/	/	7.8	11.1	18.1	29.3
抚恤和救济事业费	52.7	98.5	54.5	55.4	68.4	92.6
行政管理费	170.4	162.0	170.8	238.7	308.3	377.0
其它	38.3	52.3	74.6	29.2	43.5	74.6
财政补贴	/	/	/	/	/	60.6(内补)
交回上年行政事业单位调资未补款	/	/	−3.6	−4.5	/	/
流动资金	/	/	55.0	/	/	/
武警部队经费	/	3.6	3.4	/	/	/
县办"五小"工业技改补助	2.5	2.0	4.5	/	/	/
城镇人口下乡经费	10.2	8.6	/	/	/	/

（第九编第一章《财税》，第 508—509 页）

知青安置

1964年,开始动员知识青年上山下乡,同年7月成立了知识青年上山下乡安置办公室。"文化大革命"前,共动员知青下乡232人,安置在县境7个公社的8个安置点上。

1968年6月,安置办改为丰镇县知识青年上山下乡办公室,开始大规模安置下乡青年。1964年至1978年,先后接收安置了县境内和外地知青6 700余人,其中北京2 019人,上海206人,天津6人,呼和浩特14人,二连浩特42人,集宁、包头等地也有零星知青来丰下乡。下乡知青分别安置在县内20个公社,160个大队,630个生产队。1971年4月至9月,自治区30家大中型企业来丰从知青中招收固定工人1 218人;至1981年4月,通过招工、招生、参军、病退回城,家庭生活困难迁回原籍,知青转干等共安置知识青年6 300余人。1984年底,知青安置工作基本结束,个别与当地农民结婚定居的知青仍留在农村,得到适当安置。1985年后主要解决知青安置中的遗留问题。

待业安置

1978年,知青下乡工作停止,城镇待业青年增多。县境劳动就业的重点是安置待业青年。县政府采取全民、集体所有制单位招工,老职工退休子女接班,各行业自办小集体企业和劳动服务公司,鼓励待业青年自谋职业等措施,10年共安置待业青年18 251人。……

(第十编第六章《劳动人事》,第632—633页)

1958年以后,农村各类中学教师大都由回乡知青担任。1977年底,全县已有民办中学教师618人,占中学教师总数的45%多。同年,县文教局对中学教师进行考核和选用,1984年又进行过关考试,过关者发给合格证书。 (第十一编第三章《教育管理》,第719页)

《凉城县志》

《凉城县志》编纂委员会编,内蒙古人民出版社1993年

(1968年)7月,凉城中学480名毕业生分赴县内农村插队落户,称为"接受贫下中农再教育"。同年11月底,2 038名北京市、天津市的知识青年到县内农村插队。

(《大事记》,第41页)

1968年至1977年,来自北京、天津、集宁及本县的知识青年响应国家号召,去县内农村插队落户。先后有3 574名知识青年由城市流向农村,到1983年底,这部分知识青年大多迁回原籍,极少部分与县内农民结婚者,也由农村迁回县城或集镇。

(第三编第一章《人口》,第132页)

1966 年"文化大革命"开始,工厂停工,学校停学,大批青年既不能升学,也不能就业。1968 年,毛泽东主席发出"知识青年到农村去,接受贫下中农再教育"的号召,县委成立了知识青年上山下乡办公室。到 1968 年 11 月,共有 2 038 名京、津知识青年,先后来凉城县插队落户,呼和浩特市、集宁市的知识青年也来凉城县插队落户,县里均做了相应的安排。1978 年,下乡知识青年多数陆续回城。从 1980 年,开始全县积极组织和扶持城镇集体所有制经济,办起了县劳动服务公司,采取多渠道就业方针。

(第十六编第二章《劳动人事》,第 697 页)

《和林格尔县志》

《和林格尔县志》编纂委员会编,内蒙古人民出版社 1993 年

(1964 年)10 月 1 日,本县首批知识青年 17 人到西窑子村插队落户。

(《大事记》,第 34 页)

(1968 年)9 月,成立县上山下乡安置办公室,后改为知识青年上山下乡办公室。当年安置天津、上海、呼和浩特市和本县知识青年 2 000 多人。　　　　　(《大事记》,第 37 页)

《苏尼特右旗志》

《苏尼特右旗志》编纂委员会编,内蒙古文化出版社 2002 年

是年(1965 年),苏右旗安置办公室(知识青年上山下乡办公室)成立。

(《大事记》,第 34 页)

(1973 年)10 月 29 日,苏右旗成立"知识青年上山下乡"领导小组。

(《大事记》,第 38 页)

1964 年,规定企业单位在临时性、季节性工作岗位上,实行临时工制度。并规定在招工中,对军属子女、下乡多年和多子女下乡的知识青年、少数民族青年优先录用。

1975 年,招工对象调整为"五优先",即上山下乡知识青年优先;批准免于下乡知识青年优先;少数民族青年优先;矿山、井下、野外勘探等符合招生条件的职工子女优先;对错挖成"内人党"死亡或致残完全丧失劳动力者子女优先。　　(第二十编第二章《劳动人事》,第 818 页)

1964 年,国家开始动员城镇知识青年上山下乡,1965 年苏右旗成立安置办公室(后称知

识青年上山下乡办公室),从 1965—1978 年共接收集宁、呼和浩特市等外地和旗内知识青年 3 141 名。从 1970 年开始直到 1978 年止,上山下乡知识青年先后升学、参军、招工等离开农村、牧区。同时,安排留城待业青年就业。

1979 年,旗商业局、供销社等系统相继成立独立核算、自负盈亏的大集体,安排该系统职工、干部上山下乡知识青年和留城、回城知识青年。

(第二十编第二章《劳动人事》,第 818—819 页)

《化德县志》

《化德县志》编纂委员会编,内蒙古文化出版社 2006 年

(1968 年)6 月 17 日,县知识青年上山下乡安置办公室成立,归口县革命委员会生产建设委员会领导。

(《大事记》,第 39 页)

(1971 年)12 月 11—15 日,全县知识青年代表会议召开,参会代表 150 名。

(《大事记》,第 41 页)

1971 年,集宁等地知识青年 400 多人到化德插队落户。 (《大事记》,第 41 页)

(1973 年)11 月 13—18 日,全县知识青年代表会议召开,参会代表 188 名。

(《大事记》,第 43 页)

(1975 年)8 月 2 日,18 时许,七号公社安业大队突降暴雨,洪水来势汹猛,下乡女知识青年王秀兰、范丽在与洪水搏斗中不幸遇难。 (《大事记》,第 44 页)

(1977 年)12 月 25—28 日,全县知识青年代表会召开,参会代表 150 人。

(《大事记》,第 45 页)

1968—1977 年,城市知识青年"上山下乡",有北京、天津、呼市、集宁等地的"知青"在县内农村安家落户,至 1984 年,落实知识青年政策,大部分"知青"返城或调走,少部分"知青"同县内职工、农民结婚,在县内定居。 (第三编第一章《人口》,第 166 页)

1972—1978 年,动员知识青年上山下乡,接受贫下中农再教育。号召团员和青年参加农业学大寨运动。 (第十七编第二章《群众团体》,第 575 页)

1980年,固定工计划为3 031人,比1974年计划2 448人增加了583人。这一期间,新增职工的来源,分别是安置退伍军人、下乡知识青年、城镇待业青年和落实政策安排子女等。

(第二十编第一章《劳动管理》,第638页)

1971—1978年,从下乡和留城知识青年中录用干部89人。

(第二十编第二章《人事管理》,第644页)

《锡林郭勒盟志》

《锡林郭勒盟志》编纂委员会编,内蒙古人民出版社1996年

是年(1964年),锡盟72名城市知识青年到农村牧区落户,这是锡盟首批下乡的知青。

(《大事记》,第98页)

(1967年)10月12日,第一批北京知识青年到达锡林浩特并在锡盟安家落户。

(《大事记》,第103页)

11月19日,第二批北京知识青年来锡盟安家落户。　　(《大事记》,第104页)

(1968年)6月16日,锡盟首次组织各旗县社、队干部,贫苦牧民和下乡知识青年赴大寨参观学习。　　(《大事记》,第104页)

(1969年)5月7日,北京军区内蒙古生产建设兵团第四、五、六师在锡盟组建。其中第四师接管锡盟种畜场、毛登林场,编成31、32团,师部设在锡林浩特;第五师接管高力罕牧场、哈日根台公社、白音花公社、罕乌拉公社、宝日格斯台牧场,编成41、42、43、44、45团,师部设在西乌珠穆沁旗;第六师接管哈拉图农牧场、贺斯格乌拉牧场、满都宝力格牧场、宝格达山林场,编成51、52、53、54、55团,师部设在乌拉盖牧场。时间不久又撤销四师,所辖的31、32团归属五师。　　(《大事记》,第105页)

(1970年)6月25日,解放军驻锡盟支左部队和锡盟革委会,在锡林浩特召开锡盟下乡知识青年代表大会,共726名代表参加会议,锡盟革委会负责人郭成玉致开幕词。军管会负责人崔毓秀作总结报告。　　(《大事记》,第106页)

9月26日,北京市慰问团来锡盟慰问下乡知识青年。　　(《大事记》,第106页)

(1972 年)2 月 25 日,锡林浩特地区又一批 800 余名初高中应届毕业生,到牧区插队落户,接受贫下中农的再教育。盟党政领导和几千名干部群众欢送他们。

5 月 5 日,西乌珠穆沁旗宝日嘎斯台公社发生特大火灾,内蒙古生产建设兵团五师四三十团的 69 名兵团战士在扑火搏斗中牺牲。　　　　　　　　　　　　　（《大事记》,第 109 页）

(1975 年)7 月 2 日,全盟开展清户口、清外流人员、清应下未下的知识青年为内容的三清工作。　　　　　　　　　　　　　　　　　　　　　　（《大事记》,第 114 页）

10 月 5 日,在锡林浩特召开"巩固发展兵团建设成果,办好国营农牧场"的动员大会,撤销内蒙古建设兵团五师和六师的建制,成立锡林郭勒盟农牧场管理局和乌拉盖农牧场管理分局。原五、六师所属的各团分别归锡林郭勒盟农牧场管理局和乌拉盖分局管理。

（《大事记》,第 114—115 页）

是年(1978 年),锡盟停止城市知识青年下乡。1968—1978 年,锡盟安置城市知识青年共 13 260 名。其中北京下乡知青 3 557 名,其他省市下乡知青 196 名,呼市、包头下乡知识青年 769 名,其他盟下乡知识青年 163 名,锡盟知青 8 575 名。　　　（《大事记》,第 120 页）

知青工作机构

1964 年 12 月,锡盟城市青年安置委员会下设办公室。

1968—1970 年,知青安置工作由锡盟革命委员会政治部分管。

1971 年,锡盟革委会政治部下设锡盟安置办公室。

1973 年,锡盟成立城市青年安置领导小组,下设办公室。

1974 年,安置办公室改称知青办公室。

1979 年,成立锡盟知青领导小组,下设知青办公室。

1981 年,知青办撤销,业务归属锡盟劳动局。　　（卷十九第二章《劳动人事》,第 1749 页）

这一时期(1966—1970 年),内蒙古军区决定在锡盟组织生产建设兵团第四、五、六师,绝大部分的农牧场和部分合营牧场、牧业公社、牧业户都归属兵团接管。连续 5 年,从天津、包头、呼和浩特、集宁、唐山、赤峰等地接受安置大批城市知识青年,技术人员和管理干部进一步增多。　　　　　　　　　　　　　　（卷十九第二章《劳动人事》,第 1751 页）

第四节　知识青年工作
一、上 山 下 乡

(一)过程

1964 年,本着安置青年学生为主,安置闲散劳动力为辅;插队为主,插场为辅的原则,锡盟动员72名(男52名,女20名)城镇知识青年到农牧区。这是锡盟首批上山下乡的知识青年。1965—1967年,有组织有计划地动员635名知识青年下乡插队。插队形式一般是七八名至二十余名一起安置在农村牧区社队,投亲靠友的分散到农(牧)户。

1968年,上山下乡运动进入高潮,当年锡盟共接收安置知识青年5 138人,其中北京籍3 166人,呼和浩特市籍455人。1969—1977年,锡盟共接收安置知识青年14 792人。1977年底,锡盟在乡知识青年9 660人,男5 247人,女4 413人,其中北京籍377人,呼和浩特市籍320人,安置在农村的2 758人,牧区的6 748人,国营农牧场154人。

1973年以前,到牧区的知识青年,先是插包(蒙古包),后来插浩特(居民点);到农村的是分散插队。1973年以后主要采取集中安置,在成组安置的基础上搞厂社挂钩,创办集体所有制的农、工、林、牧、渔知识青年(场)队和农工商联合企业,整顿"三集中一分散"(集中食、宿、学,分散劳动)的知青点。实际上还是以分散安置为多。

1979年底,锡盟还有在乡知识青年8 498人,其中北京籍148人,呼和浩特市籍168人。

(二)政策待遇

政策　1964—1967年,知识青年上山下乡,以思想动员为主,1971年以后,锡盟城市应届高、初中毕业生,除根据国家需要少数升学(音乐、美术、体育)外,17周岁以上的毕业生全部下放到农村牧区。1972年,对因病不能参加农牧业生产劳动,或父母年老病残,别无依靠的城镇青年,不作为动员对象。1973年,动员对象年龄提前到16周岁以上,独生子女,多子女身边只有一个子女,中国籍外国人子女,父母双亡,弟妹幼小,生活困难,无人照顾的不作为动员对象。

待遇　1964年,到牧区插队的知识青年每人每年补助240元,到农村插队的补助200元。以后对补助标准进行了多次调整。知识青年安置国家拨出安置经费,主要用于知识青年建房,差旅补助、购置小型农具及家具,学习、医疗费用补助、探亲补助和生活补助等。1964—1978年,国家拨给我盟安置经费1 635万元,每个知识青年平均749元。

知识青年的口粮,一般下乡第一年由国家供应,第二年起在农区的吃生产队留粮,标准同当地农民一样;在牧区的按当地非农业人口标准供应。

此外,知识青年还给予棉花和棉布补助,路途较远省市来锡盟的,在下乡第二和第四年,享受两次探亲假,车船费由国家报销。

(三)成长使用

在锡盟下乡的知识青年,加入中国共产党的513名,共青团的6 378名。474名被选拔到各级领导班子中,其中盟级1名,县(旗)团级6名。另外还有代课、民办教师882名,赤脚医生256名。

1975年,丁继红、陈朋山、付晓东、吉日嘎拉、袁泊、郭治中被树立为锡盟知识青年标兵,受到表彰。到1978年,先后有4 400余名知识青年出席各种先进代表会议,2人被自治区树立为知识青年标兵,2人出席全国人民代表大会,为国家输送各类人才8 600多人。

地 区	人 数
太 仆 志 旗	1 418
苏 尼 特 左 旗	377
正 镶 白 旗	537
镶 黄 旗	448
东乌珠穆沁旗	1 206
正 蓝 旗	722
阿 巴 嘎 旗	1 286
阿巴哈纳尔旗（锡林浩特市）	554
多 伦 县	1 132
西乌珠穆沁旗	1 489

二、回城安置

1971 年以前,锡盟招收录用下乡知识青年 846 人,男 581 人,女 265 人,其中北京籍 338 人,呼和浩特市籍 58 人。录用到农牧系统 30 人,工业系统 455 人,财贸系统 58 人,文教系统 115 人,国家机关 69 人,集体所有制单位 46 人,升学(中专)73 人。此外,还有 172 名升入大学,83 名参军。

1972—1979 年,按政策留城、病退回城 9 600 人,安置 3 198 人,其中安置到全民所有制单位 268 人,集体所有制单位 2 930 人。1980 年,安置 1964—1972 年下乡插队的知识青年 650 人。

（卷十九第二章《劳动人事》,第 1968—1770 页）

黄秀玲 女,汉族,1949 年生,北京市人,团员,道图诺尔汉乌拉大队下乡知识青年,1970 年 10 月 20 日在东乌珠穆沁旗道图诺尔扑灭烈火时受伤,1971 年 1 月 1 日牺牲。

（卷二十二《烈士名录》,第 1948 页）

王保林 男,汉族,1954 年生,赤峰市巴林左旗人,1972 年参加工作,额仁高毕公社三队知识青年,1972 年 4 月 27 日在东乌珠穆沁旗额仁高毕公社扑灭草原烈火中牺牲。

力 丁 女,蒙古族,1954 年生,呼和浩特市人,1971 年 4 月 12 日参加工作,建设兵团五师四三团四连战士,1972 年 5 月 5 日在宝日嘎斯台牧场哈日小日本山扑灭草原烈火中牺牲,1972 年 6 月 1 日追认团员。 （卷二十二《烈士名录》,第 1948 页）

典彩林 女,汉族,1950 年生,北京市人,1968 年参加工作,团员,道木德戈比公社达布希勒下乡知识青年,1972 年 5 月 13 日在东乌珠穆沁旗道木德戈比为保护牛群牺牲。

（卷二十二《烈士名录》,第 1954 页）

《锡林浩特市志》

《锡林浩特市志》编纂委员会编,内蒙古人民出版社1999年

(1970年)5月,召开全旗(阿巴哈纳尔旗)上山下乡知青代表大会。

(《大事记》,第29页)

第四节　知　青　安　置

1964年,阿纳旗成立城市青年安置办公室,负责安置无业青年、精简下放人员及城市知识青年。同年,内蒙古党委批转《安置城市下乡知识青年工作会议纪要》,旗安置办首次接收安置城市知识青年。

1966—1970年,阿纳旗从北京、天津、包头、呼和浩特、集宁、唐山、赤峰等地接收安置城市知识青年。1968年,撤销安置办,成立知青办。同年,接收400名北京知识青年来旗插队落户。

1969年底,共安置知青129人;1974年安置知青174人;1975年安置知青220人;1976年安置知青270人;1977年安置知青67人。截止1977年末,阿纳旗在乡知青554人。1982年,知青办将最后一批知识青年全部安排就业。

历年知青中入党17人,入团476人,提拔到自治区领导班子的1人。招工405人,招生187人,参军43人,病困退303人,迁往外地34人,提拔为国家干部5人,死亡88人,其他7人。

(第二十篇第三章《劳动就业》,第448页)

《多伦县志》

《多伦县志》编纂委员会编,内蒙古文化出版社2000年

(1964年)8月,多伦中学应届高中毕业生武建国第一个报名下乡到上都河公社炮台大队插队落户。
(《大事记》,第37页)

(1965年)8月,多伦中学65届高中毕业生和社会青年70余人组成青年队赴三道沟公社滦河大队建点垦殖。
(《大事记》,第37页)

(1968年)8月17日,全县知识青年"上山下乡",分赴各社队插队落户,"接受贫下中农再教育"。
(《大事记》,第38页)

（1971 年）部分下乡知识青年和返乡知识青年被推荐上大学、招工。

（《大事记》，第 39 页）

（1972 年）抽调大批 1968 年下乡的知识青年进行安置。　　　（《大事记》，第 39 页）

1964 年，组织青年团员学习"董家耕"、"邢燕子"事迹。

（第十八篇第二章《群众团体》，第 555 页）

1968 年，共青团多伦县委员会职权由"红代会"取代。8 月，配合有关部门宣传动员知识青年上山下乡。　　　（第十八篇第二章《群众团体》，第 555 页）

1965 年 8 月，县妇联配合知识青年上山下乡活动开展动员工作，动员 20 多名女青年参加"知识青年队"。1968 年 8 月，全县上山下乡知识青年分赴各公社插队落户。各级妇女组织针对不同情况开展工作，解决女知青思想和生活方面的实际问题和困难。

（第十八篇第二章《群众团体》，第 558 页）

知识青年工作机构

1965 年 7 月，成立多伦县城镇上山下乡知识青年领导小组，下设办公室。1968 年，由多伦县"革命委员会"政工组设知识青年安置办公室。1973 年 1 月，安置办公室改称为知识青年上山下乡领导小组，下设知识青年办公室。1976 年 10 月，知识青年办公室与民政局劳动局合署办公。1978 年 1 月，知识青年办公室单设。1981 年 12 月，知识青年办公室撤消，工作业务归属多伦县劳动局。　　（第二十一篇第二章《劳动人事》，第 643 页）

1971 年，按照国家《关于改革临时工、轮换工制度的通知》规定，1971 年以前参加工作的临时工转入固定工 43 人，招工 135 人，安置退伍军人 3 人，其中：招收下乡知识青年 50 人，招收家属工 18 人。在矿山生产中为保障工人身体健康，仍沿用亦工亦农的轮换工制度；临时性或季节性生产岗位仍沿用临时工制度。年底，全县职工 3 454 人。1973 年，按照内蒙古自治区革命委员会《关于认真做好精简职工、挖掘劳动潜力、提高生产率》通知精神，精简职工 128 人，其中临时工 93 人。1979 年招收固定工 68 人，落实政策安排子女 36 人。根据内蒙古自治区人民政府文件指示，给 1971 年底以前参加工作的 290 名临时工转为正式工。招收集体所有制职工 488 人，安置城镇行业青年就业顶岗 703 人，安置国营农、林、牧、渔场户口在场职工子女 192 人，安置退伍军人 18 人。1981 年，为安置下乡知识青年就业，从知识青年中招工 253 人，安置复员军人 40 人，临时工转为固定工 160 人。

（第二十一篇第二章《劳动人事》，第 649 页）

从 1971 年开始,在国家下达指令性计划内录用职工。招收国家固定工指标由上级劳动部门下达;招收集体所有制职工指标由当地政府下达。按计划分配指标,按指标招收职工。招收职工条件是身体健康,年满 18—25 周岁的留城青年和社会青年,下乡知识青年招工年龄放宽到 32 周岁。无招工指标,可以占用本县自然减员指标招工,原则上由减员子女补充。结余指标由县劳动局制定招工方案,经县委、政府统一研究使用。招工中优先招收军烈属子女、下乡年限较长和多子女下乡知识青年、少数民族知识青年。1972 年,在用工方面坚持挖掘潜力,合理调剂,正向流动原则,即:老厂职工向新厂流动;非生产岗位向生产岗位流动;非技术岗位的技术工人、熟练工向专业性、技术性岗位流动;严格控制农、牧、林场职工向国营单位调动,集体所有制职工向全民所有制单位调动;学徒工、熟练工在未转入正式工之前不可以调动。在招收录用职工方面,对军属子弟、多子女下乡知识青年优先照顾。并逐年加大下乡知识青年和少数民族青年招工录用比例。

(第二十一篇第二章《劳动人事》,第 650—651 页)

第四节　知识青年工作

一、下 乡 安 置

1964 年,多伦县中学应届高中毕业生武建国自愿下乡务农,得到县政府支持和鼓励,安排到多伦县上都河公社插队务农。1965 年,多伦县人民政府组织初、高中毕业生和社会青年共 53 人组成"青年队",在三道沟公社滦河大队统一建房、划拨土地组建农场,并抽调国家干部进行管理。这是多伦县首批集中安置下乡知识青年。

1966 年,"文化大革命"开始,学校停课"闹革命",使 1966、1967 年两届高中毕业生未按期毕业离校。1968 年,多伦县动员 1966、1967、1968 年三届初、高中毕业生上山下乡,分别安置在全县 11 个公社,两个农牧场(一家河牧场、良种繁殖场)插队落户。同时,接收安置部分北京、天津、呼和浩特、锡林浩特市的知识青年到农村插队落户。至 1969 年共接收安置县内外知识青年 1 600 多人。至 1978 年,每年都有一批未能升学的中学生按照政策经知识青年主管部门动员下乡。在安置形式上采取分散与集中相结合的办法,对集中安置的知识青年,为改善其生活、劳动、学习条件,采取"三集中一分散"(集中食、宿、学习,分散劳动)原则。在十五号、大北沟、耗来沟、黑山咀公社建有知识青年农场;在大仓乡创办"五七"苗圃、青年林场,成为集中安置知识青年的场点。

二、政 策 待 遇

知识青年上山下乡,初期采取思想动员、个人自愿、政府统一组织安置。1968 年,按国家对上山下乡知识青年有关政策规定,县城镇户口的中学毕业生,年满 17 周岁(后放宽为 16 周岁),经知识青年安置办公室按政策动员下乡。独生子女可不下乡,多子女可留一名在城镇安置就业。

知识青年安置经费,1964 年,到农区插队者一次性每人发安置费 240 元,以后进行多次调整。安置费主要用于建房、购置小农具、生活、学习用品及医疗费用。70 年代后又增加生活补助和探亲补助。所需经费由多伦县知识青年安置办公室每年向锡林郭勒盟知识青年安置办公室上报安置计划,经核准后下拨,再由县安置办公室下拨各公社安排使用。上山下乡知识青年第一年口粮,按照农民口粮标准由国家供应商品粮,第二年由所在生产队三项留粮中解决。生活困难的知识青年,以发放实物和补助金保障其生活水平。对长期患病、受伤致残人员定期领取生活补助金,并可提前办理返城手续。

三、返 城 安 置

至 1971 年,全县从下乡知识青年中招收录用国营企业职工 242 人。1973 至 1978 年,部分知识青年被推荐输送到各类大中专院校。此外,每年在招工计划指标中均划出一定名额招收录用下乡知识青年就业,并逐年加大录用比例。1979 年,按照中共中央有关文件精神,大批下乡知识青年安置就业。多伦县推行在国营、集体企业创办知识青年网点的办法进行安置。对在 1968 年以前下乡的知识青年进行摸底调查,一次性全部安排就业;对 1968 年以后下乡知识青年实行文化考核,择优录用。集体企业录用职工经劳动、知识青年部门联合下达计划从下乡知识青年中招收录用;放宽政策鼓励个人发挥专长,创办各类摊点就业;系统包单位、单位包子女、创办网点安置知识青年,实行集体所有制经营管理。至 1980 年底,全县共安置知识青年 1 200 多人。1981 年末,知识青年工作基本结束。

(第二十一篇第二章《劳动人事》,第 658—659 页)

《阿巴嘎旗志》

阿巴嘎地方志编纂委员会编,内蒙古人民出版社 2001 年

(1968 年)8 月 11 日,592 名北京知识青年到阿巴嘎旗插队落户。(《大事记》,第 33 页)

(1971 年)1 月 13 日,在查干淖尔公社乌日根大队插队的北京知青汪恬(女)挖灌溉渠时,因渠道倒塌被压而牺牲。该年夏在其牺牲的地方建纪念碑。　　(《大事记》,第 33 页)

(1979 年)5—8 月,将 1979 年以前下乡的 618 名知青安排到各公社和旗直各行政事业单位、企业及学校工作。　　(《大事记》,第 36 页)

60 年代末至 70 年代初,大批知识青年到阿巴嘎旗安家落户。因此六、七十年代人口机械增长(迁入减迁出)为增加趋势,增长最高年份为 1964 年,增长 4.37%。80 年代初,大部分知青返城,部分人口迁往内地,阿巴嘎旗人口机械减少。减少最多的是 1981 年,机械增长

为负数,减少 1.51%,当年全旗净减人口 1 195 人,减少人数占总人口的 15.1%。

（第三篇第二章《人口变动》,第 137 页）

一、知青安置

从 1964 年开始阿巴嘎旗接收安置 2 854 名知识青年来牧区插队落户,主要有 1964 年从太仆寺旗宝昌镇及锡林浩特下乡知识青年 21 人,城镇闲散待业者 27 人,阿巴嘎旗城镇青年 5 人,共计有 53 人被分别安置到那仁宝拉格、吉尔嘎郎图、额尔敦高毕、巴彦查干 5 个公社。1965—1967 年安置 106 名知识青年集体插队。1968 年,有 592 名知青从北京来阿巴嘎旗插队落户,他们当中有周恩来总理的侄女周秉健、宋任穷的女儿宋秉秉等高干子女。年末下乡知识青年 751 人。1969—1972 年安置呼和浩特、锡林浩特、阿巴嘎旗城镇知青 666 人。1973—1977 年累计安置知青 1 437 人。除安置来自呼和浩特、锡林浩特、旗城镇知青外,还接收来自天津、沈阳建设兵团的知识青年。安置方法以集中成组为主,生活、生产上采取"三集中"(食、宿、学习)一分散(劳动),使知青遍布全旗 11 个公社、3 个国合营牧场(洪格尔军马场)的 61 个生产队、11 个分场。为解决广大上山下乡知识青年的生产、生活问题,国家专项拨款累计 172.5 万元。从 1964 年至 1977 年,阿巴嘎旗接收安置知识青年 2 854 人。

二、就业、返城

1964—1977 年知识青年被招收为国家全民所有制单位职工的共 337 人,其中有 28 人被直接录用为国家干部。推荐、考入各类大中专院校的 328 人,应征入伍 54 人,累计 747 人,占安置知识青年总数的 26.17%。因病退、困退返城 679 人,迁往外地 101 人;因死亡、病故及其它原因减少 41 人,以上共计 821 人,占安置总数的 28.77%。1977 年底,阿巴嘎旗有在乡知识青年 1 286 人,占下乡知青总数的 45.06%,依据有关规定,从 1978 年开始有计划的招收 1972 年以前下乡的知识青年为全民所有制固定工;1973—1977 年下乡的知识青年招收为全民所有制固定工、合同制工或集体所有制职工。

1968—1969 年,从北京(主要是西城区)来阿巴嘎旗上山下乡的知识青年共 657 人,其中的 618 人升学、就业、返城离开阿巴嘎旗(占北京下乡知青总数的 94.06%)。到 1986 年底,阿巴嘎旗仍有 47 名知识青年在牧区从事牧业生产,其余全部就业。对务牧的 47 名知青经济补助 1.7 万元。　　（第十七篇第二章《管理制度》,第 591—592 页）

阿巴嘎旗从 1954 年开始有计划有组织地接收外地调入干部、军转人员、大中专毕业生。……1976 年接收锡盟分配兵团战士 47 人。1979 年录用牧民、安置知识青年、落实政策等共招收职工 276 人。　　（第十七篇第二章《管理制度》,第 594 页）

汪 恬　女,汉族,生年不详。北京市人。1968 年插队落户到查干淖尔苏木乌日根大队。1971 年 3 月 13 日修渠中因渠坍塌牺牲。　（第二十二篇《人物·烈士名录》,第 738 页）

高　爽　女,汉族,北京知青,1975 年被评为全区下乡知识青年先进个人;1989 年在旗计划生育办公室工作时被评为全区计划生育工作先进个人。

吉日格拉　男,蒙古族,巴彦德力格尔苏木知识青年,1975 年被评为全区下乡知识青年先进个人;1978 年被评为全区建设社会主义青年积极分子。

曾煜成　男,汉族,北京知青,1975 年在巴彦图嘎苏木下乡时被评为全区下乡知识青年先进个人;1978 年被评为全区先进科技工作者。

曹　杰　男,汉族,太仆寺旗知青,1975 年在巴彦查干苏木下乡时被评为全区下乡知识青年先进个人。

朱迎剑　男,汉族,北京知青,1975 年在宝格达乌拉苏木下乡时被评为全区下乡知识青年先进个人。

袁　泊　女,汉族,北京知青。1975 年在查干淖尔苏木下乡时被评为全区下乡知识青年先进个人。

(第二十二篇《人物·英模名录》,第 740—741 页)

《西乌珠穆沁旗志》

《西乌珠穆沁旗志》编纂委员会编,内蒙古文化出版社 2003 年

同年(1964 年),西乌珠穆沁旗人民委员会成立知识青年安置办公室。同年安置了当地知青 14 人。

(《大事记》,第 32 页)

同年(1965 年),锡林郭勒盟知识青年 44 人来西乌珠穆沁旗下乡插队落户。

(《大事记》,第 32 页)

(1967 年)10 月,第一批北京知识青年到达西乌珠穆沁旗插队落户。

(《大事记》,第 33 页)

(1970 年)7 月 2 日,内蒙古生产建设兵团第五师接管西乌珠穆沁旗高日罕牧场、哈日根台公社、宝日格斯台牧场、罕乌拉公社、巴彦华公社。分别编成 41、42、43、44、45 团,师部设在巴彦乌拉镇。

(《大事记》,第 34 页)

(1972 年)5 月 5 日,发生草原特大火灾,内蒙古生产建设兵团五师 43 团中,69 名兵团战士为灭火而牺牲,6 人重伤,10 人轻伤。1973 年,根据周恩来总理的指示,在宝日格斯台牧场所在地西南 7 公里处建立了烈士纪念碑。

(《大事记》,第 35 页)

(1975 年)9 月 5 日,内蒙古生产建设兵团撤销,将其所辖 2 个牧场、3 个人民公社移交给锡林郭勒盟农牧场管理局。 　　　　　　　　　　　　　　　(《大事记》,第 36 页)

(1976 年)5 月 21 日,西乌珠穆沁旗"五·七"大学成立,隶属旗委领导,并设立了"五·七"大学党委。当年分两批培训 80 余名转复军人和下乡知识青年,充实基层干部队伍。

　　　　　　　　　　　　　　　　　　　　　　　　　(《大事记》,第 36—37 页)

(1978 年)10 月,中国共产主义青年团第十次全国代表大会在北京召开,西乌珠穆沁旗周秉建、巴桑杰代表全盟广大团员参加了会议。 　　　　　(《大事记》,第 37 页)

(1981 年)12 月,西乌珠穆沁旗知识青年安置办公室撤销,业务归劳动服务公司。

　　　　　　　　　　　　　　　　　　　　　　　　　　(《大事记》,第 39 页)

1972 年,招工 48 名,全部是知青,临时工转固定工 241 人。1973 年,按照内蒙古自治区革命委员会《关于认真做好精减职工挖掘劳动潜力,提高生产率》的通知精神,精减职工 231 人。1975 年,招工 103 人,其中:固定工 75 人(知青),集体工 28 人。1976 年,从兵团抽调 274 名工作人员充实到各厂(场)矿企业。

　　……

1980—1985 年,共招工 1 637 人,其中:落实政策招工 194 人,知青招工 125 人,其它招工 784 人,安置复退军人 24 人,接收锡林郭勒盟农管局煤矿、地毯厂、汽车队职工 510 人(临时工 33 人)。转正定级 839 人,临时工转固定工 126 人。

　　　　　　　　　　　　　　　　　(第十八编第一章《人事劳动》,第 764 页)

第四节　知　识　青　年
一、知青上山下乡

1964 年,根据全国农村社会主义革命和建设的需要,本着以安置城市青年学生为主,安置闲散劳动力为辅,插队为主,插场为辅的原则,动员城市知识青年上山下乡。同年,西乌珠穆沁旗安置当地知青 14 人,这是首批知识青年上山下乡、奔赴农村牧区插队落户。1965 年,接收锡林郭勒盟下乡知青 44 人;辽宁省知青 29 人。1968 年后,知识青年上山下乡活动达到高潮,西乌珠穆沁旗首批接收安置北京知青 569 人,呼市知青 149 人;锡林郭勒盟知青 47 人,当地知识青年 68 人,并分别安置在全旗 12 个公社。1969 年,接收安置福州知青 10 人;包头知青 4 人;天津知青 1 人;四川知青 3 人。1971 年,安置本旗知青 132 人。1972 年,接收锡林郭勒盟知青 105 人;当地知青 61 人。1973—1978 年,西乌珠穆沁旗陆续动员接收安置城镇知识青年 1 281 人,其中:锡林郭勒盟下乡知识青年

126 人,当地知青 1 155 人。

1964—1978 年,全旗先后接收安置区内外知识青年,社会青年 2 517 人,其中:北京知青 569 人,呼市知青 149 人,锡林郭勒盟知青 322 人,当地知青 1 430 人,其它省市知青 47 人。国家拨给西乌珠穆沁旗安置经费 126 万元,每人平均享受安置费 500 元左右。

1976 年,西乌珠穆沁旗为加强知识青年的管理及安置工作,全旗有 13 个公社配备了 13 名知青专职干部,由公社选配政治思想好、觉悟高的知青担任。1979 年,结束了知识青年上山下乡工作,开始由动员安置转为城镇就业和升学这一重大转折。同年底,全旗在乡知青 586 人,其中:男 273 人,女 313 人。

二、政 策 待 遇

知青上山下乡,初期采取思想动员、个人自愿、政府统一组织进行安置。全旗城镇应届初、高中毕业生除少数升学外,17 岁以上的全部动员下放到农村牧区插队落户。独生子女、多子女身边只留一个子女,中国籍外国人子女,父母双亡,弟妹幼小,生活困难,无人照管的不动员上山下乡。

1964 年,牧区插队的知识青年每人补助 240 元。1965 年,单独建队的知青每人补助 400 元。单身插队的每人补助 230 元,成户插队的知青补助 100—200 元。1969 年,单身到牧区插队的知青每人平均补助 400 元。成户插队知青每人平均补助 150 元。家居城镇回乡落户的知青每人补助 50 元,跨省区来西乌珠穆沁旗插队的知青,每人补助旅途费 40 元,内地到西乌珠穆沁旗插队的每人补助寒衣费 30 元。1972 年,单独建队的知青不分农村、牧区每人补助 400 元。1973 年起,在西乌珠穆沁旗插队的知青经费补助标准提高,回乡知青每人补助 500 元,到牧区插队的知青每人补助 800 元。到国营农牧场的知青每人补助 400 元。

三、安 置

1964—1967 年,知青插队主要以适当集中为主,一般以七八个或二十几个成组地安置在农村牧区社队,投亲靠友的知青分散插队。

1973 年以前,全旗牧区安置形式是插包,后来是以包代包(插浩特)的形式安置。1973—1979 年,初知青安置形式,打破了单一分散插队形式,主要采取集中安置,在成组安置的基础上,以场社挂钩的办法,创办了集体所有制的农、工、林、牧、渔知青场队。整顿了"三集中一分散"(集中食、宿、学习、分散劳动)的知青点,但多数知青还是以分散安置为主。

1979 年后,根据上级指示精神,不再进行知青上山下乡到农村、牧区插队落户。城镇中学毕业生,主要靠本地区、本系统、本单位,在城乡两个方面广开就业门路和就学门路,创办了集体所有制企业、服务业和农工联合企业,安排在城镇就地就业。1981 年 12 月,知青工作基本结束,知识青年安置办公室撤销,遗留问题由劳动局承办。

(第十八编第一章《人事劳动》,第 769—770 页)

宝日格斯台烈士纪念碑

纪念碑位于西乌珠穆沁旗宝日格斯台苏木所在地西南 7 公里。1972 年 5 月 5 日，中国人民解放军内蒙古生产建设兵团战士在牧民的配合下扑灭了草原烈火。为保护草原人民生命财产，有 69 名兵团战士英勇献身。1973 年根据周恩来总理指示，在宝日格斯台苏木修建纪念碑，碑高 5 米，正面镌刻 69 名烈士姓名。在纪念碑旁有陈列室，珍藏着烈士的遗物和记载其事迹的文献资料。为旗级文物保护单位。 （第十八编第二章《民政》，第 780 页）

王占祥 男，汉族，1950 年，出生，锡林浩特市人，1970 年 9 月 1 日参加工作，建设兵团五师四十三团四连排长，1972 年 5 月 5 日，在宝日格斯台牧场哈日绍仍山扑灭草原烈火中牺牲，10 月，追认为团员。

王学尧 男，汉族，1952 年，出生，锡林浩特市人，1971 年 3 月，参加工作，建设兵团五师四十三团四连战士，1972 年 5 月 5 日，在宝日格斯台牧场哈日绍仍山扑灭草原烈火中牺牲，6 月追认为团员。

刘长海 男，蒙古族，1953 年，出生，锡林浩特市人，1971 年 3 月，参加工作，建设兵团五师四十三团四连战士，1972 年 5 月 5 日，在宝日格斯台牧场哈日绍仍山扑灭草原烈火中牺牲，6 月，追认为团员。

刘　慧 女，汉族，1955 年，出生，锡林浩特市人，1971 年 3 月，参加工作，建设兵团五师四十三团四连副排长，1972 年 5 月 5 日，在宝日格斯台牧场哈日绍仍山扑灭草原烈火中牺牲，6 月，追认为中共党员。

齐远平 男，汉族，1955 年，出生，锡林浩特市人，1971 年 3 月，参加工作，建设兵团五师四十三团四连战士，1972 年 5 月 5 日，在宝日格斯台牧场哈日绍仍山扑灭草原烈火中牺牲，6 月，追认为团员。

金双全 男，汉族，1955 年出生，锡林浩特市人，1972 年 3 月参加工作，建设兵团五师四十三团四连战士，1972 年 5 月 5 日，在宝日格斯台牧场哈日绍仍山扑灭草原烈火中牺牲，6 月，追认为团员。

赵玉琴 女，汉族，1954 年，出生，锡林浩特市人，1971 年 3 月，参加工作，建设兵团五师四十三团四连战士，1972 年 5 月 5 日，在宝日格斯台牧场哈日绍仍山扑灭草原烈火中牺牲，6 月，追认为团员。

青　春 男，蒙古族，1951 年，出生，锡林浩特市人，1971 年 3 月，参加工作，建设兵团五师四十三团四连战士，1972 年 5 月 5 日，在宝日格斯台牧场哈日绍仍山扑灭草原烈火中牺牲，6 月，追认为团员。

曹荣芝 女，汉族，1950 年，出生，锡林浩特市人，1971 年 3 月，参加工作，建设兵团五师四十三团四连战士，1972 年 5 月 5 日，在宝日格斯台牧场哈日绍仍山扑灭草原烈火中牺牲，6 月，追认为团员。

赖玉琴 女,汉族,1954年,出生,锡林浩特市人,1970年9月,参加工作,建设兵团五师四十三团四连战士,1972年5月5日,在宝日格斯台牧场哈日绍仍山扑灭草原烈火中牺牲,6月,追认为团员。

毅 强 男,蒙古族,1954年,出生,锡林浩特市人,1971年3月,参加工作,建设兵团五师四十三团四连战士,1972年5月5日,在宝日格斯台牧场哈日绍仍山扑灭草原烈火中牺牲,6月,追认为中共党员。

力 丁 女,蒙古族,1954年,出生,呼和浩特市人,1971年4月,参加工作,建设兵团五师四十三团四连战士,1972年5月5日,在宝日格斯台牧场哈日绍仍山扑灭草原烈火中牺牲,6月,追认为团员。

马志明 男,汉族,1954年生,集宁市桥西公社人,1971年8月,参加工作,建设兵团五师四十三团四连战士,1972年5月5日,在宝日格斯台牧场哈日绍仍山扑灭草原烈火中牺牲,6月,追认为团员。

马福洪 男,汉族,1948年生,呼和浩特市人,1971年4月,参加工作,1972年2月,入团,建设兵团五师四十三团四连文书,1972年5月5日,在宝日格斯台牧场哈日绍仍山扑灭草原烈火中牺牲。

宁田田 男,汉族,1953年生,乌兰察布盟察右前旗人,1971年8月,参加工作,建设兵团五师四十三团四连战士,1972年5月5日,在宝日格斯台牧场哈日绍仍山扑灭草原烈火中牺牲,6月,追认为团员。

云金平 女,汉族,1953年生,呼和浩特市人,1971年4月,参加工作,建设兵团五师四十三团四连战士,1972年5月5日,在宝日格斯台牧场哈日绍仍山扑灭草原烈火中牺牲,6月,追认为团员。

尹国茹 女,汉族,1954年生,赤峰市林西县人,1970年8月,参加工作,建设兵团五师四十三团四连会计,1972年5月5日,在宝日格斯台牧场哈日绍仍山扑灭草原烈火中牺牲,6月,追认为中共党员。

王凤英 女,汉族,1952年生,呼和浩特市人,1971年4月,参加工作,1971年8月入团,建设兵团五师四十三团四连班长,1972年5月5日,在宝日格斯台牧场哈日绍仍山扑灭草原烈火中牺牲。

王纪光 男,1953年生,呼和浩特市人,1971年4月,参加工作,建设兵团五师四十三团四连战士,1972年5月5日,在宝日格斯台牧场哈日绍仍山扑灭草原烈火中牺牲,6月,追认为团员。

王 李 男,汉族,1953年生,赤峰市红星公社人,1971年4月,参加工作,建设兵团五师四十三团四连战士,1972年5月5日,在宝日格斯台牧场哈日绍仍山扑灭草原烈火中牺牲,6月,追认为团员。

王孝忠 男,汉族,1953年生,呼和浩特市郊区人,1971年4月,参加工作,建设兵团五师四十三团四连班长,1972 年 5 月 5 日,在宝日格斯台牧场哈日绍仍山扑灭草原烈火中牺牲,6 月追认为团员。

王绍武 男,汉族,1953 年生,唐山市东矿区人,1971 年 7 月,参加工作,建设兵团五师四十三团四连战士,1972 年 5 月 5 日,在宝日格斯台牧场哈日绍仍山扑灭草原烈火中牺牲,6 月,追认为团员。

王爱民 女,汉族,1951 年生,赤峰市林西县人,1971 年 3 月,参加工作,建设兵团五师四十三团四连班长,1972 年 5 月 5 日,在宝日格斯台牧场哈日绍仍山扑灭草原烈火中牺牲,5 月 26 日,追认为中共党员。

王洪源 男,汉族,1951 年生,赤峰市人,1971 年 4 月,参加工作,建设兵团五师四十三团四连战士,1972 年 5 月 5 日,在宝日格斯台牧场哈日绍仍山扑灭草原烈火中牺牲,6 月,追认为团员。

王 锦 男,汉族,1954 年生,乌兰察布盟集宁市人,1971 年 8 月,参加工作,建设兵团五师四十三团四连战士,1972 年 5 月 5 日,在宝日格斯台牧场哈日绍仍山扑灭草原烈火中牺牲,6 月,追认为团员。

任凤彩 女,汉族,1954 年生,唐山市东矿区赵各庄人,1971 年 7 月,参加工作,建设兵团五师四十三团四连战士,1972 年 5 月 5 日,在宝日格斯台牧场哈日绍仍山扑灭草原烈火中牺牲,6 月,追认为团员。

刘玉功 男,汉族,1952 年生,呼和浩特市人,1971 年 4 月,参加工作,建设兵团五师四十三团四连战士,1972 年 5 月 5 日,在宝日格斯台牧场哈日绍仍山扑灭草原烈火中牺牲,6 月,追认为团员。

刘 孝 男,汉族,1953 年生,乌兰察布盟集宁市人,1971 年 8 月,参加工作,建设兵团五师四十三团四连战士,1972 年 5 月 5 日,在宝日格斯台牧场哈日绍仍山扑灭草原烈火中牺牲,6 月,追认为中共党员。

刘建五 男,汉族,1954 年生,乌兰察布盟集宁市人,1971 年 8 月,参加工作,建设兵团五师四十三团四连战士,1972 年 5 月 5 日,在宝日格斯台牧场哈日绍仍山扑灭草原烈火中牺牲,6 月,追认为团员。

刘建国 男,汉族,1952 年生,乌兰察布盟集宁市人,1971 年 7 月,参加工作,建设兵团五师四十三团四连战士,1972 年 5 月 5 日,在宝日格斯台牧场哈日绍仍山扑灭草原烈火中牺牲,6 月,追认为团员。

李玉番 女,汉族,1952 年生,唐山市东矿区赵各庄人,1971 年 7 月,参加工作,建设兵团五师四十三团四连战士,1972 年 5 月 5 日,在宝日格斯台牧场哈日绍仍山扑灭草原烈火中牺牲,6 月,追认为团员。

李春侠 女,汉族,1953 年生,乌兰察布盟集宁市人,1971 年 8 月,参加工作,1972 年 4 月,入团,建设兵团五师四十三团四连副班长,1972 年 5 月 5 日,在宝日格斯台牧场哈日绍仍山扑灭草原烈火中牺牲。

李瑞琴 女,汉族,1951年生,赤峰市红星公社人,1971年4月,参加工作,建设兵团五师四十三团四连战士,1972年5月5日,在宝日格斯台牧场哈日绍仍山扑灭草原烈火中牺牲,6月,追认为团员。

李富才 男,汉族,1952年生,乌兰察布盟集宁市人,1971年8月,参加工作,建设兵团五师四十三团四连战士,1972年5月5日,在宝日格斯台牧场哈日绍仍山扑灭草原烈火中牺牲,6月,追认为团员。

杨红原 女,汉族,1955年生,山东省济南市人,1971年4月,参加工作,建设兵团五师四十三团四连战士,1972年5月5日,在宝日格斯台牧场哈日绍仍山扑灭草原烈火中牺牲,6月,追认为团员。

杨丽华 女,汉族,1953年生,乌兰察布盟集宁市人,1971年8月,参加工作,建设兵团五师四十三团四连战士,1972年5月5日,在宝日格斯台牧场哈日绍仍山扑灭草原烈火中牺牲。

陈玉玲 女,汉族,1952年生,唐山市东矿区赵各庄人,1971年7月,参加工作,建设兵团五师四十三团四连战士,1972年5月5日,在宝日格斯台牧场哈日绍仍山扑灭草原烈火中牺牲,6月,追认为团员。

陈 勇 男,汉族,1952年生,乌兰察布盟集宁市人,1971年8月,参加工作,建设兵团五师四十三团四连战士,1972年5月5日,在宝日格斯台牧场哈日绍仍山扑灭草原烈火中牺牲,6月,追认为团员。

陈敏英 女,1951年生,呼和浩特市人,1971年4月,参加工作,1972年2月,入团,建设兵团五师四十三团四连出纳,1972年5月5日,在宝日格斯台牧场哈日绍仍山扑灭草原烈火中牺牲。

查日斯 女,蒙古族,1952年生,呼和浩特市人,1971年4月,参加工作,建设兵团五师四十三团四连班长,1972年5月5日,在宝日格斯台牧场哈日绍仍山扑灭草原烈火中牺牲,6月,追认为团员。

杜恒昌 男,汉族,1945年生,河北省保定县贾村人,1966年3月,入党,1967年11月,参加工作,建设兵团五师四十三团四连指导员,1972年5月5日,在宝日格斯台牧场哈日绍仍山扑灭草原烈火中牺牲。

何丽华 女,1950年生,呼和浩特市人,1971年4月,参加工作,建设兵团五师四十三团四连战士,1972年5月5日,在宝日格斯台牧场哈日绍仍山扑灭草原烈火中牺牲,6月,追认为团员。

苏晓存 男,汉族,1952年生,唐山市东矿区人,1971年7月,参加工作,建设兵团五师四十三团四连3班战士,1972年5月5日,在宝日格斯台牧场哈日绍仍山扑灭草原烈火中牺牲,6月,追认为团员。

吴炳义　女,回族,1953年5月生,呼和浩特市人,1971年4月,参加工作,建设兵团五师四十三团四连机务排战士,1972年5月5日,在宝日格斯台牧场哈日绍仍山扑灭草原烈火中牺牲,6月,追认为团员。

吴富贵　男,汉族,1952年生,唐山市东矿区唐家庄人,1971年7月,参加工作,建设兵团五师四十三团四连战士,1972年5月5日,在宝日格斯台牧场哈日绍仍本山扑灭草原烈火中牺牲,6月,追认为团员。

张如成　男,汉族,1953年生,呼和浩特市人,1971年4月,参加工作,建设兵团五师四十三团四连战士,1972年5月5日,在宝日格斯台牧场哈日绍仍山扑灭草原烈火中牺牲,6月,追认为团员。

张　金　男,汉族,1952年生,乌兰察布盟集宁市人,1971年8月,参加工作,建设兵团五师四十三团二连三班战士,1972年5月5日,在宝日格斯台牧场哈日绍仍山扑灭草原烈火中牺牲,6月,追认为团员。

张国顺　男,汉族,1952年生,赤峰市红星公社人,1971年4月,参加工作,建设兵团五师四十三团四连副班长,1972年5月5日,在宝日格斯台牧场哈日绍仍山扑灭草原烈火中牺牲,6月,追认为团员。

张国通　男,汉族,1954年生,呼和浩特市新城区人,1971年4月,参加工作,建设兵团五师四十三团四连战士,1972年5月5日,在宝日格斯台牧场哈日绍仍山扑灭草原烈火中牺牲,6月,追认为团员。

张金来　男,汉族,1953年生,唐山市东矿区赵各庄人,1971年7月,参加工作,建设兵团五师四十三团四连战士,1972年5月5日,在宝日格斯台牧场哈日绍仍山扑灭草原烈火中牺牲,6月,追认为团员。

吴淑琴　女,满族,1953年生,呼和浩特市人,1971年4月,参加工作,建设兵团五师四十三团四连班长,1972年5月5日,在宝日格斯台牧场哈日绍仍山扑灭草原烈火中牺牲,6月,追认为中共党员。

张钦弟　男,汉族,1952年生,乌兰察盟集宁市人,1971年8月,参加工作,建设兵团五师四十三团四连战士,1972年5月5日,在宝日格斯台牧场哈日绍仍山扑灭草原烈火中牺牲,6月,追认为团员。

张振来　男,汉族,1955年生,唐山市东矿区赵各庄人,1971年7月,参加工作,建设兵团五师四十三团四连战士,1972年5月5日,在宝日格斯台牧场哈日绍仍山扑灭草原烈火中牺牲,6月,追认为团员。

张富春　男,汉族,1954年生,唐山市东矿区人,1971年7月,参加工作,建设兵团五师四十三团四连战士,1972年5月5日,在宝日格斯台牧场哈日绍仍山扑灭草原烈火中牺牲,6月,追认为团员。

赵月秋　女,汉族,1951年生,呼和浩特市人,1971年4月,参加工作,建设兵团五师四十三团四连战士,1972年5月5日,在宝日格斯台牧场哈日绍仍山扑灭草原烈火中牺牲,6月,追认为团员。

赵根柱 男,汉族,1954年生,乌兰察布盟集宁市人,1971年8月,参加工作,建设兵团五师四十三团四连战士,1972年5月5日,在宝日格斯台牧场哈日绍仍山扑灭草原烈火中牺牲。

畅孟记 男,汉族,1955年生,乌兰察布盟集宁市人,1971年8月,参加工作,建设兵团五师四十三团四连战士,1972年5月5日,在宝日格斯台牧场哈日绍仍山扑灭草原烈火中牺牲,6月,追认为团员。

胡国利 男,汉族,1953年生,赤峰市人,1971年4月,参加工作,建设兵团五师四十三团四连三班班长,1972年5月5日,在宝日格斯台牧场哈日绍仍山扑灭草原烈火中牺牲,6月,追认为中共党员。

高志新 男,汉族,1950年生,赤峰市人,1971年4月,参加工作,建设兵团五师四十三团四连班长,1972年5月5日,在宝日格斯台牧场哈日绍仍山扑灭草原烈火中牺牲,6月,追认为中共党员。

唐亚志 女,汉族,1952年生,赤峰市人,1971年4月,参加工作,建设兵团五师四十三团四连战士,1972年5月5日,在宝日格斯台牧场哈日绍仍山扑灭草原烈火中牺牲,6月,追认为团员。

聂建新 男,汉族,1953年生,乌兰察布盟集宁市人,1971年8月,参加工作,建设兵团五师四十三团4连战士,1972年5月5日,在宝日格斯台牧场哈日绍仍山扑灭草原烈火中牺牲,6月,追认为团员。

敖 敦 男,蒙古族,1950年生,呼和浩特市人,1971年4月,参加工作,建设兵团五师四十三团四连战士,1972年5月5日,在宝日格斯台牧场哈日绍仍山扑灭草原烈火中牺牲,6月,追认为团员。

龚占岐 男,汉族,1954年生,1971年3月,参加工作,建设兵团五师四十三团四连战士,1972年5月5日,在宝日格斯台牧场哈日绍仍山扑灭草原烈火中牺牲,6月,追认为团员。

郭增喜 男,汉族,1954年生,乌兰察布盟集宁市人,1971年8月,参加工作,建设兵团五师四十三团四连战士,1972年5月5日,在宝日格斯台牧场哈日绍仍山扑灭草原烈火中牺牲,6月,追认为团员。

舒宝立 男,满族,1950年生,呼和浩特市人,1971年4月,参加工作,建设兵团五师四十三团四连班长,1972年5月5日,在宝日格斯台牧场哈日绍仍山扑灭草原烈火中牺牲。

韩学良 男,汉族,1954年生,乌兰察布盟集宁市人,1971年8月,参加工作,建设兵团五师四十三团4连战士,1972年5月5日,在宝日格斯台牧场哈日绍仍山扑灭草原烈火中牺牲,6月,追认为团员。

燕　亮　男,汉族,1954 年生,乌兰察布盟集宁市人,1971 年 8 月,参加工作,建设兵团五师四十三团四连战士,1972 年 5 月 5 日,在宝日格斯台牧场哈日绍仍山扑灭草原烈火中牺牲,6 月,追认为团员。

　　樊淑琴　女,汉族,1954 年生,呼和浩特市人,1971 年 8 月,参加工作,建设兵团五师四十三团四连保管员,1972 年 5 月 5 日,在宝日格斯台牧场哈日绍仍山扑灭草原烈火中牺牲,6 月,追认为团员。

　　徐克俭　男,汉族,1954 年生,山西省定襄县宏道镇人,1971 年 4 月,参加工作,建设兵团五师四十三团四连副班长,1972 年 5 月 5 日,在宝日格斯台牧场哈日绍仍山扑灭草原烈火中牺牲,6 月,追认为团员。　　　　　　　　　　　　　　　（《人物·名录》,第 863—869 页）

　　丁继红　女,汉族,北京下乡知青,在巴拉嘎尔牧场当知青时 1975 年,当选为全国人民代表大会代表,出席第四届人民代表大会。　　　　　（《人物·名录》,第 870 页）

《苏尼特左旗志》

苏尼特左旗地方志编纂委员会编,内蒙古文化出版社 2004 年

　　(1964 年)6 月 19 日,知青参加的生产领导小组成立。　　　　　　　（《大事记》,第 40 页）

　　(1968 年)8 月,北京知青来到苏尼特左旗。　　　　　　　　　　　　（《大事记》,第 42 页）

　　(1975 年)7 月,成立"三清"(即清查户口、清外流人员、清应下未下的知识青年)领导小组。

　　　　　　　　　　　　　　　　　　　　　　　　　　　　　　　　（《大事记》,第 45 页）

　　是年(1983 年),撤销知青办,成立了劳动服务公司。　　　　　　　（《大事记》,第 49 页）

　　1975 年,经盟粮食处决定,采用亦牧亦粮人员,一次安排知识青年 15 名,充实粮食职工队伍。　　　　　　　　　　　　　　　　　　　　　（第八编第八章《粮食》,第 270 页）

　　从 1972 年开始实行自治区核定年度收支总额办法后,旗财政当年执行支出额 190.5 万元,还有上解支出 10.3 万元,上年结余支出 31.9 万元,当年支出数中支援农牧业支出 35.7 万元,文教卫生事业费 58.9 万元,社会救济类 2.3 万元,下乡安置费 3.1 万元……

　　　　　　　　　　　　　　　　　　　　　　　　　　（第九篇第一章《财政》,第 288 页）

1967—1999 年财政支出统计表 单位:元

科目＼年度数	1967	1968	1969	1970	1971	1972	1973
支出合计	1 648 660	2 030 723	1 396 205	1 688 670	2 151 151	2 325 839	2 954 063
本级支出	1 280 584	1 693 487	1 052 056	1 346 942	2 028 073	1 904 634	2 384 721
基本建设	—	148 907	170 000	25 000	430 680	—	135 746
科技	24 351	22 000	30 678	—	—	—	3 500
工交事业	—	—	—	—	—	—	—
支援农牧业	—	611 350	5 600	15 000	268 042	356 501	433 200
文教卫生	375 904	301 028	243 316	402 561	466 688	588 738	576 227
社会救济	13 281	5 953	44 054	65 664	10 894	21 563	78 093
城市维护	—	—	9 917	—	—	—	—
林水事业	—	—	86 853	180 094	—	—	—
安置费	—	212 675	—	16 746	34 001	31 345	33 326
企业费	—	—	—	—	30 000	35 350	111 000
行政管理	389 780	363 042	438 195	525 437	704 377	687 981	627 798
其他支出	75 519	28 542	23 443	18 630	13 391	33 156	75 851
流动资金	—	—	—	97 810	70 000	150 000	—
专项支出	—15 527	—	—	—	—	—	—
上解支出	—	54 258	41 714	—	—	102 632	18 122
上年结余	383 603	282 978	302 435	341 728	123 078	318 573	352 220
净结余	—	—	—	—	—	—	200 000

续表一

科目＼年度数	1974	1975	1976	1977	1978	1979	1980
支出合计	2 909 982	3 890 768	3 833 755	4 778 701	6 860 614	—	6 378 000
本级支出	2 533 667	3 670 755	3 607 461	4 070 226	5 429 632	5 630 000	51 030 000
基建支出	134 522	111 000	233 646	200 551	474 000	—	129 000
科技	3 555	1 175	3 312	8 090	2 000	—	10 000
工交商业	—	—	—	3 000	11 441	—	3 000
支援农牧业	541 355	681 681	929 517	1 383 333	2 224 827	—	1 333 000
文教卫生	661 983	760 531	788 330	865 466	1 135 021	—	1 327 000

年度 科目	1974	1975	1976	1977	1978	1979	1980
社会救济	68 493	117 356	79 848	211 557	64 348	—	221 000
城市维护	3 299	—	9 501	900	—	—	—
林水事业	—	—	—	—	—	—	—
下乡安置	207 781	193 090	226 929	128 315	80 244	—	113 000
企业类	32 000	140 000	158 000	150 000	208 600	—	107 000
行政管理	704 741	784 663	856 269	937 922	923 904	—	1 302 000
其他支出	35 938	135 259	189 109	127 092	219 247	—	558 000
流动资金	140 000	746 000	133 000	54 000	86 000	—	—
专项支出	148 085	—	205 393	—	68 144	—	—
上解支出	—	—	20 901	—	—	—	18 000
上年结余	228 230	229 013	—	708 475	1 362 838	—	1 257 000

续表二

年度 科目	1981	1982	1983	1984	1985	1986	1987
支出合计	6 237 000	7 239 000	7 873 000	9 692 000	9 359 000	12 351 000	12 148 000
本级支出	4 536 000	5 891 000	6 447 000	9 236 000	8 949 000	11 692 000	11 062 000
基本建设	55 000	538 000	20 000	20 000	170 000	20 000	—
科技	13 000	20 000	40 000	112 000	15 000	17 000	22 000
工交商业	4 000	5 000	17 000	25 000	30 000	29 000	39 000
支援农牧业	746 000	1 047 000	825 000	1 342 000	938 000	1 336 000	1 252 000
文教卫生	1 450 000	1 659 000	1 629 000	2 137 000	2 473 000	3 060 000	3 131 000
社会救济	226 000	218 000	181 000	229 000	153 000	395 000	310 000
城市维护	9 000	34 000	333 000	408 000	275 000	386 000	291 000
林水事业	—	—	520 000	704 000	877 000	289 000	713 000
下乡安置	54 000	340 000	72 000	83 000	3 000	5 000	25 000
企业类	—	12 000	—	137 000	298 000	—	243 000
行政管理	1 362 000	1 561 000	2 133 000	2 878 000	2 317 000	2 558 000	2 653 000
其他支出	825 000	683 000	677 000	1 161 000	1 400 000	2 267 000	2 383 000
专项支出	—	—	—	3 000	—	—	—
流动资金	—	80 000	—	—	—	—	—
上解支出	17 000	17 000	—	—	—	—	—
上年结余	1 446 000	1 257 000	1 426 000	459 000	410 000	749	1 086
中央财政	—	223 000	74 000	—	—	—	—

续表三

科目 \ 年度数	1988	1989	1990	1991	1992	1993	1994
支出合计	14 338 000	15 769 000	16 872 000	15 184 000	16 626 000	18 982 000	16 944 000
本级支出	14 018 000	15 435 000	16 686 000	14 660 000	15 725 000	20 256 000	17 000 000
基本建设	20 000	150 000	100 000	3 800 000	—	250 000	350 000
科技	59 000	42 000	138 000	56 000	171 000	90 000	110 000
工交商业	40 000	49 000	67 000	53 000	73 000	56 000	10 000
支援农牧业	1 774 000	1 768 000	3 379 000	2 059 000	2 086 000	1 587 000	1 030 000
文教卫生	3 842 000	4 079 000	4 309 000	4 433 000	4 626 000	5 399 000	5 340 000
社会救济	295 000	505 000	431 000	341 000	574 000	558 000	470 000
城市维护	455 000	1 975 000	934 000	367 000	514 000	931 000	470 000
林水事业	760 000	—	—	893 000	1 060 000	1 042 000	990 000
下乡安置	48 000	5 000	30 000	228 000	20 000	10 000	—
企业类	245 000	380 000	610 000	530 000	345 000	2 661 000	620 000
行政管理	2 757 000	2 458 000	2 964 000	3 314 000	3 887 000	4 893 000	5 100 000
开发价格	1 405 000	1 626 000	1 344 000	69 000	214 000	50 000	10 000
其它支出	1 643 000	1 178 000	950 000	1 147 000	1 178 000	1 622 000	1 114 000
专项支出	—	16 900	3 000	127 000	169 000	256 000	230 000
流动资金	—	—	—	—	—	—	—
上解支出	—	36 000	29 000	203 000	726 000	587 000	90 000
上年结余	320 000	298 000	157 000	321 000	175 000	−1 861 000	−146 000
公检法支出	495 000	470 000	578 000	663 000	809 000	851 000	1 120 000

续表四

科目 \ 年度数	1995	1996	1997	1998	1999
支出合计	24 300 000	27 050 000	26 270 000	28 514 000	33 800 000
本级支出	25 210 000	27 390 000	26 130 000	26 880 000	31 920 000
基本建设	170 000	760 000	320 000	40 000	—
科技	80 000	80 000	60 000	120 000	300 000
支农牧	3 330 000	2 270 000	1 420 000	1 810 000	1 770 000
林水事业	1 240 000	1 350 000	140 000	1 370 000	1 560 000

续表四 续表

科目 \ 年度数	1995	1996	1997	1998	1999
工交商业	—	—	10 000	40 000	100 000
文教卫生	6 890 000	7 000 000	7 390 000	7 310 000	8 320 000
社会救济	—	400 000	280 000	290 000	740 000
行政管理	7 010 000	8 800 000	9 200 000	11 210 000	12 340 000
公检法支出	1 290 000	1 360 000	1 400 000	1 300 000	1 880 000
城市维护	1 830 000	1 120 000	790 000	2 280 000	640 000
下乡安置		770 000	—		390 000
企业类	370 000	60 000	20 000	—	—
开发价格	220 000	860 000	1 910 000	200 000	2 060 000
其它支出	2 170 000	2 140 000	1 930 000	20 000	1 640 000
专项支出	560 000	400 000	—	890 000	90 000
流动资金	—	—	—		
上解支出	620 000	1 160 000	1 660 000	1 730 000	2 360 000
上年结余	－1 530 000	－1 500 000	－1 520 000	－96 000	－480 000

（第九编第一章《财政》，第 292—294 页）

1973 年，人事机构恢复，设人事局。是年，还成立了劳动局和知识青年安置办公室。劳动局负责全旗的劳动管理工作，知识青年安置办公室负责"上山下乡"知识青年的就业安置工作。1982 年，知识青年办公室并到劳动局，并且在劳动局下设劳动服务公司。

（第十九编第二章《人事劳动》，第 577 页）

"文化大革命"期间，苏尼特左旗动员城镇初、高中毕业生"上山下乡"，"接受贫下中农再教育"，规定企业单位不准从城镇青年中招工，只能到牧区招工，致使城镇出现了新的待业高峰。

（第十九编第二章《人事劳动》，第 579 页）

乌达巴拉，女，蒙古族，生于 1960 年 3 月，苏尼特全旗白日乌拉苏木巴彦乌拉（现呼和淖尔）嘎查回乡知识青年，民办学校教师。于 1978 年 10 月 20 日在白日乌拉苏木巴彦乌拉嘎查与案犯作斗争中牺牲。　　（第二十一编第二章《烈士名录》，第 643 页）

铁　柱　蒙古族，锡林郭勒盟人。于 1968 年，下乡到苏尼特左旗达日罕乌拉苏木的知识青年，……被评为"职工文化工作先进个人"，授予全国总工会表彰奖励。

（第二十一编第三章《英模名人录》，第 649 页）

《太仆寺旗志》

《太仆寺旗志》编纂委员会编,内蒙古文化出版社 2000 年

(1964 年)9 月,首批城镇知识青年 21 人到千斤沟公社四联村插队落户。

(《大事记》,第 25 页)

城镇青年就业费。1962 年,财政预算增设城镇人口下乡安置费。1964—1972 年,安置知识青年 770 人,城镇疏散人口 1 420 人,插队干部 191 人,医疗队 26 人,累计支出安置经费 107 万元。1973—1979 年,支出安置经费 84.9 万元。1980 年,预算科目增设城市劳动服务公司补助费。1982 年,改为城镇青年就业经费。1982—1990 年,城镇青年就业经费累计支出 31.4 万元。1991—1993 年,无此项支出。1994 年,取消城镇青年就业费支出科目。

(第十编第一章《财政》,第 354 页)

太仆寺旗 1964—1999 年财政支出分类统计表

单位:千元

年度	支出合计	基本建设	企业挖潜改造资金	简易建筑费	科技三项费用	企业流动资金	农、水、林、牧部门事业费	工交商部门事业费	城市维护费	城镇青年就业费	行政管理费	文教、科学、卫生事业费	抚恤社会福利	人民防空经费	价格补助	支援不发达地区	其它
1964	2 309	—	—	—	32	—	515	—	—	16	556	895	201	—	—	—	94
1965	2 062	14	—	—	24	—	273	—	—	11	665	914	122	—	—	—	39
1966	2 243	—	—	—		—	418	—	—	10	690	891	151	—	—	—	83
1967	2 146	—	—	—	35	10	398	24	—	4	619	876	120	—	—	—	60
1968	1 839	—	—	—		—	298	3	—	23	532	764	54	—	—	—	165
1969	2 441	—	—	—		3	399	119	—	351	569	778	51	—	—	—	171
1970	1 969	338	—	—	5	222	396	—	—	219	763	840	126	—	—	—	60
1971	4 820	1 500	294	—	10	240	506	—	—	69	1 035	992	74	—	—	—	109
1972	3 813	489	—	—	45	—	574	5	—	5	1 097	1 404	163	22	—	—	9
1973	6 379	69	230	—	12	420	2 031	—	40	18	1 035	1 423	988	68	—	—	45
1974	5 521	60	200	—	29	220	1 537	—	—	179	1 272	1 615	218	32	—	—	159
1975	5 868	—	50	—	306	223	1 804	12	10	139	1 142	1 766	257	7	—	—	152
1976	5 500	41	115	—	15	50	1 549	6	11	179	1 236	1 747	348	3	—	—	200
1977	7 048	108	844	—	22	145	1 914	10	70	166	1 378	1 854	350	3	—	—	184
1978	8 054	186	469	61	43	317	2 572	9	90	166	1 345	2 351	369	1	—	—	75
1979	10 155	901	532	20	8	—	3 281	26	345	12	1 557	2 644	616		—	—	140
1980	9 455	173	275	20		—	2 899	19	378	72	1 612	2 847	817		—	—	283
1981	7 887	—	153	8	65	—	1 431	9	330	14	1 413	2 966	992		—	—	430
1982	10 268	64	99	3	33	200	2 233	16	1 048	12	1 754	3 396	944		—	—	417

……

(第十编第一章《财政》,第 362 页)

1964 年,设安置办公室。1974 年,改称知识青年上山下乡办公室。1982 年 10 月,组建太仆寺旗劳动服务公司。知青办划归劳动服务公司管理。

（第十九编第一章《劳动人事》,第 723 页）

1983 年,安置锡林郭勒盟下达的劳动指标 76 个,安置返乡知青 35 人,接受退伍军人 17 人,安排知识分子及离休干部子女 27 人,职工 5 832 人。

（第十九编第一章《劳动人事》,第 728 页）

第四节　知识青年

一、上山下乡

1964 年,太仆寺旗开展知识青年上山下乡工作,主要人员是应届初中、高中毕业生,按"个人志愿,组织政审合格"的原则办理。是年,19 人统一到阿巴嘎旗牧场集中落户。1965 年,9 人到太仆寺旗千斤沟公社农场集体接受锻炼。1966 年,38 人到阿巴嘎旗下乡。1968 年,太仆寺旗革命委员会在城乡开展宣传动员工作,上山下乡运动推向高潮。至 1969 年 1 月,172 名学生到太仆寺旗五星公社(现贡宝拉嘎苏木)下乡。其中,年龄最大的 21 岁,最小的 16 岁。96 名社会青年到太仆寺旗中河、兴盛、千斤沟公社下乡。接纳安置北京、呼和浩特、锡林浩特市、张家口市等地知识青年 21 人。1970 年,135 名知识青年到太仆寺旗基层社、队插队落户。1971—1972 年,51 人下乡插队落户。1973 年,太仆寺旗"革命委员会"制定《关于当前知识青年上山下乡工作几项具体规定》,10—12 月,下乡 72 人。其中,男 41 人,女 31 人。1974 年,家长建立教子务农的新思想,动员子女上山下乡。4 月 15 日,28 名知识青年到农村牧区下乡。8 月 5 日,106 名知识青年下乡。1975 年 2 月,太仆寺旗革命委员会下发《继续做好知识青年上山下乡工作的安排意见》,动员各单位重视知识青年上山下乡工作,根据自己特点优先为知识青年安排紧缺物资。是年,动员安置下乡知识青年 284 人。其中,历届毕业生 60 人,科局以上干部子女 38 人。1976 年,284 人下乡,占应届毕业生总数的 80%。下乡知识青年发身份证明"下乡证",留城知识青年发"留城证",随父母下放和疏散人口下去的青年补办知识青年下乡手续。1977 年,下乡 479 人,安置一批锡林郭勒盟下乡知识青年。

二、使　用

1964—1976 年,1 087 名下乡知识青年通过招生、招工、参军离开农村牧区。有 5 人加入中国共产党,20 人加入中国共产主义青年团,170 人担任生产队以上领导成员。401 人成为农村、牧区的理论学习辅导员,74 人被培养为农机手、民办教师、赤脚医生、售货员、广播员。17 人出席锡林郭勒盟先代会,3 人被树为知识青年先进个人标兵,4 人出席内蒙古自治区先进个人代表会。

三、回　城

1977年,32名知识青年考入大学、中专,68名被招工录用,33人参军。1978年,134名知识青年因招工回城安置。其中,男82人,女52人,安排到国营单位48人,集体单位47人,参军39人。1979年,知识青年回城安置703人。1980年,成立清理知识青年领导小组,对知识青年上山下乡全面清理。安置下乡知识青年18人,留城青年107人,返城青年3人,其他238人。是年,对下乡知识青年的基本情况调查摸底,按先下乡的先招工原则安排98名下乡知识青年就业,安排到国营牧场48人,安排到旗直单位50人。

(第十九编第一章《劳动人事》,第732—733页)

《正镶白旗志》

正镶白旗地方志编纂委员会编,内蒙古文化出版社2004年

(1964年)11月10日,旗人民委员会成立城镇知识青年安置领导小组,下设办公室,负责上山下乡知识青年回城安置工作。 (《大事记》,第41页)

(1979年)5月4日,旗委、旗革委会转发《正镶白旗知识青年上山下乡工作会议纪要》,决定不再继续动员城镇初、高中毕业生上山下乡,采取就地安排,逐步就业办法,并对全旗知识青年安置工作做出15条规定。 (《大事记》,第50页)

7月11日,旗知识青年工作领导小组做出对"下乡留城知识青年安置意见"的报告。正镶白旗接收安置了旗、锡盟、呼市地区知识青年1 200人。 (《大事记》,第50页)

1973年正镶白旗成立知识青年安置管理办公室,取代了革委会政治部管理职能。1981年知识青年安置管理办公室撤销,业务归属劳动局管理。

(第二十篇第二章《人事劳动》,第812页)

《镶黄旗志》

镶黄旗志编纂委员会编,内蒙古人民出版社1999年

(1965年)7月,镶黄旗成立城市知识青年安置领导小组,负责城镇上山下乡知识青年管理工作。 (《大事记》,第40页)

(1966年)7月,9名城镇知识青年到牧区插队落户。他们是镶黄旗第一批上山下乡知识青年。 （《大事记》,第41页）

(1967年)7月9日,《人民日报》发表题为《坚持知识青年上山下乡的正确方向》社论。此后,知识青年开始大批上山下乡,到1978年中央和国务院提出停止知识青年上山下乡止,镶黄旗共动员和接待知识青年上山下乡472名。 （《大事记》,第42页）

(1981年6月)镶黄旗撤销知识青年安置办公室。 （《大事记》,第51页）

1965年7月,镶黄旗成立城市知识青年安置领导小组,负责城镇上山下乡知识青年管理工作。

1968年4月,镶黄旗成立革命委员会,下设"二委、一部、一室",人事管理工作和知识青年管理工作由政法委员会负责,劳动管理工作由生产建设指挥部负责。1969年12月,镶黄旗实行全面军事管制,军管组改"二委、一部、一室"为"三部一室",人事管理工作和知识青年管理工作由政治部负责,劳动管理工作仍由生产建设指挥部负责。

1973年,镶黄旗撤销"三部一室",逐步恢复科、局、委、办。3月,成立知识青年安置办公室。11月,恢复人事局(原称人事科)。劳动管理工作由计划委员会负责。

……

1981年,镶黄旗撤销知识青年安置办公室。1982年,成立劳动服务公司,为劳动局下属机构。 （第十四篇第二章《人事劳动》,第521页）

1964年,规定企业单位在临时性、季节性工作岗位上,实行临时工制度。并规定,在招工中,对军属子女、下乡多年和多子女下乡的知识青年、少数民族青年优先录用。

1975年,招工对象调整为"五优先",即上山下乡知识青年优先;批准免于下乡知识青年优先;少数民族青年优先;矿山、井下、野外勘探等符合招工条件的职工子女优先;对错挖成"内人党"死亡或致残完全丧失劳动力者子女优先。

（第十四篇第二章《人事劳动》,第527页）

知识青年安置

1964年,国家开始动员城镇知识青年上山下乡。1966年,镶黄旗有9名城镇知识青年到牧区插队落户,他们是镶黄旗首批上山下乡知识青年。1966—1978年,镶黄旗共动员、接收知识青年上山下乡472名。其中,呼和浩特知识青年44名,锡林浩特知识青年25名,包头知识青年1名,北京知识青年1名。

根据中央和国务院指示,从1979年开始,镶黄旗不再动员知识青年上山下乡。1978—

1992 年,在旗政府和有关部门领导下,根据当地情况,镶黄旗采取多层次,多渠道的办法,共安置下乡和回乡知识青年 441 名。其中:1978—1980 年安置 287 名。1981—1992 年安置 154 名。

(第十四篇第二章《人事劳动》,第 529 页)

《伊克昭盟志(第一、二册)》

伊克昭盟志编纂委员会编,现代出版社 1994 年

是年(1964 年),伊盟动员和组织城市知识青年到农村、牧区参加社会主义建设。

(《大事记》,第一册第 137 页)

(1965 年 3 月)21 日,在东胜召开欢送城市知识青年下乡联欢大会。欢送 120 名知识青年参加农村社会主义建设。

(《大事记》,第一册第 137 页)

(7 月)18 日,伊盟盟长王悦丰率慰问检查团,赴达拉特旗、伊金霍洛旗和知识青年安置点检查工作。

(《大事记》,第一册第 137 页)

11 月 22 日,伊盟首届下乡知识青年代表会议在东胜召开。21 名知识青年代表出席会议。

(《大事记》,第一册第 137 页)

(1968 年)8 月 14 日,伊盟革委会召开欢送知识青年上山下乡大会,东胜地区 240 名高中毕业生到农村牧区插队,参加生产劳动。

(《大事记》,第一册第 141 页)

(10 月)24 日,南京市 1 000 多名来伊盟牧区插队的知识青年到达伊盟鄂托克旗、乌审旗。

(《大事记》,第一册第 142 页)

(1970 年)7 月 28 日,伊盟召开下乡知识青年代表会议。各旗县知识青年代表、贫下中农(牧)代表及旗县市公社干部 93 人出席了会议。

29 日,伊盟首批"赤脚医生"训练班开学。来自农牧区的 100 余名"赤脚医生"(当时实行合作医疗制度的地方在知识青年中培养的乡村医生)参加学习。

(《大事记》,第一册第 143 页)

12 月 6 日,伊盟首次选送 10 名工、农、兵学员,进入高等学校深造。

(《大事记》,第一册第 143 页)

(1972 年)1 月 12 日,伊盟南京插队知识青年学习汇报团抵达南京,受到欢迎。

(《大事记》,第一册第 144 页)

(1975 年)7 月 21 日,中共伊盟盟委在东胜召开全盟首届上山下乡知识青年先进集体和先进个人代表大会。　　　　　　　　　　(《大事记》,第一册第 148 页)

(1980 年 1 月)5 日,中共伊盟盟委召开上山下乡知识青年代表座谈会。从 1965 年到 1978 年全盟共有 7 460 多名知识青年下乡插队。　　　(《大事记》,第一册第 155 页)

《伊克昭盟志(第三、四册)》

伊克昭盟志编纂委员会编,现代出版社 1996 年

《伊克昭盟历年财政支出情况统计表》。(见本书第 565—567 页表)

《伊克昭盟志(第五、六册)》

伊克昭盟志编纂委员会编,现代出版社 1997 年

1968 年始,伊盟开始动员城镇知识青年参加生产建设兵团或上山下乡到农村牧区落户,缓解安置就业压力。1978 年,动员知识青年上山下乡工作结束。下乡知识青年与兵团战士陆续返城,形成新的就业压力。　　(卷三十第一章《劳动管理》,第五册第 48 页)

知识青年安置

1964 年,伊盟海勃湾市首先动员 57 名城镇知识青年到杭锦旗落户。1965 年,东胜县、达旗、准旗动员 71 名城镇青年到农村参加生产建设。

1968 年,伊盟首次接收江苏省南京市知识青年 1 088 人,分别安置到乌审旗 217 人,鄂托克旗 871 人,安置在这两个旗的 19 个公社,96 个生产大队。当年,全盟各城镇动员知识青年下乡 437 人。1964—1968 年,知识青年安置到农牧区以分散插队为主。1968 年后,各地开始建立知青点,由分散插队变为集体插队。1972 年前,安置经费每人控制为 250 元。

1970 年始,准许经过二年以上劳动锻炼的下乡知识青年参加社会招工、招生和应征入伍。

1973 年,伊盟知识青年下乡工作开始有组织、有计划地动员与安置。安置经费提高:城镇知识青年回农村祖籍落户或到农区插队,以及建立集体所有制场队的,每人付给安置费 500 元;到牧区插队的建蒙古包的每人 800 元,建房的每人 600 元;到国营农牧场、站的每人 400 元。当年,全盟到国营农牧林场、治沙站、果园安家的知识青年有 1 875 人。

(本表收于《伊克昭盟志（第三、四册）》，上接本书第 564 页）

伊克昭盟历年财政支出情况统计表

单位:千元

项目\年度	支出合计	基建拨款	挖潜改造	简易建筑费	科技三项费	流动资金	支农支牧	工交商事业费	城市维护费	下乡安置费	文教科学卫生事业费	抚恤救济费	国防战备费	行政管理费	其它支出
调整时期	52 493	824	986			430	12 643	273	202	715	14 236	3 907		15 183	3 094
1963	15 453	121	321			377	4 497	36	71		4 009	662		4 592	765
1964	16 753	277	328			26	3 964	91	58	514	4 668	654		5 130	1 043
1965	20 287	426	337			27	4 182	146	73	201	5 559	2 591		54 599	1 286
三五时期	108 081	1 356	1 696		209	5 057	24 547	730	305	916	28 158	10 553		29 903	4 651
1966	26 674	154	589			335	7 969	127	74	60	5 519	4 653		5 725	1 469
1967	19 836	297	216			648	4 225	93	81	10	5 661	2 349		5 045	1 211
1968	17 346	21	891			100	3 759	68	69	228	4 920	1 282		5 289	719
1969	21 052	314			52	1 350	3 954	224	5	550	5 564	1 399		7 008	632
1970	22 173	570			157	2 624	4 640	218	76	68	6 494	870		6 836	620
四五时期	280 637	56 240	7 534		3 779	21 768	65 522	1 096	1 467	2 997	54 665	12 406	1 656	44 670	6 837
1971	59 938	25 959	2 126		378	4 034	6 298	101	107	112	8 266	769		8 255	3 533
1972	61 122	23 862	1 598		213	4 145	8 608	279	196	165	10 490	1 376	304	9 446	440
1973	53 922	2 611	1 000		295	6 431	17 313	198	212	331	11 385	3 717	366	8 692	1 371
1974	49 021	1 434	1 540		440	3 193	15 195	247	458	1 253	11 994	3 466	362	8 828	611
1975	56 634	2 374	1 270		2 453	3 965	18 108	271	494	1 136	12 530	3 078	624	9 449	882
五五时期	370 101	15 329	11 319	638	2 197	12 575	135 987	2 304	3 653	1 542	86 365	18 681	490	54 299	24 722

项目 年度	支出合计	基建拨款	挖潜改造	简易建筑费	科技三项费	流动资金	支农支牧	工交商事业费	城市维护费	下乡安置费	文教科学卫生事业费	抚恤救济费	国防战备费	行政管理费	其它支出
1976	57 208	1 795	1 024		311	3 930	21 086	328	450	574	12 743	3 265	197	9 034	2 471
1977	63 034	2 816	2 468		411	3 590	23 070	347	473	517	13 922	3 091	81	9 618	2 630
1978	72 625	2 661	4 125	350	520	3 090	25 911	386	814	195	17 352	3 420	187	10 243	3 371
1979	80 217	3 014	1 223	198	537	1 695	31 266	484	822	125	19 713	4 424	20	11 733	4 963
1980	97 017	5 043	2 479	90	418	270	34 654	759	1 094	131	22 635	4 481	5	13 671	11 287
六五时期	652 756	18 608	19 818	2 545	5 600	5 610	166 119	7 049	24 818	2 906	184 591	24 831	100	115 962	74 199
1981	89 864	1 923	935	36	364	815	27 390	896	1 174	208	24 212	3 981		15 437	12 493
1982	105 997	4 510	1 530	25	658	2 225	29 307	920	2 237	529	30 189	3 658	100	19 178	10 931
1983	121 705	1 998	4 038	30	1 371	70	32 257	1 035	5 100	875	36 435	4 293		22 314	11 889
1984	167 653	5 030	7 016	1 869	1 647		41 762	1 961	8 186	852	45 774	6 211		32 150	15 195
1985	167 537	5 147	6 299	585	1 560	2 500	35 403	2 237	8 121	442	47 981	6 688		26 883	23 691
七五时期	972 033	14 025	42 957	4 177	6 369	410	200 127	15 348	43 026	1 695	276 794	32 736		160 793	173 576
1986	202 513	6 659	10 251	670	2 455	150	43 292	2 367	7 854	262	57 847	7 855		32 498	30 353
1987	225 785	2 786	9 765	1 555	1 321	260	48 086	3 286	9 826	460	61 631	8 356		33 542	45 511
1988	263 252	2 530	10 249	927	1 053		49 948	4 137	12 321	493	74 584	8 371		44 351	54 288
1989	280 483	2 050	13 292	1 025	1 540		58 801	5 558	13 025	480	82 732	8 154		50 402	43 424
总计	2 642 024														

1974 年始，盟直单位仅少数民族下乡知识青年可到乌审旗、杭锦旗、鄂托克旗牧区落户。其他下乡知识青年均按单位、系统到达旗、东胜县农区集体插队落户。各旗县下乡知识青年除少数人回原籍投亲靠友外，其余都在本地农牧区就地安置。当年，开始办理未下乡城镇知识青年留城手续。

1975 年，开始建立知识青年单独核算集体所有制农场、知青队、治沙站。到 1978 年底，全盟共建立知识青年场、队 15 个；办理知识青年留城 5 859 人。

1978 年，伊盟动员知识青年上山下乡工作结束。1964—1978 年，全盟共动员、接收下乡知识青年 7 460 人，其中外盟市知识青年 1 351 人。下乡知青中发展中共党员 177 人，共青团员 2 546 人，担任生产大队以上领导职务的有 265 人。到 1980 年底，下乡知青全部得到妥善安置。

（卷三十第一章《劳动管理》，第 49—50 页）

1969—1975 年，伊盟干部录用在干部自然减员指标范围内调剂。其间，1972 年各旗县相继在基层民办学校教师和下乡知识青年中，招收部分干部充实教学岗位。……

1976 年，伊盟从下乡或回乡知识青年、农牧区社会主义教育运动借调干部及基层不脱产优秀青年干部中，选拔录用 125 名干部，解决因自然减员出现的干部缺额问题。

（卷三十第二章《人事管理》，第五册，第 74 页）

"文化大革命"开始后，学校停课"闹革命"，运动几经反复，广大教职工多遭打击迫害，教师队伍人心涣散，大伤元气。大中专院校没有毕业生充实教师队伍，一些骨干教师又相继流失，复课后教师数额严重不足。1971 年开始，伊盟地区不得不依靠伊盟师范学校选拔农牧区插队的初高中"老三届"（1966 年、1967 年、1968 年应届毕业而未按时毕业的初中毕业生和高中毕业生）进校培训，以解教师短缺的燃眉之急。

（卷三十五第七章《教师》，第五册第 483 页）

《东胜市志》

《东胜市志》编纂委员会编，内蒙古人民出版社 1997 年

（1965 年）3 月 22 日，东胜 120 名城镇知识青年下乡安家落户，参加农村社会主义建设。

（《大事记》，第 83 页）

（1968 年）8 月 14 日，东胜地区 240 名高中毕业生到农村牧区插队，参加生产劳动。

（《大事记》，第 88 页）

(1970 年)5 月 24 日,东胜地区 110 名知识青年参加北京军区内蒙古生产建设兵团,东胜近万名群众夹道欢送。

(《大事记》,第 91 页)

同年(1980 年),全县安置待业青年 306 人。上山下乡知识青年全部安置了工作。

(《大事记》,第 106 页)

第二节　知识青年安置

1966 年,四川省重庆市 3 名女知识青年自行来到东胜县添漫梁公社查干沟生产队落户,并分别同本地青年农民结婚。此后南京、北京、天津等全国大中城市亦有少数知识青年相继被安排到东胜县各公社插队。

1970 年冬,东胜城镇初、高中毕业生,在毛泽东主席"知识青年到农村去,接受贫下中农再教育,很有必要"的指示感召下,开始分批上山下乡到农村生产队进行劳动锻炼。由国家拨专款,社队支援劳动力和部分建筑材料,为下乡知识青年整修或新建住房,设立知青点。下乡知识青年集体食宿,与社员一起劳动。知青点均有县里选派的带队干部及生产队选派的贫下中农社员负责帮助下乡知青料理生活和生产。下乡第一年由财政发给每人插队生活补助费 200 元。1973 年,成立县知识青年上山下乡领导小组及其办公室。负责宣传、动员、组织知识青年"上山下乡",至 1977 年,先后动员初、高中毕业生 635 人下乡进行劳动锻炼,并为 779 名因家庭生活困难,本人有病或有残疾的城镇知识青年办理了免于下乡的留城手续,全县用于下拨各知青点的安置经费 27.7 万元。

1978 年 10 月,国务院 74 号文件规定一般县城非农业户口的中学毕业生不再列入上山下乡范围内。东胜县立即为下乡插队的知识青年就业进行统筹安置。通过参军、招生及招工等渠道,至 1981 年底,全县插队知识青年全部安置就业。外地来东胜县插队知青大部分返回原籍就业,亦有少数留于县内。

(第十八篇第三章《劳动就业》,第 636 页)

《准格尔旗志》

《准格尔旗志》编纂委员会编,内蒙古人民出版社 1993 年

根据工作需要,为加强干部队伍建设,1972 年 4 月将农村 60 名优秀青年转为国家干部,分别充实到旗、乡担任青年团和妇女干部。1976 年 9 月从上山下乡知识青年和基层农村人民公社脱产优秀青年中吸收录用干部 321 人。

(第二十四编第二章《劳动　人事》,第 660 页)

1965 年 9 月,准旗开展了知识青年上山下乡工作。分两批共 41 人。安置地点在沙圪

堵乡杨家湾队。文化大革命该项工作即停。1968年准旗革委会成立,恢复了就业安置工作,共安置知识青年上山下乡175人。地点为纳林公社、乌兰不浪林场、布尔陶亥治沙站、乌兰沟林场。1973年,"准格尔旗知识青年上山下乡领导小组"成立,下设办公室。1975年安置上山下乡知识青年138人。1965年至1977年共动员城镇知识青年1 001人上山下乡插队落户。1978年安置知识青年就业378人,占应安置的30%。党的十一届三中全会之后,知识青年上山下乡工作不再进行。转向城镇劳动就业。1979年,准旗劳动服务公司成立,专门管理本旗劳动安置服务工作和创办各类经济实体,为城镇青年就业牵线搭桥,创造条件。1981年6月知青办撤销。旗劳动服务公司接管知青就业工作。到年底统计,全旗建立青年集体企业网点51个,安置待业青年348人,实现利润8.96万元。

(第二十四编第二章《劳动　人事》,第663页)

《乌审旗志》

乌审旗志编纂委员会编,内蒙古人民出版社2001年

(1968年)10月24日,南京市200多名插队落户知识青年抵达达布察克镇。

(《大事记》,第72页)

第二节　知识青年安置

1968年,广大知识青年积极响应毛泽东主席"上山下乡"号召,纷纷报名到农村牧区安家落户,接受贫下中农(牧)的再教育。

下乡知识青年主要是应届和历届初中、高中毕业生和应该下乡而没有下乡的社会知识青年。

1968—1978年,包括外地来乌审旗的下乡知识青年共580人:其中有1968年10月,南京知识青年217人(男118人,女99人),达布察克镇地区332人(男179人,女153人),东胜、榆林等地31人(男24人,女7人),有高中生222人,初中生361人,高小生7人。

10多年中,知识青年陆续分配到:河南分社86人,其中女38人;纳林河公社72人,其中女28人;沙尔利格公社34人,其中女17人;陶利公社98人,其中女42人;巴彦柴达木公社26人,其中女15人;嘎鲁图公社27人,其中女10人,乌审召公社88人,其中女42人;乌兰陶勒盖公社92人,其中女45人;黄陶勒盖公社16人,其中女9人;育草站1人(女);呼吉尔图公社4人,其中女1人;图克公社35人,其中女20人,乌兰沙巴尔台公社6人,其中女3人;浩勒报吉公社2人,其中女1人。

从1968年开始,乌审旗由地方财政拨款共给知识青年建房191间。插队的知青除有病、结婚生孩子、探亲多等原因外,生活基本能自给,人均年总收入在150—300元之间。他

（她）们大部分人没有家庭负担，劳动出勤率高。安插知青的地方，经济条件都比较好，乌审召治沙站 10 分工可分红 1.10 元。有的知青担任了有经济补贴的社会工作：民办教员，国家每月补助 8 元，电影（放）映员每外出放映一日补贴 8 角，还有"赤脚医生"等都有一定数额的补贴。他（她）们的工作不受季节、天气的因素的影响，除拿补贴，误工极少，都能挣满分。

乌审旗知识青年安置办公室 1975 年前隶属旗革命委员会领导，1976 年划为旗委领导，1981 年 12 月撤销。根据党的政策，规定在基层锻炼 3 年以上的知青可优先安排其它社会工作。从 1971—1979 年，下乡知青中考取大中专院校的 70 人，招干 74 人，招工 274 人，当兵 44 人，转迁 6 人，回原籍 21 人，死亡 3 人。　　　（第十七编第三章《劳动安置》，第 670—671 页）

《伊金霍洛旗志》

《伊金霍洛旗志》编纂委员会编，内蒙古人民出版社 1997 年

（1968 年）12 月，全旗开始知识青年"上山下乡"接受贫下中农再教育的活动。

（《大事记》，第 59 页）

（1970 年）8 月 30 日，下午 8 时，旗革委会召开阿镇地区群众大会，学习、贯彻、落实北京军区前线指挥部给内蒙古贫下中农、革命干部、上山下乡知识青年和生产建设兵团战士的一封信。9 月 1 日，旗抽调干部、教师和军宣队 80 人，组成毛泽东思想宣传队，赴 16 个公社进行宣传贯彻。　　　（《大事记》，第 60 页）

（1973 年）9 月 30 日，伊金霍洛旗知识青年上山下乡领导小组成立，下设办公室。

（《大事记》，第 63 页）

11 月 16 日，全旗工交、财贸、文教、卫生系统先代会召开。特邀解放军、退休工人、农业学大寨先进单位、上山下乡知识青年代表列席了会议。　　　（《大事记》，第 63 页）

是月（1981 年 1 月），知识青年上山下乡办公室撤销。　　　（《大事记》，第 70 页）

第二节　知识青年安置

1963 年，中共中央发出号召，要求城市青年学生下乡参加农业生产。伊旗动员城镇知识青年下乡工作则始于 1965 年，1968 年掀起了知识青年上山下乡的热潮，1978 年中央调整知青政策，这一运动即告终止。

从 1965 年开始，伊旗城镇知青分别在新庙古城壕、新庙小队、缸房院小队、三界塔、车家

渠等地下乡落户,之后每年有零星的城镇青年上山下乡。1965—1970 年,共有 62 名知青下乡。其中:新庙古城壕知青小组 12 人,新庙小队 1 人,缸房院小组 11 人,三界塔小组 13 人,车家渠小组 24 人,活沙图有外地迁入的下乡知青 1 人,这些知青大部分因招工、升学等原因被抽调回城。1973 年成立了伊旗知识青年上山下乡工作办公室。为了进一步加强对知青工作的领导,在各知青点又派了带队干部,帮助下乡知青安排生产和生活,加强管理教育。1976 年共有下乡知青 340 人,其中男 117 人,女 163 人。当年回城的有 70 人,其中,招工 58 人,升学 3 人,参军 3 人,外迁 3 人,其他 3 人,其余 270 人分别于各知青点参加饲养、种植等生产劳动。其中:渔场 10 人,霍洛林场 24 人,良种场 12 人,桃林林场 16 人,新街治沙站 18 人,纳林希里治沙站 17 人,车家渠大队知青点 27 人,格丁盖大队知青点 36 人,新庙大队知青点 26 人,民字梁大队知青点 29 人,乌兰木伦大队知青点 16 人,布连塔大队知青点 39 人。1978 年中央调整知青政策后,旗政府决定将 88 名在乡知青全部插入各国营农牧林场、站。具体安置是:果园 6 人,布尔台良种站 7 人,渔场 6 人,新街治沙站 16 人,霍洛林场 26 人,桃林林场 16 人,纳林希里治沙站 11 人。知识青年插到场站后的工资待遇,按各场站临时工的工资待遇。到 1982 年底将下乡知青全部安置完毕。

(第二十编第五章《劳动就业》,第 790—791 页)

《鄂托克旗志》

鄂托克旗志编纂委员会编,内蒙古人民出版社 1993 年

(1968 年)11 月 1 日,南京市 800 名插队落户知识青年抵达乌兰镇。

(《大事记》,第 36 页)

(1970 年)1 月 25 日,江苏省南京市赴内蒙慰问知识青年代表团,到本旗各公社慰问插队知识青年。

(《大事记》,第 37 页)

(1975 年)11 月 6 日,将内蒙古生产建设兵团 34 团移交伊克昭盟碱柜农场,正式职工 50 名,兵团战士 1 103 名。

(《大事记》,第 39 页)

12 月 3 日,将内蒙古生产建设兵团 25 团,移交巴音陶亥农场,在册人员 1 285 名。

(《大事记》,第 39 页)

1975 年招工对象调整为"五优先",即上山下乡知识青年;批准免于下乡知识青年;少数民族青年;矿山、井下、野外勘探等符合招工条件的职工子女;对错整成"内人党"死亡或致残

完全丧失劳动力者的子女优先。当年招收固定工 70 人,集体工 500 人。

(第十九编第一章《人事》,第 745 页)

第五节　知识青年安置

自 1968 年起,广大知识青年积极响应毛主席提出的"上山下乡"号召,纷纷报名到农村牧区安家落户。1968 年 10 月,南京知识青年 872 人来到鄂托克草原,被分配到本旗各个牧区人民公社。

1969—1979 年,全旗共有 1 365 名知识青年报名"上山下乡"。根据党的政策,结合当地实际,规定锻炼 3 年以上的知识青年优先安置。从 1971 年起,大批知识青年先后被国家行政、企事业单位招工,有的被推荐考入大专院校和中等专业学校;有的应征入伍;有的被企事业单位录用;有的调回原籍工作。至 1982 年,本旗所有知识青年全部安置。

(第十九编第一章《人事》,第 757 页)

《鄂托克前旗志》

《鄂托克前旗志》编纂委员会编,内蒙古人民出版社 1995 年

(1968 年)11 月 1 日,800 名南京知识青年抵达乌兰镇,响应毛主席"知识青年上山下乡"的号召,到 13 个牧区公社插队落户,接受贫下中农再教育。　　　(《大事记》,第 39 页)

(1970 年)11 月 25 日,江苏省南京市赴内蒙慰问知识青年代表团,到本旗各公社慰问插队知识青年。　　　(《大事记》,第 40 页)

《杭锦旗志》

《杭锦旗志》编纂委员会编,内蒙古人民出版社 1994 年

是年(1968 年),中国人民解放军内蒙古生产建设兵团,在独贵特拉、吉日嘎朗图、巴拉亥乡组建 20、25、23 团。各团均为部队建制,战士来源于内蒙、北京、天津、青岛、上海、绍兴等地知识青年。　　　(《大事记》,第 31—32 页)

1977 年起,上山下乡知识青年陆续回城,待业人数增加,安置任务繁重。旗劳动部门通过全民、集体企业招工和补员,劳动服务公司和城镇街道、苏木、乡办企业中安置,扶持待业人员个体开业,大中专招生,职工退休顶替等就业途径,共安置待业人员 248 人。

(第九卷第二章《劳动管理》,第 283 页)

第七节 知 识 青 年

一、插队知识青年

1964年起,开始动员城镇知识青年上山下乡。1966年,"文化大革命"开始后,学校停课,学制缩短,高校停止招生,工厂企业受运动影响停止招工,待业青年日益增多。1968年,旗知识青年安置办公室成立,动员知识青年插队落户。1969年旗内知识青年108名,海勃湾市(现属乌海市)知识青年83人,被分别安置在吉日嘎朗图、伊克乌素、阿日斯楞图、浩绕柴达木等苏木、乡插队落户。1970年,通过企业单位招工、大中专院校招生、应征入伍、转干等途径,逐步安置下乡知识青年。同时继续动员旗内知识青年32名、海勃湾市知识青年8名下乡。1971—1974年,接受旗内插队青年185名,外省市的6名。1975—1976年成立浩绕柴达木、陶赖沟(锡尼镇所辖)知青队。浩绕柴达木草原站知青队1975年成立,分给土地1500亩,牲畜15头,住房18间,拖拉机1台,柴油机2台,双铧犁1台,圆盘耙1副。1976年8月,陶赖沟知青队成立,有土地38亩,牲畜、农具及住房若干。知识青年在知青队内集体劳动、集体食宿。两年共安置知识青年333名(包括外省市的1名)。1968—1978年,为下乡插队知识青年,拨付安置费53万元,木材109立方米,还有其他大批建筑材料。1977—1978年,接收插队落户的知识青年126名。

为了鼓励知识青年到农村牧区去,立志做社会主义新式农牧民,对申请长期在农村牧区落户,扎根边疆的知识青年,补助安家费、建房补助费。并且在招工、报考大中专学校"农转非"落户、参军等方面给予优先照顾。知青队企业税收减免。

1978—1980年,插队下乡知识青年大部分回城,得到安置。其中:招工99名,考入大中专院校109名,参军20名。

二、生产建设兵团

1968年,中国人民解放军内蒙古生产建设兵团在杭锦旗组建3个团。均按部队建制,团部下设连、排、班,连队以上干部多为现役军人。排、班干部以转业军人为骨干,战士为来自北京、天津、上海、青岛、浙江、内蒙古等地的知识青年。生产建设兵团的组建,其目的是贯彻毛泽东主席人民战争的战略思想,随时做好反侵略战争的准备。同时,能解决知识青年就业问题,减少城市的压力。

(一)20团

20团始建于1968年,团部设在独贵特拉乡,属内蒙古生产建设兵团3师管辖,部队建制。团部设司令部及参谋处、政治处、后勤处等机构;团部直辖基建队、机运连、实验站、服务社、医院、兽医站、加工厂等单位;基层有10个连队。1974年兵团战士多达4000名。该团从事农林牧副以及食品加工。农业除种植糜子、玉米、小麦外,还试种水稻。该团于1975年移交独贵特拉农场,1979年解散,兵团战士多返回原籍,少数战士安家落户。部队干部回原部队安置。这个团从组建到移交地方止,共投资2800万元。

兵团战士通过生产劳动,学会驾驶汽车、拖拉机,食品加工,机器维修,建筑,烧砖,耕种,放牧等本领。有的战士因公殉职,葬于团部西 10 公里处,战士们称此处为"美丽圪旦",寄托对死者的哀思。

(二) 23 团

23 团隶属 3 师,农业团。团部设在呼和木独苏木,于 1968 年底组建,部队建制。兵团战士来自河南、山西、河北和内蒙古各地,以内蒙古的知识青年为主体。1972 年兵团战士人数为 3 225 人,次年增至 4 305 名。1975 年移交伊克昭盟,外地兵团战士多返原籍,伊盟战士,多数安置在乌海市。少数战士在杭锦旗安家落户。

(三) 25 团

25 团隶属 3 师,于 1968 年组建,团址设在吉日嘎朗图乡,部队建制,农业团。1974 年兵团战士 4 000 人,来自天津、北京、内蒙古等地。1975 年底移交地方。杭锦旗入团知青有 50 名,通过锻炼,这部分战士已成为全旗各单位的骨干,其中副旗县级 2 名,科级 12 名。

(第九卷第二章《劳动管理》,第 291—292 页)

《达拉特旗志》

达拉特旗史志征编办公室编,远方出版社 2006 年

(1964 年)6 月 30 日,成立旗安置城市知识青年下乡委员会。　　(《大事记》,第 49 页)

(1965 年)3 月 25 日,全盟 120 名城镇知识青年到达拉特旗插队落户。

(《大事记》,第 50 页)

(1965 年)全旗有 11 名知识青年首批插队落户。　　(《大事记》,第 51 页)

(1974 年)11 月 11 日,旗首届知识青年代表会议召开。　　(《大事记》,第 59 页)

知识青年安置

1964 年 6 月 30 日,旗委成立达拉特旗安置城镇知识青年下乡委员会,下设办公室,动员、组织、安排城镇知识青年到农村安家落户,接受贫下中农再教育。到 1977 年全旗安置到农村插队落户参加农业劳动的城镇知识青年 1 194 人,其中外省青年有 14 人。这些知识青年分别安置到 7 个国营农牧场、3 个社队林场、1 个知青农场和一些农村社队,分布于 15 个乡,建立 52 个知青小组。

1965—1972 年,由财政给在农村插队的知识青年每人每年补贴 250 元生活费,对已婚

成家的插队知识青年每人每年补贴 150 元。1973—1978 年,对下乡知识青年的生活补贴标准进行了调整,农区插队的每人每年补贴 500 元,国营农牧林场插队的每人每年补贴 400 元。

1978 年以后,旗内通过企业招工、大中专院校招生、应征入伍、定向分配、转干等形式,对下乡知识青年进行安置,使他们逐步返城就业。到 1981 年,全旗下乡知识青年全部回城并得到安置。其中 64 人被分配到国家行政事业单位,108 人考取了区内外大中专院校,155 人参加中国人民解放军,106 人迁往外地,753 人被安排到全民所有制单位,8 人安排到集体所有制单位。

1965—1978 年达拉特旗知青安置表 单位:人

年　　度	旗内下乡人数	盟下乡插队人数	外省市插队人数	小计
1965 年	16	151		167
1966 年		11		11
1968 年	65	5		70
1969 年	3			3
1970 年		1	2	3
1971 年		20		20
1973 年	250	3		253
1974 年	82	124		206
1975 年	70	127	9	206
1976 年	21	66		87
1977 年	69	56		125
1978 年	32	11		43
合计	608	575	11	1 194

(第二十一编第二章《劳动》,第 587 页)

《巴彦淖尔盟志》

《巴彦淖尔盟志》编纂委员会编,内蒙古人民出版社 1997 年

(1964 年)3 月 11 日,根据中共中央《关于动员和组织知识青年参加农村社会主义建设》文件精神,盟委成立城镇人口安置委员会,由郭全德等 18 人组成。6 月 8 日,盟委紧急通知各旗县委认真搞好下乡知识青年动员和安置工作,初步议定将呼包二市 579 名知青安置在五原、临河、乌拉特中后联合旗和杭锦后旗 4 个旗县的 17 个公社集体插队。

(《大事记》,第 81 页)

(1965 年)5 月,全盟安置城镇青年下乡 2 890 人,其中接收呼市、包头 1 551 人,盟内动员 1 339 人。 (《大事记》,第 83 页)

7 月 30 日,天津首批知识青年 760 名到五原插队。 (《大事记》,第 83 页)

8 月 11—18 日,首都知识青年 1 150 人先后来巴盟临河、杭锦后旗农村插队落户。

(《大事记》,第 83 页)

(1968 年)7 月 18—23 日,在巴彦高勒召开全盟城镇知识青年上山下乡工作会议。各旗县革委会、人武部和安置部门负责人参加会议。会议中心议题是"高举毛泽东思想伟大红旗,全面落实毛主席一系列最新指示,掀起活学活用毛泽东思想运动新高潮"。盟革委会副主任李桂芳作报告。 (《大事记》,第 88 页)

是年(1969 年),中国人民解放军北京军区内蒙古生产建设兵团成立,在巴盟组建 3 个师,指战员人数 47 591 人。财政补贴 1 547 万元。 (《大事记》,第 91 页)

同日(1972 年 1 月 14 日),盟委发出《关于立即掀起上山下乡高潮》的指示。要求 1971 年应届毕业生(除部分升学者)及家住城镇的历届毕业生、社会青年、闲散劳力,均应响应党的号召,到农村第一线去锻炼。 (《大事记》,第 94 页)

11 月 29 日至 12 月 3 日,全盟首届上山下乡知识青年代表大会在临河召开,出席代表 159 人。会议对几年来的知识青年工作作了总结。巴盟先后安排北京、天津、呼和浩特市、包头等省市和巴盟的上山下乡知识青年近两万人。涌现出先进知识青年小组 160 个,先进个人 1 160 人,有 163 名光荣地加入了中国共产党,1 258 名加入共青团,871 名参加了自治区、盟、旗县、社队各级领导班子,3 000 多名担任了民办小学教师、民兵干部、赤脚医生、农机手、科学实验员,7 000 多名被贫下中农推荐到工矿和上了大学,92 名光荣参军。

(《大事记》,第 95 页)

(1973 年)10 月 23 日,盟党委作出《关于动员城镇知识青年上山下乡的决定》,先后动员上山下乡的知识青年有 2 000 多人,主要是年满 16 周岁以上的城镇应届高、初中毕业生、历年城镇中学毕业生应下未下者、中途退学者、16 至 25 周岁的城镇社会青年。

11 月 2 日,根据中共中央(73)30 号文件和中共内蒙古自治区党委(73)50 号文件的指示,盟委决定,新成立巴盟党委知识青年上山下乡领导小组。组长韦荫秀,副组长吴学易、张义、张凤莲。 (《大事记》,第 97 页)

(1976年)7月19日,针对教育和培养知识青年成才,树立扎根农牧区的思想,盟党委、革委会从1975年4月开始举办的知青理论学习班结业131期,培训理论骨干4 300人,培训理论辅导员2 980人。有94人加入中国共产党,有2 174人加入共青团组织,有48人充实到各级领导班子,190人担任了赤脚医生或民办教师。

8月20日,巴盟知识青年共产主义劳动大学正式成立,并在杭锦后旗黄河公社隆重举行开学典礼,参加开学典礼的有1 200人。　　　　　　　　　　（《大事记》,第103页)

(1977年)9月20—26日,盟委召开全盟上山下乡知识青年先进集体、先进个人代表大会。盟委第一书记李贵、副书记韦荫秀参加会议并讲话。出席会议的全盟381名知青代表给华国锋主席、党中央写了致敬信,并向全盟知青发了倡议书。　　　　（《大事记》,第106页)

1964年以后,京、津、沪等城市的知识青年先后有26 304人来巴盟农村插队落户,他们和贫下中农一起战斗在农业第一线。这些知识青年在70年代,基本都被送调回城,留下的只有145人,其中病残的19人。　　　　　　（第四编第一章《土地开发》,第340页)

《1950—1985年巴盟预算内财政支出统计表(不包括上解支出)》。(见本书第578—579页表)

(1964年)精减期间,严格控制从社会上招收新职工,因而大量的社会劳动力得不到安置。特别是新成长起来的劳动力逐渐增多,各地就业压力增大。国务院发出"关于动员和组织城市知识青年和其他闲散劳动力下乡、回乡参加农村社会主义建设工作"的指示,这成为一个时期解决就业的主要途径。从1964年至1976年8月3日,全盟共接收北京、天津、山东、呼和浩特、包头及本盟各类上山下乡、回乡知识青年22 205人。分别插队到全盟7个旗县的110个公社、665个大队1 971个生产队及20个国营农牧林渔场的12个知青集体场、队、学校。政府在招工、选干、上学、参军等工作中优先录用下乡两年及其以上的知识青年。至1976年,下乡知青中,办理转迁病退的有4 871人,招工、选干7 708人,升学1 777人,参军196人,死亡65人,共14 617人。仍留在农牧区从事农牧业生产劳动的知识青年有7 588人。这一时期,采取行政措施,动员大批城镇青年上山下乡,并逐渐制度化。其间出现了一方面动员大批城镇知识青年上山下乡,另一方面又大量从农村招工的现象,造成城乡劳动力的不合理对流。

1976年后,下乡人数逐渐减少,而在乡知青办理返城手续者急剧增多。城镇就业工作又面临新的困难。1978年9月9日,国务院副总理李先念指出,要成立劳动服务公司,负责介绍待业人员就业。把待业人员组织起来,从事服务业工作。政府在计划招工的同时,兴办劳动服务公司,帮助社会待业人员就业。

1979年,巴盟劳动服务公司成立,作为盟劳动局内设科室,负责城镇待业人员登记、培

（本表上接本书第577页）

单位：千元

1950—1985年巴盟预算内财政支出统计表（不包括上解支出）

时期	科目 金额	基本建设支出类	企业挖潜改造资金	商品建筑费类	科技三项费用类	流动资金	支援农业支出类	工交商等部门事业费	城市维护费类	城镇青年就业经费	文教科学卫生事业费类	抚恤和社会福利救济费类	其他部门事业费类	人民防空经费	行政管理费类	其他支出类	弥补计划亏损支出	退赔支出	专款支出类	财政价格补贴支出	预留调资应付未付	支出合计
调整时期	1963	83			466	628	5 421	19	95		4 985	696			5 551	948	322					19 214
	1964	283			546	8	5 675	86	147	1 183	6 970	775			7 453	1 212	102					24 440
	1965	1 003			424	435	6 279	205	86	893	7 235	918			6 706	2 134	6					26 324
	小　计	1 369			1 436	1 071	17 375	310	328	2 076	19 190	2 389			19 710	4 294	430					69 978
三五时期	1966	626	225		759	1 732	7 098	245	103	411	7 137	1 094			7 395	2 068	3					28 896
	1967	189	75		706	390	4 882	52	82	91	7 510	964			6 561	640	33					22 175
	1968	36			275	100	3 221	248	50	1 234	6 589	574			6 157	680						19 164
	1969	300			75	625	3 075	317		2 349	4 903	647			5 621	492						18 404
	1970	290			117	1 474	4 482	790	121	414	6 675	751			7 900	1 000						24 014
	小　计	1 441	300		1 932	4 321	22 758	1 652	356	4 499	32 814	4 030			33 634	4 880	36					112 653
四五时期	1971	18 291	2 788		421	3 674	4 195	438	198	312	8 940	837			9 829	1 219						51 142
	1972	24 975	2 189		165	5 240	6 646	422	263	114	11 402	1 025		84	10 313	636						63 474
	1973	2 299	1 341		222	4 750	11 814	187	266	432	12 284	1 791		842	11 074	493						47 795
	1974	611	1 685		319	2 360	12 623	305	437	1 181	12 886	1 929		201	9 991	1 181						45 709
	1975	381	1 240		348	2 930	16 373	289	512	1 836	13 899	2 058		128	12 163	1 752						53 909
	小　计	46 557	9 243		1 475	18 954	51 651	1 641	1 676	3 875	59 411	7 640		1 255	53 370	5 281						262 029

时期	科目金额	基本建设支出类	企业挖潜改造资金	商品建筑费类	科技三项费用类	流动资金	支援农业支出类	工交商等部门事业费	城市维护费类	城镇青年就业经费	文教科学卫生事业费类	抚恤和社会福利救济费类	其他部门事业费类	人民防空经费	行政管理费类	其他支出类	弥补计划亏损支出	退赔支出	专款支出类	财政价格补贴支出	预留调资应付未付	支出合计
五五时期	1976	571	1 651		627	2 410	19 354	387	782	1 503	14 936	2 241		406	13 069	1 719						59 656
	1977	795	4 515		712	4 850	19 725	382	1 194	991	16 964	2 281		633	14 654	2 914						70 610
	1978	655	6 117	456	805	4 537	25 928	455	1 362	646	21 129	2 285		759	14 527	6 101						85 762
	1979	1 005	1 288	168	734	2 250	29 234	611	2 041	538	23 475	4 200		531	16 062	9 996						92 133
	1980	2 108	1 594	98	181	920	28 600	952	2 293	746	26 967	4 263		232	16 813	11 402						97 169
	小　计	5 134	15 165	722	3 059	14 967	122 841	2 787	7 672	4 424	103 471	15 270		2 561	75 125	32 132						405 330
六五时期	1981	2 923	2 045	107	375	290	30 677	1 018	2 661	857	28 991	3 799		64	17 769	12 500					298	104 374
	1982	2 368	1 822	77	386	810	31 966	1 146	3 953	1 026	32 905	3 016	955	207	25 323	8 277					265	114 502
	1983	940	7 048	65	607	610	41 857	1 536	6 359	1 385	38 469	3 683	2 546	345	29 314	9 508					−530	143 742
	1984	2 320	6 971	1 295	627		50 904	2 388	9 643	1 196	46 433	4 889	3 809	294	29 328	9 982						180 079
	1985	5 184	2 578	2 125	1 023	1 710	48 043	2 862	11 536	601	55 025	5 128	5 150		34 393	13 829			81	3 935	33	191 493
	小　计	13 735	20 464	3 669	3 018	1 710	203 447	8 950	34 152	5 065	201 823	20 515	12 460	910	146 127	54 096			81	3 935	33	734 190
	总　计	152 139	45 172	4 391	11 692	46 116	455 805	20 561	44 564	19 939	443 641	52 733	12 493	4 726	370 891	102 247	11 613	3 535	81	3 935	1 606	1 807 880

（第十三编第一章《财政》，第 893—894 页）

训及安置调配。与此同时,各旗县、镇、街道、政府机关、企业和事业单位相继举办各种类型的劳动服务公司(集体企业)。是年,全盟共登记城镇待业人员 20 282 人。安排 7 000 人,其中安排到全民所有制单位 1 035 人,安排到集体所有制单位 4 987 人,招收自然补员 978 人。年末,全盟尚有城镇待业人员 13 282 人。

1980 年,国家明确指出,城镇知识青年不再"上山下乡"。留在农村的知识青年陆续回城。城镇出现大批待业人员,安置工作十分困难。仅仅依靠政府统包统配的办法已无法解决"就业难"的问题。8 月,全国劳动就业会议提出,在国家统筹规划和指导下,实行劳动部门介绍就业、自愿组织起来就业和自谋职业相结合的就业方针。同时,结合调整产业结构和所有制结构,积极扶持集体经济和个体经济,加强商业、饮食业和服务业的发展,广开就业门路。从此,"三结合"的就业方针,成为新时期解决就业问题的主要途径。是年,全盟共安置城镇待业人员 13 054 人,其中安排到全民所有制单位 2 114 人,集体所有制单位 3 967 人。补充自然减员到全民所有制单位 130 人,集体所有制单位 55 人。升学、参军 1 288 人,从事临时性工作的有 5 500 人。年末,尚有城镇待业人员 21 987 人。

1981 年,全盟安排城镇待业人员 10 175 人,其中在全民所有制单位安排 5 149 人,补员 671 人。在集体所有制单位安排 2 724 人,补员 226 人。个体劳动者 405 人,临时工作的 1 000 人,年末尚有城镇待业人员 21 312 人。

从 1976 年 8 月 3 日至 1981 年底,全盟又安排下乡知青 4 766 人。

(第二十二编第一章《劳动》,第 1264—1265 页)

从 1978 至 1985 年,全盟共安置待业人员 8.12 万人。平均每年安置 10 174 人。其中安置城镇待业人员(包括上山下乡知识青年)36 526 人,农村劳动力 5 799 人,大、中专及技校毕业生 9 899 人,复员、转业和退役军人 4 091 人,其他人员 35 489 人。就业人数的日益扩大,不仅保证了生产建设发展的需要,而且有力地促进了人民生活水平提高和社会的安定团结。

(第二十二编第四章《劳动》,第 1266 页)

1963 年成立知青办,为盟城镇人口安置委员会的办事机构,负责知识青年上山下乡动员和安置工作。1968 年 7 月 9 日该工作由政治部民政安置组负责。1973 年 1 月恢复为知青上山下乡安置办公室,1975 年 5 月 13 日又成立了知青上山下乡领导小组,办公室成为其办事机构。1982 年 4 月并入劳动局。(第二十二编第四章《机构》,第 1289 页)

《临河市志》

《临河市志》编纂委员会编,内蒙古人民出版社 1997 年

(1964 年)3 月,知识青年上山下乡办公室给各接收知青下乡的公社、生产队拨专款为知

青盖住房。同时,县委决定给各公社配备知青专职干部。　　　　　　　　（《大事记》,第 38 页）

9 月下旬,首批京津下乡知识青年抵临河落户。临河共安置各地知青 50 名。之后,逐年转回原籍。至 1990 年底,临河还有知青 244 名,其中北京 193 名,天津 51 名。在机关、国营企事业单位工作的 144 名,劳动服务公司工作的 79 名大集体单位 21 名。有的担任领导职务。　　　　　　　　　　　　　　　　　　　　　　　　　（《大事记》,第 38 页）

是年,临河县城市知识青年上山下乡领导小组成立,下设办公室。（《大事记》,第 39 页）

是月(1968 年 9 月),知识青年来临河县插队落户 1 614 人。其中北京 487 人,包头 1 042人。　　　　　　　　　　　　　　　　　　　　　　　　　　　（《大事记》,第 42 页）

(1969 年)3 月,中国人民解放军北京军区内蒙古生产建设兵团第三师师部驻县城。所属二十一、二十二、二十六团分驻临河、狼山劳改农场和份子地乡。兵团三师于 1977 年撤销后,建临河、新华、份子地农场,隶巴盟农管局。　　　　　　　　　（《大事记》,第 42 页）

(1972 年)10 月初,临河县首次知识青年代表大会在县城召开。　　（《大事记》,第 44 页）

(1973 年)9 月 20 日,临河县知识青年上山下乡领导小组重新组建,张启旺任组长。
　　　　　　　　　　　　　　　　　　　　　　　　　　　　　（《大事记》,第 44 页）

(1978 年)4 月 29 日,县委发出《关于做好知识青年工作的通知》。要求各公社对分管知青干部必须专职专用;对生产队分值低、造成已婚知青家庭生活困难的,要想方设法予以解决;对那些年龄较大的未婚知青,要在社队企业中安排一定的工作,并帮助他们解决婚姻问题。住房破旧、急需建房的已婚知青要给予适当照顾和补助。　　　（《大事记》,第 48 页）

从 1964—1975 年,北京、天津、上海及呼和浩特、包头等地下乡知识青年和内蒙古生产建设兵团第三师战士先后到达临河落户,最多时达四、五千人。除大部分返回原籍少数留居本地。　　　　　　　　　　　　　　　　　　　（第三编第二章《人口》,第 167 页）

1978 年后,大批下乡知识青年返城,就业矛盾突出。安置就业方法是,由用工单位根据需要申报劳动用工计划,劳动部门按上级下达计划核定用工指标数招收安置。1982 年,临河县采用招工规范化制度,按上级下达指标,由用人单位向全社会公开招收,劳动部门审核,办理用工手续。此办法沿用至笔讫。　　　　　　　（第二十编第一章《劳动人事》,第 755 页）

劳动服务事业管理局(1964 年 3 月设知青办,1984 年改称现名,隶劳动人事局)主任(经理):张德周、王二虎。

(第二十四编《人物》,第 1037 页)

《五原县志》

《五原县志》编纂委员会编,内蒙古人民出版社 1996 年

(1965 年)7 月 30 日,天津市第一批下乡知识青年 1 300 人到本县农村插队落户。

(《大事记》,第 44 页)

知识青年安置

从 1964 年起,政府开始安置本县下乡知识青年,并接收区外下乡知识青年。1968 年,县政府成立知识青年上山下乡安置办公室,大量动员本县知识青年下乡。至 1978 年,全县共动员城镇知识青年 1 033 人下乡,并接收天津、北京、呼市、包头等地的下乡知识青年 5 017 人。

1971 年开始,通过企业单位招工,大、中专院校招生,应征入伍等途径,逐步安置下乡知识青年就业。1978 年,国家调整上山下乡知识青年政策,大量下乡知青到企业、国营农牧场、党政机关工作。此外,还采取本系统各自包干安置知识青年就业,无所属单位人员,由劳动部门安置就业,年龄放宽到 35 周岁。至 1982 年,全县 6 050 名下乡知识青年除少数转迁回城,仅有 60 人没有安置。其中,有分配到国营农牧场本人不愿离场的 37 人,扎根农村的 21 人,因病未安置的 2 人。根据国家规定,因病或生活困难而提前回城的 336 人,都根据实际情况安排就业。

(第十四编第二章《人事劳动》,第 569 页)

"文化大革命"期间停止招工,学生停课闹革命,毕业生长期不离校,待业人员越来越多。1965 年以来,党和政府动员城镇知识青年上山下乡接受贫下中农再教育。

70 年代,由于下乡知识青年陆续回城,初、高中毕业生逐年增多,就业成为严重问题。

1980 年后,改革劳动就业制度,采取劳动部门安置就业和自谋职业相结合的措施,解决就业问题。

(第十四编第二章《人事劳动》,第 570 页)

《杭锦后旗志》

内蒙古自治区杭锦后旗志编纂委员会编纂,中国城市经济社会出版社 1989 年

知识青年安置

本旗 1964—1978 年共接收安置知识青年 3 800 人,其中男 2 183 人,女 1 617 人。在下

放安置的知识青年中,有本旗的1 944人,北京的750人,天津的566人,包头的422人,集宁的32人,其它城镇的66人。下放知识青年的民族构成是:蒙族32人,汉族3 747人,回族11人,满族7人,达斡尔族3人。

招收录用知识青年为政、为教、为工者,早在1965年就开始了,只是数量甚少。1978年以后,开始大量安置。到1983年,除1 056人已转迁外地和自动外流外,剩余者全部做了安置。安排的途径有四:一是党政机关,二是企事业单位(包括国营农场),三是升学参军,四是一次或长期发给生活补助费。实行最后一种安置办法的,全旗只有8人(其中一次发给300—500元者7人,每月发给20元者1人;3人在农村,5人落城供户自谋职业)。

(政治编第五章《人事劳动》,第371页)

是年(1964年),首批下放的知识青年到本旗农村落户,至1978年全旗共下放知青3 800人,其中本旗1 944人,外地1 856人。

(《大事记》,第632页)

《乌拉特中旗志》

《乌拉特中旗志》编纂委员会编,内蒙古人民出版社1994年

是年(1964年),安置呼市上山下乡知识青年263名。

(《大事记》,第33页)

(1965年)2月,知识青年安置办公室成立。

(《大事记》,第33页)

是年,安置上山下乡知识青年157人。

(《大事记》,第34页)

1965年,随着国民经济的恢复好转,职工人数开始回升,当年国营固定工为1 408人。"文化大革命"初期,由于劳动力管理工作遭到干扰,正常招收、调配工作基本处于停顿状态,职工补充不多。进入70年代后,由于大量招收安置下乡知识青年,职工队伍迅速壮大。1970年职工人数增加到3 375人(包括临时工728人)。

(第十五编第一章《劳动》,第259页)

1964年,开始接收安置上山下乡知识青年。当年接收知识青年247人,其中男198人,女49人。同年6月成立知识青年上山下乡安置办公室。1965年接收知识青年155人,其中男122人,女33人。

1964—1981年,全旗共接收安置知识青年2 700人,其中男2 025人,女675人。知识青年来自北京5人,天津249人,湖南3人,辽宁4人,呼市724人,包头672人,巴盟298人,乌中旗728人,其它省市17人。

知识青年安置在全旗 19 个农牧区公社、110 个大队、209 个生产队和一个知青农场。安置补助费:到农村的,每人补助 500 元;牧区每人补助 800 元,农牧林场每人补助 400 元。安置费用于建房、生活补助和购置生产用具。同时拨放一定数量木材。17 年来,国家先后给乌中旗拨款 136.57 万元,建房面积 5 761 平方米。

知识青年的选调、招工录用工作 60 年代就已开始,但数量较少。主要对象为 1965 年以前的老知青。进入 70 年代后,按照在乡实际参加劳动锻炼满 3 年及 3 年以上的,在国家招工计划内可优先录用上山下乡知识青年的规定和中共十一届三中全会后对知识青年政策的重大调整,各级政府采取招生、招工、招干、参军等多种渠道开始大量安置知青。截止 1981 年,全旗 2 700 多名下乡知青均已妥善地安置完毕。其中选送、考入中专以上各类学校的 335 名,招收为国营、集体工人的 1 453 人(其中集体工 33 人),参军的 21 人,录用为国家干部的 47 人,迁出与病退、困退回城的 762 人,进入农牧场的 73 人,长期扎根农村的 6 人,其他 3 人。 (第十五编第一章《劳动》,第 529—530 页)

《乌拉特后旗志》

《乌拉特后旗志》编纂委员会编,内蒙古人民出版社 1992 年

(1975 年)8 月 5 日,旗潮格温都尔公社韩乌拉大队回乡女青年巴达玛,在洪水中抢救集体羊群,光荣牺牲。 (《大事记》,第 25 页)

知青安置

到 1972 年底,本旗共接收"上山下乡"知识青年 467 人,其间陆续转迁和外流的有 336 人。到 1980 年底剩余的 131 人全部做了安置。安排的途径是:党政机关、企事业单位、升学参军。 (社会编第一章《人事劳动》,第 443 页)

巴达玛,女,蒙古族,高中文化,共青团员,1954 年 7 月 7 日生于乌拉特后旗潮格温都尔公社韩乌拉大队一个贫苦牧民家庭。1975 年 8 月 5 日,为了抢救集体羊群、奋不顾身地与特大洪水搏斗,英勇地献出宝贵生命,牺牲时年仅 19 岁。

......

巴达玛同志……高中毕业后,响应毛主席"关于知识青年到农村去"的伟大号召,积极报名下乡,从潮格一中回到了自己的家乡。

......

巴达玛同志牺牲后,旗委根据她生前的愿望和一贯表现追认她为中共党员,授予她"抗洪英雄"的光荣称号,并号召全旗各族人民向她学习。 (人物编第一章《人物传》,第 502—503 页)

《乌拉特前旗志》

《乌拉特前旗志》编纂委员会编,内蒙古人民出版社 1994 年

"文化大革命"期间,贯彻"屯垦戍边"方针,从 1969 年开始,北京、天津、济南以及呼市、包头等地知识青年"上山下乡",陆续来到河套,按师、团、营、连编制,组建成"北京军区内蒙古生产建设兵团",旗境为第二师,师部驻乌拉山镇,原乌海农场一分为二,编为十一、十二两团,中滩农场为十三团,苏独仑农场为十四团,乌梁素海渔场也划归兵团为十九团,在大佘太、小佘太之间新建六十二团。原农场刑满留场就业人员,大部分疏散到附近农村插队落户,在东土城(旗境西南与五原交界处,靠近黄河边)组建一个就业农场。刑期未满者迁往伊盟。

兵团连以上干部为现役军人,班、排干部及战士均系城市初、高中毕业生。在兵团经营的 6 年期间,已经治理好的盐碱地又日趋盐渍化,耕地逐渐荒废,口粮不能自给,靠国家供应,菜蔬也需到城镇和农村采购。

1975 年,撤销建设兵团,知识青年大部分被选调回城市工作,恢复农、牧、渔场称号,即十一团改为西山咀农场,十二团改为新安农场,中滩农场、苏独仑农场、乌梁素海渔场仍用原名,六十二团改为大佘太牧场,交由地方巴盟农牧场管理局接管。

(第四编第一章《土地开发》,第 171 页)

知识青年安置

从 1963 年开始,有部分包头知识青年陆续来到境内农村安家落户。1964 年,根据华北局召开的安置知识青年工作会议精神和内蒙古党委、人委的指示,旗委下达(64)43 号文件,给旗内各公社分配了安置知识青年的任务。旗成立安置办公室,各公社成立安置领导小组。至 1970 年,共接收、安置知识青年 5 365 人,其中来自北京、天津、呼和浩特、包头等城市的 4 752 人,旗内的 613 人。同年,仍留在农村的有 4 780 人。1970 至 1972 年,在乡知识青年的 70% 通过招工、升学、参军、病退、困退等途径,返回城市。1973 年,根据中共中央(73)21、30 号文件和内蒙古党委(73)50 号文件精神,派工作组深入到 6 个公社 12 个知识青年小组进行检查指导,国家拨款 6 万元,粮 7 500 公斤,为在乡知识青年解决实际困难。并派出回访组专程到天津回访知识青年家长,对 43 名患病的知识青年发放补助款 3 000 余元。1974 年,接收、安置知识青年 519 人,年底全旗有在乡知识青年 2 000 人。1975 年,安置知识青年 528 人,另外,采取"群众评议、单位审查、对口复查、张榜公布"的办法,为 550 名知识青年办理了留城手续。1976 至 1977 年,安置知识青年 890 人。派 27 名干部到农村、牧区去带队。1979 年,根据中共中央规定:旗县以下城镇知识青年不再列入上山下乡的范围,对在乡知识青年通过招工、招生、征兵和办集体企业进行适当安置。至 1982 年,旗内知识青年全部迁离

农村,在党政机关、商业、供销、农机、工业、交通、粮食等部门共安置 950 人,到国营农牧渔场和参军等共安置 1 300 余人。1986 年,全旗各部门共有外地知识青年 721 人,其中干部 264人,国营职工 362 人,集体职工 95 人。　　　　　　　　(第十九编第一章《工人》,第 751—752 页)

1968 年 8 月至 1974 年,北京、天津、呼和浩特、包头等地的知识青年"上山下乡",到旗境各公社插队落户,迁入的比迁出的多。1975 年至 1980 年,多数外埠知青陆续离旗回城就业,迁出的比迁入的多。　　　　　　　　　　(第二十七编第一章《人口规模》,第 943 页)

《磴口县志》

磴口县地方志编纂委员会编,内蒙古人民出版社 1998 年

(1963 年)秋,一批包头知识青年到磴口,分别安排到坝塄林站、防沙林场劳动,给工资。

(《大事记》,第 36 页)

是年(1964 年),磴口地区知识青年 30 多人安置到五原农村务农。　(《大事记》,第 37 页)

(1966 年)9 月 14 日,内蒙古自治区党委决定,将磴口县的沙金套海、哈腾套海两个公社、曙光公社的沙拉毛道大队划归北京军区内蒙古生产建设兵团领导。与此同时,在磴口县境内设兵团一师,辖七个团,一个直属种子站。　　　　　　　　　　(《大事记》,第 38 页)

(1969 年)3 月 27 日—29 日,县革命委员会召开知识青年上山下乡会议,落实北京、天津、上海来磴口落户的 1 000 名知识青年的安置任务,4 月份分期分批下到各公社。

(《大事记》,第 39 页)

从 1968 年始到 1970 年,先后有北京知识青年 100 多人,呼和浩特知识青年 100 多人,天津知识青年、包头知识青年 200 多人,安置到磴口农村安家落户,参加农村劳动。1980 年开始返回原籍,到 1987 年只剩几十人。　　　　　　　　　　(《大事记》,第 40 页)

1963 年,包头知识青年 136 人首批来县,分别安置到坝塄林站、防沙林场。

1964 年,知识青年上山下乡安置办公室成立,对知识青年统一安置,以下乡务农为主。同年,本地首批知识青年 30 多人安置到五原县务农。1965 年,县知识青年 50 多人安置到协成、四坝公社务农。少数安置在各厂(场)矿、企事业单位和街道集体、个体手工业、服务行业中。

1968年，知识青年上山下乡安置办公室改称知识青年上山下乡办公室，（简称"知青办"）。知识青年和待业青年的就业由"知青办"管理。在此期间，知识青年下乡逐年增多。同年，200多名知识青年到县下乡。其中北京知识青年100多人，呼和浩特市100多人。1969年，天津知识青年100多人来县下乡务农。1970—1971年，本地知识青年100多人安置到北京军区内蒙古生产建设兵团一师五团当军垦战士。1974—1975年，每年安置本地知识青年200多人下乡务农。1976年初，包头知识青年200多人分别安置到县的渡口知青农场，知青林场。

粉碎"四人帮"后，劳动部门的工作逐年走向正轨。1977年，知识青年下乡停止。县人民政府和劳动部门逐步安置了城镇待业青年和回城知识青年。1977—1983年，7年中共安置4 900人，其中全民所有制单位2 295人，集体所有制单位2 605人。

1980年，改革过去统包统招统筹安排的就业办法，实行国营、集体、个人自谋职业的就业办法，就业渠道逐渐扩大，就业者逐年增多。同年，根据中央精神，下乡知识青年可回城安置工作。

1982年，招工制度进行改革。成立了县劳动服务公司，城镇待业青年就业由县劳动服务公司管理。

（第五编第二章《劳动人事》，第156—157页）

锡林浩特市财政支出情况统计表①

单位：千元

年份	支出合计	支农生产支出	其中：			农林水事业费	城市维护费类	城镇青年就业	文教科学卫生	其中：				抚恤社救费类	行政管理费类	其他支出类	上解支出
			小农水保	合作生产	草畜保护					文化事业	教育事业	卫生事业	公费医疗				
1964	1 124	78	56	16	6	80	13	11	302	15	193	59	27	50	375	9	1 720
1965	987	14	1		13	88	20	12	342	26	221	64	22	61	379	72	1 945
1966	1 146	119	99		20	86	43	6	422	36	244	61	26	19	434	17	1 640
1967	875	45	28		17	45	10	1	382	18	271	63	21	43	323	25	1 421
1968	987	60	54	6		60	8	38	370	14	271	55	26	107	323	21	2 342
1969	943	13		13		98		25	381					40	347	23	1 286
1970	1 504	125	106	19		85		122	487	19	326	80	23	40	425	68	1 669
1971	2 963	192	182	10		121	45	58	723	30	503	110	34	42	625	80	1 580
1972	2 316	274	176	55	43	339	85	88	749	34	561	139	43	64	604	44	
1973	2 487	178	122	56		268	36	75	767	29	512	117	61	189	615	24	94
1974	2 878	131	11	115	5	315	217	139	906	29	681	128	54	111	722	235	
1975	3 465	142		142		286	340	53	1 127	34	814	171	58	170	684	58	

---

① 本表内容为节选。——编者注

年份	支出合计	支农生产支出	其中:			农林水事业费	城市维护费类	城镇青年就业	文教科学卫生	其中:				抚恤社救费类	行政管理费类	其他支出类	上解支出
			小农水保	合作生产	草畜保护					文化事业	教育事业	卫生事业	公费医疗				
1976	3 548	142		142		588	319	205	1 111	37	802	155	69	124	771	45	77
1977	4 289	144		144		771	283	17	1 356	45	961	223	66	237	820	104	95
1978	4 292	197		197		1 745	516	37	1 518	50	1 127	230	41	395	917	294	2
1979	7 147	57		57		1 514	473	125	1 600	70	1 122	210	100	522	1 046	484	
1980	6 199	161		161		1 374	514	38	1 770	46	1 347	215	83	409	1 154	395	
1981	5 157	508	461	47		376	540	133	1 617	56	1 158	209	114	311	1 003	407	26
1982	6 796	331	261	70		428	939	97	2 024	50	1 527	250	94	268	1 160	302	10
1983	7 670	469	239	60	162	253	1 083	80	2 441	118	1 781	283	122	211	1 229	637	—13
1984	11 701	854	232	342	264	563	2 684	63	2 908	147	1 974	396	159	491	2 199	628	
1985	12 969	813	306	203	293	610	1 885	43	4 086	68	3 132	500	213	321	2 021	819	
1986	16 438	1 332	246	619	447	797	1 358		4 306	79	3 014	728	225	512	2 462	930	
1987	18 236	1 026	162	235	618	821	1 231	5	5 063	123	3 688	635	330	527	3 429	1 164	

（第十二篇第一章《财政》，第 320—321 页）

图书在版编目(CIP)数据

中国新方志知识青年上山下乡史料辑录/上海市知识青年历史文化研究会,上海通志馆编;金光耀,金大陆主编.—上海:上海书店出版社;上海人民出版社,2014.11

ISBN 978-7-5458-0947-3

Ⅰ.①中… Ⅱ.①上… ②上… ③金… ④金… Ⅲ.①上山下乡知识青年-史料-中国 Ⅳ.①D652

中国版本图书馆 CIP 数据核字(2014)第 207950 号

责任编辑　曹勇庆　邹　烨
特约编辑　郑英旻
编　　辑　孙　莺　田芳园
装帧设计　郦书径
技术编辑　吴　放

中国新方志知识青年上山下乡史料辑录

上海市知识青年历史文化研究会　上海通志馆 编

金光耀　金大陆 主编

世纪出版集团　上海人民出版社

上海世纪出版股份有限公司　上海书店出版社 出版

(200001 上海福建中路 193 号 www.ewen.co)

上海世纪出版股份有限公司发行中心发行

苏州市越洋印刷有限公司印刷

开本 787×1092　1/16　印张 325.25　字数 6,800,000
2014 年 12 月第 1 版　2014 年 12 月第 1 次印刷
ISBN 978-7-5458-0947-3/D·32
定价 2000.00 元